烂柯局

辜梓豪

首届"衢州烂柯杯"世冠征程

辜梓豪 ◎ 著

成都时代出版社
CHENGDU TIMES PRESS

图书在版编目（CIP）数据

辜梓豪烂柯局 / 辜梓豪著. -- 成都：成都时代出版社, 2025.4. -- ISBN 978-7-5464-3691-3

Ⅰ. G891.3

中国国家版本馆 CIP 数据核字第 2025KX6424 号

辜梓豪烂柯局
GUZIHAO LANKE JU

辜梓豪　著

出 品 人	钟　江
责任编辑	李　林
策划编辑	程天祥
责任印制	江　黎　陈淑雨
责任校对	樊思岐
装祯设计	合创同辉
封面绘图	周　晗

出版发行	成都时代出版社
电　　话	（028）86742352（编辑部）
	（028）86763285（图书发行）
印　　刷	成都日报锦观印务科技有限公司
规　　格	185 mm×260 mm
印　　张	31
字　　数	748 千
版　　次	2025 年 4 月第 1 版
印　　次	2025 年 4 月第 1 次印刷
印　　数	1-4000 册
书　　号	ISBN 978-7-5464-3691-3
定　　价	100.00 元

著作权所有·违者必究

本书若出现印装质量问题，请与工厂联系。电话：（028）85919288

推荐序一 | 羽客一枰无复见 青山留得烂柯名

衢州市"世界围棋圣地"工作专班

　　如梦幻一般，在先失一局的情况下，中国棋手辜梓豪以 2:1 的成绩最终战胜韩国的申真谞九段，捧得首届"衢州烂柯杯"世界围棋公开赛的桂冠。有"围棋仙地"之誉的衢州诞生了世界棋坛第 125 个冠军。国家围棋队总教练俞斌说："这一战，堪称中韩围棋气运的转折点。辜梓豪在先失一局的情况下，以逆转屠龙的方式，连下两局击败申真谞，极大地提升了中国棋手的士气。"

　　这本《辜梓豪烂柯局》即是辜梓豪征战首届"衢州烂柯杯"并取得世界围棋公开赛的全部记录。其中的棋评，既有悠然意远的闲着，又有探奇揽胜的妙手，还有旨尽幽深的探赜，更多的是壮若鲸鲵的"石梁宛在半空横"。

　　说到烂柯局，历史上还真有。我国现存最早的一部围棋书为《忘忧清乐集》（署名为"前御书院棋待诏赐绯李逸民重编"),此书收录了"烂柯势"和"烂柯图"两谱。"烂柯势"是一道围棋死活题,棋局正解当是白棋用"刀把五"聚杀黑棋。而"烂柯图"谱首注明:"昔王质如衢州烂柯山采樵,遇神仙弈棋,乃记而传于世。白先,黑胜一路。各一百四十五着。黑杀白二十二子,白杀黑九子。黑有十八路,白有十七路。"

另外,元代严德甫、晏天章合编的《玄玄棋经》,是一部集中国古代围棋棋谱之大成的经典之作。在这部棋书中收录有《采樵势图》,其名也源于王质入山采樵观棋烂柯之传说。

日本安永一在《古代棋风的变迁·六朝》一文中深情地说:"本局(指'烂柯图')的对局者并非凡人,但是,并没有让我们感受到如晋武帝、王武子的那种卓拔之棋所予人的震撼。真正让我吃惊的不仅仅是这两局棋对局者高超的技巧,更让我惊叹的是一千五百年前中国围棋所达到的如此高的水准。"

无论是中国的《石室秘传》《石室仙机》《三才图说》,还是日本的《大百科全书》《日本围棋简史》《烂柯堂棋话》,棋客们早就将"烂柯""斧柄"作为围棋的代名词,清代的厉荃在《事物异名录玩戏·围棋》中干脆将围棋中的白子雅称为"烂柯仙客"。

明代宁王朱权曾编有《烂柯经》,虽失传,但《西游记》中却杜撰了《烂柯经》(后人对照后发现,它与《棋经十三篇》中的《合战篇》大约有80%的吻合度)。以上均可见人们对"烂柯"的热爱,故《围棋与国家》中将"烂柯"定义为"世界上最有影响的围棋神话传说"。辜梓豪的烂柯局,正是对千百年来围棋文化、烂柯文化的承继与光大。他曾说:"水亭门一带有历史底蕴,这和围棋所蕴含的文化方面的东西有所契合。"

三

大约在王羲之写《兰亭序》差不多的时期内,一位叫虞喜(281—356年)的人在《志林》里第一次记载了三衢"观弈烂柯"的传说。正因为衢州的烂柯山是烂柯传说的正源,故衢州历届市委市政府均重视围棋文化的建设,从围棋溯源到围棋谷建设,从精心策划、组织"衢州烂柯杯"围棋赛到各种围棋赛事的开展……2021年2月,衢州市委、市政府牵头成立"世界围棋圣地"建设工作领导小组和工作专班。中国围棋协会领导曾表示:"在衢州市的大力支持下,中国围棋界再一次扛起了世界围棋的大旗。"

中国围棋协会曾从九个方面总结了近年来衢州围棋文化建设工作的成果。

一是系统地挖掘整理了习总书记关注的烂柯围棋文化；

二是建成并投入使用占地面积约 10 万平方米的衢州国际围棋文化交流中心，这是按中宣部和体育总局部署建成的国内第一个国际围棋文化交流中心；

三是制定颁发了全国首部也是体育领域第一个地方性单项运动法规——《衢州围棋发展振兴条例》，全国人大法工委印发全国；

四是建立并投入使用国家围棋队第一个京外训练基地、第一个国家青少年围棋职业棋手训练基地；

五是在连续 16 年举办"衢州烂柯杯"中国围棋冠军赛的基础上，创办了中国主办的唯一每年一届、奖金最高的世界围棋大赛——"衢州烂柯杯"世界围棋公开赛；

六是开办了全国第一所非奥项目少体校——中国围棋少年体育学校（衢州）；

七是举办了世界人工智能围棋赛、全国少数民族围棋赛、全国围棋之乡联赛、全国县级围棋团体赛、全国名校教授赛等系列围棋大赛；

八是在衢州举办了中国围棋文化大展；

九是中国围棋学院揭牌成立。

衢州国际围棋文化交流中心位于历史文化名城衢州之水亭街片区之柴家巷，历史上曾有三圣庙、道院、纸庄、南货店等。廊庑、挑檐、斗拱、垛墙……岁月浸邈，仍可看出当年的巧凿。衢州国际围棋文化交流中心为国家围棋队训练基地，还有一个"烂柯对局室"，资深记者谢锐曾说："这是国内首个真正意义上的特别对局室。"

"网红"打卡点的水亭街不但被列入"舌尖上的中国"之开化青蛳,还有国家级非遗——邵永丰麻饼。晕黄的灯光、名家题款的字画、摇曳的旧灯笼、清客的玄谈,散步水亭街,棋手们的背影被放大、绵延、绰约在始建于唐武德四年(621年)的古城墙上。

此外,为放松心态、缓解压力,衢州安排棋手到灵鹫山国家森林运动小镇、号称"世界第九大奇迹"的龙游石窟游玩。衢州在尽力为棋手做好服务。

2023年6月,辜梓豪与衢州地标天王塔合影后说:"到衢州像是回家一样。"

从1993年聂卫平对弈烂柯山到俞斌称赞"真是个神奇的地方";从常昊在烂柯山找到自己的"烂柯谱"到李昌镐称"能来到有烂柯传说的衢州下棋感到很荣幸"……衢州确是一些棋手的"福地"。

"山中方七日,世上已千年。"在漫长的历史中,"烂柯"所关涉的中国士人的时间观、宇宙观与张若虚"人生代代无穷已,江月年年只相似",苏轼"寄蜉蝣于天地,渺沧海之一粟。哀吾生之须臾,羡长江之无穷"等是一脉相承的。烂柯一梦和围棋所彰显的道、技、艺、气、韵、形、象、阴阳、玄、神、仁义、动静、虚实、奇正、体用等,都是文化的精髓。

早在唐代,杜光庭在《洞天福地记》中将烂柯山列为"七十二福地"之一,愿有"围棋仙地"之誉的衢州既是辜梓豪的福地,也是中国围棋的福地。愿更多的国手在衢州再谱"烂柯局"。

看三衢无恙,光摇喷雪;抱黑白烂柯,气擅纵横。

(文章标题援引宋·钱顗《游烂柯山》)

推荐序二 | 最好的季节

常昊
中国围棋协会主席

○●

经过千年的传承和发展,中国围棋的人杰地灵举世闻名。作为烂柯传说的发源地,衢州市更是走在了前列,以豪迈的气概、精细的安排、接地气的措施走向了世界。建设"围棋圣地"工程卓有成效,令人心向往之。

2023年,在举办多年"衢州烂柯杯"中国围棋冠军赛的基础上,衢州市再出妙手,创办了"衢州烂柯杯"世界围棋公开赛。这是一项了不得的创举,更是一笔为将来的发展投入的巨资,身在其中的围棋人无不欢欣鼓舞。

辛苦经营,八方相助,在首届"衢州烂柯杯"世界围棋公开赛上结出了硕果。

我们的年轻棋手辜梓豪九段,在这次比赛中一路披荆斩棘,尤其是半决赛经历了超级苦战,取得了世界大赛的决赛权。面对世界第一流的韩国申真谞九段,辜梓豪在先失一局的逆境下,顽强地连扳两局,以二比一的比分首夺烂柯杯桂冠。

辜梓豪这次逆转胜的价值是极大的,也有很多启发意义。首先,他打败的是多次对中国棋手取得连胜的申真谞，如同当年罗洗河在三星杯上打破李昌镐的"不败"金身，既让对手走下神坛，又提振了中国棋手的自信心，坚信自己也可以战而胜之。这是一个里程碑事件。其次，决赛三番棋进程的惊险、跌宕，提升了围棋项目在社会上的关注度，对中国围棋的形象建设有很大的帮助。最后，中国棋手力夺首冠，对主办方、赞助方是最好的回馈，终于使这首届比赛在全世界的目光中曲终奏雅。这为第二届、第三届乃至于后续的"衢州烂柯杯"世界围棋公开赛留下了一个漂亮的样板。

首届衢州烂柯杯世界围棋公开赛表现为辜梓豪个人的胜利，但这胜利背后，还潜藏着很多基础性的要素乃至于偶然性的因素，这真正是"运来天地皆同力"。

作为中国围棋协会主席，我想对衢州市委、市政府为围棋发展所做出的不懈努力和卓越贡献致以由衷的敬意和感谢。以衢州烂柯杯为名的世界围棋围棋公开赛，代表了当今围棋最高水平，有力助推世界围棋与中国围棋不断前进。同时，衢州为国家围棋队提供了良好的训练条件，国家围棋队自2020年起每年都在衢州集训、选拔、比赛，全身心投入，努力为国争光。衢州还创办、承办了一系列全民围棋赛事活动，特别是开展校园围棋推广，围棋活动蓬勃开展，围棋文化日益繁荣。依托衢州国际围棋文化交流中心这一重要平台，衢州与世界各地广为交流，真正做到了"世界围棋看衢州"与"围棋朋友遍天下"。

第一届"衢州烂柯杯"世界围棋公开赛决赛时，中国棋手辜梓豪与韩国第一人申真谞的巅峰对决无限精彩，必将名留史册。而主持、主办衢州烂柯杯的衢州市，也令世界为之侧目惊叹，天下棋友奔赴取经，围棋事业兴旺发达，为当地、为本省乃至于中国围棋的发展助力添彩。

这是最好的季节。

推荐序三 | 意义非凡

俞 斌
国家围棋队总教练

○●

首先祝贺辜梓豪获得第一届"衢州烂柯杯"世界围棋公开赛冠军，这是小辜个人的第二个世界冠军。本次比赛，辜梓豪在三番棋决赛中2:1战胜了韩国第一人申真谞九段，打破了之前申真谞对中国棋手23连胜的神话。番棋决赛战胜申真谞意义非凡，说明他并不是每个方面都比我们强，是可以战胜的，这让中国围棋重拾信心。

回顾三番棋决赛，小辜提前一周，在2023年6月7日到达杭州天元大厦，进行赛前准备。在杭州期间，国家队给他安排了三盘针对性的训练对局，以保持赛前一定的对局训练强度。12日，我带着小辜还有丁浩、谢科一起抵达衢州。国家队队员的陪伴，给小辜营造了一个宽松、日常的研究探讨氛围，有利于比赛心态的调整。

从棋的内容上看，小辜在三番棋的后两盘都杀了申真谞的"大龙"。尤其第三局，黑85靠，虽然不是AI推荐的一选，但是引出了小申白90的失误。黑99提吃两子厚实，棋局开始进入辜梓豪的步调。在辜梓豪犀利攻击的逼迫下，申真谞的心态发生了变化，接连出现失误，乱了阵脚。辜梓豪则充分发挥了他的棋风优势，攻杀犀利，计算力强，专注度高，笑到了最后。

特别值得赞许的是，通过这次赛事，辜梓豪的大赛经验和大赛心态也上升了一个层次。尤其在第一局失利之后，小辜不急不躁，心态平和，专注于棋盘，高水准地发挥出了攻杀犀利的特点，成功阻击了申真谞。

第一届"衢州烂柯杯"世界围棋公开赛是疫情之后第一个以面棋形式进行的世界大赛。第三局当申真谞投子认输的时候，研究室的"中国队"中所有人都情不自禁地鼓起掌来，都为小辜的胜利高兴激动。

我认识小辜的时候，他刚到北京聂道，大约是 2009 年。那时候我经常去聂道场上课，辜梓豪也在听课的小棋手中。当时小辜认真执着的劲给我留下很深的印象。大约 2014 年，小辜入选了国家队。他的棋风属于计算攻杀型。我还记得 2015 "利民杯"世界围棋星锐最强战总决赛，辜梓豪执白中盘击败韩国的李东勋夺得冠军。我观看了那局棋，那时候小辜的计算力、攻杀力已经有了一流的水准，尤其后半盘韧劲十足。

辜梓豪是 1998 年出生的棋手，有很多和他同龄的优秀棋手。在众多年轻俊杰中，小辜开始并不领先，但他一直默默刻苦努力，坚持走自己的道路，终于厚积薄发，于 2017 年夺得了三星杯世界冠军，进入了顶尖棋手的行列。

自从围棋有了"AI 老师"，很多围棋技术需要重新定义、重新学习，所有的用功都是有用的。辜梓豪在围棋上坚持自己的理想，心无旁骛地刻苦训练，战胜申真谞获得烂柯杯世界冠军，这是对他持之以恒努力的最好回报。

希望小辜继续努力，再创辉煌！

前言

○●

　　山中一局棋，世上已千年。随着年龄和阅历的增长，我越来越觉得，下棋，尤其是当棋手完全投入到棋盘上时，时间的维度完全来自另一个世界。在这方寸之间，几个小时的时间仿佛变成了半生的漫长，经历了沉思、懊恼、兴奋、痛苦、狂喜、极悲，等等，最后归于平静。

　　在我写下这段文字时，距离烂柯杯世界赛夺冠已过去一年，现在回忆起来真是恍如隔世。

　　在比赛开始之前我幸运地依靠国家队积分直接进入本赛。说实话，那段时间成绩确实很一般，赛前给自己定的目标也只是赢两盘。不过可能正因为我降低了心理预期，在这种心态下我的发挥反而还不错。本赛前四轮是连续进行的，我前三轮都没有遇到太多波澜就取得了胜利（当然这是从局后看）。半决赛我对阵朴健昊，开始下得并不顺利，中盘阶段对手出现了失误，我以为自己取得了优势——其实当时还是差不多的局面，心态突然转为求稳，顷刻间变成了败势。不过也许是衢州这块围棋圣地的眷顾，也许是对手觉得胜势已定导致心态发生了巨大变化，最终我十分幸运地赢了下来。

此刻，我在机场休息室候机。窗外天气晴朗，蓝天犹如一块巨大的幕布。犹记去年决赛来衢州时阴雨绵绵，烟雨朦胧的水亭门街区别有风情。

在半决赛获胜后，离决赛也只有一个月左右的时间，当时我马不停蹄地从衢州赶往天台参加亚运会选拔赛。说实话，十选六的比赛当时自己觉得希望还是挺大的，不过这或许是命运吧，前三局我两胜一负，中段突然下得很着急，来了一波三连败，虽然两连胜止跌，但最后一盘还是没顶住，最终差一名落选亚运会。当时下完选拔赛，整个人非常沮丧，也对自己挺失望的。这种感觉也只有竞技体育运动员能感同身受吧。选拔赛后第二天上午我独自去了国清寺，记得从寺庙出来之后在一块满是碎石的荒地上待了很久，现在想想有些可笑。

我乘坐公共交通习惯坐过道边的位置，不过这次办托运的时候，工作人员给我直接安排了靠窗的座位，我在靠窗却无法开窗的环境下感觉到一丝压抑。

决赛我的对手是申真谞，赛前大家普遍看好他能夺冠，我接受采访时也说要抱着拼搏的姿态去下。决赛前最后一个大赛是5月底的LG杯本赛前两轮，我如愿晋级，也给自己增添了几分信心。

6月初回国后，国家队给我安排了备战赛，前几局在网上进行。6月7日我前往杭州，做最后的线下备战。回想5月下旬时，我接到小华老的电话，问要不要给我安排两个队友在决赛时助阵。我觉得这肯定是好事，也非常感谢小华老的安排。我稍微考虑了一下说出了两个名字：谢科、丁浩。这两位"00后"也很爽快地答应了我的请求，让我在决赛时不再形单影只。而小申也找来了大申（申旻埈）前来助阵。

6月13日，我和俞老及两位队友一起从杭州前往衢州。到酒店后，建德围棋协会的杨会长专程驱车前来为我加油打气。特别感谢这些支持鼓励我的朋友。

伴随着发动机的巨大轰鸣声（这也是我最喜欢的声音），飞机起飞了。

决赛第一局我执黑，拿出了赛前准备的布局，不过随后我有些操之过急，攻势很快土崩瓦解，没有太多悬念就输掉了比赛。当晚的饭局上，小华老跟我说梦百合杯的外卡要给我，这也是极大的安慰了。此时刚好有一位来衢州出差的仙桃老乡，本来坐在隔壁桌，听闻这边是烂柯杯比赛的晚宴就过来敬酒，并对我说后面一定能赢，让我深受鼓舞。

飞机已离开管控区域，遮光板也能正常打开了，从棉花糖般的白云之上往外看，绿水青山与蓝天白云琴瑟和鸣，令人神往。

休息日后，决赛第二局继续进行。抱着背水一战的心态我下得很激进，事后看这个策略是正确的，反而小申有些患得患失。最终我酣畅淋漓地扳平了比分，也终结了对小申正式比赛两年多不胜的尴尬记录。

回想捧起烂柯杯那一刻，真的是无比激动和振奋。这次比赛我收获了很多，我想最重要的是重振了信心，让我更有勇气面对今后的困难和挑战。

职业棋手的宿命是胜负，但围棋绝对不止于胜负。有人欢喜有人愁，把时间线拉长，一切都是一个循环。围棋不止有黑白棋子和 361 个交叉点，我想，更多的是弈者广阔的内心。

辜梓豪

2024 年 6 月 14 日于 ARJ21

目录

推荐序一 衢州市『世界围棋圣地』工作专班 .... 一

推荐序二 常昊（中国围棋协会主席） .... 五

推荐序三 俞斌（国家围棋队总教练） .... 七

前言 .... 九

第一局 1/16决定战 ●辜梓豪 九段 ○韩升周 九段 001

第二局 1/8决定战 ●朴廷桓 九段 ○辜梓豪 九段 051

第三局 1/4决定战 ●辜梓豪 九段 ○安成浚 九段 109

第四局 1/2决定战 ●辜梓豪 九段 ○朴键昊 六段 169

第五局 决赛首局 ●辜梓豪 九段 ○申真谞 九段 251

第六局 决赛次局 ●申真谞 九段 ○辜梓豪 九段 305

第七局 决胜局 ●辜梓豪 九段 ○申真谞 九段 373

代跋 接得羽书知贼破，烂柯山上正围棋 478

第一局

$\frac{1}{16}$ 决定战

●　○
辜　韩
梓　升
豪　周
九　九
段　段

149 手

第一届
衢州烂柯杯世界围棋公开赛三十二强赛

2023 年　5 月 5 日

（1）

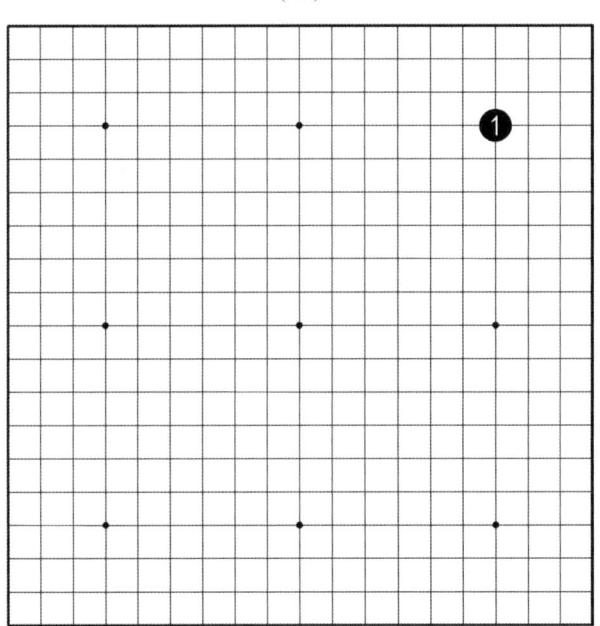

对局之前对韩升周不是特别了解，只是看过他的一些棋谱。

（2-3）

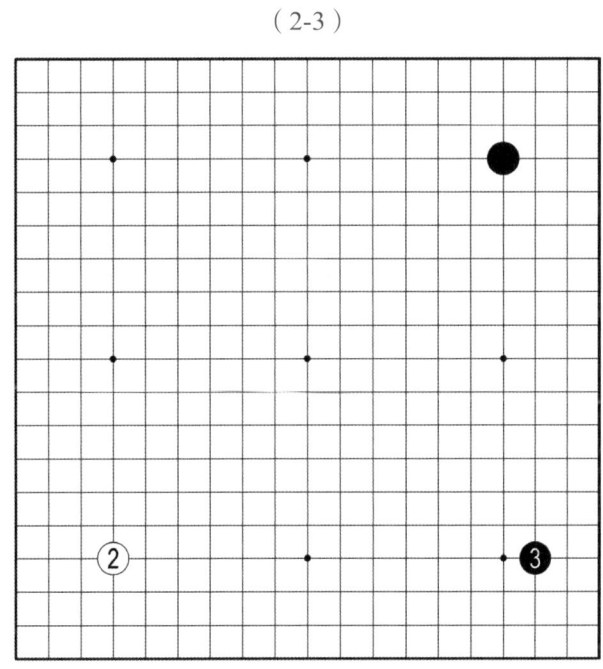

韩升周九段1996年出生，感觉他的棋风是比较有特点的，不同于常人，有时会有些令人意外的下法。

（4-7）

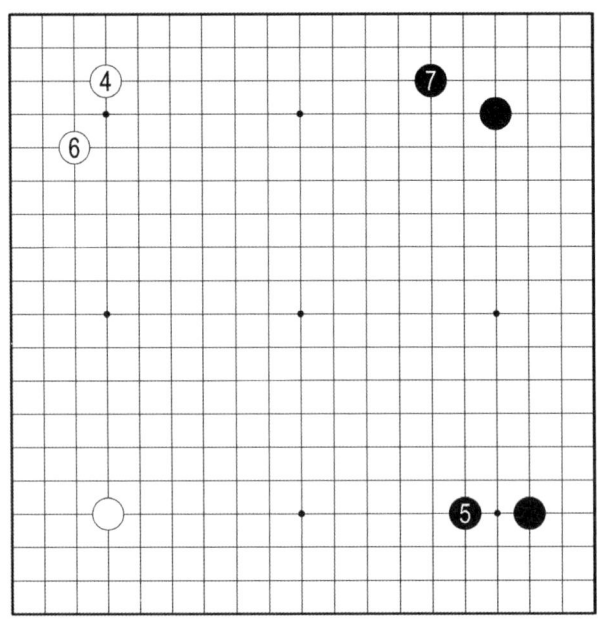

5-7 竞相缔角，属于正常布局范畴。

（8-12）

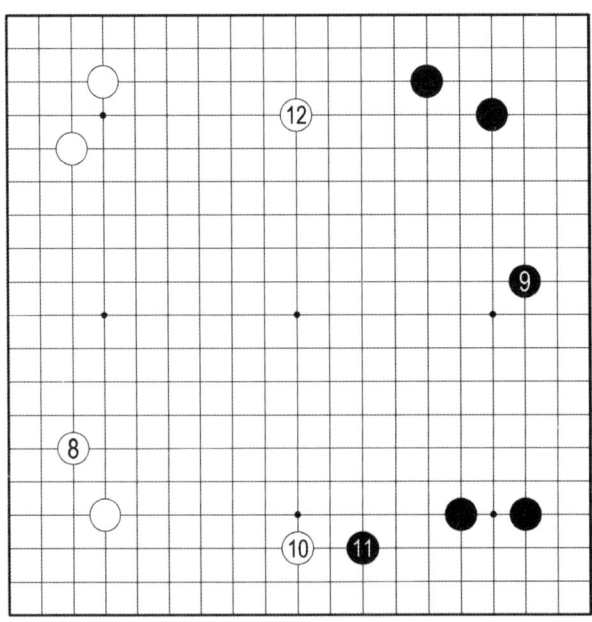

至白12拆边，双方各自抢占大场。

（13）

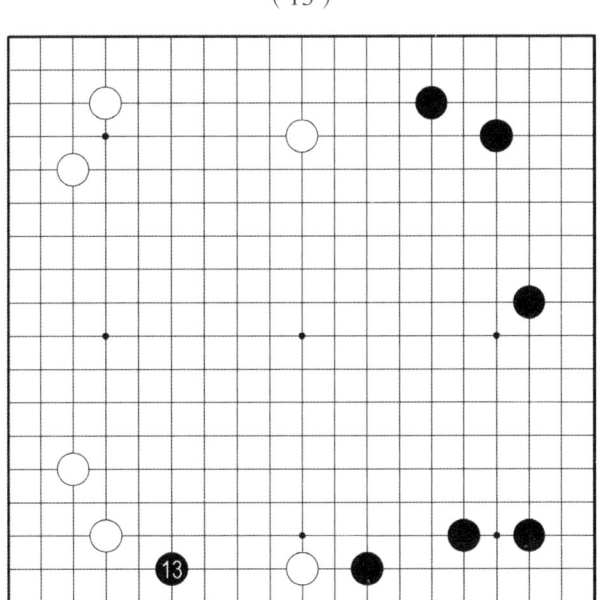

黑13从这里挂进来（也可以认为是打入），寻求战机。

（14-15）

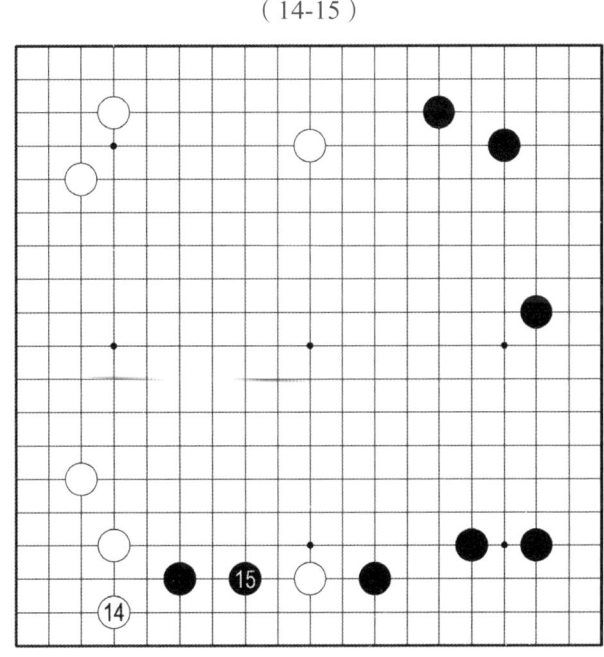

像黑15这种拆一，AI判断可能会降一些胜率，但是从人类逻辑来说，这种局面下的拆一（生根兼攻击）是没有问题的。

（16）

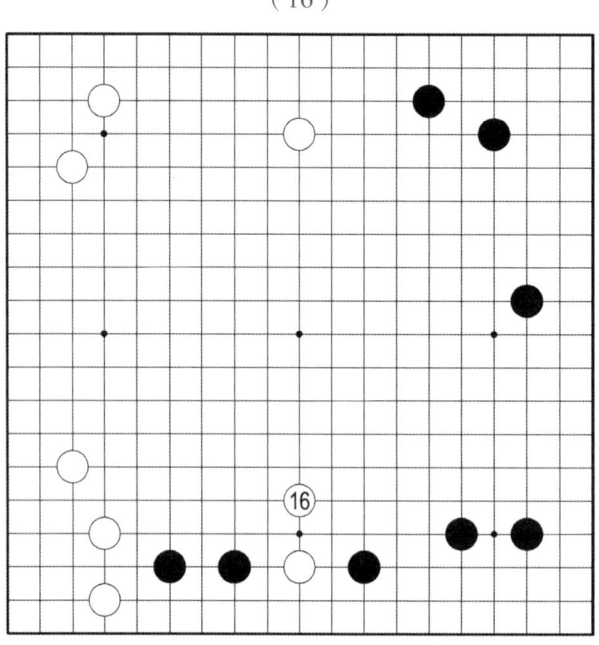

白 16 关起，是入腹争正面，要紧。

（17-18）

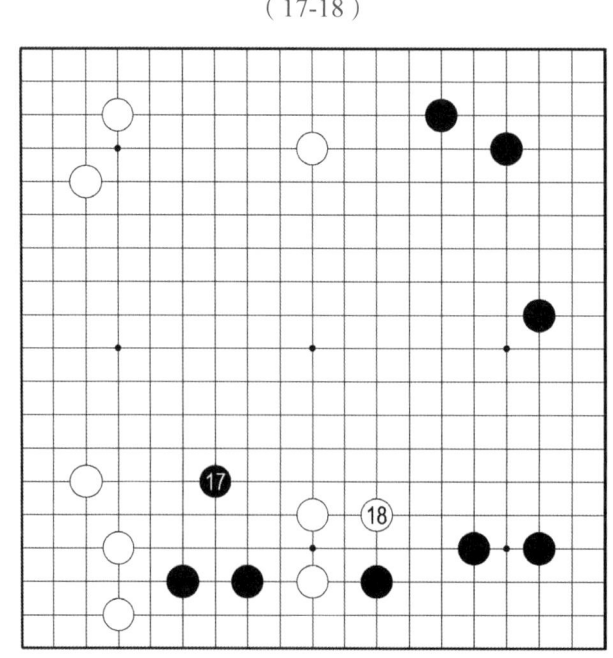

白 18 曲镇，正常。

（19-20）

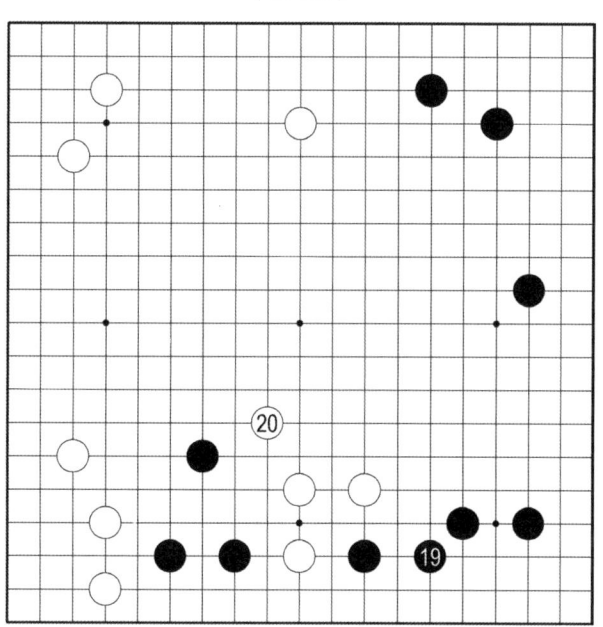

至黑19守，双方的形势还是差不多。白20飞攻，攻守兼备。

（21-22）

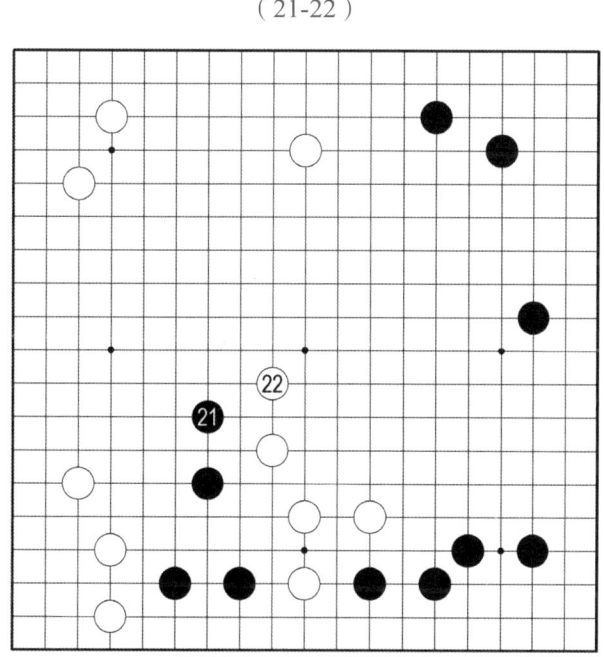

白22跳，争到了中腹的主动权。

(23-25)

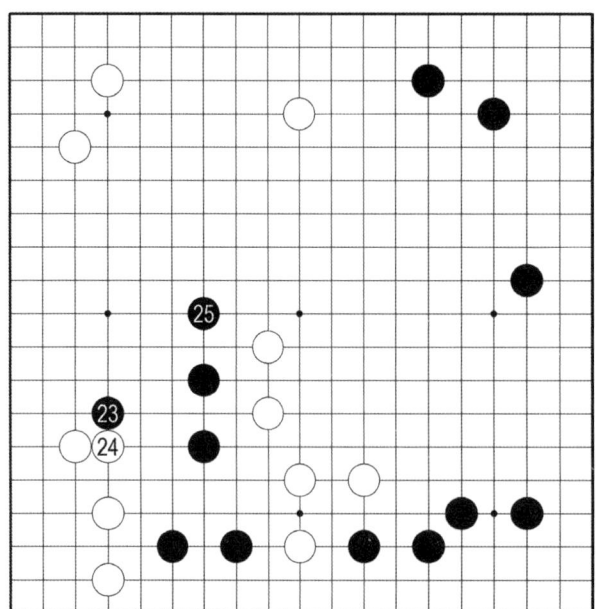

黑23先肩冲，再25位跳出，也有必然性。如果这块黑棋被白封住的话，还是有一定问题的，需要做活。

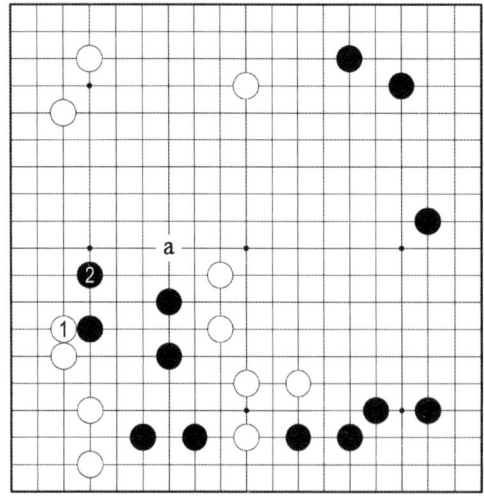

图1

如果实战白24在三路爬，则黑2可以顺调出头，a位就不是那么紧急了。

（26）

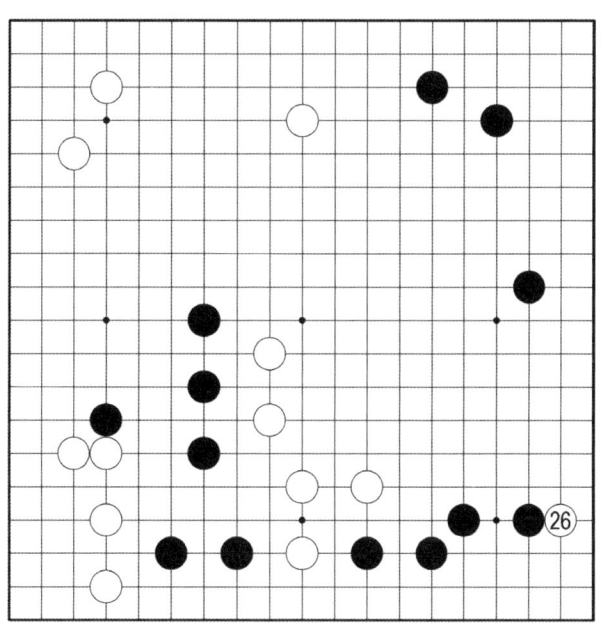

白26托，试应手。

（27）

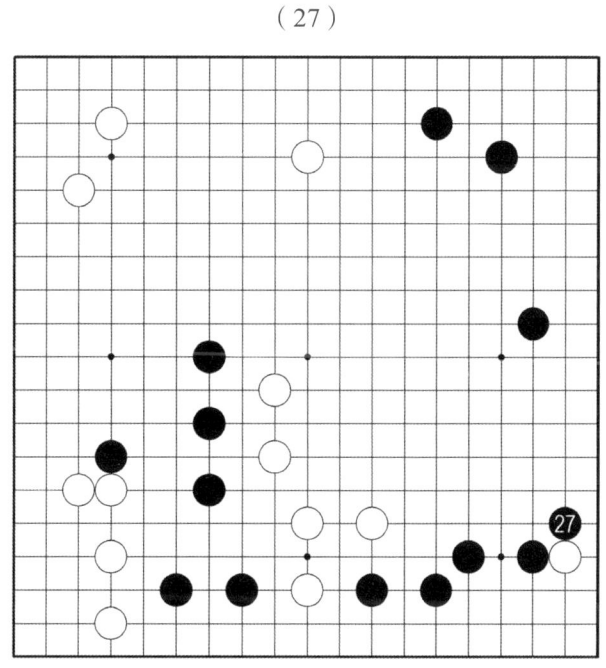

由于右下角比较厚，黑27扳吃，不肯轻易被白棋便宜。

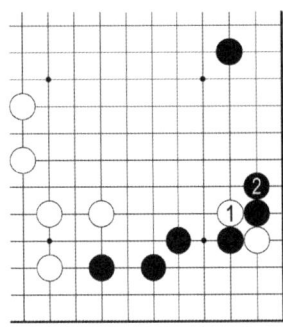

图 2

白 1 如果马上扭断,则我准备在 2 位长,白在局部没有什么棋。

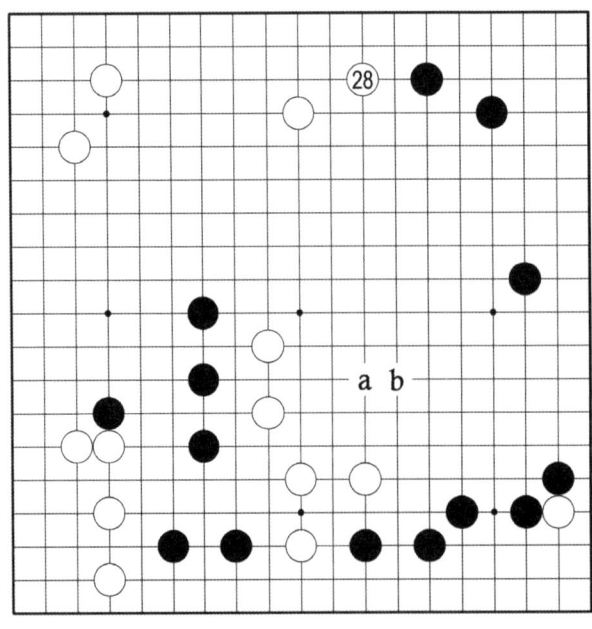

(28)

所以,在这个局部,白也就是试探了一手,没有纠缠,随后白 28 小飞,抢占上方大场。

但白 28 走上边,还是有些出乎意料。当时我以为白 28 会在 a 位或 b 位落子,这样白棋把自身补强了,也限制了右边黑棋潜力的发展。

○ 辜梓豪烂柯局 ○

(29)

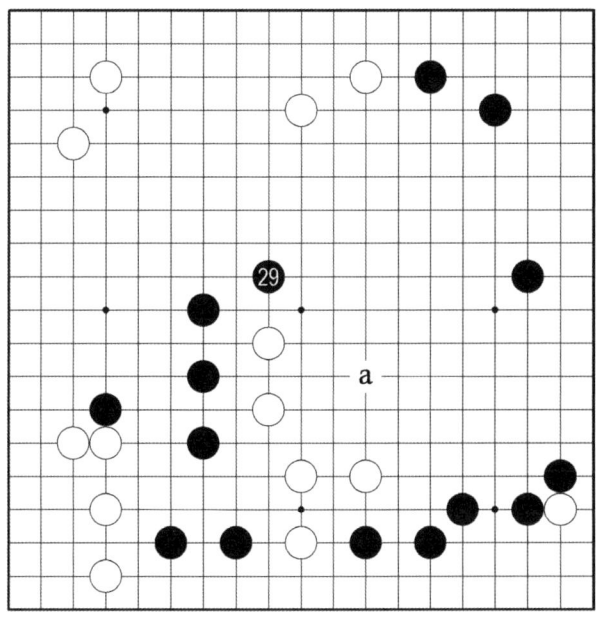

白转战上边，我曾考虑过下在 a 位，这样既瞄着白棋的弱点，又有机会壮大右边的势力。

图 3

只不过后来又考虑到，白 28 飞后，白棋在上面也欠着一手棋。这样黑△镇后，白棋面临新的抉择。白如果在 1 位补棋，黑棋可以在 2 位直接打入，这样黑△一子便可以起到接应的作用。

图 4

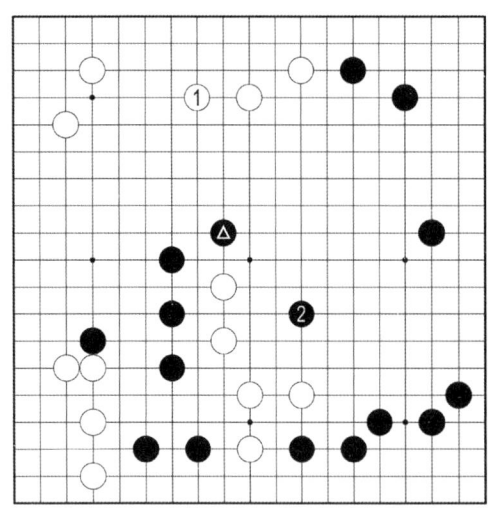

白如果在上边补,则黑△镇头之后,再在 2 位点,攻击就变得严厉,效果也会更佳。

(30-31)

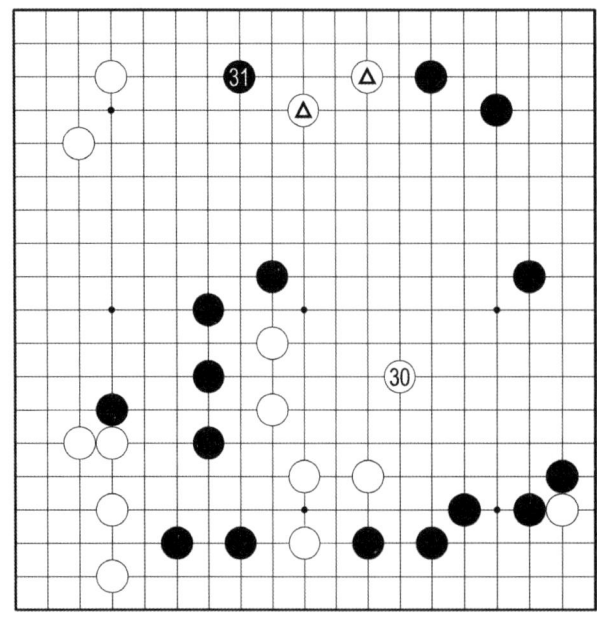

白 30 补中腹,也削减了黑的势力。但黑 31 打入,白△两子被攻——下成这样,我自认为比较满意。

（32）

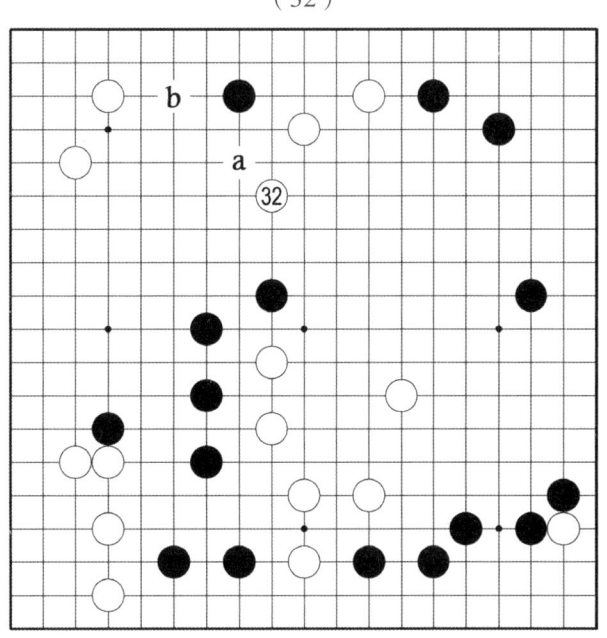

白32飞，又是没有想到的一手。我预想对手会选择在a位镇或是在b位夹之类的下法。

（33）

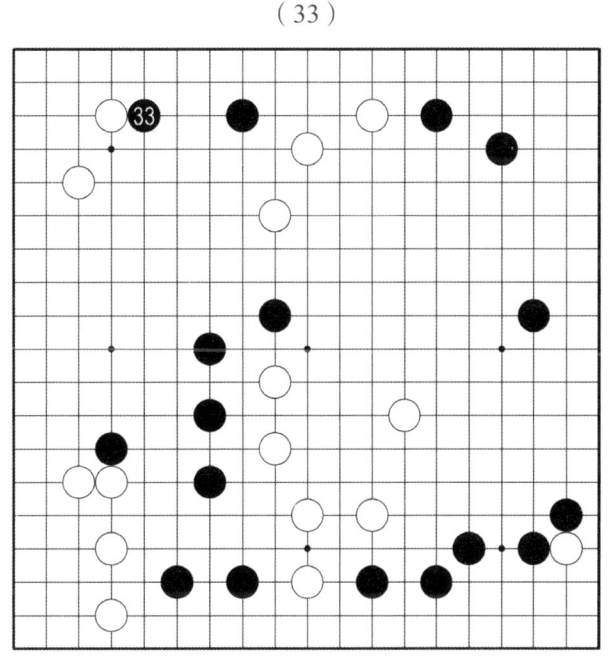

黑33碰，是局部的一个形。

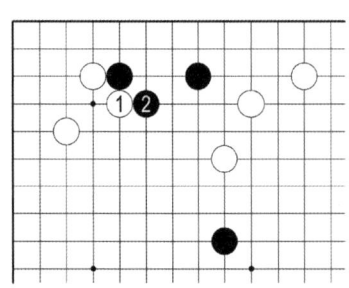

图 5

对此，白如果在1位上扳，黑则在在2位反扳。

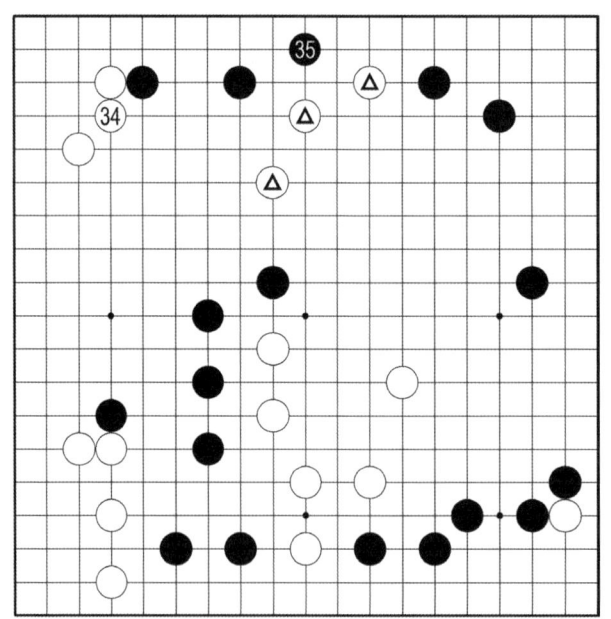

（34-35）

白34不给黑借劲。

黑35飞二路，而不是向中腹出头的考虑是：在白棋先走了一步的上边，黑不但破坏了白空，还可以冲击白⊙两个小飞留下的薄味。

所以实战进行到这里，黑棋满意。

（36-38）

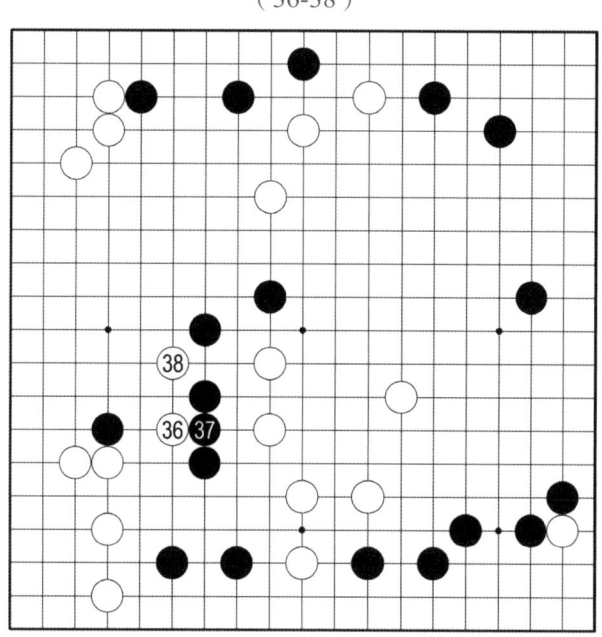

白36、38冲击黑棋的薄味。

（39）

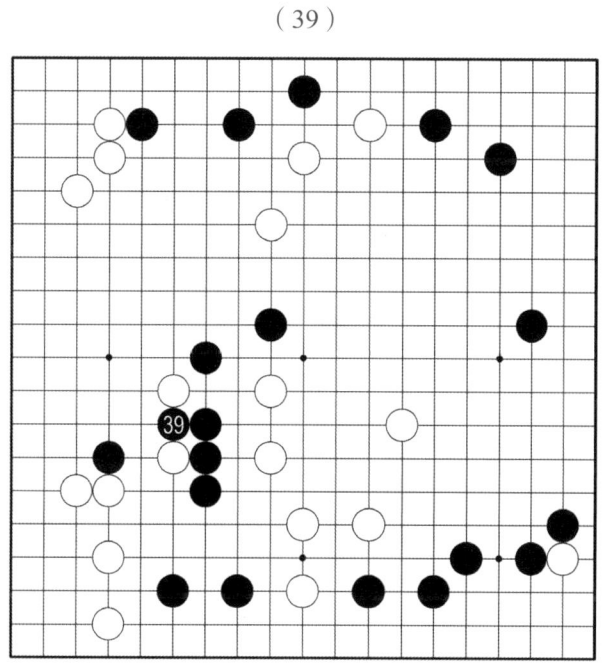

黑39反冲，是必然的反击。

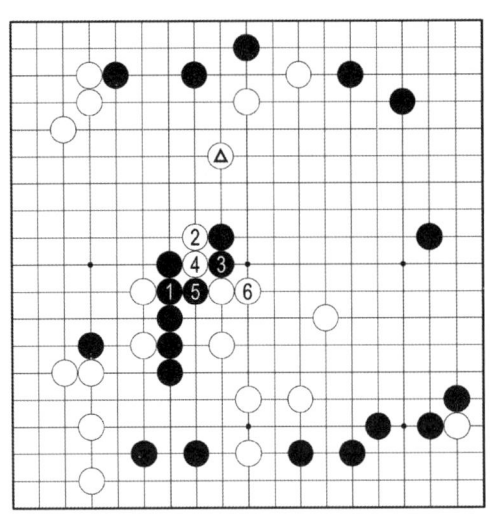

图 6

白 38 再刺时，黑如果继续接牢，我担心白 2 跨断，黑 3 以下抵抗，至白 6 长，黑棋被分断，白△等中腹的子力就能发挥作用了，如此作战白有利。

故实战黑 39 寻求转身，毕竟白 36、黑 37 的交换，是白棋亏了一些。

○ 辜梓豪烂柯局 ○

（40-42）

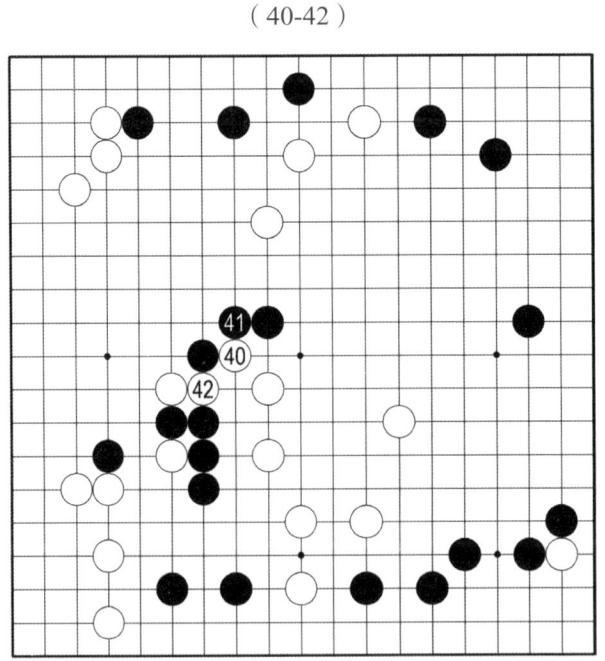

实战白 40、42 分断，也是可以接受的。

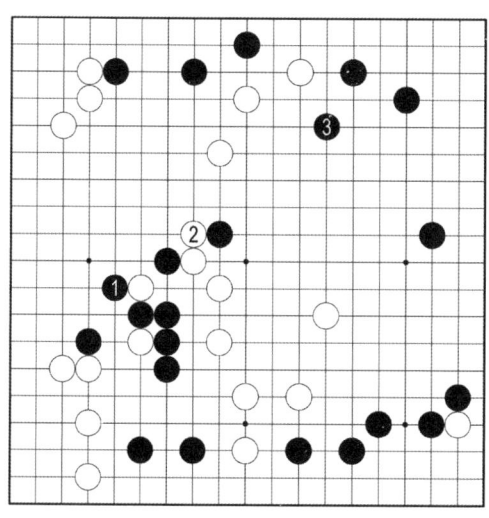

图7

实战白40强力分断时,我原来预想的是在1位扳,白2冲出后,再脱先走3位,虽然当时觉得这样也不差,但还是希望下得更紧凑一些。

(43)

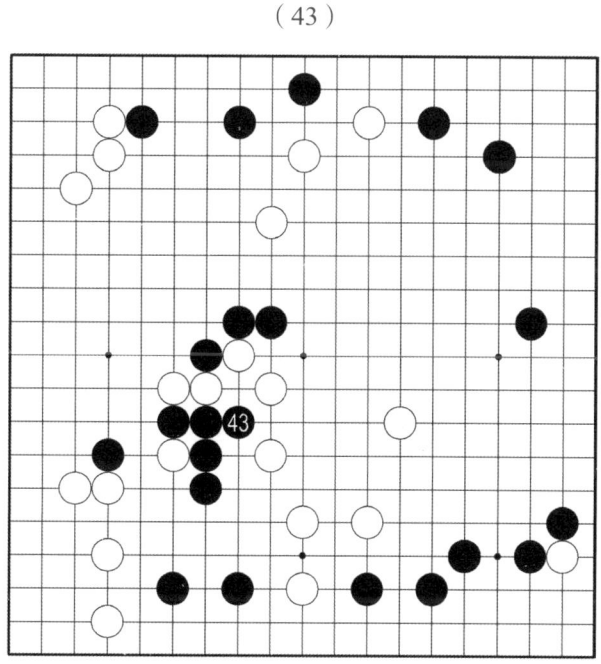

黑43反冲,局面顿时变得激烈、复杂起来。

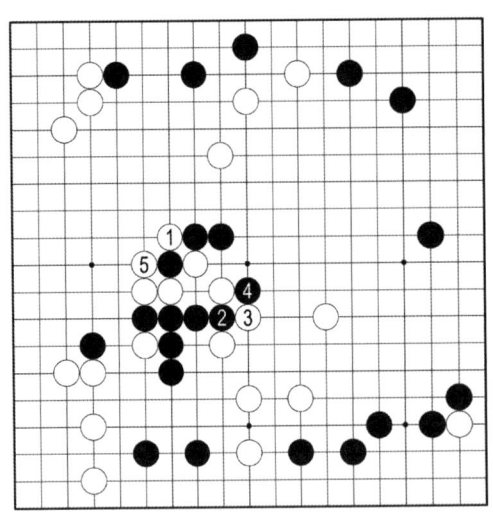

图 8

接下来,白如在 1 位断,黑棋虽然能在 2、4 位冲断,但白 5 提一子后,黑棋的形势还是较为紧张——黑棋固然能分断白棋,但也没有什么特别有力的后续手段。

从这层意义上讲,实战黑 41 挡、43 冲的下法稍稍有些冒险。

（44-47）

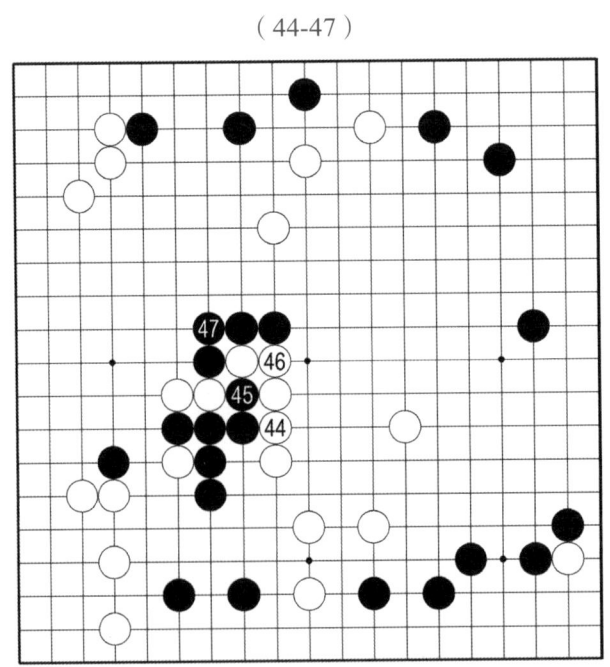

白 44 粘,黑 45、47 顺势整形。

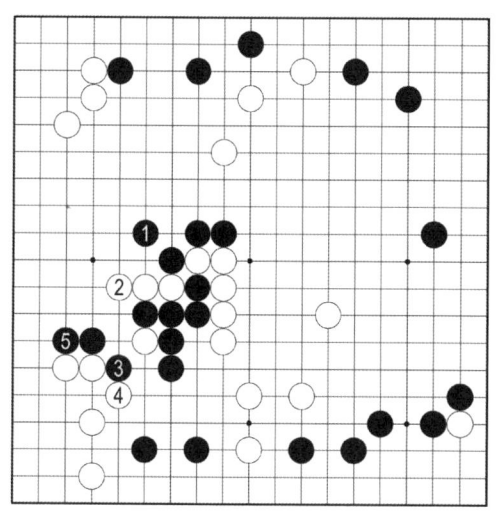

图 9

黑 47 单接似乎不如 1 位尖对白 2 等三子更有压力。

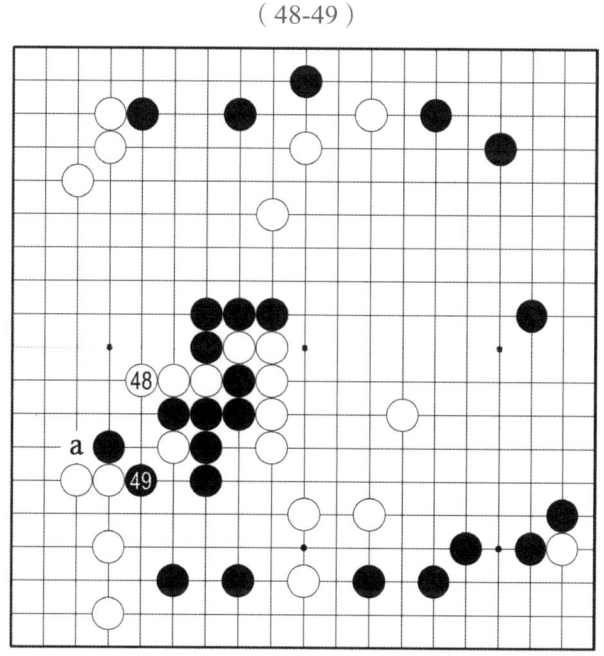

（48-49）

白 48 长时，黑 49 的形是在 a 位，但不得不先补一手断。

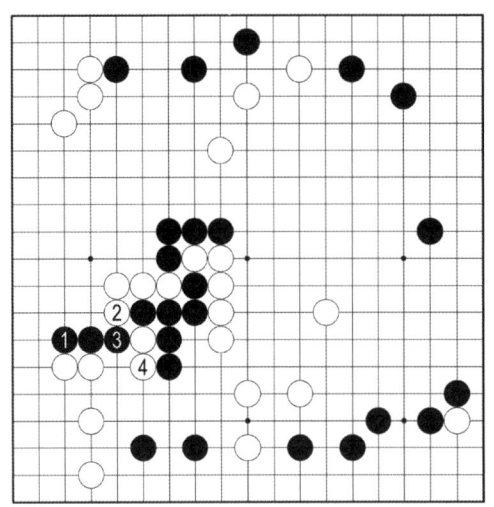

图 10

黑如果直接在 1 位挡,被白 2、4 冲断,黑左右则难以两全。

（50）

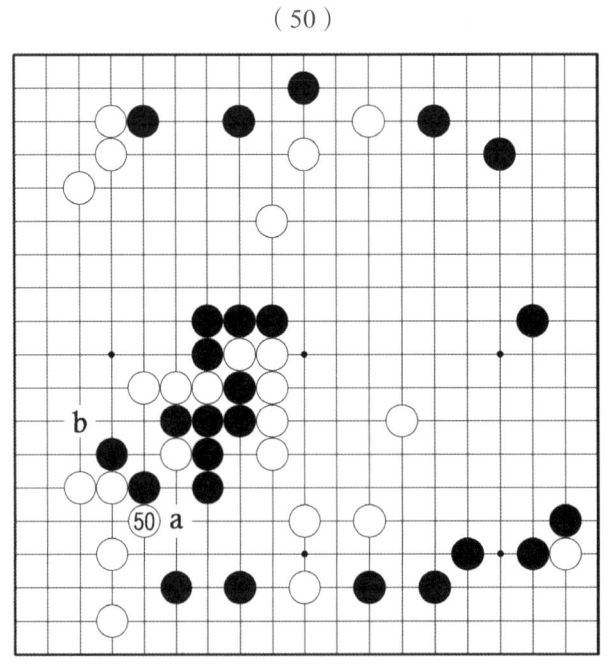

白 50 虎,是期待黑棋随手在 a 位虎,这样先手紧黑一气,白就可以在 b 位连回了。

图 11

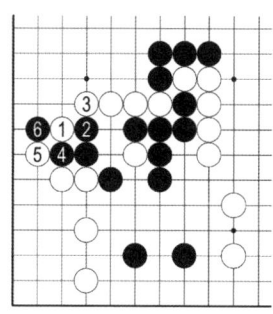

白如在1位直接连,则黑2至黑6断,白失败。

（51-52）

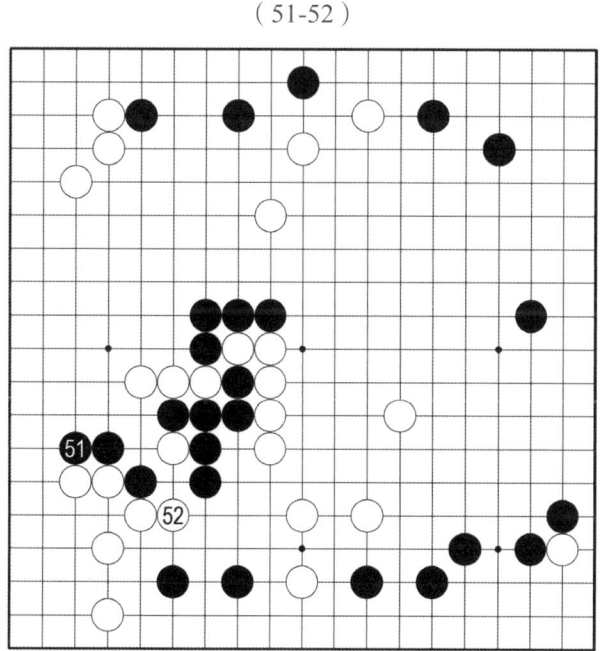

经此交换,黑51挡下得以成立。

白52破坏黑眼形,当然。

（53-54）

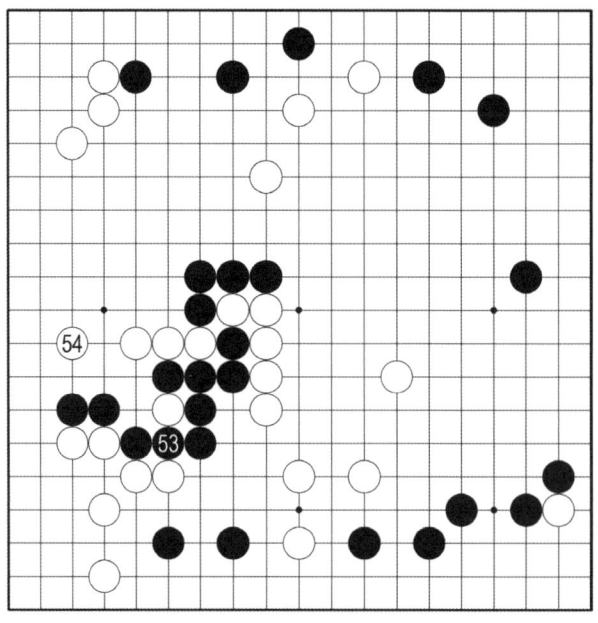

黑53只能连，白54跳下，占据了攻守兼备的好点。

（55-56）

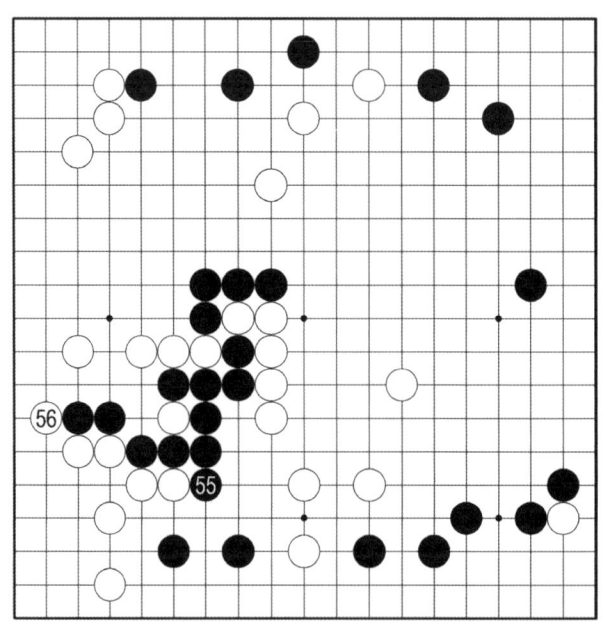

至白56扳，这一段的激烈交锋，我一直觉得黑棋不错。而复盘时，白方也觉得自己的形势不太好。可是实际上，此时评估黑棋的胜率并不高。

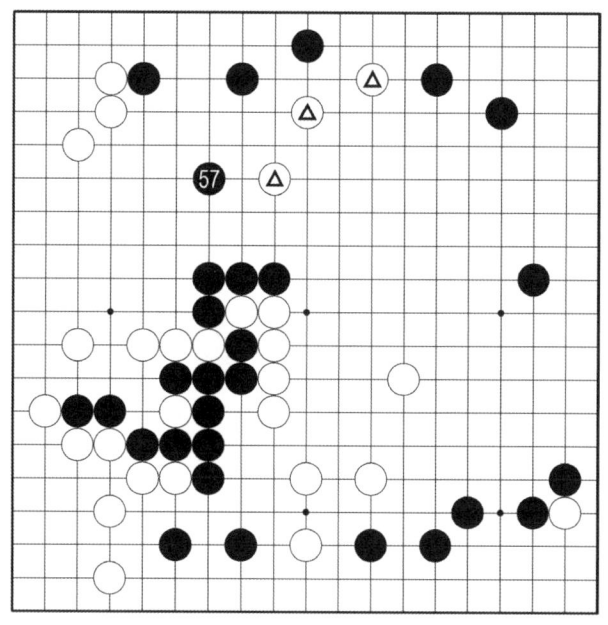

(57)

黑57大跳兼镇头,不仅保持了自身的联络,还对白△三子的薄味造成了压力。黑左下大块虽然受到白棋的冲击,且被封住了,但仍然是活棋的形状。白棋左下虽大,但也只是守住了基本的空。所以总体来看,当前应当是黑棋十分满意的局面,但 AI 却有不同的看法。

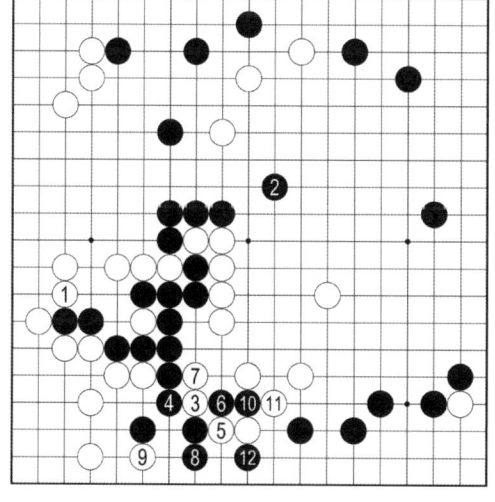

图 12

AI 认为,白棋此时应该在 1 位补断,既得实地,又走厚了自身(也是在间接支援中腹大块),黑棋如果在 2 位攻击上边,被白 3 靠、白 5 顶,下方黑棋虽然勉强能活,但会被搜刮得非常惨(黑 6 以下是一变)。这样,黑 2 虽然攻击了上方三子,但白只有这一块,并不足惧(不需要活得特别充分,只要走好、走畅就可以)。全局白方的胜率居然高达 70%,这是对局者与 AI 在判断上的巨大差距。

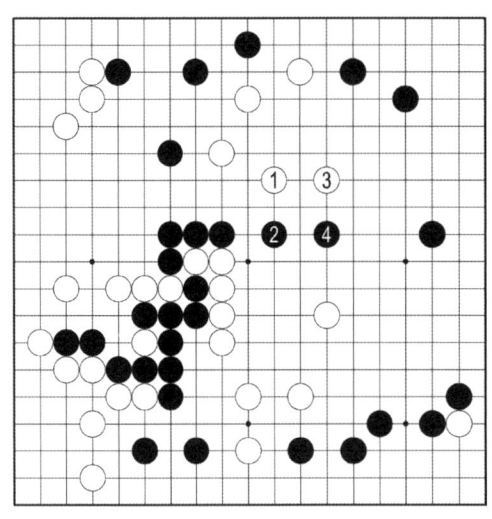

图 13

但以人类棋手的视角看，上方白三子即便马上加强，也还要受攻击，哪里还有余裕去补左边呢？如图进行到黑4，白上方如果视作初步安定的话，下方大块又变薄弱了。

这里的判断分歧，是人类棋手和AI最大的差别所在。仔细琢磨，还是很有趣味和启发性的。

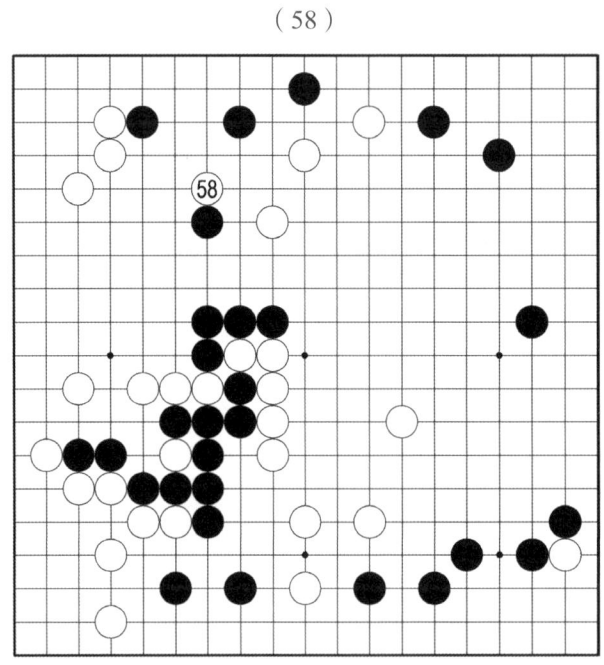

（58）

但以人类棋手的经验来判断，白似乎也感觉自己形势不利，于是白58用强，想把棋局导向复杂化。

（59-61）

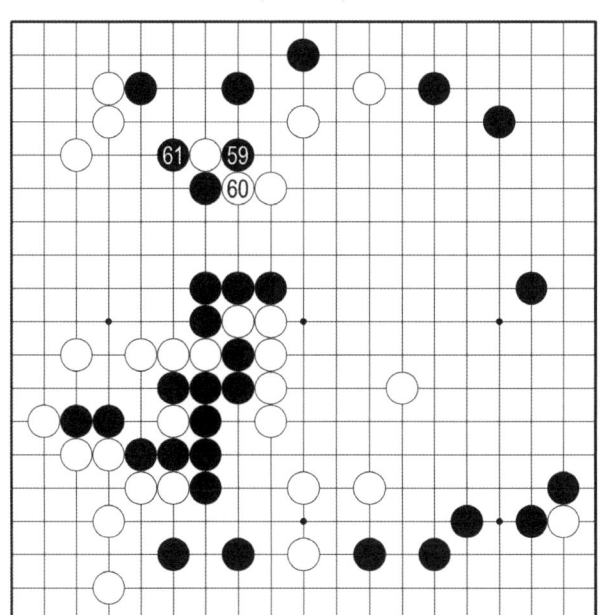

黑59、61反击，当然。

（62-63）

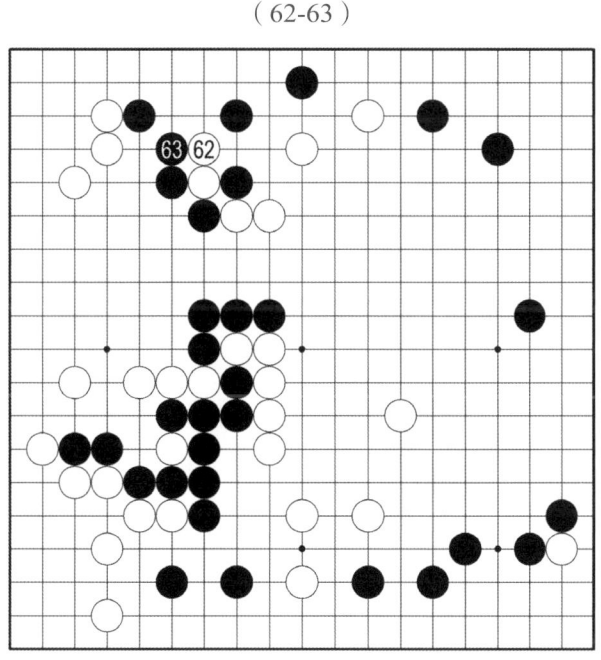

黑63贴住，紧凑有力。

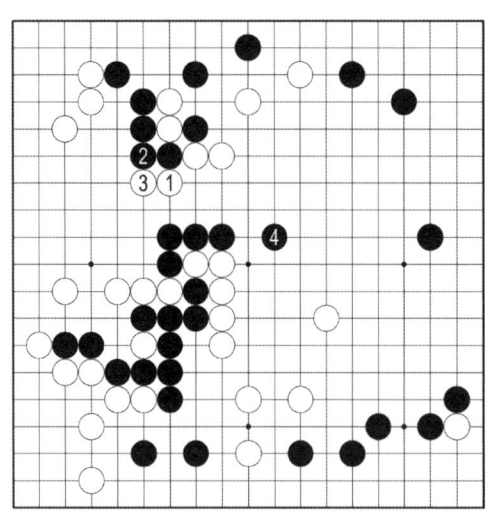

图 14

接下来，我以为白棋会在 1 位打、3 位贴，这样黑 4 出头后，之前白 58、60 两子的投入，就显得很损。

（64-65）

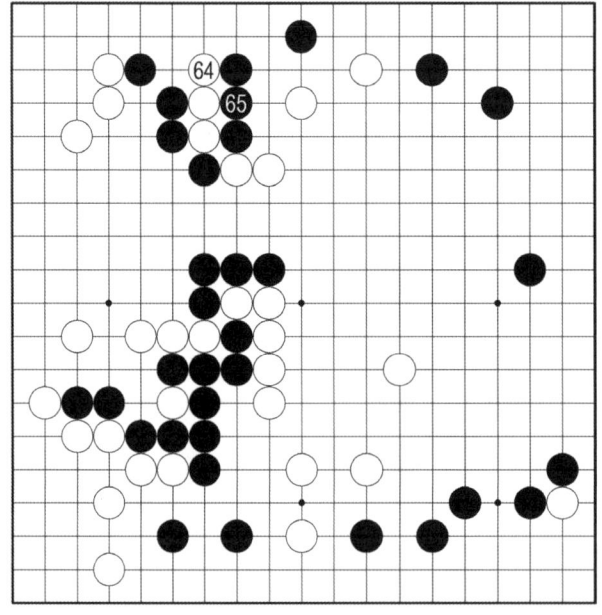

但没想到，白 64 很快就冲了下去，企图将局面进一步导向混乱。对此黑棋只能在 65 位连。

(66-67)

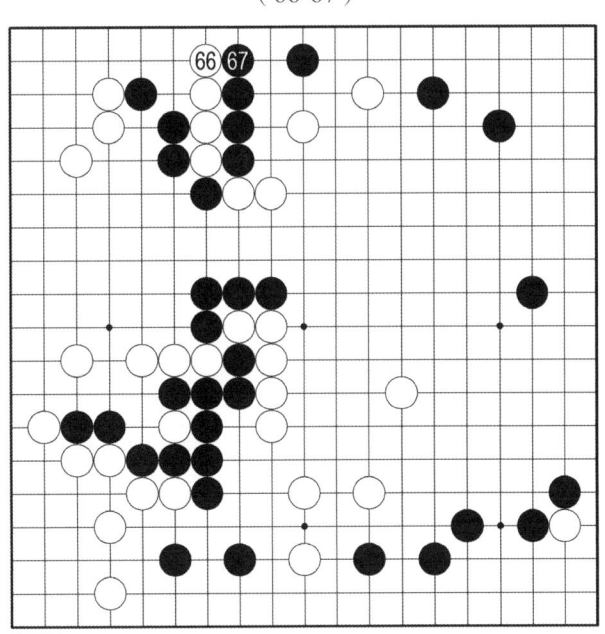

白66长是一本道，而黑67也只有挡住，白四子看起来很危险，那么白方有脱困的办法吗？

(68)

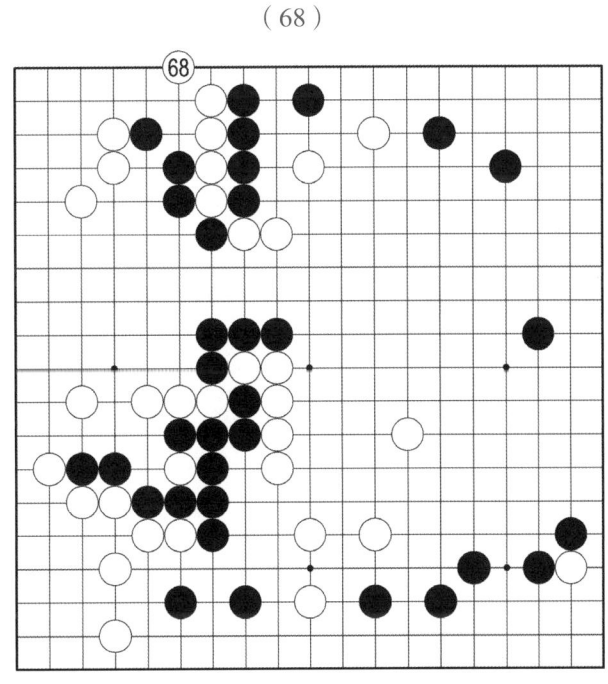

白68一路尖，是漂亮的手筋。除此之外的下法，都无法避免白四子被吃掉。

(69-71)

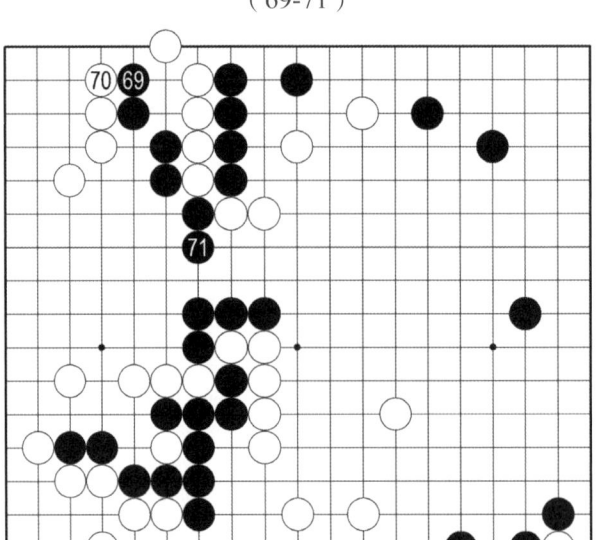

黑69、白70交换后，黑71已经无法继续攻杀。

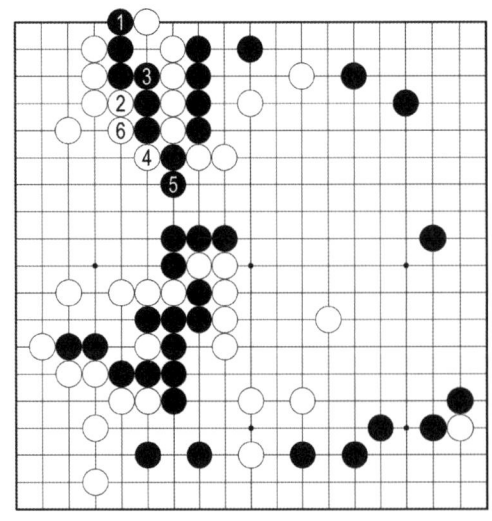

图15

黑1截断，非要硬杀的话，局部就会形成一个非常经典的对杀题。白2先挤，再白4、6收气，黑因不入气而被反杀。

（72-73）

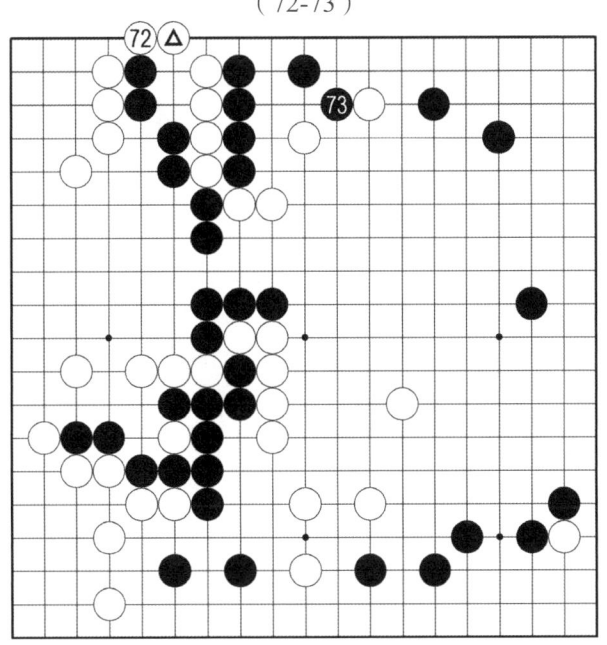

　　凭借白△一路尖的经典妙手，白72救回了棋筋，把黑棋分割成了两块，看似是白棋成功。但白上边四子非常薄弱，被黑73尖到，我感到白棋非常难下。

　　从白58跨至白72渡，AI给白棋的胜率也垮掉了。

（74）

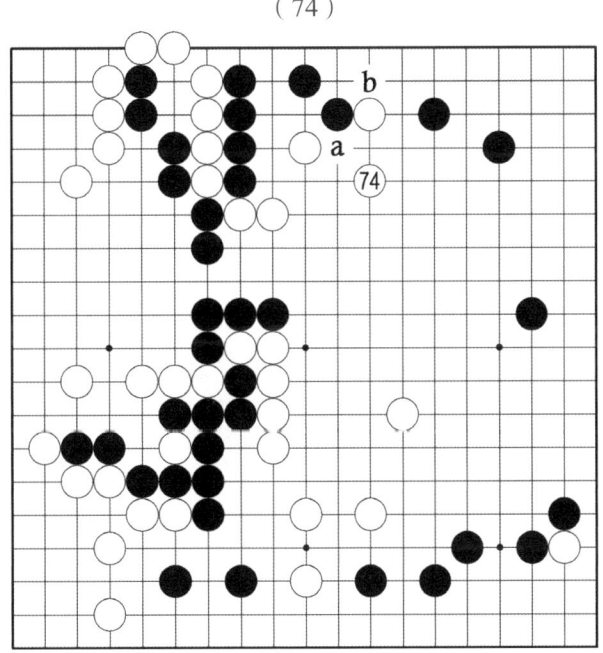

　　白选择了74位跳，这是轻灵的一手，对中腹的作战也更有用一些。普通是在a位挡，黑b位虎过。

　　即便如此，目测白棋这一队的处境也非常危险。

(75)

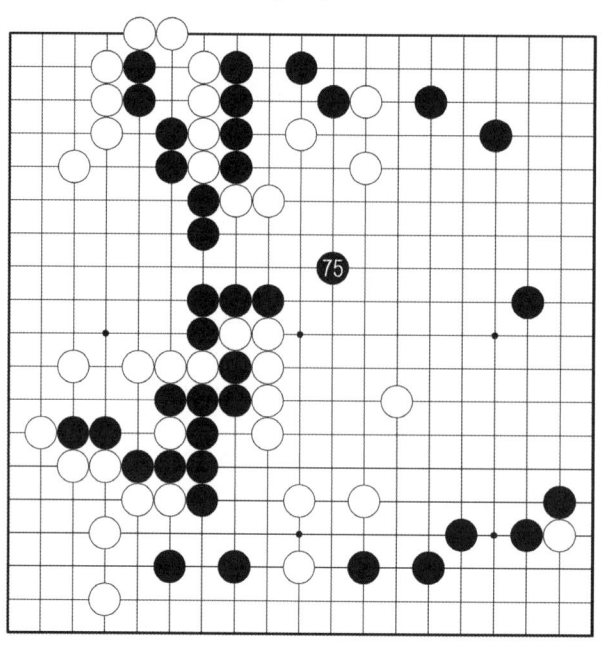

由于白的包围圈很薄弱，黑75得以转向中腹，不担心白攻杀上边一块。

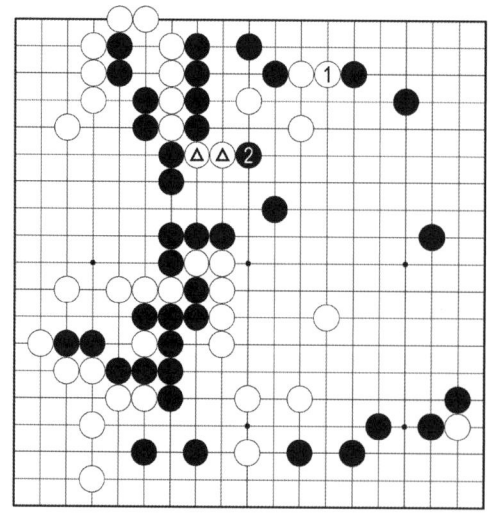

图16

那么，白对黑上边一块，有没有强力的攻杀手段呢？接下来白1如阻渡，被黑2顶鼻，则白⊙两子棋筋进退两难，相当棘手。

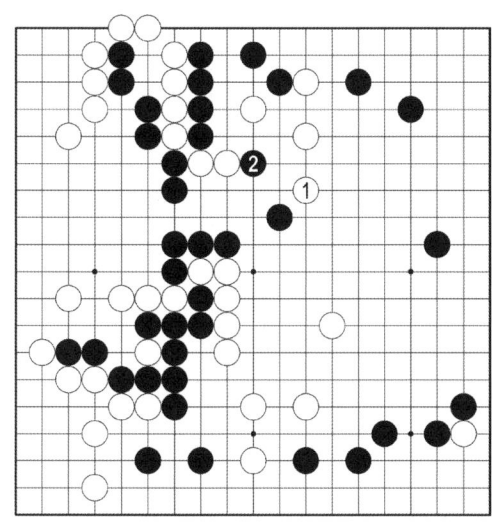

图 17

白 1 似乎是形，不过由于 2 位有弱点，白想进攻黑上边，却使不上力气。

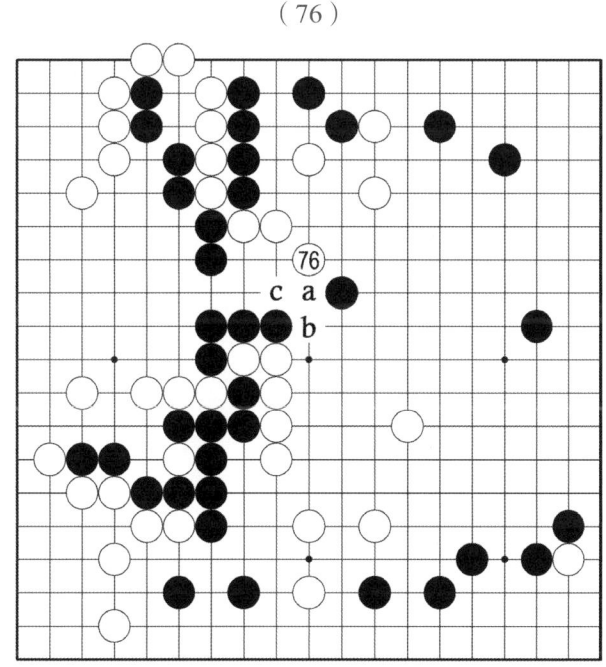

（76）

出于以上原因，白 76 先补强自己，并瞄着 a 位冲断或者 b、c 位的扳断，威胁黑棋，着法顽强。

(77)

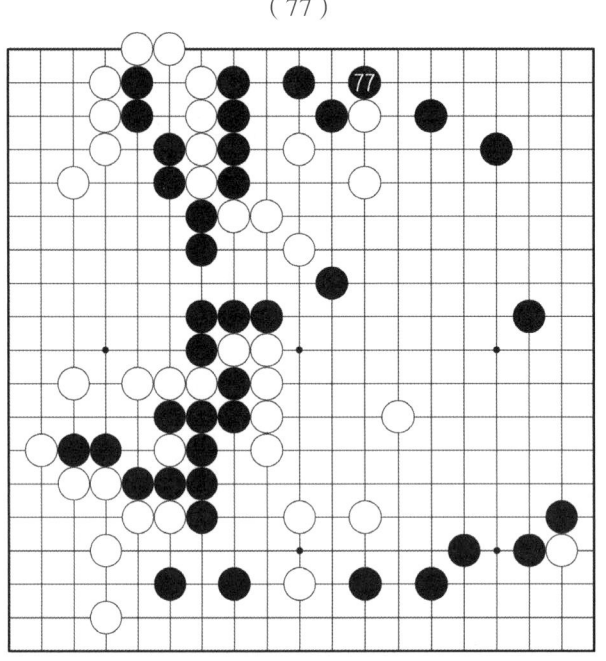

黑 77 走好上边，断掉白棋攻杀的念想，是冷静的一手。这是因为我考虑到，即便中腹被白断开，但黑的气比较扎实，而白棋没有多少气，故不怕跟白对攻。

黑 77 的成立与否，更多的是对局时的一种感觉。而白棋自感形势不利，从白 58 靠断演变至此，已经到了"拼死一搏"的关头。

(78-80)

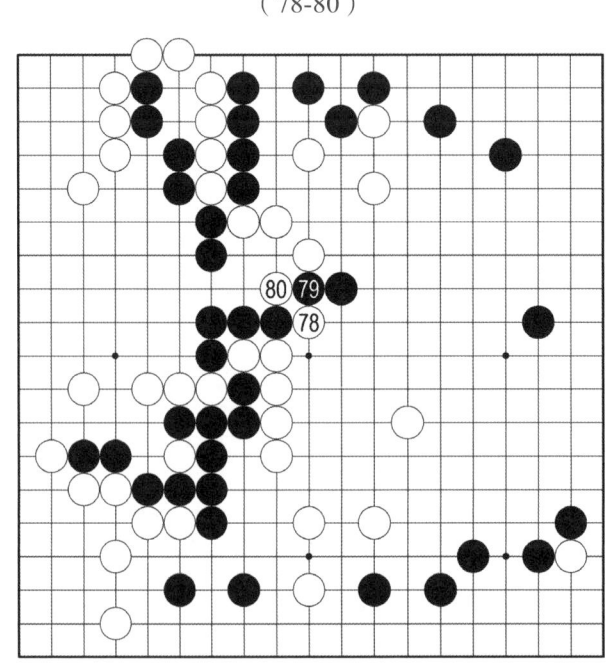

白 78 扳后白 80 断，相当惨烈的一断。

（81-82）

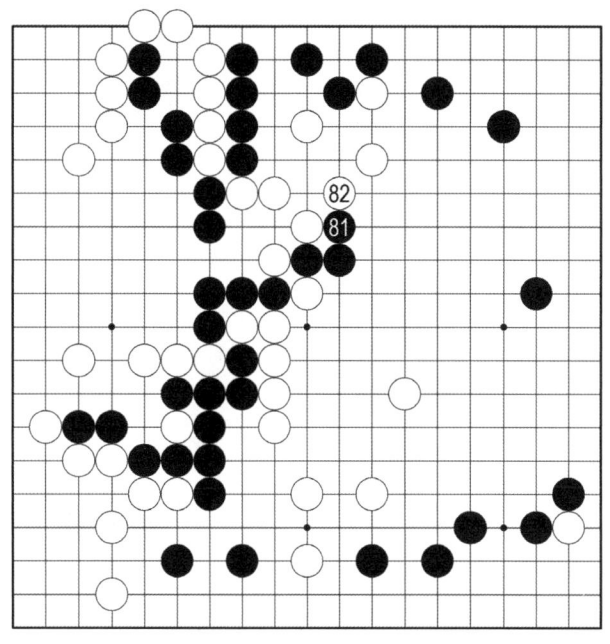

白棋强行切断黑棋，留下多种味道，我一开始以为，黑棋并不难处理，可以简单地把白棋搞定。但黑81、白82交换后，发现情况并不是这样。

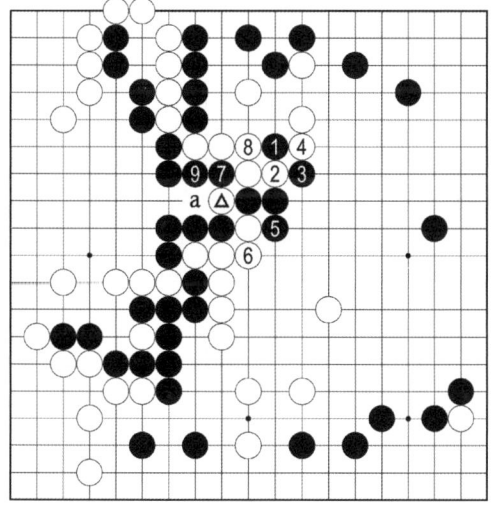

图18

黑1穿象眼更严厉，白棋很难下。白2、4如冲断，则黑5先手打后，有7位扑的手段，白8只有如此，黑9吃通（或a位提掉白△子的棋筋），走成这样，白已经不可能再攻击黑棋了。

也就是说，在白强断黑棋之后，是白棋最危险的时候。

（83-85）

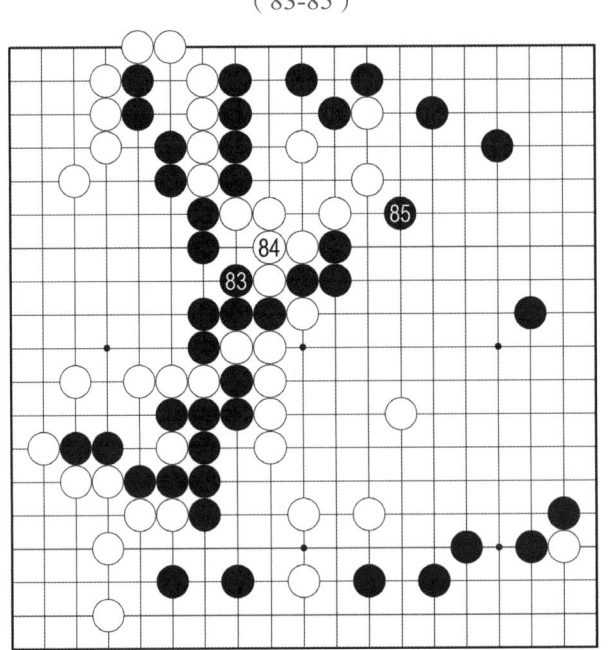

本来以为黑83先手打，可以简单地拿住白棋，但实战比我预想的复杂。黑85是预定的攻击手段。

（86-88）

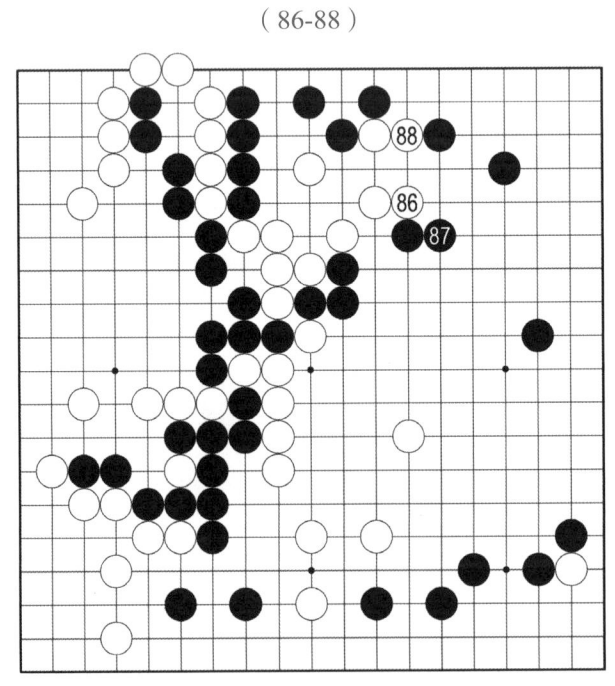

白86冲、白88顶后，我考虑了很久，感觉非常复杂。

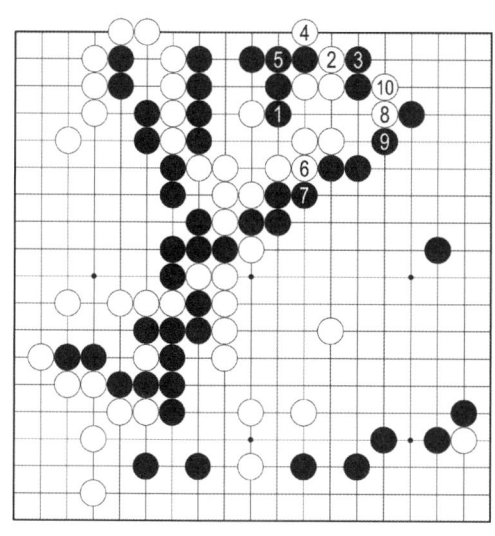

图 19

本来我以为黑1可以冲进去，如此则轻松拿下。但白2反击必然，以下进行至白8碰，突破包围圈与就地做眼必得其一。经过长时间的计算，我感到黑棋外围的缺陷还是不少，不能这样行险。

（89-90）

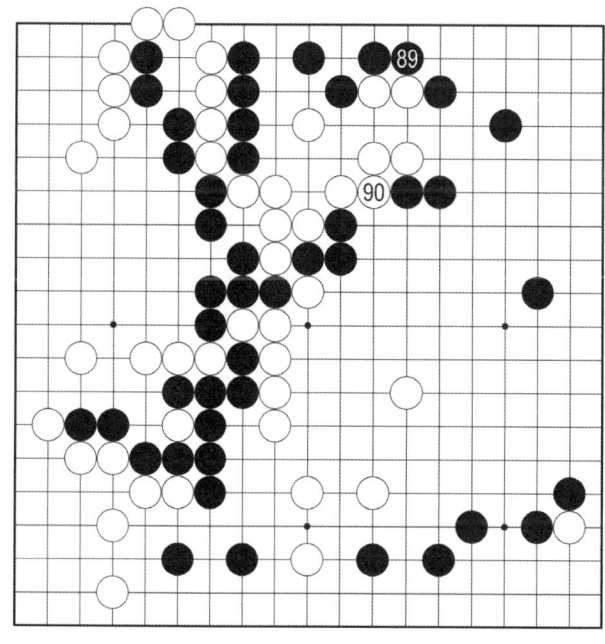

耗费大量的保留时间后，我认为还是只能在89位连回。然而白90团出乎我的预料，此时白已经可以就地做活。

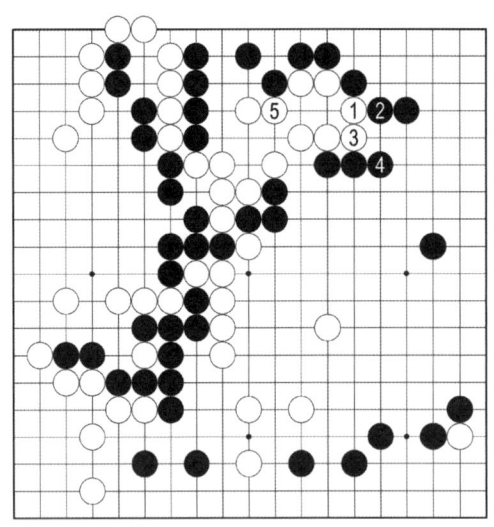

图 20

白 90 如改在 1 位虎，黑 2 顶，白 3 团是先手，黑 4 不能不封，则白 5 可以轻松活出。白棋安顿之后，左上黑棋大块则面临死活问题，非常残酷。

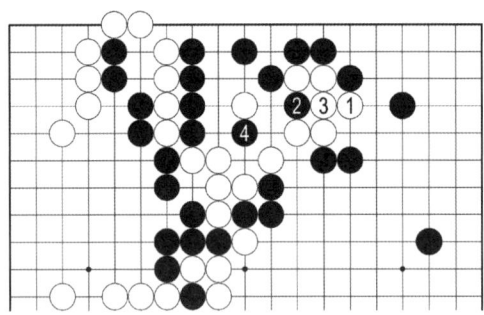

图 21

故在白 1 顺势虎出时，我考虑的应对是黑 2 先打，再在 4 位靠。

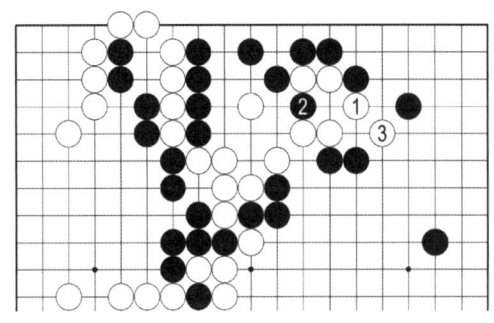

图 22

局后用 AI 研究，给出了 3 位尖的好手，局势更趋复杂。

白 90 团，可能以为是绝对先手，但这时我看得很清楚，不能跟着应了。

（91-92）

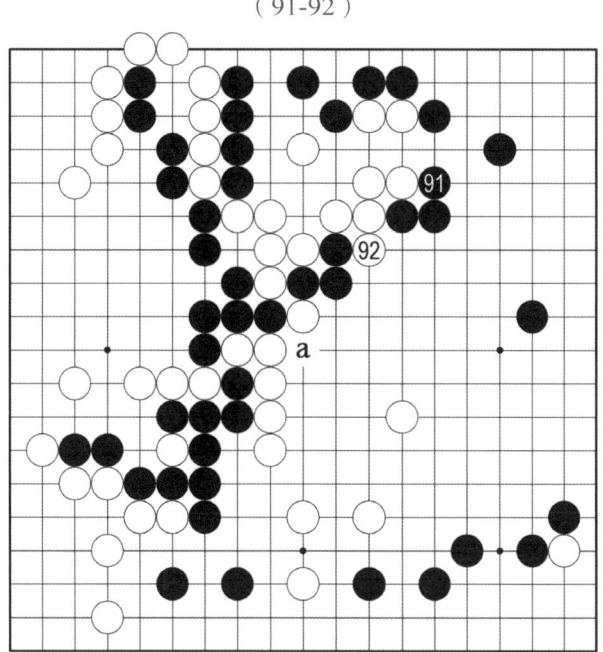

前谱的白90团，我事先没有想到，但黑91拐，我并没有用多少时间。一方面因为保留时间已经不多，另一方面是感觉哪怕白92出了头，黑还可以利用a位的断点与之周旋——凭着感觉往下算了几步，判断白棋已经不行了。在贴身缠斗方面的直觉，跟我的其他技术相比，我认为是比较敏锐的。

（93-95）

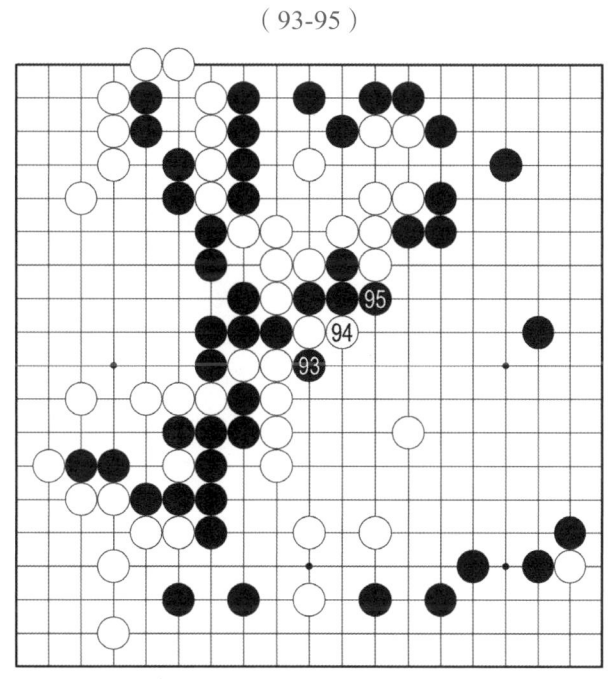

黑93断，逼着白一子棋筋跑出，黑再在95位跑，纠缠两边，白棋势难两全。

(96-97)

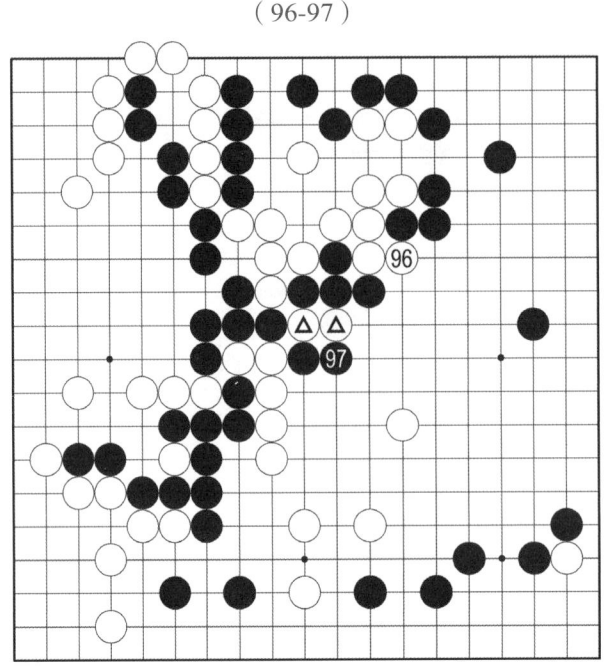

白96不得不如此,一旦被封,白棋大块还有死活问题。黑97打,又是借劲,此时无法征吃白△两子棋筋。

(98-101)

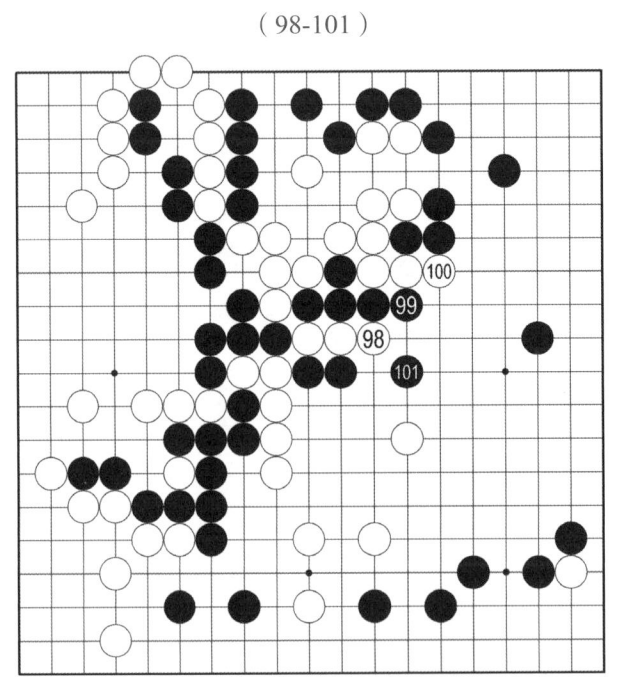

白98、黑99、白100都是一本道。黑101枷,一锤定音。

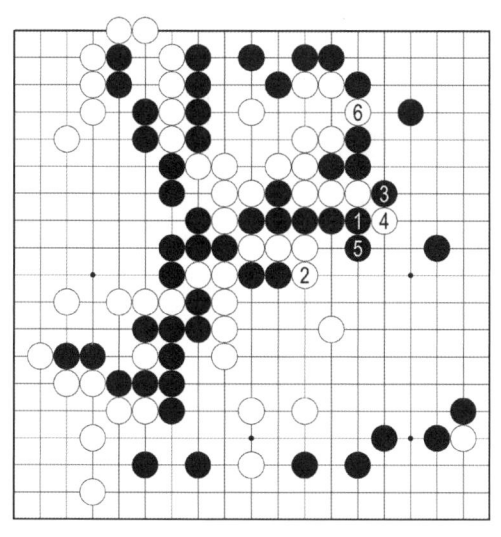

图 23

黑 101 改在 1 位贴，乍一看也能封锁白棋，但白 4 断后再白 6 挖，黑在局部难以抵挡，而左侧黑大龙不得不再度面对无眼的困境。

黑 101 枷，是我在 91 拐时就看到的好手。有此一手，黑棋稳居不败之地。

（102-105）

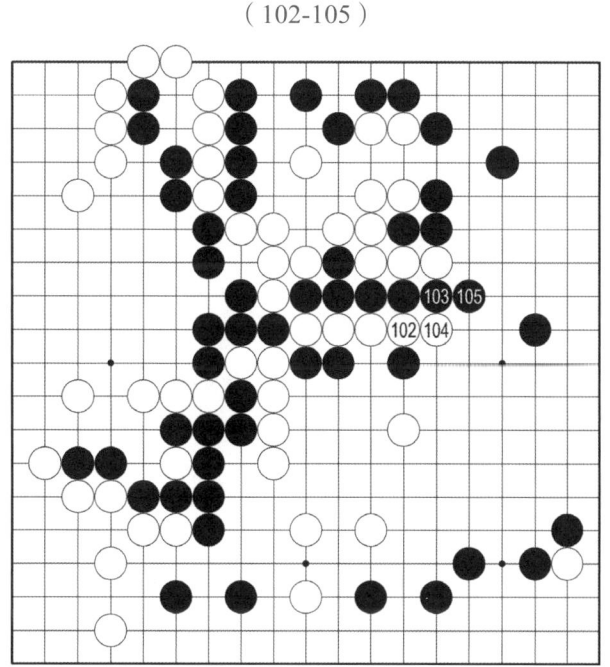

白 102、104 逃命，只此一途。

(106-107)

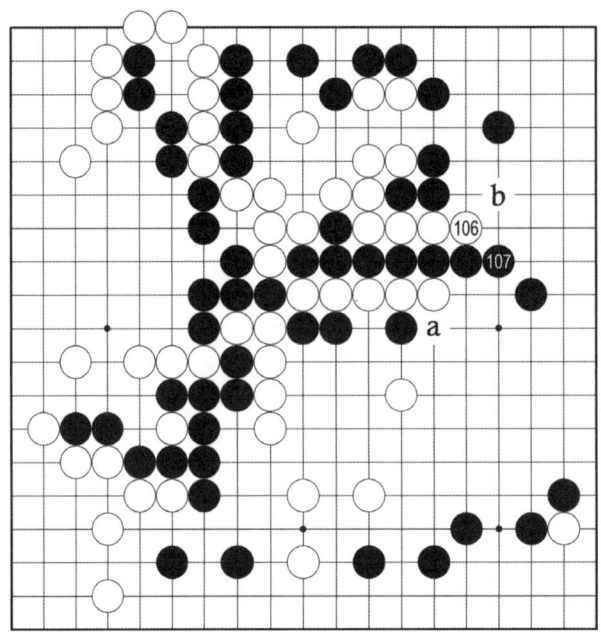

黑顺调走到107，令白棋a、b两处无法兼顾，大成功。

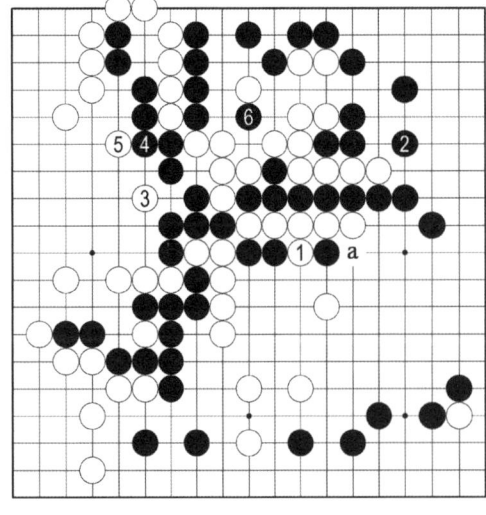

图24

白1防黑a位闭死，则黑2枷，上方白只有六七气。白3点时，就算黑在4位简单接上，然后在6位跨，白棋也已经慢了一气，黑棋甚至都不需要计算跳到左边长气的复杂手法。

（108-109）

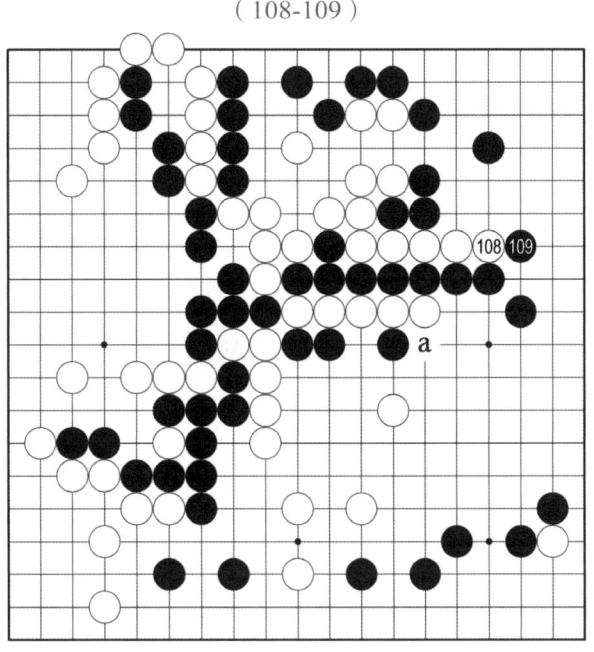

白108贴紧，是为了支援中腹五颗子，即当黑在a位闭时，白五子可以利用黑棋气紧的弱点而逃出。

黑109转而追究白棋大龙气紧的问题，白应对困难，因为一旦被黑长出气来，a位的手段依然致命。

（110-113）

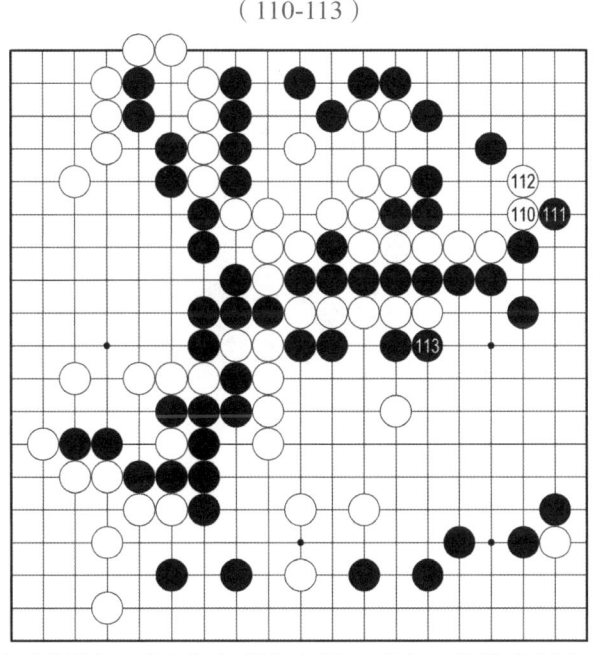

黑111扳，步步紧逼，不让白有喘息之机。黑在二路虽有断点，但白不敢去打，因为黑一旦粘牢，黑113闭再度成立，白112无奈长出。

黑113图穷匕见。

（114-115）

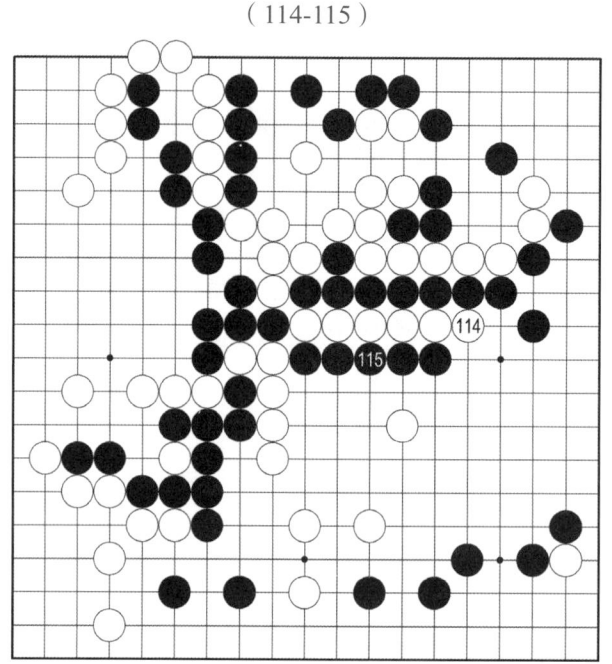

白114长，黑方由于自身有断点，只能黑115粘，不过白一队气也很紧，没什么腾挪空间，故这里的战斗黑也不需要花很多时间。

（116-117）

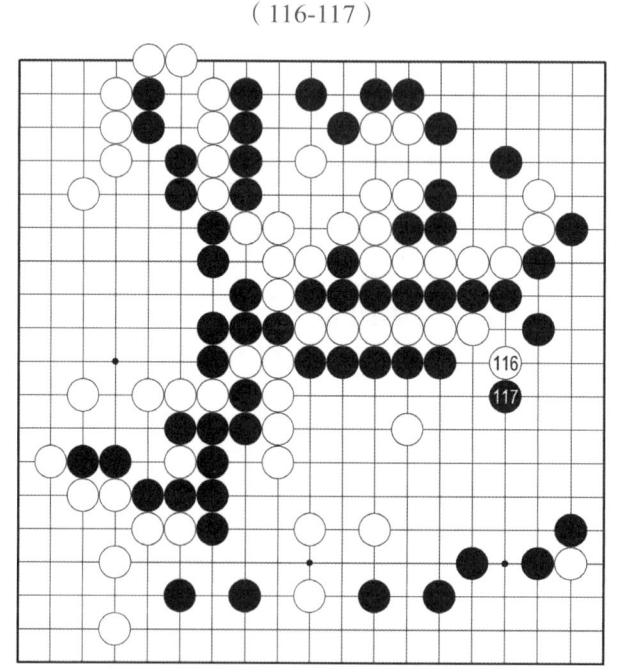

白116尖，黑117飞靠是只此一手，走到这里白方基本上已经不行了，但后面又有一些小的意外。

（118-119）

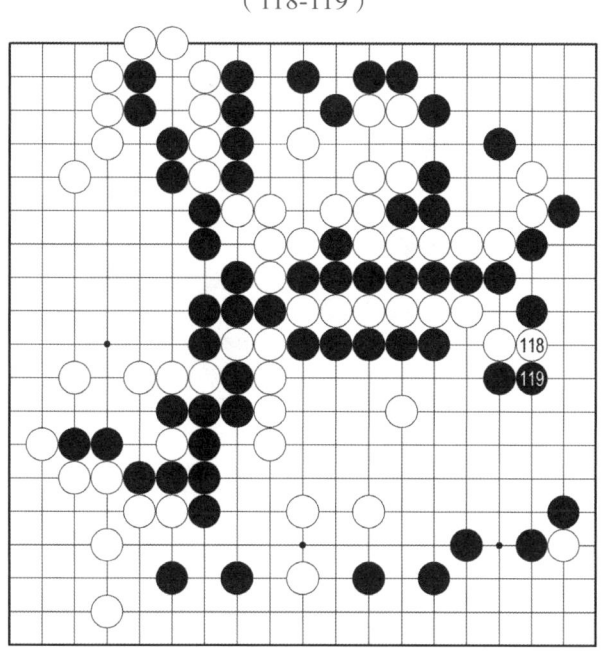

白118跑时，已经没有什么好办法了，黑119追杀，白棋处境愈发窘迫。

（120-121）

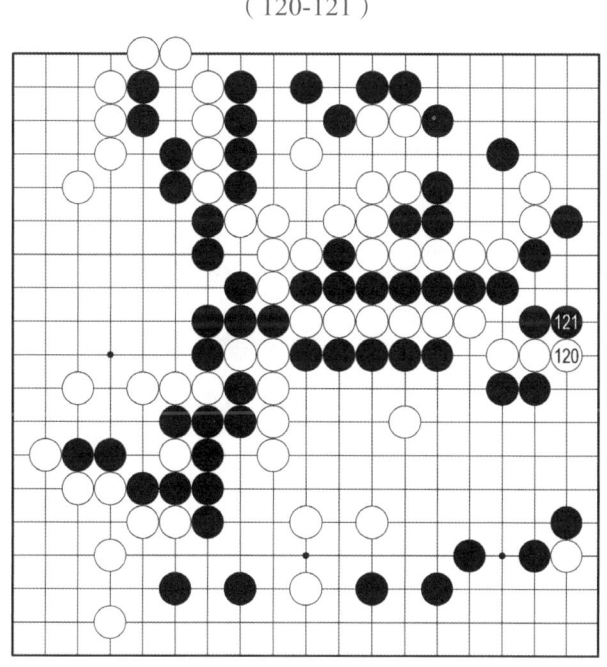

黑121挡，正确。

(122-124)

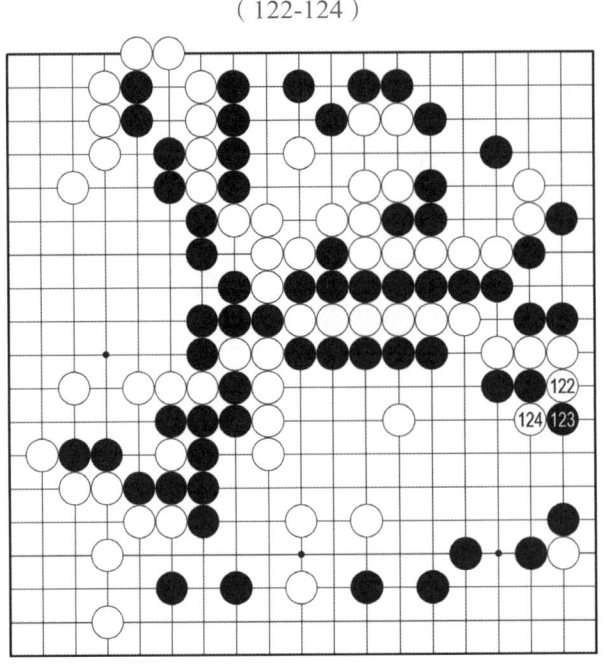

黑 123 扳住，本来以为能净杀，但白 124 断又生出了手段。

(125-127)

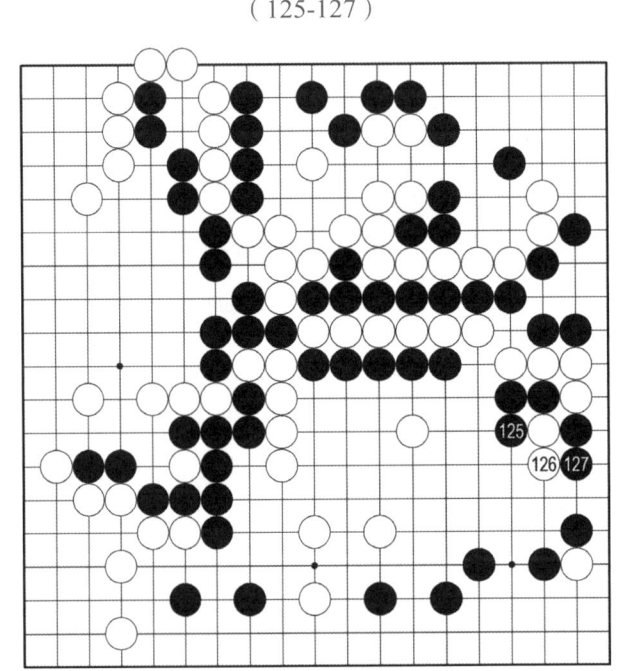

白 126、黑 127 交换后，白棋长出气来，黑已不能净杀了。

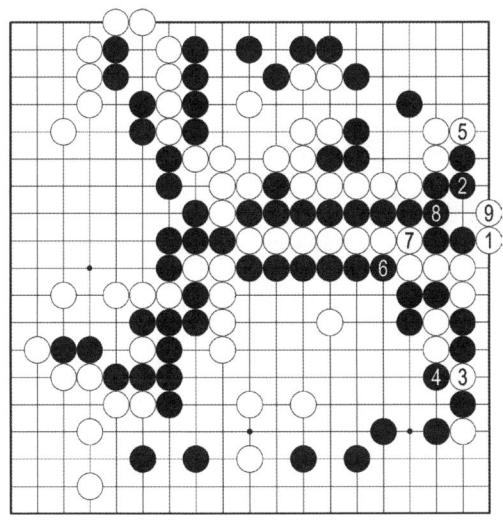

图 25

此时白在 1 位扳，黑已无法如预想的在 2 位粘，净吃白了，白 3 挖先手长气是非常妙的次序，再在 5 位收气，黑却收不住白的气，以下进行至白 9，对杀黑崩溃。

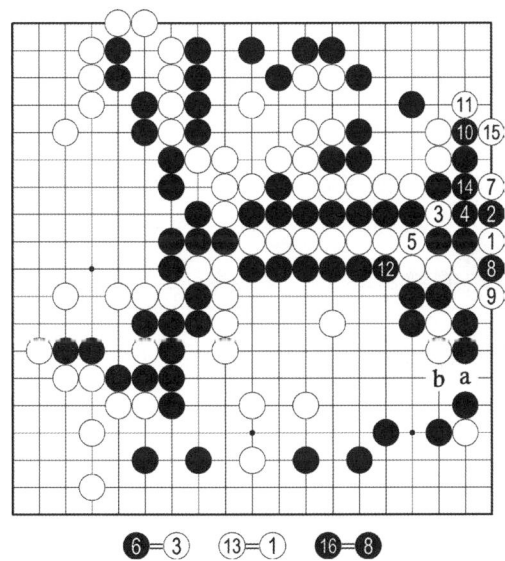

⑥=③　⑬=①　⑯=⑧

图 26

那么白 1 扳时，黑 2 以下只能接受打劫。这个劫就是实战后面的那个劫，只是少了白 a、黑 b 的交换。但这个劫是天下劫，黑先劫可以万劫不应，白固然能花两手把左下黑大块吃掉，但黑棋提通，白上边一块也自然死亡。黑棋拿下这么大的地盘，必胜无疑。

(128–131)

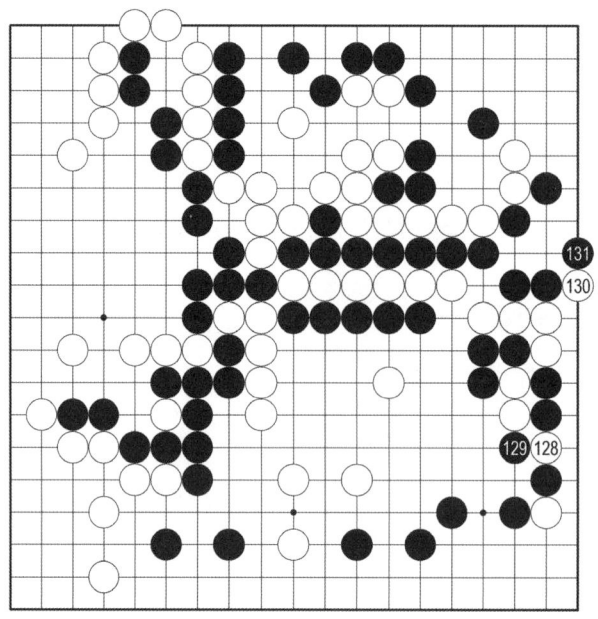

实际上，在黑 125 拐打时，我已经看到了不能净杀白棋，但由于这里的对攻是全局的重中之重，即使是以打劫来吃白，也没有问题。实战白 128 先跟黑 129 交换，再白 130 扳，双方打劫在所难免。

(132–134)

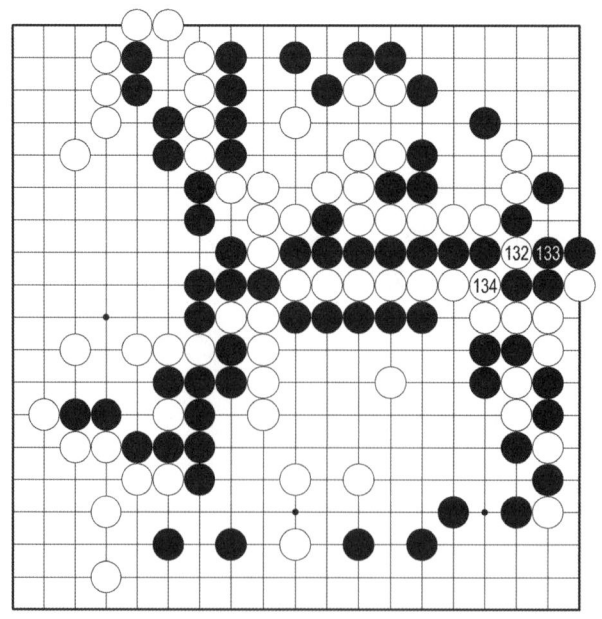

白 132 先扑，收紧黑气。

（135-139）

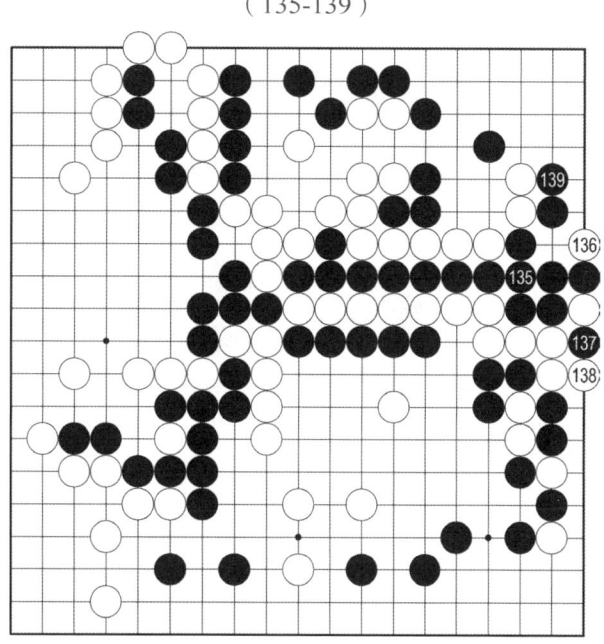

白136紧气，形成攸关胜负的大劫。

黑139爬了长气，胜券在握。

（140-141）

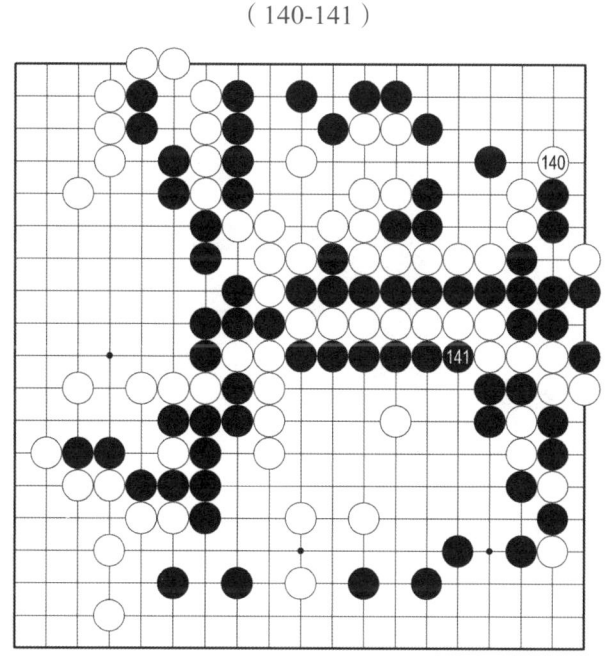

白140只能扳下。黑141收气，跟白打紧气劫。

（142-144）

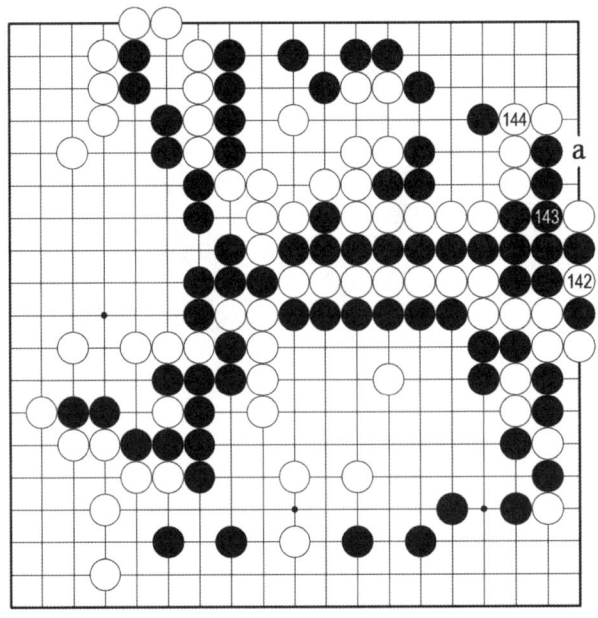

黑143粘后，白最难受的是不能在a位继续紧气，否则黑提劫后万劫不应，白144无法可想。

（145-147）

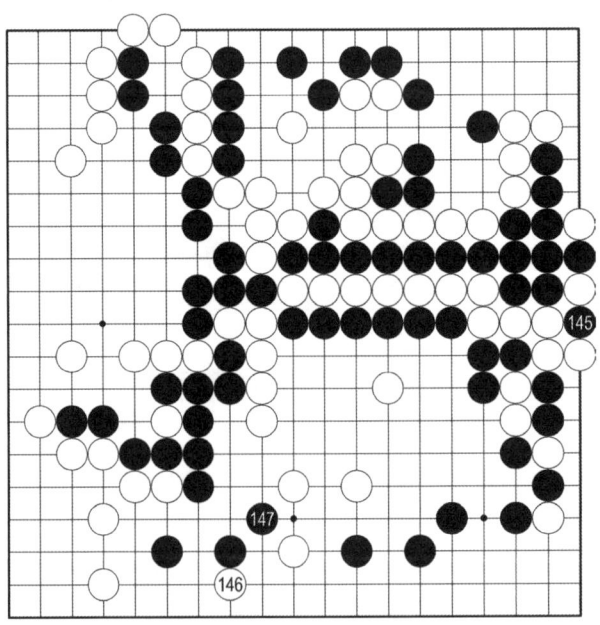

白146寻劫，黑147应劫，因为局部是黑棋的缓一气劫，即使白棋提过来，黑棋也无所畏惧。另外，实战黑还有手段。

（148-149）

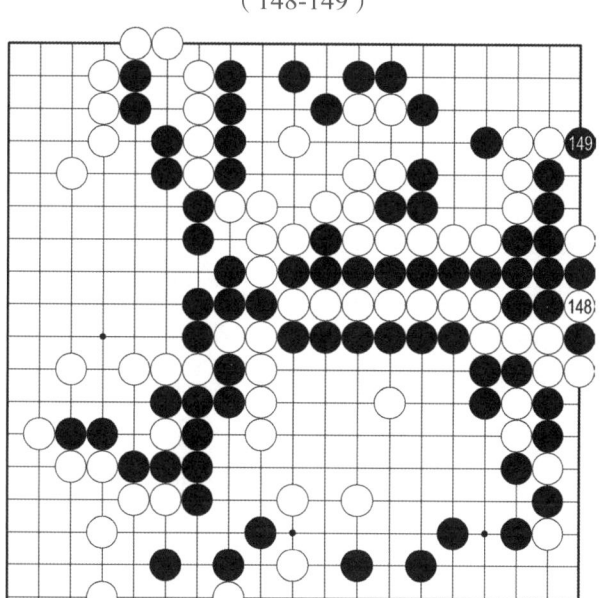

白148再提过来，黑149扳，而不是找劫，是好棋，以下将演变成连环劫。

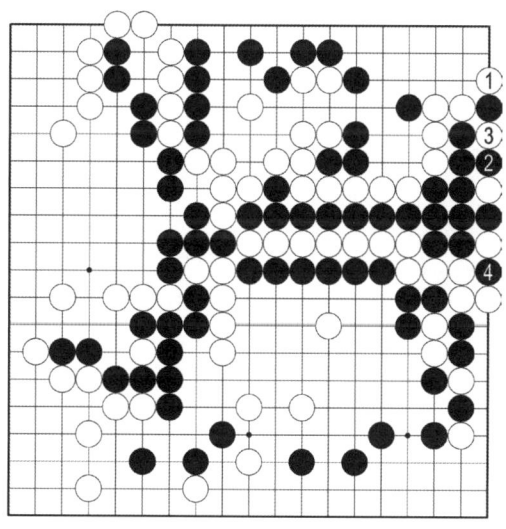

图27

（接实战）白1扳住，黑2则提一子，白3提劫时，黑4也提，局部的缓气劫变成了连环劫，也是黑棋的无忧劫。这样，白棋连打缓气劫可能获得的收益（吃黑左下大块）也拿不到了，只得停钟认输。

本局开始的时候，双方势均力敌。白 28 小飞，并没有走到实质性的东西，反而把中腹的主动权拱手相让，还不如直接在中腹补强。被黑 31 打入并轻松活出后，白棋就有点亏了。白 40、42 分断黑棋后，却吃不掉对方，没能收获更大的利益。这接连的折冲，导致白认为局面不利，但还不至于采取如实战那么激进的下法。这种局面下一般的考虑是先把自己稳住，再伺机进攻，这样获胜的概率显然会增大。如果贸然出击，则很容易被对手一举击溃。

在上方的战斗中，双方一度咬得很紧，局面十分复杂。但白 90 团是败着（如果选择就地做活或从角上出头，则十分难解），黑棋拐到黑 91，后面的处境就没有那么苦，甚至可以说是左右逢源了。

在比赛前研究韩升周的棋谱时，感觉对手还是很有特点的，可能这盘棋没有表现得那么明显，但本局中白的一些下法还是比较有想法的。

共 149 手　　黑中盘胜

第二局

$\dfrac{1}{8}$ 决定战

● 朴廷桓 九段
○ 辜梓豪 九段

160 手

第一届
衢州烂柯杯世界围棋公开赛十六强赛

2023 年 5 月 6 日

（1）

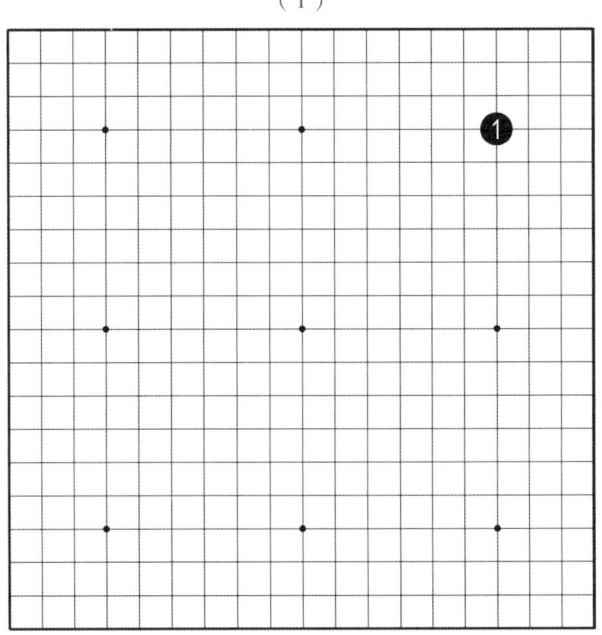

在本局之前的围棋甲级联赛上，我先是和朴廷桓九段下和，然后通过加赛获胜，接着在农心杯中又击败了对手。我对朴九段的总体战绩不佳，但是这两局的胜利，对我的信心的提升带来了巨大的帮助。

（2-3）

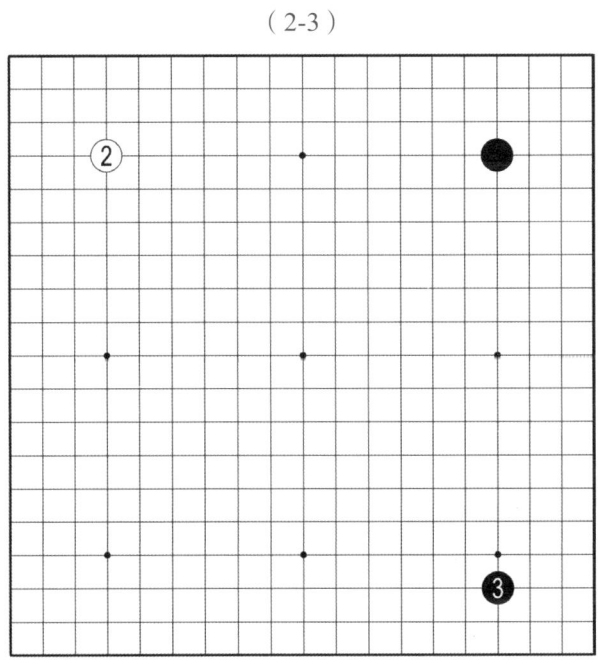

朴廷桓九段的风格是比较均衡、稳健的。

（4）

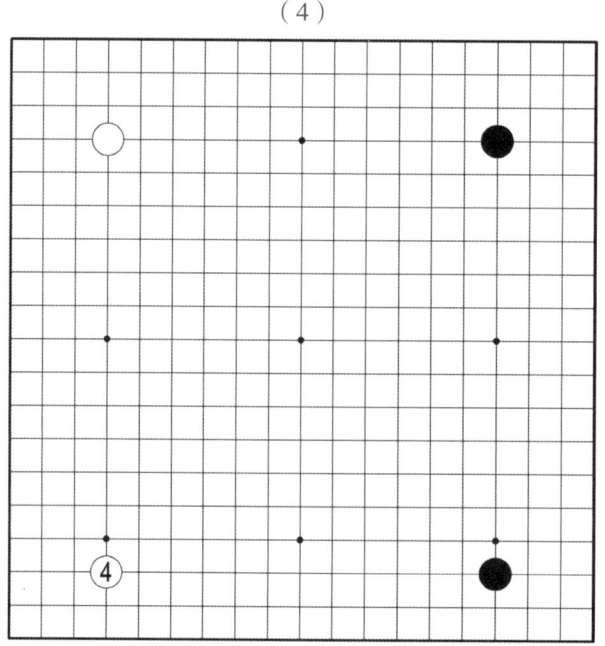

比赛前我看了朴九段近期的对局，他执黑多半会走星小目，当时就特意准备了一下——我也走星小目，应对他的星小目。

（5-6）

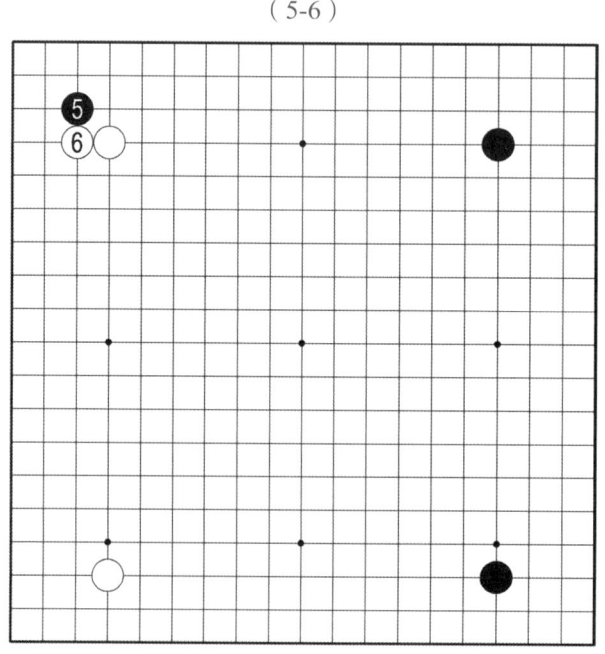

黑5点三三，是AI时代最常见的下法。

白6挡，能配合左下小目；从另一个方向挡也没有问题，只是会导入不同的格局。

(7-8)

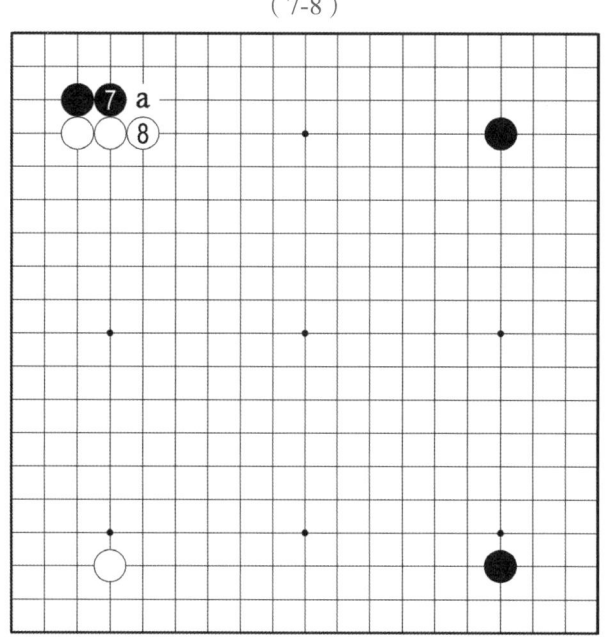

黑7长，白8顺势长出，意在局部争夺先手，然后去他处抢占大场，这是常见的布局构思。如白8选择在a位扳，局部会落后手，这样就不能顺利抢到其他大场，不利于布局的展开。

(9-10)

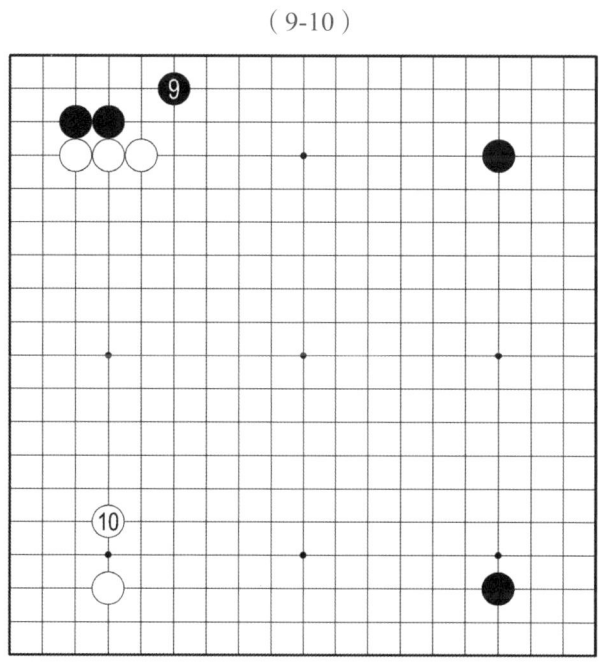

黑9小飞出头后，白10脱先抢占大场，步调轻快。

（11）

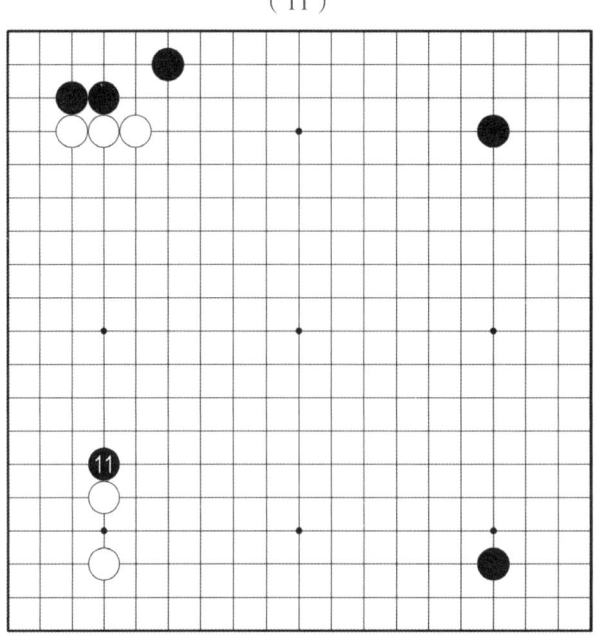

黑11碰，AI给出的评价还是挺好的。虽然就局部而言白棋是以多打少，但白角已经很厚，让它厚上加厚，以虚击实，也是一种战术。

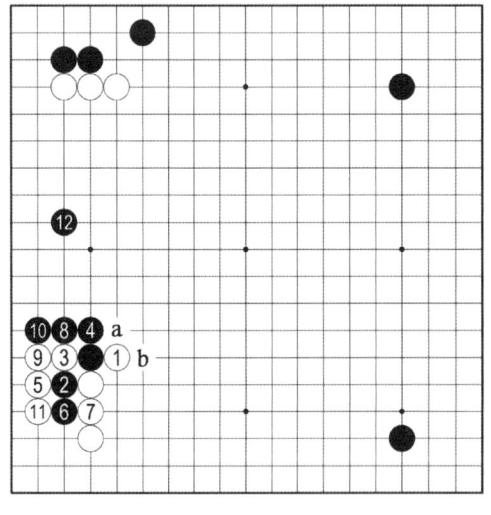

图1

对黑11的碰，白棋无外乎几种应法。一种是在本图1位上扳，黑2则反扳，白3、5两打后再在7位接，黑8、10弃子成势，至黑12拆，黑可满意。有时，黑12也可根据场合在a位拐出，白于12位拆，黑再b位打。

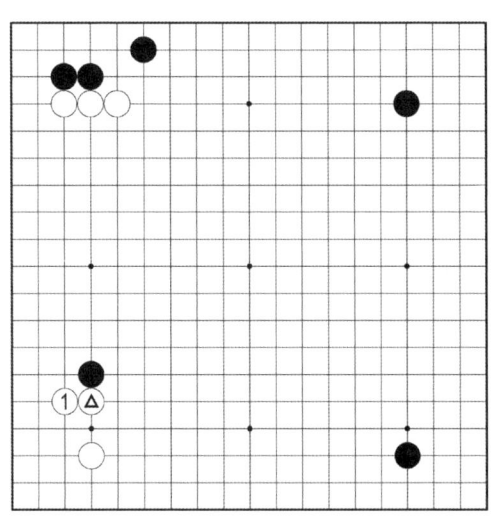

图2

白1单立，不让黑借劲，是比较简明的下法。这个棋形，跟白棋守无忧角，再被黑棋肩冲，然后白在△位上长的结果是一样的。虽然这样白棋也还可以，但下棋就是这样，有时从心情上不愿意被黑棋这样靠一下，所以，我就像实战那样反击了。

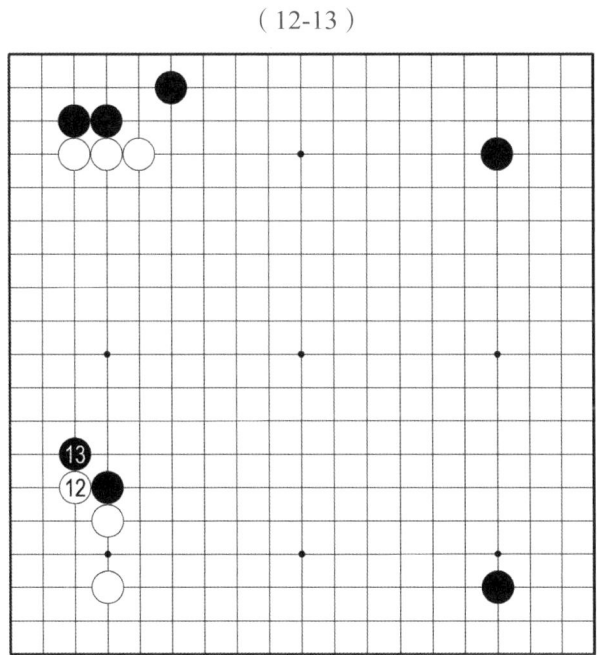

(12-13)

实际上，在这个局部，不管白的应手是上扳、下扳还是下立，变化都差不多。白12下扳，是一种反击。黑13反扳也是常见的处理手法。

(14-15)

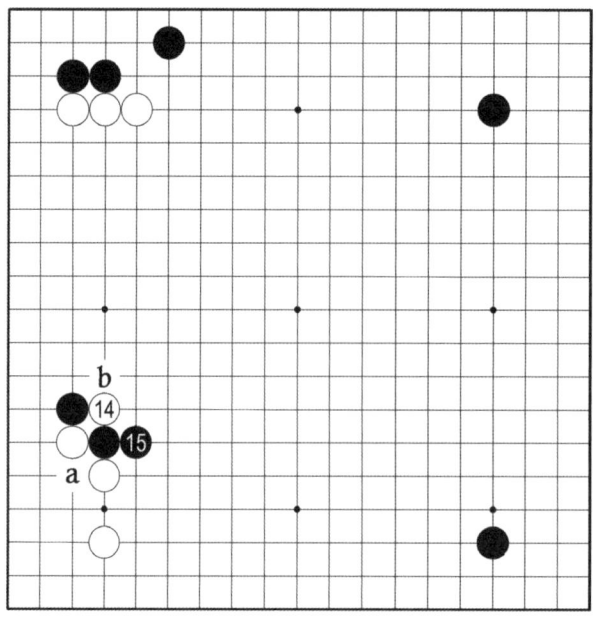

白14打后，如果后续只能在a位接，黑必然会在b位征。这样白14一子会被征吃，黑的棋形实在太厚，白棋损失太大，无法忍受。

(16-17)

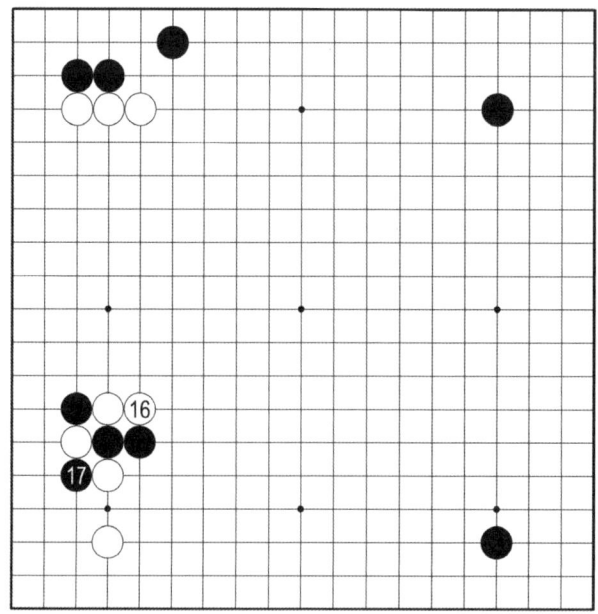

于是白16贴，就成了必然的下法。这手棋在解消对手征子的同时，还威胁着征吃黑棋二子。

对此，黑17打吃必然。

（18-19）

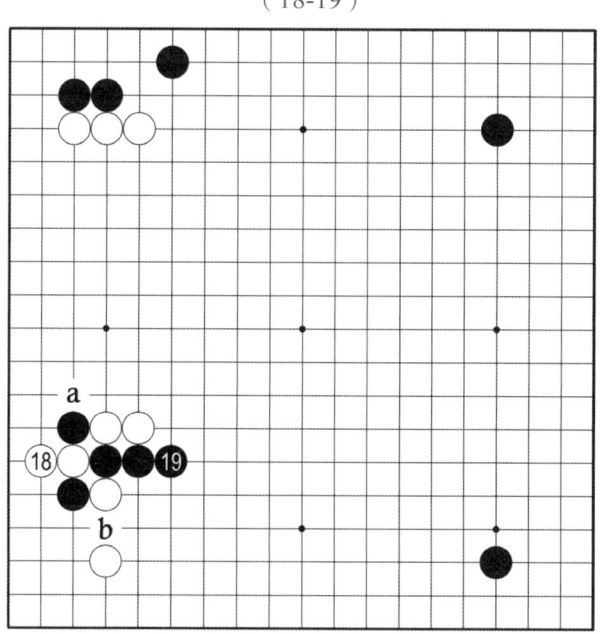

白18长后，黑19也长是必然的着法，接下来白如在a位吃，黑也会在b位征，白角损失更大。

（20-22）

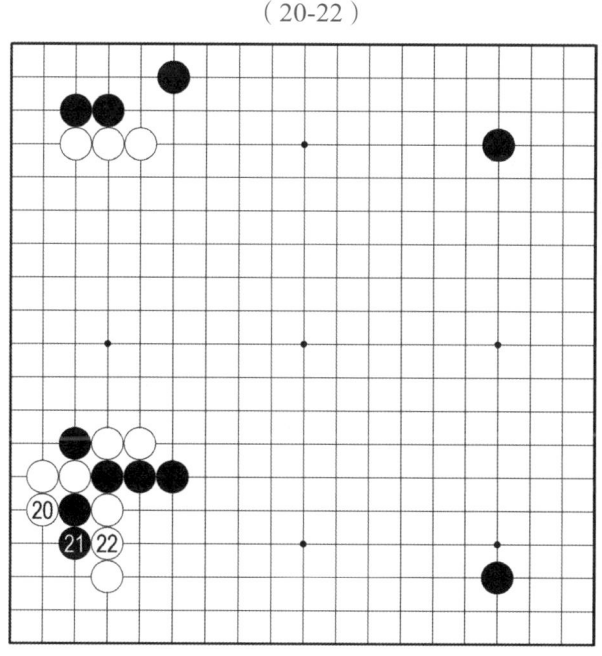

白20拐打，再白22接，必然。

黑21长，是多弃一子的手法，这样，白棋需要多花手数才能吃掉这两颗黑子，黑便可以趁机获取弃子之利。

（23-25）

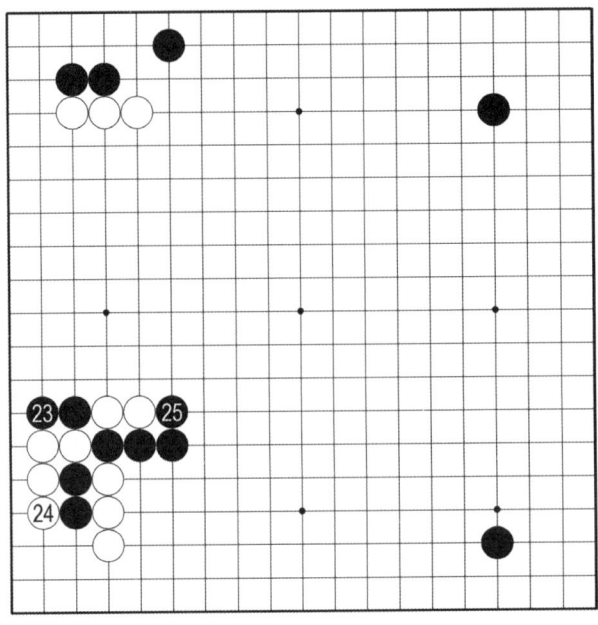

黑23挡下,继续弃子。

白24吃住,至此完成了新时代的AI定式。

接下来,黑选择了25位厚重的拐,钳制白棋两子。

（26-27）

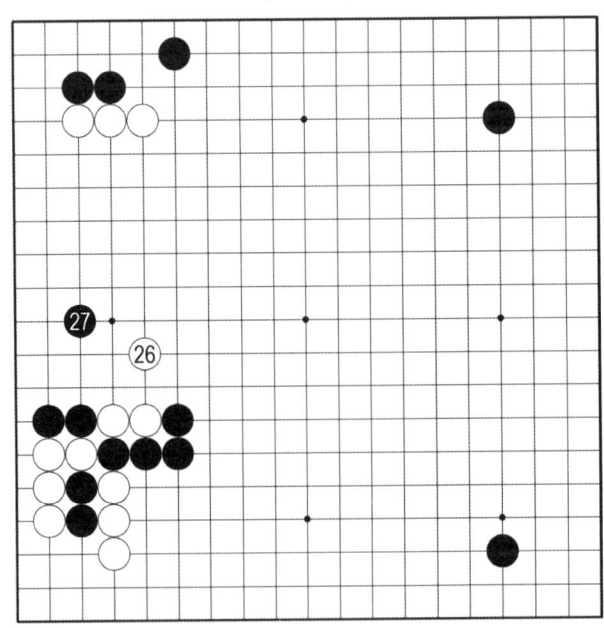

白26跳,加强自身。

黑27拆二,就地求活。

（28-30）

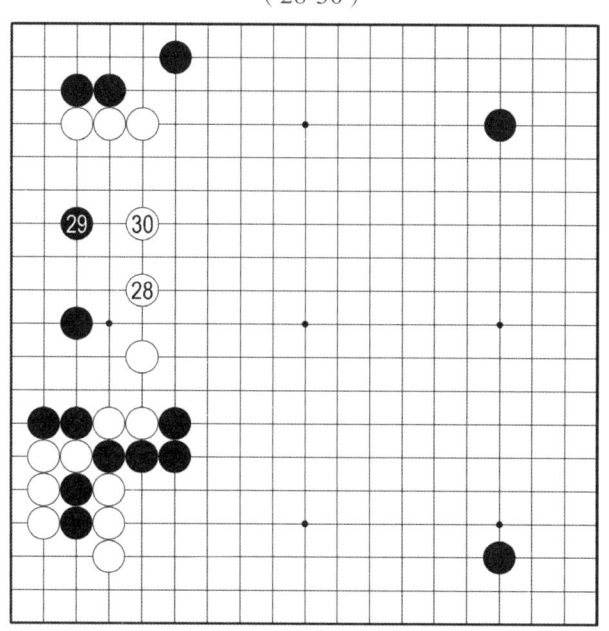

白28再跳，此方向如果被黑棋占领，白中腹几子会成为孤棋，全局攻守形势逆转，如此白棋不行。

黑29拆边求安定，也继续瞄着白棋的弱点，双方着法都是比较正常的。

白30继续跳，加强自身联络，至此双方形势旗鼓相当。

（31）

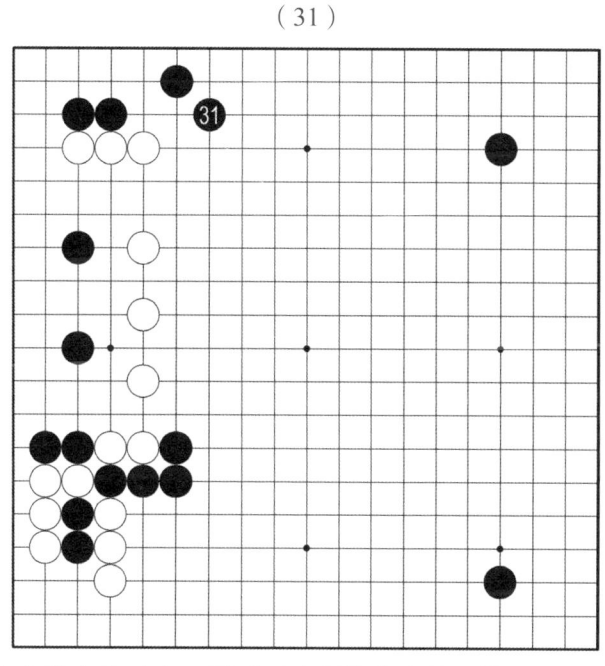

黑31尖，本身就十分巨大，同时还牵制着本来就不算太厚的白棋外势。

(32-24)

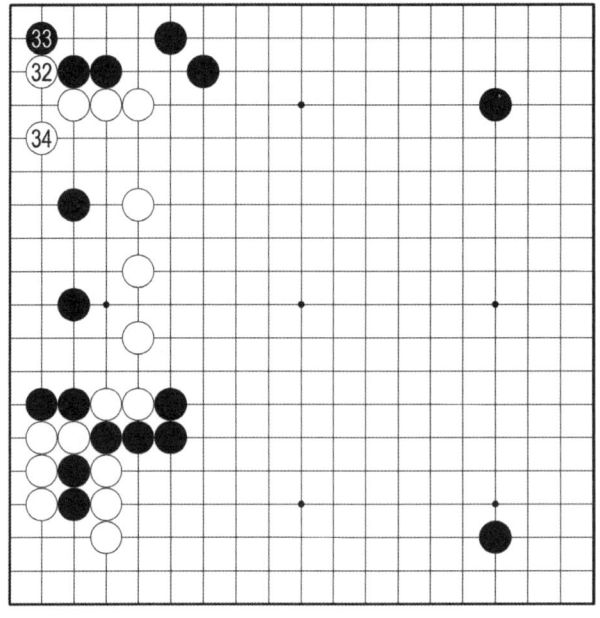

白32扳、白34虎，是局部的正着，不过次序不够严谨。

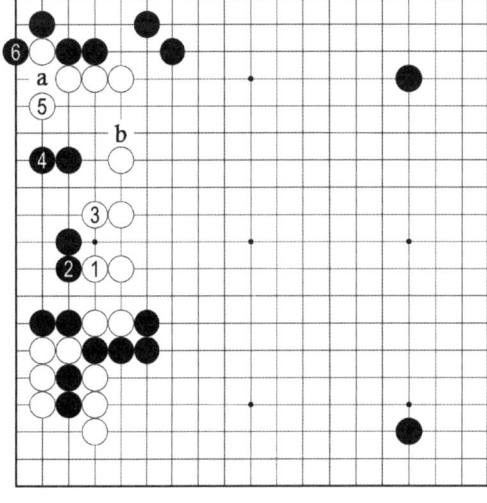

图3

角上先手扳后，白应先在本图1位双，黑2应后，白3再双，黑4如并，白5再虎，这样白行棋严谨，较实战更佳。

黑6后，左边大块虽然没有活净，但是因为白在a位和b位都有薄味，所以不可能去吃黑，这样局部平衡。

（35）

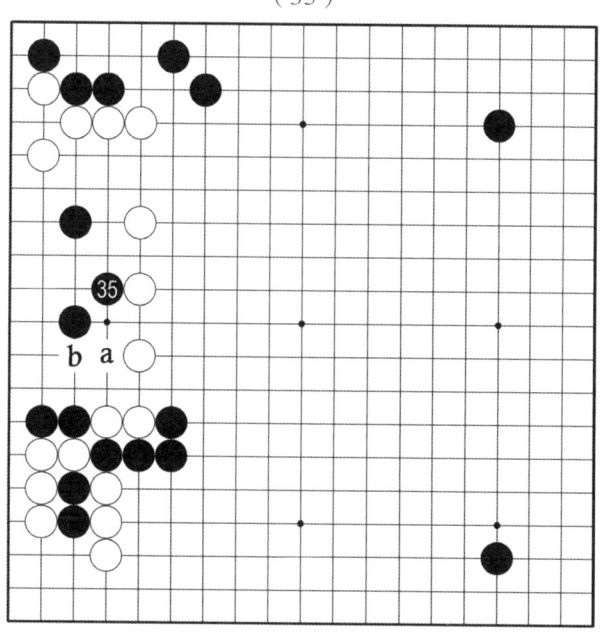

在赛前备战的时候，实战的变化（黑左上点角之后，左下碰单关角）没有怎么细摆。虽然以前也下过，也摆过，但感觉很久没有深入研究了，所以下到这里的时候确实有点含糊。前谱白34马上虎，被黑35尖，白的形状不是特别好。这就是白棋应先做a、b交换的原因。

（36）

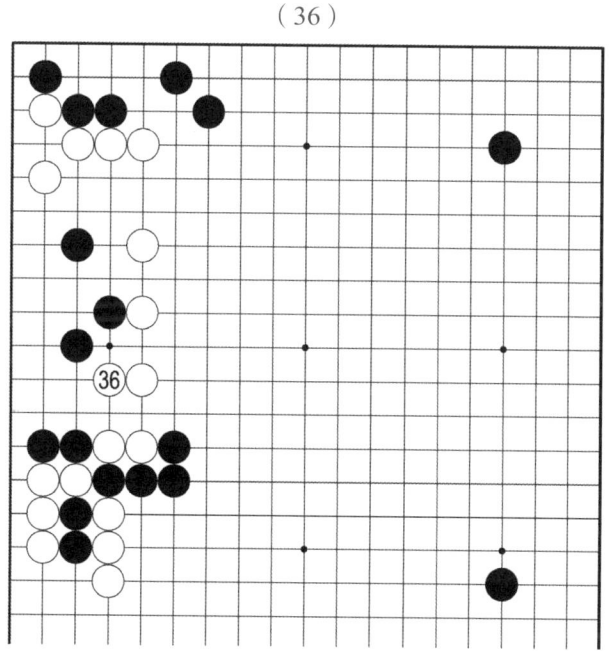

被黑棋机敏地尖到，白棋有些难受。但对于这个形我还是想在36位双，黑棋如果三路渡回，就被白占便宜了。这里我有些一厢情愿。

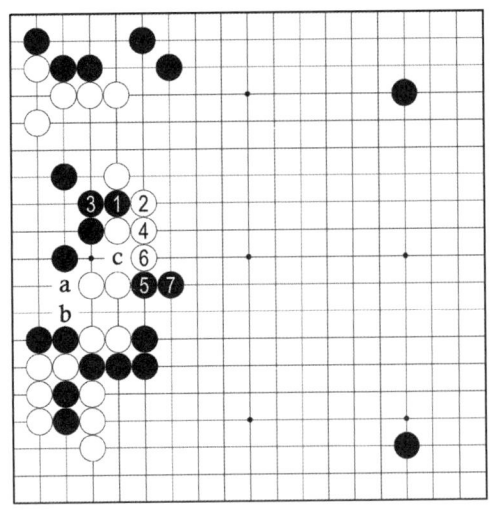

图 4

黑 1 立即挖，是有力的反击手段。白如果在 2 位打，黑 3 接牢，白 4 如粘，则黑 5 靠非常犀利，令白形十分局促。黑棋虽然不厚，但白棋很难对黑棋有什么攻击手段（因为黑在 a、b 两处有子后，白四子就有被 c 位扑死的危险），走成这样，是黑棋局部明显得分的结果。

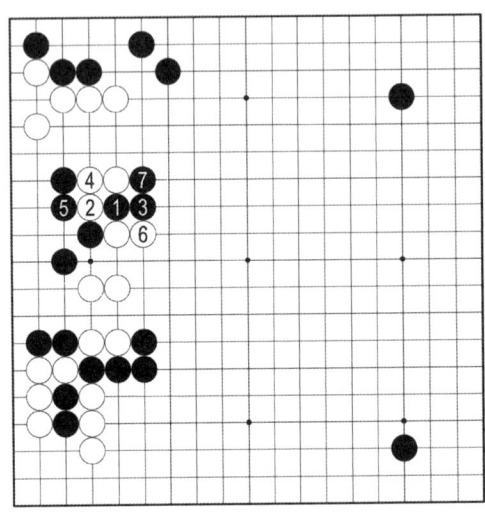

图 5

局后复盘，我摆出了黑 1 挖的下法，朴九段想了一会儿，选择了白 2 打、白 4 粘的应对。黑 5 爬回后，继续往下摆，明显是白棋比较危险。虽然白把黑分断了，并且封在了里面，但外围却支离破碎。而且，白棋自身的形状也比较臃肿，在白棋无法吃掉黑棋的情况下，白子的效率就很低。

但朴九段还是担心左边大龙的安危，我觉得这可能跟个人的棋风有关系。因为朴九段的棋风比较均衡，也比较全面，所以他在行棋时就会更稳健一些。

鉴于黑棋在局部有强烈的反击手段，令白非常局促，所以白不应该在 36 位双，而应选择其他下法，比如左上角一路扳或下边拆，这样都比双要轻。

我的体会是：走不好的地方就不走，让对手走，随机应变，也是处理难局的好办法。

(37-38)

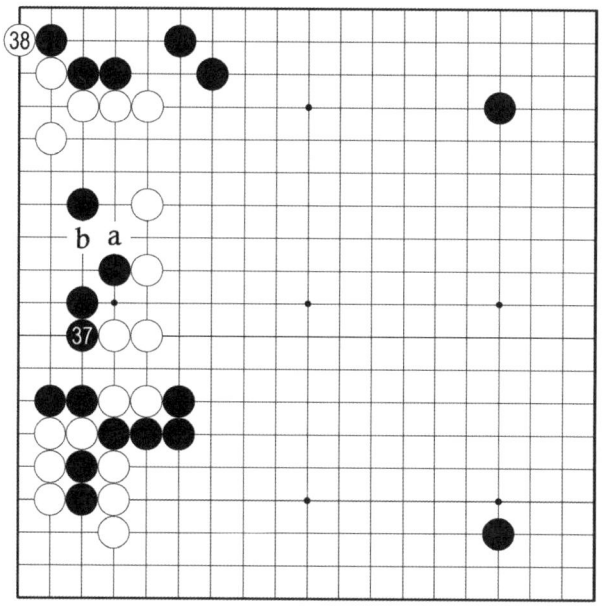

黑37稳健地爬回，白38立即扳角虽是大棋，却有点操之过急了。左边既然黑棋爬回了，白就应该立即在 a 位虎，和黑 b 交换掉，如此白形就厚实多了。

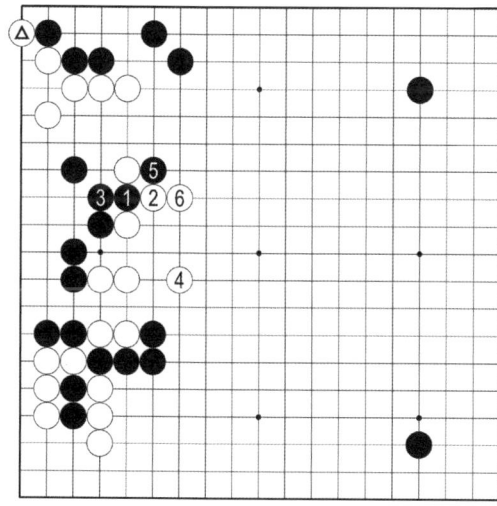

图6

我走38时想的是，既然黑棋没有马上挖粘，那么白△扳后黑棋再这样走，白2打、4跳，作轻处理，感觉黑棋明显慢了半拍。

而此时 AI 给出的推荐是黑立刻在1位挖，继之黑5先手将白断开，如此体现出这手挖真的很大。但是作为人类棋手，不可能这么快就认识到这些地方的价值，因为下边星位一带的拆边是一个超级大场，又能接应左下四子，所以人类棋手倾向于选择这种看得见的大场，而像1位挖就属于看不见的要点。

(39-40)

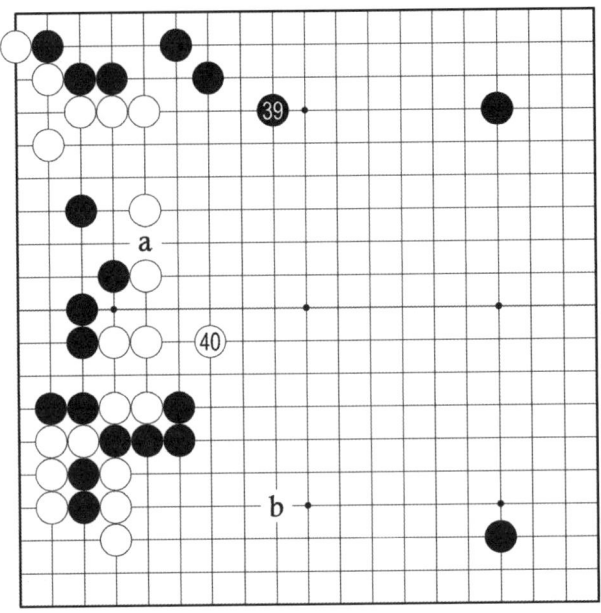

黑39小飞守，依然很稳。

感觉对局时，棋手下出什么棋跟他的风格真是有很大的关系，可能朴九段在每个局部都不会特别吃亏，不会突然崩掉，但他也不会选择比较激进的下法。

白40跳也有些松，应按图7进行。

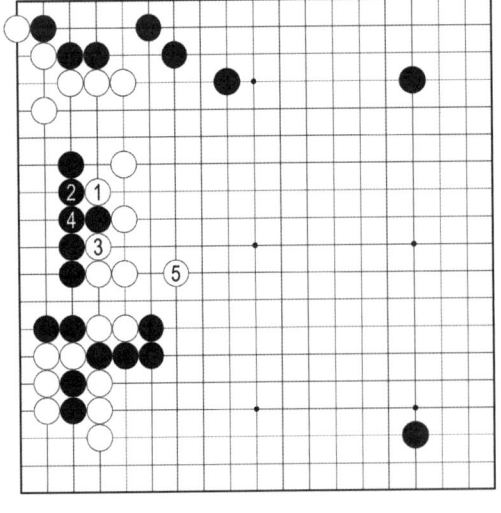

图7

白1、3应马上定形，加固自身，再5位跳补。

(41-42)

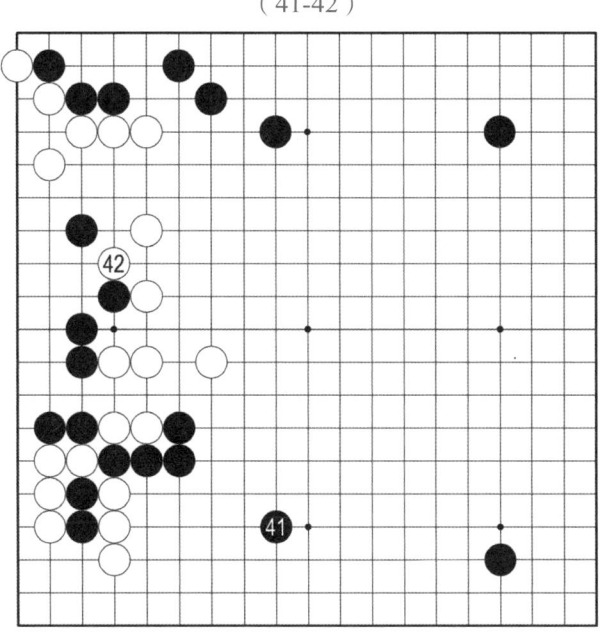

黑41如愿抢到下边的超级大场。
白42想便宜两下。

(43-44)

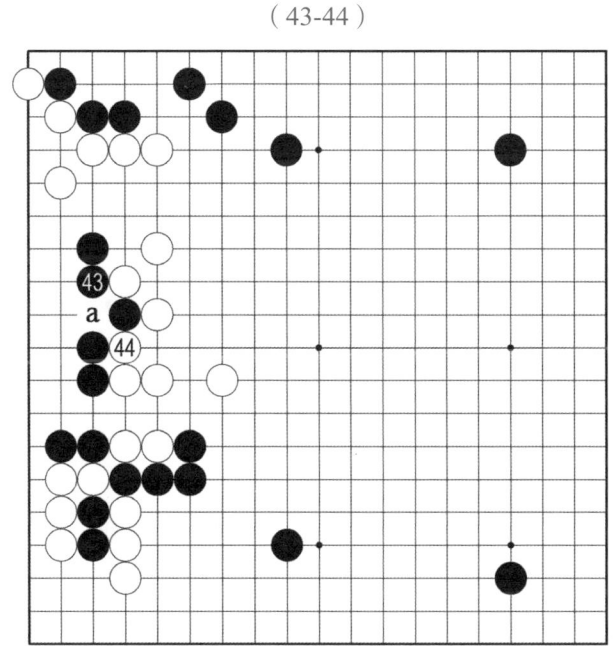

黑43挡必然。白44打,黑虽然很想接,但因为死活问题,在此局部为难了很久。

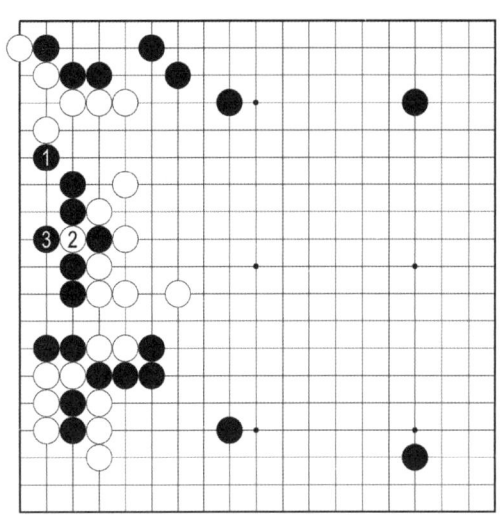

图8

黑1尖顶，可确保做活（我以为黑棋会这么下），但被白2先手提一个，外围变得非常厚实，黑确实不能满意。

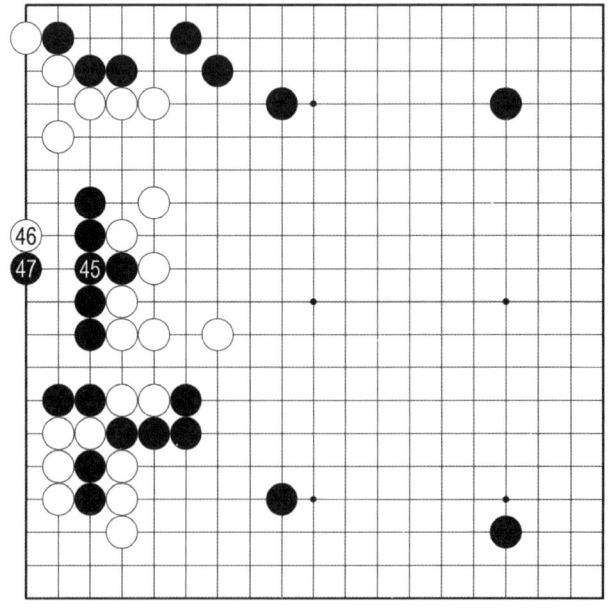

（45-47）

朴九段想了很久，估计也是不太满意，但还是选择了在45位接。可是经白46、黑47交换后，黑大块出现了死活问题。

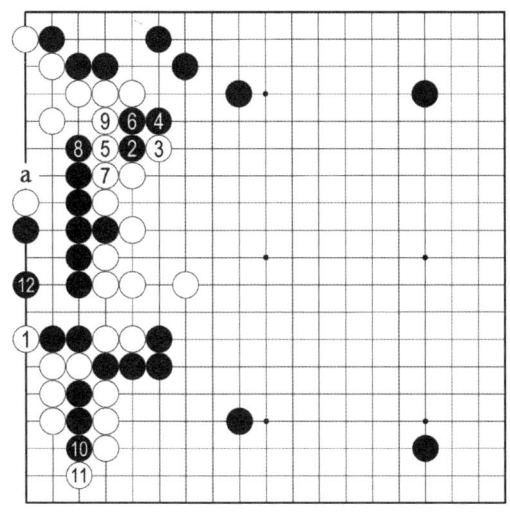

图9

接下来白1一扳,黑棋局部已经是死棋,只能凭着外围的一些借用挣扎求活。比如,黑可以2位靠、4位扳,这样我可能吃不掉它,但我如果拉开架势要吃它,也没有什么不好,黑就只能在外围卖味道。白5打、白7接,两块白棋就连上了。黑要卖8位的冲,可以活到12位;如果卖掉黑10、白11,可以活在a位。不管如何选择,局部黑棋活得都非常局促,而且外围的损失不小。

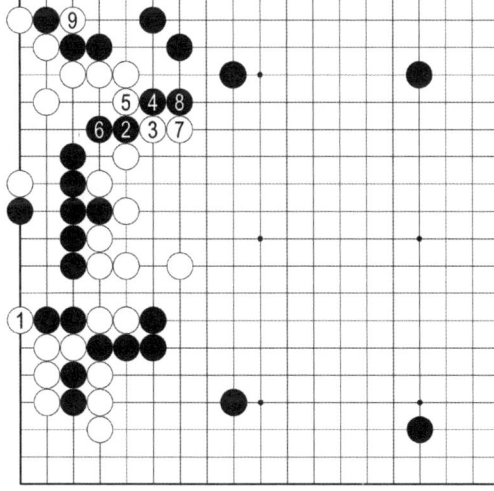

图10

更何况在时机合适的时候,白还有在5位断,强杀黑大块的可能性。这样黑在局部就活不了了,而白7长后,黑8贴虽是先手,也未见得接着能在中腹走出特别厉害的手段。

(48)

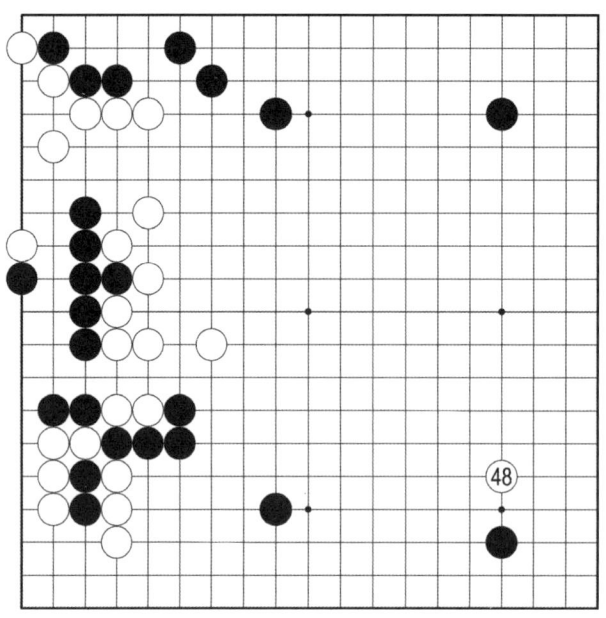

其实这时黑棋是非常危险的。但当时我觉得强杀的话，成算不是很大，不如先在外面走一走，子力接应再多一些，时机成熟了再过来杀棋，可能对手更头痛。而且黑棋在左边已经走了很多子，如果再走，效率也是很低的。这样想了一想，我就先在48位挂了。

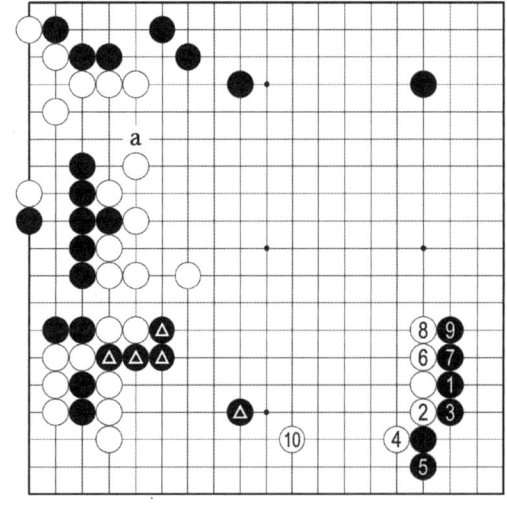

图11

白48后，局部黑棋可能要在1位托。白2顶了后，再在4位扳，不管对手先在5位立，还是先在7位长，反正我就是打算先在这边走一走，多一些子力接应后，再攻杀黑左边大龙。甚至也可以先在10位一带迂回，调动左下这块黑棋，这样中间白的子力也会多一些，然后去攻杀黑左边大龙。

（49-50）

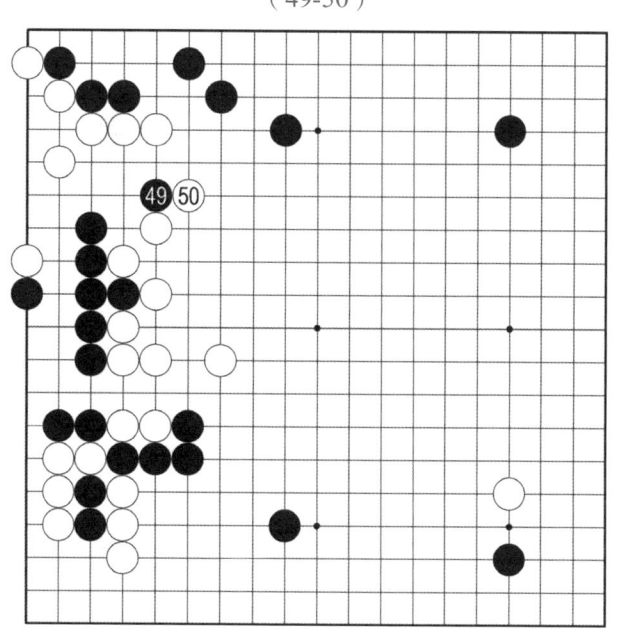

黑49靠，可能还是觉得这个地方若不走，隐患比较大。

（51）

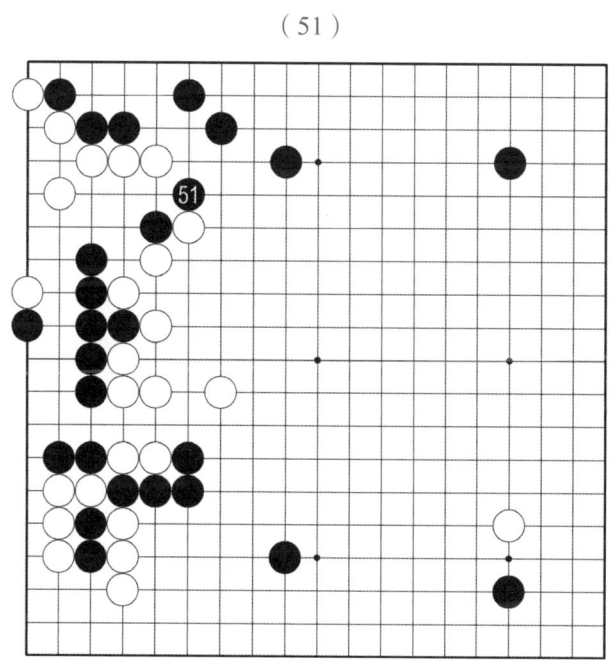

黑51连扳，想在局部造成混战，但这么走本身比较亏损。

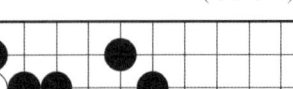

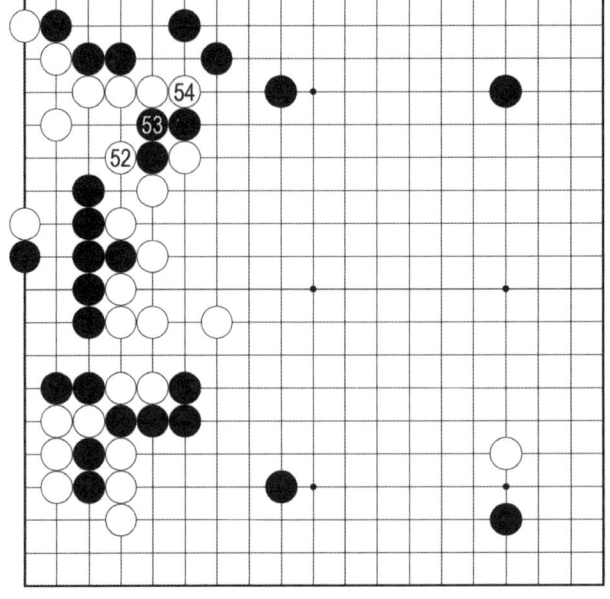

白52打，再白54冲，让黑棋再次面临选择。

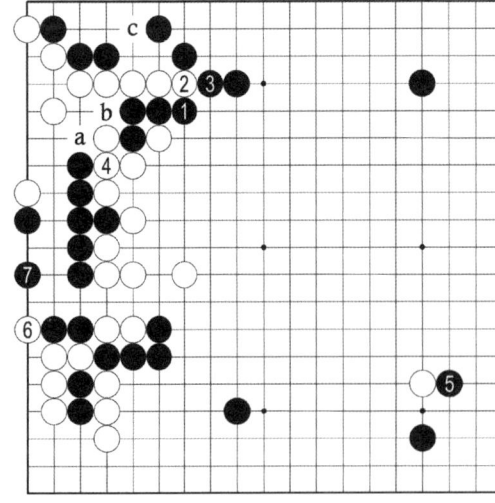

图12

黑1继续长，正常。白2冲后再在4位粘，局部黑留有a位的先手（白必须在b位应），左边已经活棋了。当然黑a也可以先不冲。

接下来，黑如果脱先，比如在5位托，白6来杀，黑可在7位跳方确保活棋，但是活得非常惨。走成这个结果，白在上面留有c位跨死三子的手段，黑棋实地也遭受损失。

如上图进行，黑虽然能走成先手活，却比较惨，而实战的选择对黑棋更加不利。

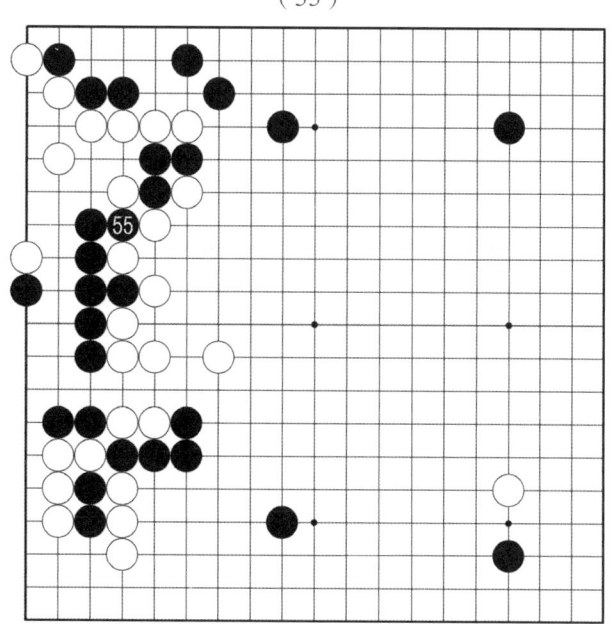

黑55打,想把白棋分断。

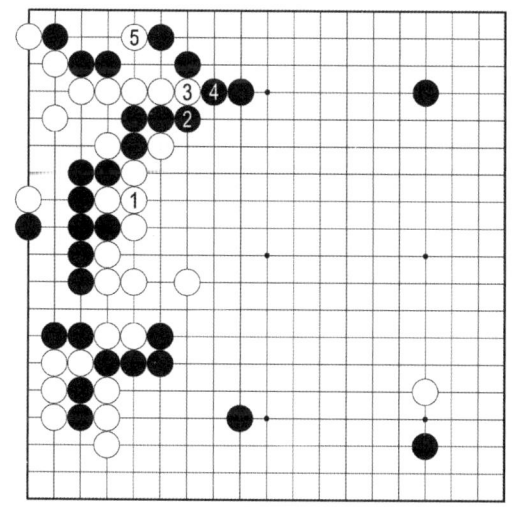

图13

接下来白如在1位粘,黑2再跑。黑4顶时,白5实利虽然不小,却落了后手。黑棋可能认为,如此分断会让白中腹大龙有些隐患。

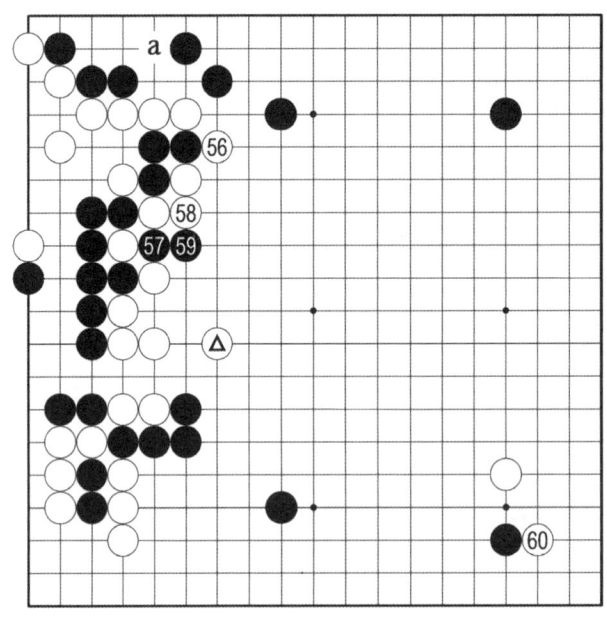

（56-60）

但是白56吃掉黑三子后，这明显是黑棋吃亏的形状，毕竟在黑三子被吃的同时，上边还暴露出a位跨的弱点，而黑棋所得，也只是把这块棋安定下来而已。而白棋中腹几个子，虽然被分断，但因为白△的头在外面，所以也没有什么危险，而白棋还抢到了一个先手——白60托右下角。所以说，白棋布局到此应该是非常成功的。

实战中，我感觉黑棋在左边用了不少时间，可是下棋这个事情真的很微妙，有时候你想了很久再落子，却还不如第一感或是最简单的下法。

（61）

白托角后，我没想到黑会在61位守角。局部黑a位扳，白b位退，黑再c位虎比较正常。

可以说，开局黑在左边的走法及61位小飞，都很能体现对手的风格——稳健。

（62-64）

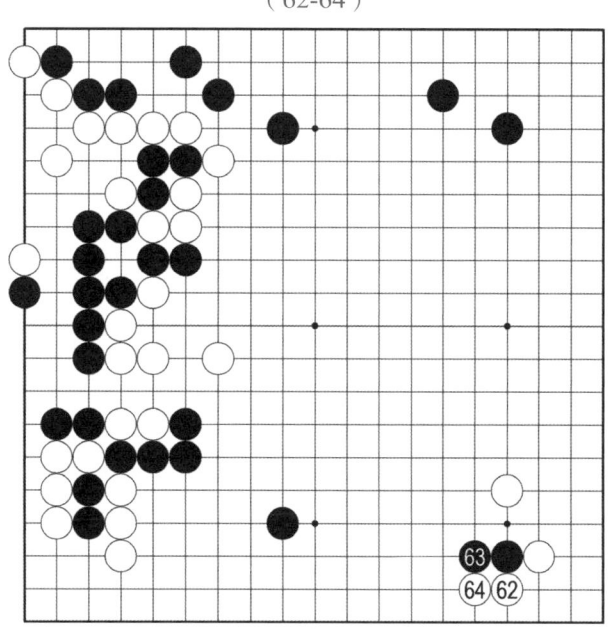

白62以下，继续在右下抢实利。

（65-67）

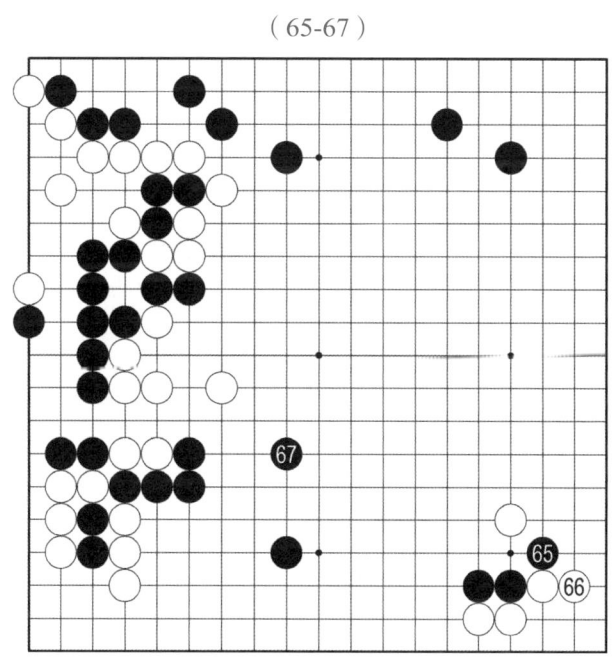

黑67大跳，希望能够攻击一下中腹的白棋。

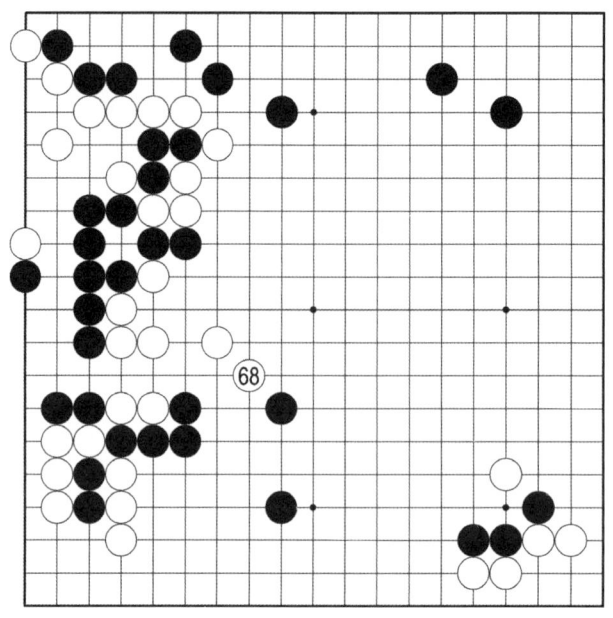

(68)

白68尖，攻守兼备，柔中带刚。

○ 辜梓豪烂柯局 ○

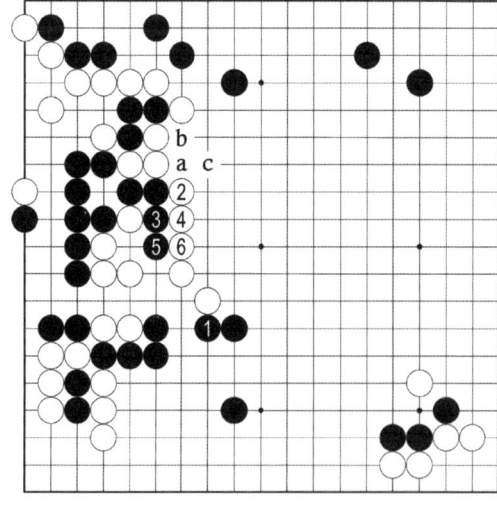

图14

接下来，黑如在1位贴，白2则扳，以下进行至白6，白在中腹形成铁壁。将来黑虽有a位打、白b粘、黑c长的分断，但是白出头在外，并不害怕。

这样进行，虽然黑棋整体还是特别局促，但黑1贴住是本手，毕竟黑下面明显欠着手段。

然而，当前黑棋形势不利，无法选择这种下法。

（69-70）

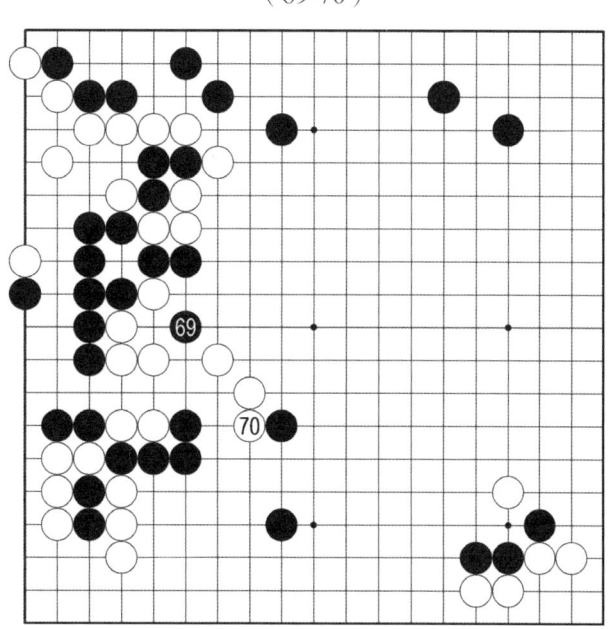

黑69勉强，想要拼搏一下，但效果非常不好。
白70当然。

（71-72）

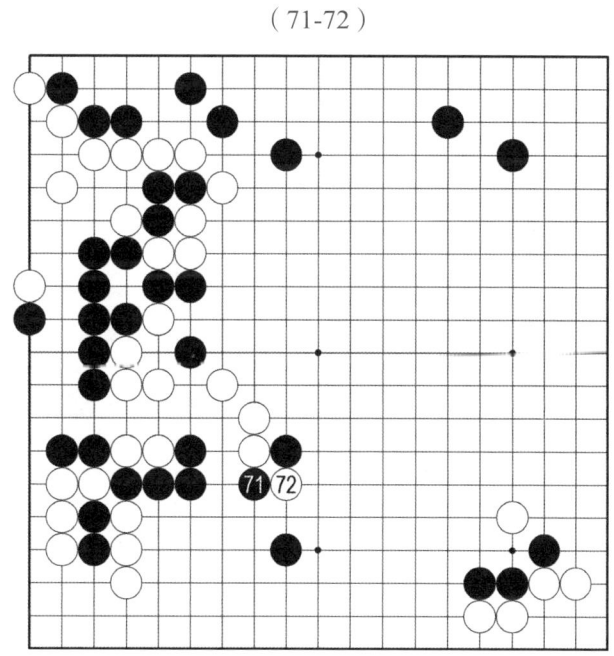

白72断，黑棋又面临两难选择。

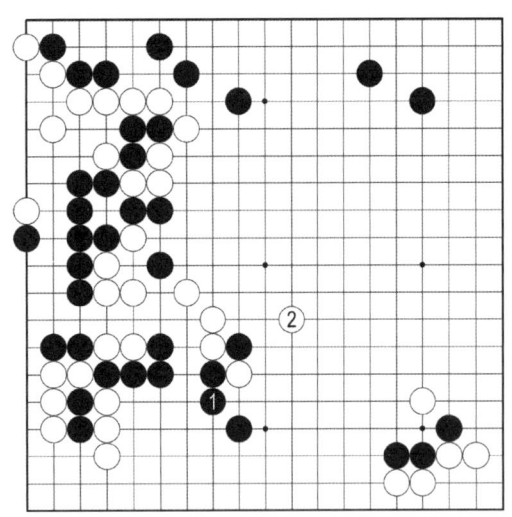

图 15

接下来，黑如在 1 位退，已经被白便宜到了。这样白在 2 位一带飘一手，黑的攻击就基本落空了。

（73-76）

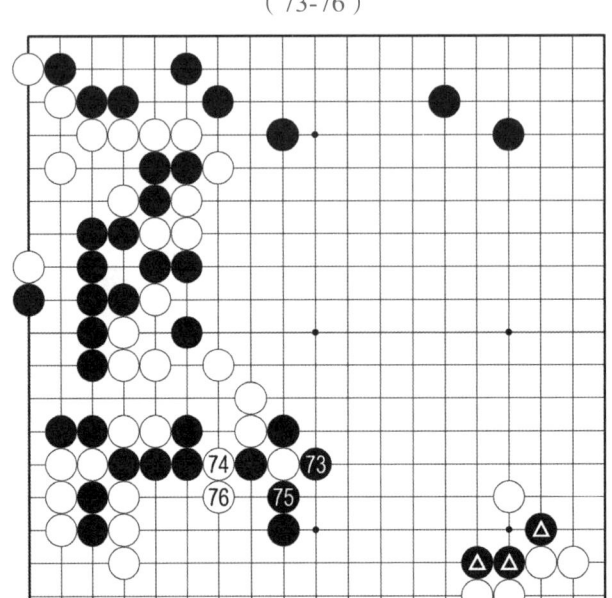

故黑 73 抱吃无奈，白 74 打、白 76 长，黑四子棋筋被吃，黑的攻击等于白忙活一场。黑 75 虽然是中腹开花，但右下的黑▲三子配合得不好，黑在下边也难有大的作为，所以这个折冲对手又失败了。

实战中，从对手的表情到肢体语言，我感觉他明显处于一个比较懊恼的状态。

(77-78)

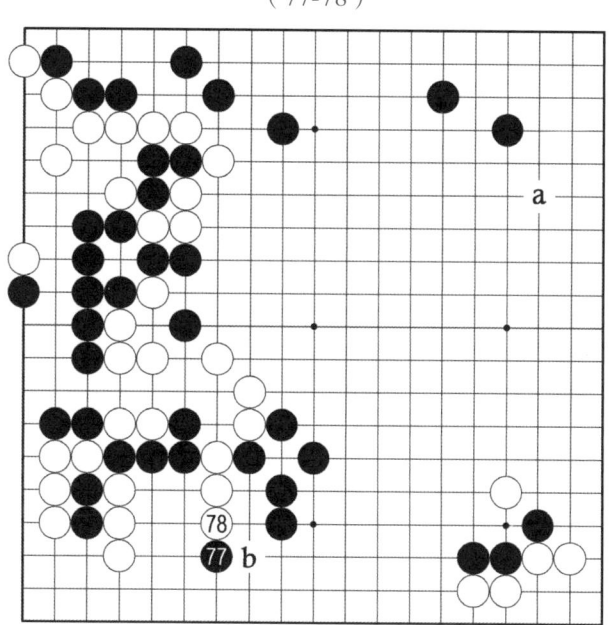

黑77飞,下得比较快,但可以说又是一个失误。被白78一顶,黑在局部已经走不动了。

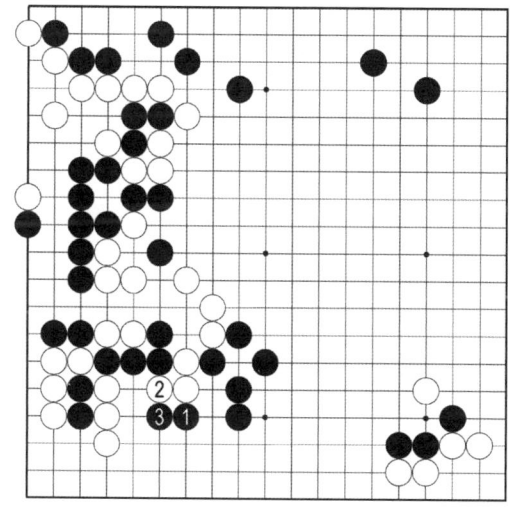

图16

黑1靠明显优于实战,白如在2位拐,黑3贴又是先手。

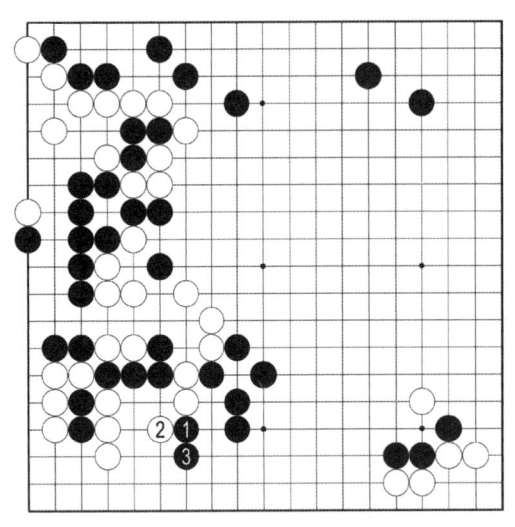

图 17

白如在 2 位扳，黑 3 退也是先手，这和实战相比，目数、眼位要好不少。

从黑 77 的随手，我就感觉人类棋手还是比较容易受情绪的影响，而 AI 没有情绪，每到一个局面，就寻找局部的最佳应手。因为人类棋手有这种情绪，所以就容易接连失误。

白 78 后，黑如在 a 位守角，白还可以在 b 位扳，把黑 77 再吃进来。

（79-80）

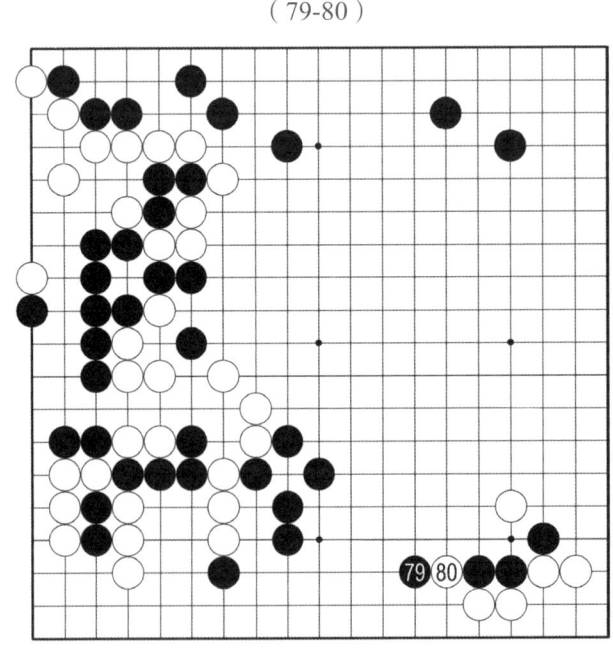

黑 79 跳，白 80 挖当然。此时纵观全局，白方全局很厚，目数还多，优势是非常明显的。

(81-85)

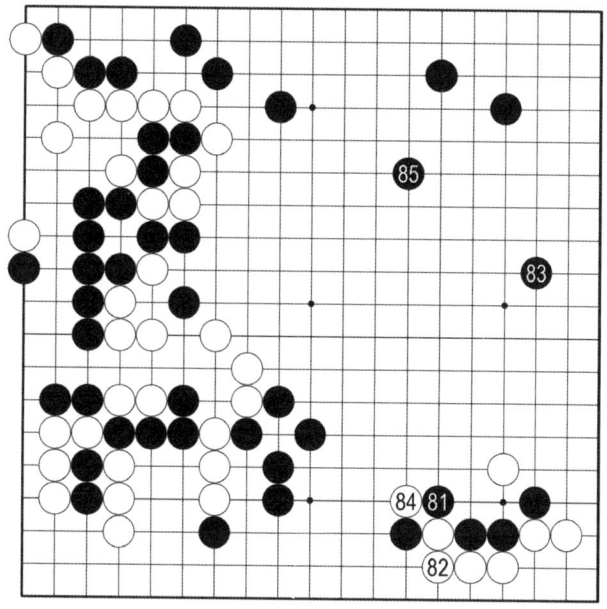

黑81打后,再黑83拆边,意在扩张中腹模样。这时我有点犹豫,要不要先在85位一带吊一手?但后来又想,下边白84断一个也很大,如果黑85硬要围,我再尽量把对手限制在边边角角即可。

黑85后,右上形成一个大阵势,白怎么应对呢?

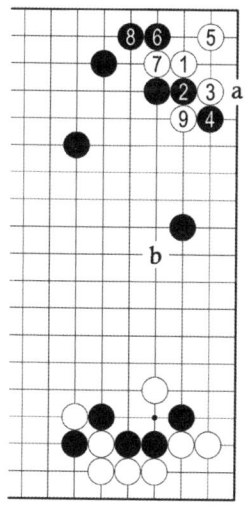

图18

黑右上阵势虽然很大,但核心的空还是在角上,故白可以选择1位点角。黑2后,白3扳、5虎,黑棋并不好吃白。如果黑在6位强杀,至白9断,白的头绪就来了。接下来黑如在a位打,白保留角上的劫争,在b位肩冲,白进退的空间都很大。

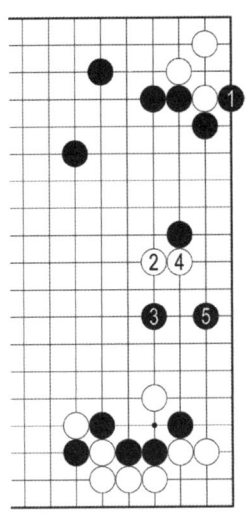

图 19

如果黑 1 马上打，白保留角上的打劫，转向 2 位肩冲就行了。

这个点角有可能是最佳的下法，但是以对局者的视角，我担心这样下是否太松了，虽说张弛要有度，但这个度是很难把握的，这正是"争棋无名局"的原因——患得患失。

（86）

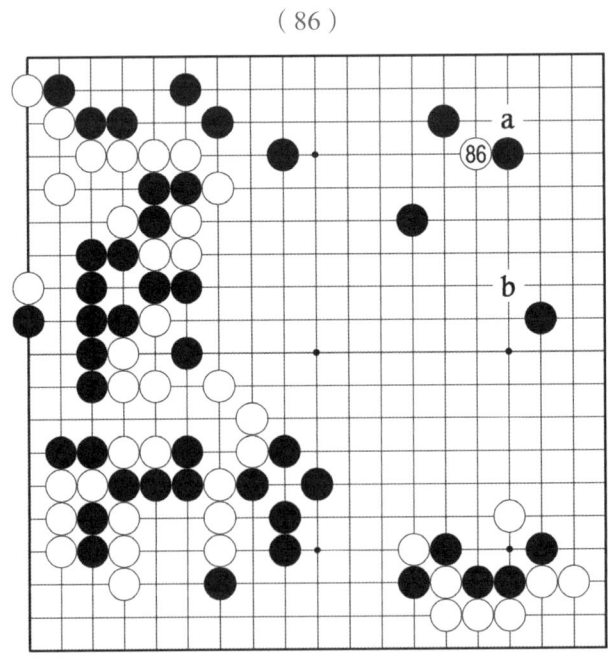

白 86 靠，是 AI 常用的破空手法。此时黑在 a 位立，给白棋的借用最少。但这样求稳，白只要在 b 位浅消，把黑空限制在二三线，黑则很难争胜。

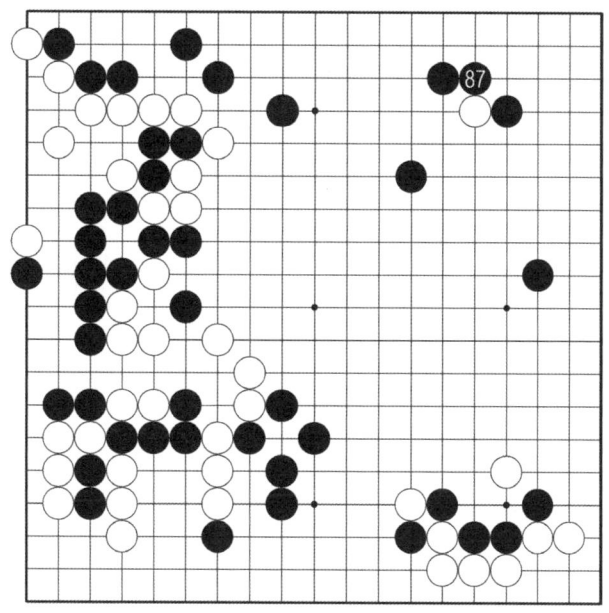

(87)

黑87硬挡，白棋的借用多了不少。

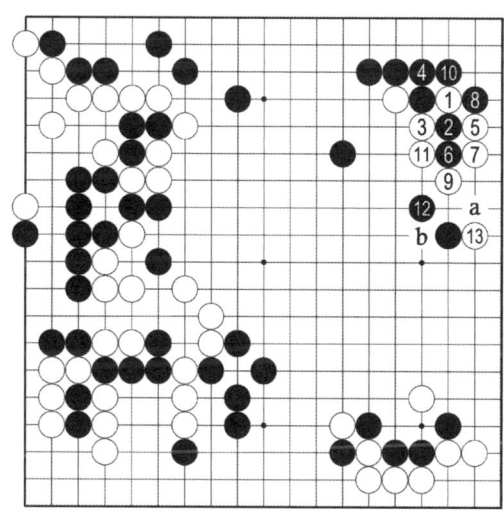

图20

白1夹，是AI的组合拳。实战之所以没有这么选择，也是优势意识较重的原因。我当时担心黑在10位提，但实际上白就简单地在11位一吃，黑12尖，白13则托，黑的攻杀无法继续。

右上的变化，我可能过于慎重了。局后反思，对局时脑子里想的一些变化图，因为我主观的一些想法或是形势紧急，会在一定程度上影响自己的判断。当时看到这个变化图时，感觉黑棋的子力还是比较多的，担心白棋这样走会不会有危险。局后用AI继续往下摆了摆，发现白11只要简单一吃，黑棋就已经动不了了。如果此时黑12在a位尖，白就在12位尖或在b位靠，还是可以出头的。

下棋就该简单一点，本来白86靠的时候就想1位夹，只不过事到临头我又认为夹比较危险，所以选择了更轻灵的着法。

(88-89)

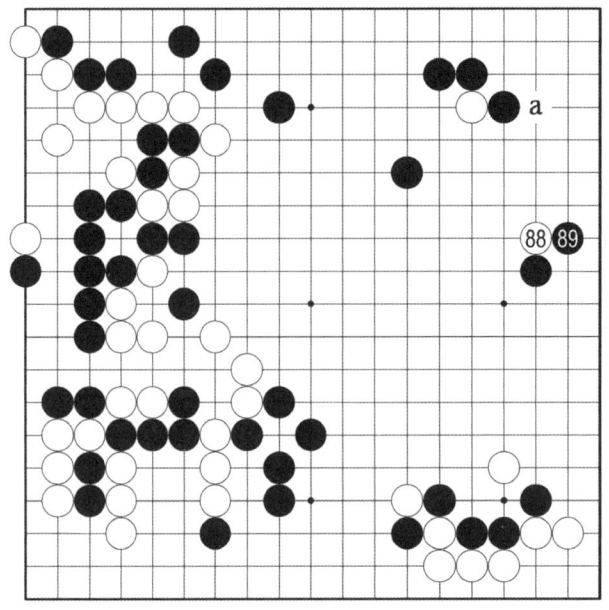

白88碰，已经是一种迂回了，但在a位夹成立的情况下，迂回肯定要吃一些亏。黑89下扳，其实还有别的选择。

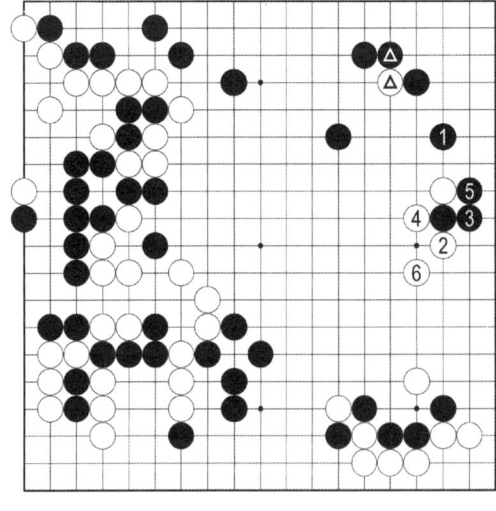

图21

此时，黑棋正常的应手是在1位飞。我准备的是2位夹，以下3位和4位必得其一。如图进行至白6虎，我们不从形势上来判断，只单纯从棋上来分析，这个进行应该是白棋稍亏，原本黑没有那么厚，白△和黑▲的交换把黑棋撞结实了，边角的黑空也都守住了。

好在前半盘白棋领先较多，就算下成这样，黑棋也十分困难，这是实战黑89选择拼一下的原因。

（90-91）

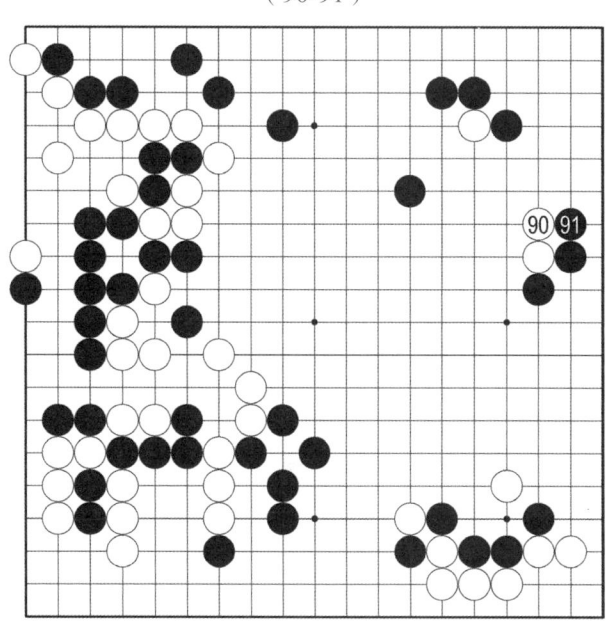

白90长时，黑91继续搜根，这里如果不通过攻击来获取一些战果，黑棋是无法获胜的。

（92-94）

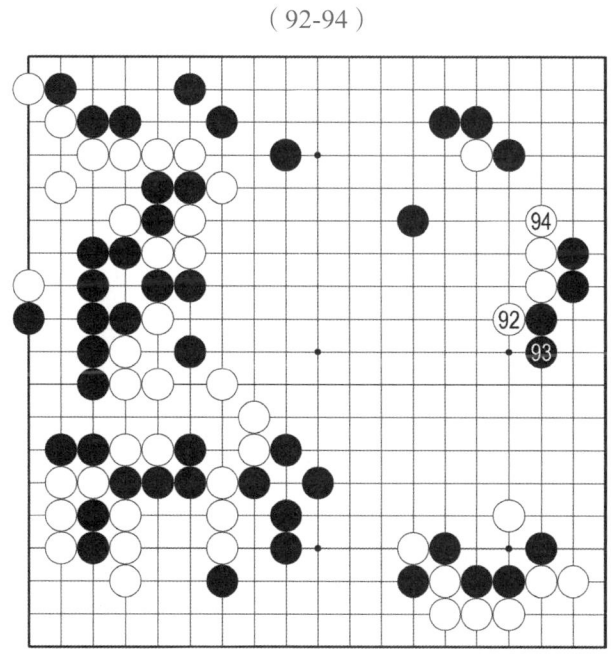

白92先扳，再白94退，下成这个样子，白棋已经达到目的。

(95-98)

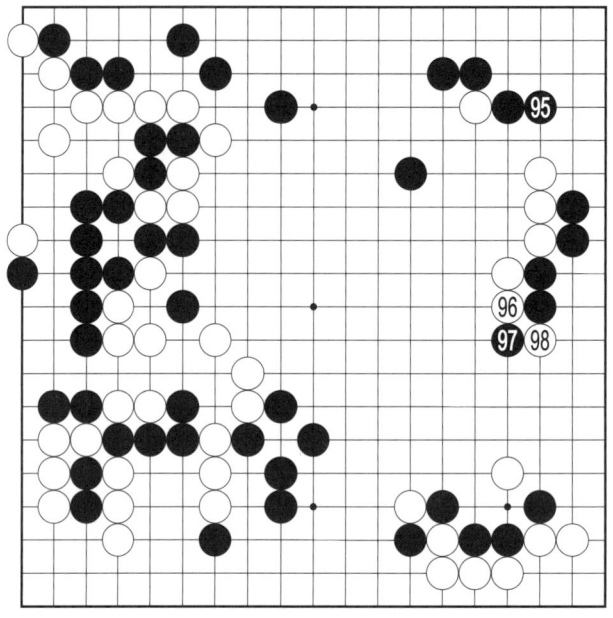

让黑95自补，白可以接受。

白96压时，黑97试图对白方施加压力，但白98断过强，没有必要。

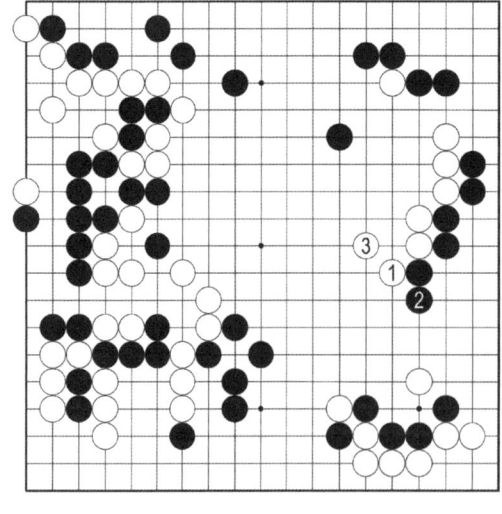

图22

白1扳、白3虎，简单地把这块棋处理好，局势就非常简明了。

(99-101)

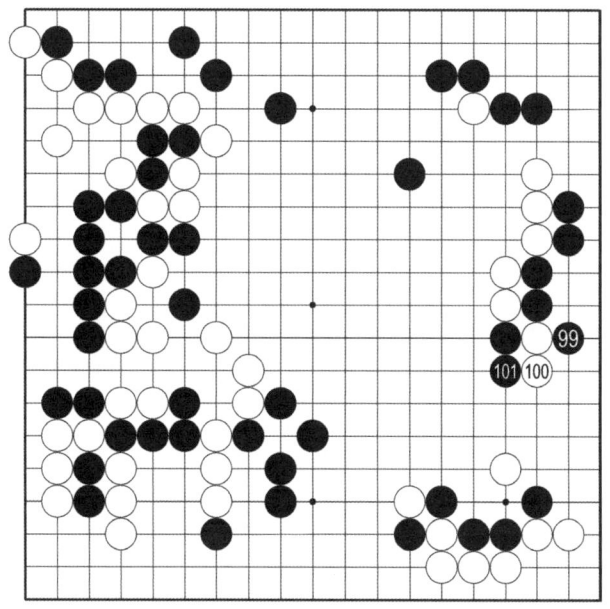

黑99打、黑101压,形成复杂的战斗,这肯定是黑棋希望的。

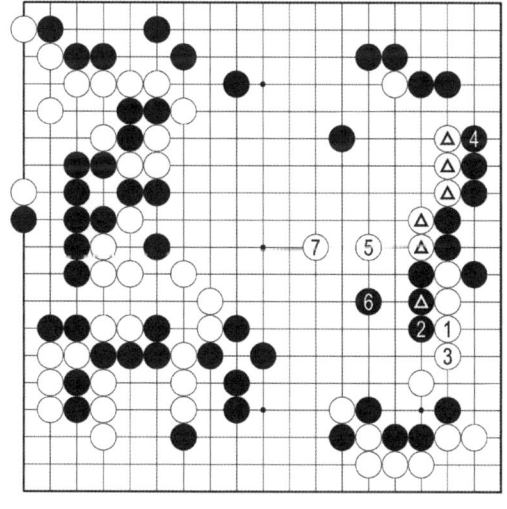

图 23

黑△压时,白在1位退也不是不可接受,黑2再压,白3再退,黑4必须爬过,白再5位出头。白棋走畅后,黑棋自身也有不少问题。

实战被黑分断之后,白棋的头绪有点多,但只要走好白△一队,黑棋依然回天乏术。

（102-104）

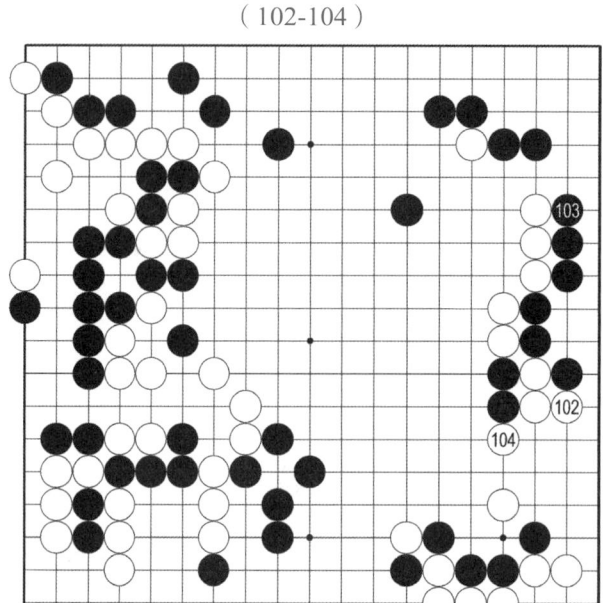

可能是棋风的原因，我遇到这种棋，就不想被人压两下，于是白102反击，但局后再看，这一带确实下得有些紧，白虽把自己的棋形撑得很满，但同时也给了对手机会。

白102拐后，白104不能不走，否则白102就不知所云了。

（105-108）

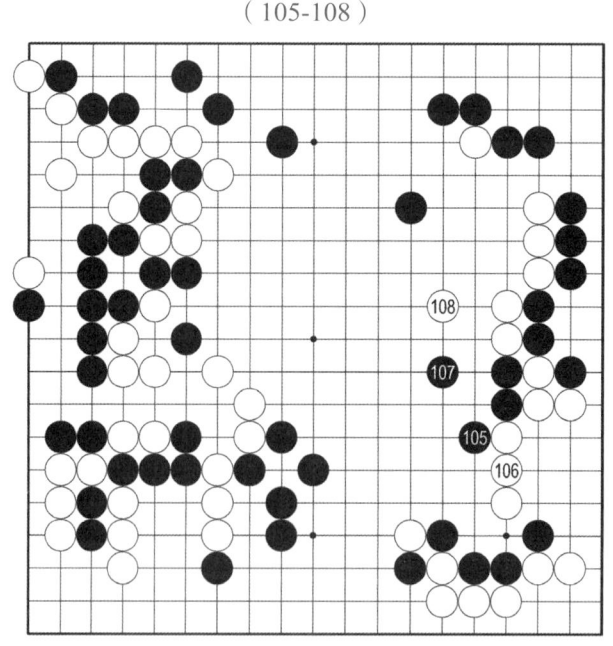

被黑105扳，再黑107整形之后，右上五子还是有一定风险的。虽然当时不觉得危险，但随着实战的进行，白的处境还是比想象中的危险。

（109）

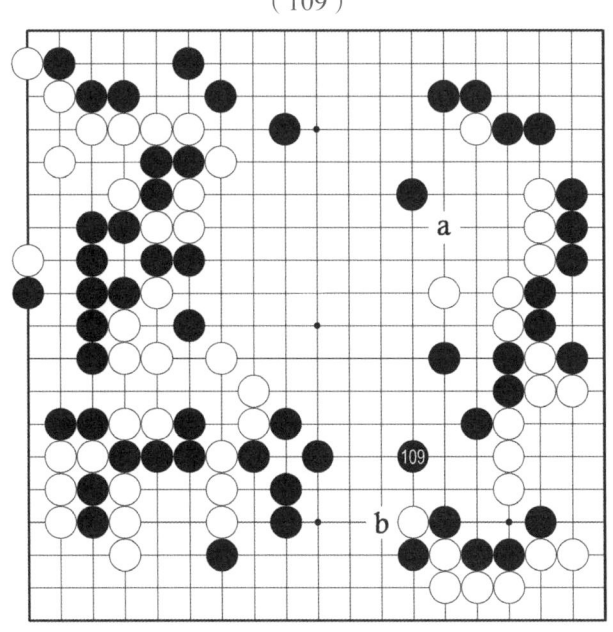

黑109有一些先手的味道，但白也可不理下边，只要在a位跳，把自己走好，就算黑在b位抱吃也无关紧要，毕竟白棋前面领先很多。

（110-111）

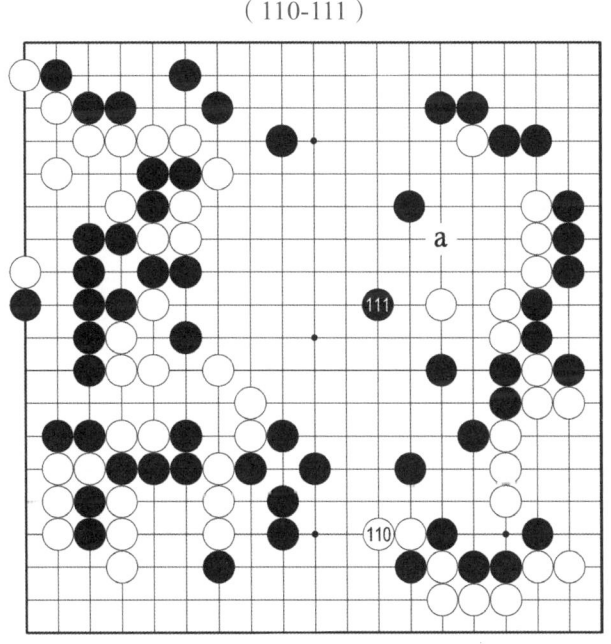

但我当时就是感觉黑吃不掉右上的白棋，所以在110位长，把该撑住的地方都撑住。这样气合，还是给自己留下了一定的隐患，本来白是可以更加安全地运转的。

被黑111当头一镇，黑棋外围子力的优势就显现出来了，我顿时觉得白棋不太容易活出。所以，白棋还是应该下得更简明一些。

（112-113）

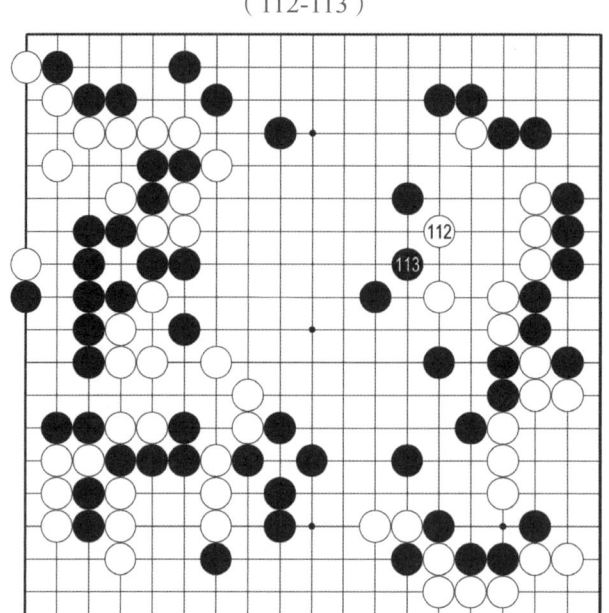

白112跳，整理自己的形状。

黑113刺，步步紧逼，白方越来越感到压力。

（114）

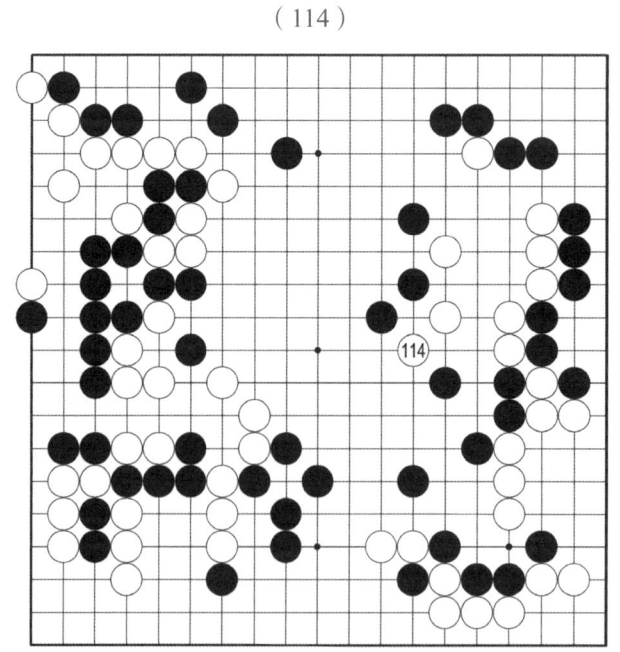

白114穿出，在逼仄处行棋，形势吃紧。

(115)

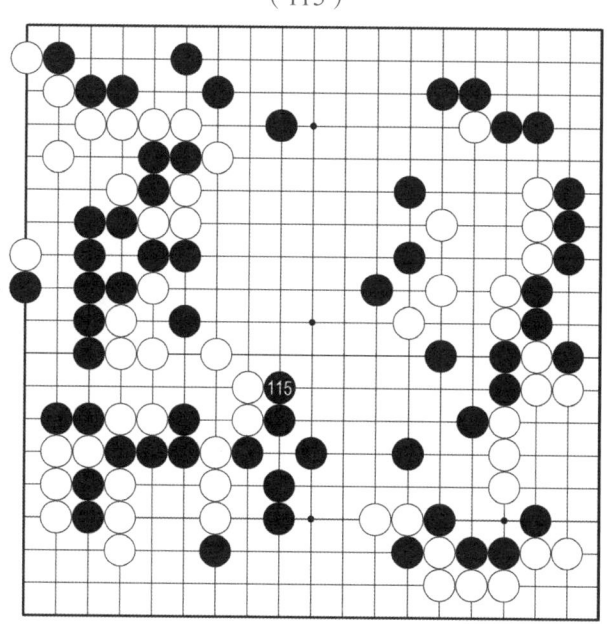

黑115贴,有脱离主战场之嫌。后来复盘,朴九段认为杀不掉这块白棋,所以先把白棋分断了。

所以说,下出什么棋真的和棋风有关系,此时,恐怕有不少棋手磨刀霍霍,想要马上杀棋了,而朴九段仅仅是贴到这里。

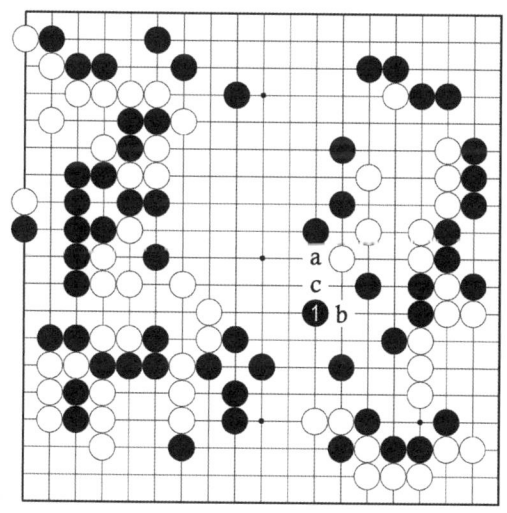

图24

那么,黑棋应该怎么进攻呢?

此时黑1飞攻应该更好一点。因为比较虚,我当时也没有想好怎么下。白棋虽然可以在a位贴,或是在b位靠、c位尖,但不论哪种手法,白棋做活都要费好大的劲。

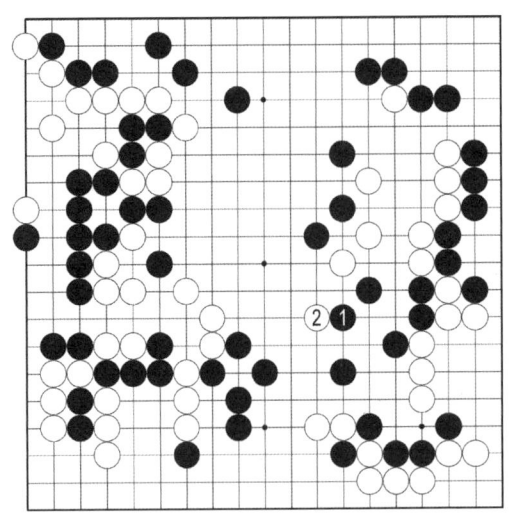

图 25

　　黑 1 如果缩回一路，被白 2 借劲，就平添了很多头绪。

（116-117）

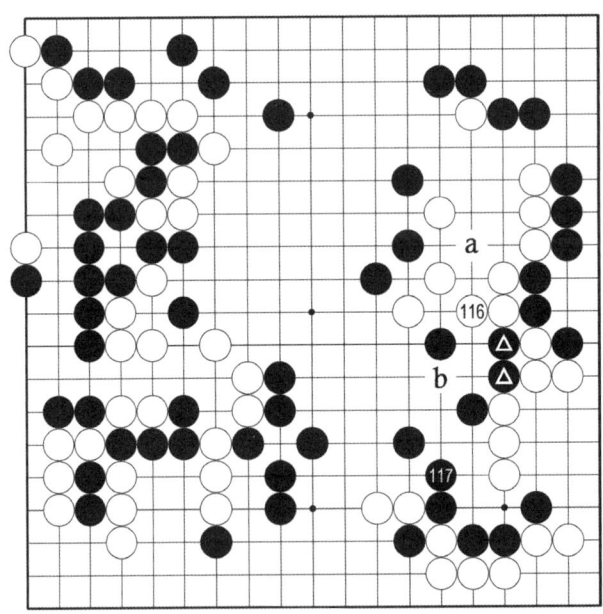

　　白 116 祭出妙手！以下 a 位直接做活与 b 位靠见合。如果黑在 a 位破眼，白 b 位靠，黑▲两子棋筋就掉了。

　　此前黑棋有可能忽略了这一步妙手。于是，黑只能在 117 位补救，然而白棋只要在中腹做活，这棋就很难输了。

（118）

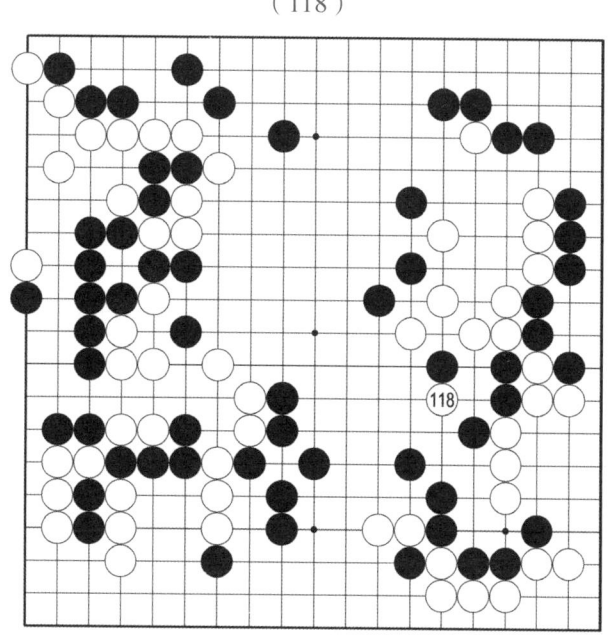

白118乘胜追击。白棋大块既然已经活了，不妨再追求一下。

（119-122）

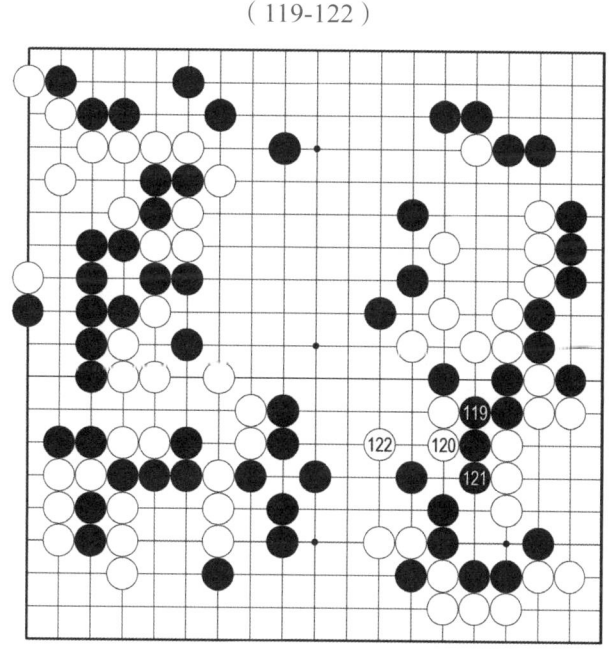

白120夹，再白122跳出，把黑棋的形状打得非常惨。

(123)

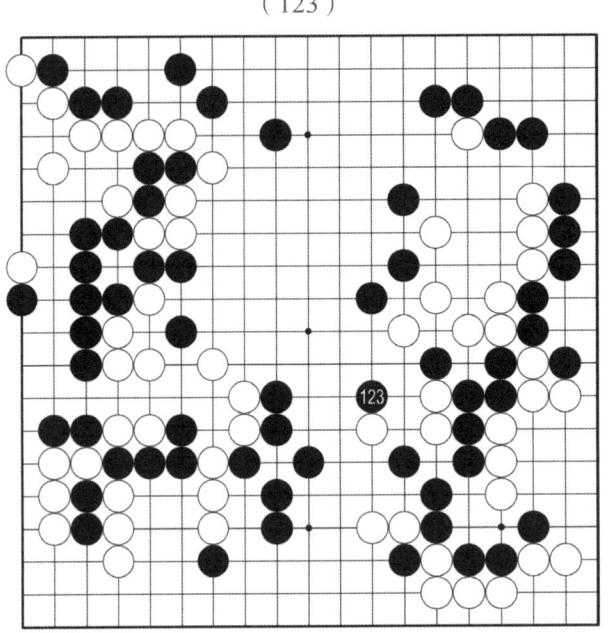

黑 123 靠，是拼命之策。

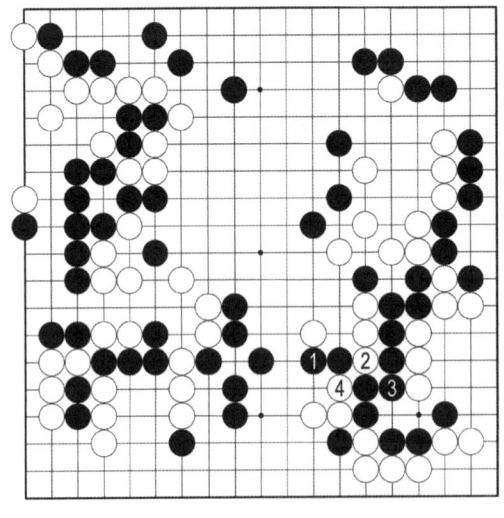

图 26

如果正常进行，黑 1 贴，则白 2、4 可以直接挤断，黑崩溃。

图 27

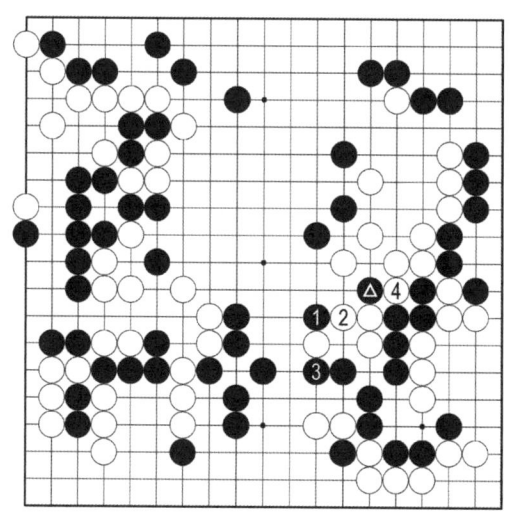

黑1、白2交换后，黑3就可以全部跑出。但即便如此，白4断黑▲一子，带着目数活净，还把黑棋右上的潜力破掉了，黑也是大败之局。

（124-125）

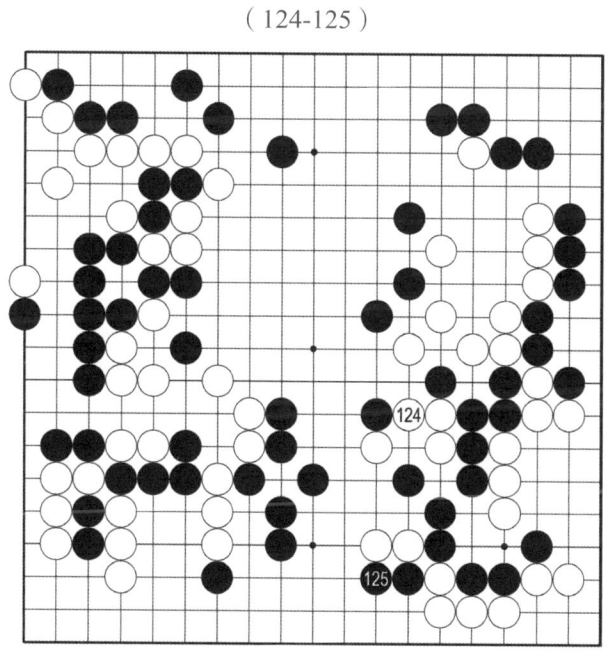

如前图所示，白124顶后，黑在局部也没有好棋可下。

黑125位爬，希望多得到一些借用。

本局，受制于不利的形势和其他因素，朴九段的用时一直比我多不少。而在这种需要计算和判断的形势下，时间领先实际上是一个比较大的优势。

(126-127)

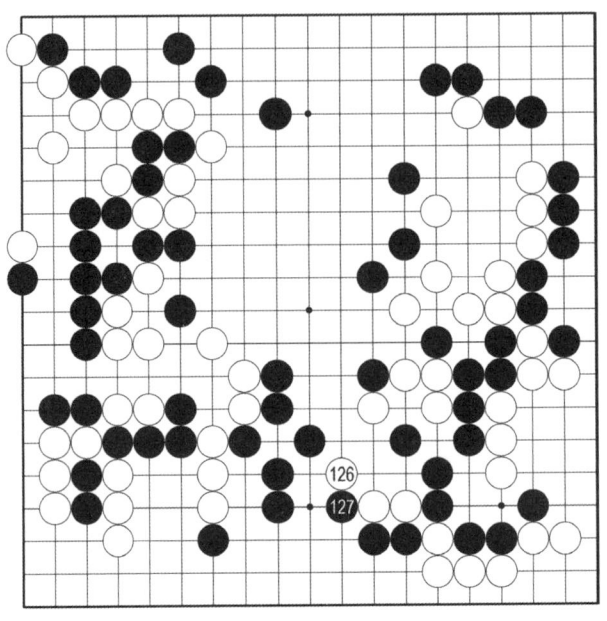

白126尖，不愿给黑借用，也瞄着黑棋大块的出路。

黑只有在127位挤，其实现在朴九段走哪里都属于走不动的情况，如此也是希望多一些头绪。

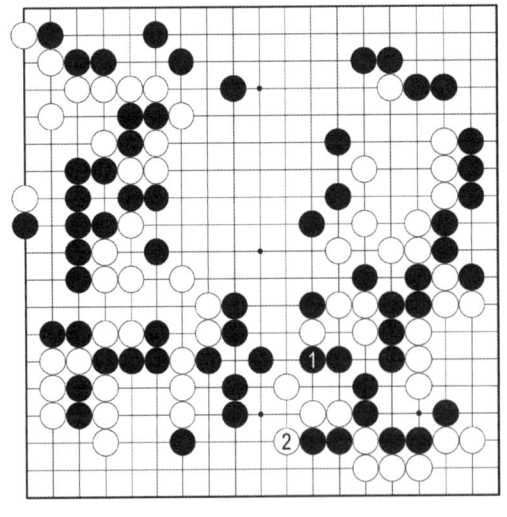

图28

黑如果在1位贴回，白2就虎下来，黑在这个局部自己都走不好。

（128-131）

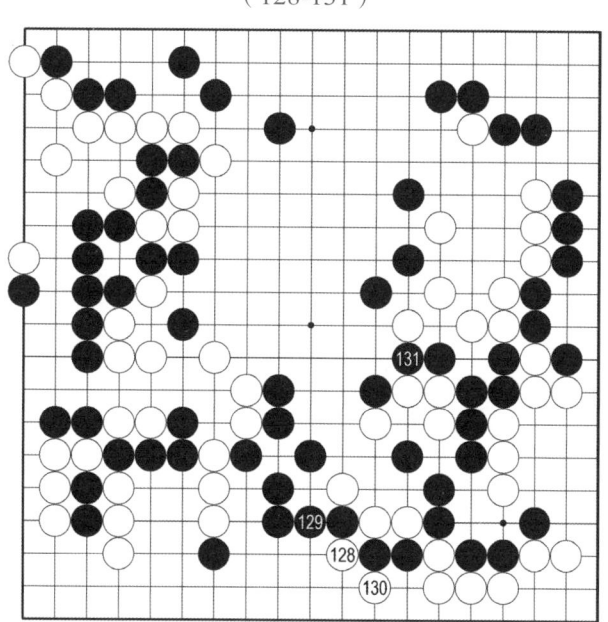

白 128 打断，再白 130 吃黑二子，收获颇丰。

黑 131 冲，再次寻找头绪。

（132-135）

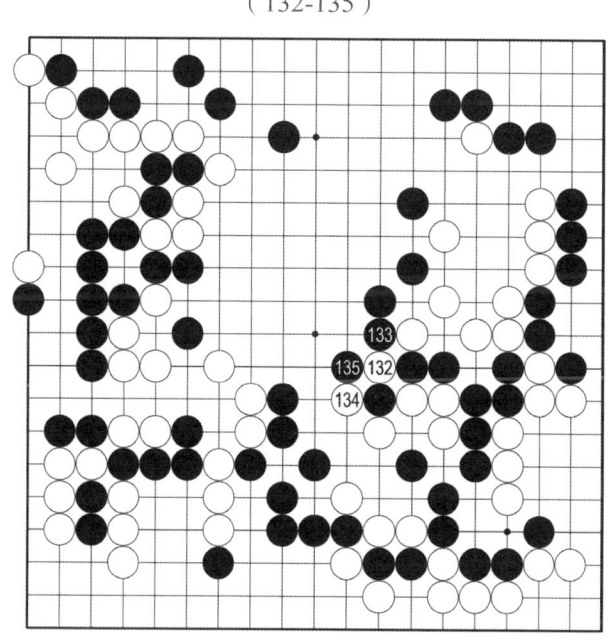

对此白 132 挡，必然。

本局还有一个有趣的地方是黑 135 打。实际上此时白棋下法很多。

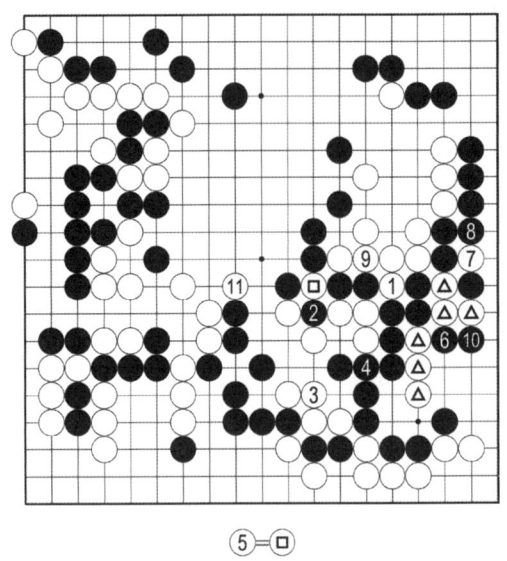

⑤=□

图29

比如白棋可以直接在1位开劫，黑2先提劫，白3则粘。黑6寻劫时，白棋可以不理而直接消劫。黑棋吃白△数子也不足以争胜。而且白腾出手，可在11位虎，将黑棋大块全部闷进来。

关于这个天下劫，我看黑棋在其他地方也是找不到劫材的。

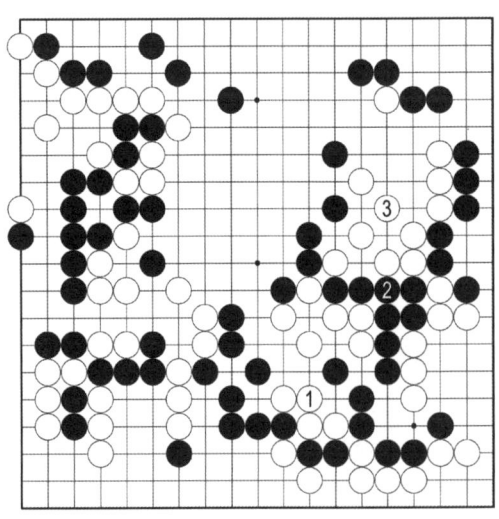

图30

白1单粘也可以，黑2接回，白3便就地做活。这样黑右下大块只能打劫回家。此劫是白的无忧劫，不论白走哪，黑棋都不行。

(136-137)

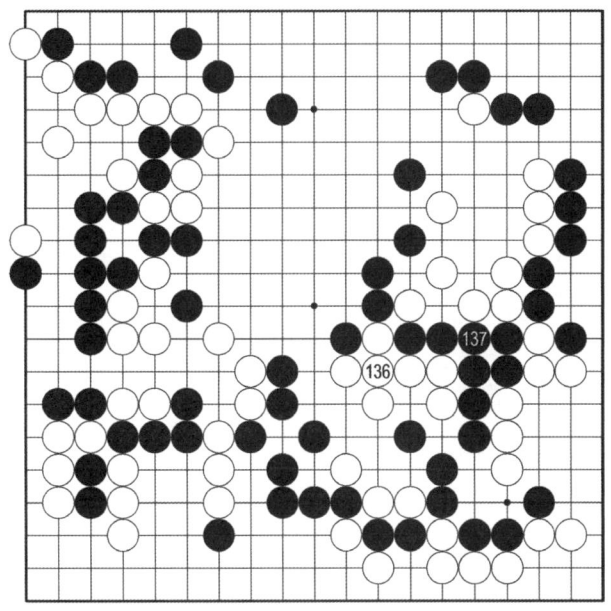

但这个时候，白136粘是一个比较大的失误，也可能是比较大的漏算。如果没有后面的悬崖勒马，可能这局棋便会就此输掉。

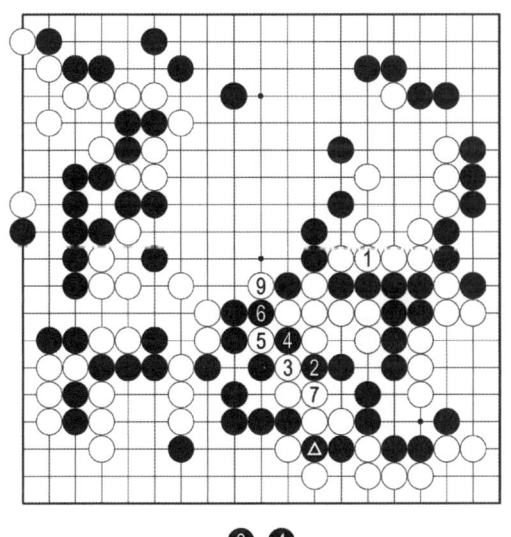

图31

早在黑△爬的时候，白棋就算了一下这个局面，一直以为此时可以在1位粘。黑棋只能在2位冲，再黑4扑、黑6打。这时白棋如果粘劫，被黑在7位断对杀，白气不够。但白棋可以在7位粘，跟黑棋打劫。一旦打劫，黑棋外面在9位和左边都有劫材，所以说，打劫的话黑棋是明显不行的。

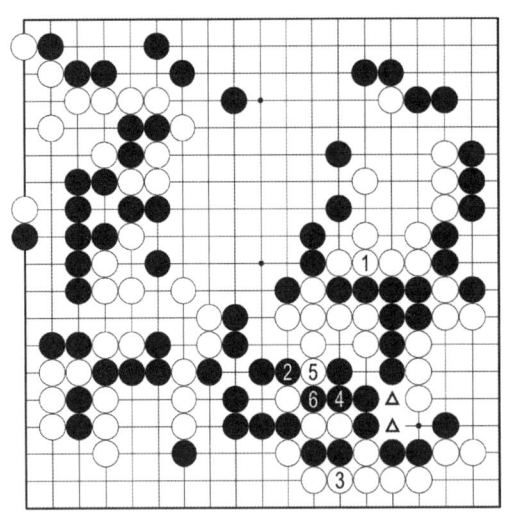

图 32

就在我验算打劫的时候，发现黑棋在局部有一个简单的手段，就是在 2 位冲。最开始漏算的原因是，我认为白 3 提后，黑棋的气都紧着，连不回去。但突然发现白△处的气都是松着的，刚好我没有办法把黑棋分断。如果下成这样，被黑 2 直接冲，这个棋直接就结束了，毕竟白白送了对手一块。

（138-139）

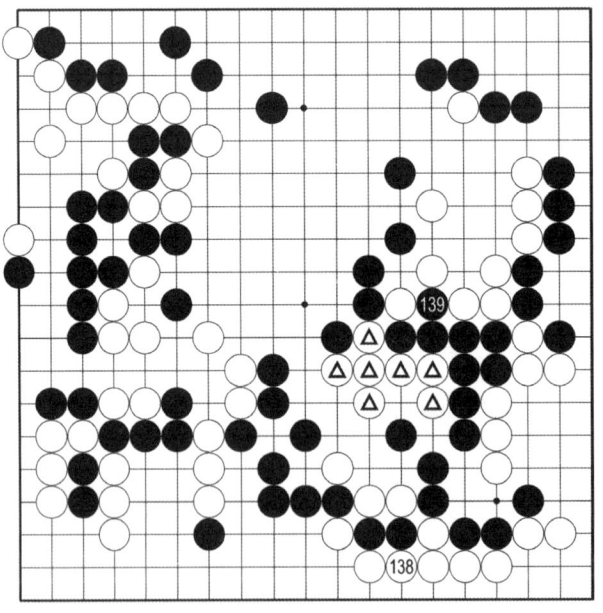

还好当时有时间，我知道粘劫铸下大错，但是马上就冷静了下来。经过思考后，我在 138 位提净黑二子。因为白△数子不能死，只能让黑棋将上面一块白棋暂时吃掉。

（140）

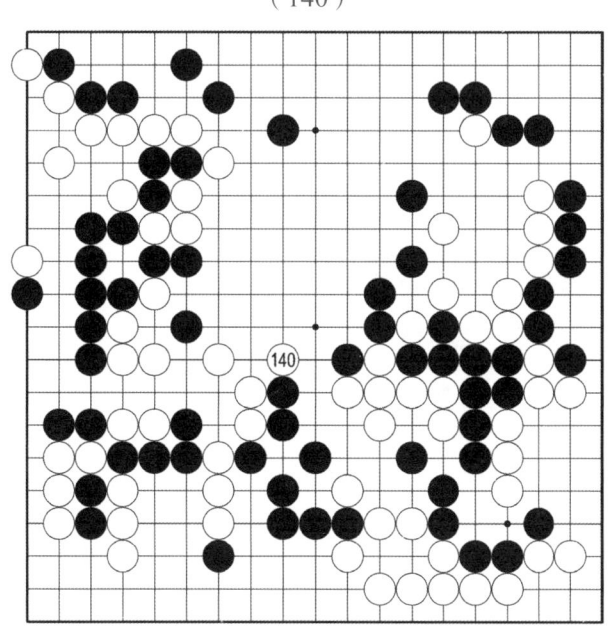

白棋之所以忍痛放弃右上一块，主要是因为白140虎后，下方黑大块也是生死未卜。

（141-143）

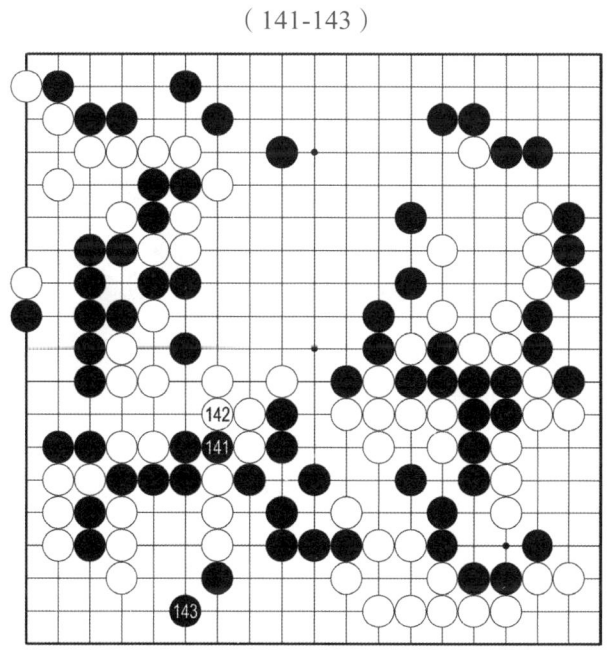

黑141断与白142团交换后，再黑143小尖求活，这是非常的手段。

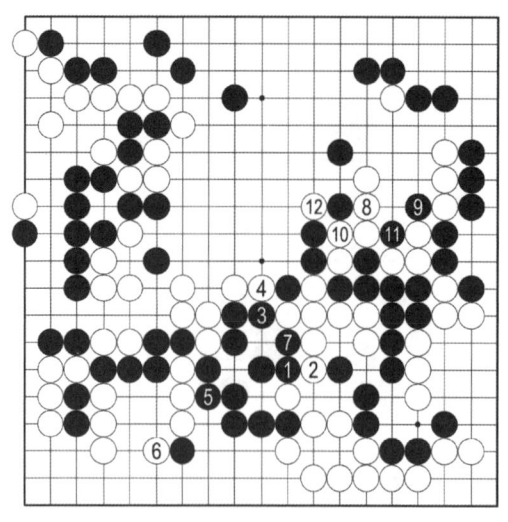

图 33

　　黑下方想活棋，正常应先在 1 位冲，再在 3 位顶，利用黑 5 团的先手，可在局部做成两个眼。如果下方黑棋活了，又把右上白棋大块吃住的话，那么白的实地压力会比较大。但这样定形后，白还有死中求活的后续手段。白 8 接，黑 9 只能打吃，白 10 连，黑 11 提后，白 12 断打，这样看似白里面被吃，但外面却被白棋打穿了，等于黑就仅吃了白棋几个子，这样黑棋明显不行。

（144）

　　黑不肯在中腹摆眼，而转到下边求活时，我冷静了一下，也稍微判断了下下方黑棋和右上白棋的价值，大概地点了点目：如果能吃掉下边，形成转换，黑棋也是不行。另外，黑棋要把下边做活，白棋有 a 位粘、黑 b、白 c 继续粘的下法。即使黑棋不卖 d 位的撞气，白 a 以下的手段也能成立；但卖了 d 位，外围黑气会更紧，白棋突围而出就更加容易。

　　朴九段也意识到了这一点，想往下边走，要在螺蛳壳里做道场。但这个棋，往里走就做不活。

（145-146）

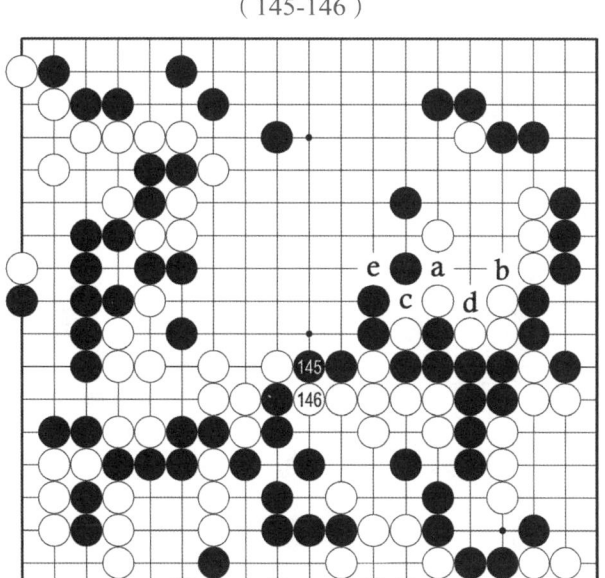

黑145顶，显然把146位的眼位卖掉了。因为黑棋清楚，如果直接在146位做眼，空里就有白a、黑b、白c、黑d、白e的手段，黑棋得不偿失，与其这样，还不如提前走掉。

（147-149）

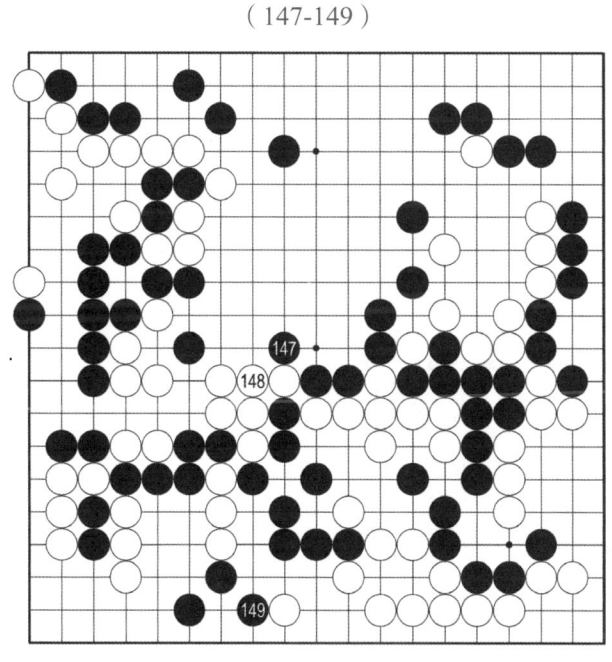

黑147打，把外围的借用全部走完，再黑149尖，以大块的死活来决一死战。

黑149也是看到，既然在外面走无法做活，就要在边角寻求手段。

（150-152）

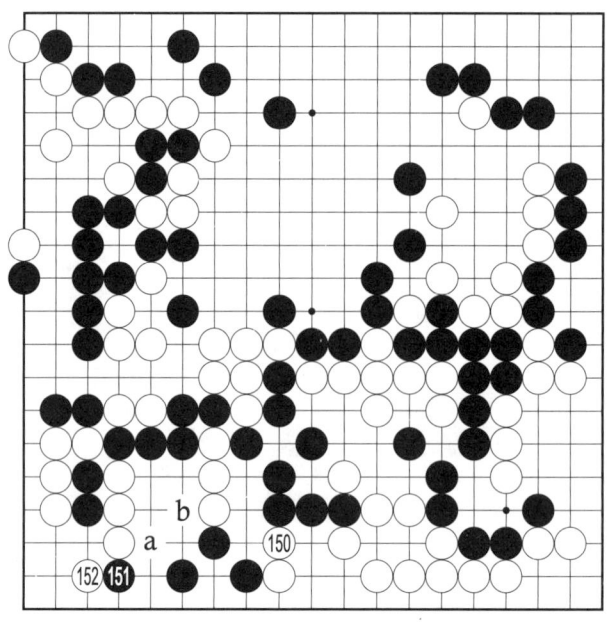

黑151托后，如果在a位虎，白则b位破眼，黑净死。

图34

黑1虎，白2曲，黑3做眼时，白4点、白6挤，黑净死。

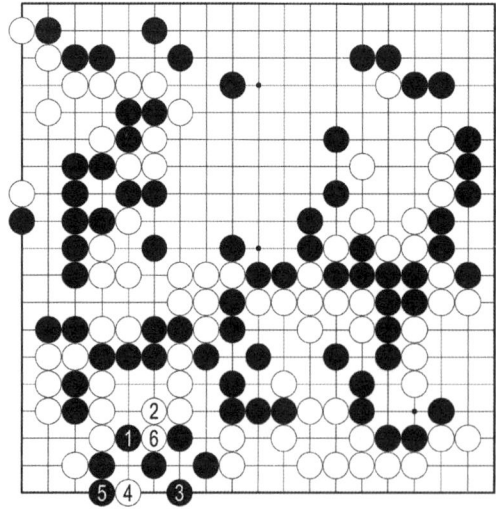

（153-155）

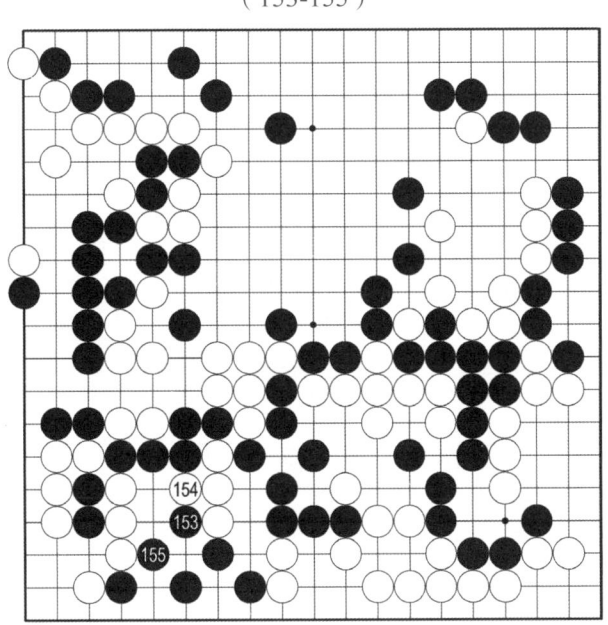

黑153先虎无奈，黑155搭出眼形。

（156）

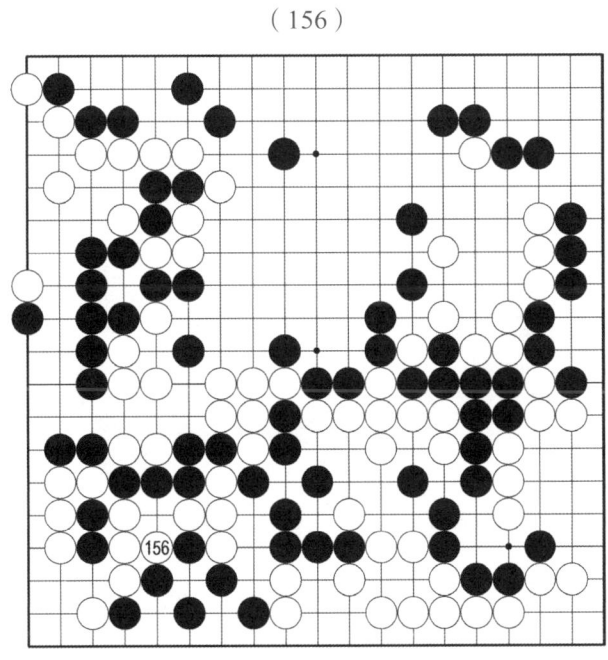

白156打，黑大块形成打劫活，朴九段走得巧妙。但成劫也有个问题，那就是白棋满盘都有劫材，所以打劫的结果，黑最多就是在别的地方走两个官子。

（157-158）

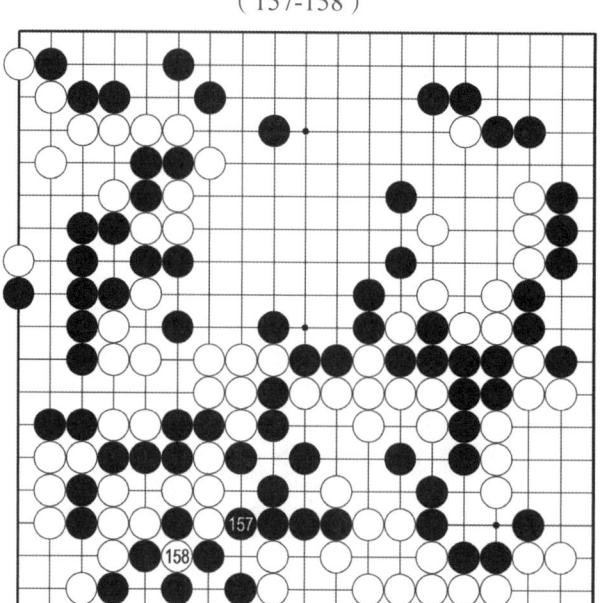

黑157顶住，白158提，双方正式争劫。

（159-160）

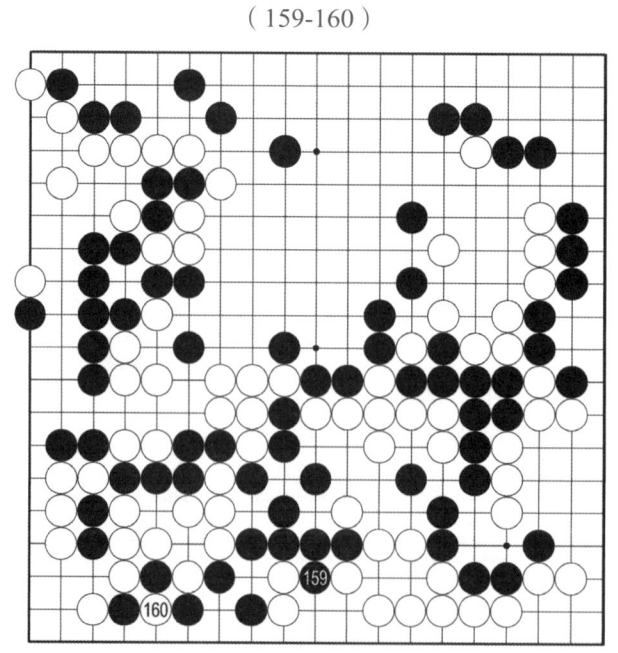

黑159冲，是给认输找的台阶。白160提净，黑认输。

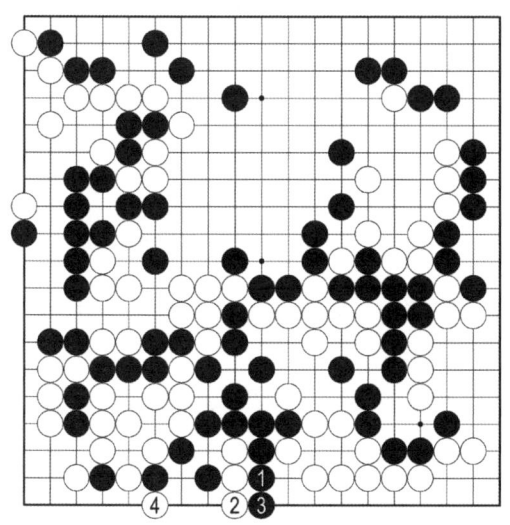

图 35

因为黑在上面是没有眼位的,而冲吃两子也无法做出两只眼。

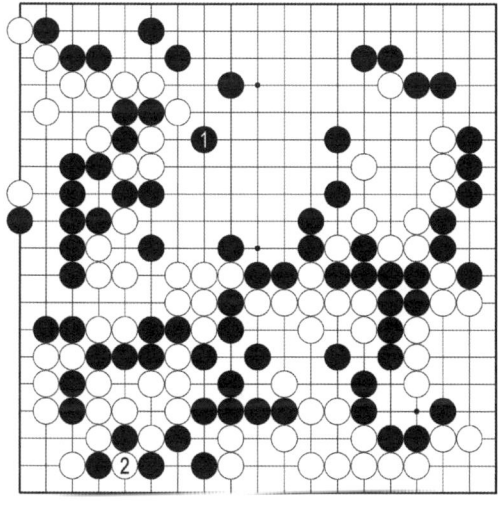

图 36

如果改在黑 1 处找劫,白 2 也提,黑的目数应该也是明显不够。

这盘棋，我感觉很有意思的一点是，对一些棋迷或旁观者来说，在我下出白136粘的时候，白棋的胜率波动并不大——依然在95%左右，他们不会直观地意识到，白棋居然出现了这么大的失误，是打了一个大"勺"。所以，我感觉从对局者的角度来解说这局棋，才有那种悬崖勒马般的惊心动魄。

纵观全局，黑35、白36等着手都出现了失误，但最后的失误出现在了黑棋一边。对手朴廷桓九段的用时也多了很多。下边黑71、73再次失误，被我吃掉了四个棋筋。白棋右上的大龙没有处理好，没能更加简明地运转，导致中盘时出现了一些波折，还出现了白136这个大勺——还好，没有下在137位。

以前我对朴廷桓九段的战绩不好，但2023年的两度获胜，导致他在这盘棋中的心态出现了波动。因为目前大家的水平差距都非常小，所以气势、心态的变化也就影响到了胜负。

共 160 手　白中盘胜

○ 辜梓豪烂柯局 ○

第三局

$\frac{1}{4}$ 决定战

● ○

辜 安
梓 成
豪 浚

九 九
段 段

---

257 手

第一届
衢州烂柯杯世界围棋公开赛八强赛

2023 年 5 月 8 日

（1）

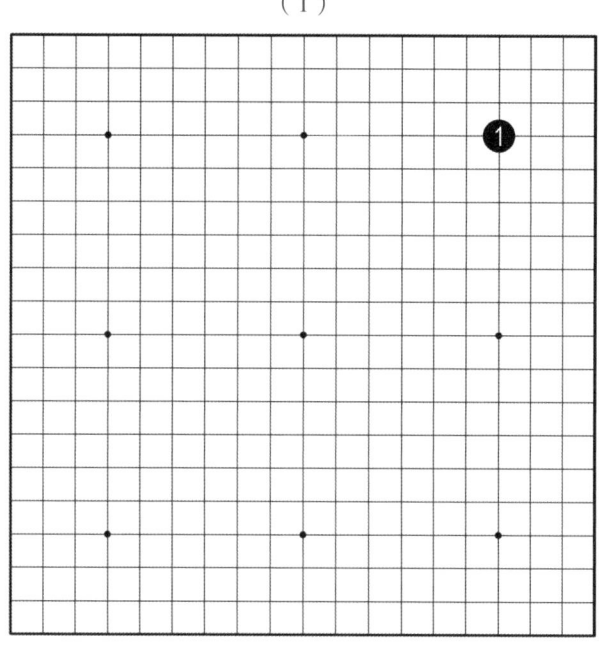

　　八强赛的对手安成浚，我在 2017 年时跟他交过一次手。赛前又看了一些他的棋谱，感觉他的棋非常有韧性。

（2-3）

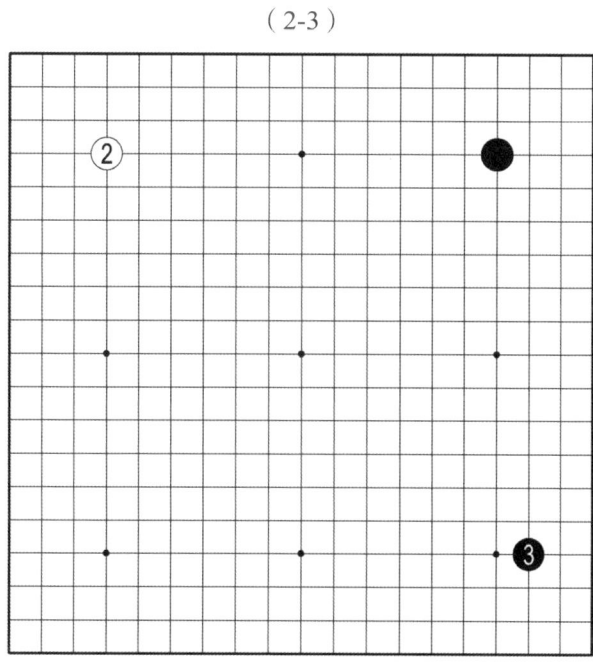

　　前两年安成浚去服了兵役。很多棋手服兵役后，状态都有明显的下滑。但这对安成浚影响似乎不大，这两年他的成绩一直还可以。

(4-5)

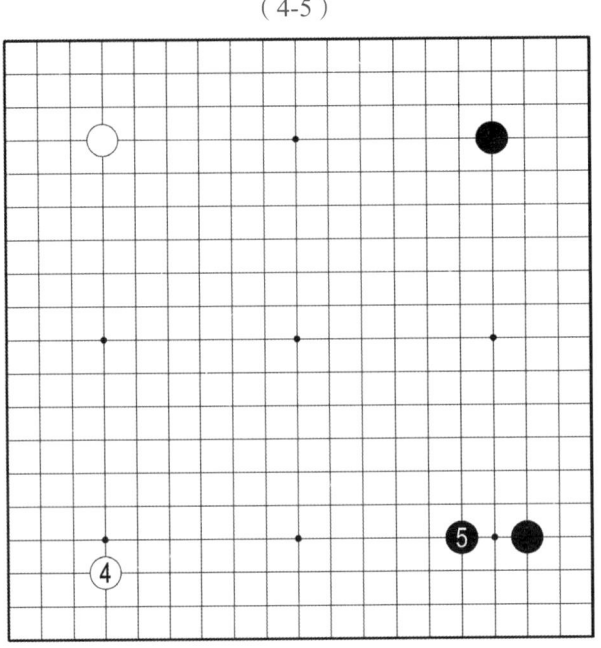

白4小目，黑5单关守角，是比较常见的开局。

(6-7)

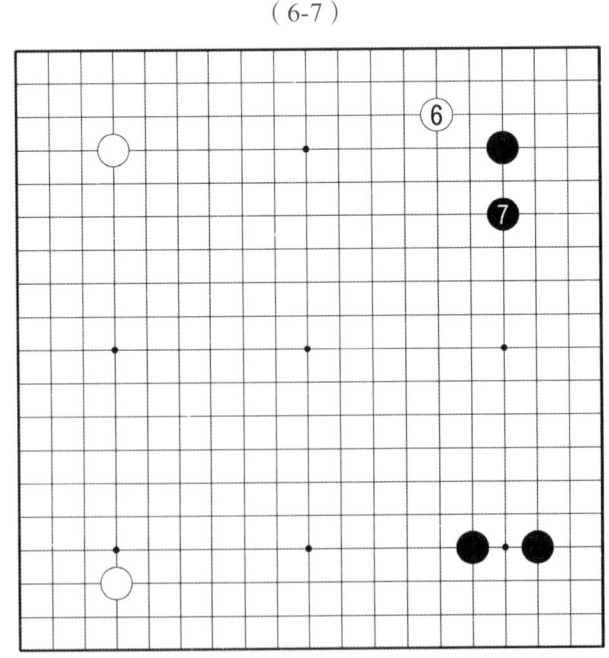

白6挂，黑7单关守角，平淡正派。

(8-9)

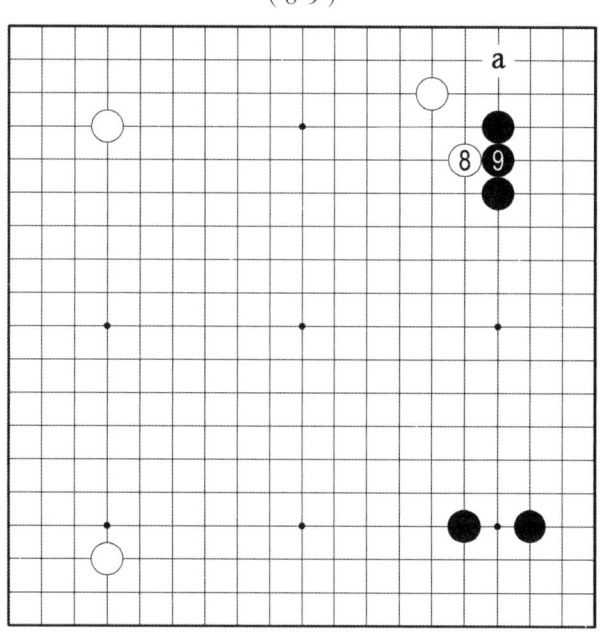

此时白8在a位进角前先问应手是目前比较流行的下法。黑9接牢并没有亏损，可以看作正常分寸。

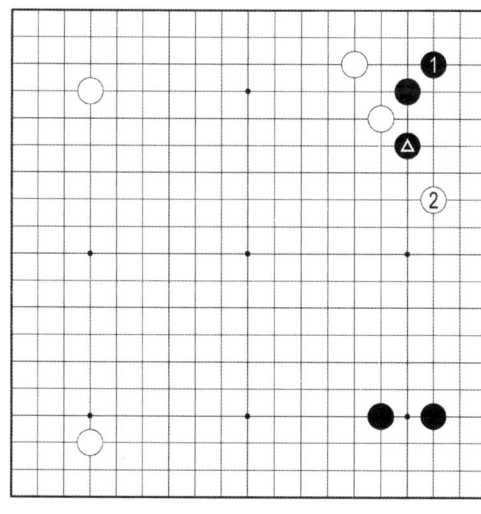

图1

对实战白8的刺，也有人直接1位尖三三，但这么下还是稍亏，将来被白2逼到这里，黑▲还是比较软。当然这种亏也就是AI给出的胜率略有差别。

实战中如何应对，还是取决于你想怎么下。这种地方的应手不同，对于人类棋手来说，本质上的差别其实没有那么大。

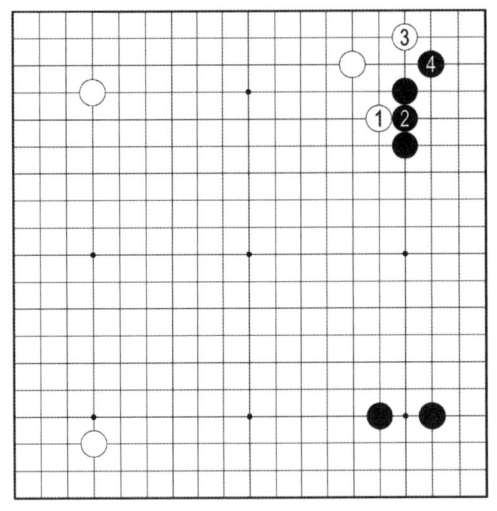

图 2

如图的局面,当年吴淞笙九段讲解棋评时认为,白 1 刺,黑 2 接,白 3 飞,黑 4 尖,这样黑棋就重复了。

当时的棋手认为 4 位非常重要,还是要抢的。但 AI 认为,你白 1 不刺,我尖三三没有问题;你白 1 刺了,我就可以不尖三三,因为你已经把我刺厚了。

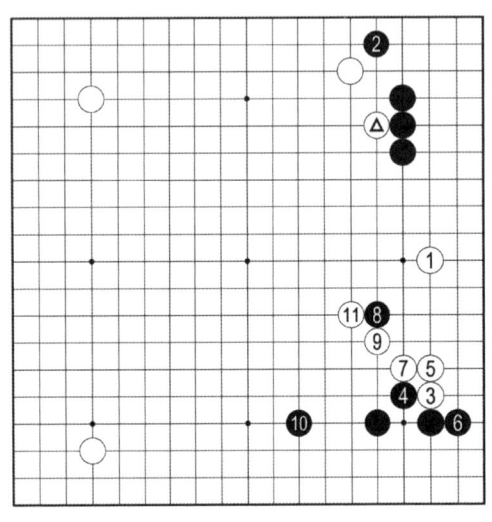

图 3

白⊕刺完,接下来也有在右边 1 位分投的选择。黑 2 守角,白 3 靠单关角,进行至白 11 扳,大致也是一个两分的局面。

（10-11）

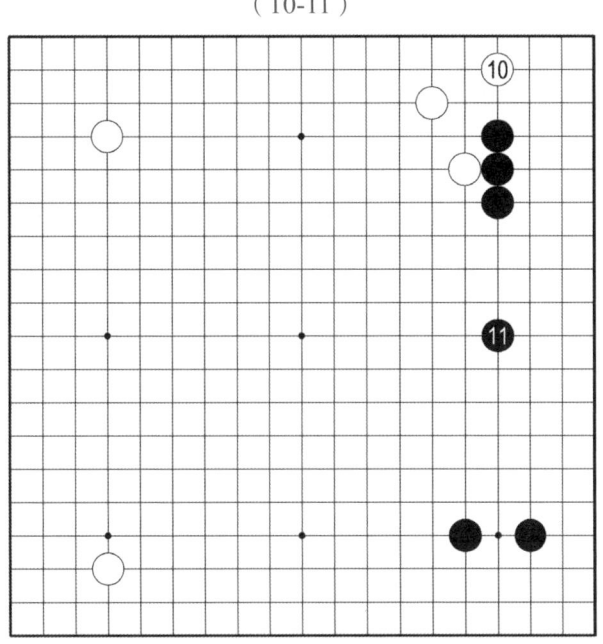

白10飞角，也是比较正常的下法。黑11拆边，干净利落。

（12-13）

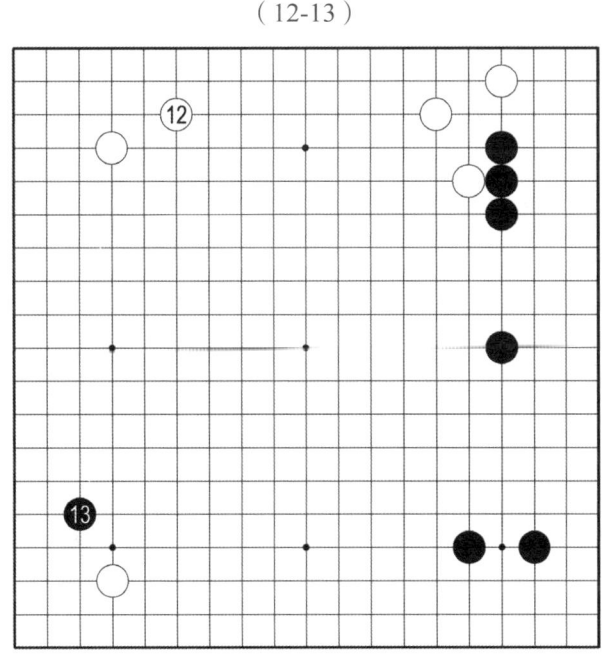

白12守角，黑13挂小目，双方相继占领大场。

（14-16）

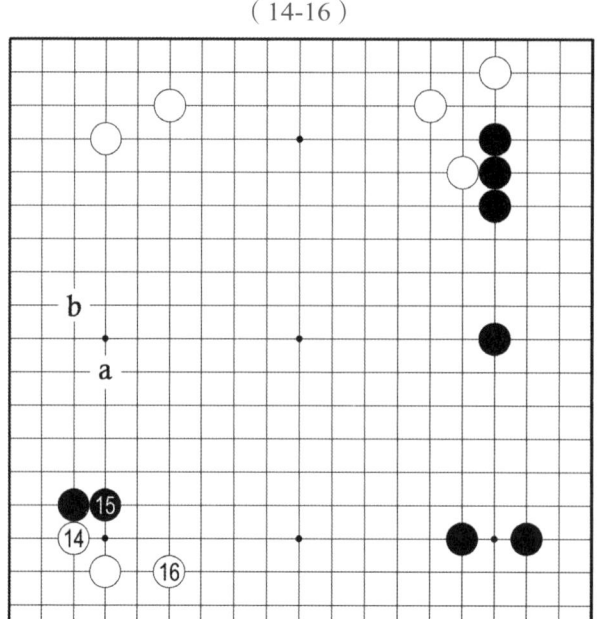

白14尖顶，可能在AI时代之前，人们觉得这步棋并不是太好，因为比较黑15挂、白直接在三路托，角上少了一路。但大家应用AI研究了以后，发现这步尖顶其实也还不错。黑15长，白16拆一后，黑如果选择在a位拆三，则白b位逼，白上方的形状是很舒展的。

（17-18）

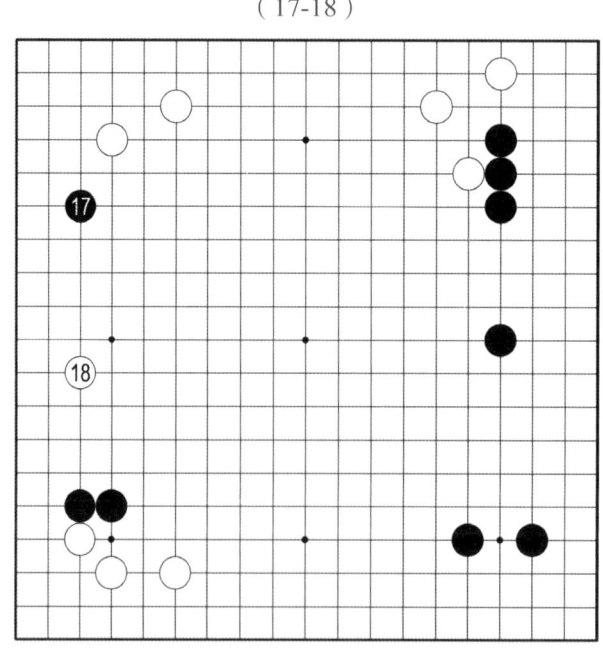

我实战选择了黑17挂角。对此，白18宽夹，也是正常分寸。

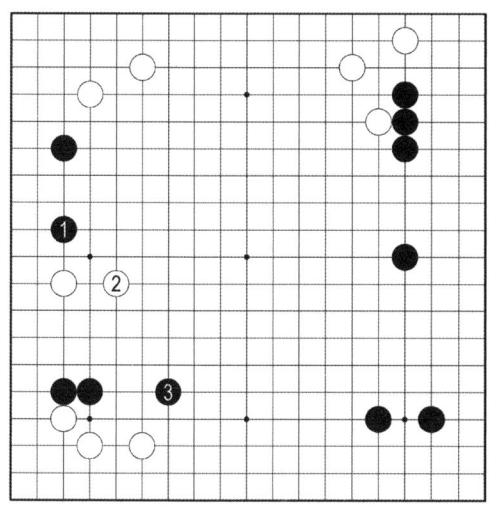

图 4

接下来，黑 1 拆二正常，白如在 2 位跳，黑 3 则大跳出头，双方平稳。

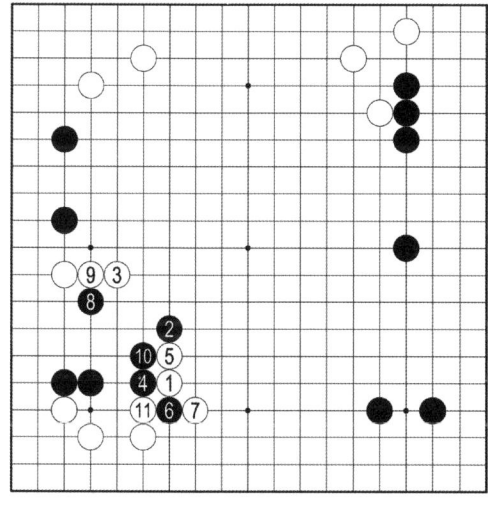

图 5

白 1 如从下方进攻，黑 2 镇，白 3 再跳是步调，黑 4 靠，白 5 顶，黑 6 扳，白 7 反扳，黑 8 先刺一手，再在 10 位贴回：这是通过 AI 研究出的一个变化，双方局面差不多。

(19)

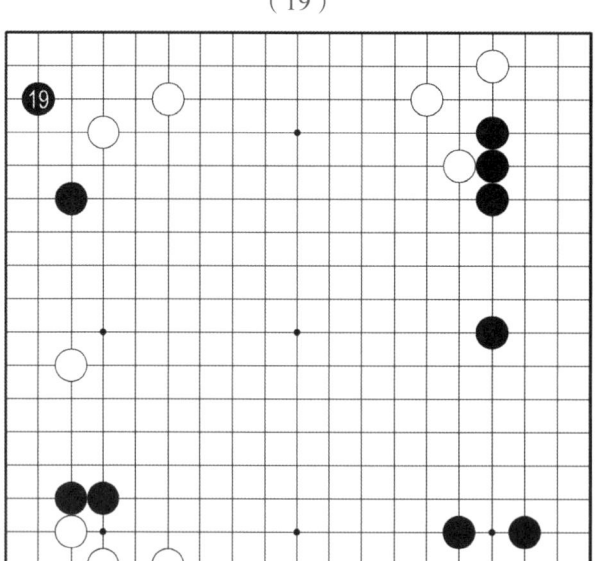

我实战走的是 19 位大飞。当时觉得这步潜入比较有趣,而且对手局部不是特别好应。

○ 辜梓豪烂柯局 ○

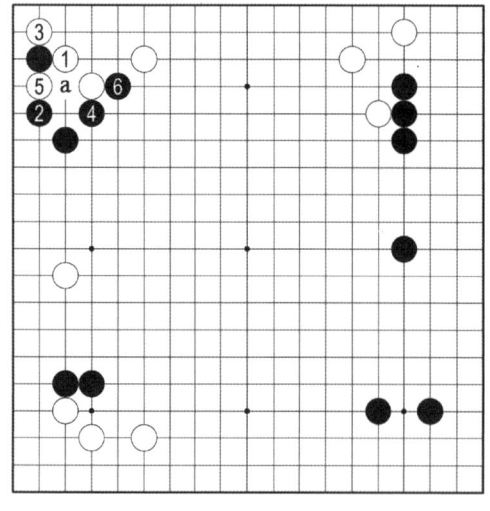

图 6

接下来白如在 1 位尖顶,黑可在 2 位尖。在这个局部,白如在 3 位扳,就有可能吃亏。被黑 4 顶到这里,白 5 如吃,黑 6 一扳,则有 a 位抛劫的后续,白不好应对。

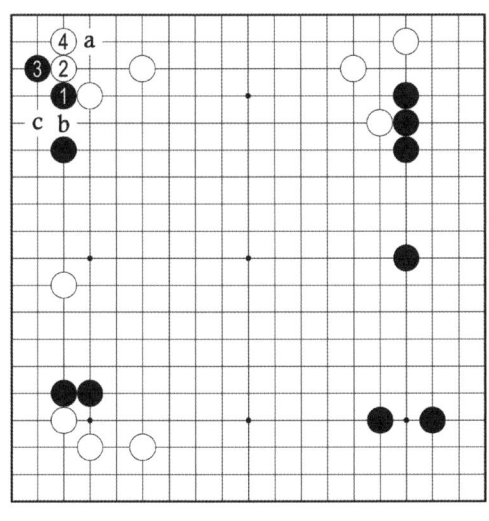

图7

实战黑19如直接在1位托、3位扳，白就可以4位立或是a位虎，或在b位打吃后再c位冲下之类。与前图比较，相当于黑1的托放在了c位，这就让白棋局部不太好走。

只不过任何事物都是有两面性的，你既然享受了保留的得利，便要承担被白棋脱先的后果——黑3直接潜入角里，对白棋的压力就没有那么大。所以托三三和潜二路是各有利弊的。

黑19的二路大飞并不是我率先下出来的。有些局面下，AI给出的最佳下法就是这步棋，只不过在当前局面，这步棋还不是AI给出的最佳下法。

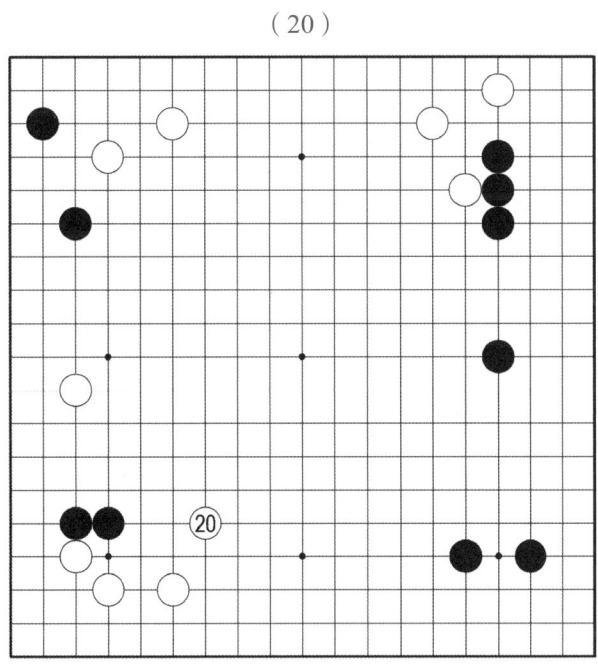

（20）

白20飞很有意思。至于AI给出的黑棋最佳应法是什么，我们先继续往下看。

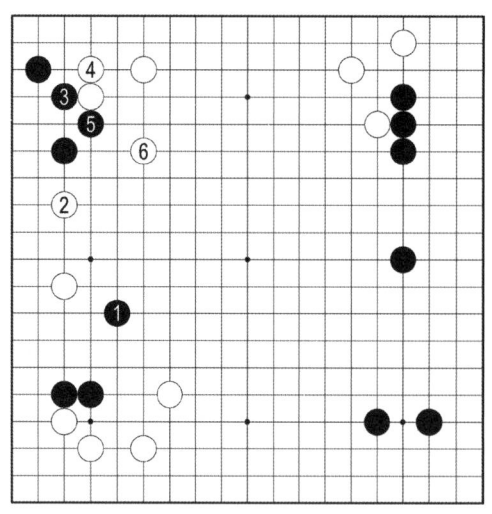

图 8

黑 1 大飞，这是 AI 给出的下法。白 2 拆二，黑 3 尖，白 4 立，黑 5 虎，白 6 虚封，这样其实也是差不多的局面。

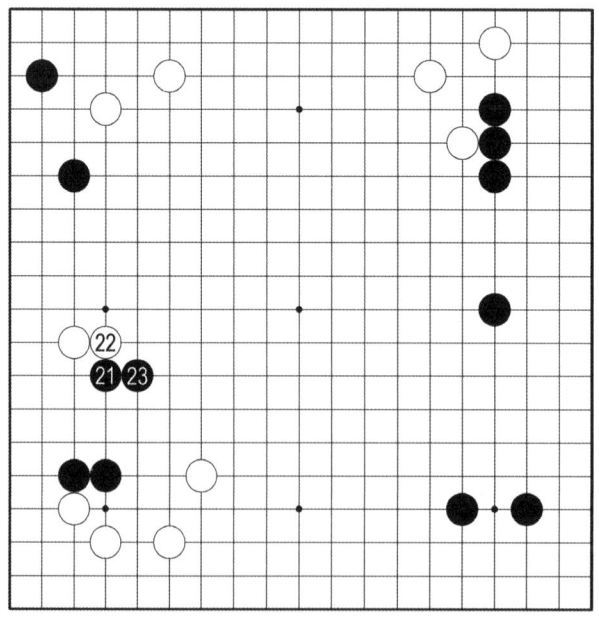

（21-23）

当时我的棋感就是在 21 位肩冲，这个下法也还行。白 22 贴时，黑 23 长可能有点重。

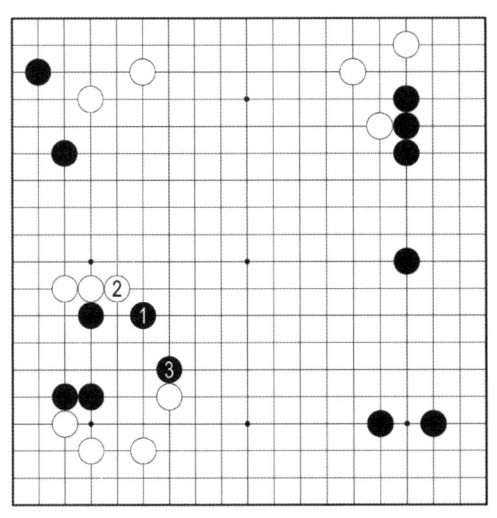

图 9

黑 23 应在 1 位跳，白 2 长时，黑 3 腾挪，这样显得轻灵一些。

只不过从人类棋手的角度来看，黑 23 长本身也没有什么问题。

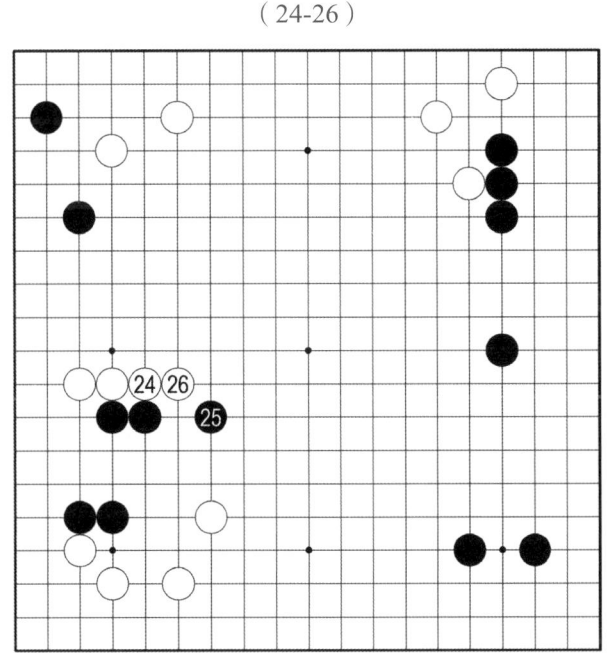

(24-26)

黑 25 跳出时，白 26 破坏黑棋形状。

(27-28)

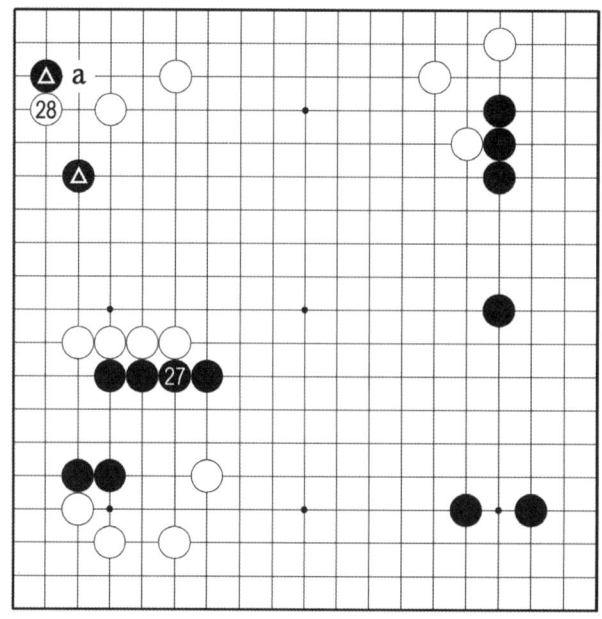

黑27粘后，黑▲两子的弱点就显现出来了。虽然白走a位尖或者别的，黑棋有可能得利，但被白28靠断，局部黑就有可能吃亏。

(29-31)

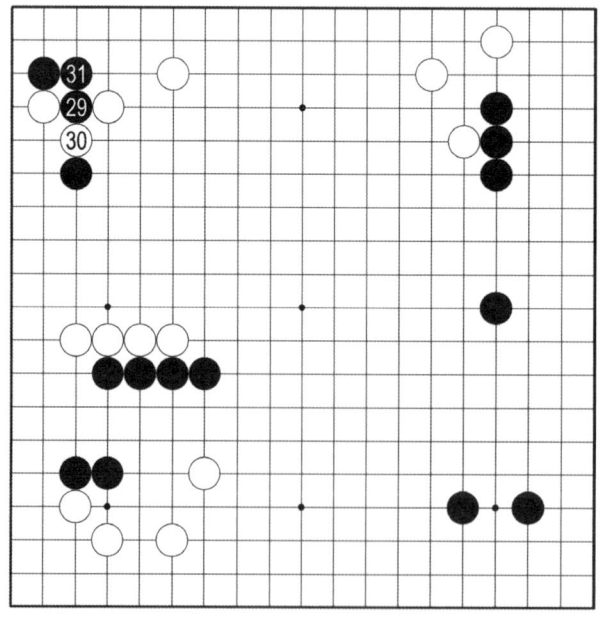

此时只有黑29挖这一步棋，白30打断当然。

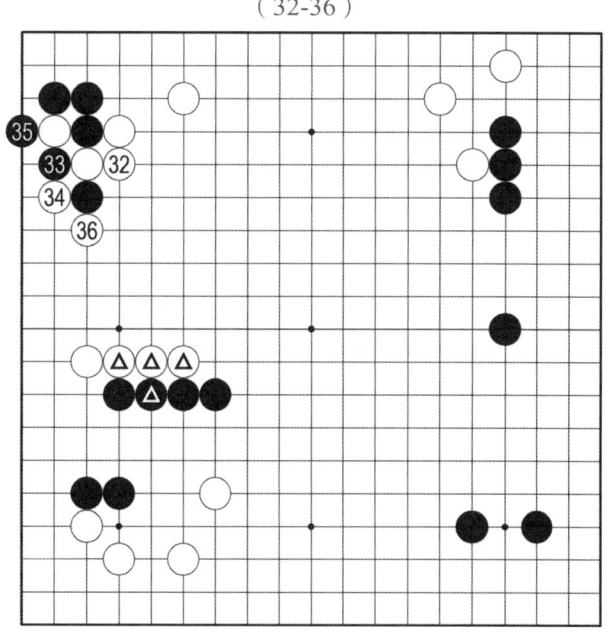

（32-36）

白32粘外面，已经计算好了白36征子的问题。

本来白棋征子是不利的，但由于白从下边飞攻开始，巧妙地多了白△三子的接应，征子反而成立了。所以说，下成这样的局面，黑还是稍稍亏了点。

回溯当初，我在肩冲之后直接跳出，或者不肩冲而在黑▲大飞，可能都比实战好一点。

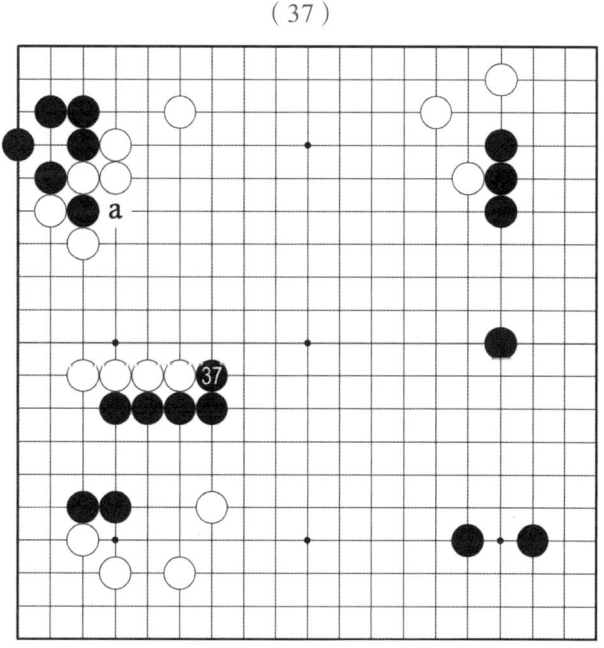

（37）

黑棋抢到37位拐头，还可以接受。当时我感觉被征一子，黑有些吃亏，但白a位"拔花"，跟下方四子的间隔太近，是厚势打架的情况。

图 10

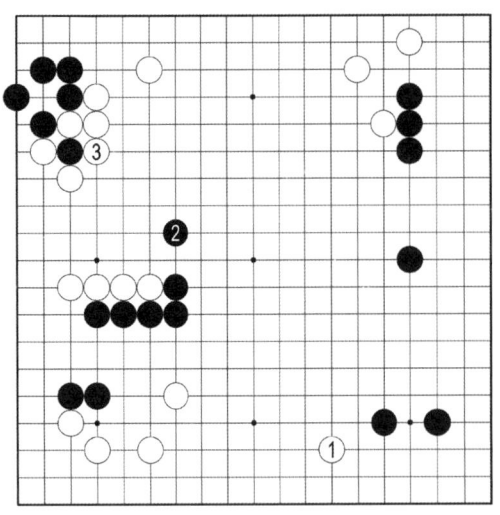

接下来，白棋正常是脱先，比如下边逼住，我估计会在2位跳，迫使白3提一手。

辛梓豪烂柯局

（38）

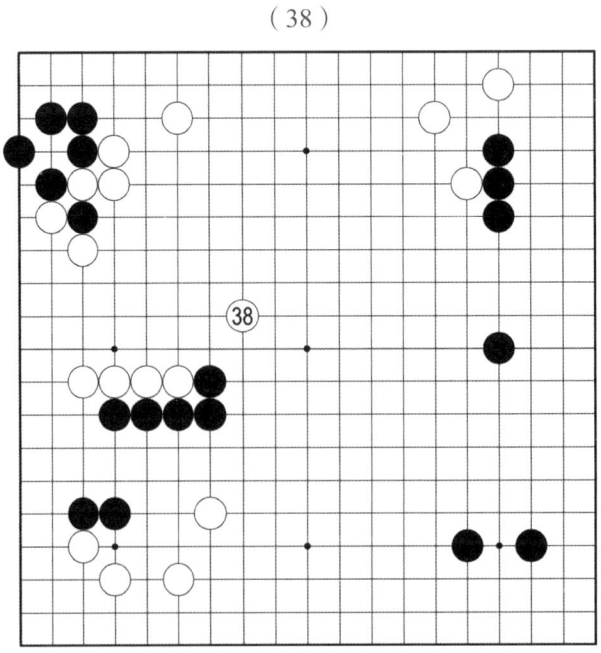

白38可能是想要惩罚我一下。

(39-41)

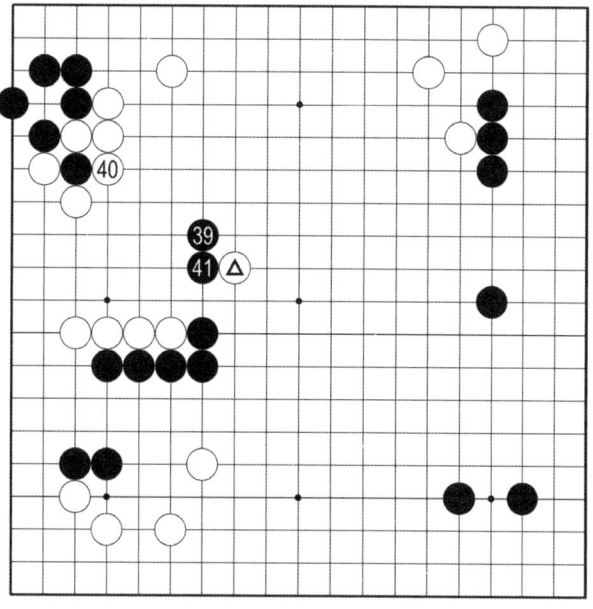

黑39引征，对手如果走别处，就会被我从40位跑出来。

黑41再贴回来，这样跟白直接脱先比较，等于白⚪和黑39长交换，感觉白很有可能亏损。我感觉对手可能有些懊恼，但也说不好，因为局后复盘，我们没有办法用语言交流。

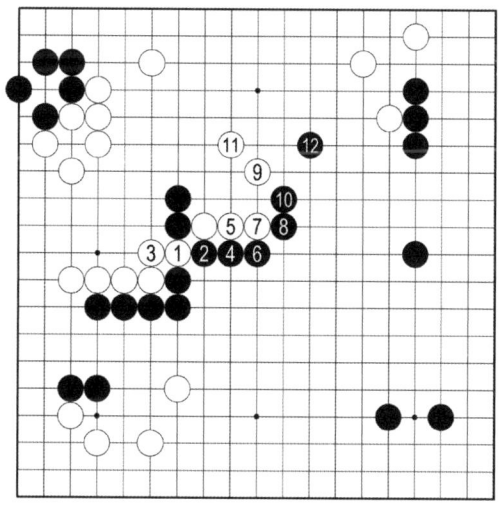

图11

这种局面下，我以为白棋会马上在1位挖断，但赛后对手给我摆了本图的变化。进行到黑12飞，他的意思是黑棋中腹潜力太大，而他吃得并没有那么大。这样看来，白在1位挖断确实不是最佳选择。

（42-43）

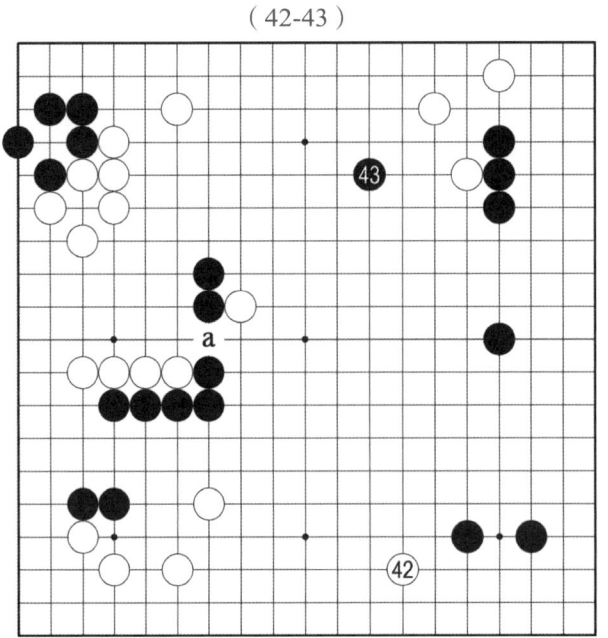

白 42 于是脱先。

黑 43 吊，顺势补掉了 a 位的弱点——白再在 a 位挖，则是黑征子有利，也同时扩张了黑棋的势力。

（44-45）

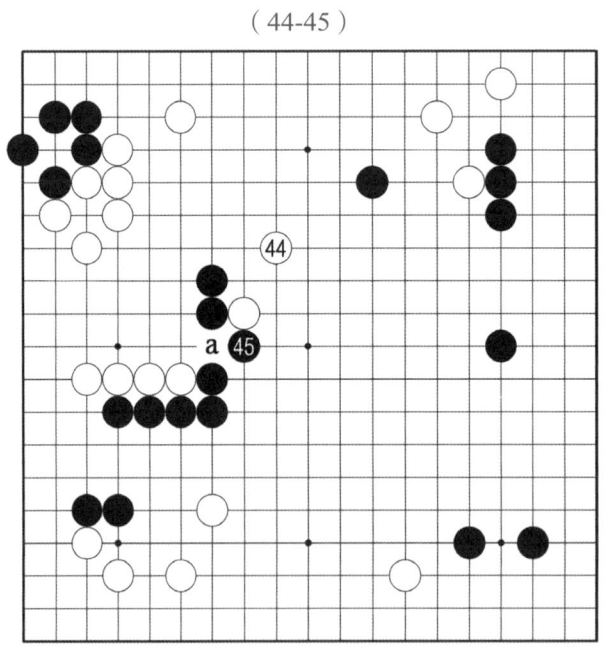

白 44 飞，瞄着的也是 a 位挖断。

黑 45 虎，本身不用那么着急，只不过我觉得这两手交换，白棋不一定占便宜，所以就跟着应了一手。

(46-47)

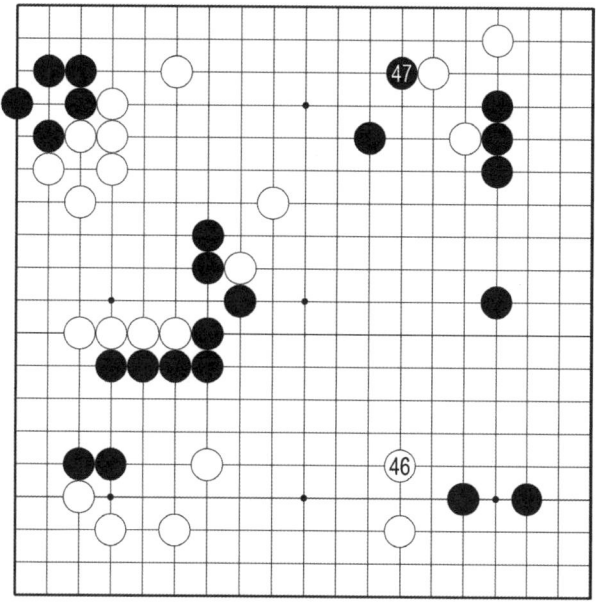

白46是眼见的双方要点。

黑47靠上面,也是局部的一个后续手段。

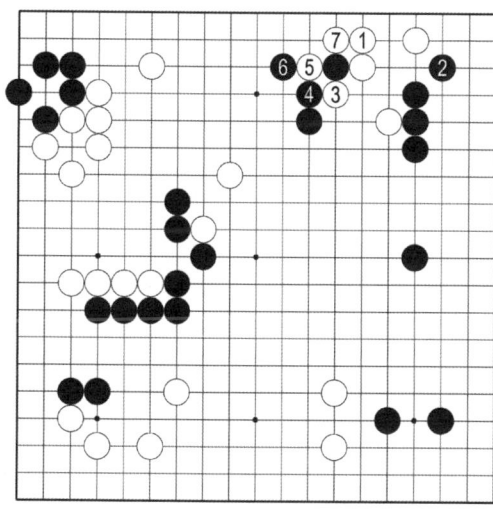

图12

对付黑实战的靠,白正常是1位立,黑2如尖三三,白则3、5扳吃一子安定,这样进行是正常分寸。

(48-49)

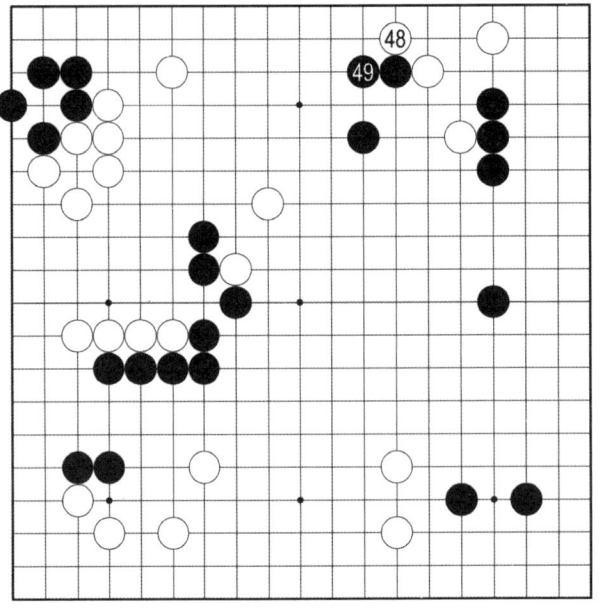

白 48 扳二路，黑 49 就退，这时白是有点难受的。

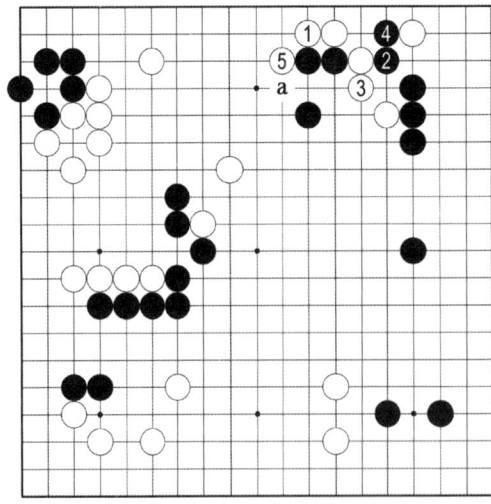

图 13

我当时感觉白有可能在 1 位爬，这样黑有 2 位尖的好棋。白 3 只有长起来，黑 4 冲下，白 5 扳，这样形成一个转换。黑棋对此没有任何不满，因为上面一带白棋价值并不是很大，而黑棋先捞了一个大角，以后黑 a 位虎还是有些头绪的。下成这样黑棋比较满意。

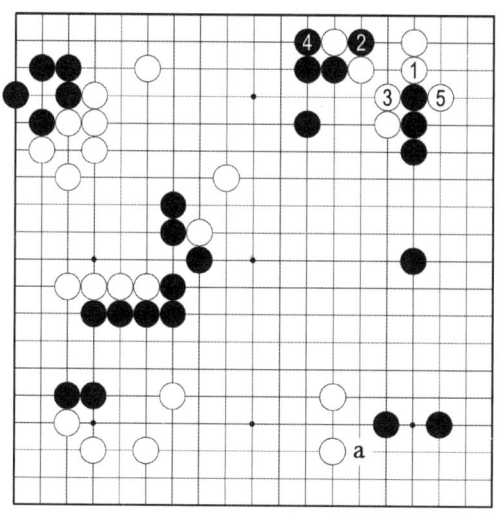

图14

实战中我认为局部白棋不是那么舒服，但是赛后看到绝艺推荐的白1顶，确实是一步好棋。白1顶后，如果黑2、4吃上边一子，白5扳到角里，那这个顶给黑角的压力就很大，不管气还是目数。所以白1如顶，黑大致就脱先走a位之类了。

（50-51）

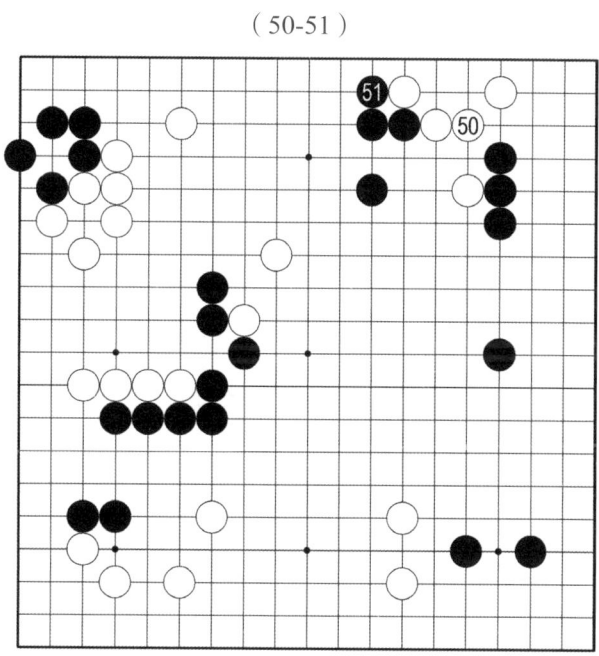

但白50并显得有些胆怯，黑51能厚实地拐下，非常舒畅。

(52-54)

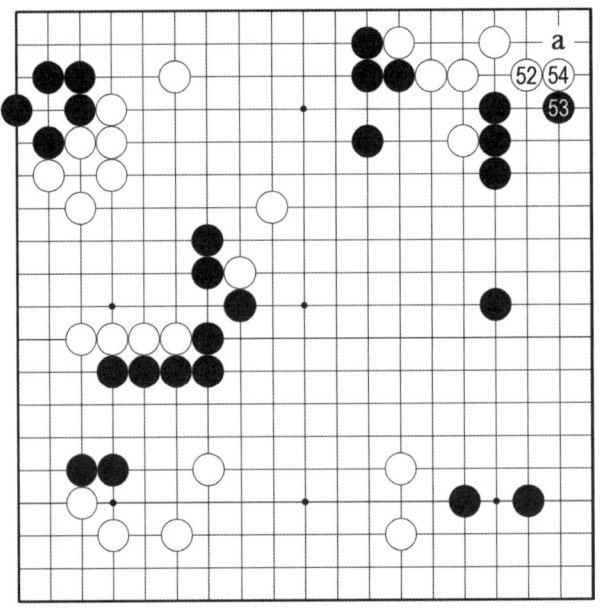

白也只能 52 位进角。

黑 53 跳是先手，白 54 如果不走，被黑 a 位跳，灭掉白角上的眼位，那白棋整块就变成孤棋了，所以白 54 不得不忍耐。

走成这样我觉得，从三路靠开始的折冲，黑还是比较成功的。

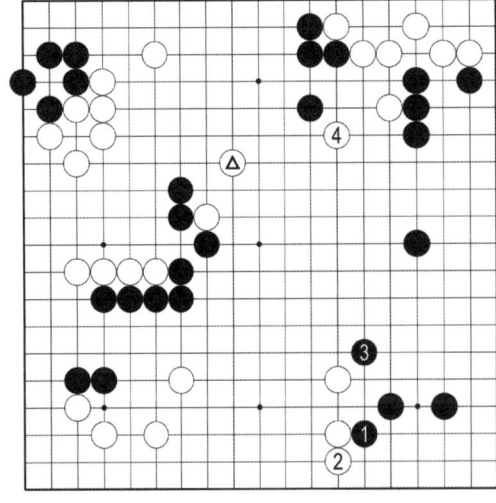

图 15

接下来，我一度想在下面走棋，比如黑 1 尖顶，白 2 立，黑 3 扩张模样，但是白 4 的价值也挺大。白棋的头出来之后，感觉白△一子就要起作用了，黑的右边也出现了一些薄味。而上面黑四子，因为被白 4 分断，如果再被白棋抢先攻击，眼位也要出问题。

所以我当时认为白 4 很大，但局后看，下面才是当前局面最要紧的地方，毕竟下方的潜力比中腹大，从棋理上来讲，这种边空比中空大。

(55)

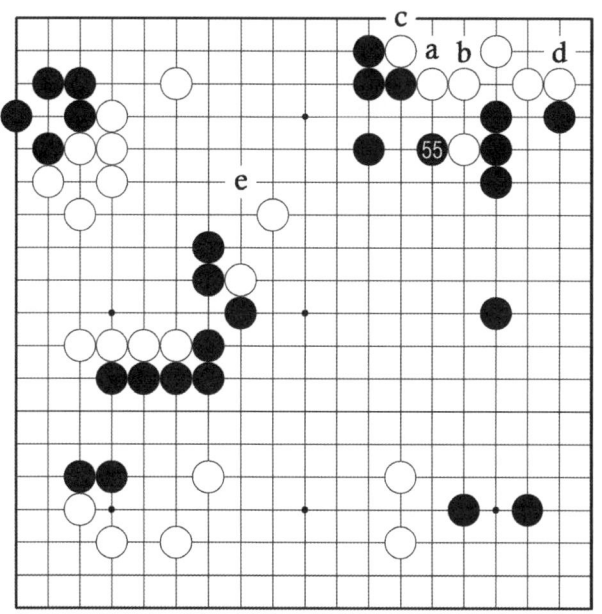

我实战选择黑 55 夹还有一个原因，因为黑 a 打、白 b 团、黑 c 提是先手，白只能在 d 位曲求活。所以，这个夹的附加价值还是很大的。

以后，如果我能抢到 e 位飞，就把两个白子收入囊中了；在右边，我也形成了一定的势力，这样右边或中腹必能成一处空。

(56)

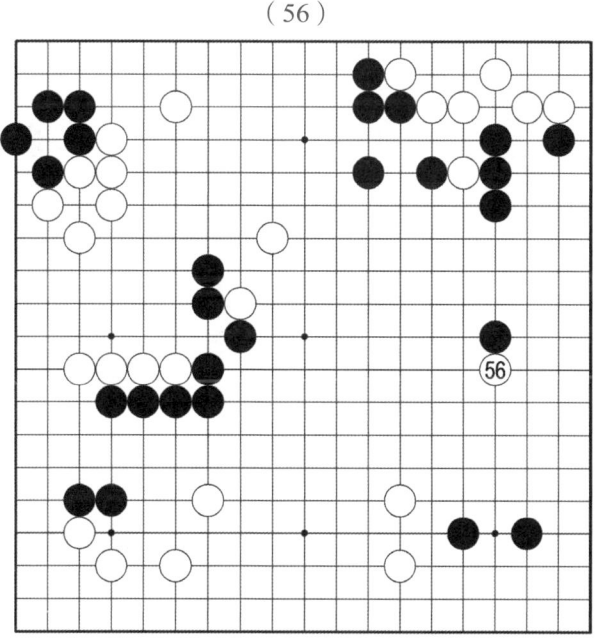

对手选择白 56 碰进来，其实这正是我所希望的——在这里作战，我的子力优势就体现出来了。

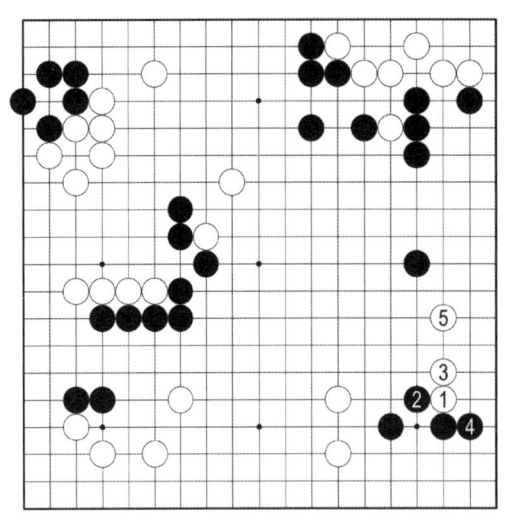

图 16

当时我觉得，如果白在 1 位这种地方腾挪，至白 5 跳，我会比实战更头疼些。

因为白走在利于生根的三路，比较扎实，我想进攻也没有什么头绪。

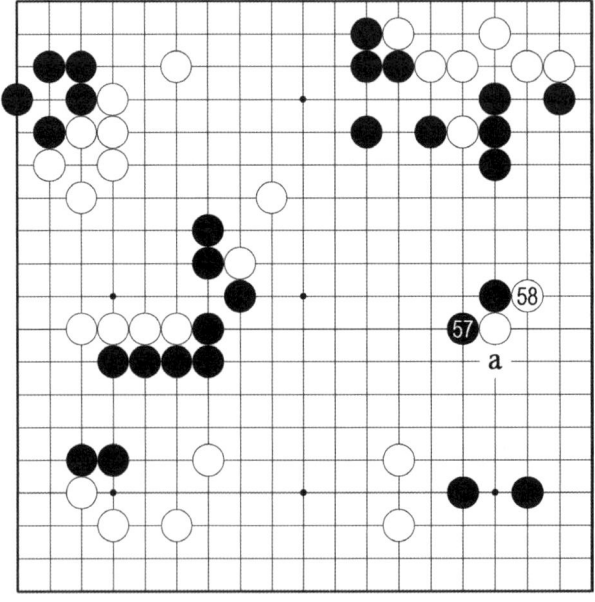

黑 57 封头有力。接下来，白如果在 a 位长，被黑在 58 位立，显然走得不是特别舒服。所以上谱白 56 靠的目的就是在 58 位扳。

（59-61）

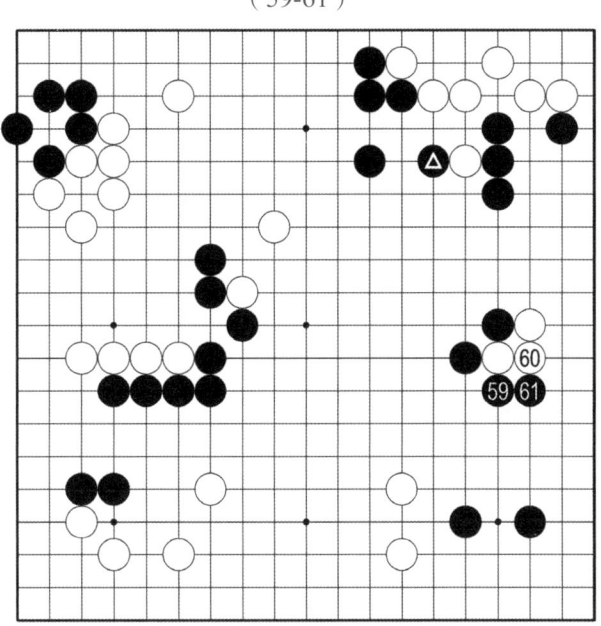

黑59打，再黑61挡下，逼着白三子撞向右上黑棋厚的地方，黑❷反而变成了好棋。

（62-64）

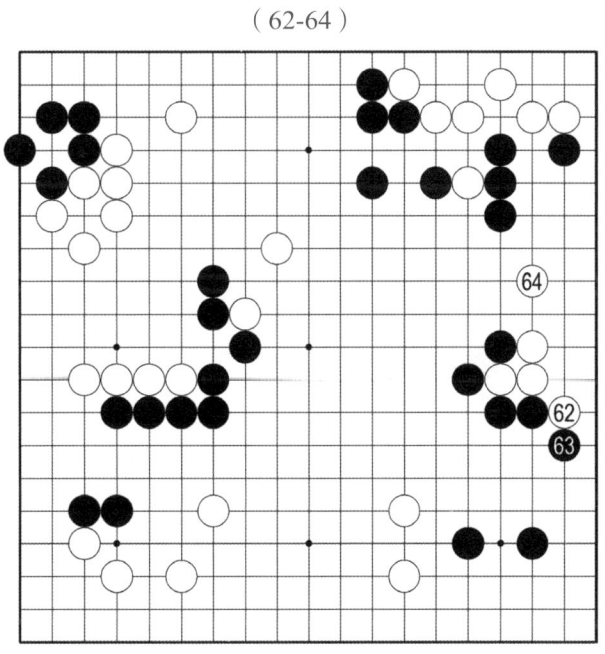

白62先扳，再白64跳，是活棋之前的必然次序。
但白64还有别的下法。

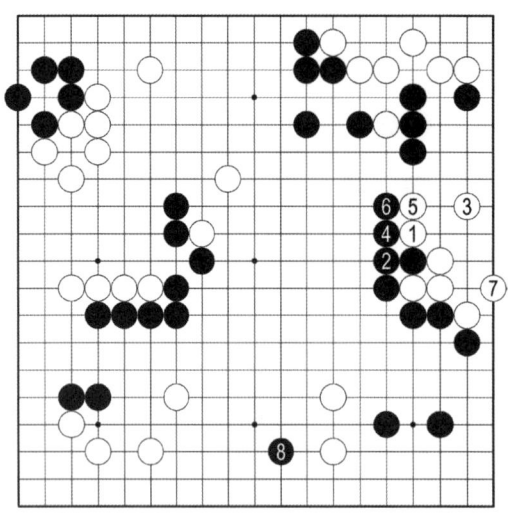

图 17

绝艺给出的下法是白1打,再3位飞,黑4、6封住时,白再7位虎成活。

这个变化我当时也想了,但判断白棋基本不可能这样下。因为这么下,白棋这一串子仅仅是破了右边的黑空,却把外面的黑棋撞得非常厚,还落了后手,导致下边模样被打破,所以我认为白可能无法满意。

虽然如此,这个变化还是比实战好——实战白棋活得太委屈了。

比赛时就容易这样,比如你看到一个图,觉得不满意,想求变,会让局面变得更复杂或者更乱一些,最后你发现,还不如选择当初最简单的变化。

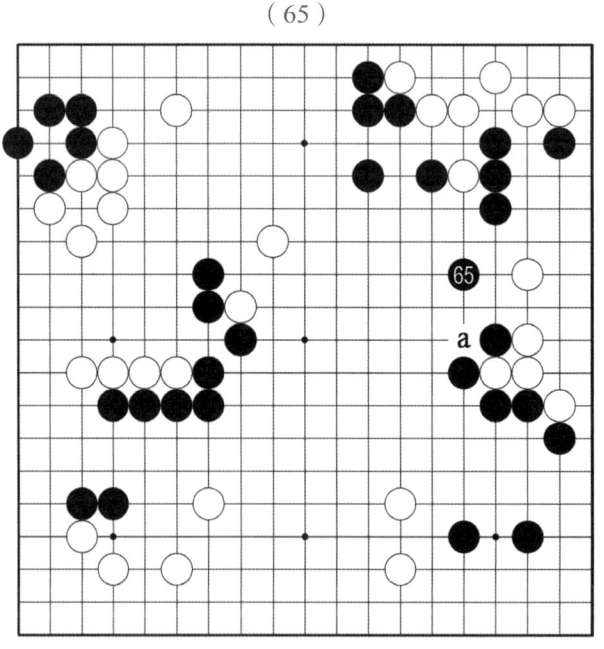

黑65封锁,第一感其实是在a位粘,把自己走厚,然后白走65位跳出时再追击。

当时经过了几分钟的思考,我还是决定把白封住,它被迫活在低位,效率终究是比较低的。

(66-68)

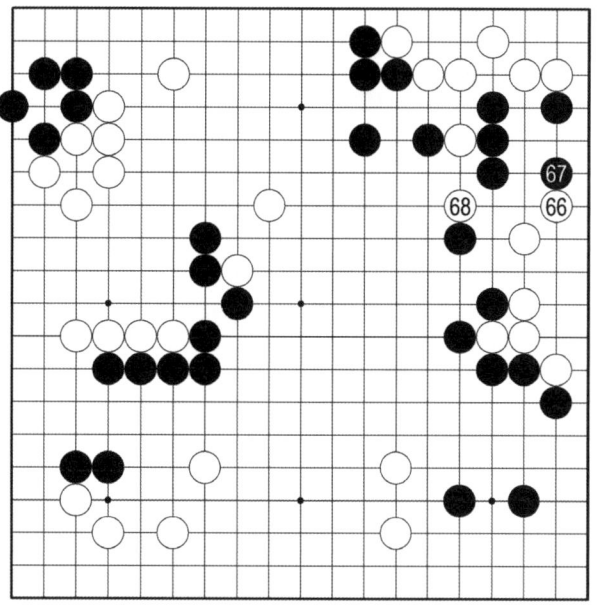

白66先尖比较正常，然而白68靠明显出现了问题。

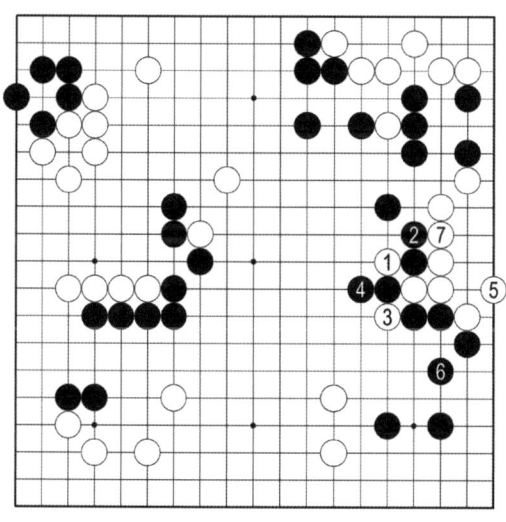

图18

我原本以为白会在1位断，然后在3位打一下，这样在5位虎对下边黑棋有先手意味，黑如果在6位补，白则在7位活出。这样定形后，外围头绪不少，白对黑还是有一定威胁的。

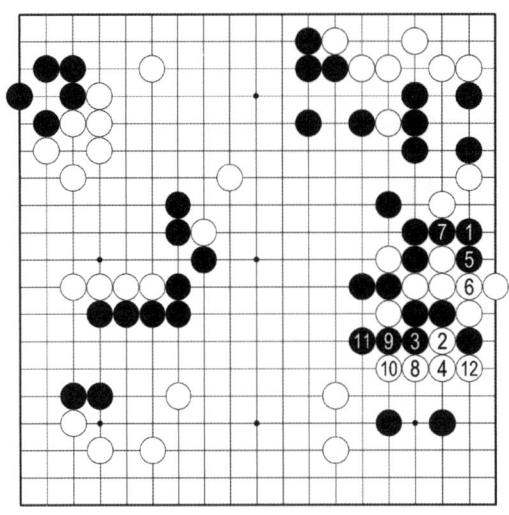

图 19

前图黑 6 如果反击，比如 1 位点（白如在 7 位接，黑 5 位一冲，白棋这块棋会死），就会形成转换，白 2 断、4 长，转战右下角。黑 5、7 割下白两个子，白 8 打出，再 12 位吃。这个转换得失如何呢？我在实战中有点判断不清，但至少明显比白的实战要好。

○ 辜梓豪烂柯局 ○

(69-70)

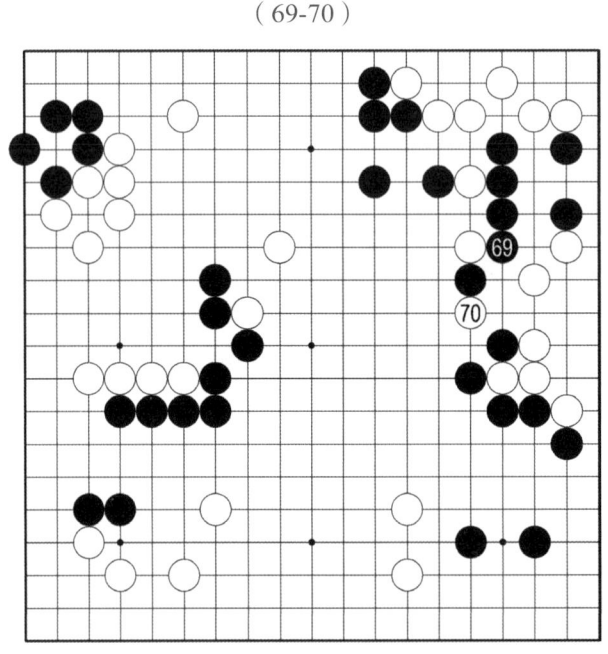

白的实战基本是"苦肉计"，白 70 夹，继续撞厚黑棋。

（71-73）

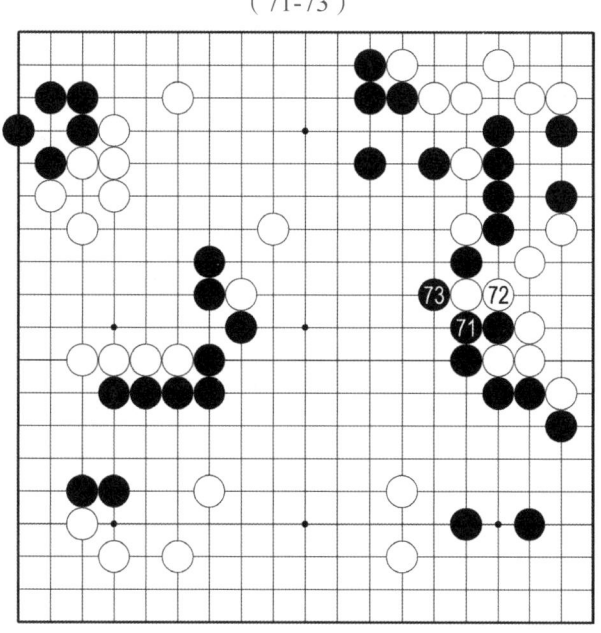

黑 71 和白 72 交换，明显是白棋吃亏。

（74-76）

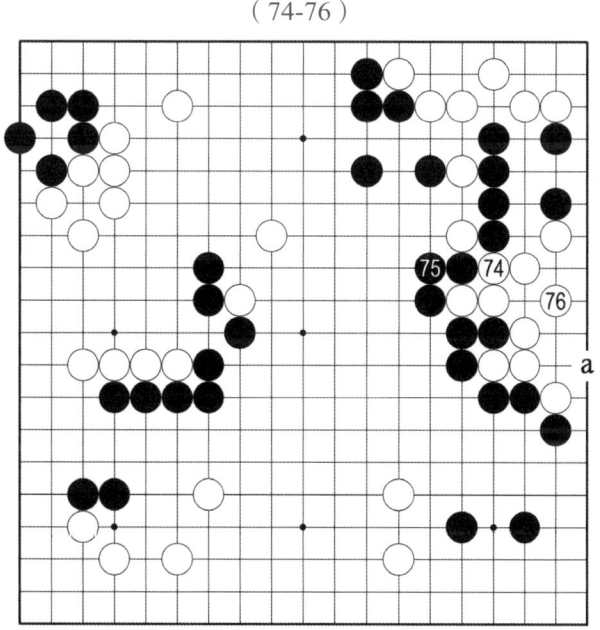

白被封住后，白 74、黑 75 又是里与外的交换。

白棋把黑棋完全撞厚，最关键的是白 76 还不能虎在 a 位，否则就会被黑占到 76 位而愤死。

因为走 76 位才能活，白这块棋确实活得非常局促。我当时就觉得，对手打入这一串出现了比较大的问题。而后来看绝艺给的胜率，这一串白棋胜率跌了很多，到现在胜率已不足 10%。

（77-80）

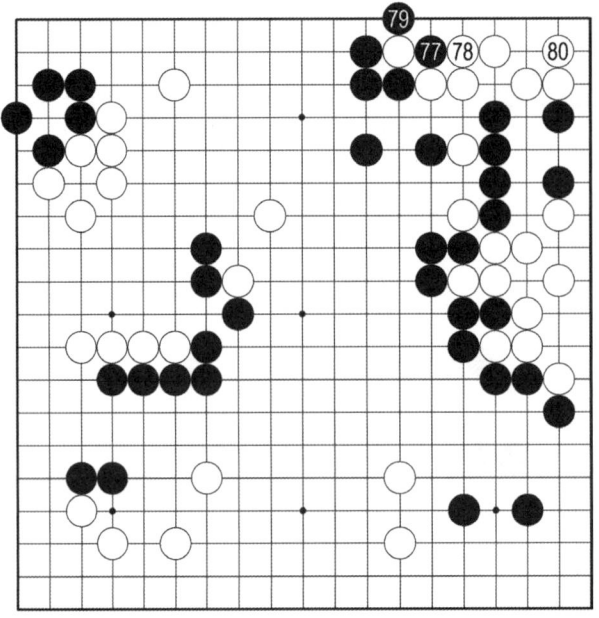

右边告一段落，黑棋抢到先手，此时在下面行棋是比较正常的。黑77、79打拔，拿到先手权利。

迫使白80补活后，黑棋需要想一想在下边怎么走。

（81）

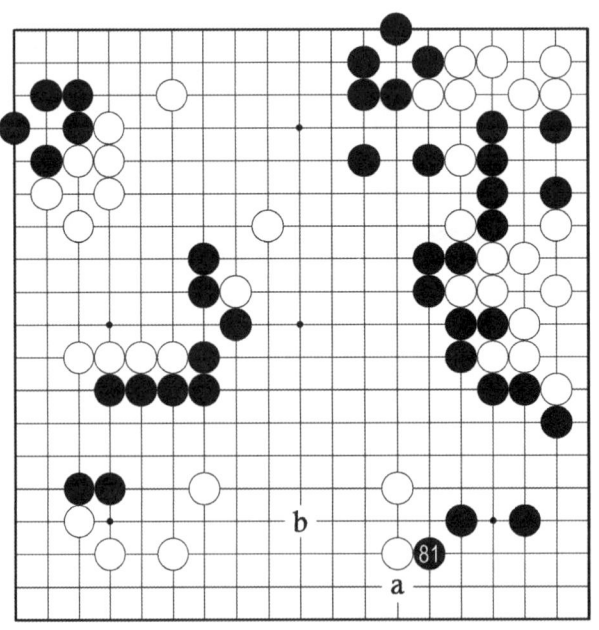

黑81尖顶，期待着白在a位立，黑再在b位打入，这样黑81就得了先手利（阻碍白进角生根）。

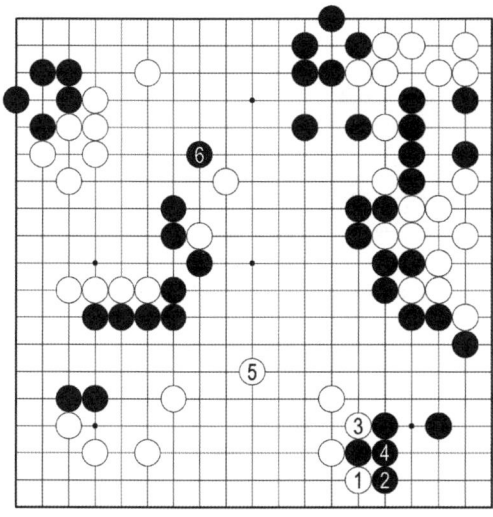

图20

而如果白1扳,至白5大飞,黑也可以满意。因为白3打把黑角走得非常扎实,而且白棋围也并不能围多大。那么白5之后,我再在6位飞,把两个白子给吞掉,我判断形势是黑棋明显有利。

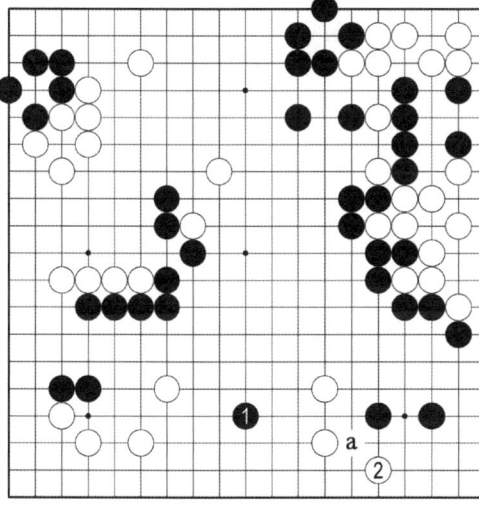

图21

而如果黑直接在1位打入,白在2位一飞,下边就有了根,而且目数也相差不少,所以我当时才决定下a位这步尖顶。

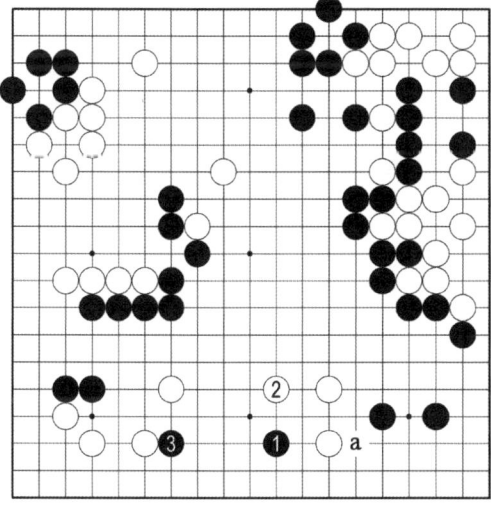

图22

但是绝艺好像推荐在1位打入,然后在3位靠。我觉得人类很难有这种连贯的思路,从当时的形势判断,我认为走a位的尖顶也没有什么问题。

(82-86)

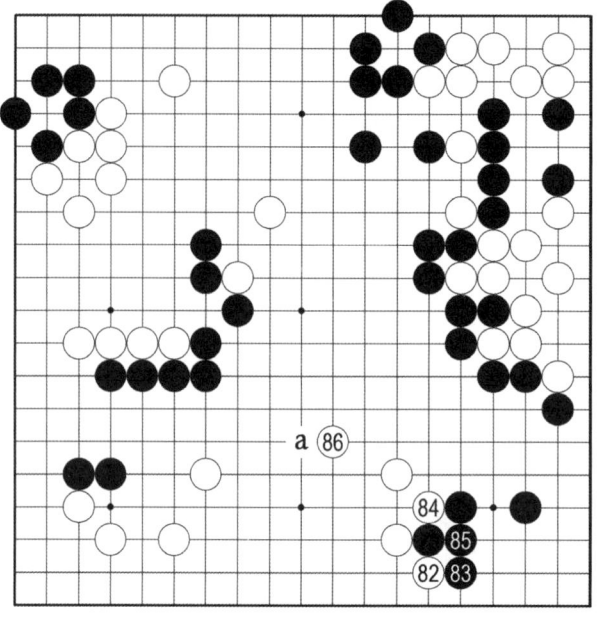

白84俗打，意在抢占86位，这一手我原以为对手会下a位。

辛梓豪烂柯局

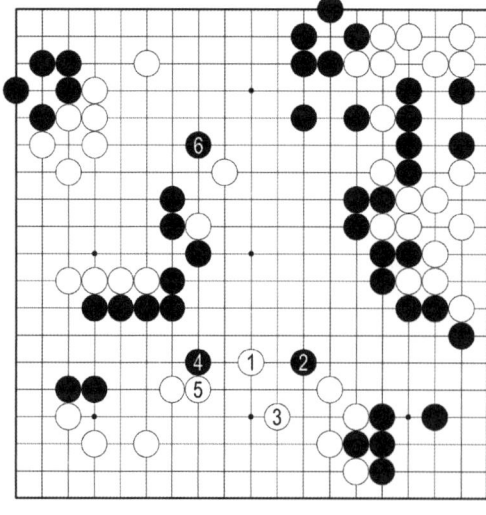

图23

白1围，当时觉得对手也围不出多大，而且有些薄。我打算先在2位点，然后在4位消，先手压缩后再在6位罩，这样进行也是黑棋明显好的局面。

(87)

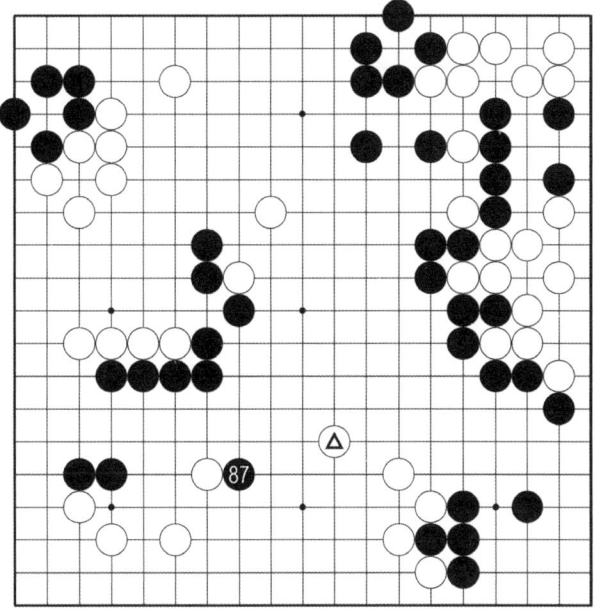

白△偏重右边,所以左边明显留有一些破绽,黑87就靠进去了,因为白无法通过外扳把这颗子留下。

我记得对手在下边用了很多时间,考虑怎么应对黑的尖顶和靠,从对手的肢体语言和表情上看,他可能对下边的应接非常不满意。

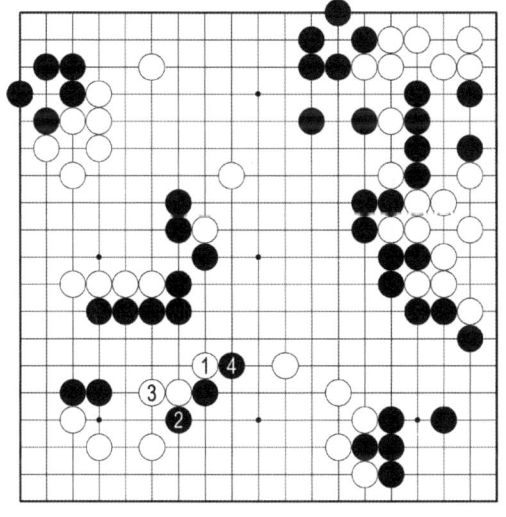

图24

对付黑87的靠,白无法在1位反击,因为被黑2反扳,白棋的进攻难以持续,白3如退,黑再在4位扳,这样进行,白棋不仅封不住黑棋,下边的空也很有可能被全部掏掉。

（88-92）

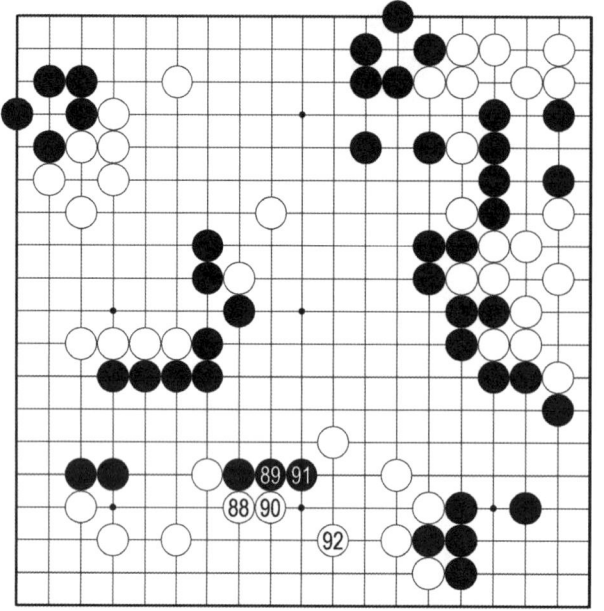

因为白下边太虚了，实战中对手想了半天，也觉得没有办法，只能选择退让。

至白92飞补，白只围到一条三路边。

（93-94）

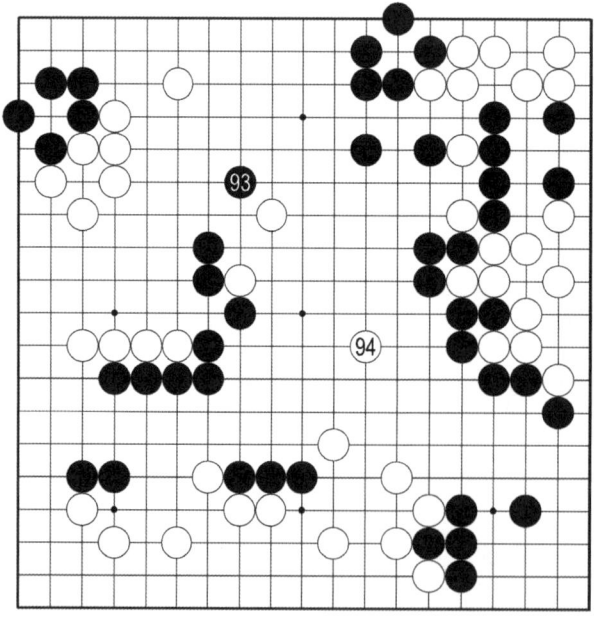

先手压缩了白下边的模样，黑93又抢到一直想走的好点，中腹顿时实地化了。这就是厚势的力量，你不用怎么花手数，只需要把这个边界一划，这块空基本上就是你的了。

白94从另一侧浅消。

这时，我的优势意识非常浓。其实，虽然AI给出的胜率很高，但是目数领先得并没有那么多，只能算是细棋黑好的局面。

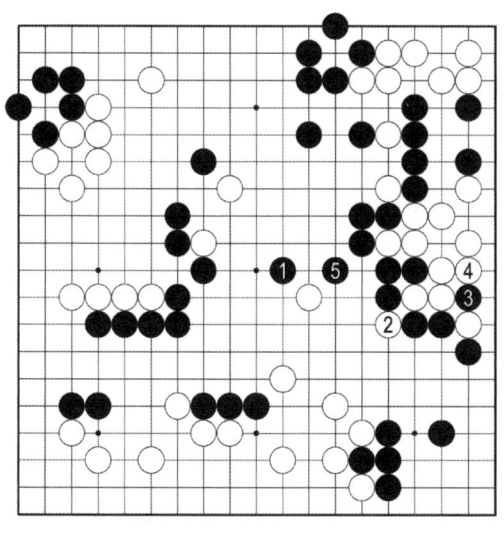

图 25

故对付白的浅消,正常我应该在 1 位封,把中空围住,这样则是黑明显优势。但是,我当时的顾虑是白 2 在这里断,头绪比较多,断得我也挺难受的。可是当前的主战场还是在中央,主要涨目的地方也在中央,而白 2 断毕竟不是价值最大的,因此虽然有点难受,但我也不应该往这里走棋。

对白 2 断,黑可以先在 3 位先手交换一下,再在 5 位虎住——只要把这个基本空护住就行。

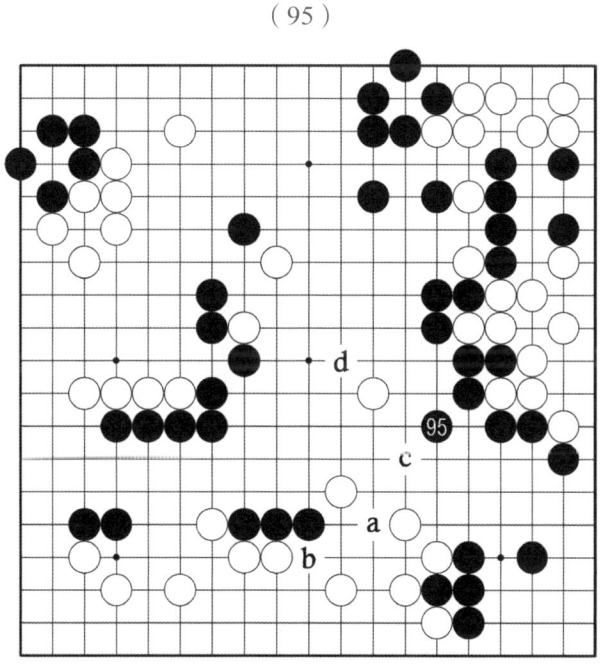

(95)

黑 95 虎,是觉得 a 位一带白棋的联络是有问题的,因为黑 b 位拐是先手,所以正常进行,对手大致要在 c 位跳补,然后黑再在 d 位封空,这样就比较简明。但这样期待对手自补,确实给了对手一些反击的机会。

(96-97)

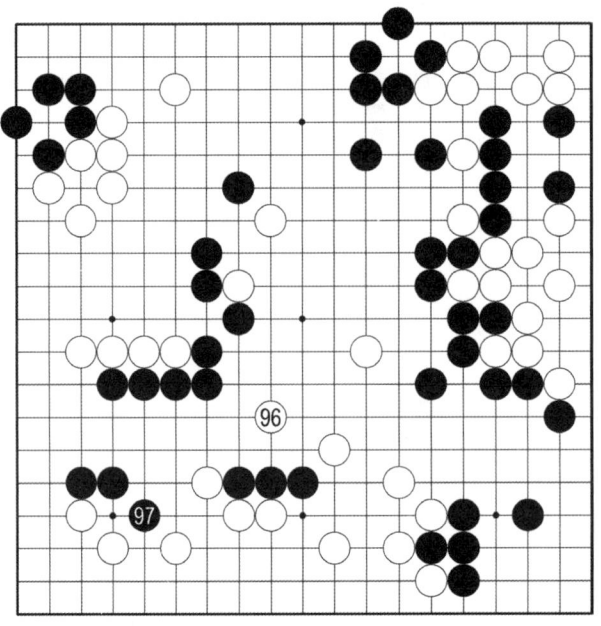

白96攻击黑三子正中,是犀利的反击。

黑97尖刺,问问白棋的应手,想追求更佳的效果。

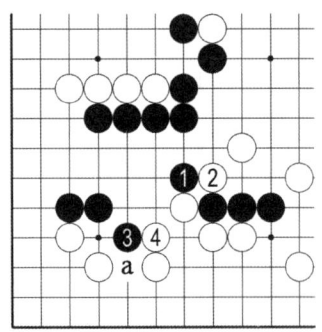

图26

为什么要先在3位尖?这是因为直接在1位扳的话,我担心白2断,这时再在3位尖,白就不可能在a位粘了,而是在4位贴,黑也就走不到黑3、白a的交换了。

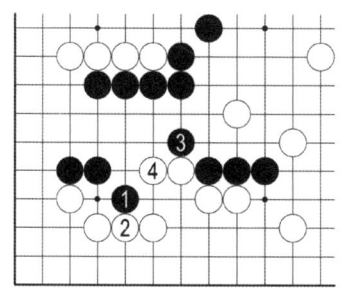

图 27

黑先走 1 位尖，白如在 2 位接，则黑 3 再扳时，白 4 不能断而只能长。

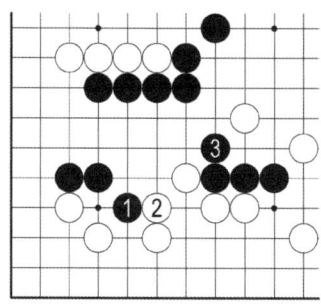

图 28

白如改在 2 位贴，黑 3 可以曲出，角上会留有一些便宜，可以说黑 1 是一个试应手的好时机。

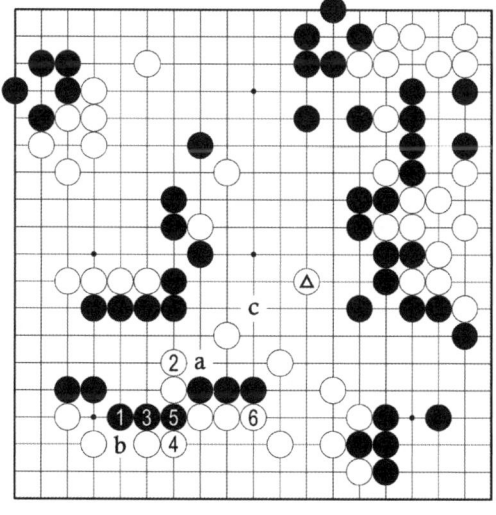

图 29

黑 1 问应手时，白棋无法在 2 位反击，黑 3、5 冲断很厉害，白 6 应手困难：如走 a 位紧住黑气，b 位就要被冲断了；白 6 如果贴住，那么黑随时可在 a 位冲回，反吃白 2 两子，白一无所获。

而且黑棋还可在黑 5 断之前，先在 c 位一带威胁白的联络，如果白棋执意吃黑三子，白△就会被割断，让黑在中腹成大空，白显然不行。

(98-101)

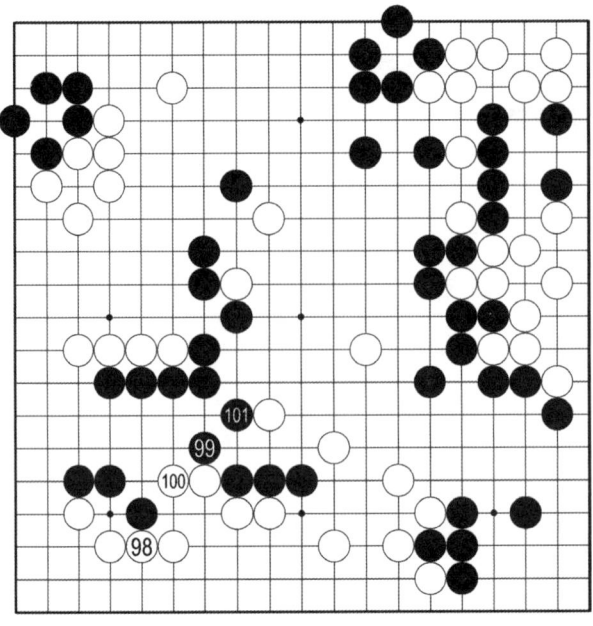

所以白98接上也是正常分寸。

黑99扳时，白100退无奈。黑101虎，安然脱困。

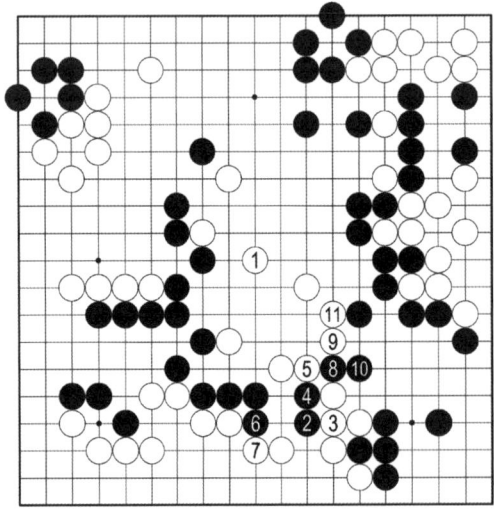

图30

复盘时，对手摆出来一个变化，探讨白1飞怎么样。

我当时觉得这么走不好——黑2可以先刺，然后把白冲断，只不过这个变化比想象的要复杂。

至白11贴，白棋可能还是十分危险，但是真正实战的话，结果也说不好。后来对手讲，此时可能还是应该这样拼一下。

（102-103）

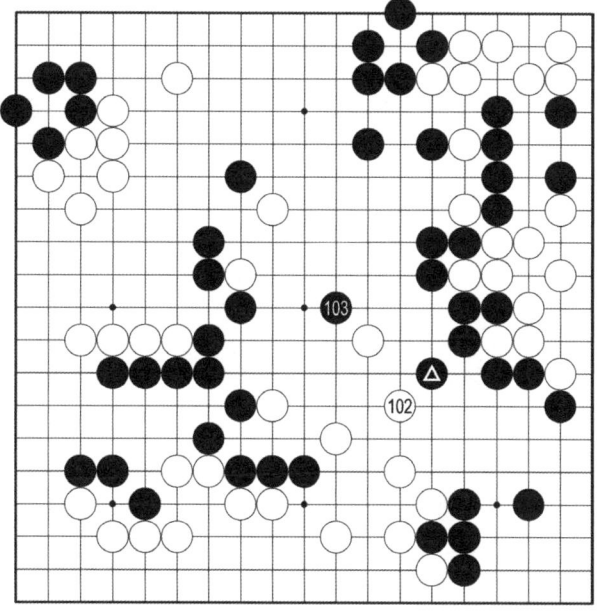

实战中，安九段还是觉得自己太薄了，白 102 补回来。黑 103 如愿封住，回头看黑❷也没有什么亏损，主要是给了对手一些拼命的机会。

（104-108）

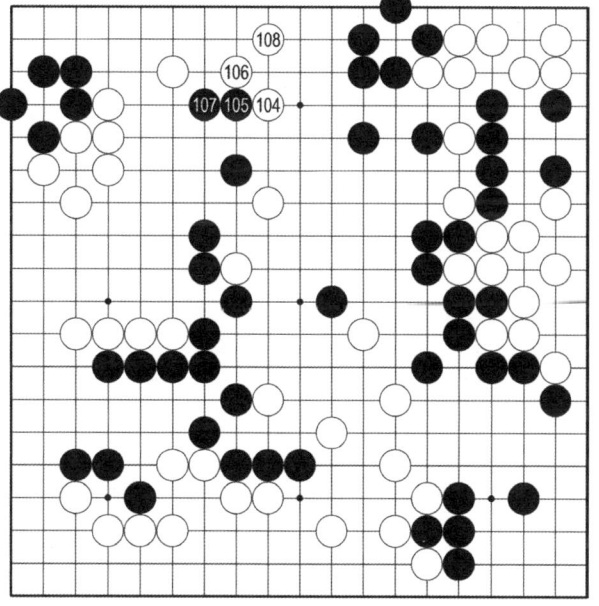

白 104 继续侵消，至白 108 补断，是双方正常应对。

（109-113）

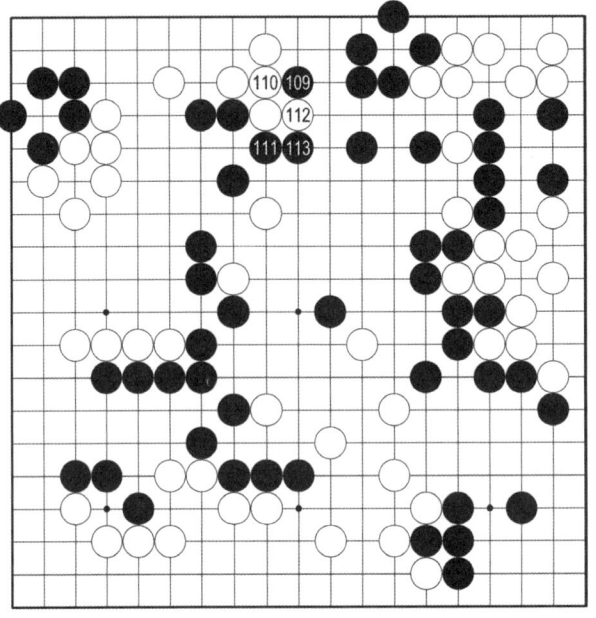

黑109先刺，再黑111虎紧凑，至黑113挡，白棋取得了先手，而黑棋守住了中央的地盘。

（114-117）

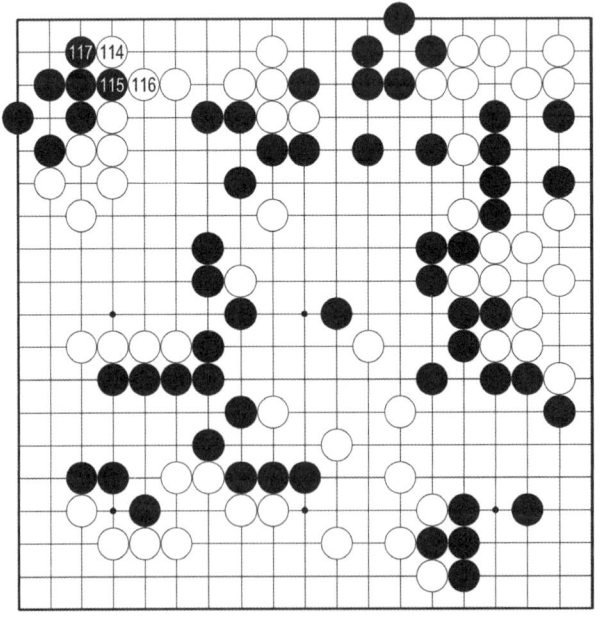

白114跳下，搜刮黑角，是白棋的先手便宜。黑115冲问白应手。

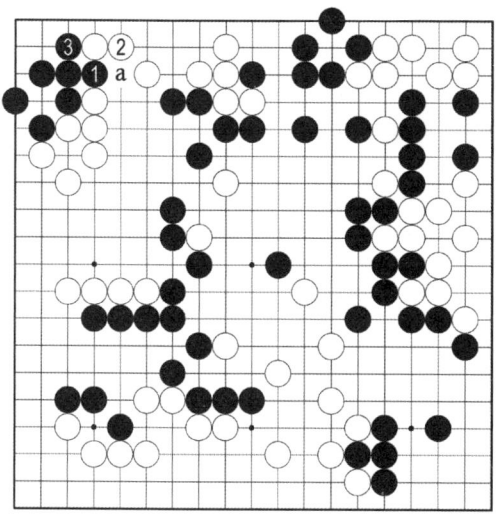

图 31

黑1冲时，我以为白2会退一个，黑3只能挡。

如实战顶住，白的气和味道会好一些，但可能损官子。

黑117这步挡也可以脱先。

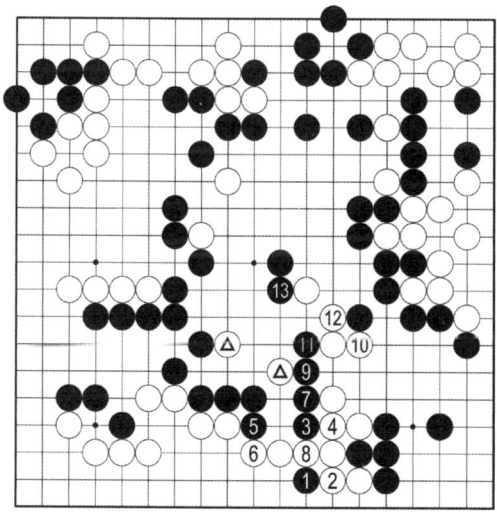

图 32

趁着白棋没有先手定形，黑1透点是时机，虽然损失了2位打拔的大官子，但能把白△两子割下来，实战中对这个得失确实是有些判断不清。我当时以为这盘棋已经领先不少了，应该有盘面10目的优势，后来发现领先得其实很有限。

（118-122）

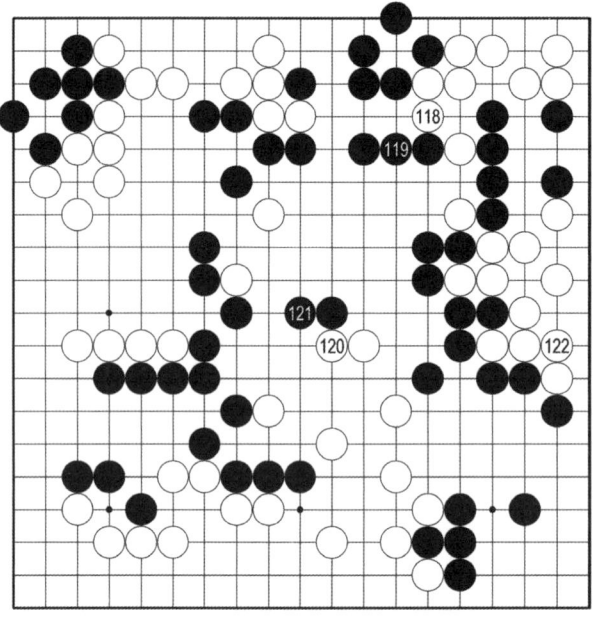

白118继续先手收官。白120、122是白的先手权利。

（123-127）

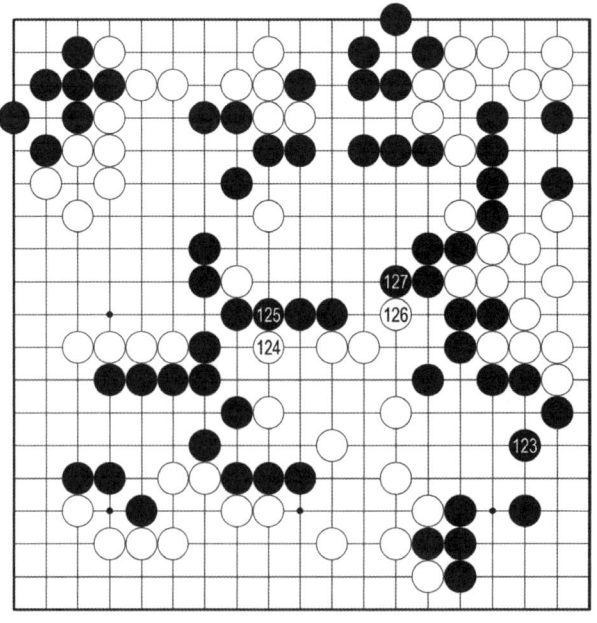

黑123虽是后手，价值也不小。

白124、126，继续先手得利，压缩黑棋的地盘。

（128-131）

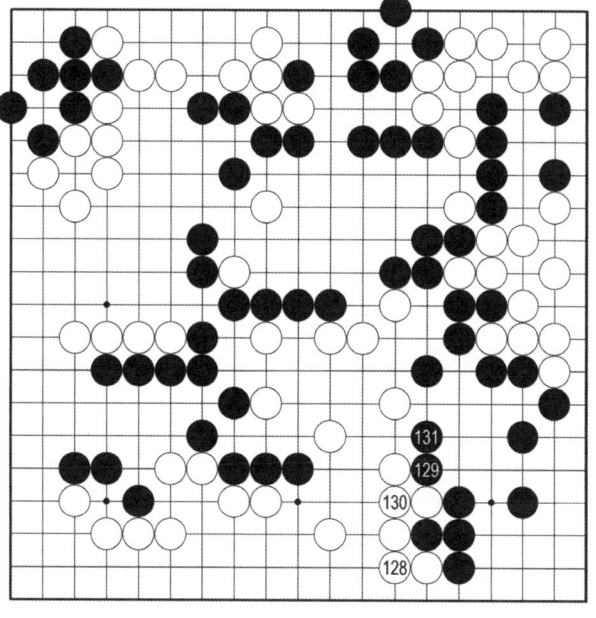

白抢到白128的大官子，收获很大。黑129、131也自然围出空来。

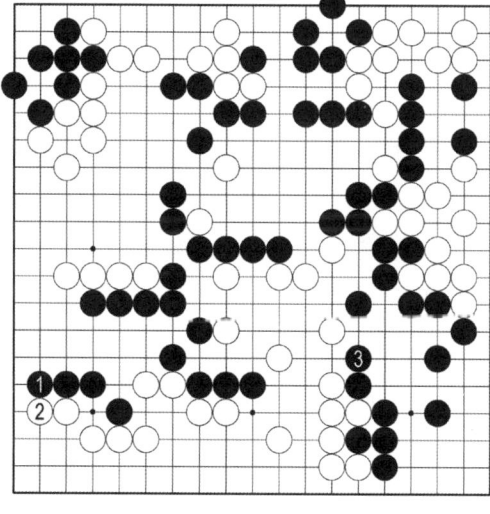

图33

不过AI认为，黑131可先在1位立，跟白2交换，再在3位长。

虽然我觉得这样下和实战区别不大，但后来AI确实给出了白的别样下法。

（132-134）

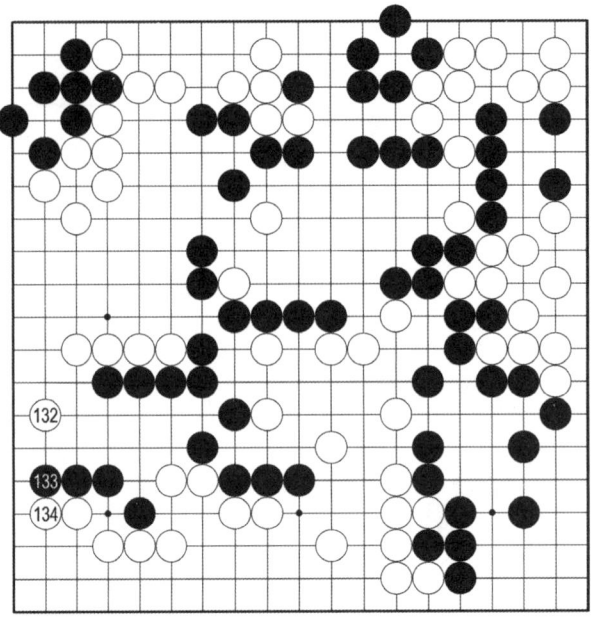

白132飞，黑133立，白134挡，感觉是很自然的应接。

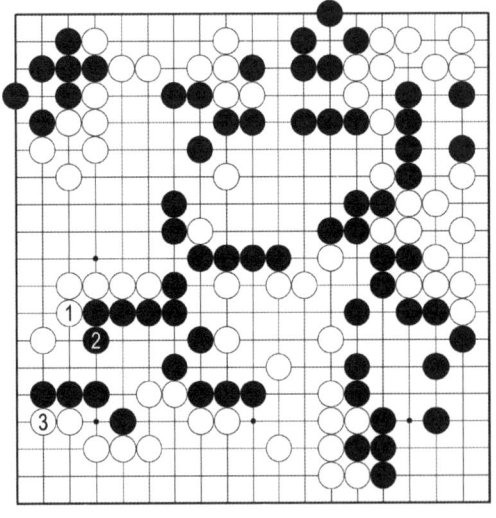

图34

AI提出，白134可以先在1位拐一手，待黑2曲后再挡，如此白棋能便宜一点。但进行到此时，如以双方最佳着法来计算的话，白棋总是要输，要输半目到一目半之间。AI确实很精细，但从人类棋手的角度看，实战也没有什么问题。

之前我判断很乐观，以为总有盘面10目的优势，但是下到这里发现形势居然很接近，虽然黑棋还是要好一些。

（135-137）

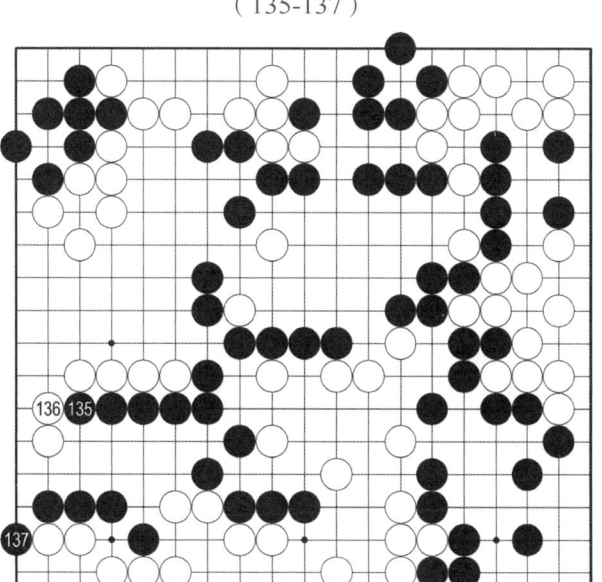

黑135冲，白左边的目数被压缩，但白在角部一带还有收益。这种出入在人类棋手看来确实比较难以判断。

（138-140）

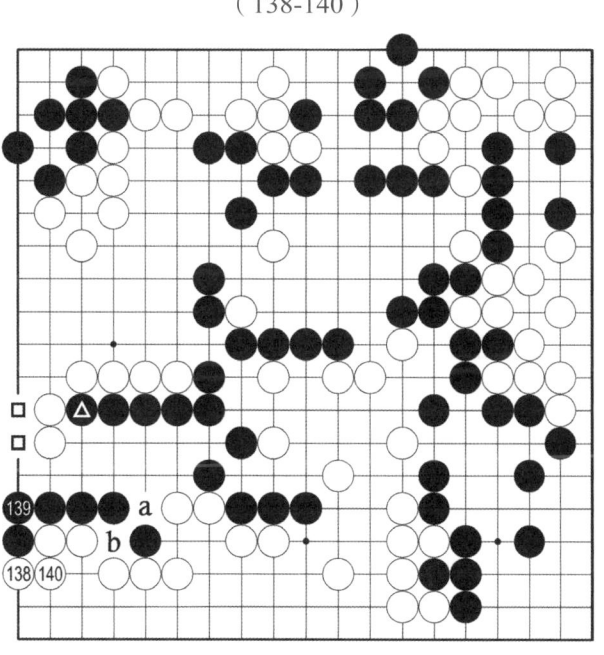

至白140粘，局部的折冲告一段落。由于白在黑▲处没有拐到，白在□处大概少了1目半左右，也有厚薄的差别。但白在a位多了一个挤，挤完之后，b位断有后手4目的价值。所以说，人类棋手想判断清黑▲处到底走不走还是很困难的。但实战这样下也没有问题，毕竟人类棋手没有AI看得那么细。

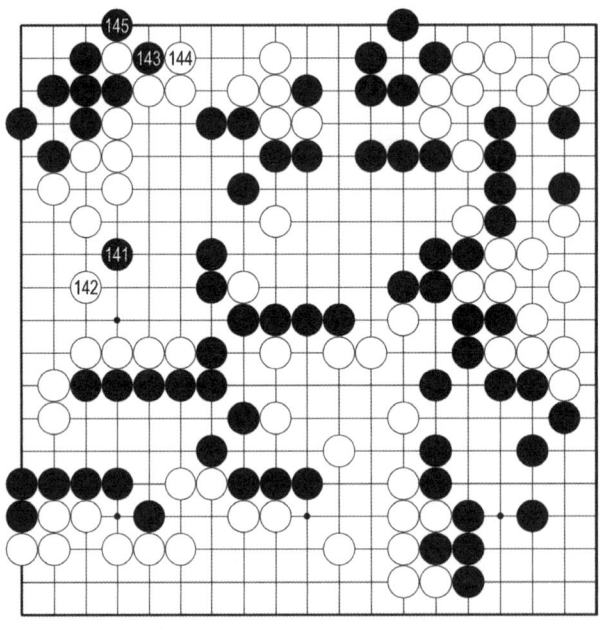

（141-145）

黑 141 先手，然后抢到 143、145 打拔的大官子，后面的官子只要不失误，黑棋总是要赢。

但盘面十目跟盘面八九目，在实战中还是有明显差别的。如果你一直以为盘面有十目优势，甚至不止，然后突然发现你的优势只有半目到一目半，你的感觉就没有那么稳。

当然，可能对于参照胜率来看棋的人来说，棋局进程并没有波澜，但作为对局者，感受还是不一样的。

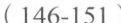

（146-151）

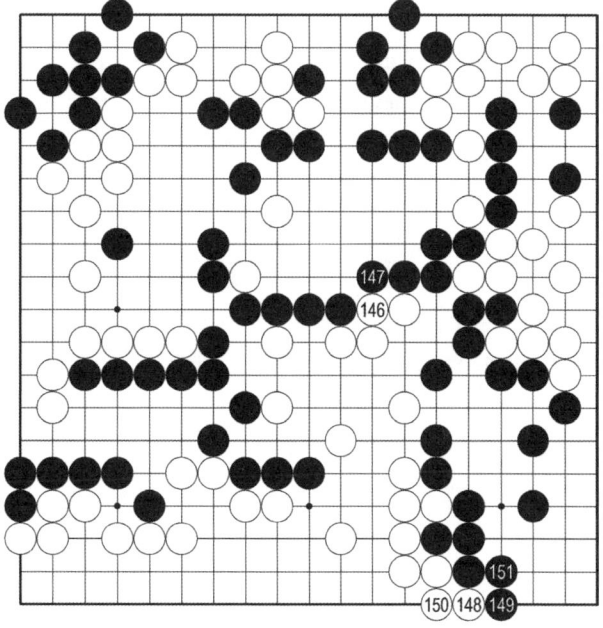

白 146 继续先手收官，然后兑现白 148、150 的权利。

（152-156）

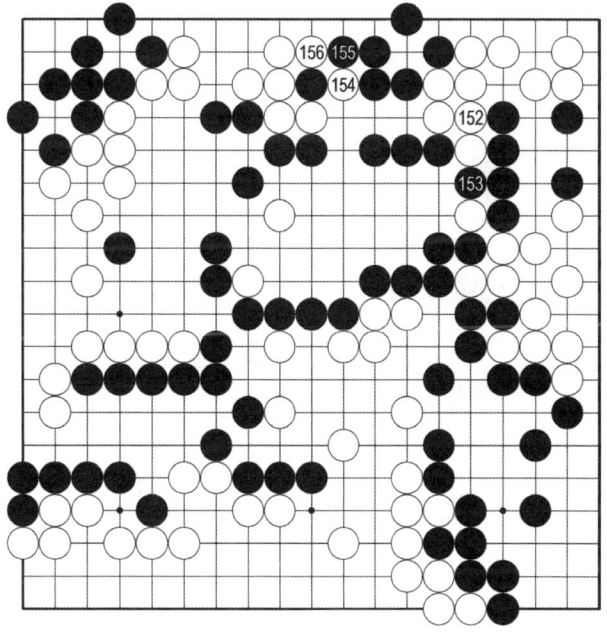

白 152 粘，先手官子，再白 154、156 吃掉黑一子。

（157-160）

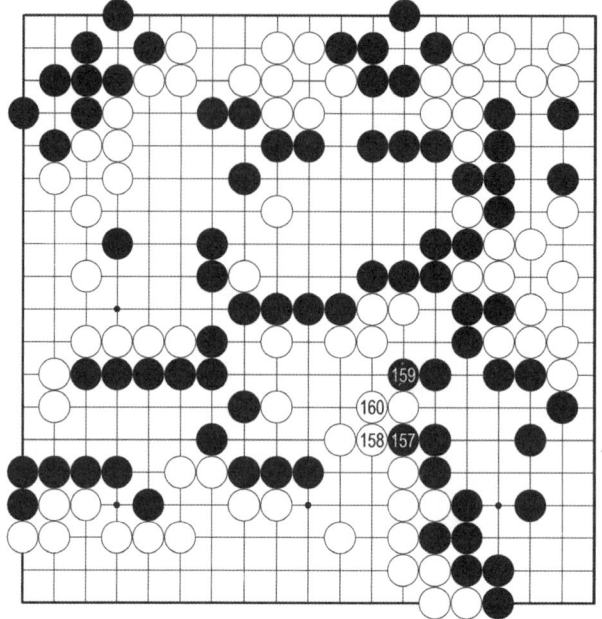

黑157冲、黑159夹，是黑棋的权利。

（161-163）

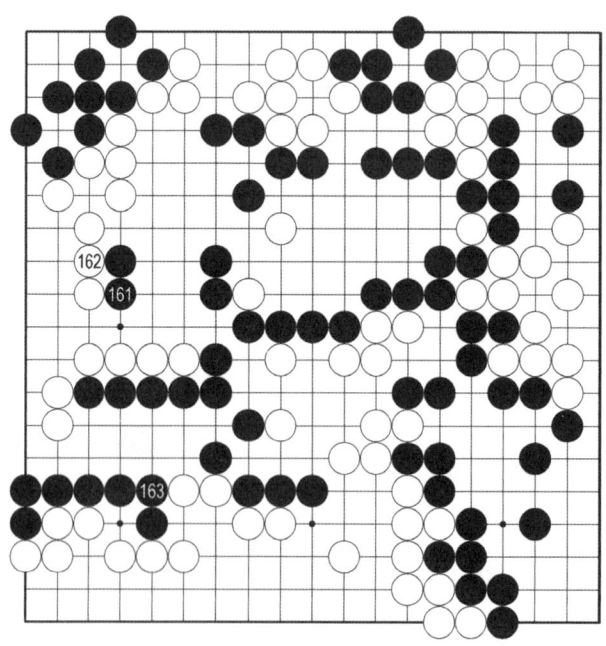

黑161压和白162粘都是正常分寸。

黑163逆收，价值不小。绝艺认为这步团应该下在中间，但从我的角度看，确实不知道中间该走哪里。

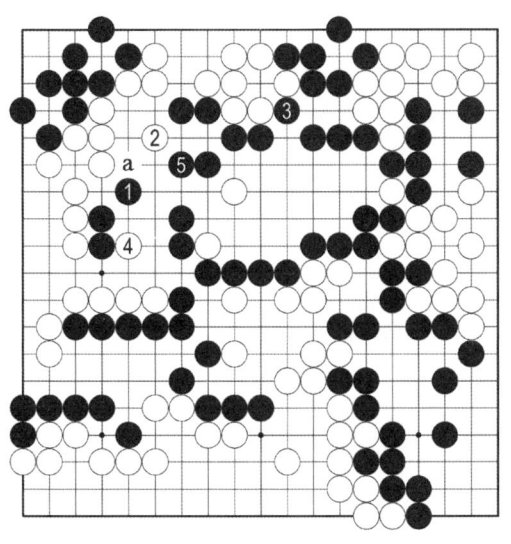

图 35

绝艺的意思是，此时黑棋只需要把中腹定形，然后 3 位吃一个。3 位吃关系到厚薄。此后，黑 a 位冲都变成了先手。然后白可能 4 位靠，黑就 5 位并。这样往下摆，应该是黑至少赢半目的局面。如果双方都下出最佳，估计是黑赢 1 目半的样子。绝艺觉得这么走是非常稳健的。

实战我走黑 163 团，一是因为本身价值大，二是因为中间这个形，就是让我收，也不知道从哪里收。这是因为人类棋手没有 AI 那么大的计算量，不知道该怎么走。在绝艺看来，黑 163 团后胜率大概掉了 10 个点，也就是从 90% 多下降到了 80% 多。

（164-165）

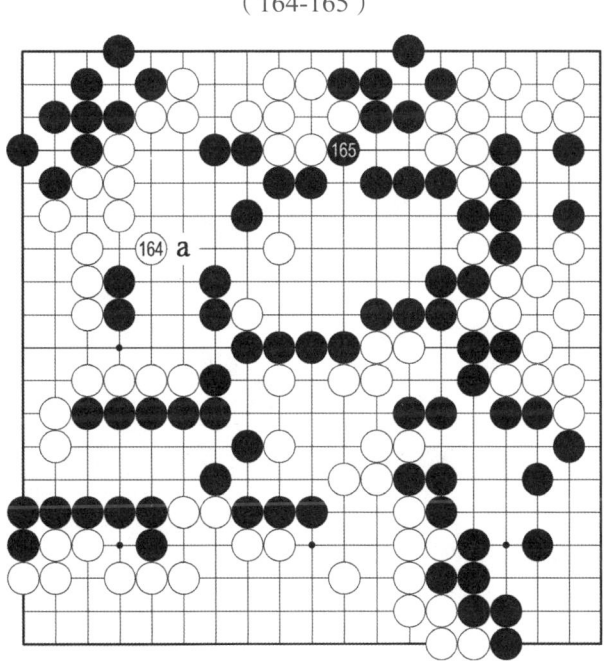

总之绝艺的意思是，中间 a 位一带的价值比较大，或者说比想象中的要大，只不过站在人类棋手的角度完全搞不清。

白 164 尖，黑 165 打，黑的胜率又回到了 90% 多——这时候还是黑赢 1 目半的局面。

（166-170）

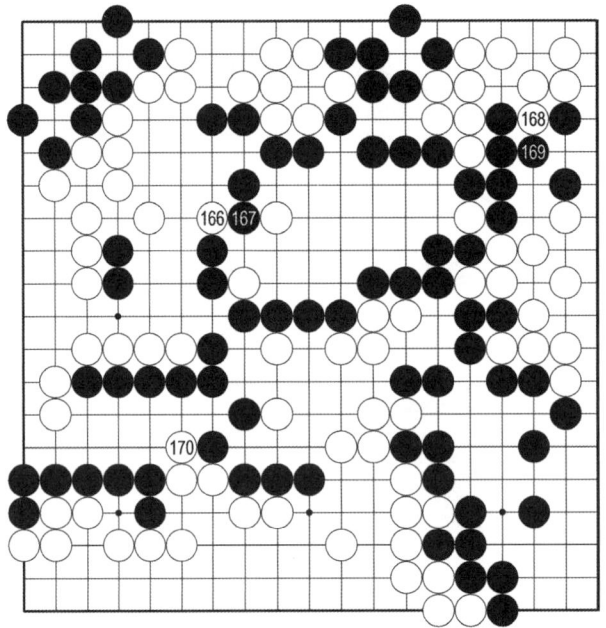

白170拐，大概有后手4目的价值。

（171-175）

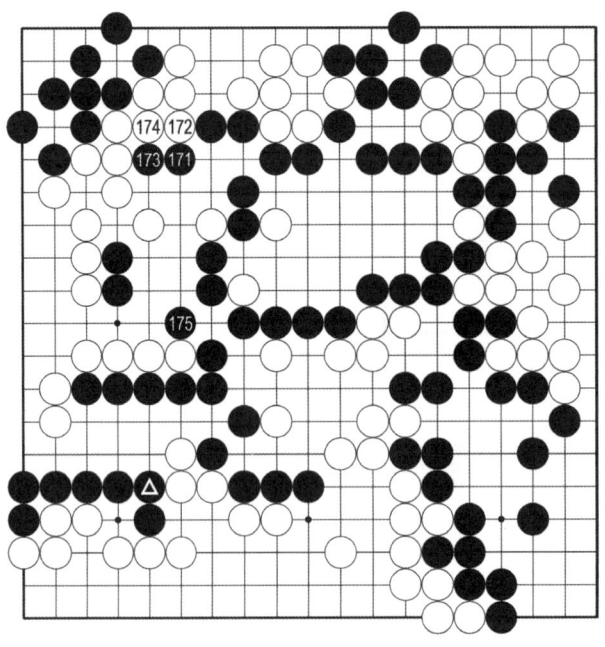

黑171点方是形。

其实，黑❷团的时候我感觉自己要小胜。虽然人类棋手没有AI判断得那么细，计算也没有那么精准，但是走到黑175鼓，我确信自己会赢一点，至少赢半目。

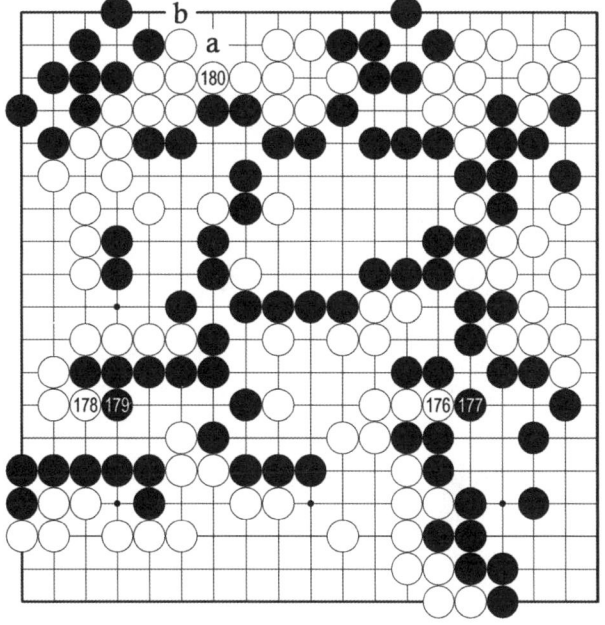

白180粘,价值是后手4目(否则黑a、白180、黑b渡过),而且有先手味道。

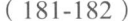

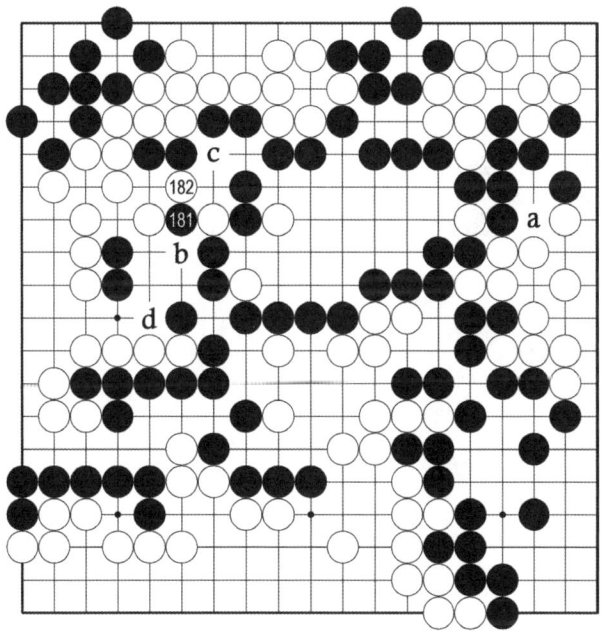

这个时候一定要注意,黑181如果走别处,比如a位,则白有b位虎的手段,接下来c、d见合,黑总有两子被吃。

（183-186）

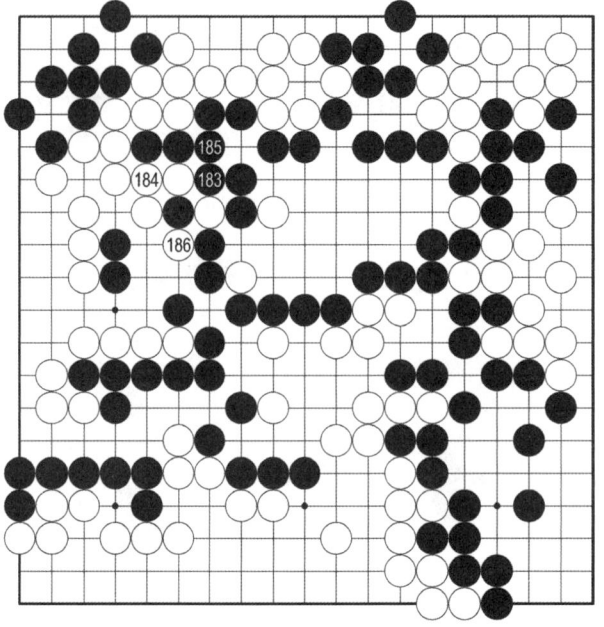

白186打上来，跟我的预想不一样。

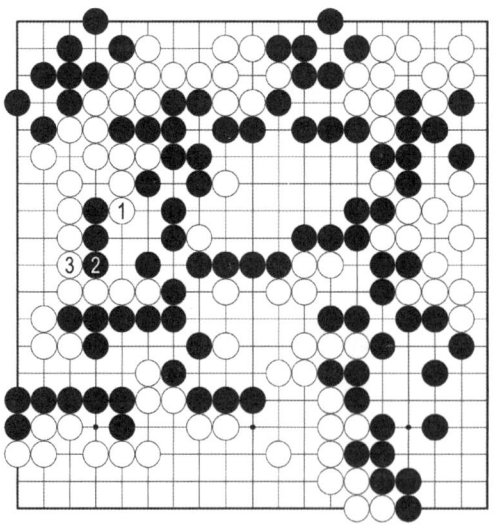

图36

本来以为白棋会在1位冲，黑2长，白3粘，这跟实战也差不多。

(187-190)

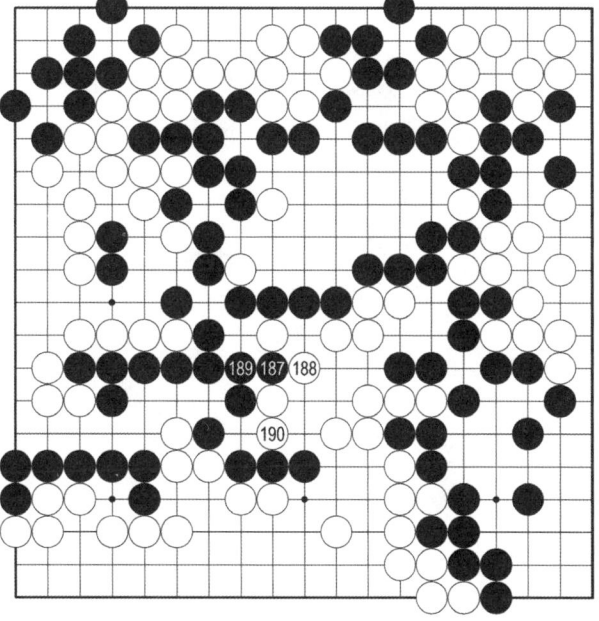

黑187、189挖粘，迎来最后一个战斗，应该也是需要计算的地方——白190的反击即在我意料之中。

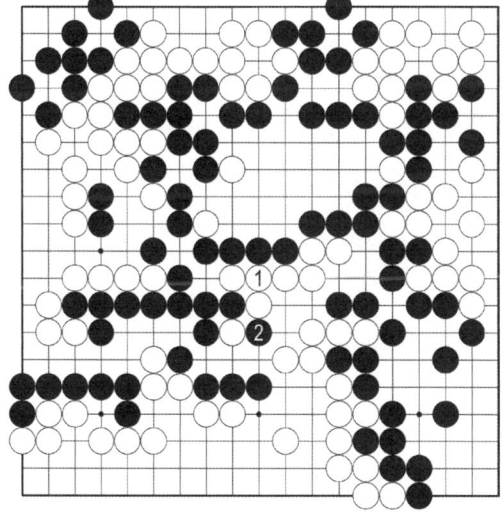

图37

我很早就瞄着这里的挖粘，白190如于1位粘，黑则在2位吃掉一子。这个地方的逆收很大。

（191-193）

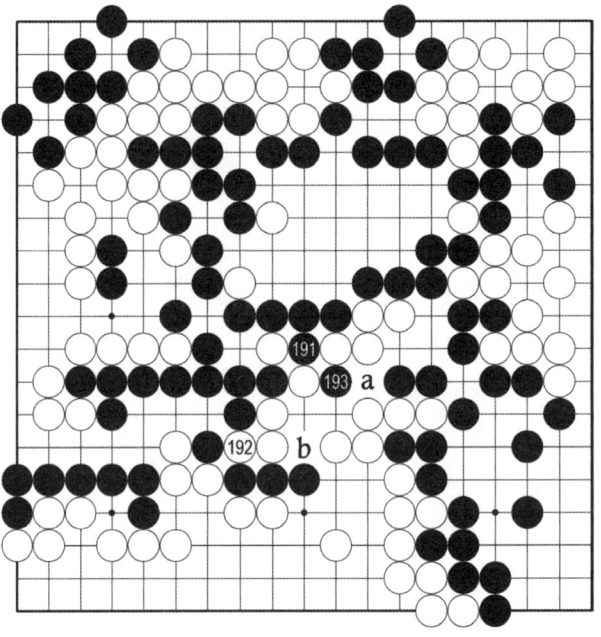

白192断，黑193打，这时白棋已经不能在a位连回了，否则黑b冲，白接不归。

（194-196）

所以这时白194只能粘一子，黑195吃住白四子，接着白196提是目前最大的官子。这个转换的得失如何呢？白方获利14目，黑方获利14目半，所以黑略便宜。

这盘棋下到这里，后面就没有什么变数了，因为后面都是非常简单的官子。最后黑赢1目半，并没有什么粘劫收后，或者是某一方劫材特别多的情况，所以黑棋胜定。

（197-201）

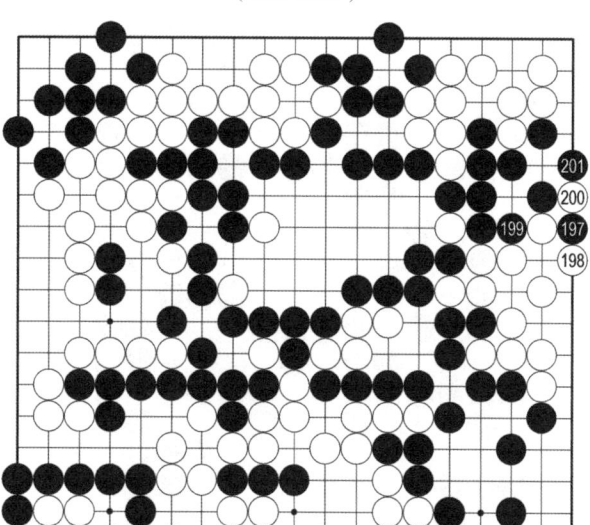

黑197扳，先手弃子定形。

（202-208）

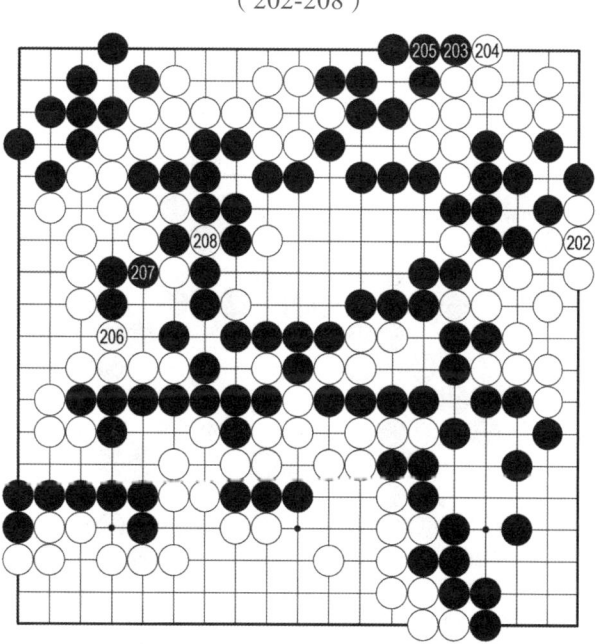

黑207开劫，劫材是我算好的。

（209-217）

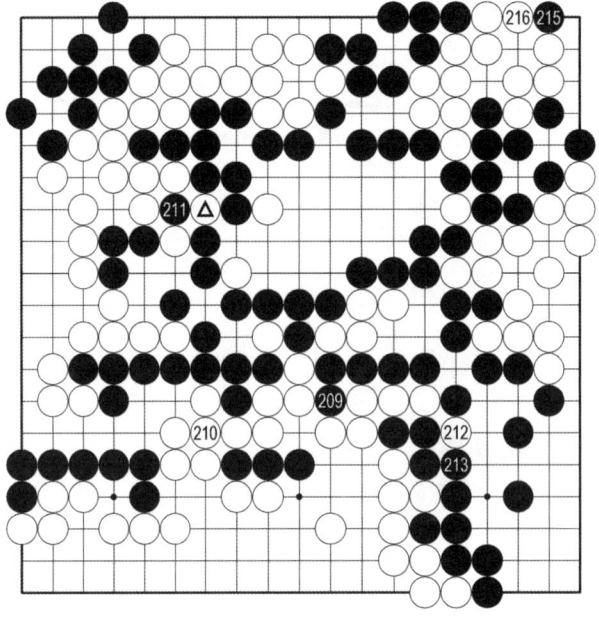

214=▲ 217=211

黑209至217，双方争劫。

（218-225）

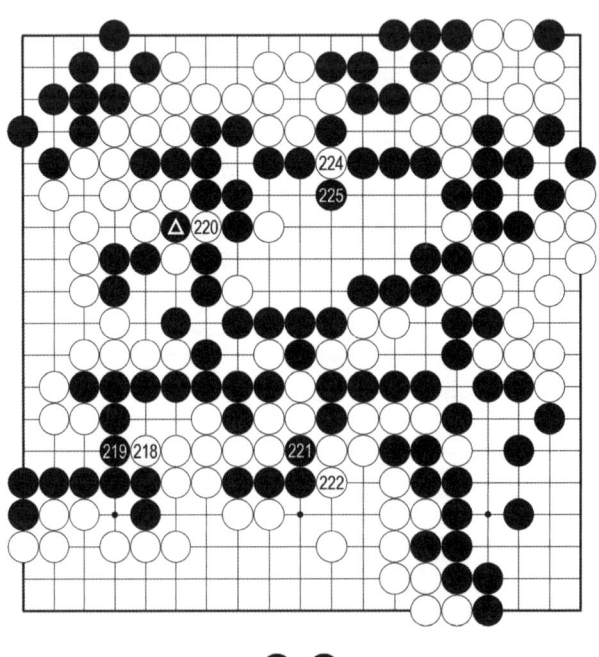

223=▲

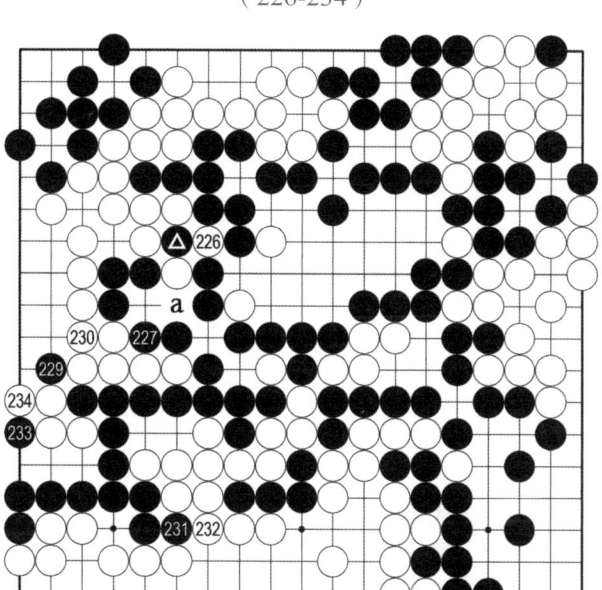

（226-234）

黑227挤住，其实在a位团打也行。黑227挤比a位要差一目，但边上黑229打一下也有便宜。就是黑229打，白230粘，本身就差一目——本来白棋在这里是要补一手的，交换后白棋需要补两手。

而与此同时，黑233也托到了，白原本在这里有半目棋，黑233走到后，白棋只有$\frac{1}{3}$目，这样通算下来，黑227挤的价值是逆收$1\frac{1}{6}$目。

至于a位，其价值是逆收1目，所以从目数来说，227位比a位便宜$\frac{1}{6}$目。但这个$\frac{1}{6}$目，在对局中有时候是便宜了1目，有时候可能没有便宜到，有时候因为各种各样的劫材问题或阴差阳错的关系反而亏了，还可能遇到粘劫收后、有些劫材比较特殊等情况，所以说在实战中是很微妙的。

这种官子的计算，有必要从数学角度跟大家说明一下。

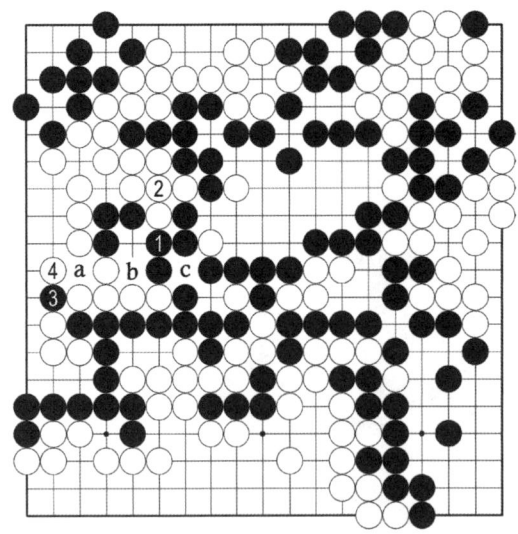

图 38

黑 227 如在 1 位打，那么这个时候无论如何白 2 是要粘的，这样黑 3 如果再断，白 4 打，这样 a 位就会比实战多 1 目。黑 1 团比黑 b 位挤也多了 1 目棋（c 位）。所以两方的目数增加互相抵消了，而真正相差的是实战的一路托。

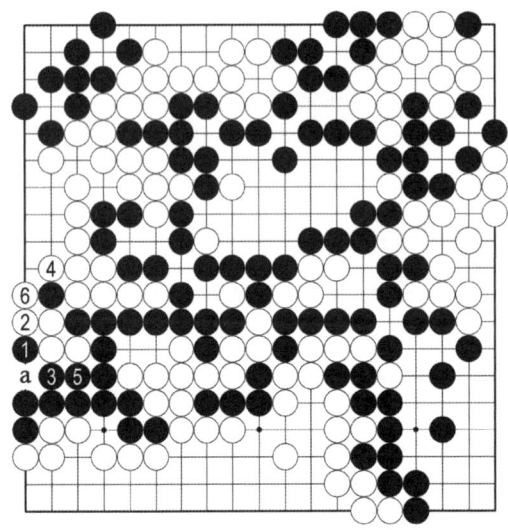

图 39

边线的 1 位，如果白棋立下来，这里是 1 目，而被黑托到白棋是零目。折半计算，1 目除以 2 就等于半目。

在黑 1 的托成了先手权利后，白棋本来的半目就变成了 $\frac{1}{3}$ 目。$\frac{1}{3}$ 目是怎么来的呢？黑棋在 a 位粘一个，双方都没有任何目数；白棋在 a 位提一个有 $\frac{1}{3}$ 目，再粘一个也是 $\frac{1}{3}$ 目；同样，黑棋粘一个也是 $\frac{1}{3}$ 目。因为这三步棋才走了 1 目，所以每一手都是 $\frac{1}{3}$ 目。由于黑是先手托到，让本来白棋的半目变成了 $\frac{1}{3}$ 目，所以，这里的价值出入是 $\frac{1}{6}$ 目。

（235-246）

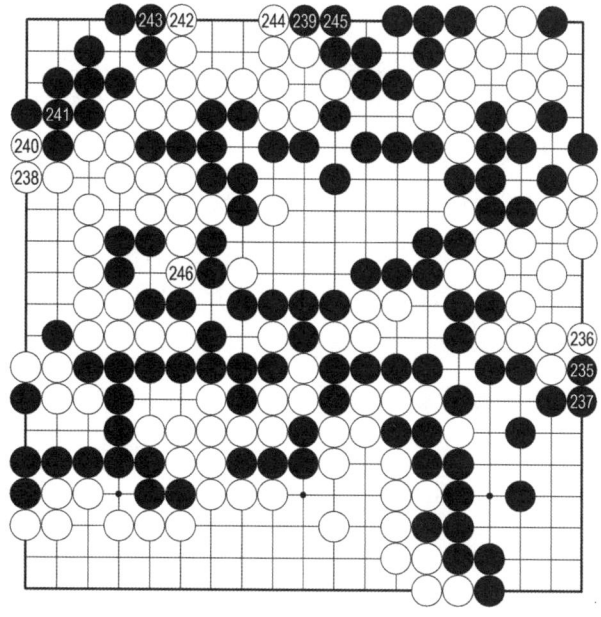

再后面就是你扳粘，我扳粘，把一两目的官子收完，这局棋就结束了。

（247-257）

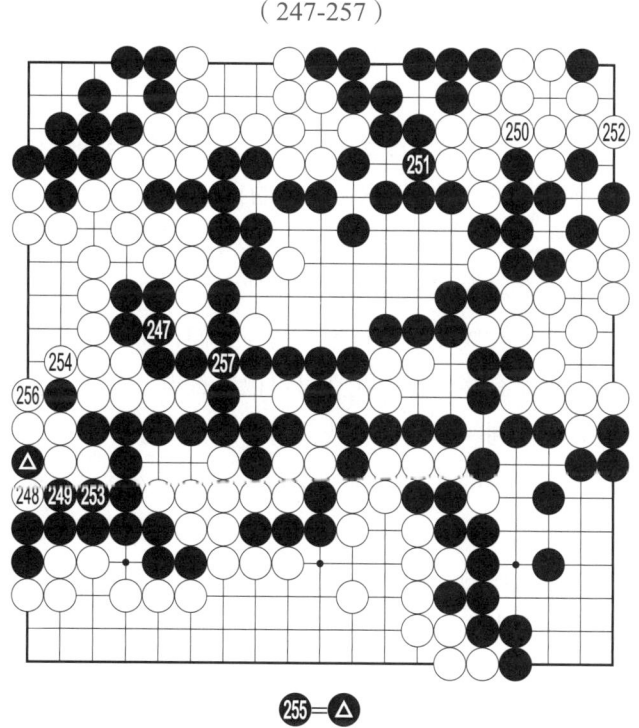

㉕=△

终局前是一人一个单片劫，没有粘劫收后。最后双方就是平稳地把官子收完。至黑257，如果继续收下去，就是黑棋盘面9目，白棋也就认输了。

这盘棋，如果从赛后来看，中盘之后黑棋下得还是比较轻松的，但实际上，对局者和观战者的心理状态，差异还是很明显的。当后面我突然意识到领先非常有限时，幸好还有一些时间。当黑129打、黑131长的时候，我至少还有十几分钟的保留时间，然而对手已经进入读秒了。当我意识到我赢得很有限，其实也用了很多时间，然后就考虑怎么把这个棋收得更细一点。

围棋确实很难，就算本局的胜率这么高，就算感觉官子很少，但依然是有些玄机的。我下到黑163团后，如果对手在中腹下出最佳着法，也就是赢半目的样子。但是这一切都是假设，也就是对手下出最佳，双方下出最佳，如果过程中走了别的，被逆转也是有可能的。

所以说，对局者的视角跟观战者还是有很大区别的，尤其这种看着胜率挺高，但目数又很接近的棋。

回顾这盘棋，布局时我下出了黑19位大飞的奇手——我在之前类似的局面下，对这一手有过研究，但是本局换了一个局面，实际上也说明我没有研究透彻，实战中吃了一点点亏。

我觉得白棋最主要的败因是从白56靠开始的，因为这步靠的方向选择明显不是特别好。而靠完之后，也没有下出最佳，结果越下越别扭。在白棋后手活了这块之后，黑棋就十分主动了。后面虽有一些波澜，或者双方有些错进错出，但白56靠之后黑棋的胜率就再也没有低过70%。所以从这个逻辑来分析，白56靠应该是对手的败因。

本局看似波澜不惊，而且官子手数相当长，但我的体悟是：在中后盘，当你开始计算，想把所有的官子都捋清，把它们牵涉的目数都点清楚，并不是那么容易的。因为围棋是带有全局性的，并不是单个局部的，有的时候单个局部可以折半算，或者双方各抢一个，但从全局看就不一样。打个比方，比如全局就剩一个后手2目的官子，谁抢到谁赢，这个时候并不是折半算的。我们正常点目是折半算，但围棋最后要靠实战来解决。所以有些地方，我点目可以这么点，但真正执行的时候又会有些出入，或是有些时候抢到一个先手，或是落了一个后手，都会有明显的差距。所以，其实官子需要非常细致的计算。当然我们人类棋手毕竟没有那么多时间，能算得那么精准。所以我们大多时候都是凭一种感觉，就是凭棋感来下的。因为你不可能将每个官子都算得明明白白，比如，你只能知道大概这个是4目棋，那个是3目棋，大概率这个就比那个大。

共257手　黑中盘胜

第四局

$\frac{1}{2}$ 决定战

● ○
辜 朴
梓 键
豪 昊
九 七
段 段

271 手

第一届
衢州烂柯杯世界围棋公开赛半决赛

2023 年 5 月 9 日

(1)

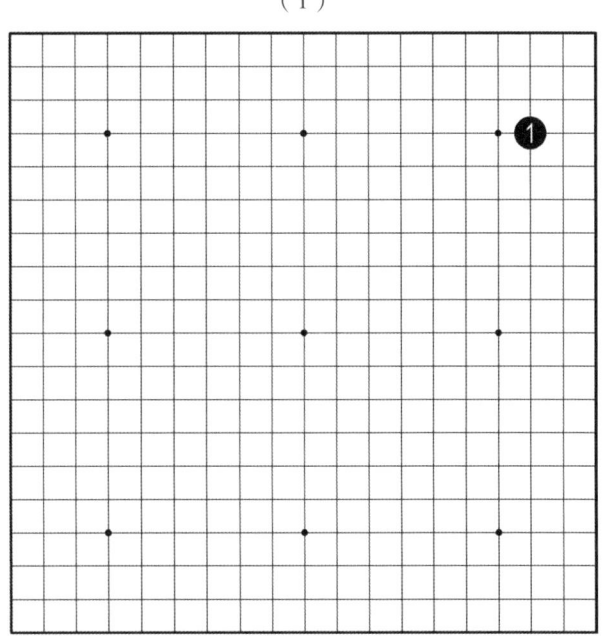

本局的对手朴键昊,之前我还没有跟他在正式比赛中交过手。

(2-3)

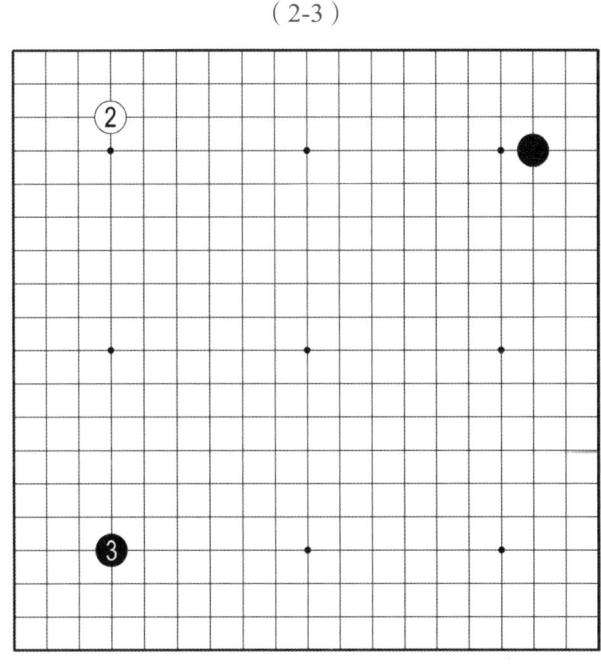

不过在很早之前,韩国棋手来中国下交流赛的时候,我跟他下过一盘,那次我输给他了。当时的印象是,他的棋比较稳健、扎实,是不会被轻易击败的风格。

开局黑1小目,白2也小目,黑3走对角,这是AI给出的一个布局套路。

(4-5)

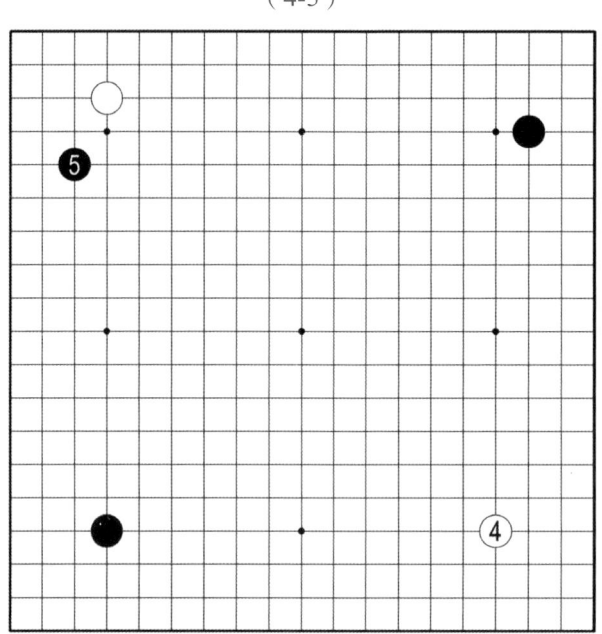

黑5挂角,显示出进取的姿态。

(6-7)

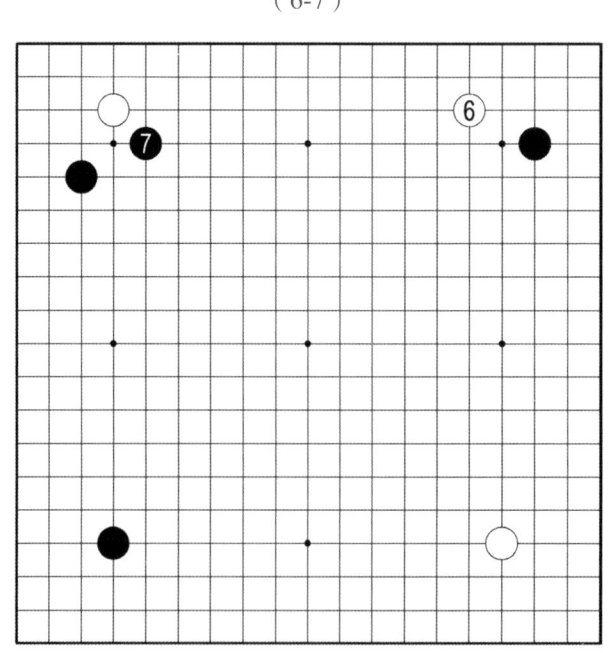

白6反挂,黑7飞压,这些都是比较正常的下法。

（8-10）

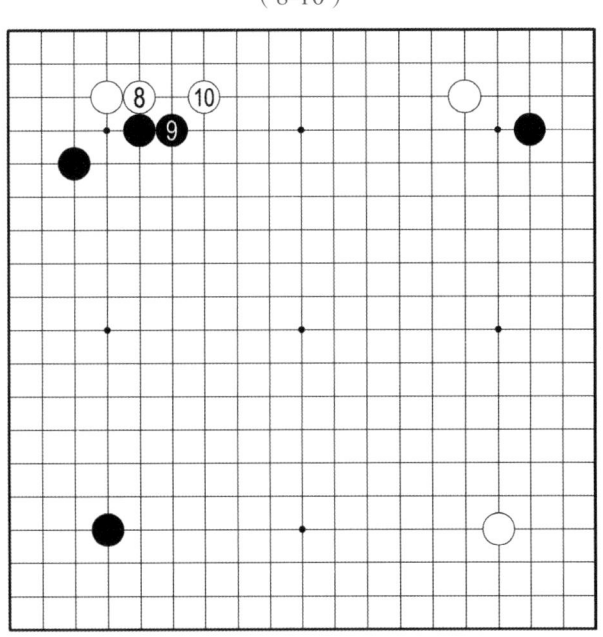

白8、10取实地,而没有选择冲断作战,反映出对手的稳健。

（11）

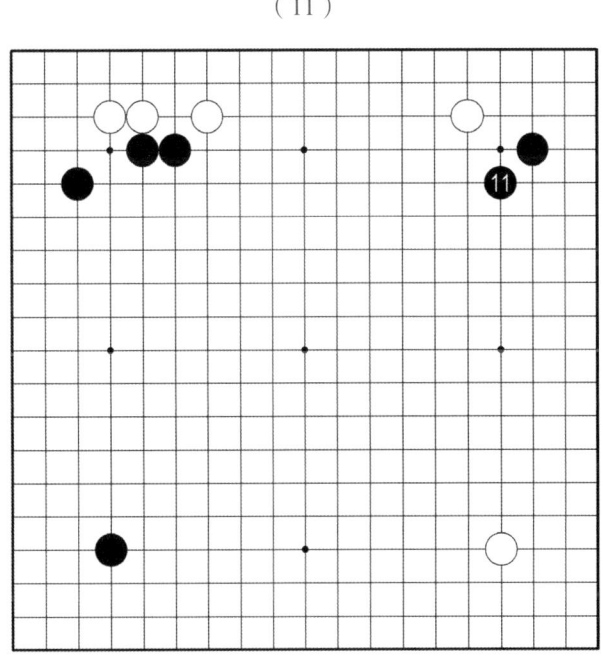

黑11尖起,是日本棋圣秀策推崇的下法。

(12-13)

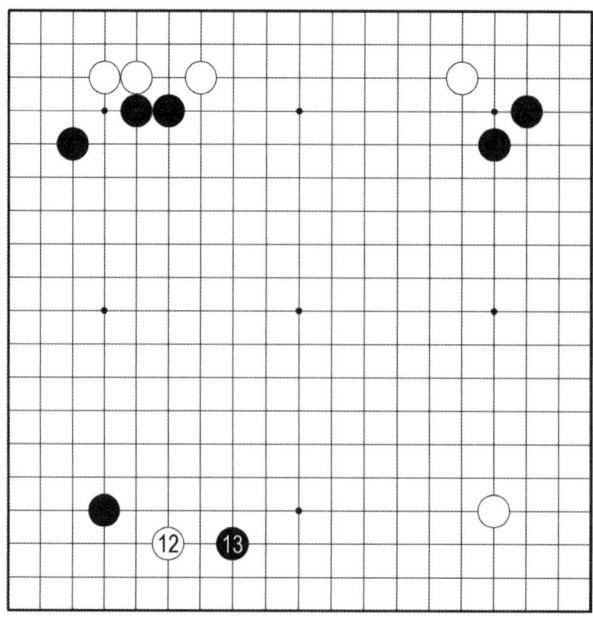

白12挂角，黑13夹也属正常着法。

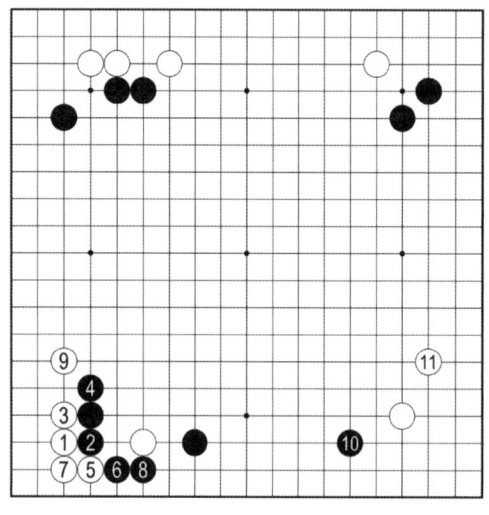

图1

接下来，白1点角是最简单的一种定形。黑8爬，白9跳后，黑10挂，也是两分的局面。

(14)

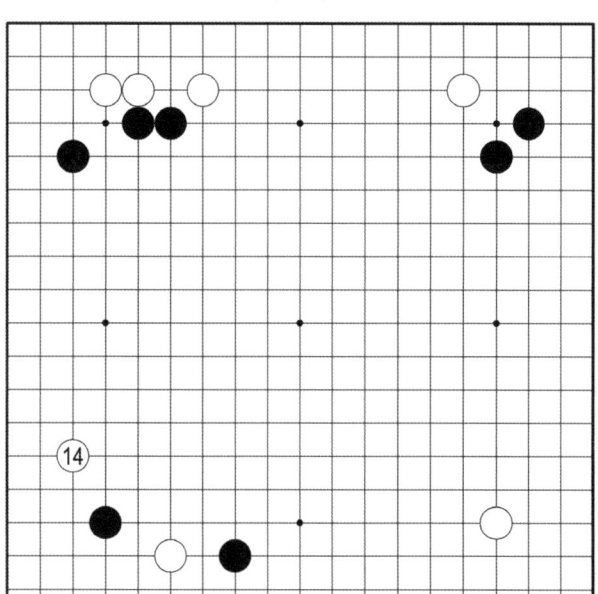

对手选择在14位再挂,此时黑棋有多种选择。

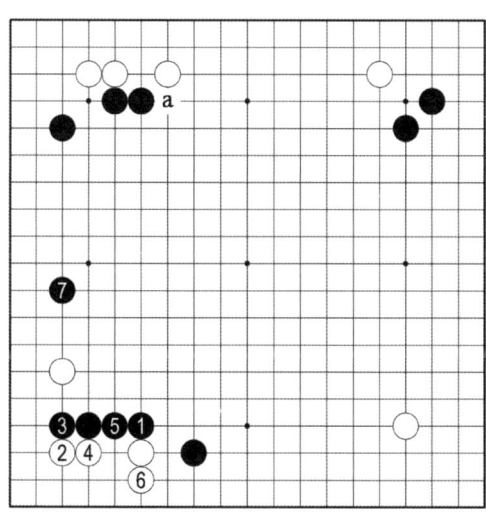

图2

黑1盖住下边一子可以考虑,局部白棋不是特别好下,有可能脱先走a位。如果白继续在这里走,如2位点角,则进行至黑7夹,黑棋方向不坏。

（15）

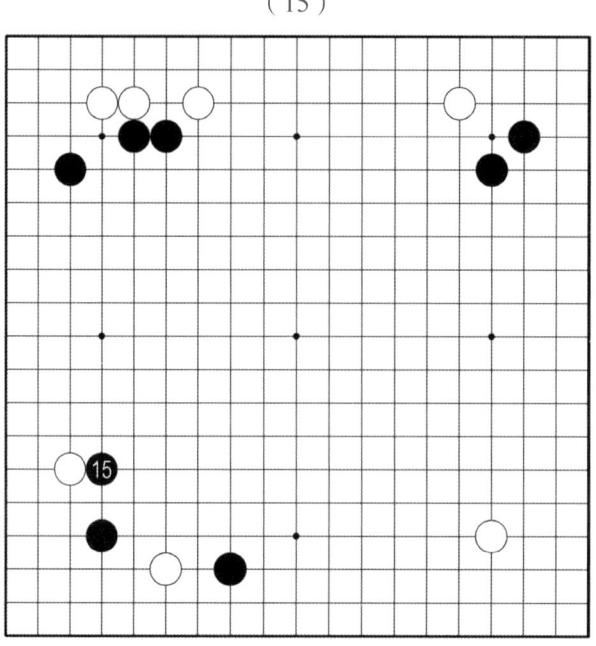

黑15选择压强的一侧，也可以下。

（16-18）

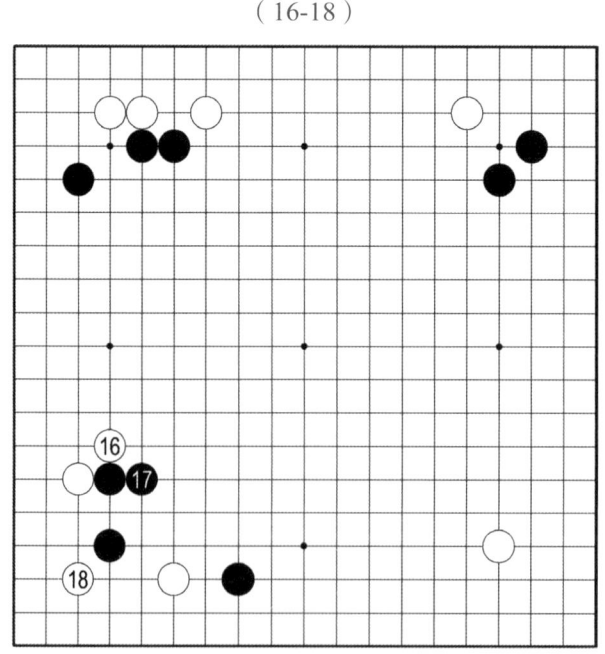

只不过这样进行，就让白在局部有棋可下了。

(19)

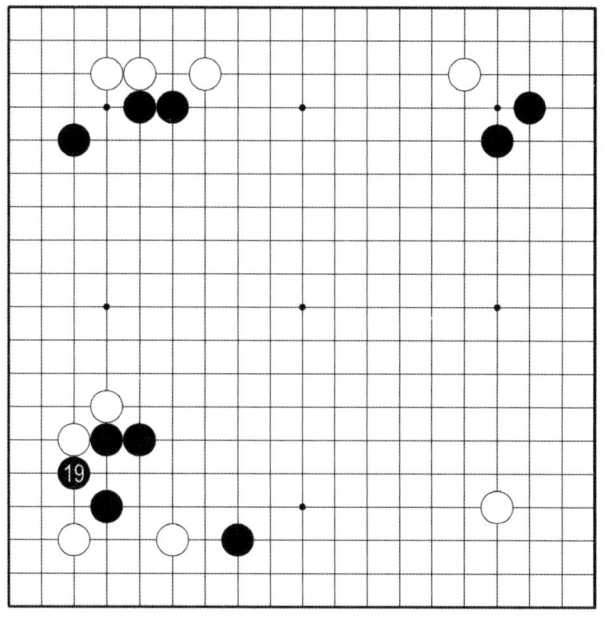

黑19虎，白棋面临选择。

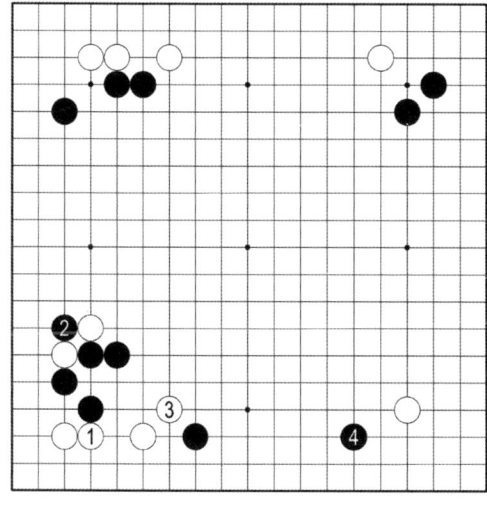

图3

白如果1位爬回，黑则2位断吃，这是很古老的定式，白3大致尖补（防黑二路透点），黑4就挂角。黑棋的左边是比较宽阔的，可以满意。

(20)

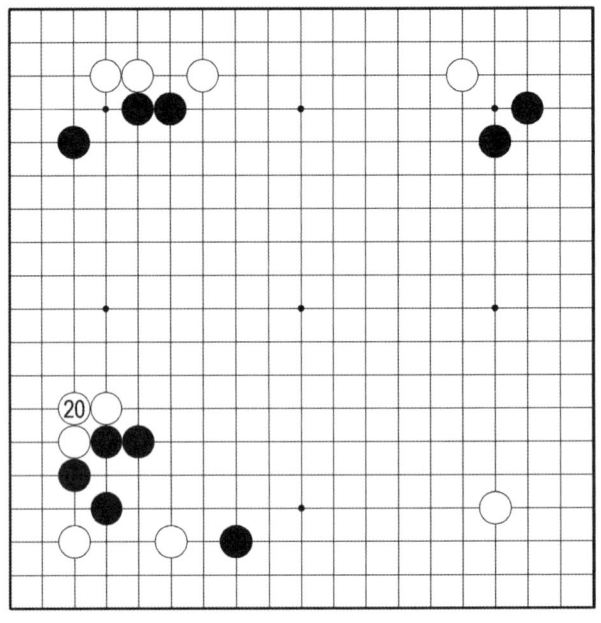

白20粘，不肯让黑如愿。

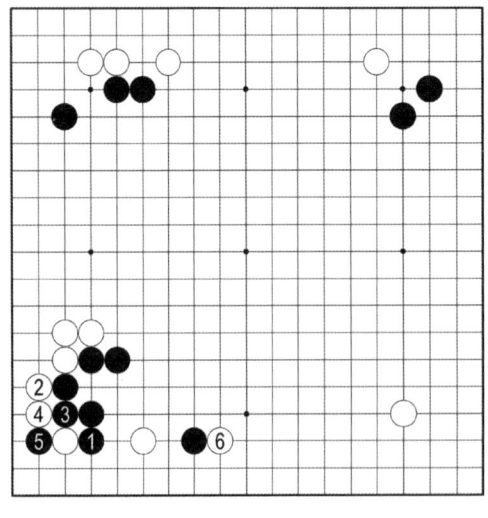

图4

接下来，黑如在1位挡，白2以下先手得利，还留有6位靠的手段，黑被白棋两边得利，且形状不佳。

（21-22）

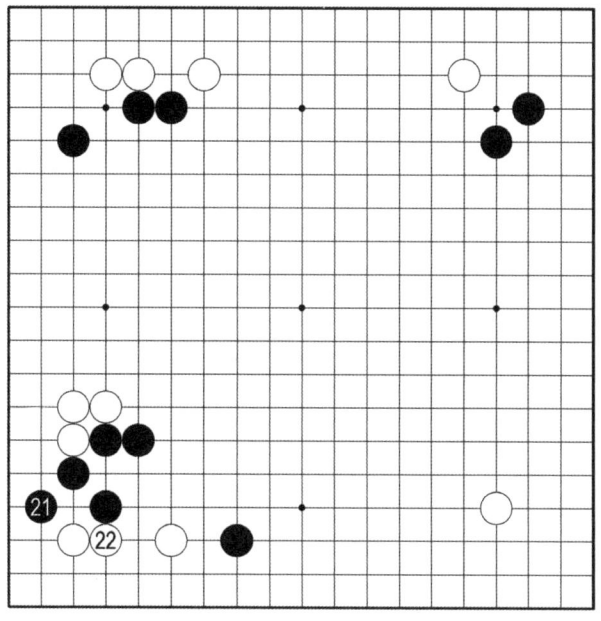

因此黑21阻渡，攻击白下边两子。
白22立即出动，也是不甘示弱。

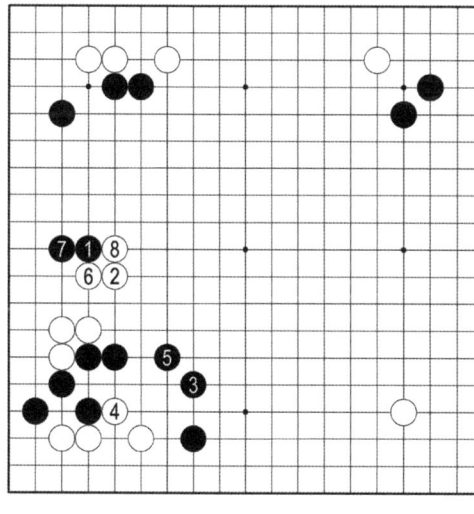

图5

接下来会如何进行呢？赛后用绝艺摆了一下，一选是走1位夹。白2出头，黑3封锁，白4补强，黑5再加固，白6、8处理左边一块，这样也算是一种正常定形。

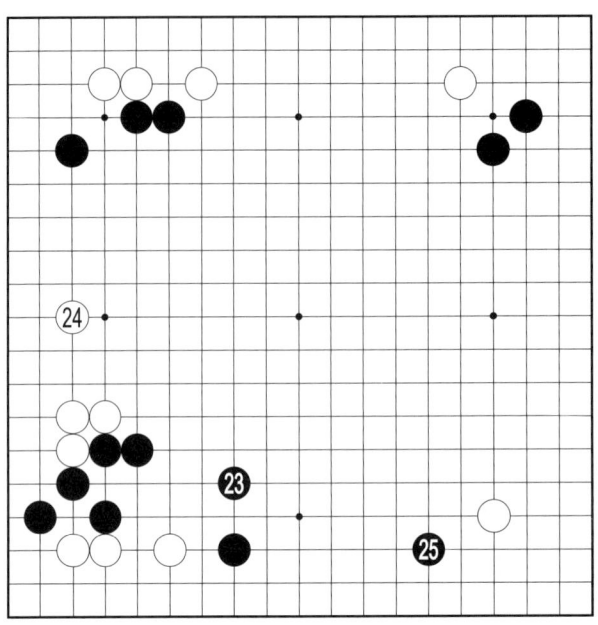

(23-25)

实战我选择在 23 位直接跳，就胜率来说只差了几个点。白棋想了一会，就在 24 位拆二了，以后这几颗子就不是特别好攻击。因此，虽然胜率差得很有限，但从整体来说，黑棋左边子力的优势没有得到好的发挥。

黑 25 挂角，希望这里有个接应，为后续攻击左下角做准备。不过 AI 对这步棋评价也不高。

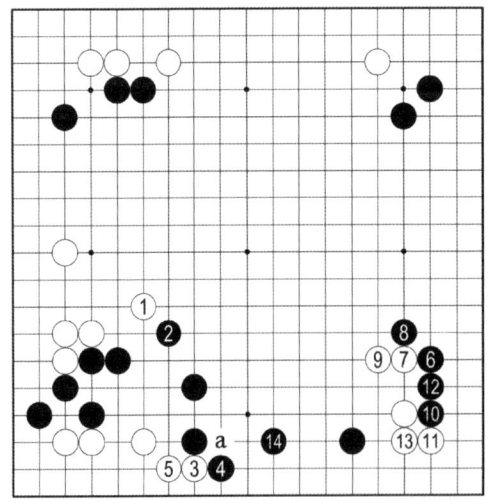

图 6

接下来，白 1 飞一个很大，黑要补强自己，如在 2 位飞，白再 3、5 托退。

我的预想是，白走完托退后，黑可以在 6 位双飞燕。黑 10 托争到先手后，再回到 14 位补。黑 14 不仅是右下定式的延续，也是对 a 位断点的补强。而且我认为白角托退后也没有活干净，故对作战不害怕。

但是后来 AI 推荐，白 7 可以直接在 a 位断，这会让黑棋下边整体的子效都变低。而被双飞燕的右下角，放在以前，大家都觉得不能再脱先了。AI 的出现的确打破了很多条条框框。

(26–27)

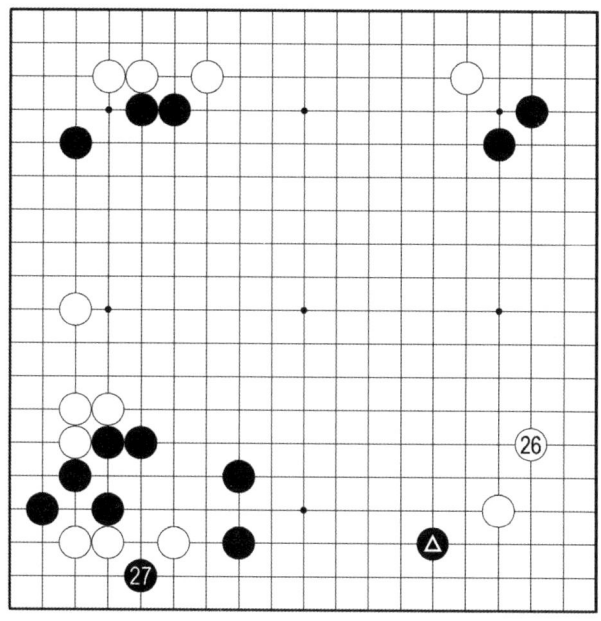

白26守角，无可厚非，对手当然知道我挂角的意图就是要继续进攻左下这块棋。黑27点马上进攻，局后看可能有点操之过急。

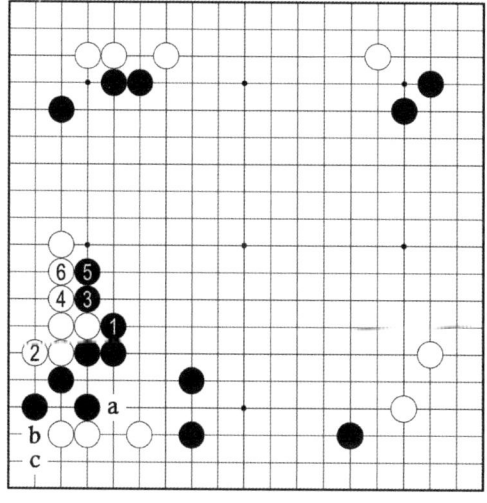

图7

在当前局面下，黑1先拐头比较合理，有"入腹争正面"的味道。白2大概会曲，黑3、5先手利后，可以再考虑怎么攻。

白2曲一手很有意思，这步棋如果单走a或b位，黑都可以走2位虎让白棋难受。但是白2曲在这里后，黑如果再攻下边，就不是那么容易：比如黑a位长，白b位挡是先手；黑如果c位跳，白a位虎也是先手。所以这步曲比较有特点。

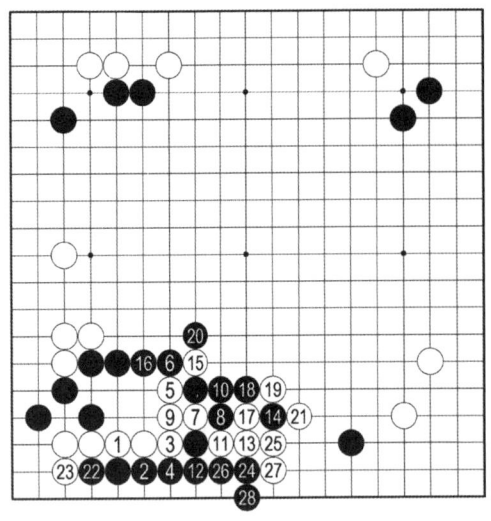

图 8

实战黑 27 点后，如果白 1 正常粘，我经过很长时间的计算，认为可以强封。白 11、13 后，如果黑棋直接动手杀角，结果是慢一气。于是我发现可以在 14 位跳，至 28 曲能在边线做活。这样外围虽然损失不小，但能把白角吃掉，似乎也可以满意。

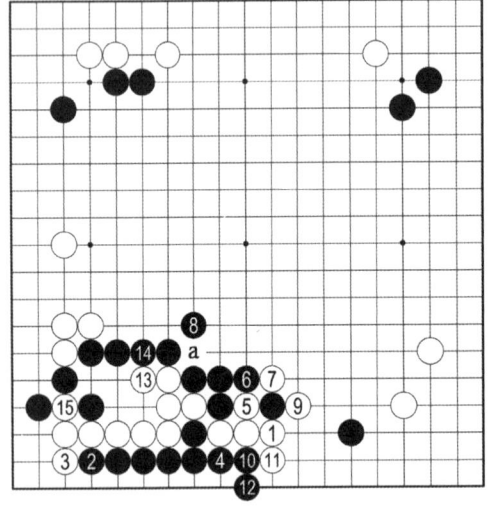

图 9

局后用 AI 研究时发现，前图白 15 可在 1 位单爬，并且白可以先不在 a 位断这一下。白 7 时，黑如在 9 位长，被白 14 位挖，黑棋形状破碎。如果黑在 8 位虎（我本来以为黑 8 虎在这里还可以），其实我没有注意到，白 13 曲是先手，接着白 15 试应手很巧妙，这样角上已经直接做活了。

这样看来，当白 7 打吃时，我只能补在里面，不管是 14 位粘还是 13 位虎，跟预想图相比，白棋在 a 位少断了一下，还是差不少。

当然，这个变化也不是说不能下，只是黑棋发起进攻，取得的效果没有那么大——虽然吃掉了白角，但是白把两边都走得很好，而且黑棋以后还有收气吃的可能性。如果走成这样，白棋的布局还是比较成功的。

但这一切都是基于在赛后用 AI 研究得出的结论，在实战中想判断硬吃白角好不好，还是很困难的。

(28)

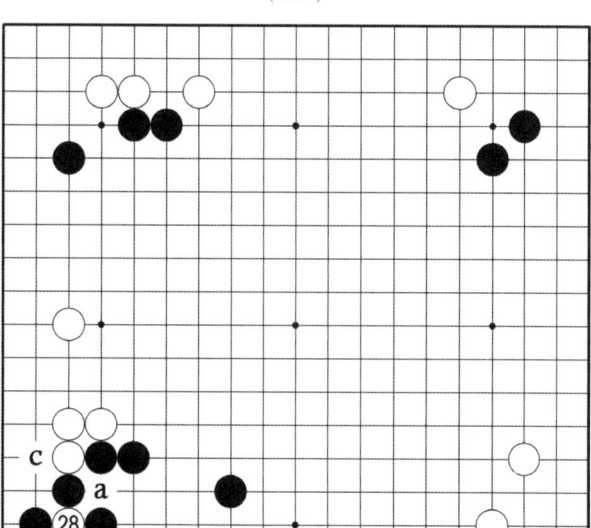

黑▲透点后，对手也开始长考，然后下出了白28挤。针对这步挤，如果我像实战那样在a位粘，白确实有可能便宜了。因为经过这一交换，白在b位或者c位都有先手。

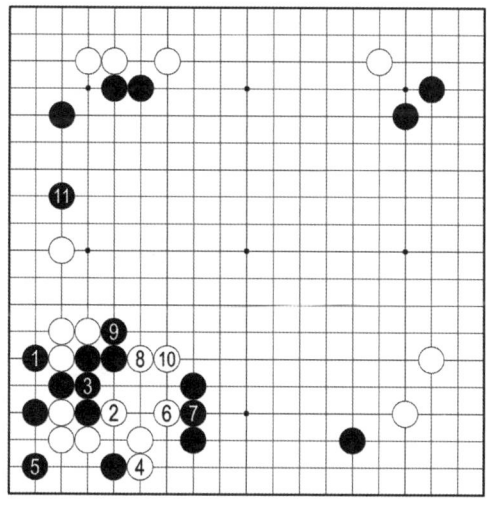

图10

而黑如果在1位虎，则白2、4可以吃住一子，再8位靠出。

从局后看，这个局部我应该虎，当时确实也想过这个变化，但是觉得这样被白出头，拿不准黑棋是否有利。其实，被黑11拆逼，白棋明显亏损。

（29）

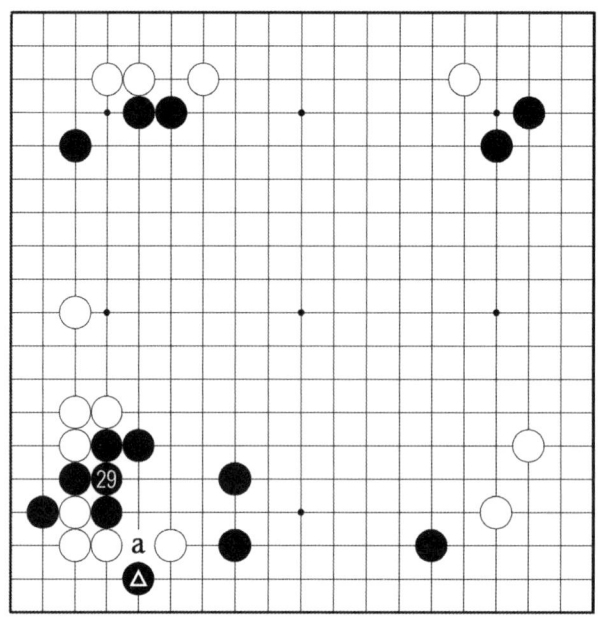

黑29硬接，当时我的计算是，如果白仍要在a位接，黑有下图的下法。

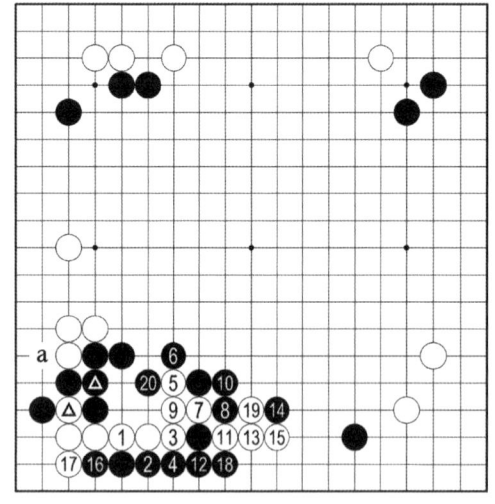

图11

接下来白1如果接，那么白△和黑❶的交换，白就明显亏了，因为有可能撞了一气。考虑到气的因素，黑14再跳时就明显不一样了，以下进行至20，对杀黑胜（本来为了长气对杀，黑必须补在二路、一路的，现在白自撞了一气，黑就不用再去损这些地方）。

实战黑❶粘后，白的后续我没有看懂是什么意思。如果黑是在a位虎，虽然看上去不坏，但也就让对手平稳过渡了，所以当时我觉得粘上会让白更头疼。不过从赛后复盘看，黑29肯定应该在a位虎。

(30-31)

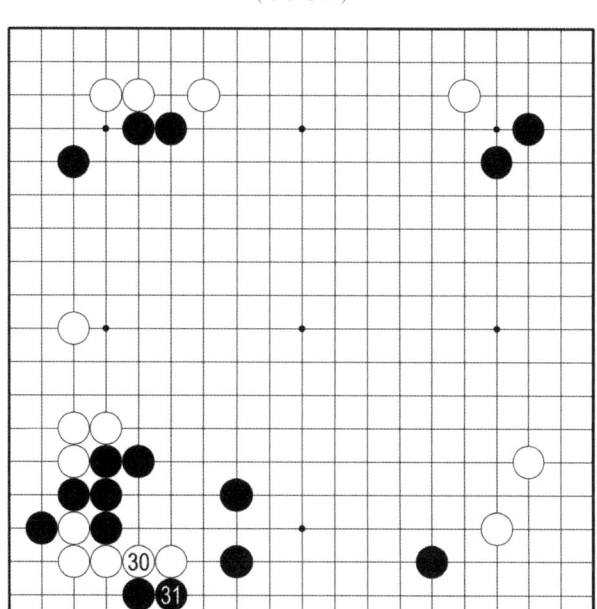

白30粘，黑31爬回，保持攻击的姿态。

(32-34)

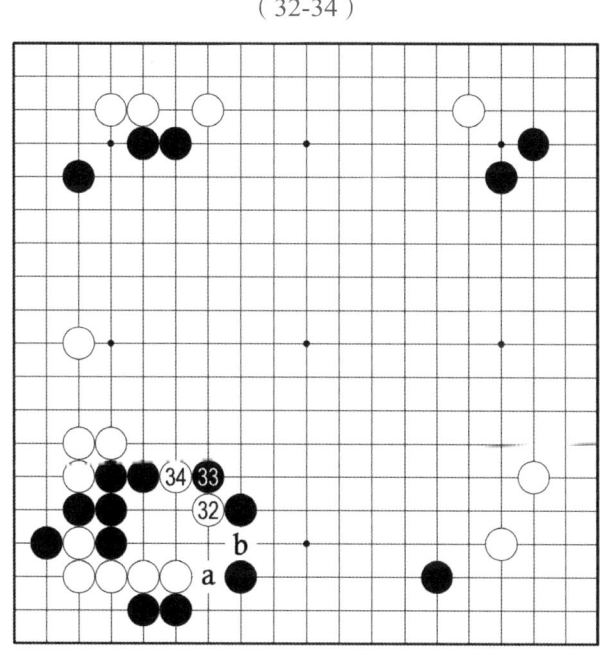

白32既然靠，34必然挖这里，这个变化我也想过。

之前的参考图已经说明，白a位顶后，再从b位突围是行不通的，所以对手想逃出，就只能挖上面。

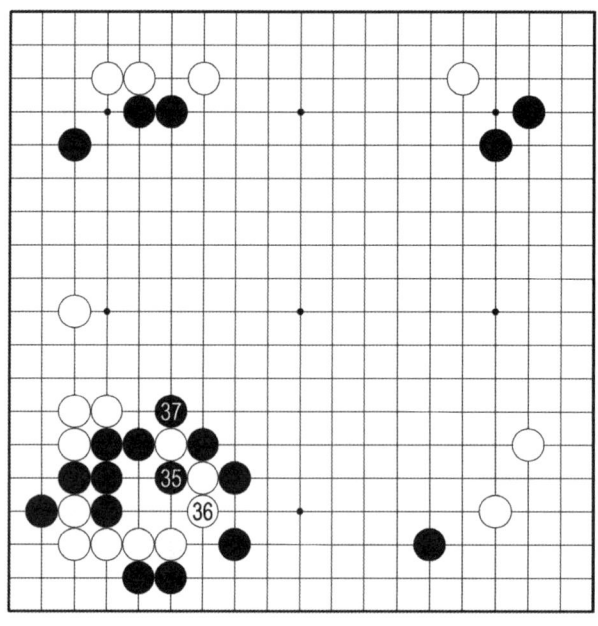

黑35、37打拔一子，价值很大——不这样走，也没有别的棋可下。
那么黑35在外面打会怎么样呢？

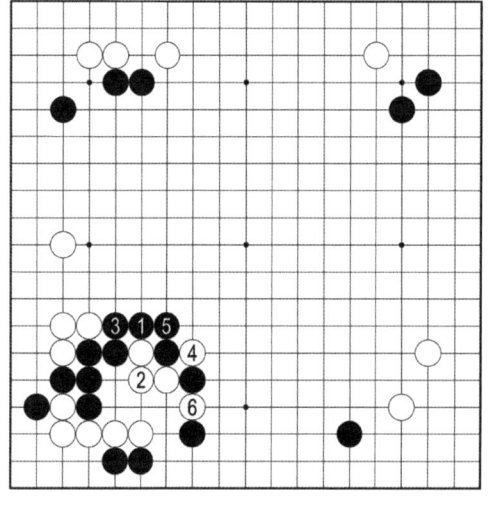

图12

黑1如果打外面，则会被白4、6轻松地打出来，黑棋不行。

(38-40)

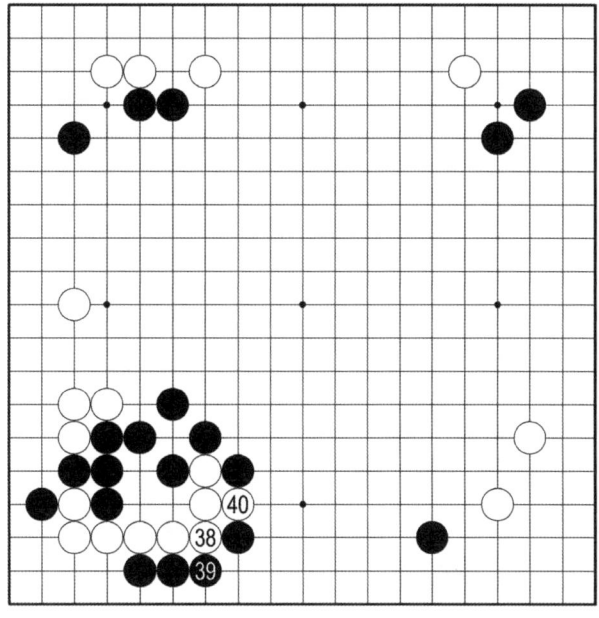

白38先团，再白40冲，黑已挡不住。

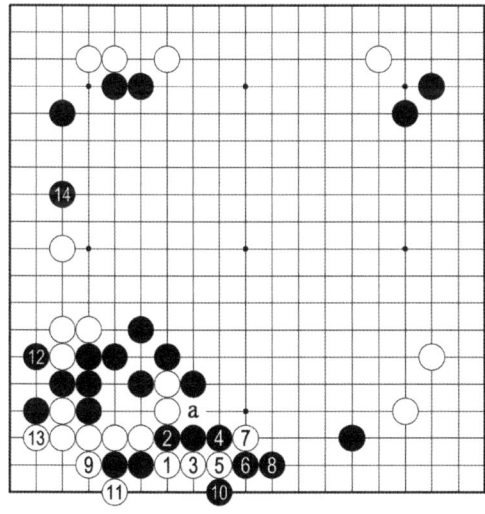

图13

白38如在1位扳，则黑10、12都成了先手，如此进行，白肯定不行。

(41-43)

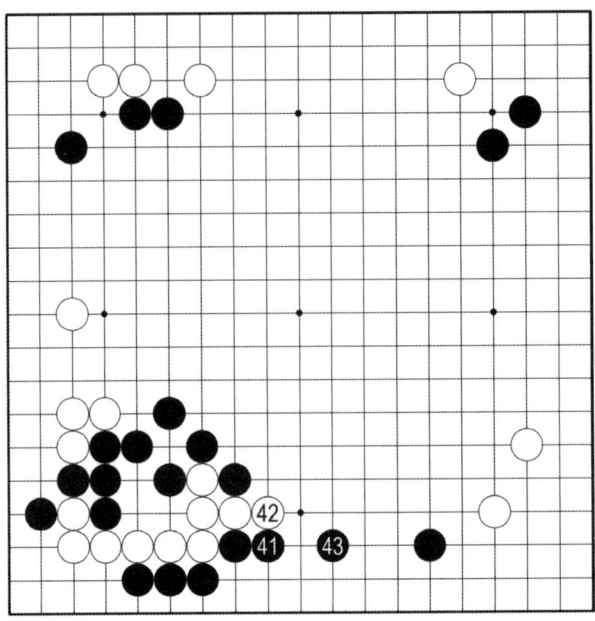

即使白42出了头，大块依然没有活，所以我觉得把战线拉长也不错。

黑43跳，缓攻。

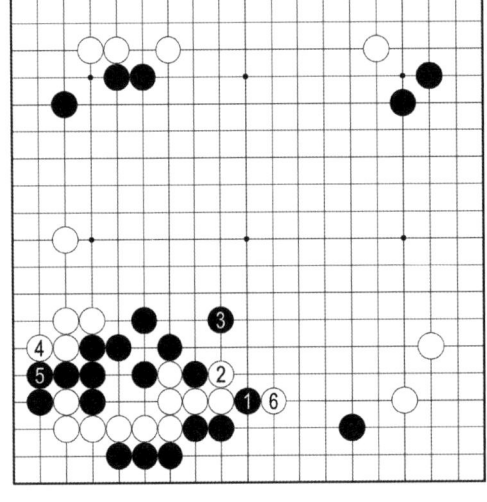

图14

黑43如改在1位扳，再3位飞，白棋则有6位夹的手段。到底哪个好，实战中也没有搞清楚。

(44-46)

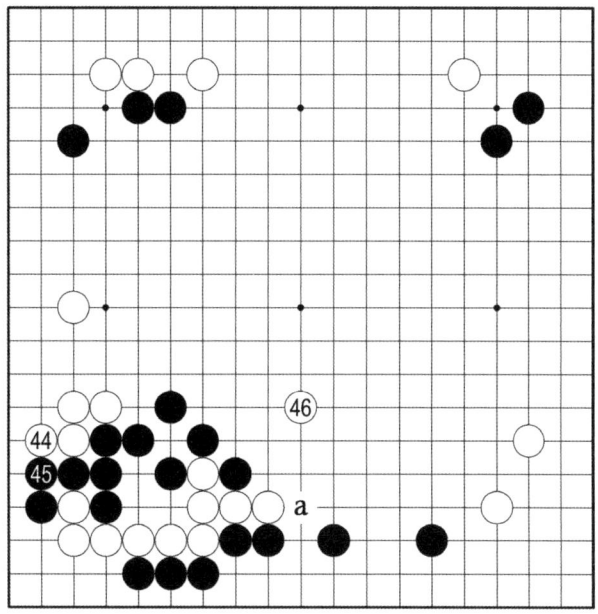

白44曲，是对手的先手权利，然后白46直接大飞——保留了a位长的先手交换，所以这里我们可以看作白棋长了后二间跳。

至此，下边的攻防告一段落，下成这样，我当时是比较满意的。而且从局后看，这时黑棋的胜率确实要比初始胜率明显提高了。

(47-48)

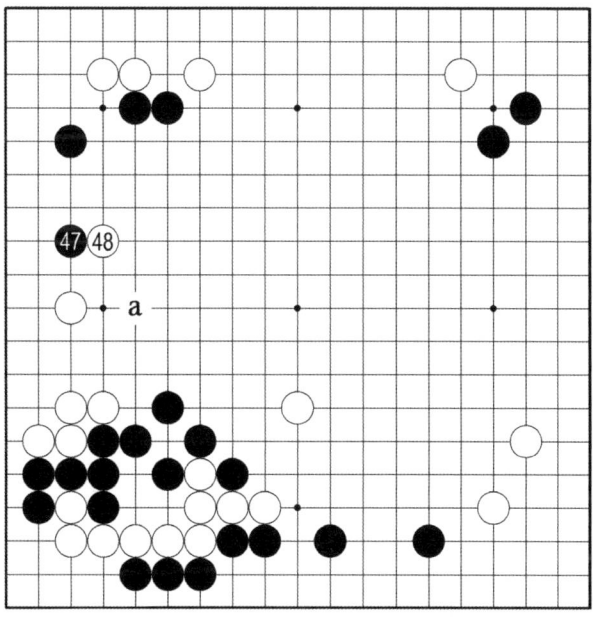

黑47抢到左边的拆逼，以为白棋会正常在a位跳补强，没想到白48直接靠过来。

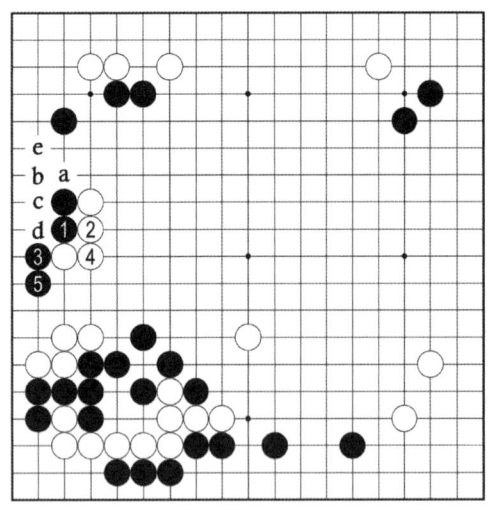

图 15

对白 48 靠，实战的第一感是在 1 位顶，白如在 2 位挡，我就扳了长。但我对这个变化有顾虑，白有 a 位扳至 e 位打下来的手段。不过从局后来看，我的第一感是没有问题的——下成这样是黑棋明显得分。

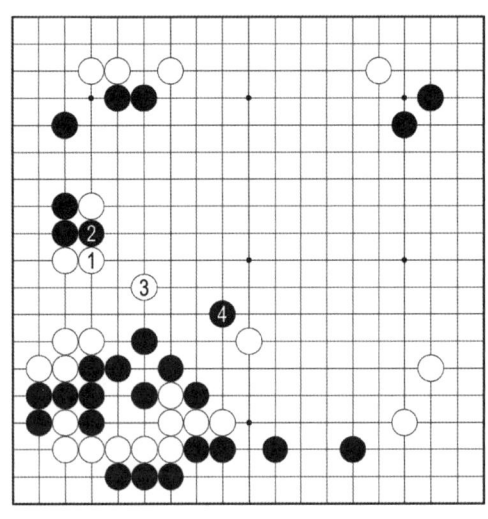

图 16

甚至绝艺也觉得白只能在 1 位退让，黑 2 冲断，白的形状显然不太对。

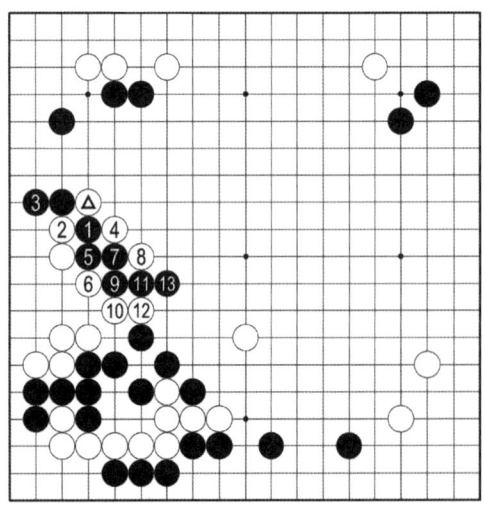

图 17

对白⊙靠，黑还有一种反击，即 1 位扳断，再 3 位立，因为我感觉 2 位断的下法，今黑自身有点薄。

这样走白棋征子不利，但可以利用活征的手段把黑棋分割开，这样，黑左下大块就面临险境，很有可能死掉。

(49)

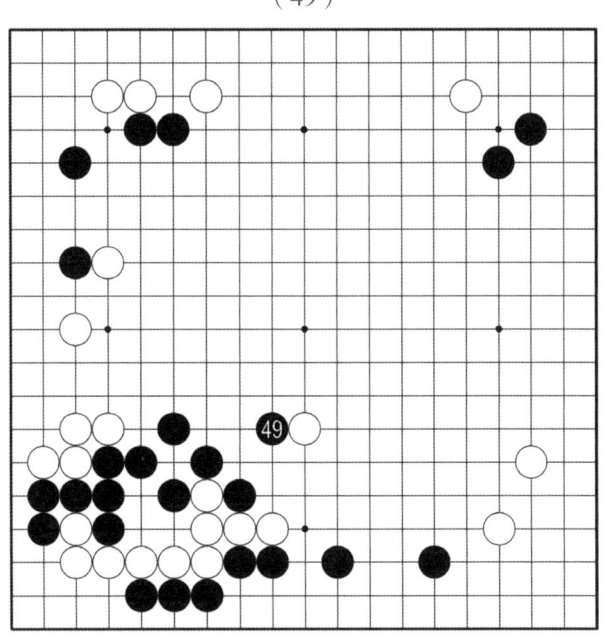

基于这些考虑,我选择在49位靠,希望在这里寻求一些头绪,再决定左边怎么下。

(50-51)

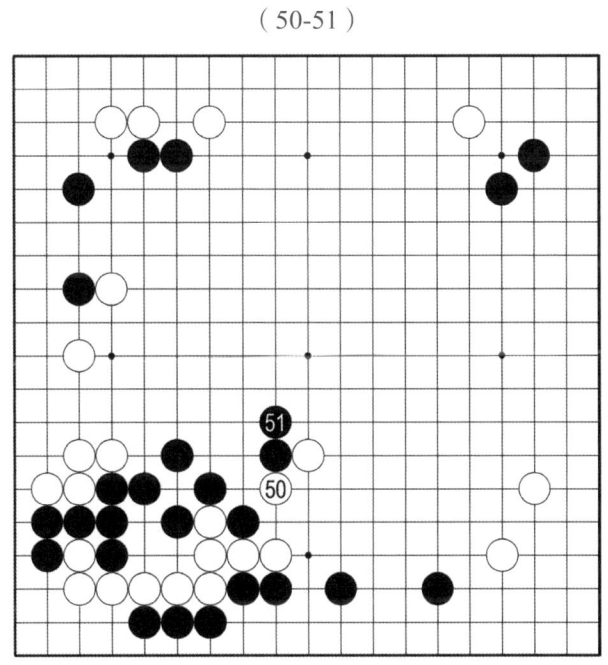

白50扳,黑51便挺头。

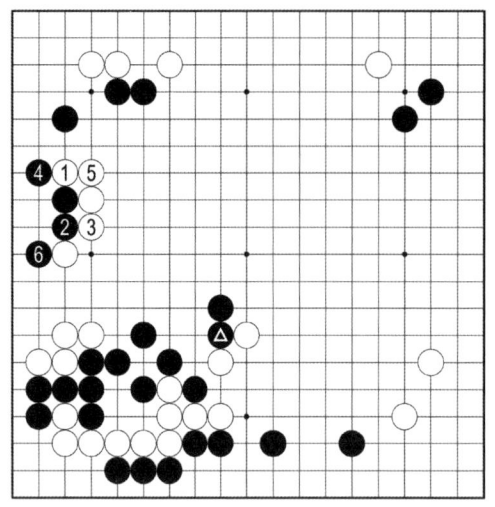

图 18

至于左边,我暂时脱先,让白棋走也不容易走好。白1如扳,黑可以2位顶,再黑4、6两扳。黑△的靠,不管怎么走都有一定价值。

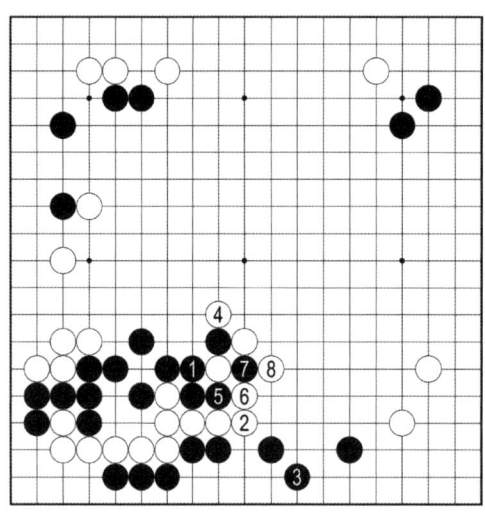

图 19

但实际上,我在中腹的处理还是有点问题,51手应该在1位粘,白4打时,黑5冲,局部至白8包打的定形,要比实战好。

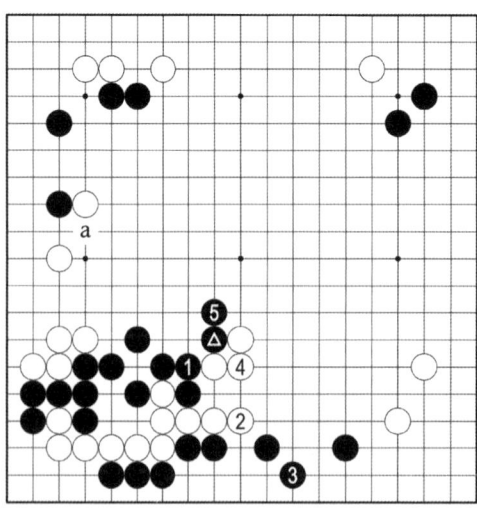

图 20

如果白4位接,黑5再挺头,形状也比实战好。而白这个形状,以后还是会受攻的。

但我当时认为这盘棋目前的重心是在左边,便想着走完黑△靠,5位长,再a位扳就比较有力,在这个局部出现了一些偏差。

（52-56）

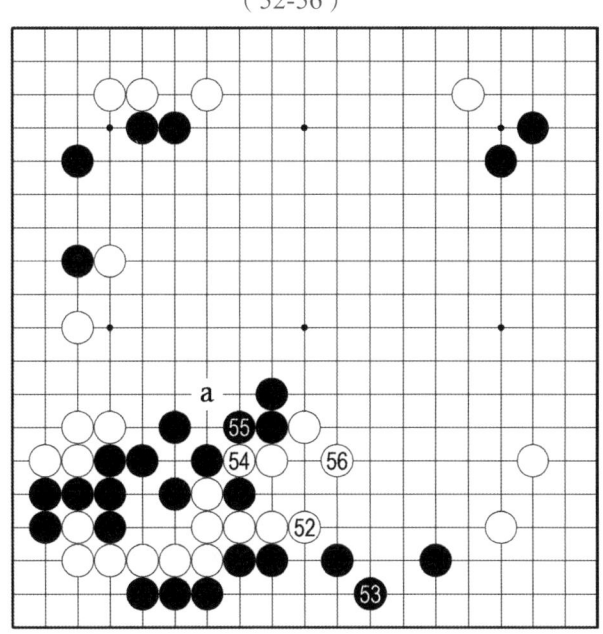

白52长，是前面提到过的先手，再白54吃一子，虽然看上去只有几目棋的价值，但是把这个眼做出来后，白棋基本上就是一个活形，整体就变厚了，以后还有a位刺的先手，所以白54吃一子的价值特别大。

（57-59）

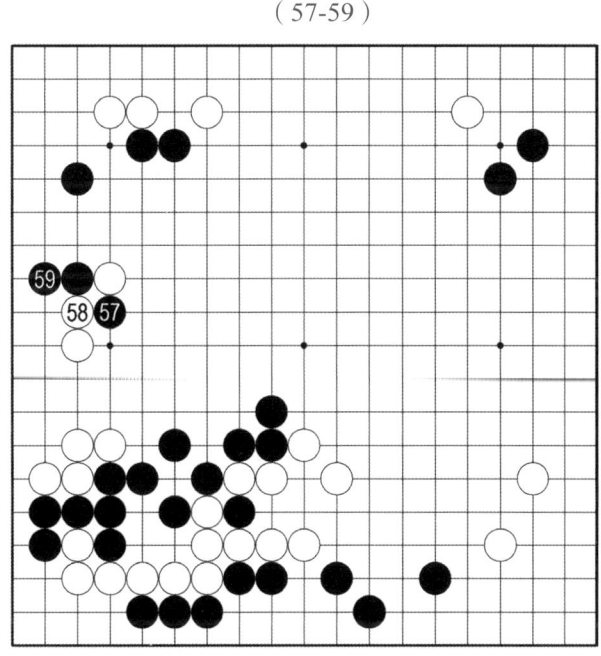

黑57扳，这时AI依然强调应在58位顶。然而我一直没有顶，当时确实对这个地方的判断出现了一定的问题。

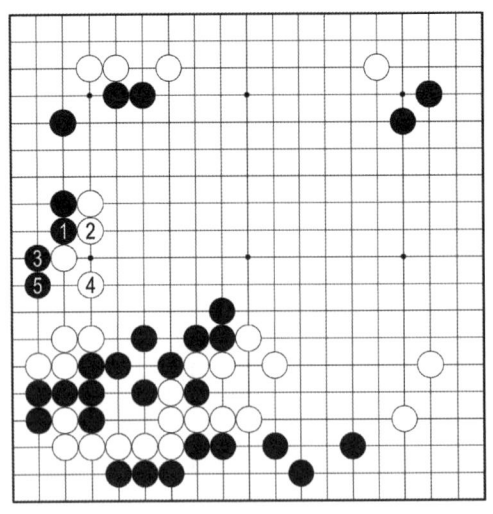

图 21

黑 1 以下搜根，可以看出黑明显有利。

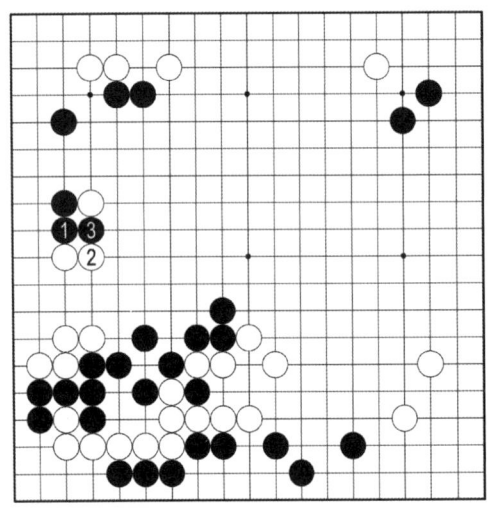

图 22

黑 1 顶时，白棋可能也只有在 2 位长，那黑 3 再冲，肯定比实战要好。

黑 59 立下时，经过中腹的铺垫，之前提到的活征已经不成立了。

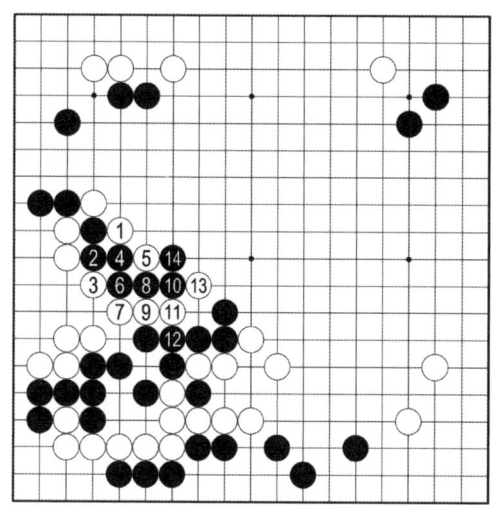

图 23

白1以下活征,至白11,黑12粘就可以,白13打后,也没办法拿住黑左下这条大龙。

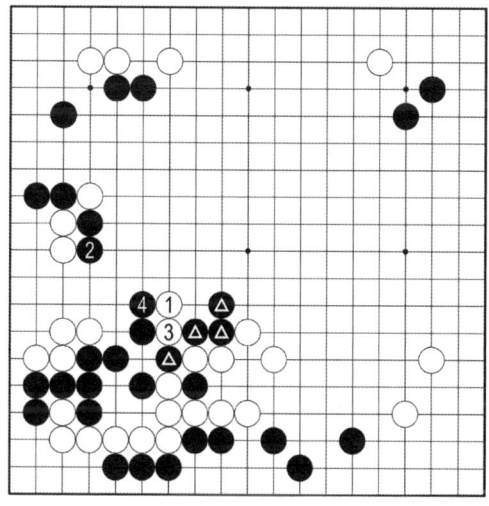

图 24

此时白1点已经交换不到了,因为现在局面的重心在左边,黑▲几子相对而言没有那么重要,被黑2压到,感觉白这块棋马上要窒息了。

白1在正常局面下肯定是一步很好的试应手,但这时黑如果正常在3位粘,就会让白棋生出一些头绪,毕竟黑2实在太紧急了。

（60-62）

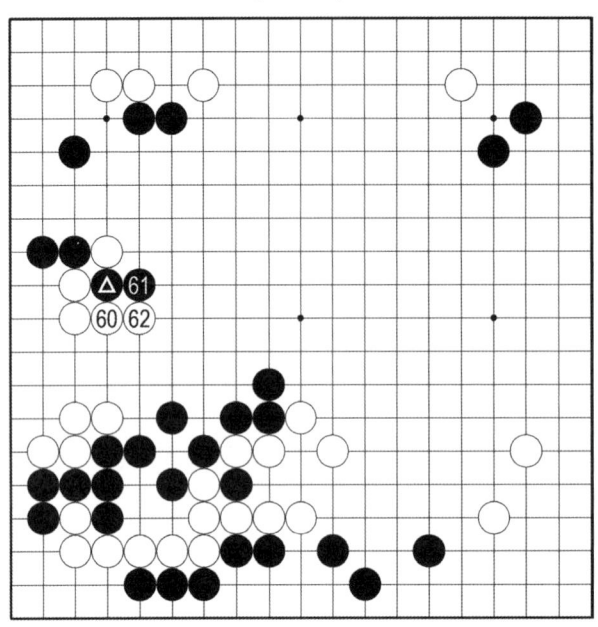

对手选择在 60 位拐打，再白 62 贴，我感觉黑棋下得不是很顺畅。

我本来以为黑△扳断反击的形状还不错，但下成实战这样，局部的便宜很有限。而我之前在中腹靠了两下，使白棋变厚也亏了，所以局面进行至此，黑确实比较落后。

白 60 打吃可以说是无奈之举，但有的时候围棋就是这么玄妙，之前我那步扳的目的，就是让对手断了打，但是当他都按照我预想的进行，达到最初目的之后，我反而吃亏了。

（63-64）

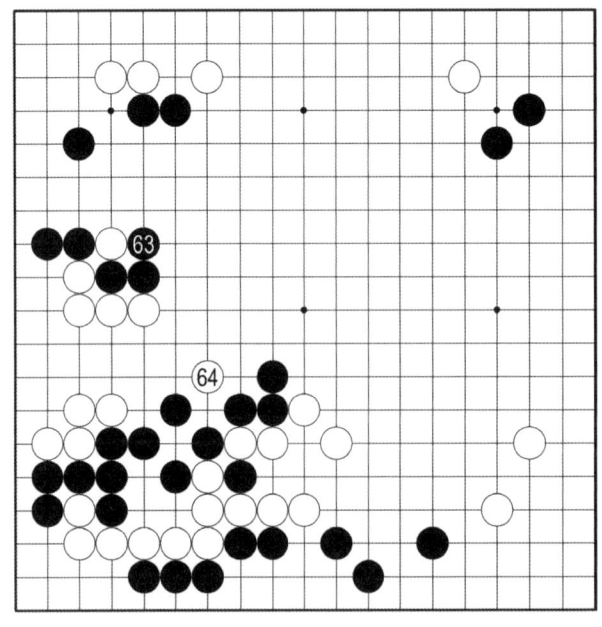

黑 63 打，不给白借劲。
白 64 点想要借机整形。

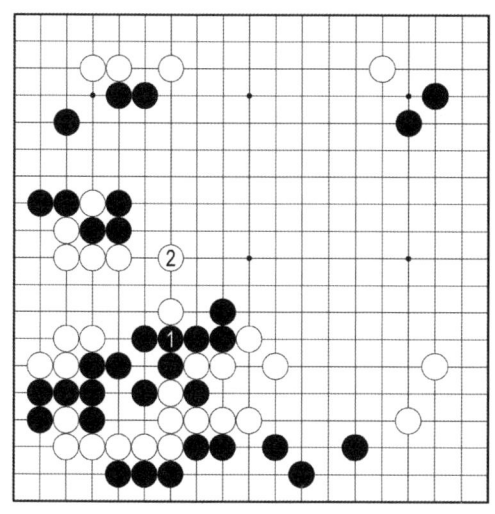

图 25

黑棋老老实实地在 1 位粘，白就在 2 位跳方。

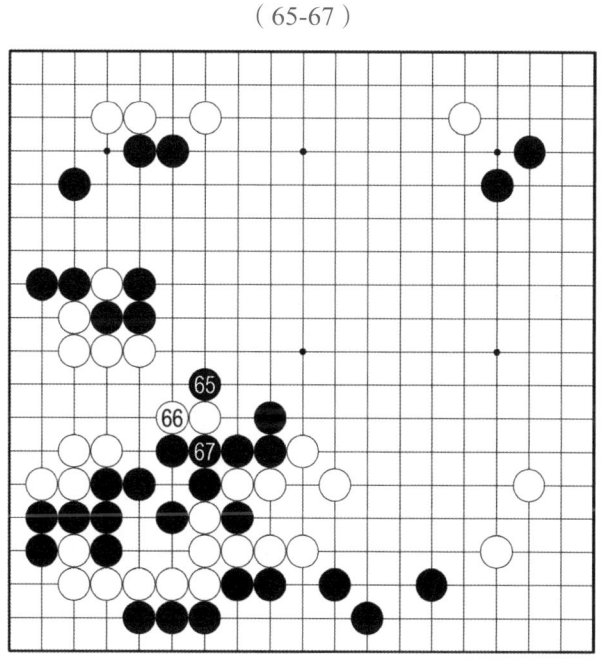

（65-67）

黑 65 靠，跟白 66 交换，是想让白棋出头没有那么顺畅。

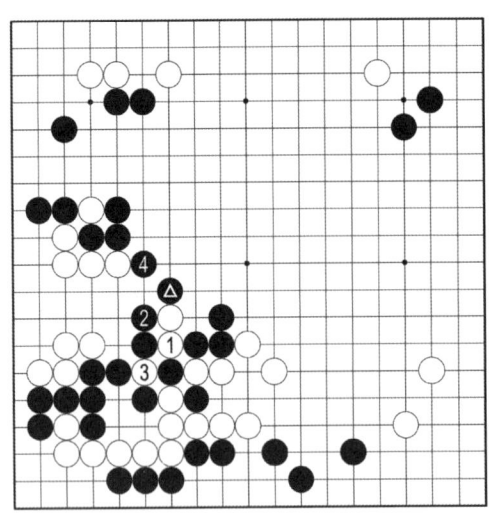

图 26

实战黑△靠时,白不能 1 位反击,白 3 虽能提一个子,但左边被封,肯定不行。

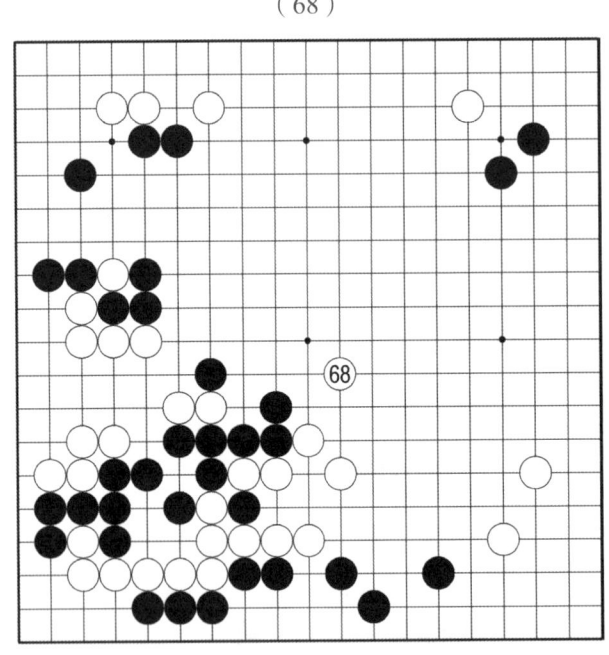

（68）

白 68 抢先出头很大,还隐隐威胁着黑棋大块,所以我从在这里靠开始走的一串,确实明显出现了问题。因为左边相对于下方来说,明显没有那么重要。而我选择了次要的方向,没有抓住主要矛盾。毕竟下方不仅价值大,大块的厚薄对未来局势也有比较大的影响。

所以下到这里,黑棋的局面确实比较被动。

（69-71）

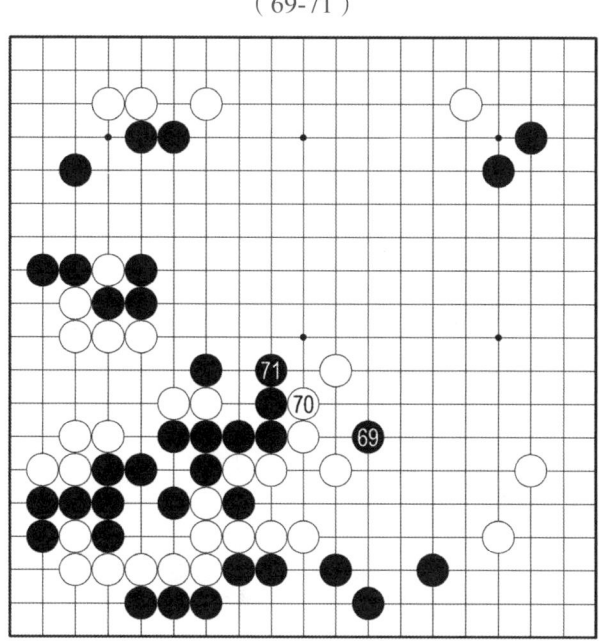

黑69追求步调，让白把黑棋送出来。

（72-73）

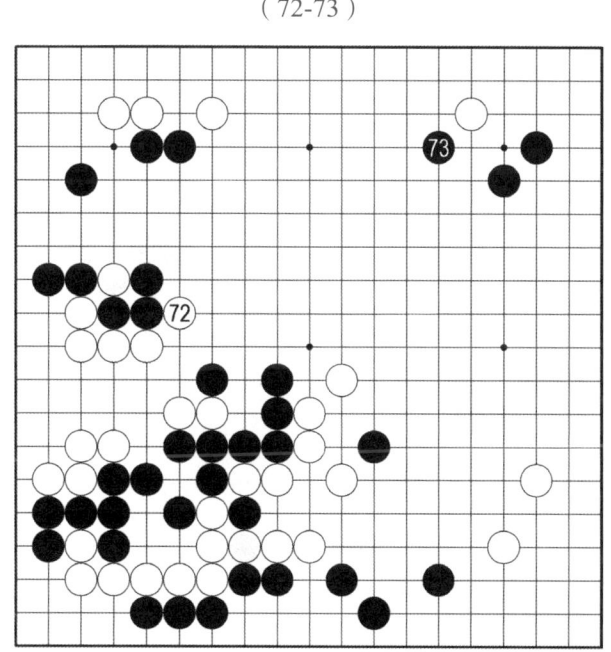

白72出头。

这一带我用了不少时间，说实话下得有点别扭。此时我觉得不能再跟着走了，对方暂时也吃不掉我，于是转到右上行棋。

(74-76)

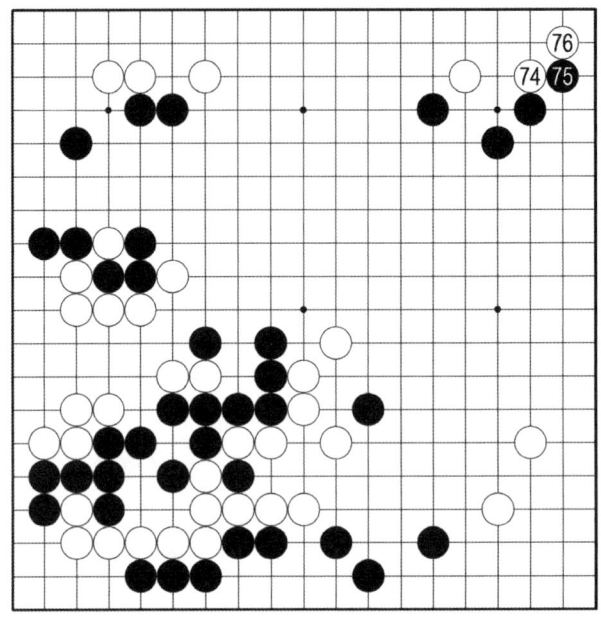

白74托、白76扳角，是局部的腾挪好手，也是AI给出的一个定式。

(77-79)

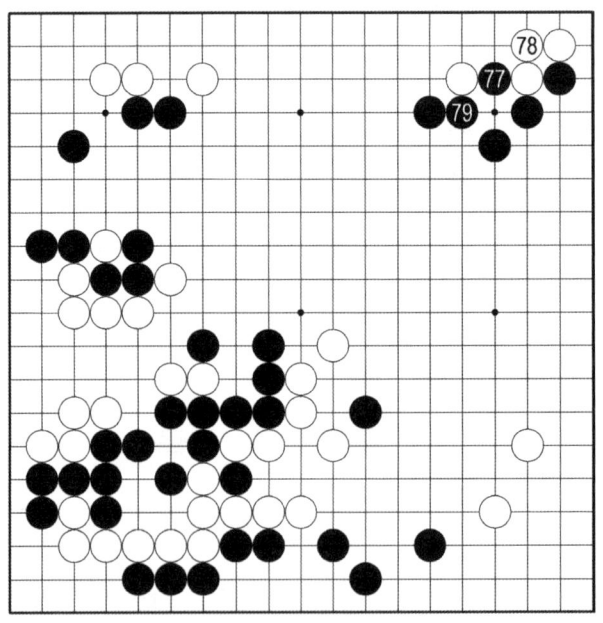

黑77打，再黑79挡，也是定式的走法。

(80—82)

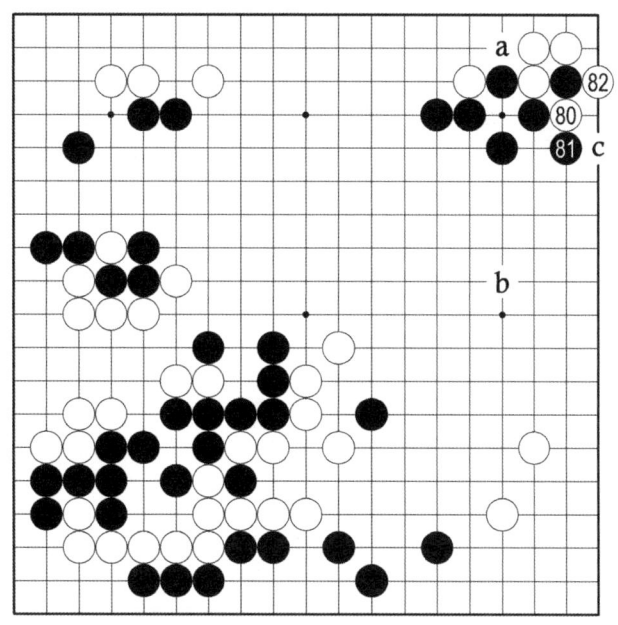

白 80、82 打了提，至此可以说是 AI 定式。

黑棋在右上角比白棋多下了一手棋，白得角地，黑占外势，将来白还有 a 位打的手段。白棋取得的目数，包括后续二路打，都比较宝贵，但黑棋的外势也是很有价值的，虽然一时看不见。厚势在很多时候点不出来目数，也可能围不出什么，但并不能就此说它没有价值——它的存在本身就是一种价值，并不需要用到底有多少目或者潜力如何来证明。

如果没有 AI，右上角我可能更倾向于白棋好，我也喜欢先拿实地，但 AI 给我灌输了上述这些理念，说明右上角其实是一个两分的状况。在比赛过程中，很多时候我也发现，可能某个局部白棋再走一手，黑棋就变得有点薄之类的。但你走了这步棋，别人也在外面取得了一些价值。比如说对手有一道外势，再拆个边，边上就成了他的空。如果没有这个厚势，可能被敌人一打入，反而多了块孤棋。另外，要看配置。比如说外围 b 位一带有白子接应，白棋再打到 a 位，那黑棋选择这个定式肯定不利。因为黑不仅没有取得厚势，还没有根，很容易被攻。情势不同，黑可能就不会这么选择。但是就右上的折冲而言，是黑棋不坏的一种选择。而且将来也有可能是黑走到 a 位，这就意味着 c 位立也变成先手了，这样看，黑的外势还是挺厚的。

我认为这些判断和选择是围棋中的主要难点。这种地方到底该怎么去理解？现在 AI 的胜率能直观地告诉你，但还要切实地靠自己的感悟和实践。可能最好的实践方式就是能在实战中下出来，然后体会这么下到底好不好，或者是它的利弊在哪里，有没有你之前没有考虑过的地方，道理是什么。总之，还是要靠自己的实践去理解 AI 给出的一些结论。

(83)

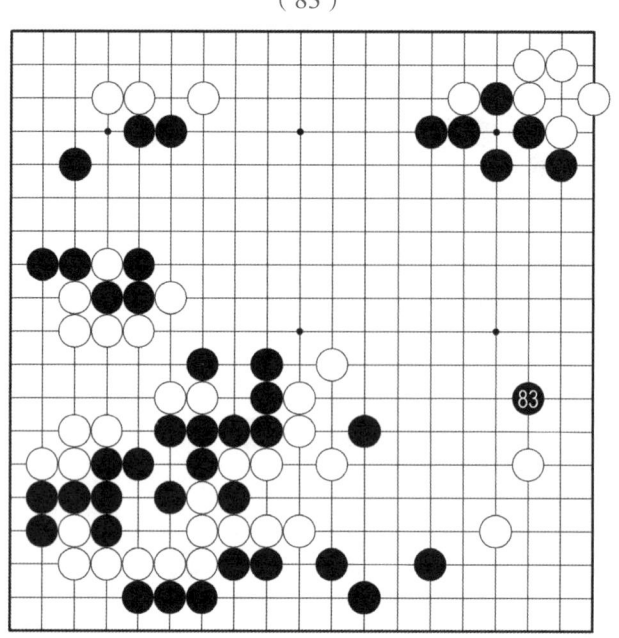

黑83紧逼，其实拆小一路是正常的分寸，但当时觉得局势不容乐观，希望把棋撑得更满一些。

(84-85)

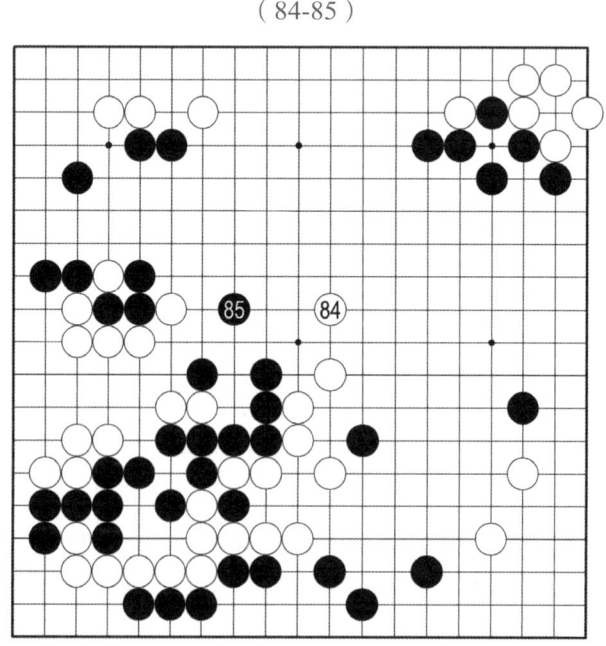

白84跳是先手，黑85要跟着走。

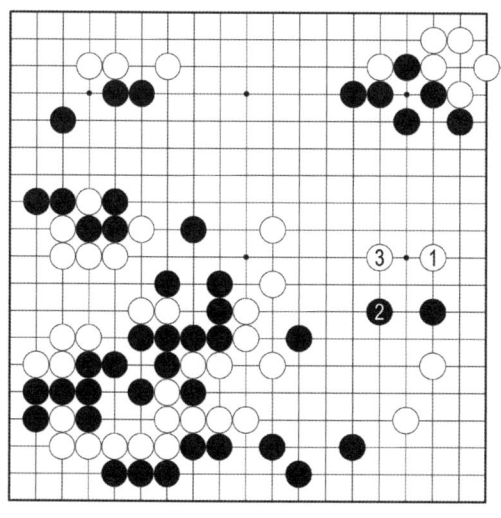

图 27

当时挺担心白在1位一带打入的，黑如果2位跳，白3就跟着跳。如果黑棋右边模样再被破掉的话，实地是非常吃紧的。

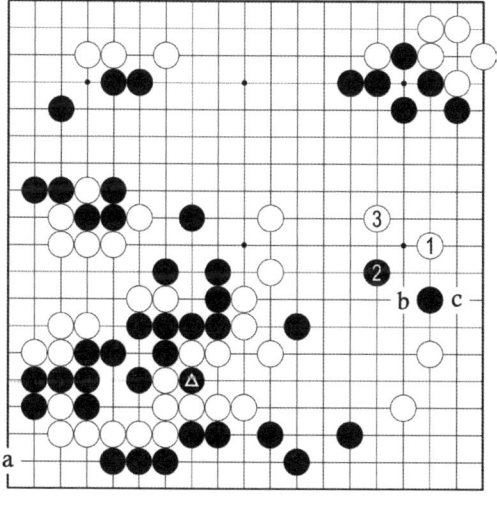

图 28

而如果黑在2位飞，白3也飞，我想去冲击对手也没有那么容易。因为白大龙吃掉黑▲一子，已经有一只铁眼，再走上一手，比如后来实战的a位，也是个打劫眼，所以说我威胁他中间这块棋很困难。

右边的1、3两了，白棋很好处理。而且有b位靠及c位托过的手段，所以当时我觉得非常被动。

（86-89）

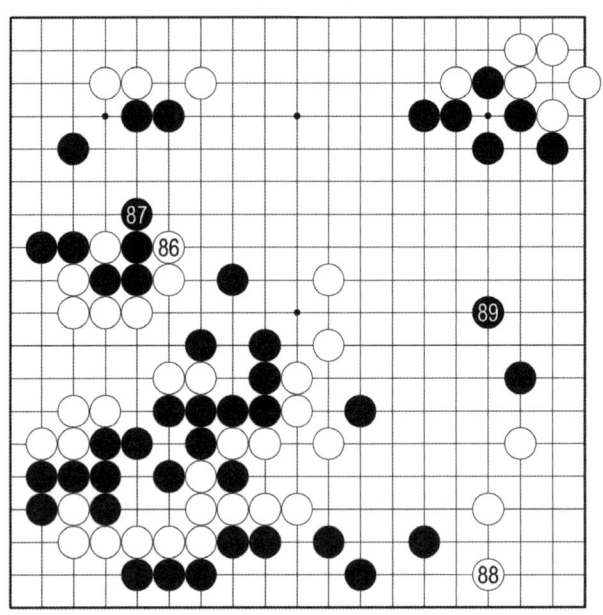

白 86 这么打肯定不便宜，因为把这里的味道走尽了。接着对手又选择了比较稳健的白 88 守角，让我走到黑 89 守，缓过来一口气，虽然这时的胜率还是黑棋不利。

但实战中我觉得走到黑 89 飞，这个棋可以慢慢周旋了。如果右边被打入，然后我又攻不到什么东西，这局棋就很难找到机会了。

（90-93）

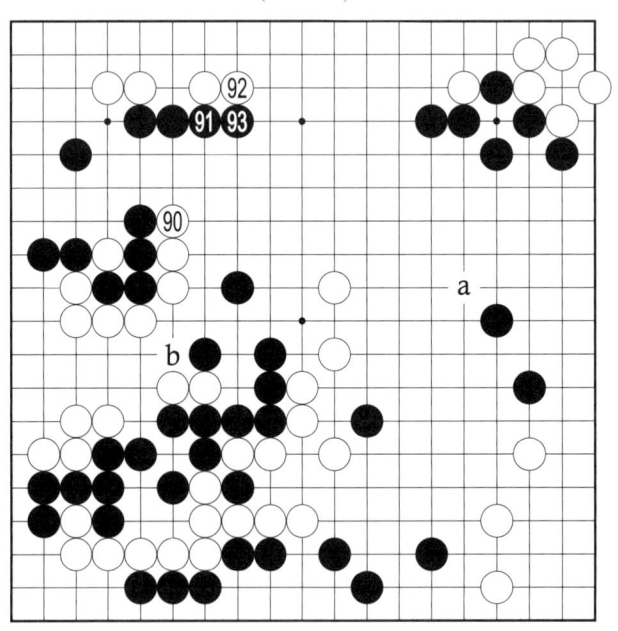

白 90 继续贴，感觉在我一开始花了很多手的地方，对手现在反过来也投资了，但可能有一些问题。我感觉这个方向并不是很好，如果要走的话，要么在 a 位一带削势，要么往中央走。

黑 93 连压过来，下一步要扳二子头，也瞄着 b 位的伏击。

（94-97）

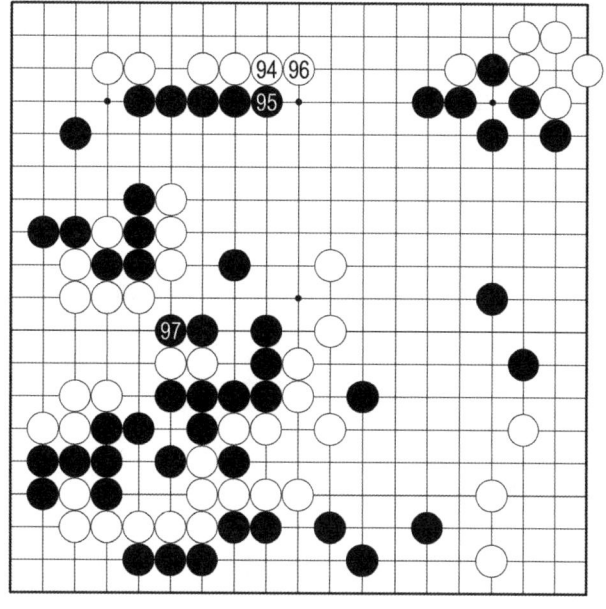

黑95又压，白96长一个也基本正常。黑97冲击白棋的弱点。

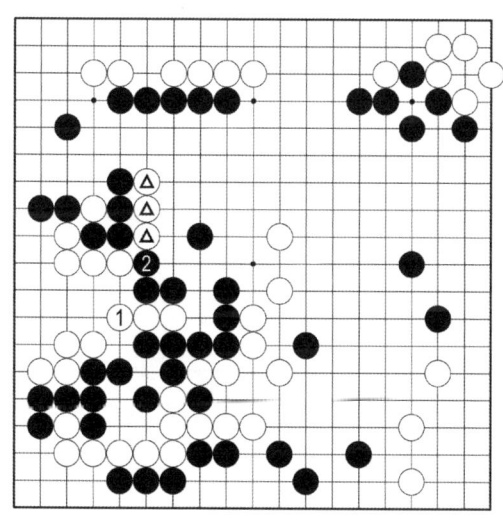

图29

接下来白1如果跑两子，被黑2断，白△这几个就成了死子。

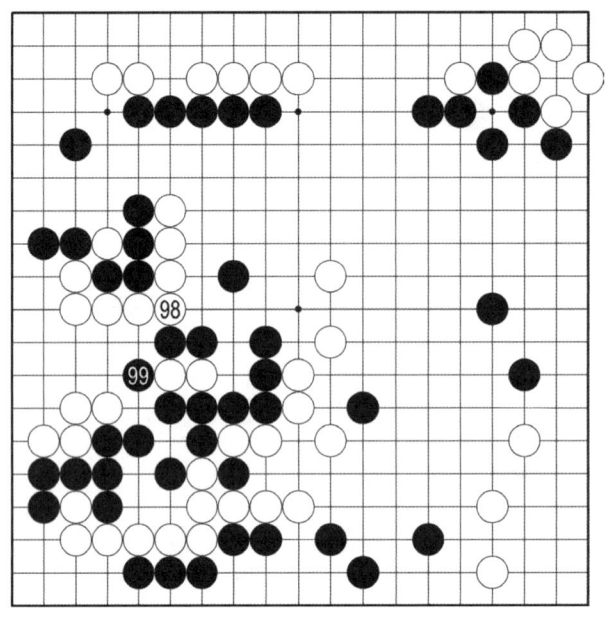

白98无奈补断，黑99吃住两子，厚实地活净，我觉得形势已经彻底扭转了。

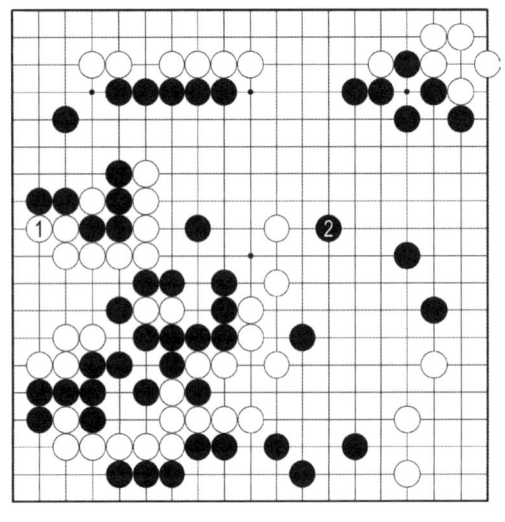

图30

接下来，我觉得对手正常需要在1位挡，在这里花手棋，然后黑2在中腹围，这样右边的潜力还是比较可观的。但是赛后看AI给出的推荐及胜率，这时白棋的胜率还有80%左右。但我估计，如果从棋的进程上，从对局者的角度来分析，实战被吃两个的时候，对手应该会觉得自己这一串没有下好。

(100—101)

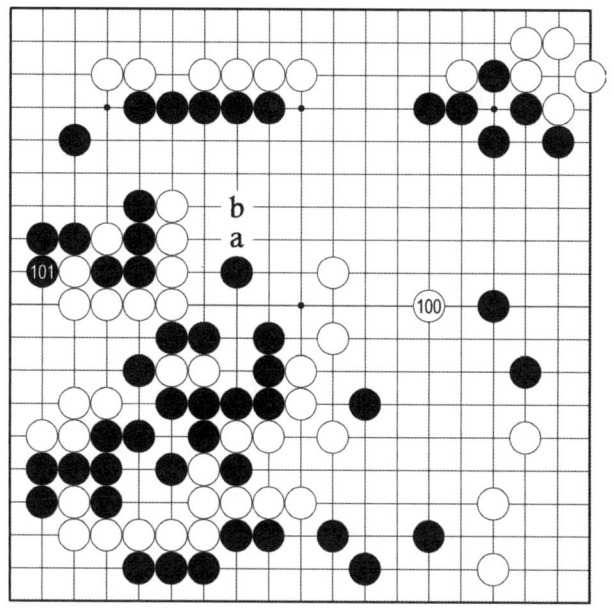

白100从局部脱先,走到右方的大场,这是人类棋手正常的逻辑吧。因为白外面有a位靠和b位跳的头,黑一时吃不掉它,所以对手希望先限制我右边的潜力。

黑101二路拐,似乎不那么起眼,但我觉得这手棋还是挺大的。

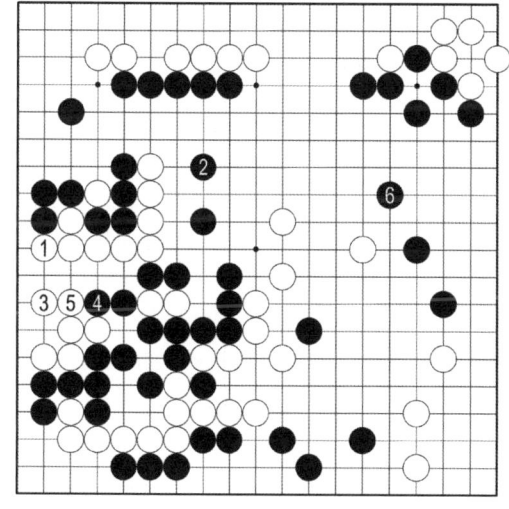

图31

接下来,白如在1位挡,黑2位封,白只能尖在3位搭眼,这样白棋活得很苦。走到6位守,我当时觉得黑棋还是可以的。

实际上,白棋还是应该在1位挡,然而对手不太肯这么忍耐。

（102-103）

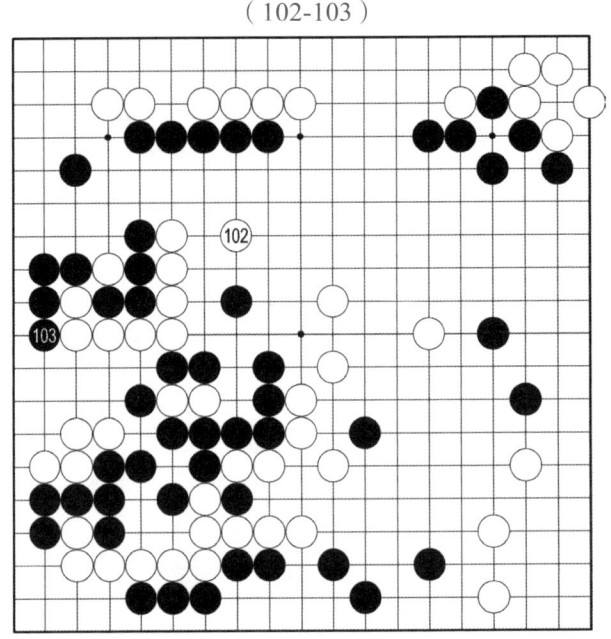

白102最终选择出头，这一步对手考虑了很久。

黑103爬进去，白棋确实很难受：首先眼位被爬没了，然后目数上也很亏。

（104-105）

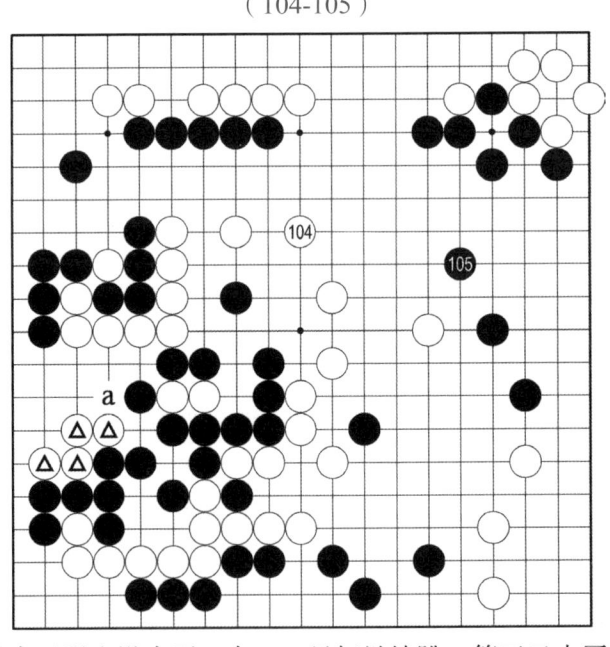

白棋局部连半只眼也没有了，白104只好继续跳，等于又走了一个单官。而且将来黑棋腾出手在 a 位冲，白△四子也要掉。白棋坚持往中腹出头，不仅让大块全部变成了单官，还留下了一些隐患。

黑105从容把右边守住，下到这里时，我觉得自己获得了优势，其实这时双方的形势还是差不多。

（106-107）

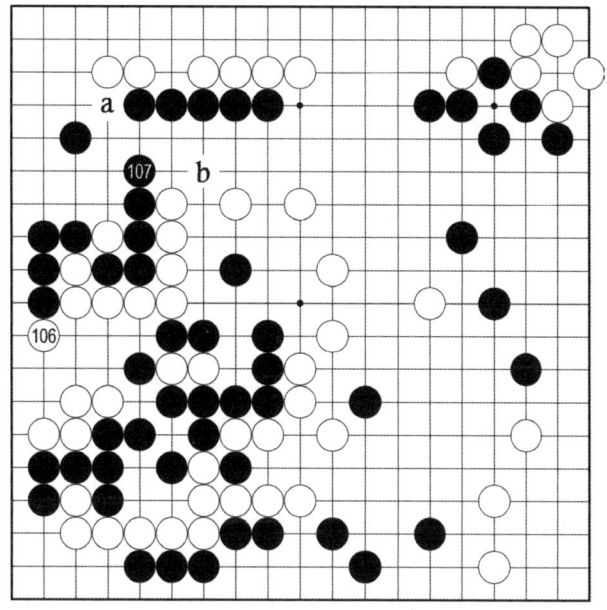

白106扳,又回到这个局部。

黑107长,补厚。当时感觉这盘棋的官子主要还是看厚薄。因为一时没有那种比较显眼的大官子,而且很多地方的目数,包括未来局势的一些走向,都跟厚薄有关,所以我就选择了走厚自身。

如果我不走,被白107位打一下,再a位拐,b位虎就成了先手。这个先手虎会让白棋变厚。黑棋长到黑107,也是在为后来冲击白棋积蓄力量。

（108-110）

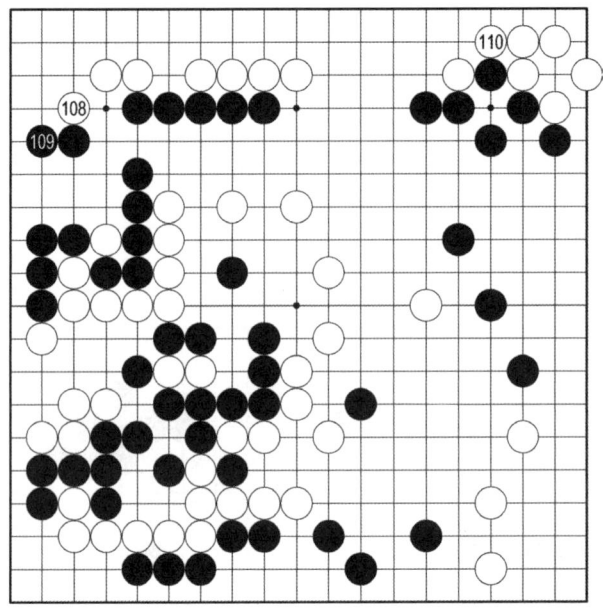

白108尖顶是先手权利。白110打吃，不仅官子价值很大，还牵涉到外围黑棋的厚薄。

（111-112）

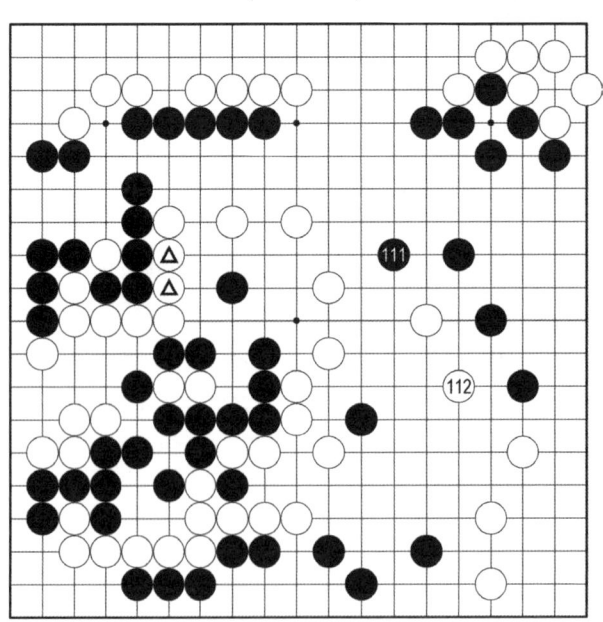

既然右上滋生出一些薄味，黑111就顺势在中央补强，也瞄着白的一些问题。

白112飞的时候，看对手表情似乎有些懊恼，可能是感觉到了白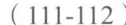几子没有下好。

（113-115）

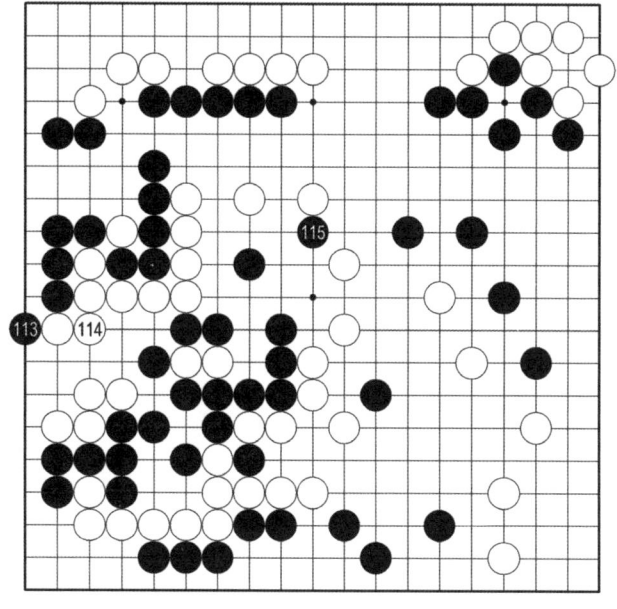

黑113扳，局部是一个试应手，不管白棋补在哪里，这里都只剩下半只眼。

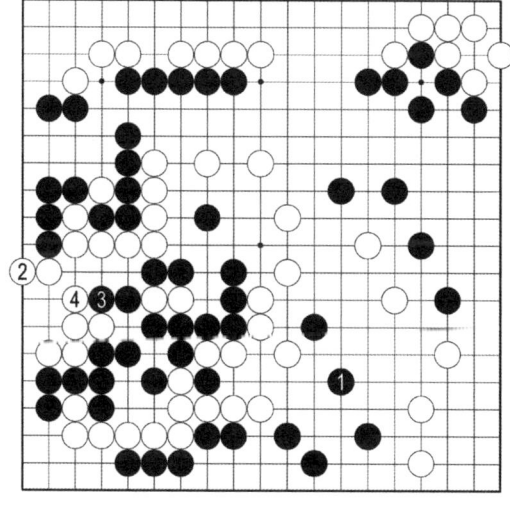

图32

如果黑棋走别的地方，白可以立到2位，这样里面有4目。

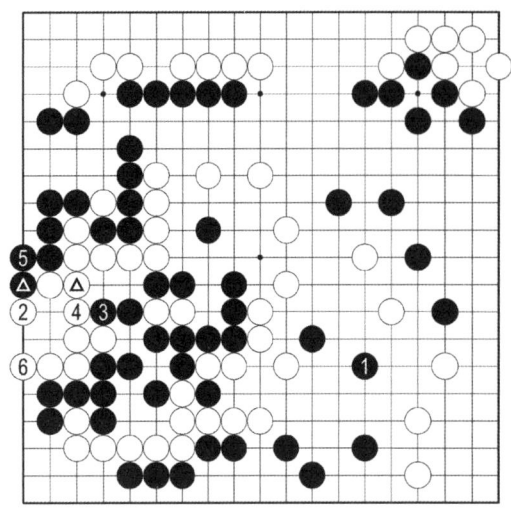

图 33

而经过黑❶、白△的交换,哪怕将来白先动手,里面也只有3目棋,与前图至少差1目。也就是说,黑❶扳一下明显便宜。

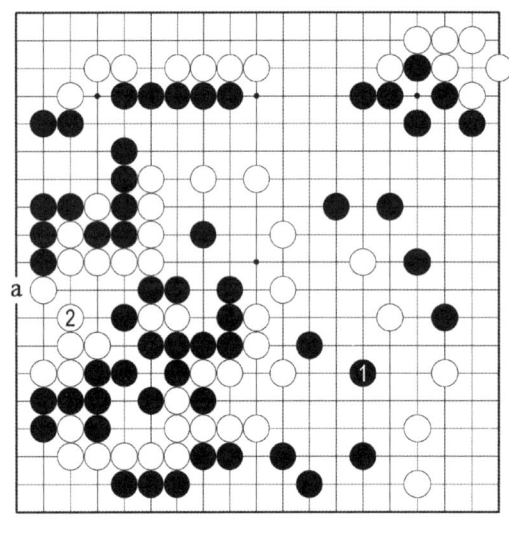

图 34

上图是官子方面的收益。将来我如果从外围攻击这块棋,白可以在2位曲,这里就有一个半眼。所以我在a位扳也有缩小眼位的目的。

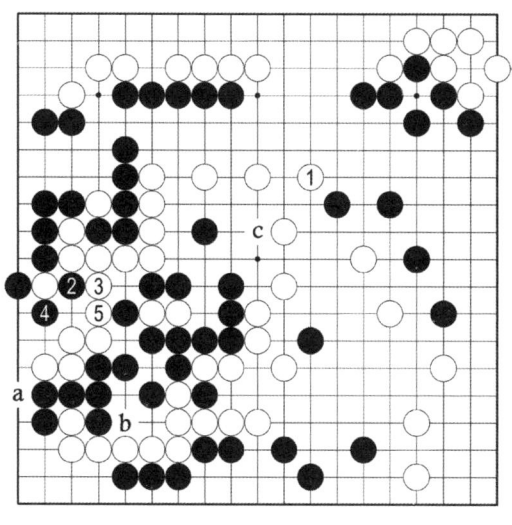

图 35

黑 113 扳时，如果对手在 1 位补，则黑 2、4 是先手吃。首先，这个官子价值就很大。其次，白龙一只眼没有。还有一个很关键的地方，就是左下黑大块多了 a 位的先手，这就意味着这块棋彻底无忧了——因为 b 位有半只眼，a 位也有半只眼，不管白棋在中央有多少子力，黑棋这块都是铁活。

而实战对手在 2 位接住之后，在 c 位有子的情况下，b 位一冲，这块黑棋在局部还是一块死棋。所以这个地方似小实大——虽然目数上没有那么大，但是攸关眼位和厚薄。

黑 115 靠祭出撒手锏。在很早之前我就看到了这个靠，也做好了铺垫，一直在等待机会。

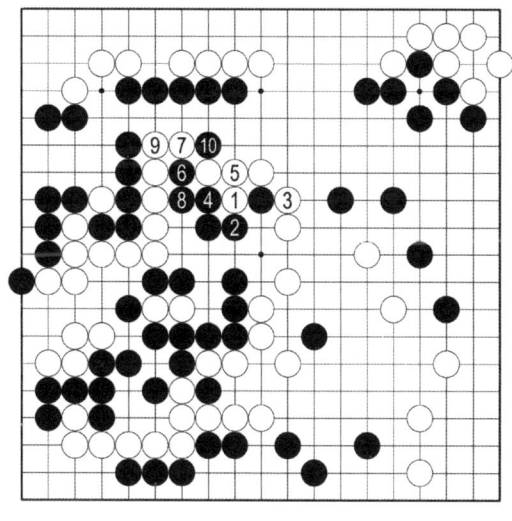

图 36

对付黑 115，白棋第一感可能是白 1 虎后在 3 位吃回，乍一看白棋没有什么问题，但黑 4 打，再黑 6 挖，白两个断点无法兼顾，崩溃。

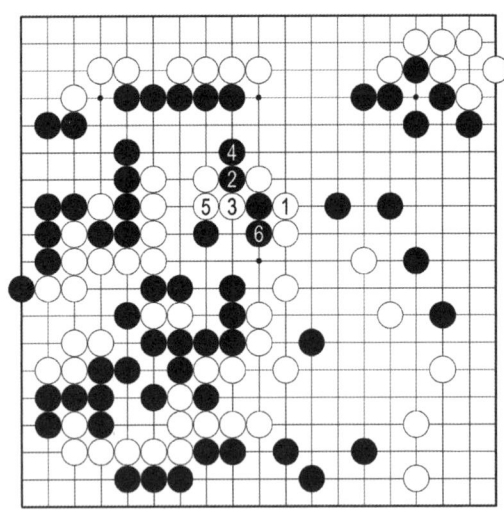

图 37

如果白 1 挡在外头，黑可在 2 位挖，白 3 如从里面打，黑 4 长，白 5 要接，黑 6 再一跑，白也要被分断。

白棋这样被分断也许还能活，但是活完棋也就输定了。

（116-119）

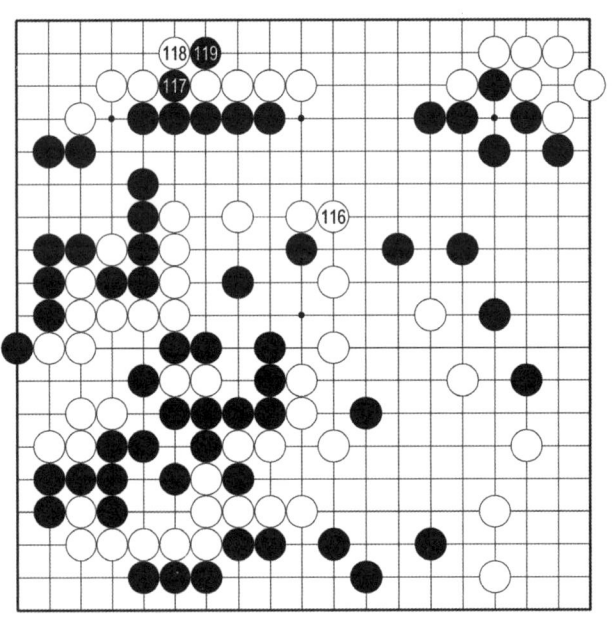

白 116 只能如此。

黑 117、119 冲断，问问对方应手。

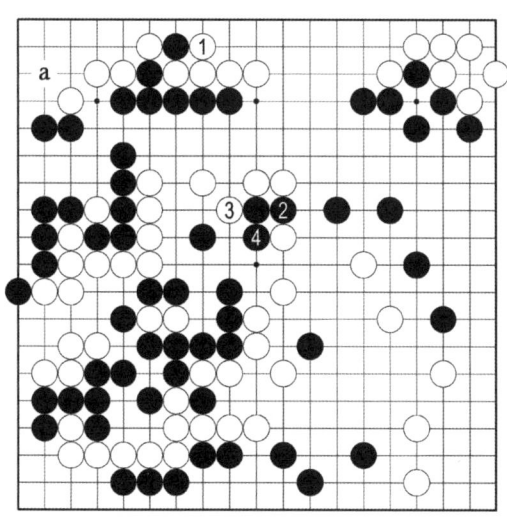

图 38

如果白 1 这样吃，我打算再在 2 位冲，白 3 虎，黑 4 就拐。这样，白大块被分断要求活，左上角的 a 位跳变成了黑棋的先手，官子上明显便宜。

（120-121）

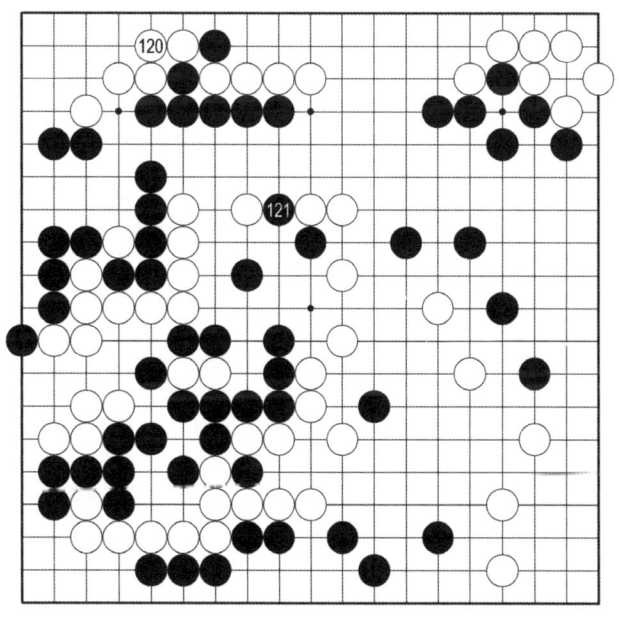

白 120 粘在角里，在我的预想之中。

黑 121 挖，冲击白棋弱点。

（122-124）

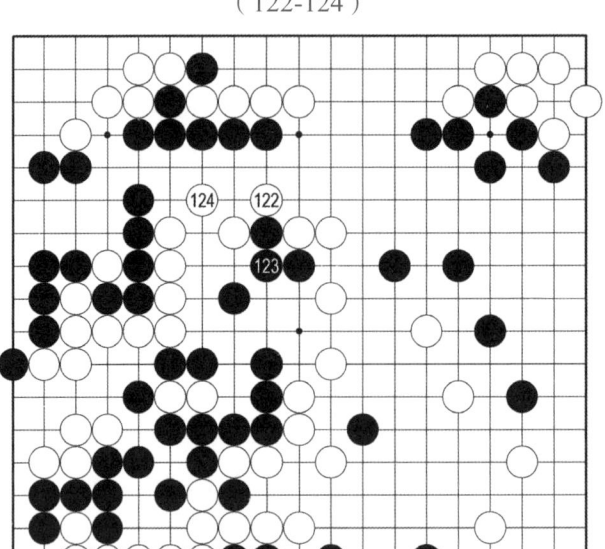

白 122、124 几乎是贴着黑的厚壁行棋，效率极低。

（125）

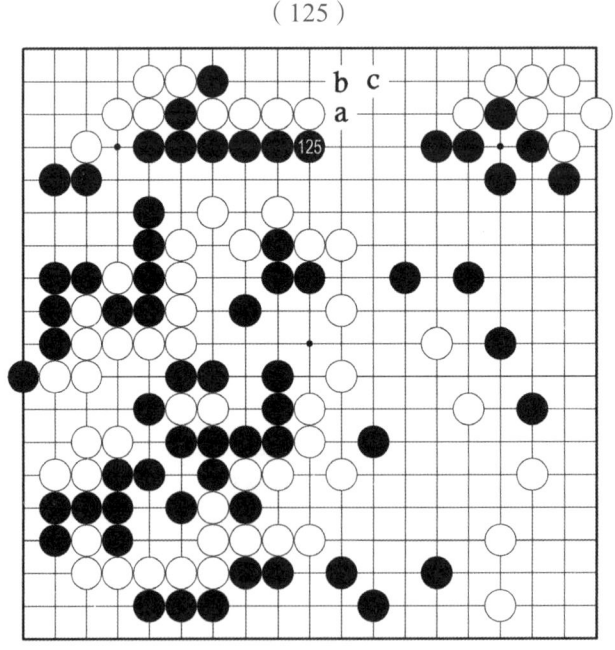

黑 125 压过来，白棋大块事实上已经被断开，而且上边因为试应手的关系，黑 a、白 b、黑 c 连扳成了先手。黑一边攻击一边获利，顺风满帆。

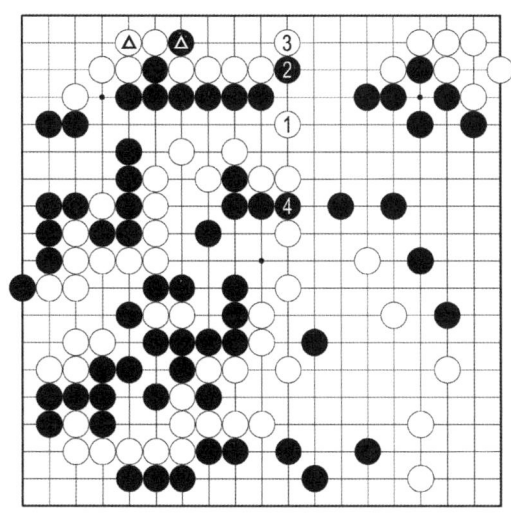

图 39

这就意味着，白 1 跳，试图通过左右逢源的方式联络是不可行的，黑 2 扳是先手，再黑 4 冲断，白棋还是只能两眼苦活。

上边如果黑▲、白△没有先交换，则黑 2 扳显然是后手。

（126-127）

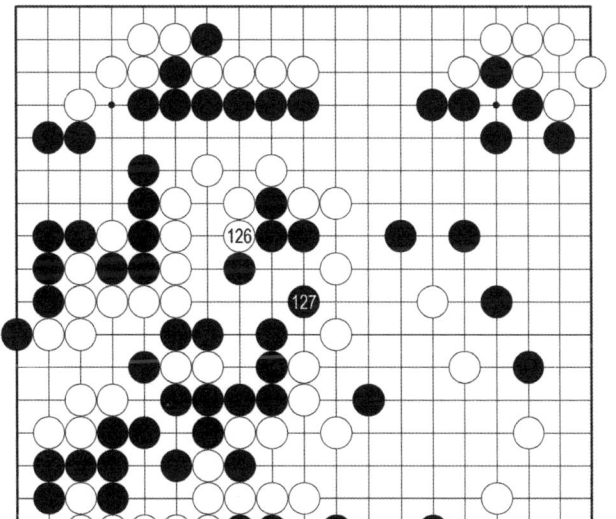

既然连不回家，白 126 只好做眼。

黑 127 不是局部最佳手段。

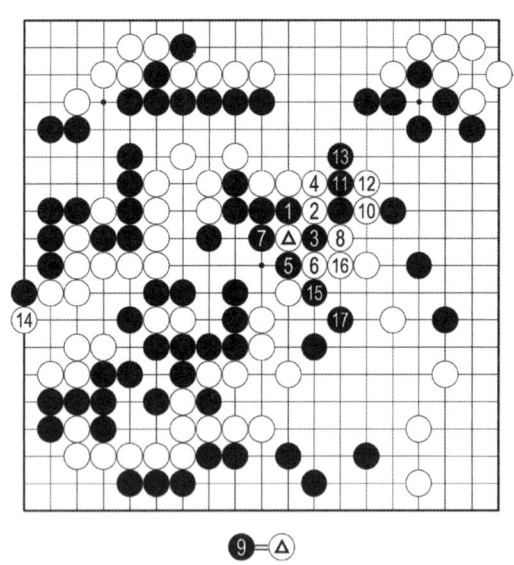

图40

白126挤时，黑1冲、3断是时机。当时认为自己形势非常有利，就没有选择这个下法。

接着走下去，黑要忍受白8一包，黑棋形状很难受，但是白外围破碎，更难以收场。白14不能不补活，黑15打，黑17倒虎之后，白棋下边被分断，还留有死活的隐患，会被搜刮得很惨，中间曾经的潜力也烟消云散。如果这样走，白棋应对起来会更加吃力。

实战之所以没有这么下，一来我的形势很有利，二来黑127尖后，白大块也连不回去。

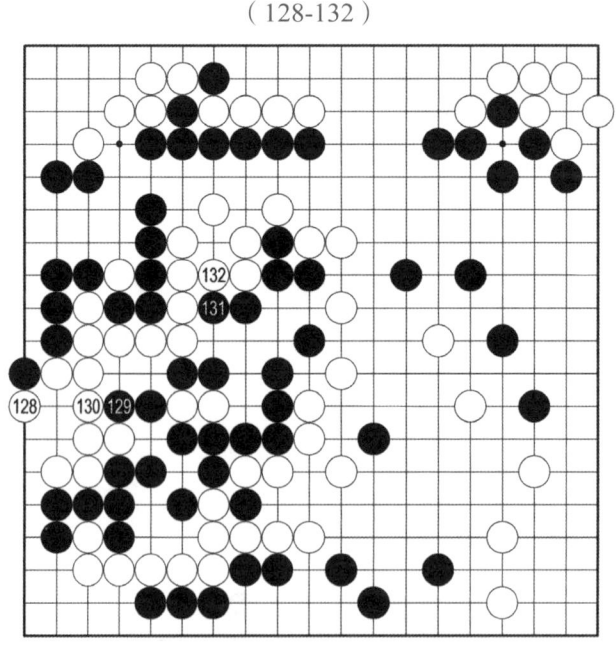

（128-132）

白128只得回头做活。黑趁机取得先手利，很愉快。

我之所以认为形势非常有利，是对盘上几处的判断出现了偏差。

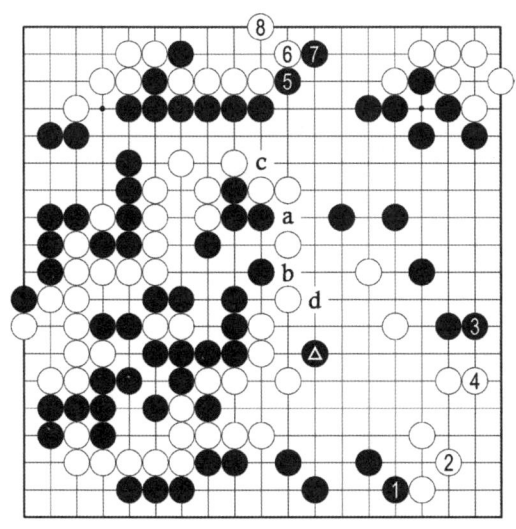

图 41

我当时点目，可能给对方点得有点松，对中间的厚薄和目数判断也出现了问题。上边都是我走到，中腹白有 a、b、c、d 等处的弱点，如果白被分断，还要忙着做活，所以中腹我没有给对方算目。这时还该我下，黑棋盘面将近十目，所以就觉得形势非常乐观。但实际上，这几个地方都出现了偏差。

第一个是黑 1 的尖顶，白不会轻易地在 2 位缩回去。第二个是右边黑 3，下成这样取决于中腹是怎么下的。第三，后来我在中腹行棋之后，白没能把黑 ▲ 子吃掉，如果吞掉也有不少目。最后还有一点，就是黑 5、7 连扳，白 8 虎后，上边的目我可能给对方少点了。总之，这几处的判断出现了一些偏差，导致当时我对局面过于乐观。

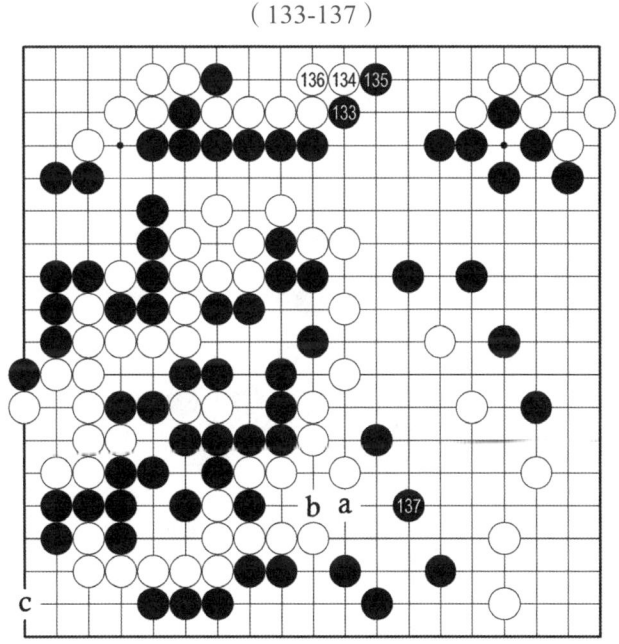

（133-137）

黑 133 以下先手压缩白棋地盘，白 136 因为气紧而不能反击。

黑 137 飞，当时还瞄着 a 位的靠，白只有 b 位挡，这里就剩下一只眼，将来可能要在 c 位撑劫做眼，大龙求活还要费不少手数。

（138-139）

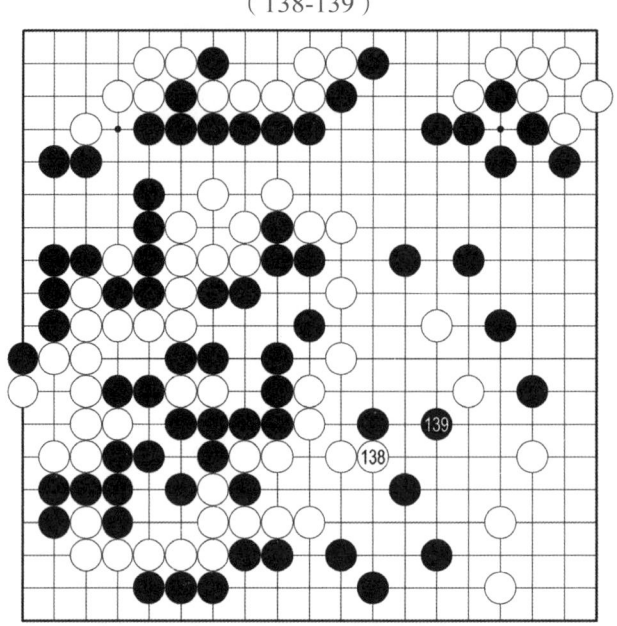

白 138 冲，黑 139 跳一个轻盈。当时觉得整体下得非常顺，甚至认为只要把基本空守住，中腹搜刮搜刮，这局棋就接近胜利了。

（140）

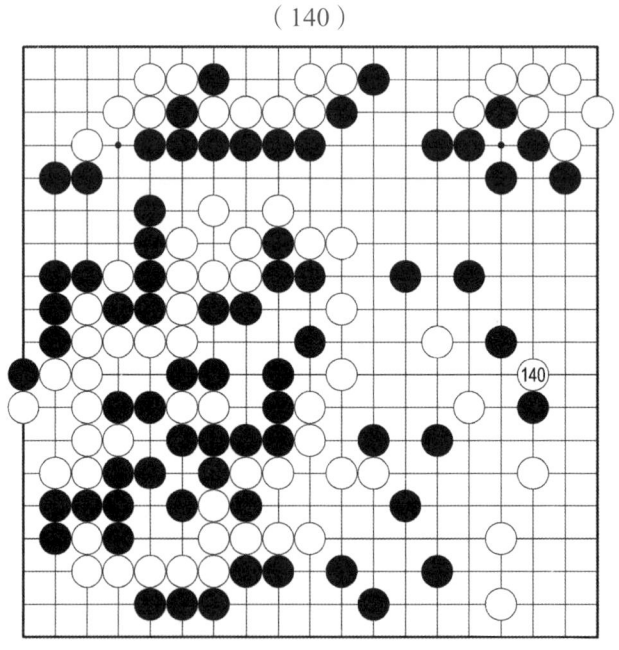

白 140 突入，是强烈的一手。

我对全局的判断出现的明显偏差，也反映到这个局部上。这个时候我应该还有将近半小时，而对手已经读秒了。可以说从时间上、形势上，我都是领先的。但我却因为之前的误判，认为只要把这块空守住，这盘棋就明显能赢。

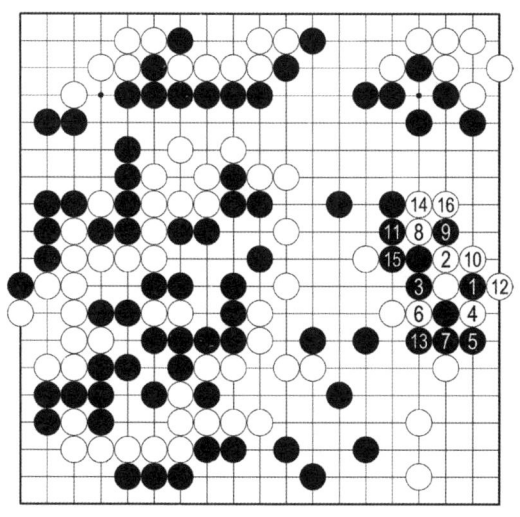

图 42

从棋本身来说，对手靠进来，我肯定要在1位扳。但是当时我担心白2长后再在4位断，后续的变化有些复杂。至白16拐吃，我右边的空全部被破，白角当然也被碰伤。走成这样形势如何呢？首先，中央这块白棋我杀不掉。其次，右下角我也不清楚该怎么算目。所以当时在有浓厚优势心理的情况下，不愿意选择这种不确定的下法，思路上尽量避免复杂化。因此，虽然我当时算到了这个变化，但得失看不太清，就没有这样走。

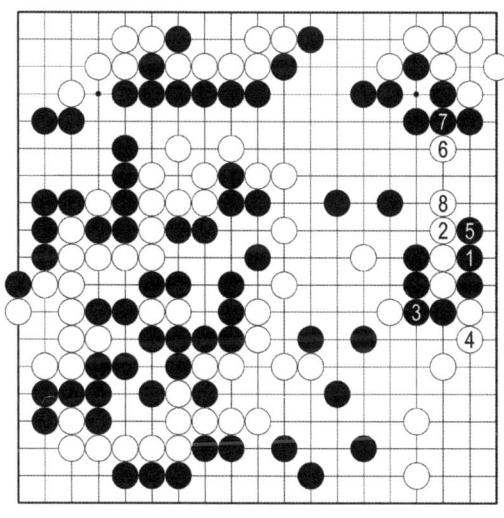

图 43

前图黑5如改在本图1位打，再3位粘上面，企图全部吃进，可能有些过分，因为白6刺是先手，再8位长，黑三子连回要大费周折。

(141-143)

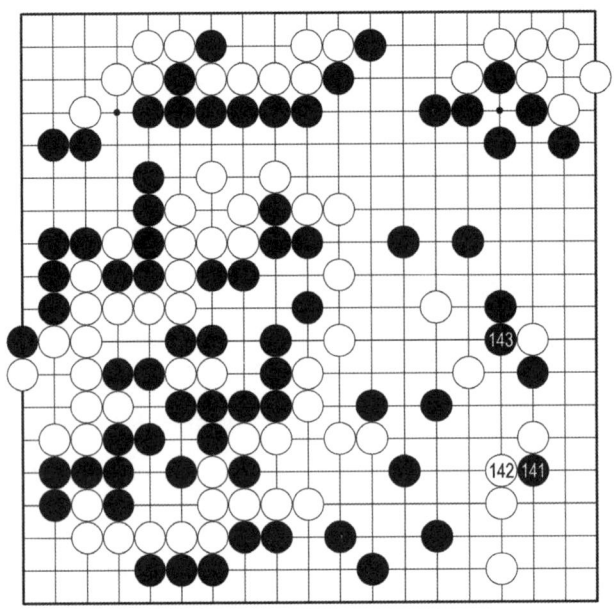

黑141反靠，是为了在角上求得一些借用。

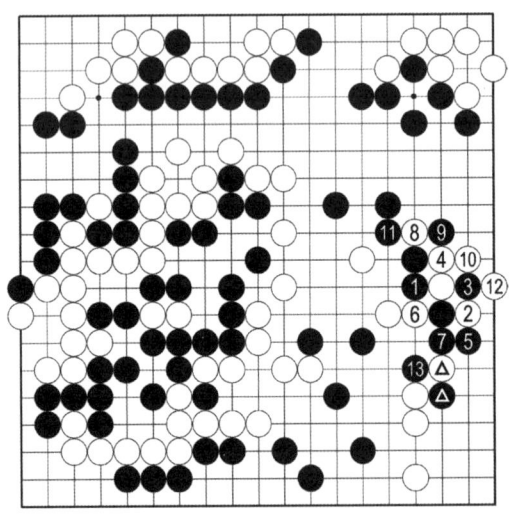

图44

我当时想的是，如果黑▲处有伏兵，再去走上面，效果就会好很多。进行至黑13，吃住白▲，意味着白角上的损失比上图大得多。所以，我当时是基于把基本空守住的考虑做出了这个判断。

我当时以为，就算这样对手也会跟我"拼命"，因为黑▲靠本身亏了很多，而且黑的优势本来也很微弱。

黑143留给白棋活动的余地太大了，还是应该二路扳。当时以为，对手是要跟我拼命的，所以我以为扳和挡是一样的。对局时的这种优势意识真的太要命了。

（144-146）

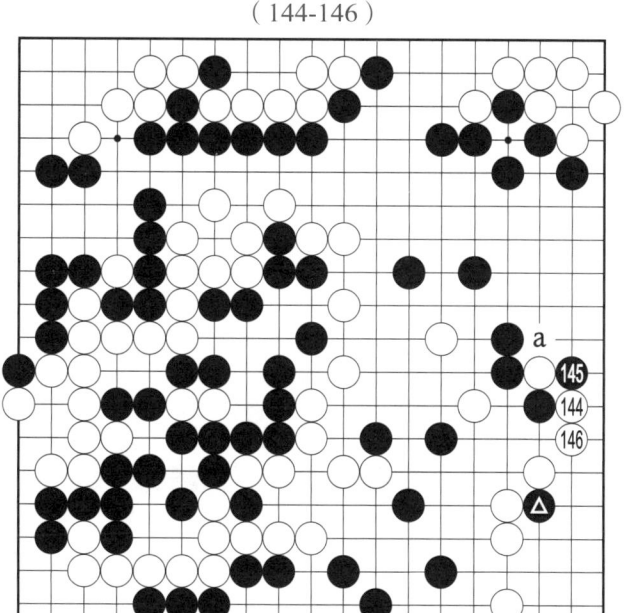

黑 145 断时，我觉得对手会在 a 位长拼命，可是白 146 退，让我突然有一种不妙的感觉。因为这样一来黑❷损失太大了，而且从局后的胜率来看，黑棋现在的优势也就是半目，最多一目半的样子。黑❷一下子损了好几目，如何能承受？所以白棋如果不出问题，我明显要输一点。

（147-150）

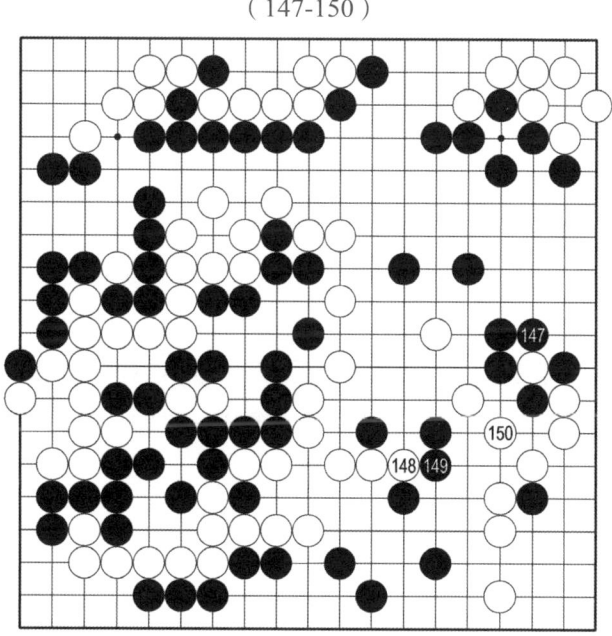

黑 147 后手提一个，右边的折冲可以看作白先手得利。

白 148 冲追求步调，待黑 149 挡后，白 150 再稳健连回。这几步对手下得很稳。这时我感觉到，对手的表情缓和了不少。

（151）

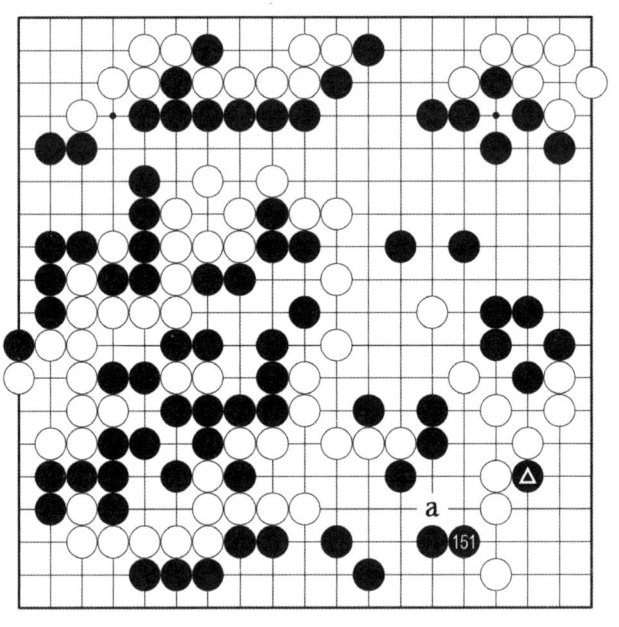

辛梓豪烂柯局

黑 151 不得不然，否则白将在 a 位靠。

黑落了后手，这样黑▲基本上就白送进去了。赛后，队友都表示黑▲这步棋让人大跌眼镜，他们可能先看的是胜率，然后觉得这个时候还咬得这么紧，怎么往角里靠一个？另外，他们确实不知道我是担心对手冲出来（上谱的 147 位）。所以说，对局的时候，因为有胜负的关系，有那种紧张的氛围，对局者跟观战者的想法区别还是挺大的，而且观战者还有 AI 的胜率作为参考，可能就更无法理解我这步棋。

（152-156）

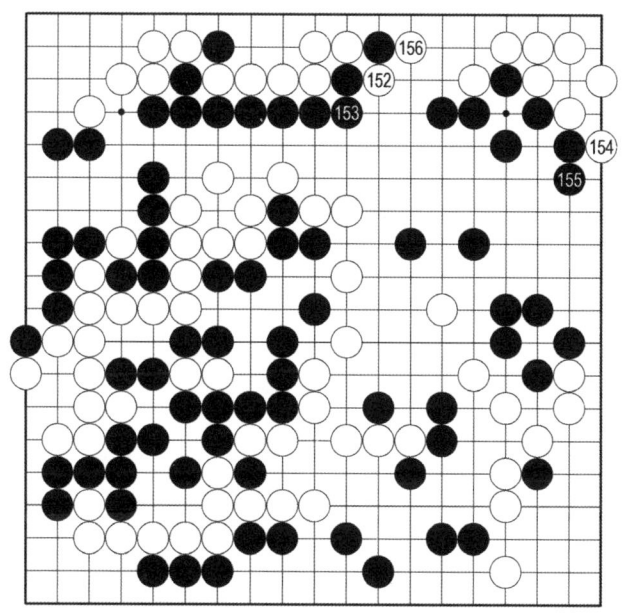

当前局面，我在赛后摆了摆，黑棋确实要输1目半的样子。但形势还是很微妙的：虽然右下亏了不少，但黑本来稍好一点，亏了之后呢，输得也很有限。白棋的胜率升到了90%多，然而从棋上分析，从对局者以及当时的情况来分析，差距并没有这么大。

本来我也担心往角里靠一下，会不会损太多，这时一点目发现不对了，但事至此也没有办法，只能再努力找找头绪。

（157-159）

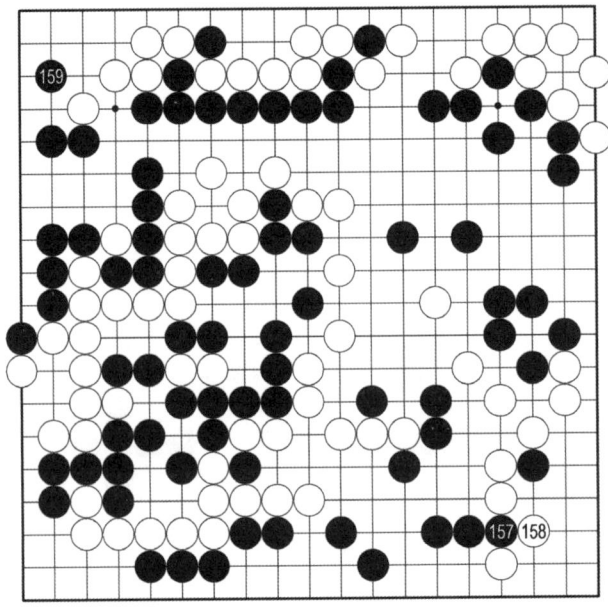

黑159跳进角，是当前比较大的官子。

（160-164）

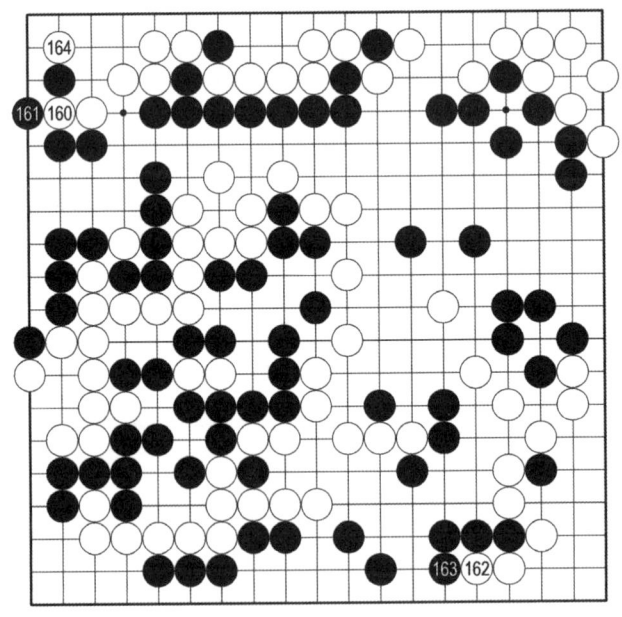

白162爬是对手的权利。这里谁先走要差出两目。那黑163为什么没有先在这里走掉？理由留待后面再述。

白164夹，出乎我的意料。

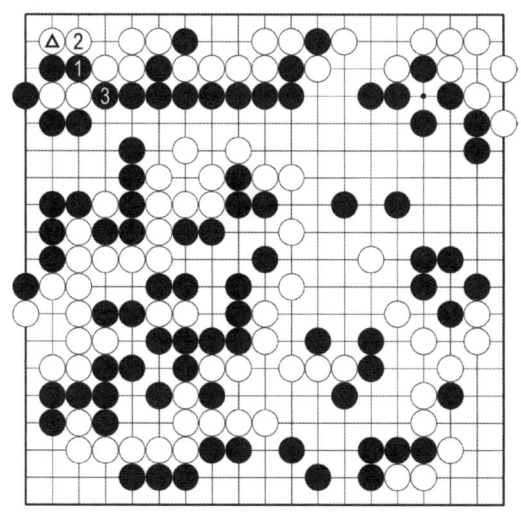

图 45

实战直接夹,给我留下拔掉两子的官子,所以我以为对手可能在2位尖,当然,折半算的话还是夹更有利。

只不过当时还是觉得自己的形势不利,就想看看哪些地方能尽量便宜一些。白△位夹,我顾虑如图这样收,目数还是不大够。

（165-166）

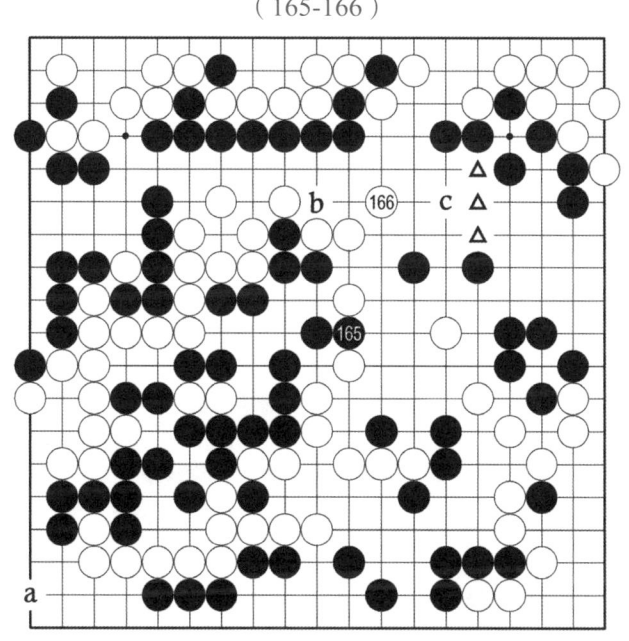

我很早就看到黑165这里有断点,而且一旦将白断开,左下白大块就有可能是打劫活（a位）,故认为中腹分断可以作为一个突破口。黑165冲时,因为b位有断,被断掉损失很大,所以白选择在166位补断。

但白166也给我出了个题目,当然根子还出在我的判断上,就是本来像△这些地方的目,我是给自己算上的,这就意味着白166尖时,我得在c位跟着应一手。而我当时点目时,理所当然地认为这里有目,白棋在中央还有一点薄味。这样计算目数,等于把两个好处全占了,这是做不到的,因为不能兼顾。就是说,一旦我走了黑165冲,△这几目已经不能全算为黑棋的。

（167）

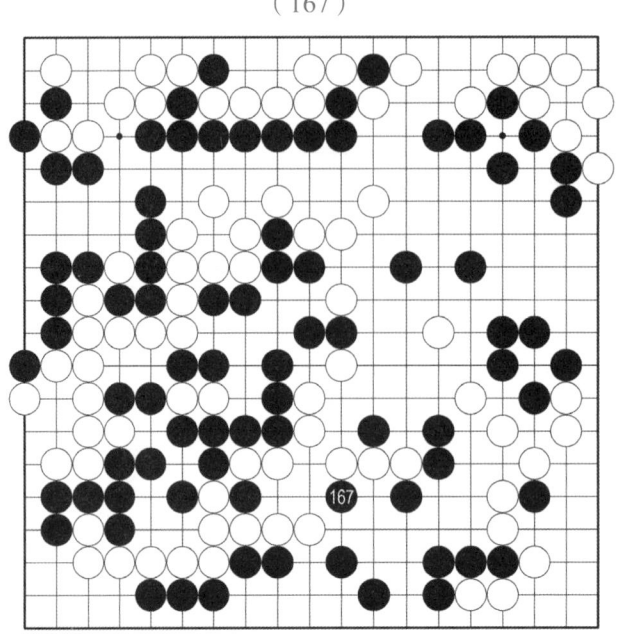

白棋先连好上面，我就只有想办法冲击左下这块棋，黑167靠是黑的先手权利。

（168-171）

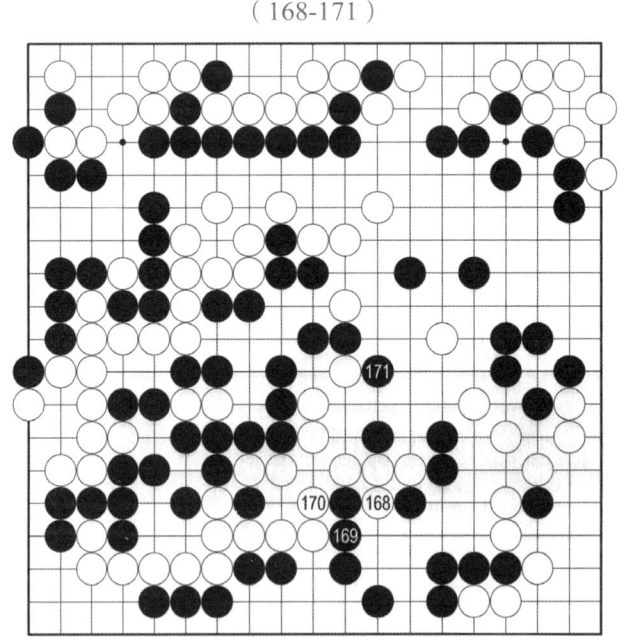

至黑171扳，这块白棋就算是被封住了。

（172-176）

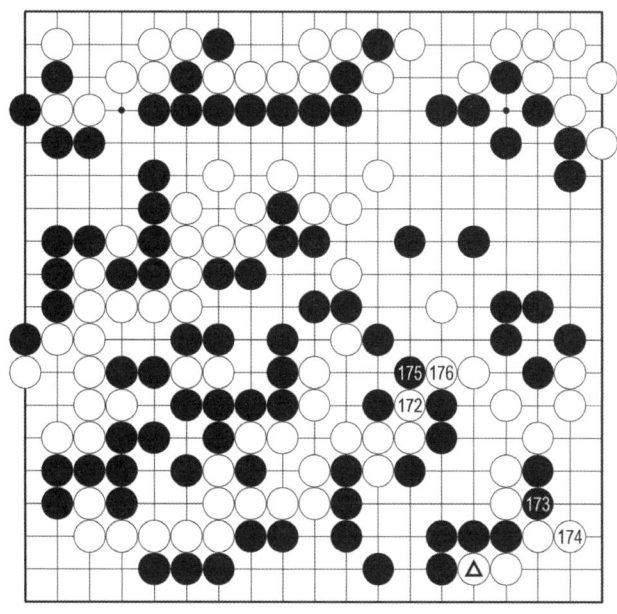

这个时候大家就看明白了，当初我为什么没有在白△位挡，因为挡完了，白在角里补一手后，黑173断的先手就没了。失去角里的借用，就意味着中腹分断的手段不成立了，所以当初是为了中腹的断而保留了白△处的挡。

黑175完成封锁。

（177-181）

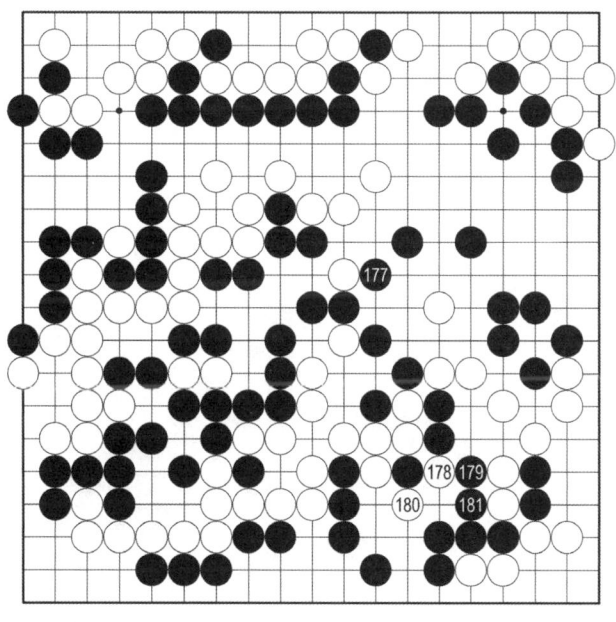

黑177补住上面断点，白178追究下方的薄味。

黑181连回，同时也是叫吃。这让对手面临一个抉择，这消耗了他一次或两次读秒。

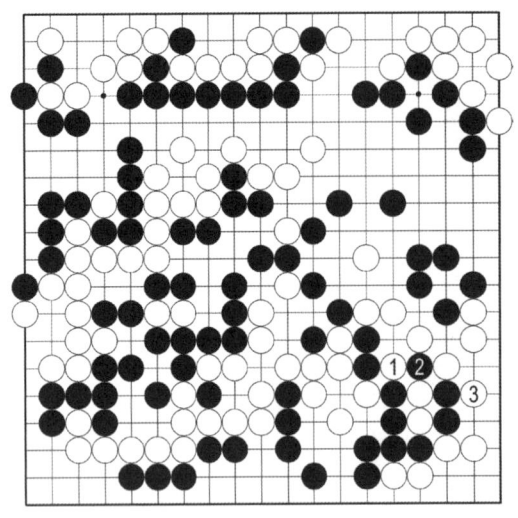

图 46

赛后，俞老以及观战的其他老师问我，白1如果断吃，是不是白明显好？当然，他们是看了AI的胜率。我当时也看到了这个变化，觉得这么走对手可能好一点。后来复盘研究，发现如果对手下出最佳，应该要赢半目到一目半。但在实战中，这种细微的差距想要判断清楚，又是在读秒的时候，还是很困难的。

实战白棋在2位接，也没有什么问题，因为大龙的本身劫很多。只不过形成打劫，增加了棋局的变数，为后来的故事埋下了伏笔。

（182-184）

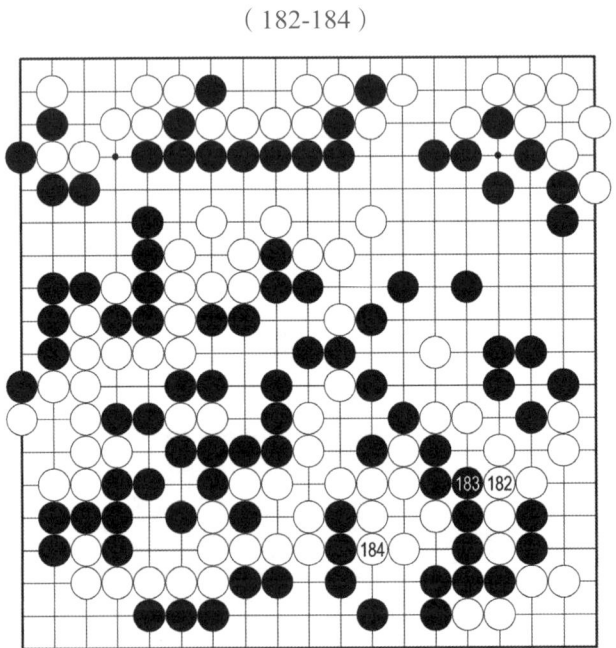

经过"长考"，对手选择了白182粘。

白184团是想造劫材。

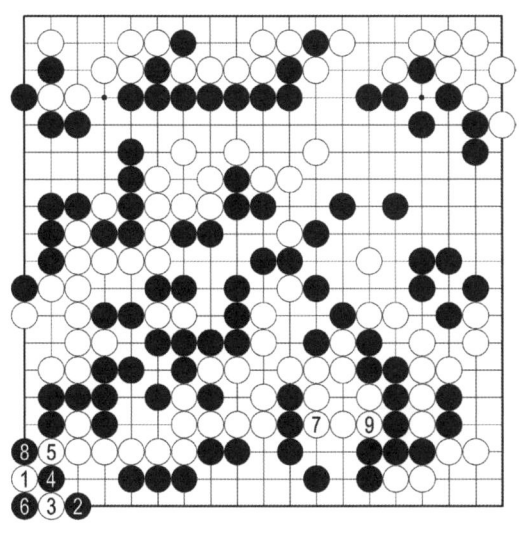

图 47

如果立即在角上做眼，白 1 飞是好手，黑 2 位小飞可形成打劫。一旦开劫，对手可能担心白 7 不是劫材。但如果走成这样，白棋明显要赢。

（185-187）

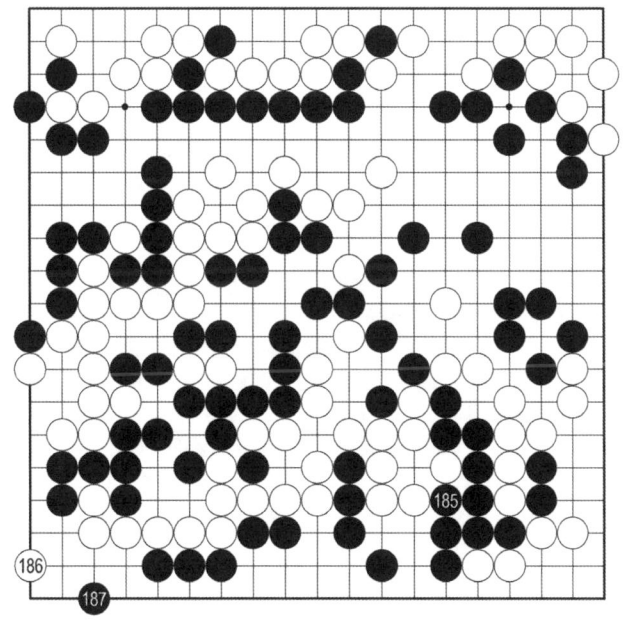

白 186 是二一路妙手。

黑 187 小飞打劫，相较于大伸腿打劫要有利些。

（188-190）

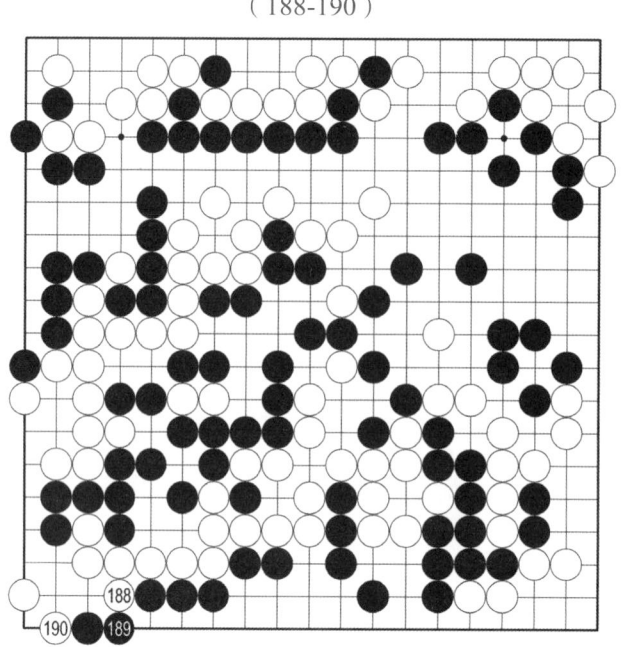

白190做眼，必然形成打劫。这个劫关系到白大龙的死活，棋局顿时被搅乱了。

（191-193）

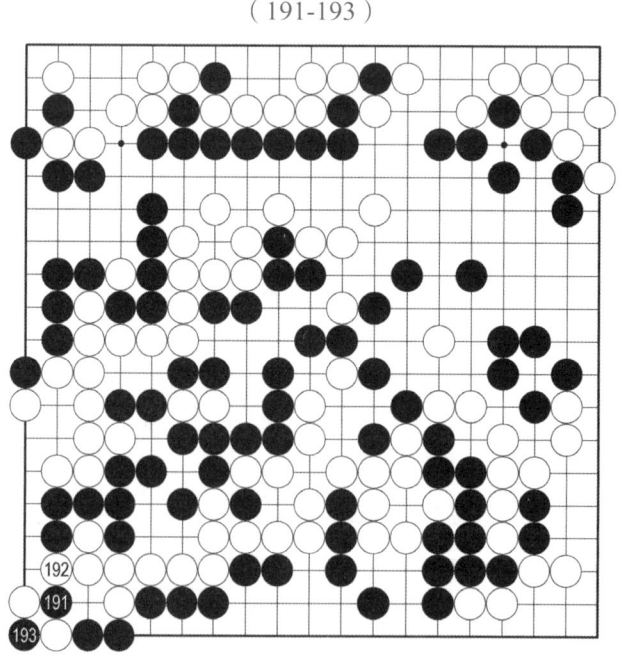

黑191打，白192只有这样打。

(194-196)

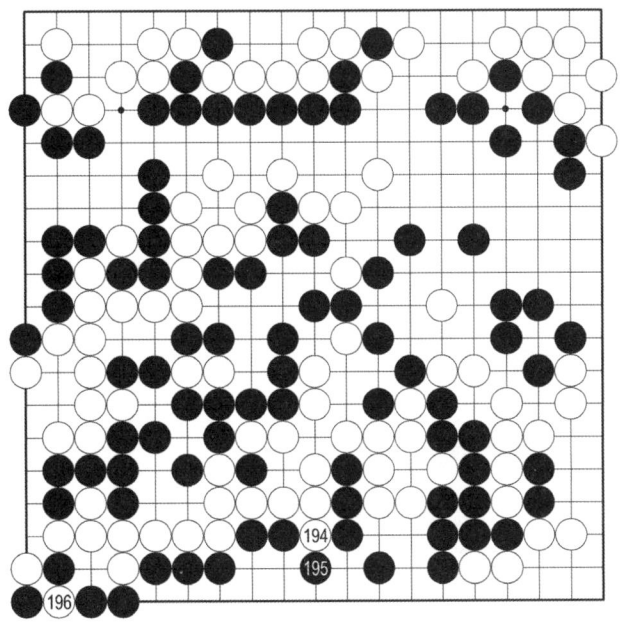

白194冲了找劫，有疑问。

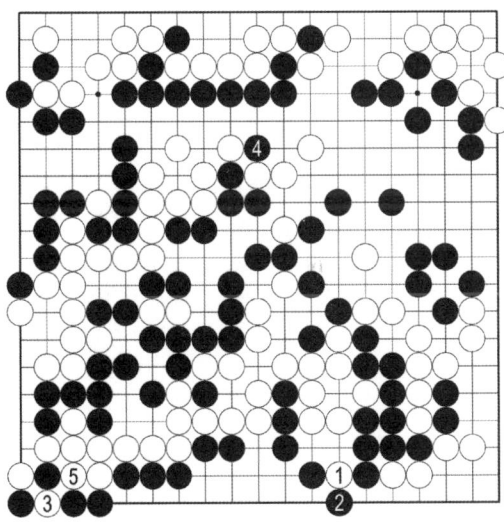

图48

白棋第一个劫应该找1位的挖，这是行棋次序的妙味。如果从打劫的角度看，黑2一路打是最有利的，但走一路渡而不是三路吃，本身目数就已经亏了。我再像实战那样4位断，对手有可能就直接消劫了，这样已经比实战便宜了目数。

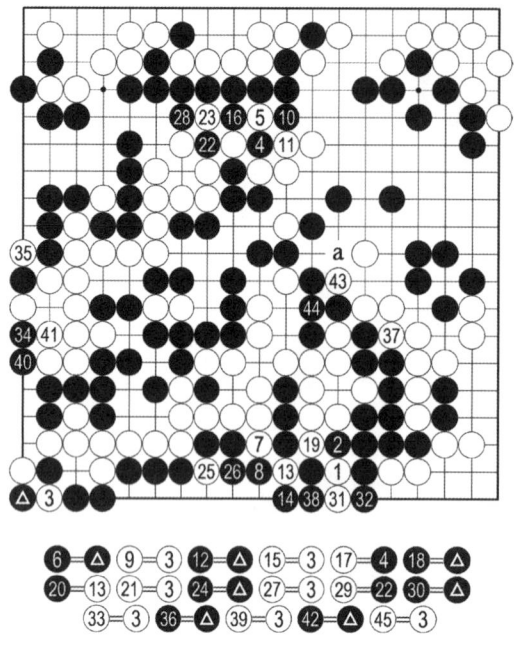

图 49

而我如果吃在三路（2 位），则全盘劫材没有白棋多。黑 4 断的时候对手可以应劫，他的保险系数更大。也就是说，不管他是否决定应 4 位之劫，挖一手本身，就算被我打在三路也不亏。他这步挖既不亏劫材，消劫后还有官子便宜。如果都按实战后面来收，他可能也是要赢的。

如果对手实战先挖的话，打到最后，黑的劫材是不够的。我把这个图摆得详细一点，把双方的劫材全部展现出来。黑 22 扑是劫。白 25 打是劫。黑 28 打也是劫。白 31 立虽然损，但是劫材要多一些。

这时白在中腹至少还有两枚劫材，就算白 43 这么找劫，黑棋已经没劫了，而将来白在这里还有 a 位一枚劫材。且白棋如果被逼急了，还有先在 44 扑的手段，这样的话，很有可能是白棋有两枚甚至三枚劫材，所以打劫黑棋是不行的。

但上述结论毕竟是从观战者的角度或事后的角度得出的，而在对局的时候，又在紧张读秒的氛围下，你想把双方劫材搞清楚，不光需要计算，能扛住读秒的压力，你还要有破釜沉舟的勇气。很多时候，不见得是我们没有算清楚或者别的，可能你看到某个变化就害怕了，而你一旦害怕，就可能选择一些看上去没有那么险的下法，但这种求稳，很多时候是给了对手机会。就是你一旦害怕了，一看到要打劫，觉得黑棋劫材似乎也很多，然后读秒催促，又担心自己算不清楚，因为你害怕，就希望寻求一些简明的下法，那这个时候就是在给对手机会。

(197-199)

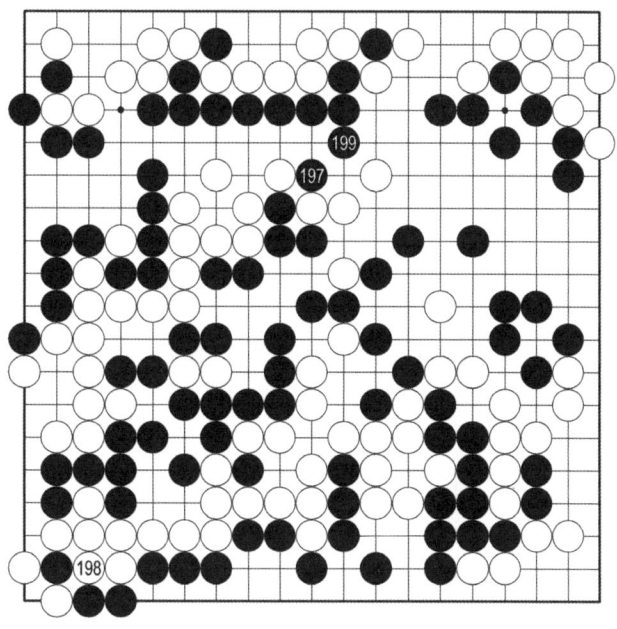

黑197断，白198立即消劫，以中腹数子被吃为代价。

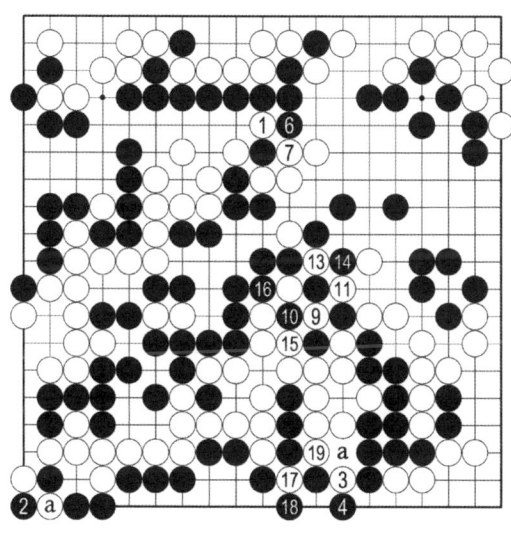

图50

白198在1位应劫会如何呢？我们以白先在3位挖、黑4一路打来研究。在争劫中我们可以看到，黑打吃到a位和4位其实差了两个劫材。本来白4位立了再打吃有两枚劫材，现在a位粘已经不是劫材，所以这个地方差两枚劫材。

但是白棋本来就比黑多两枚劫材，所以继续往下摆，黑棋也不行。而且因为a位少了一气，那么在极限条件下，白最多能找到9扑、11打、13扑、15打四个劫材，所以白棋劫材是绝对有利的。

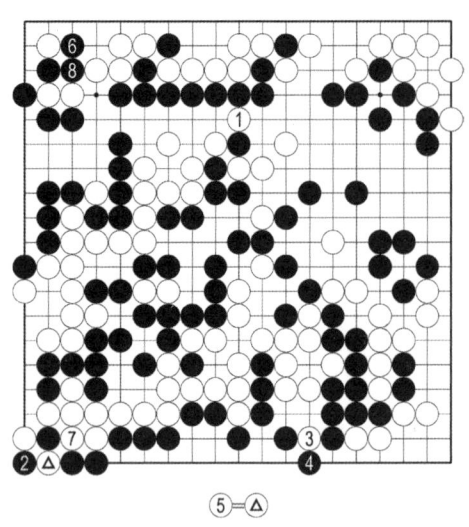

⑤=△

图51

然后，我在想，如果实在不行就在6位扳，如果这里能多一枚劫材，至少棋局会乱一点。其实对手消劫，我转换得角也不行。

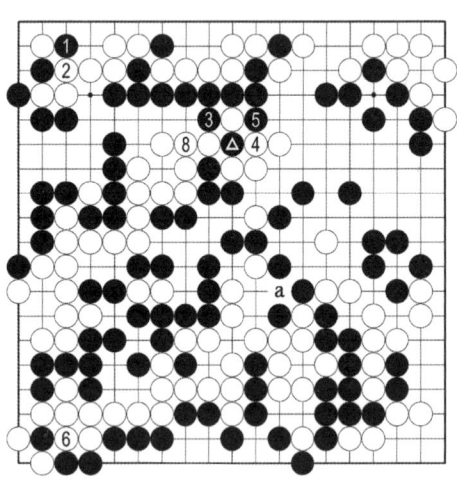

⑦=△

图52

对手比我多了一枚劫材，还有a位扑、使苦肉计的可能，所以说，就算我多了左上角这一枚劫材，也不一定打得赢。

而且对手可以先留着，引而不发，最关键的是，他2位先应一手总是不亏，我本来得先找5位的劫才行，现在我打完5位也意味着，对手可以这个时候再消劫，他中腹一带一目不亏，但黑1却白白损了。这个地方又要差出很多。

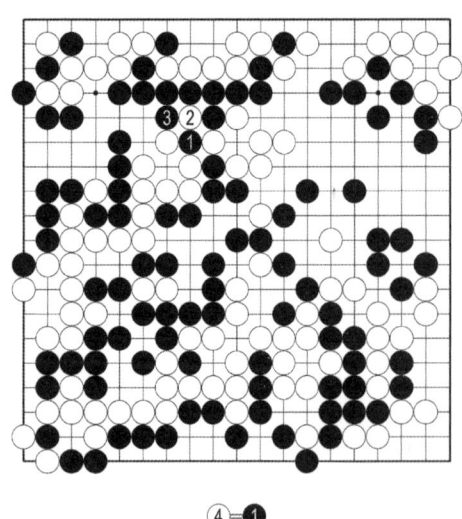

④=❶

图53

在中腹一带，如果我先找左侧的劫材，就意味着，黑3打永远不是劫，所以这里我会少一枚劫材。这里的变化还是非常微妙的。也就是说，对手先应劫总是不亏，因为大不了应两下之后再回过头来消劫。

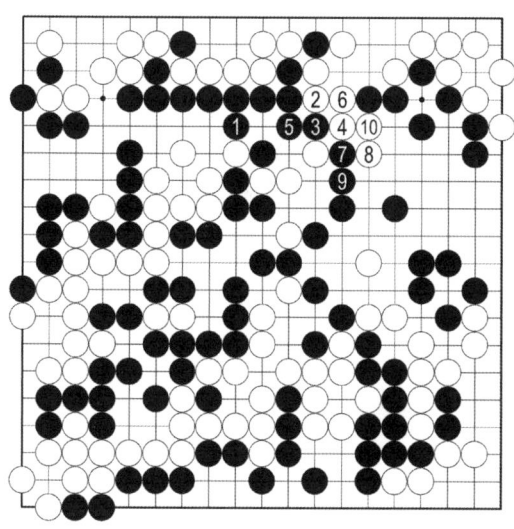

图 54

当时有很多人说,白棋马上消劫是没有注意到黑可以在5位并。

在这个局部,正常的思维都想着1位打一个,那么被白2贴,黑棋就吃得小多了,黑3以下笨拙地挖断,还会被白冲进来,这样肯定是黑棋大失败。

这个可能性也许存在,但我认为,我在右下角靠进去的时候亏了不少,对手觉得自己要赢了,然后我在中腹选择去冲击他,可能让他一下子觉得这个棋比较乱,这时处于一个比较紧张、慌乱的阶段,对手的心境就会受到影响,之后就有可能在计算或判断上没有那么清晰。所以,我觉得,对手是在读秒的催促下,在局势的判断、怎么样打劫等多种压力下出现了失误。

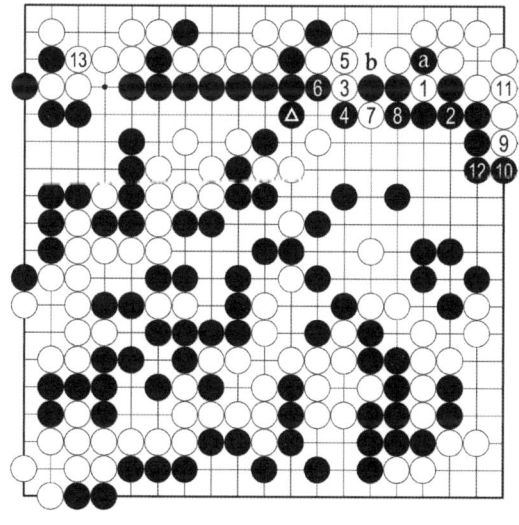

图 55

黑❷并到这里,我当时也以为会输一些,这应该是比较复杂的半目胜负的局面。

白棋最后是各种打劫,如果白能撑住a位这个劫,我记得是半目胜负。所以黑棋最后b位冲了提劫,但不能迫使白棋粘上,可能是白赢半目,但也非常复杂。

这样收下去,胜负之路还是挺漫长的,对手这样走,我恐怕要输一些。

(200-203)

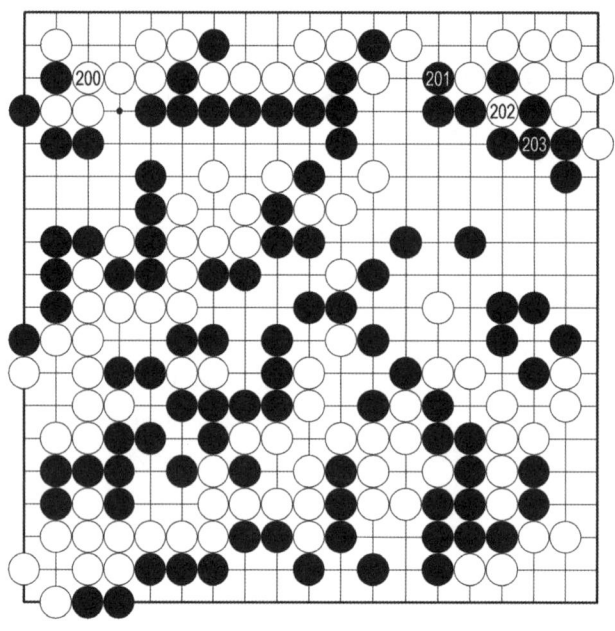

对手判断在 200 位打吃最大。

黑 201 拐打也不小。

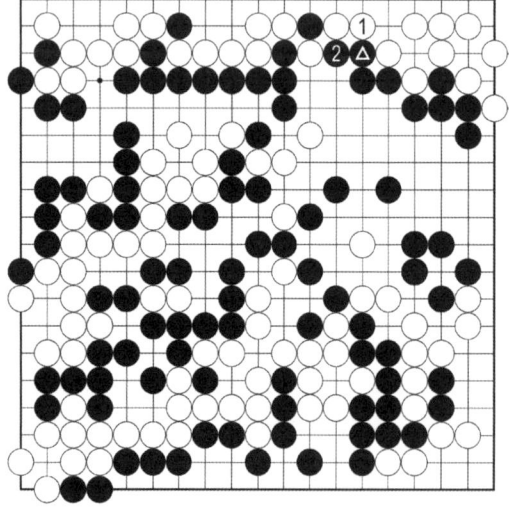

图 56

白在这个局部被黑▲一冲，跟白在黑▲位挡住相比，要差出 2 目棋。

（204-207）

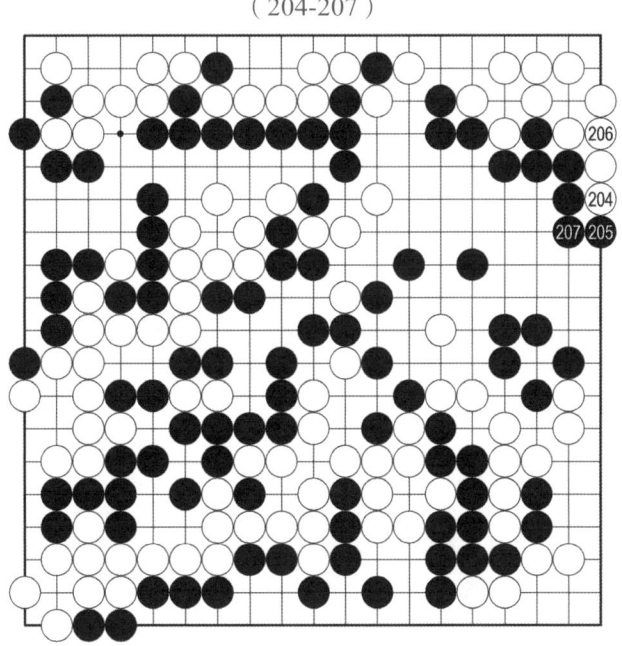

白204爬是白的先手官子。

这时，我又点了一遍目，觉得还是要输，所以我当时认为，对手可能觉得消劫也赢了，就不愿意选择复杂的打劫。

但我一直觉得自己要输的时候，实际上却是要赢的时候。

（208-212）

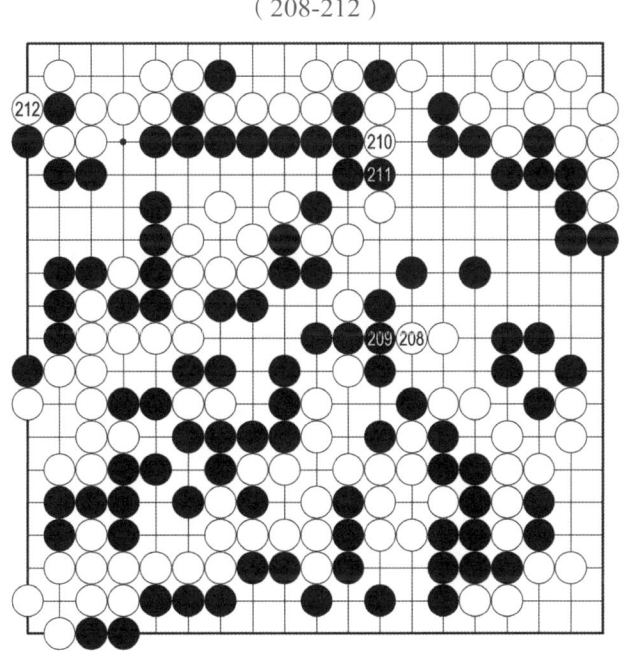

白212提是大官子。

(213-214)

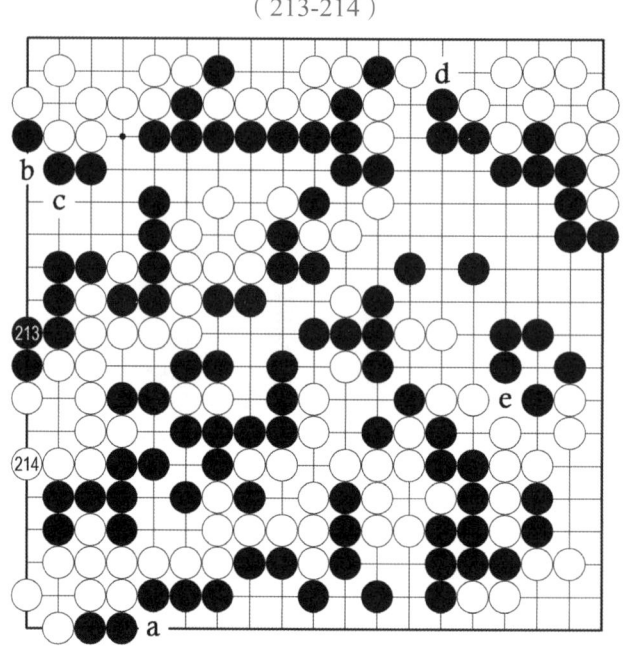

接下来，最大的官子就是黑213粘（先手）。

白214补活后，我面临一个选择。下边a位粘是后手6目。上面白b位提，黑c位曲，应该是白先手$3\frac{1}{3}$目。d位穿是4目左右，而e位挤也有3目左右的价值。所以当时我是这么判断的：我如果走一个6目，再走到最后一个官子，其实跟对手在b位提完，把d位4目走到，应该是不差的。因为提完b位又得到d位4目的话，就是6目减去$3\frac{1}{3}$目，等于$2\frac{2}{3}$目。4目减去$2\frac{2}{3}$目，等于他逆收了$1\frac{1}{3}$目。但是他逆收完$1\frac{1}{3}$目，又被我走到e位这个3目。之后，如果没有大于2目的官子，那这个3目棋的价值其实就等于逆收2目，是要大于逆收$1\frac{1}{3}$目的。

从以上解说可以大概了解围棋的复杂程度，虽然从目数上来说是这么看，但也会涉及多种因素，还有打劫，当时我主要是没有把打劫搞清楚。

(215-217)

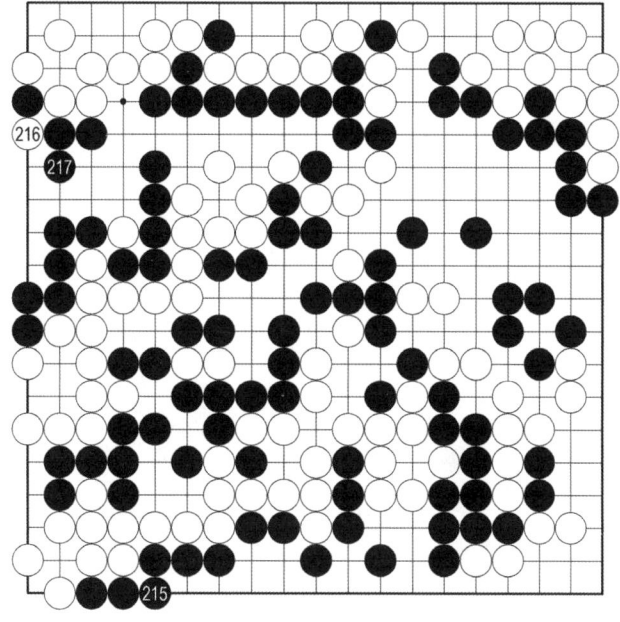

经过上述思考，实战我就选择了黑215粘，但局后看这不是最佳的收官。

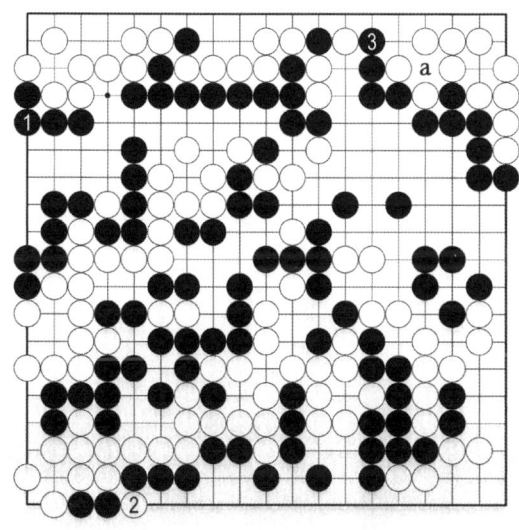

图57

实际上我应该在1位逆收，白2提，虽然黑3价值4目左右，但是因为白走3位挡后，a位这个劫我很难把它打回去，所以此处价值大于4目，这是我当时判断上的一个问题。

如果按本图走，我应该赢半目。

(218-223)

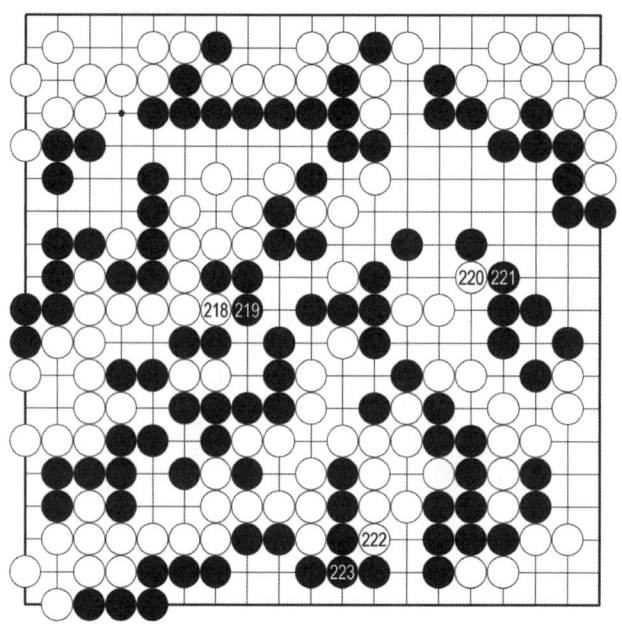

白218冲正常，220尖也是白的权利，白222感觉在打将。这时我依然觉得自己要输半目，赢面不大。因为目也没有点清，然后又读着秒，官子的价值也没有搞清。我想，既然目点不清，就看哪个官子大收哪个。所以从目数来分析当初215粘，是没有问题的。

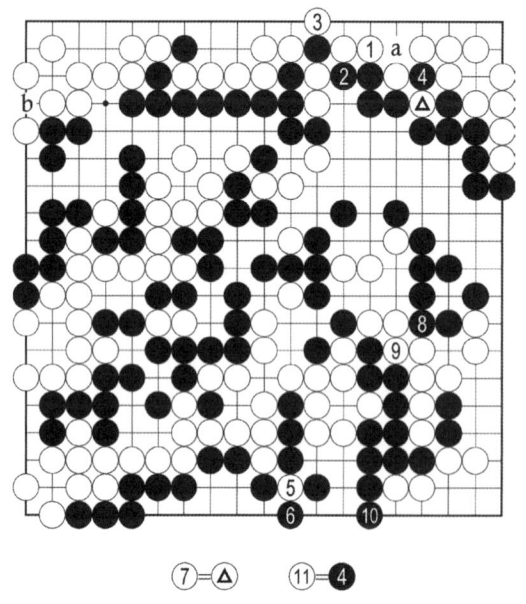

图58

黑223后，对手如果1位挡，黑2打吃后4位提劫时，白棋是不会在a位粘回去的，而会找劫材把劫撑住（白劫材占优），进而白11消劫。所以右上这里对手等于在4目的基础上，又逆收了$1\frac{2}{3}$目。从上述几个交换来看官子大小劫材情况，就知道我应该先逆收b位下一路的粘。

白1的挡，并不是说对手两步棋的价值比我两步棋的价值大，而是因为他挡之后，这里多了一个打劫，而他又可以凭劫材优势把这个劫撑住。

⑦=▲ ⑪=❹

这个图摆到白7提的时候，我用AI自己研究了一下，这时虽然是白棋胜率高，但往下摆，黑棋胜半目的概率比较大。也就是说，白棋不可能把这个劫撑到最后。

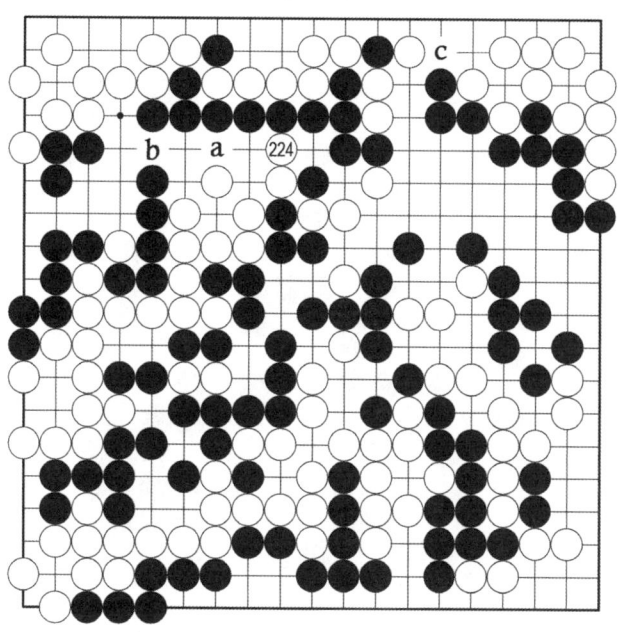

(224)

对手连续打将,可能想趁机把目点清楚一些,然后好像意识到形势没有那么乐观。但是,打完将之后举棋不定,就很容易出现一些昏着。白224这步顶就是明显的昏着。

白224看起来是逆收两目。如果不走,这里被黑打一下是两目。白224将来打吃后,黑a位顶成了先手,b位这里多了1目。所以说,对手在有4目、有3目,还有打劫的情况下,走了个逆收1目,这样下肯定要输。

我c位冲下去他可能输得更多,黑棋可能接近盘面10目。所以我感觉白224是昏着。这也说明了这场半决赛的激烈和紧张程度。朴键昊之前虽然在韩国排名进了前十,但在国际大赛上还没有取得过好成绩。这是他第一次进入国际大赛的半决赛,我相信他会比较期待,所以会比较紧张。

（225-226）

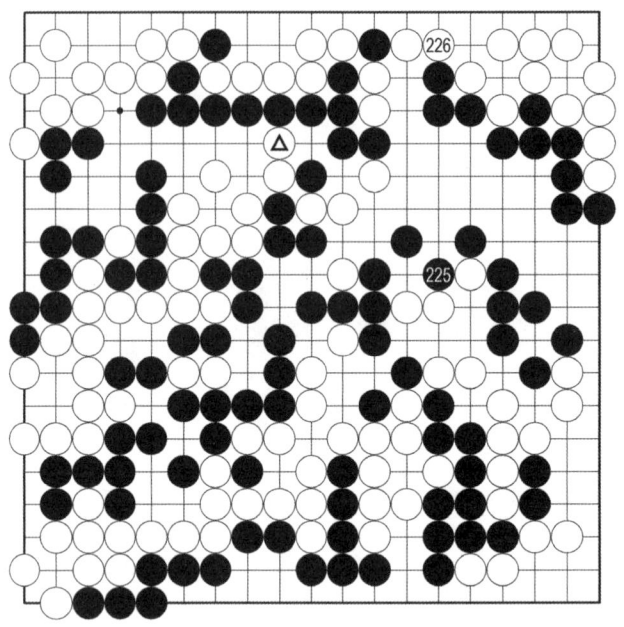

对手下了白⊙顶，我当时已把目数基本点清了，觉得简单走走差不多就赢了。其实，我在226位冲下去就赢了，但当时想把黑225走掉。如果白棋不应，我再提是后手3目，而且比较厚实，跟以后的劫材也有关系——结果让对手把226位抢了。

黑225打，白棋完全可以接，但不如226挡价值大。这么看，黑225打似乎很没有必要，但是我感觉，尤其在比较重要的比赛当中，很多时候确实还是希望自己能走得更保险一点。总之，对局者是很难把最佳下法都展现出来的。

人类棋手尤其在比赛时容易过虑，黑225以及对手的白224，都是过虑的产物。因为，黑225打明显不是最大的官子，白224顶也可能是有点想多了，或者是对手当时没有判断出226位冲下去到底多大。这一手看起来像是3目，但实际上应该有4目左右，而且还多了一个打劫。如果把这个劫撑住的话，又可以便宜一些，这又产生了一些额外的价值。

（227-232）

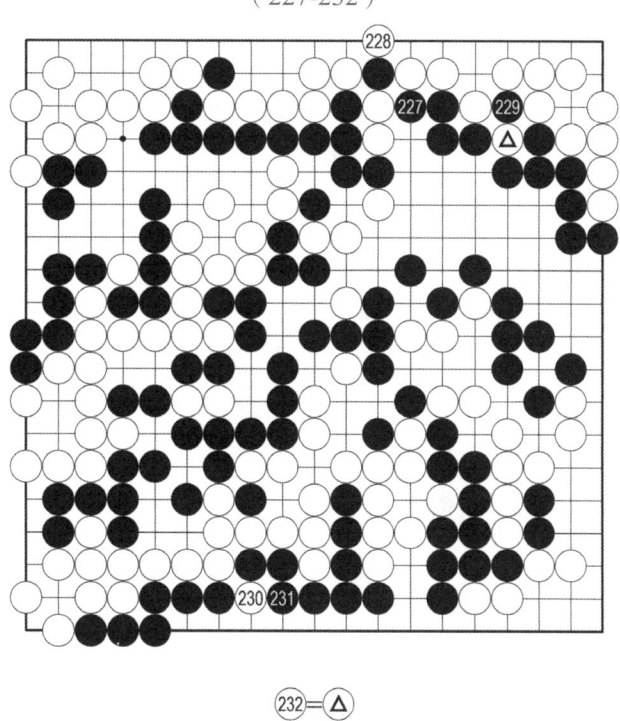

232 = △

后面的进行就不影响胜负了。毕竟对手在有很多大官子的情况下，只走了一个逆收 1 目。

黑 229 后双方开始打劫。

（233-237）

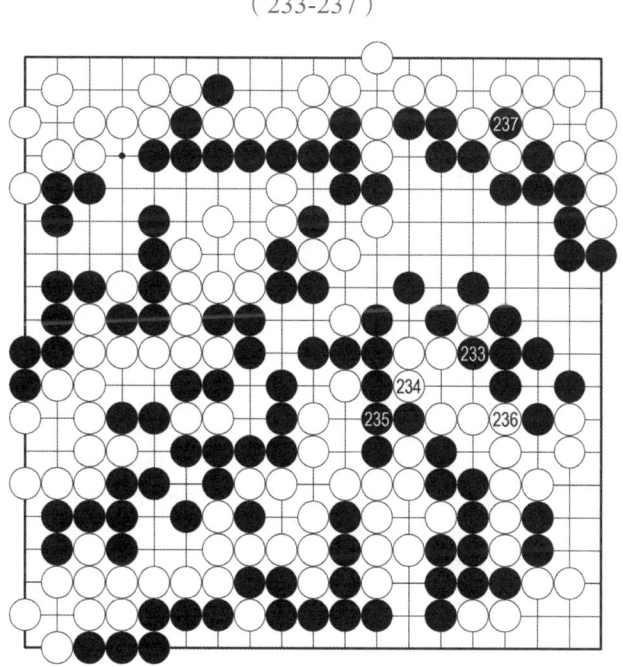

(238-243)

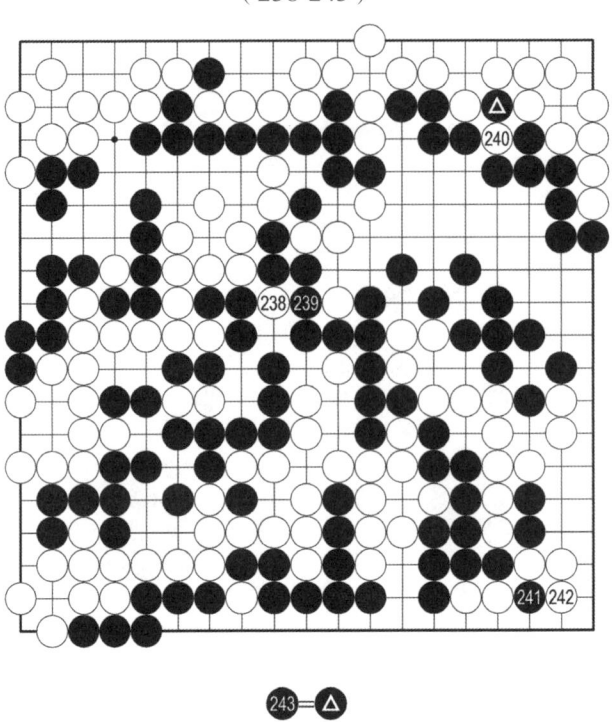

㊈=▲

(244-247)

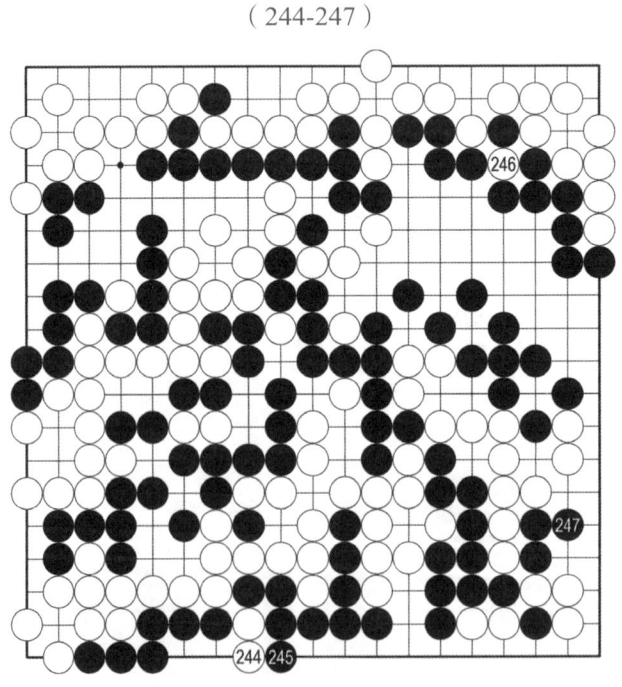

黑247曲比较有意思：一来是找劫；二来是问问对手怎么收气吃。

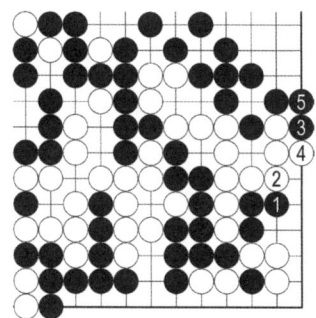

图 59

对手如果在 2 位团，我就在 3 位扳，将来白在空里要补两手，比较巧妙。

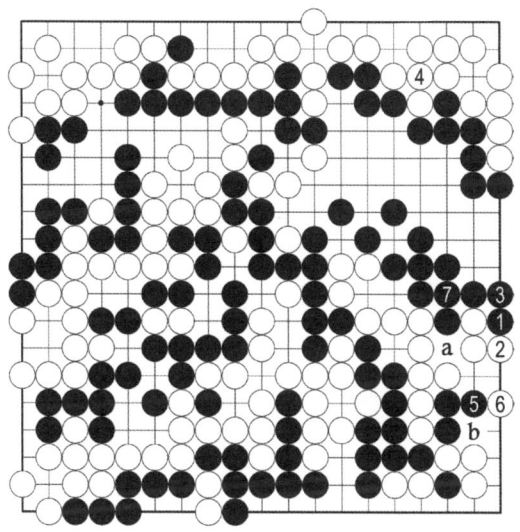

图 60

而如果黑先 1、3 扳粘，再 5 位曲，白可以在 6 位托，等于白在 a 位多了半目。黑 7 粘后，白就不能在 a 位团了，因为有杀气的关系，白这里不能撞气。但是黑 7 毕竟先花一手，白棋才在空里补两手。如果黑 7 不走，白可以直接在 b 位补。

所以黑在 5 位曲到一下的话，再 1 位扳，能便宜半目棋。而黑 5 曲时若对手走别的，这一带的劫材就会变多，所以说这步曲还是比较有意思的。

(248-252)

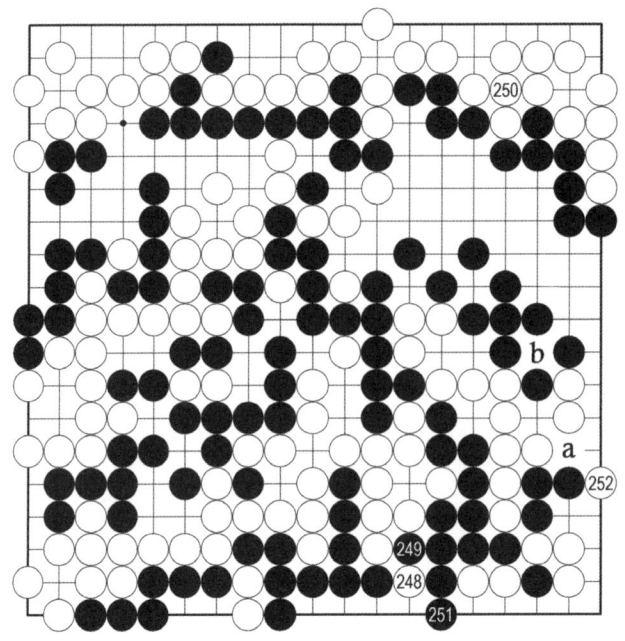

白248只能挖，抢个先手。

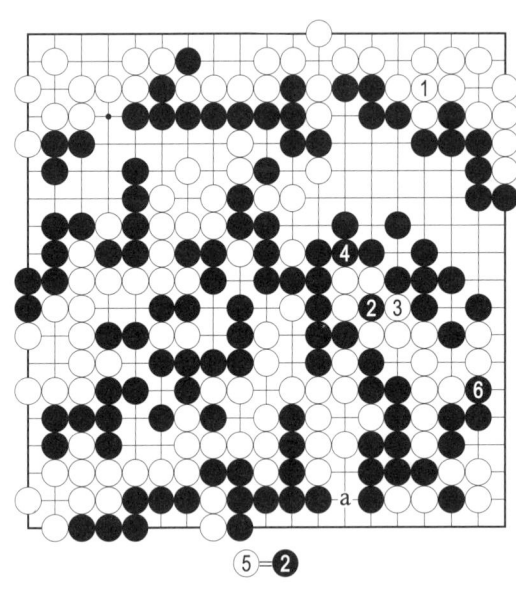

图61

如果不做这一交换，黑2扑、黑4打，把白气撞紧，待白5救回三子，黑6挤，白就只能跟黑打紧气劫了，这样白肯定不行。

所以对手是想在a位挖，长一气，然后把上边的劫消掉。

但此时这个劫已经不影响胜负了。

白252托比a位团好。如果a位团，黑一路扳粘后，将来这里吃就一定要两手。而白252托的话，只有在黑b位粘的情况下才需要花两手去吃。

（253-262）

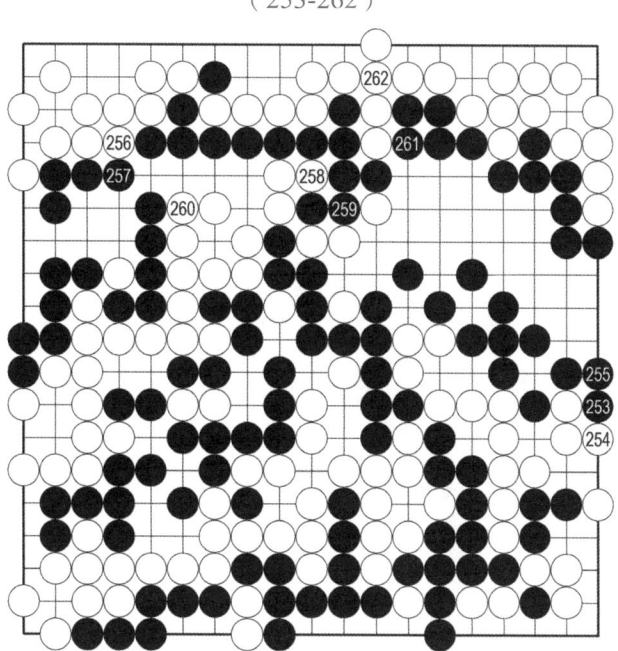

后面就是正常收官，你收一个，我收一个。

（263-271）

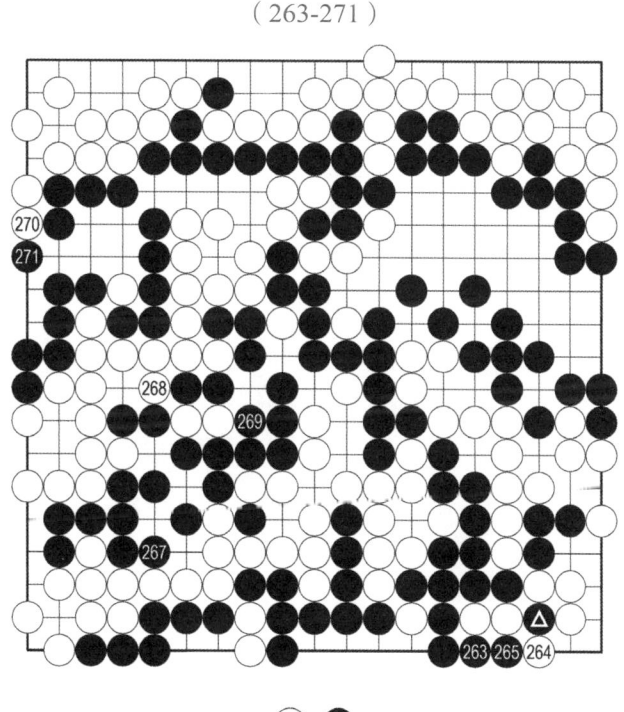

266=△

再后面也是正常收官，没有什么悬念了。

至黑271，白棋认输。

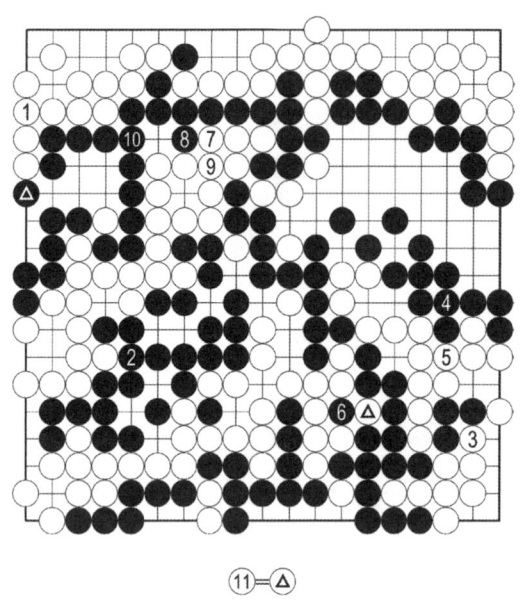

图 62

黑 ▲ 之后，如果继续收官，则是白 1 粘，黑 2 团，白 3 补后，黑 6 提劫，至白 11 提，白还有 7 枚劫材，黑打不过，但黑可以放弃这个劫，黑 6 改在 10 位接。这样是黑盘面 9 目。

这盘棋暴露了人性上的一些弱点，就是如何把握优势心理。人类棋手在取得优势甚至胜势的时候，或者在一些面临抉择的时候，可能需要再咬咬牙坚持下来。人类棋手很容易受到棋之外某些因素的影响，导致没能下出最佳应手。所以人类棋手下棋还是有很多有意思的地方，虽然在 AI 看来有很多失误，但是我觉得，这也就是人性，毕竟人不是机器。

这盘棋 AI 给出的胜率虽然有波动，但双方目数的差距一直很小。甚至当对手胜率达到 97%、98% 的时候，白也就赢 1 目半的样子。所以我的感觉是，作为旁观者来看棋的话，确实不能只看胜率，还要看目数差距到底有多大。因为对人类来说，胜率差距的意义可能没那么大，但目数差越大，拥有更多目数的一方获胜的概率就会越大。

另外，我觉得还可以分析一下对局者的心理状态。这些都是人类棋手比赛比较有意思的地方。

共 271 手　黑中盘胜

第五局

决赛首局

●　○
辛　申
梓　真
豪　谞
九　九
段　段

164 手

第一届
衢州烂柯杯世界围棋公开赛决赛
首局

2023 年 6 月 14 日

（1）

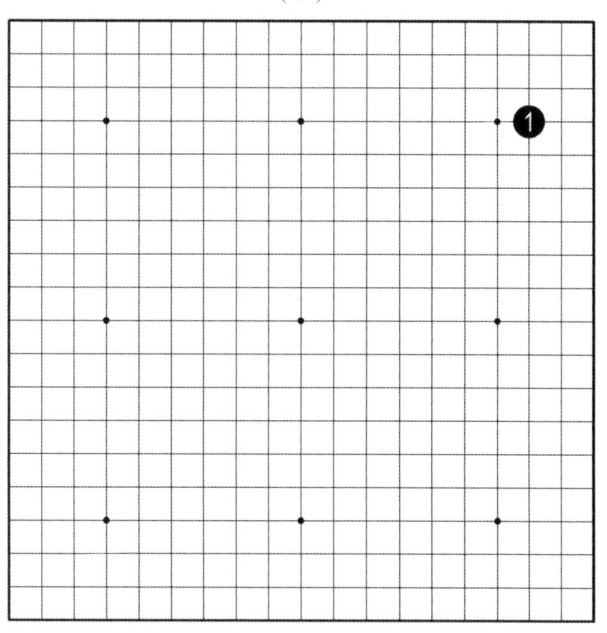

　　本局之前，我跟申九段有过两次交手，一次在2月的围甲联赛，一次是2023农心杯的最终局，这两盘我执黑都输了。时间再往前推，我在2020年的围甲赢过他之后，差不多有两年没有胜绩了，虽说对局不多。

（2-3）

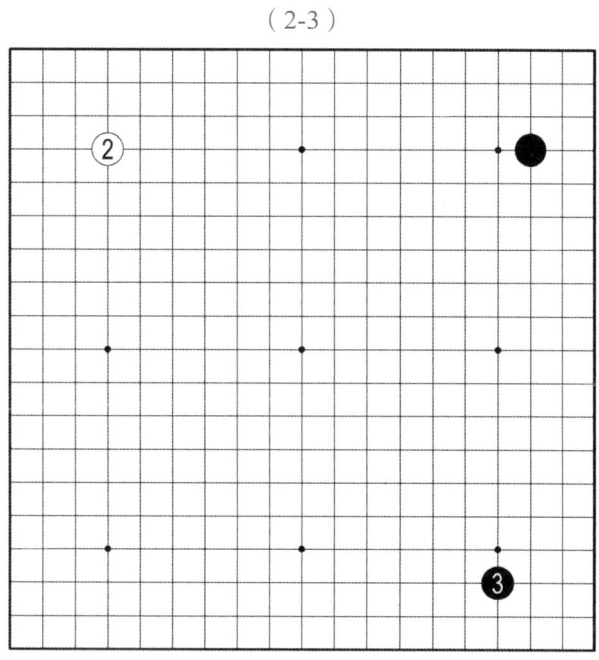

　　申九段近几年的成绩非常好，2023年保持着90%的胜率和20多局的连胜纪录。所以，在半决赛后接受采访时，我说还是要抱着拼搏的心态去下。

(4-5)

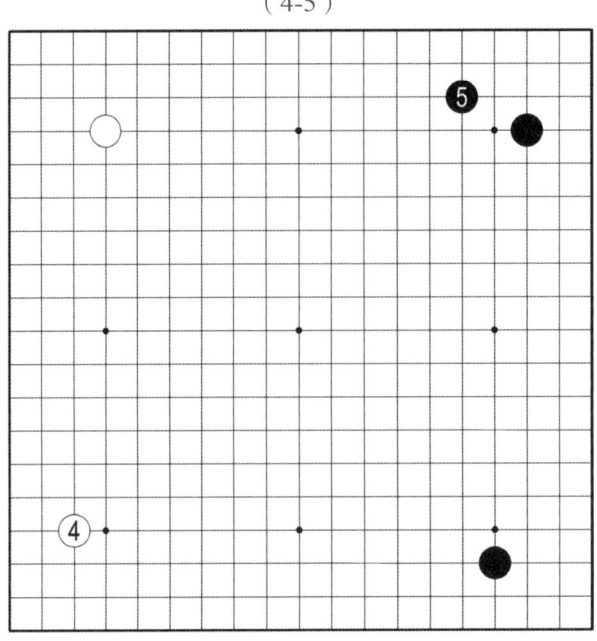

这次决赛前,国家队的教练组帮我安排了一些训练。我大概提前一周到了杭州,然后跟几位队友进行了几盘慢棋的对抗。到决赛的时候,像谢科、丁浩、芈昱廷,晚上都会过来陪我一起摆棋。所以说,这次决赛从准备方面来看还是比较充分的,在此对俞老、小华老以及队友们表示感谢。

(6-7)

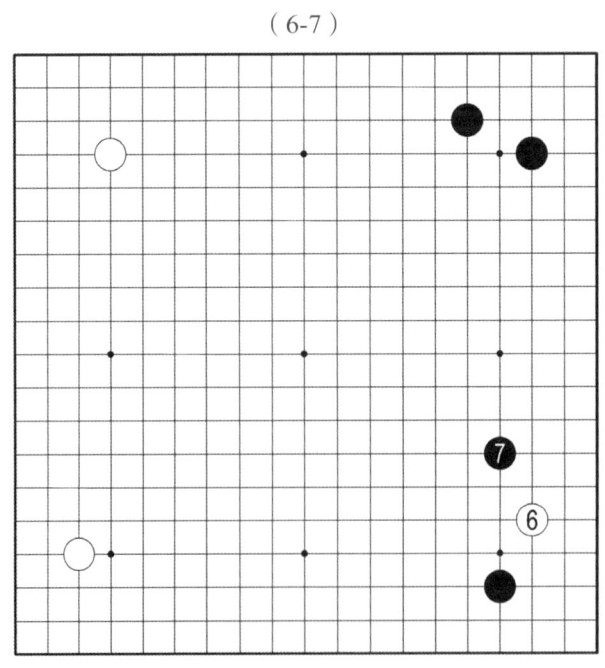

黑7一间高夹,之前稍微摆过一些,所以实战就选择了这个夹。

（8-9）

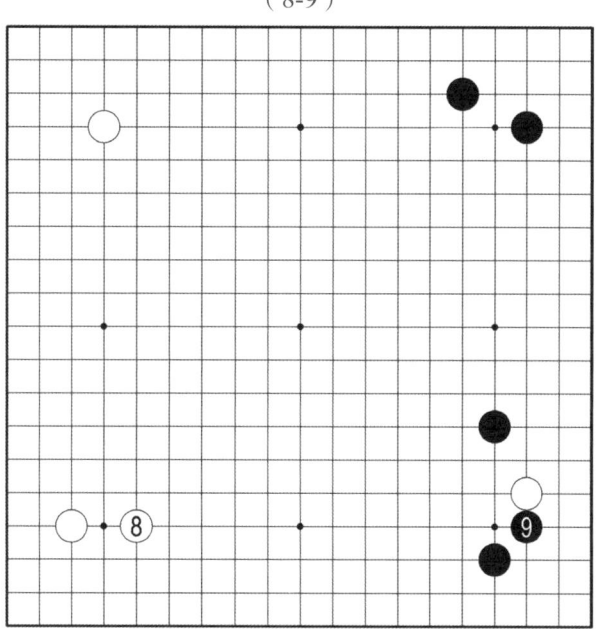

白8脱先比较正常。黑9尖顶，不给白进角转换的机会。

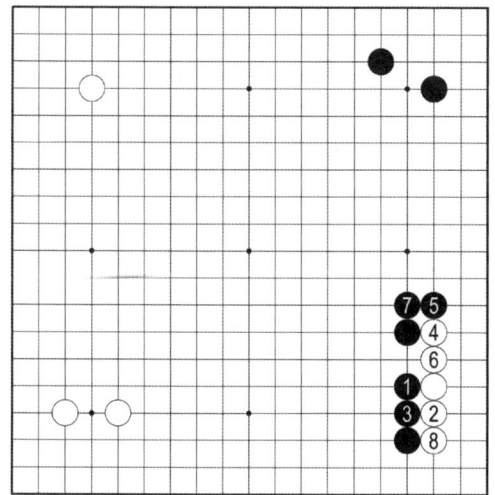

图1

在AI问世之前，实战黑9走本图1位压更多一点。但走在这里的话，白2以下角活得也非常大。这并不是说黑1的选择不佳——两者的胜率是差不多的，只是现在我更倾向于2位的尖顶，先把角地护住这种下法。

(10-11)

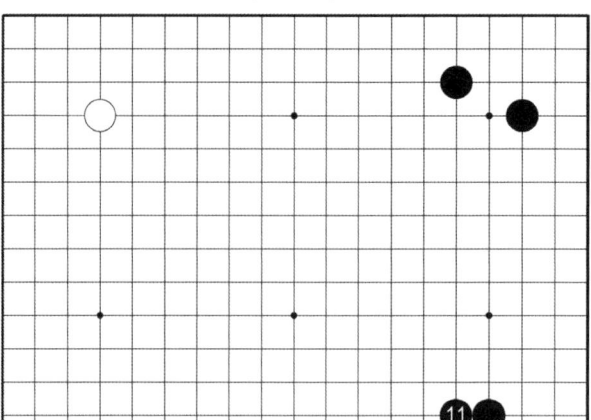

白10尖顶是局部最佳。

黑11上长,给白的压力更大。

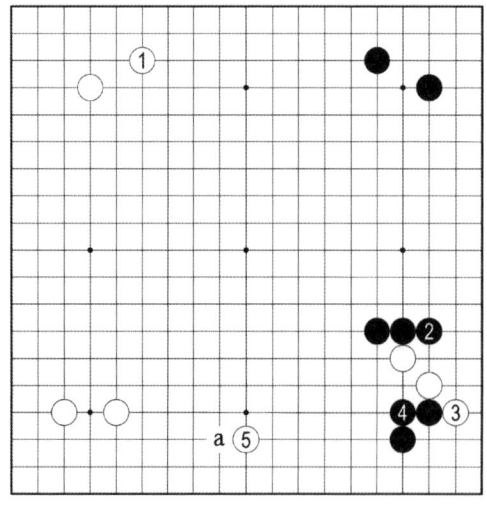

图2

实战黑11长时,白是有可能脱先的,比如走下边a位或5位拆,也可以在1位守角。黑在局部可能会在2位立,白3扳时,黑4团,然后白可能再次脱先。

(12-13)

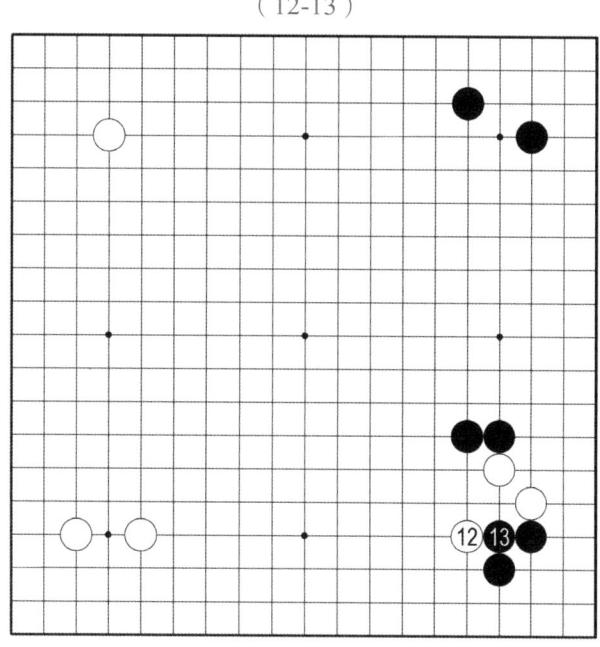

右下局部可以说是 AI 新定式。白 12 飞，黑只能 13 位团，这是棋形的要点。

(14-16)

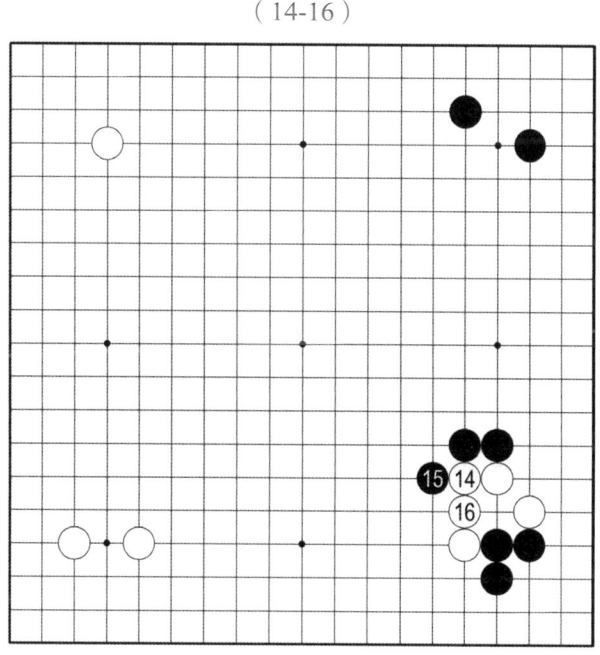

白 14 贴出，黑 15 扳头有力。

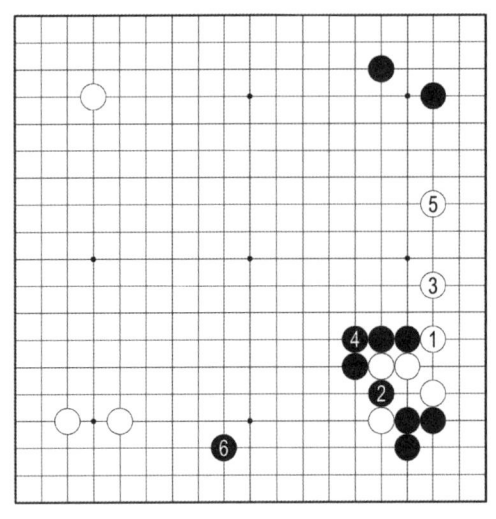

图3

　　这个局部在有些情况下,白16可以考虑1位虎,黑2挖断,白3跳出,黑4补厚,白5拆二求安定。但是在当前局面,白棋的配置不是很好,所以申九段没有选择这样下。

　　白16硬接,是要把自己走坚实。

（17-19）

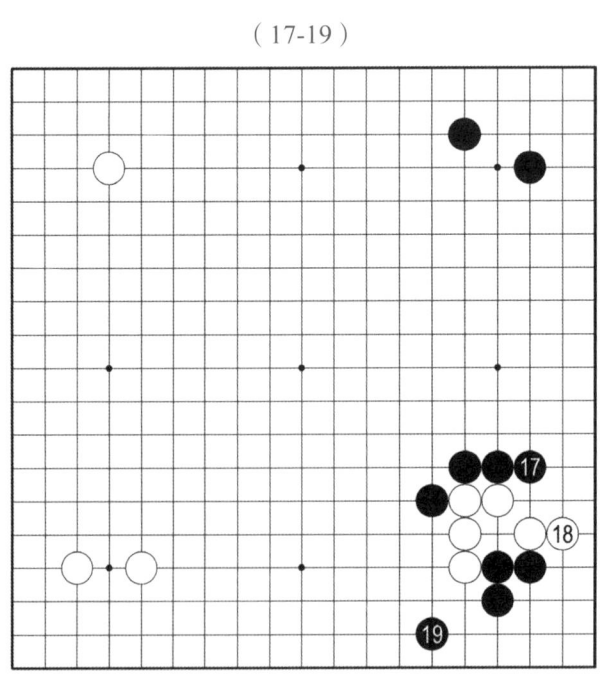

　　黑17立,是先手便宜。白18阻渡当然,如被黑扳过,黑形就非常完整了。黑19飞出,防白封锁。

(20-23)

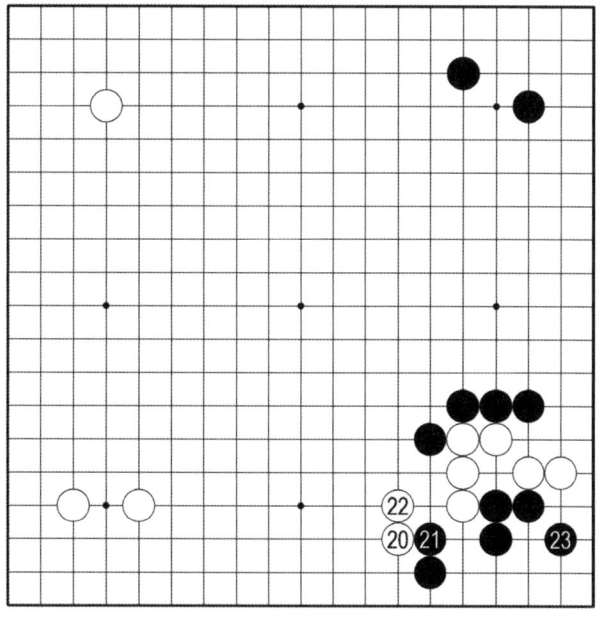

因为双方都对这个变化有过研究,所以进行到这里没有什么问题。

黑23尖,把角护住,先确保自身成活。

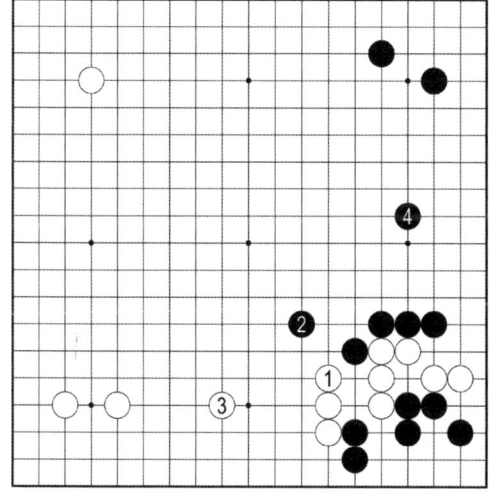

图4

接下来,白1双是本手,黑2飞时,白3再拆边。这样进行黑无不满。

(24-25)

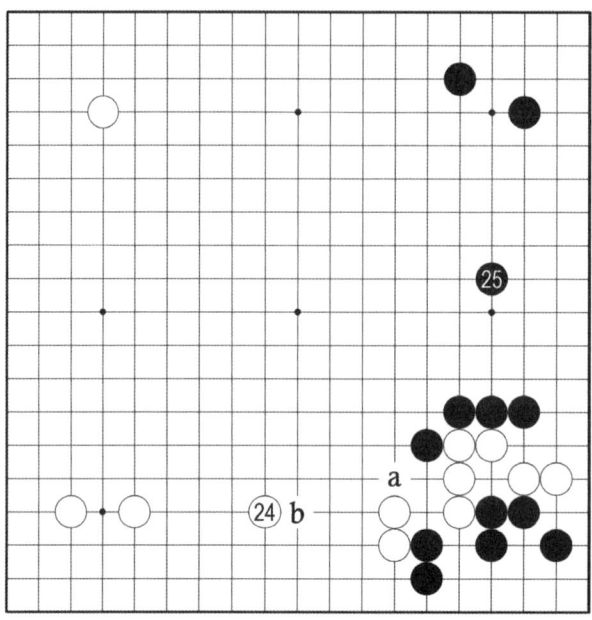

白 24 省略 a 位双而直接拆，是一个变着。我印象中摆过这个局部，这个单拆一闪而过，后面的变化就没怎么研究。黑 25 也拆边，跟白 a 位先双倒是差不多。

后来实战的 b 位靠，就是因为对手没有在 a 位双，所以希望能在下边走出一些手段，有这个心情来利用白形的缺陷。但 b 位靠的手法欠妥，只是表明了在之前没有摆过或深入研究的情况下，想要惩戒白欠手棋的心情。

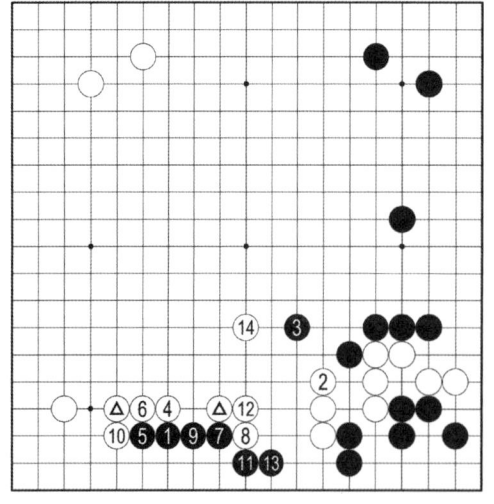

图 5

这时正常的下法是在 1 位打入，像这种两个白△都是高位的形状，在低位打入能有效地瓦解这块空。白 2 双时，黑 3 再飞，这就还原了定式的进行。接下来白棋如果 4 位压，黑 5 长，再 7 托，以下进行至黑 13 长，白 14 大跳，局部大致告一段落：黑棋把白的空破掉了，还是可以满意的。

图 6

前图黑 11 要注意，不能贸然在 1 位冲。黑 1 冲后虽能把白棋两子吃掉，但是因为这个局面的特殊性，会遭到滚打，反而得不偿失。当白 a、黑 b 后，白 c 位扳是绝对先手，d 位挡还能继续搜刮这块棋。

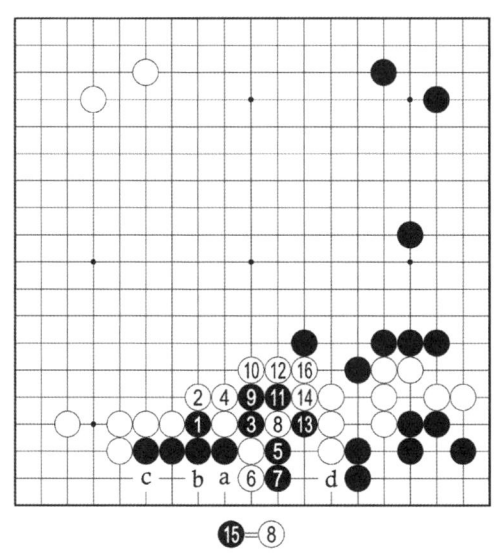

（26-27）

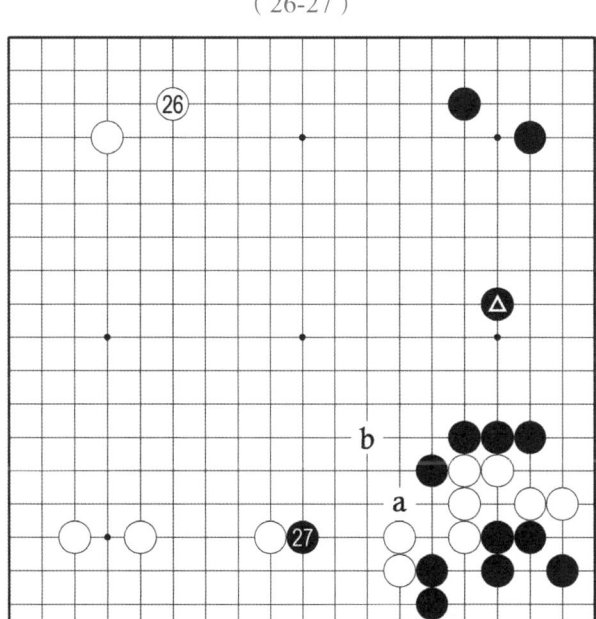

对付下边的白阵，如之前的参考图所示，黑在低位打入是正常下法。当时我是希望利用对手没有 a 位双掉的时间差，去靠了黑 27。

为什么我先在黑△位拆了一个呢？因为我先拆，如果白 a 位双，我不一定在 b 位飞；如果对手走别的，我再走黑 27 靠。

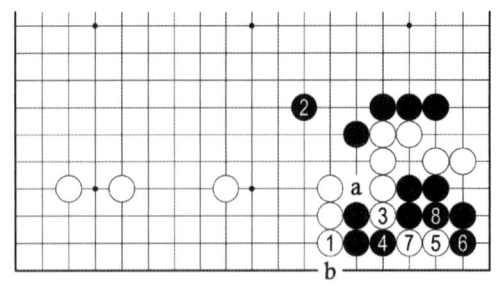

图7

至于右下黑角，被白1挡住后，也不需要补活。但是被白3冲了5点，黑棋是比较难受的。就局部而言，黑6贴住比较好。但被白7一断，a位接就变成了白棋的先手，以后b位立也是，黑角被利用得比较惨。

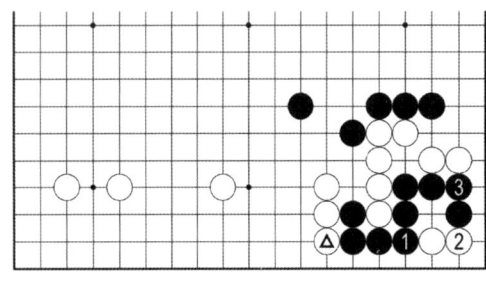

图8

上图白5点时，当然黑也可以1位粘，但白2爬进角，就会有手段，虽然黑角不至于死，但也没什么目数了。

所以黑角被白⊿封住后，局部还是欠了一定的目数，但从大局来说，黑角的目数多少无伤大雅，还没有到影响厚薄的层面。

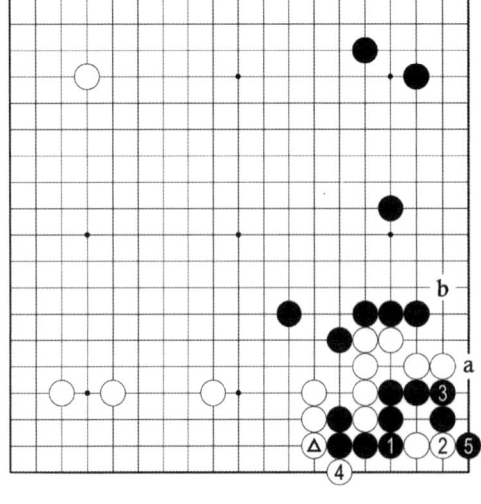

图9

这个角，黑5位先扳再3位团，跟图中次序没有根本区别，但先5位扳，白则有a位立的硬腿，随后可以直接跳到b位，而黑3先团就没有问题了。

黑5之后，角里是一个比较"难堪"的情况，大致的结果是：白棋先动手，黑角没有什么目数；黑棋先走，可能形成一个缓气劫或者是白棋死。但毕竟黑角欠着一些目数。只能说，未来到官子阶段，白⊿这步挡的价值就会非常大。

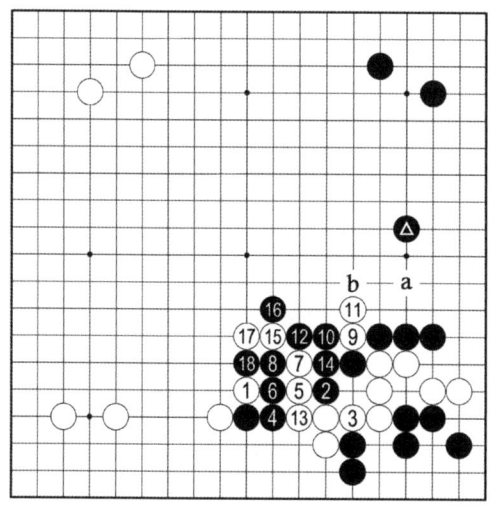

图 10

当时我看到了这样一个变化,白如在1位扳,黑2先尖,迫白3接,黑再4位退,白5、7扳长,黑8冲出,白如在9位断,黑10吃,再12位挡住。白15断时,黑16打,18顺调冲出,这个作战黑乐见。

在这个变化中,如果没有黑△这颗子,白19在a位飞下,因为b位一带白有先手,黑右边三个子非常危险,所以当时我希望黑△能起到接应作用。

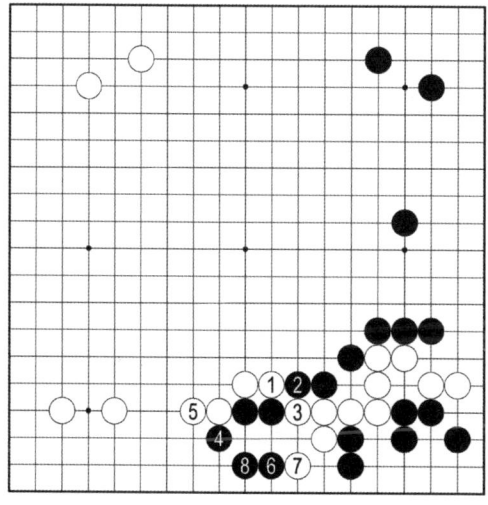

图 11

当时我还算了一个变化,如果前图白5改在1位压,黑白互断后变化很复杂,但我算到黑8这一双,觉得白棋比较危险。当然后面变化还有很多,下边可能形成打劫,但黑棋不怕。所以实战27靠,是想了很久才决定的。

（28-29）

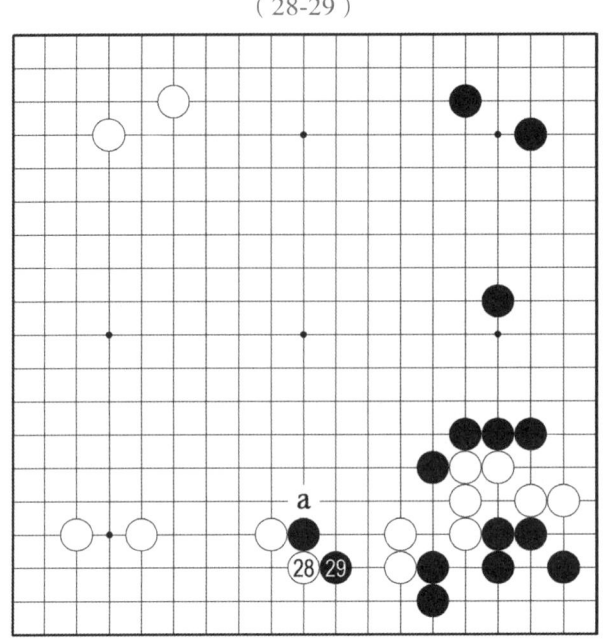

我决定靠进来还有一个原因：对手如果不敢正面应战（如 a 位扳），而是 28 位扳底下，则白棋被压在低位，理应是吃亏的。

（30-32）

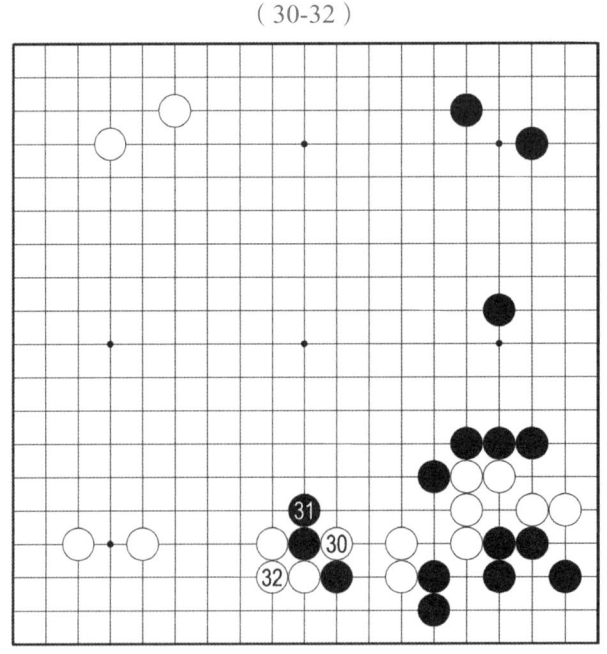

然而，后面再下几步就发现，白棋这个形状虽然在有些场合是吃亏的，但在当前局面，首先白棋将左下的空走实了，其次黑棋靠了两下对右下白棋很难再发动有力的攻击，所以实战黑靠两下可能吃亏了。

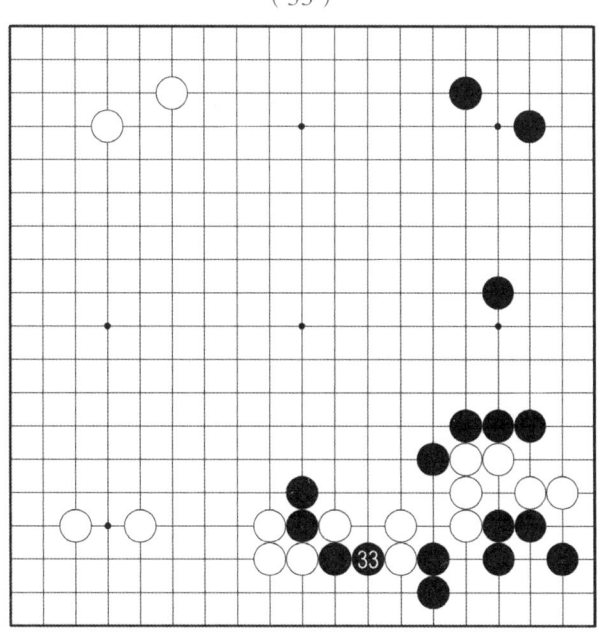

当时觉得似乎可在 33 位顶。

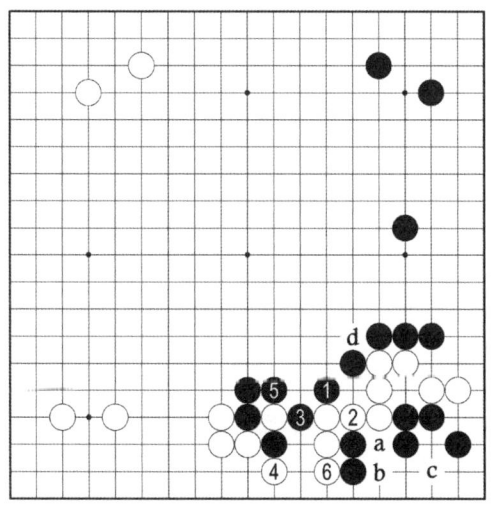

图 12

当时在下边靠两下，预定的后续手段是 1 位尖，白 2 粘，黑 3、5 吃一个，然后白棋可能在 6 位补。但这样进行，黑角就要承受白 a 冲、黑 b 挡、白 c 点的手段，角上处于一个欠着目的状态，而且外围留有 d 位的断点，好像也不是那么满意。

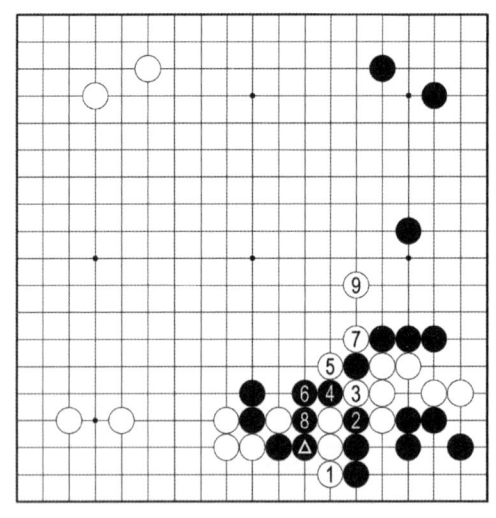

图 13

黑❶顶的意图是，白如果1位冲断，黑2、4也冲断，以下形成转换。黑❶和白1交换，又吃到这个程度，下面就非常厚了。我当时觉得这个战果不错，不过就算下成这样，AI也并不看好黑棋。确实，这一带被白棋拔了一朵花，白9也跳在外面，黑棋之前的阵势就被瓦解了。

（34-36）

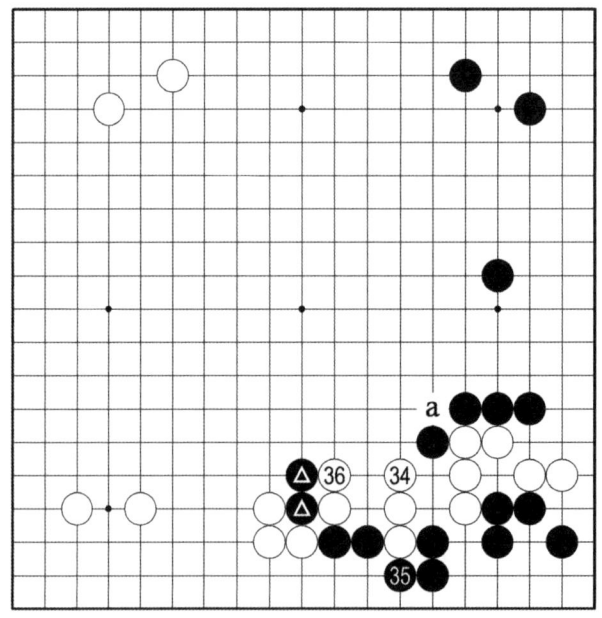

申九段的着法很简明：白34双，再白36贴。

虽然黑棋把白分断了，也希望通过这个断制造一些头绪，然后进攻对手，但是实际上，因为白左边的子力比较多，而且黑❶两子及a位都是比较软的形状，所以想要进攻对手非常困难。

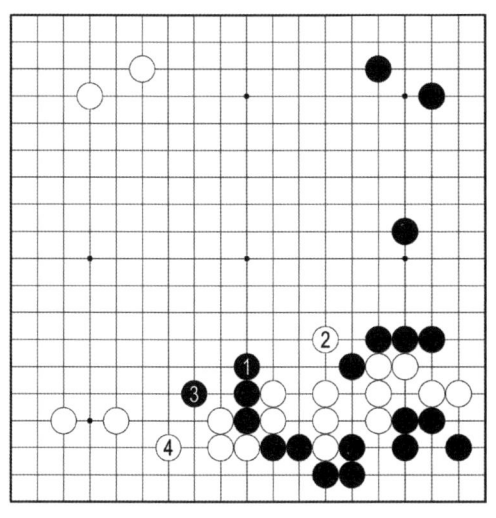

图 14

接下来,黑还有 1 位长的选择,如果白 2 跳,黑 3 也跳,白 4 大致跳回。如此进行,黑棋虽然把白棋分断了,但现在谁攻谁其实也说不清。因为白棋出头较畅,而且黑棋右边并没有想象中的那么厚,如果双方竞相往外跑的话,黑棋反而有点落空的感觉。

（37）

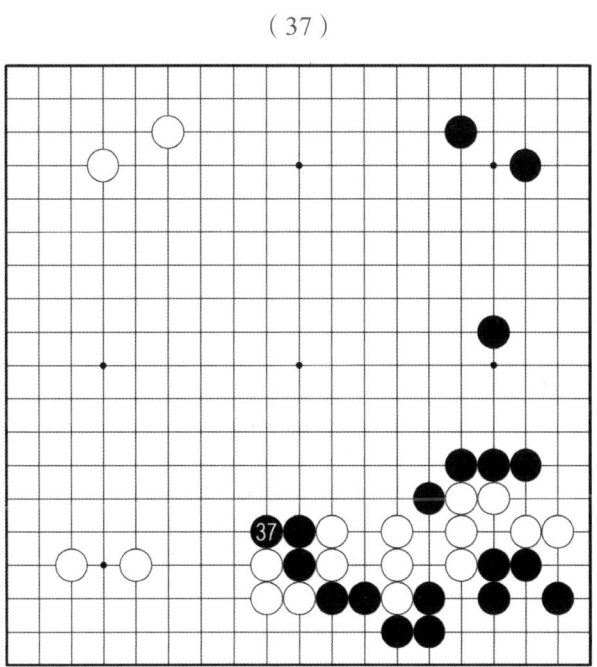

黑 37 拐头,是我早就盼着的一手。

图 15

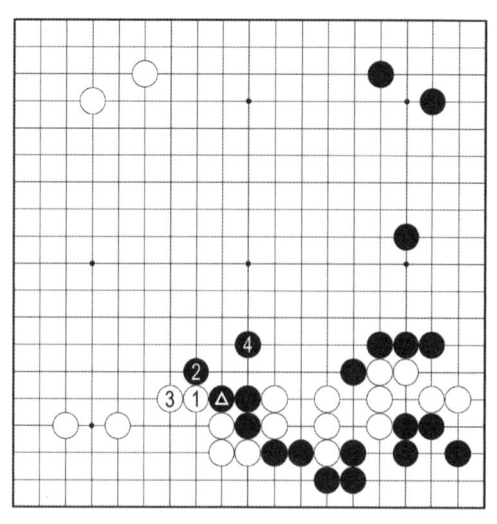

黑△拐时，我期待着白1扳，黑2扳后再4位跳方，感觉这样对白棋的压力更大一些。

（38）

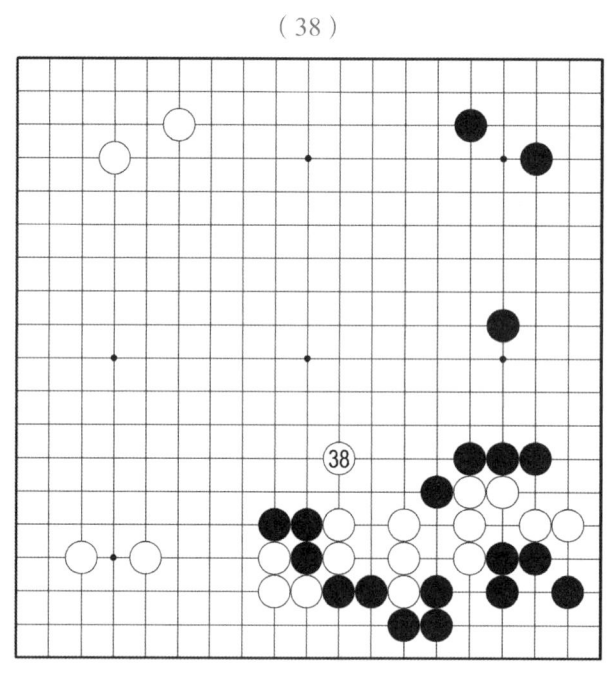

申九段在38位跳一个，料敌在先，是好棋。

图 16

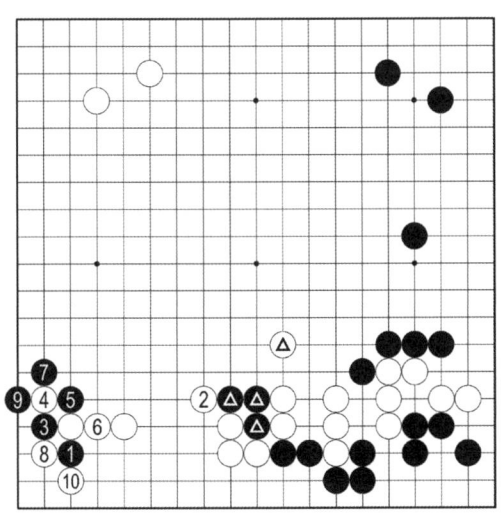

白△走畅后，黑1托角就有点脱离主战场了，白可能2位扳反击，黑△三子是棋筋，轻易不能放弃，但三子头被一扳，还是非常软，左下黑3走几手提一个子，黑棋整体上不能满意。

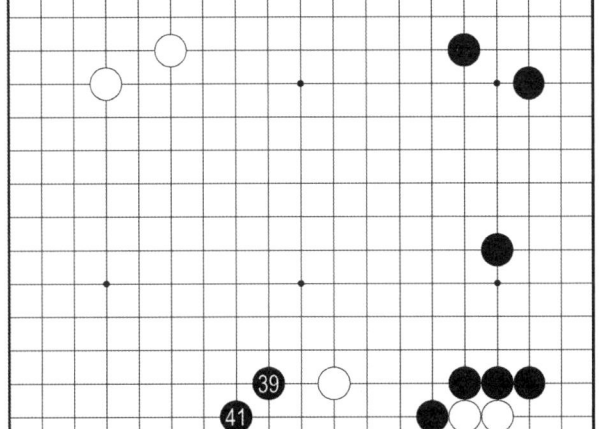

（39-43）

因此我当时还是想把这三个子跑出来，继续给对手施加一些压力。

黑43托可以认为是黑的先手权利。

申九段现在胜率比较高，状态很好，也比较自信，往往下得比较快，但他在本局下得很慢。在我的印象中，布局时他的时间一直落后，最多的时候要比我少半个小时。从这里可以看出申九段的谨慎，也可能说明他肩负的压力和责任比较大。

(44-47)

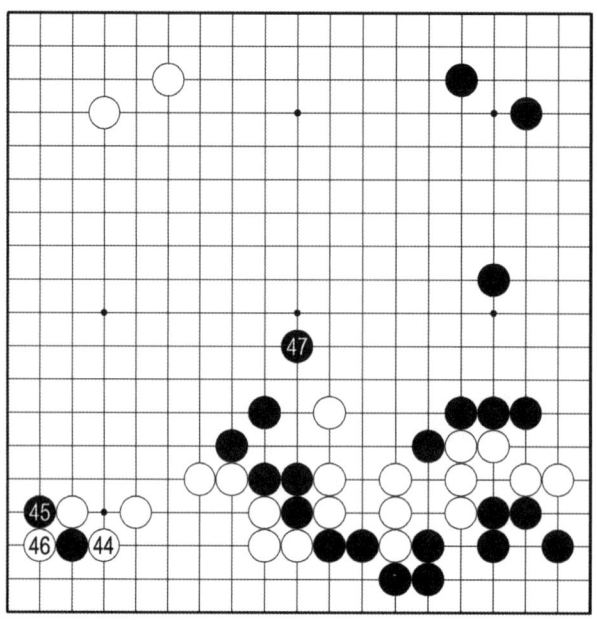

黑 45 在角上留下余味,转向中央在 47 位飞攻。

当时,我觉得中间这一串走得并不成功,但还是希望能继续对这块弱棋做点文章。

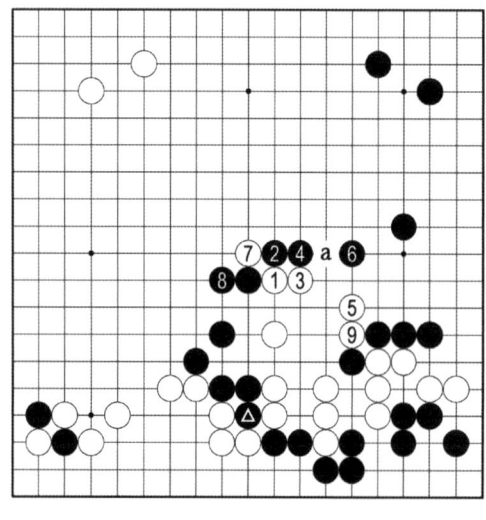

图 17

接下来,白正常应该在 1 位靠,黑 2 扳、黑 4 压,白 5 飞点是一步好棋,我如果在 9 位粘,白 a 位扳,黑就封不住了,所以我基本上也只有在 6 位跳。白 7 先在外围留下头绪,再在 9 位断,活到里面去,我们可以看到黑的外势其实并不完整。

所以说,从黑△靠开始的战斗,黑棋是难言成功的。

（48-50）

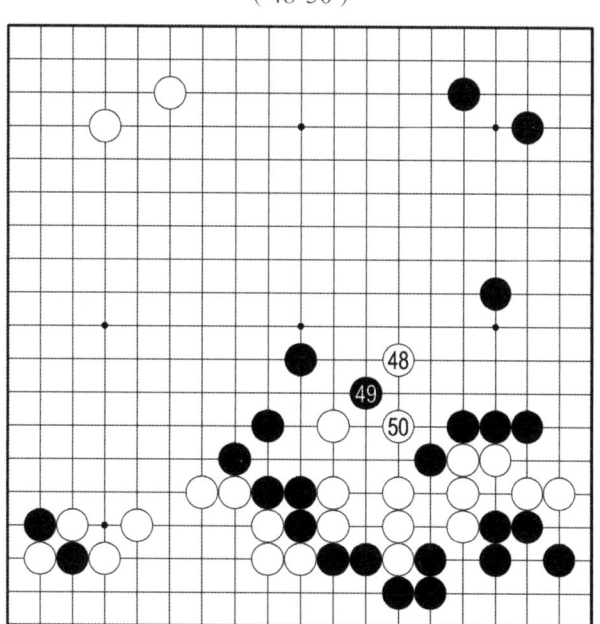

白48飞象步，我当时就觉得不是什么好棋。对手可能不希望被我封得太紧，但被黑49穿象眼之后，白适得其反。

（51-53）

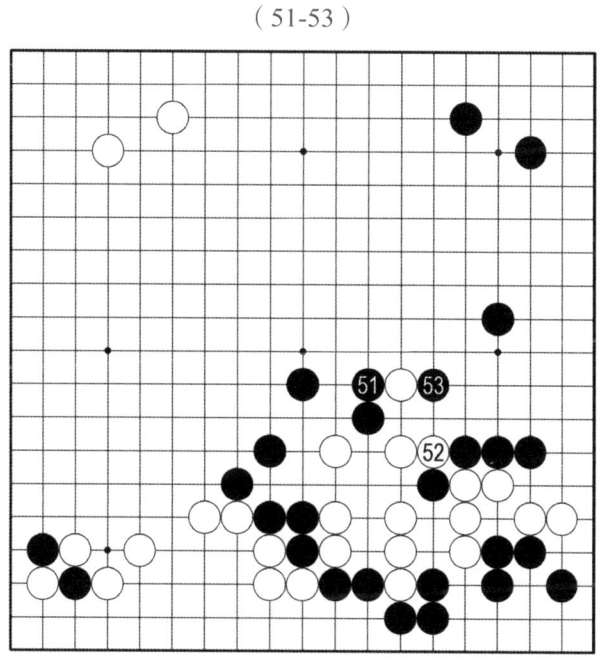

黑51时，白52断吃，马上被黑53封住了。

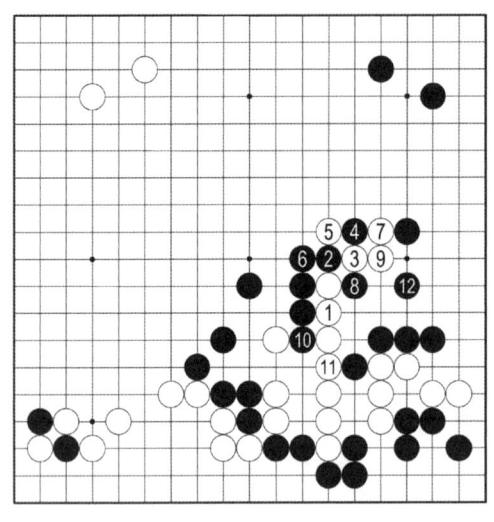

图 18

那么，实战白52能不能在1位抵抗呢？黑2、4连扳是强手，白有点难以为继，因为白如果在7位打吃，被黑8打断，白大龙非常危险。黑10先破眼，然后黑12跳，整块白棋都缺乏眼位。

所以白52断基本必然。黑53夹是我对局时的第一感。

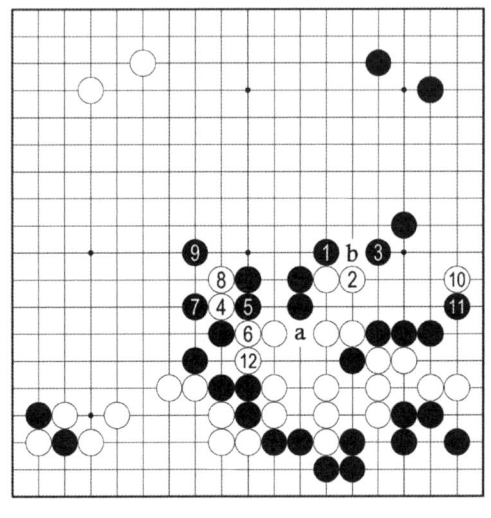

图 19

AI推荐黑1扳，白2长后，黑3尖封。我倒没觉得1、3的形状比实战好，但确实因为黑1扳后，局部白走a位仍无法一手成活，所以白还要从4位这个地方去拱眼，这是里跟外的交换，当然很损。接下来，白4靠、白6断，被黑9枷，大损。最后靠白12打吃后手活棋。这个图跟后来的实战比较，黑棋更有利些，原因是白棋在外面断了两下损了，究其根本是白棋在局部没有办法正常做活。

当然，实战黑53夹，从人类棋手的角度来看也没有什么问题。

（54-55）

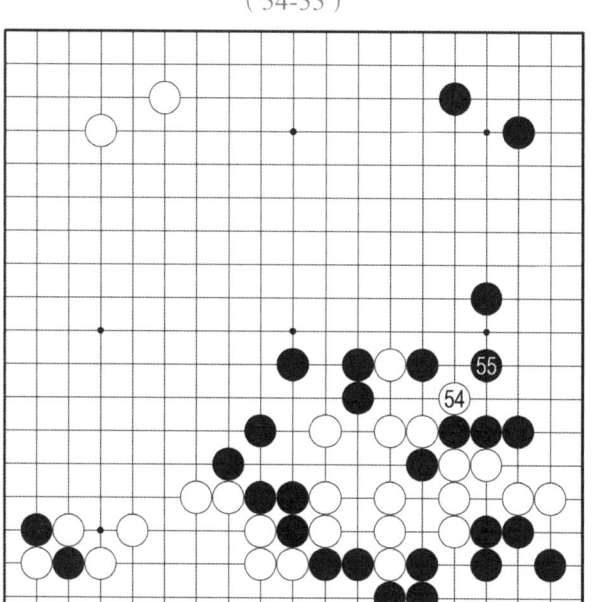

白54扳，试图走出一些头绪，黑55位跳枷，轻盈卸力。

（56-58）

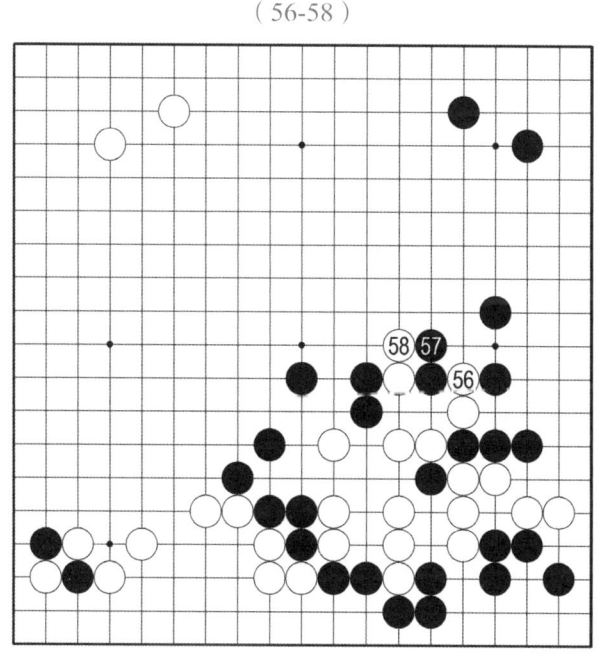

白56冲，黑57长，我当时觉得是必然的下法。
白58是行棋的步调。

（59-61）

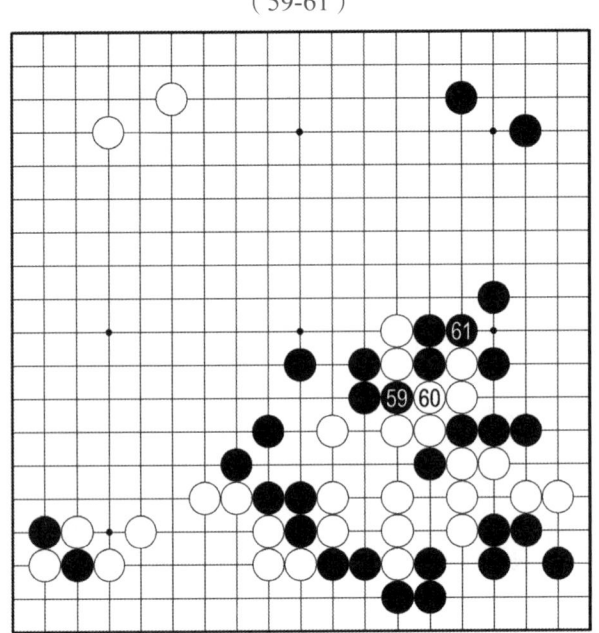

至黑61，彻底封锁白棋。

（62-66）

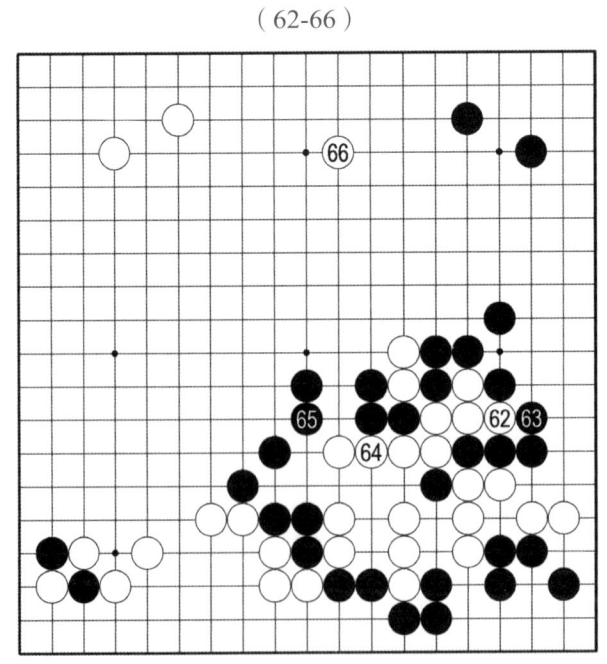

白62冲至黑65双，双方势所必然。
白66是非常醒目的大场。

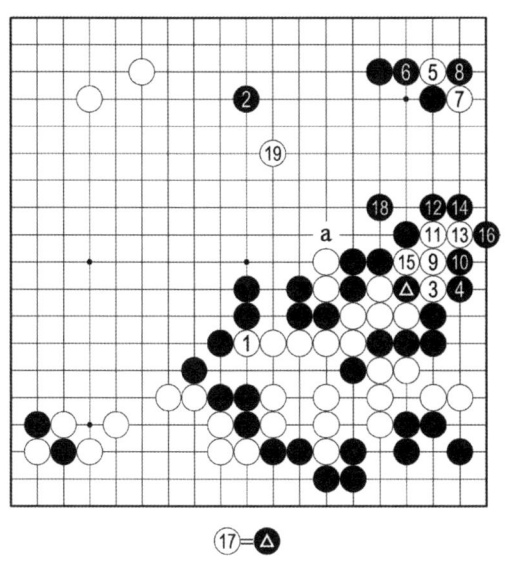

图 20

实战白 66，AI 给出的推荐是在 1 位冷静地一挤，人类棋手确实很难想到这个时候往这里挤。白 1 落了后手，我很想在 2 位抢大场，但是 AI 并不这么认为。白 3 断打，让黑非常难受。如果黑棋选择 4 位反打，白则可以先在右上角施展手段，再来寻找头绪。如果这样进行，黑这条边就会被白洗得很惨。白还可能不依不饶，继续在 19 位吊，瞄着以后 a 位的出动。黑右上的大模样看上去虽然很壮观，但却被白轻松洗掉，所以 AI 这步后中先的挤还是很有味道的。

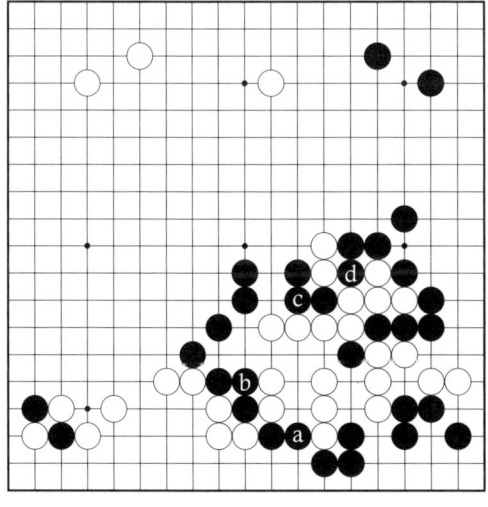

图 21

实战白 66 拆上边也没有什么问题，但我却出现了优势心理。纵观右下一带的战斗，开始时的黑 a 顶、b 拐，我觉得黑棋是明显不利的；后来，白的象步被黑 c 刺穿，黑 d 又将白的头夹住，白棋被迫活在里面是非常局促的。战斗暂告一段落以后，我判断了一下形势，觉得我右边这块空成的效率挺高的，目数也很多。通过上述几点，我判断自己的形势还是不错的。

当然，正确的形势判断能让你觉察自己是否处于优势，并潜移默化地影响后续的着法：到底是选择激进一些，还是选择稳健一些。

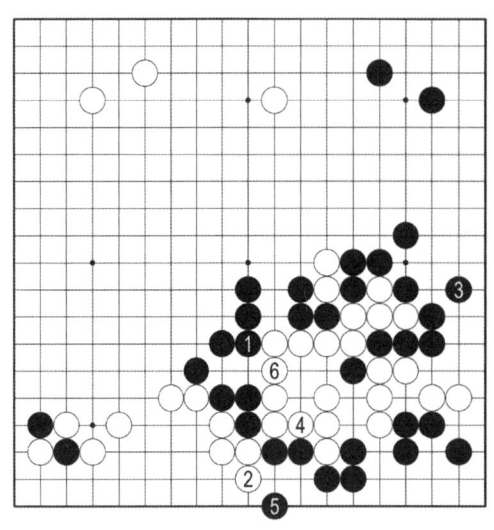

图 22

实战白 66 既然去抢大场，AI 便推荐黑棋在 1 位团，白 2 间接补，黑 3 补厚，白 4、6 只得摆眼。这个图跟后来实战的区别是，白在 1 位少挤了一下，但在上面拆到差了很多，尤其在厚薄方面。所以，如果黑得先手回到上面行棋，还是一个跟初始胜率差不多的局面。

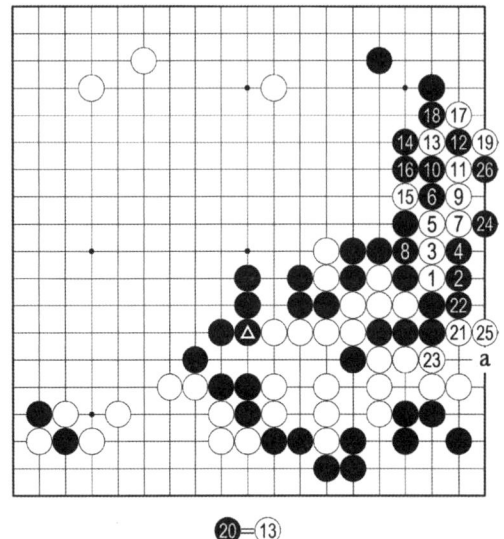

图 23

但当时我首先觉得自己的形势不错，其次是没搞清右边到底该怎么下。白 1 以下的手段始终是黑棋的负担。进行至白 7 拐时，虽然黑 8 粘可以杀白（局部手数虽多，变化却没那么复杂），但白在外围颇有借用。当白 21 托、白 23 虎时，黑如在 25 位打，白 a 位做劫，黑的劫材肯定是不利的——所以黑棋只好在 24 位收气，这就让白 25 立成了先手。可见，经过右边的铺垫，白棋大块是可以先手成活的。

所以当时我觉得，黑△团了之后，有可能被对手先手做活，那么我在这个地方花一手棋的价值就没有那么大。但是从厚薄上判断，黑虽然花了一手棋，但感觉走了好几步棋，非常厚，下成这样黑棋还是挺不错的。这就是"后中先"，而实战就是所谓的"先中后"。

（67）

黑67持重。黑这么选择的主要原因就是觉得形势确实不错，黑67粘本身也没有什么问题——我觉得这就是人类棋手和AI差距很大的地方，比如说搞不清a位这步团到底能有多大的价值，双方的得失如何，还包括这里走个后手有多大的价值。

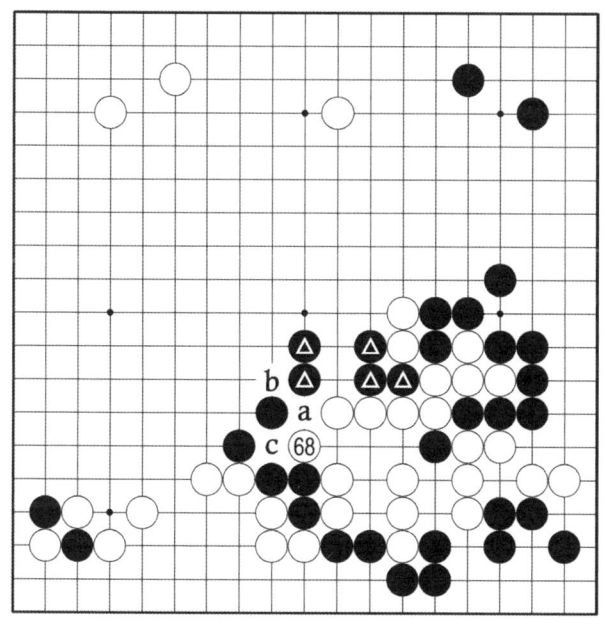

（68）

实战白68叫吃三子，有此一手，白大块就活净了。但如前所述，更好的补法是在a位挤。因为挤在这里，威胁着b位的断点，未来对黑▲这块的压力也更大一些。而白68吃三个，黑棋是不可能在c位粘，因为这样并不会对白棋造成什么威胁。如果我c位粘，对手团在a位，相当于白68把黑棋打重了。因为我什么时候都不能粘，所以白68打就没有a位挤的压力大。

(69)

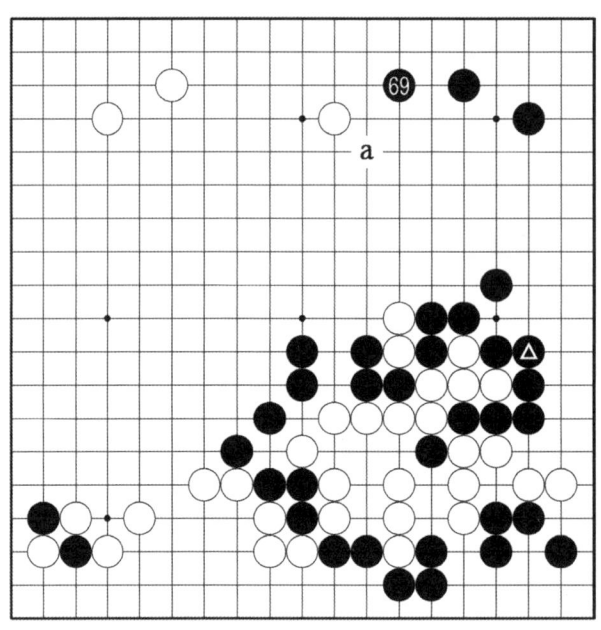

黑69拆一，这是我粘完黑△就想走的棋。当时点了一遍目，觉得右上这块应该有40多目，右下有10多目的样子，加起来可能有50多目；白棋左下有30目左右，加上一些厚味，左上有一个角。如果我能走到a位围，黑空就会更多。当时我的判断确实有些问题。

判断失误的一个原因是，我不太会算白棋左边这种空，因为不知道用什么方法计算。整个左边是一种很虚的状态，我不知道该点多少，于是左边就没怎么给对手算，这显然不对头。

局后，我通过韩国的团长睦镇硕老师问申九段这个局面怎么样，申九段觉得自己不坏，可见当时我的判断有很明显的问题。

（70-71）

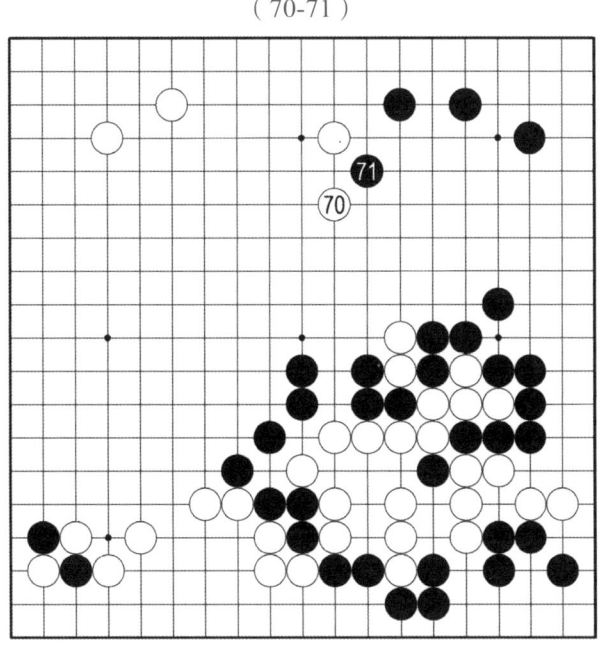

白 70 跳起，对手下得很稳，黑 71 当然点。

（72-73）

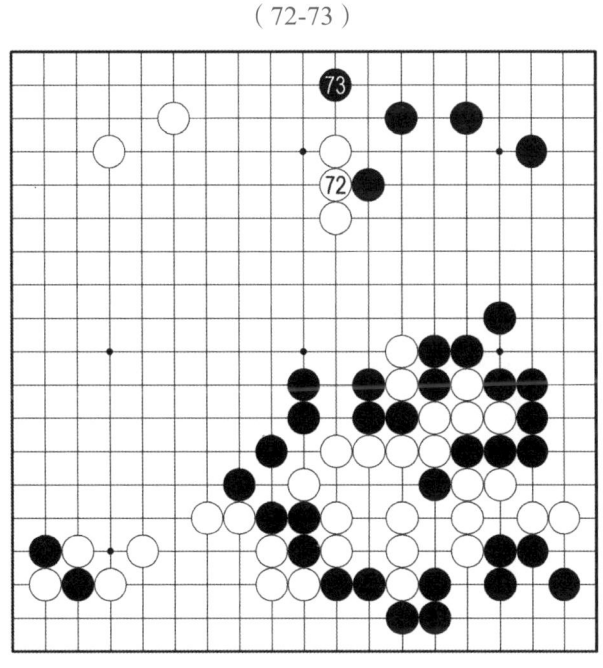

黑 73 在局部没有什么问题，但现在黑的局势已经有点吃紧，这类正常下法可能会让对手走得更舒服。

(74-76)

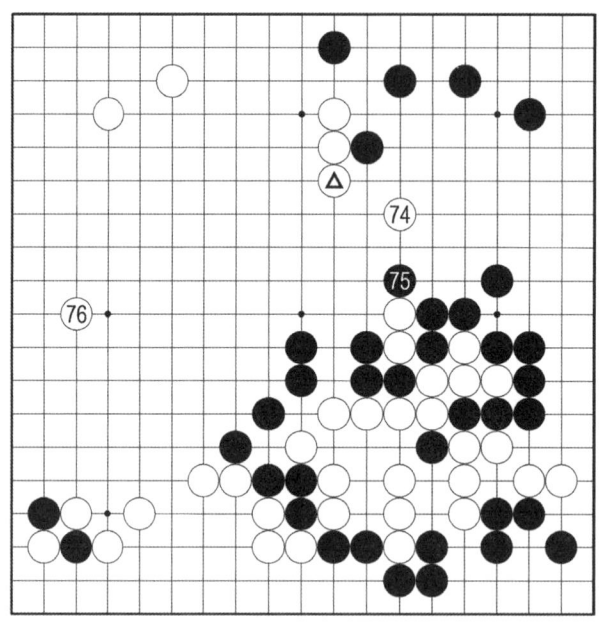

白74飞姿态潇洒，黑75还不得不补，一旦被白75位跑出，我外面这些子力——我以为的厚势，可能要变成孤棋。

白76拆到最后大场，局面相当主动。当初白⊿跳，我就意识到不太妙，对手在中腹消一消，在边上拆一拆，白棋在左边所蕴藏的价值远远比我想象的多。而且，我右上这块空也没有想象的那么大。白74先手飞到，以后还能继续深入。一个左边的白空，一个右边的黑空，这两个地方的判断偏差，导致我对全盘的形势出现了误判。

这时我觉得，必须得拼一下。

(77-79)

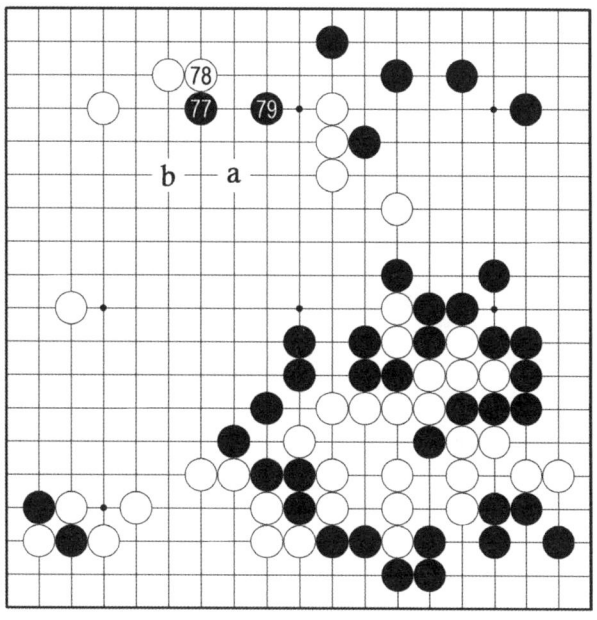

黑77肩冲，以白中腹数子为攻击目标。这时，对手可以简单地在上方行棋，比如a位大跳，接下来黑如在78位挡，白还可以继续在b位跳。对手只需简明应对即可，黑棋就明显要差一点。

白78爬一手，人类棋手的正常分寸。

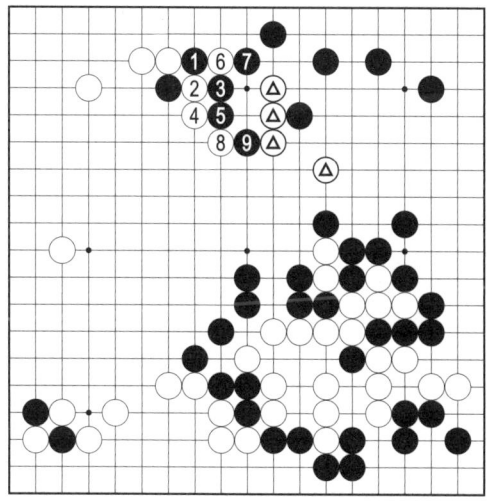

图24

实战黑79跳看起来很正常，但AI给出了一步凶着——1位扳。这步棋确实在我脑海里闪过，很可惜没有细看。黑1卖个破绽，就是让白2断。黑3打、黑5贴，似乎在不可行中强行。白6打吃，再8位扳，看起来黑已经动弹不得了。然而这时黑9单挖是妙手，也很容易成为盲点，以下白两边难以兼顾，白右边四子可能会被割下来。

经黑9一挖，可以说白棋要把之前的优势都还回来，甚至有可能在这个局部直接被逆转。

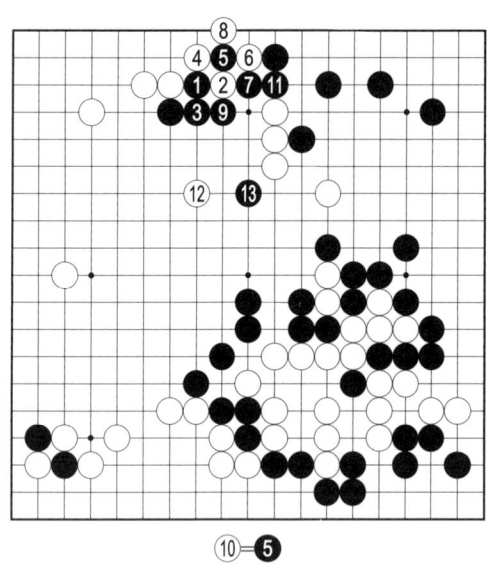

图 25

白也许只能在2位夹一个。即便如此，进行至黑13分断，白棋也很难措手。

当时我可能还是觉得黑1扳看上去太紧了，但如果能细算并下出这一手，好像就能逆转局势。因为这样白中腹数子非常危险，而我的子力优势就能体现出来了。白棋就算能跑回去，损失也会非常大，这么看，白棋仅仅获得了上边这一点点实地。

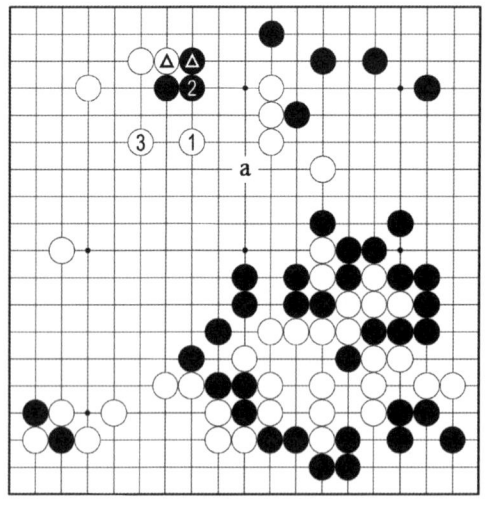

图 26

所以说，如果黑▲扳，白棋的最佳下法是往中间大跳一个。黑2粘，白3再跳，但这样白▲爬一个明显亏了，因为帮助黑棋联络好了，而白在a位也多了一些缺陷。

实战中，我要是能下出黑▲扳，不知道对手能不能下出1位的跳。当时在这里没有考虑那么多，未能下出这个扳，殊为遗憾。

（80-84）

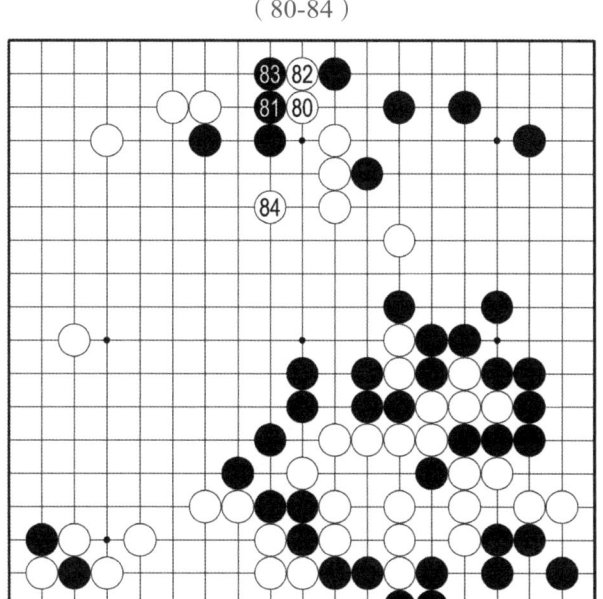

白80尖穿，乐得如此。

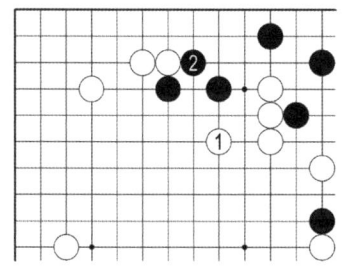

图27

白80如走外侧，黑2虎，黑形状不错。

白84不在局部继续纠缠，走得很简明，这是对手觉得自己占据明显优势。

(85-86)

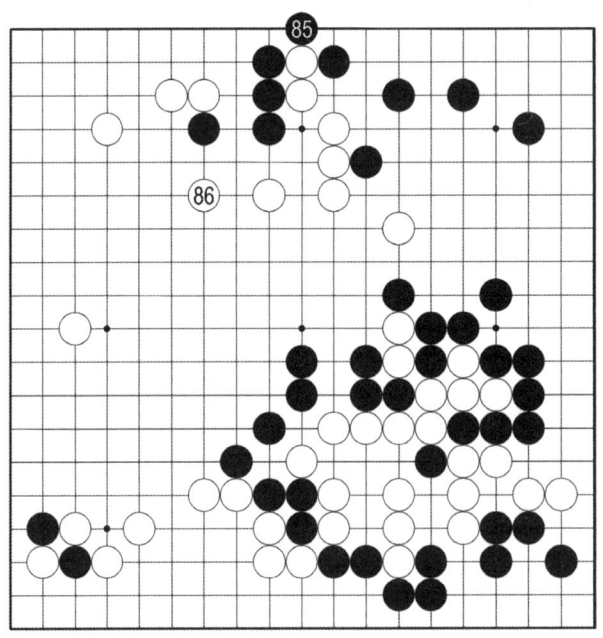

黑85渡过，白86再跳，我确实感觉局面越来越难了，因为棋盘在缩小。

现在黑白双方的差距虽然不大，但我总觉得因为对局面的控制和目数的差距，以及主动权掌握在对方手里。

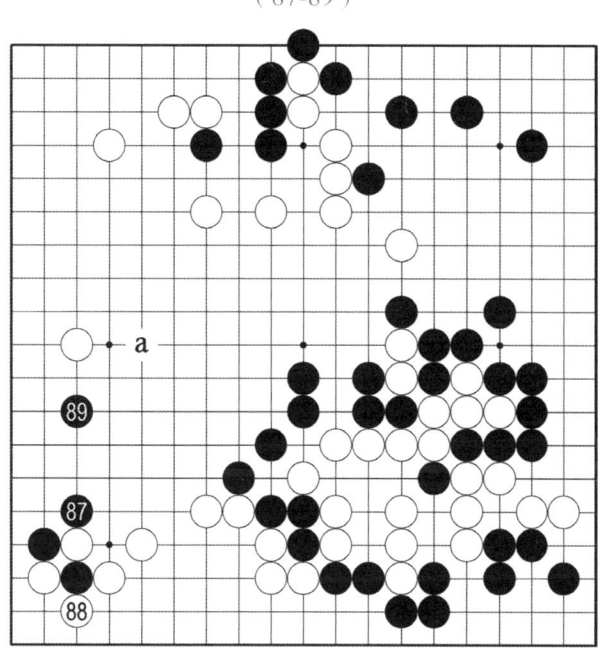
(87-89)

黑87从左边寻找头绪，黑89也必须破空。可是对于这样的弱棋，白在a位跳一跳都有先手味道。这时，白需要做的只是把一些基本空守住，同时把中腹一队处理好，再收收官子，黑棋就很难了。

(90)

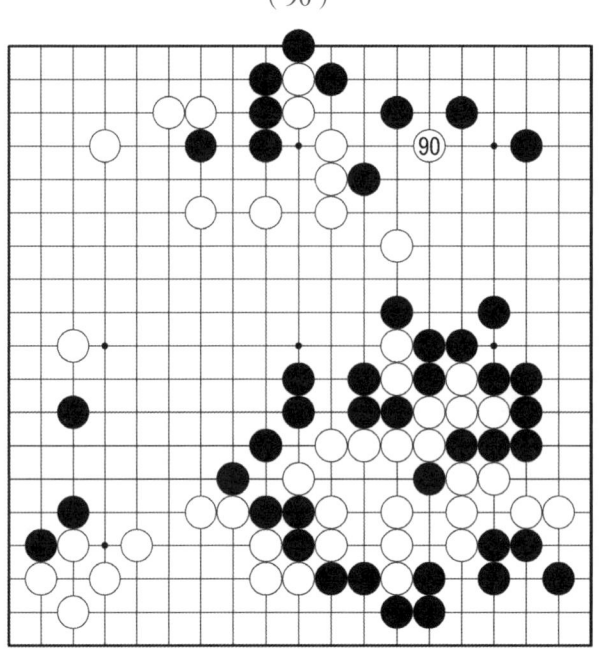

白90点，试探应手，让黑非常难受。

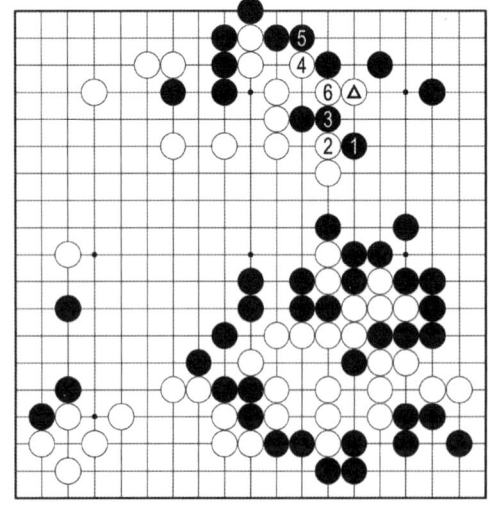

图28

我当时第一感就是在1位反击，但被白2一冲，黑3只能挡，白4再尖、白6冲，黑没有办法把白△割下来。

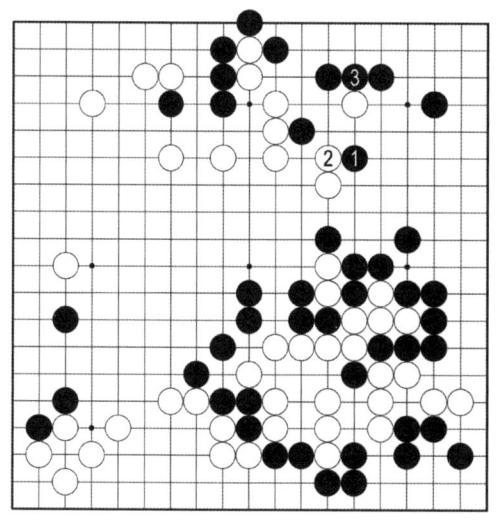

图 29

但在赛后用 AI 来研究,黑 1 交换到白 2,再 3 位粘,黑 1 已得便宜。因为有黑 1 这颗子,黑右边的空就更加牢固。如果没有这步棋的干扰,白棋可以更深入地施展一些手段——代价是白 2 让白外面厚了一点。

在这种地方,AI 能很直观地看到一步棋到底亏了还是赚了,但人类棋手可能就没有办法,而对局时则更没有时间把这些道理想明白。

(91-93)

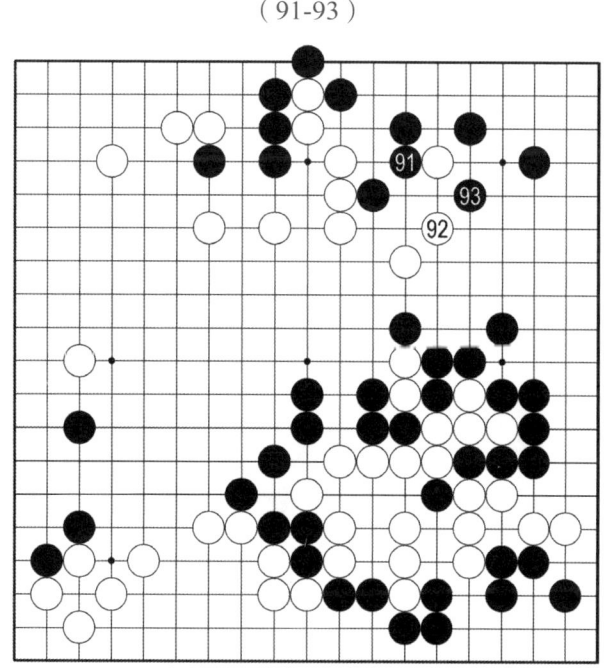

黑 91 贴上来,黑 93 刺,希望给白中腹多施加一些压力。

(94-96)

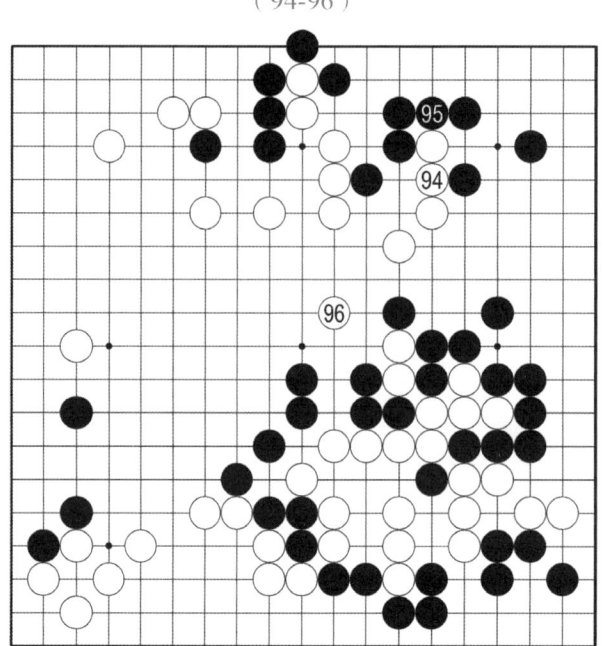

黑 95 不得不走，否则被白冲两下，黑形就裂了。

白 96 选点甚佳。

(97-99)

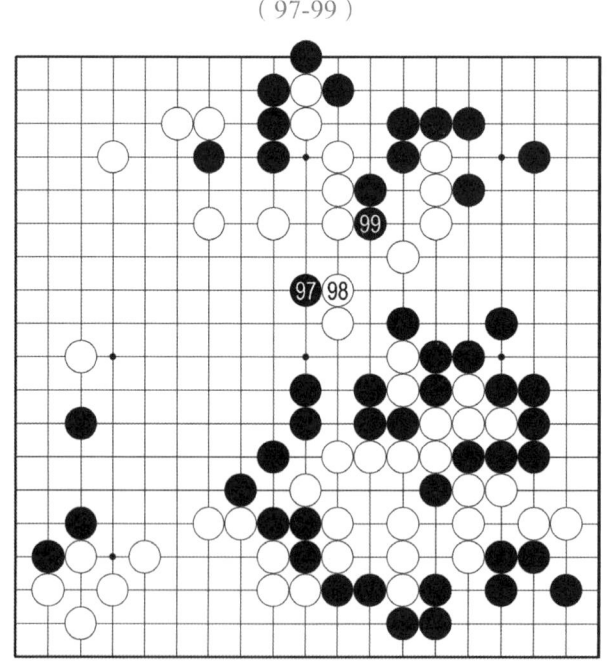

当时已经意识到自己形势不好，黑 97 迫切希望去冲击这块棋，在这里做些文章。

但黑 99 操之过急了，在局面不利的情况下，本来希望下得紧凑一点，但在这种心态下往往更容易忽略自己的弱点，这步棋就是一个很好的例子。

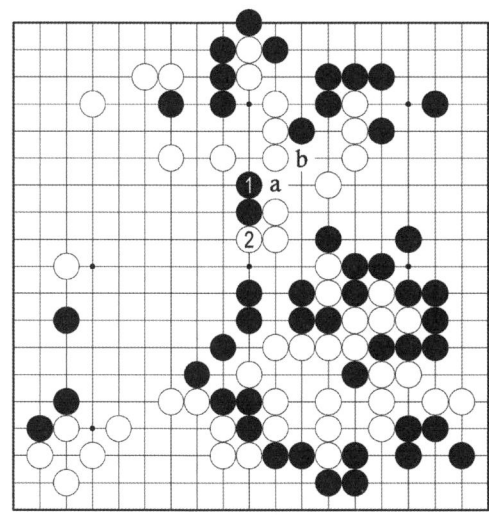

图 30

实战黑99正常应在1位长，这时白只能a位粘，若在2位拐，那黑就在a位冲了，而不会走b位冲。如果这样进行，中腹的攻防态势则完全不同。

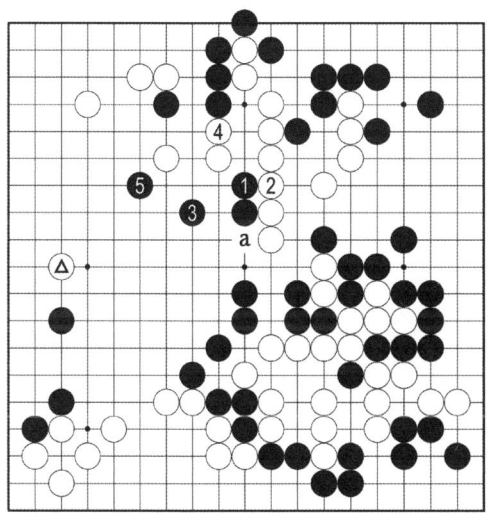

图 31

黑1、白2之后，再在3位跳，我当时想对手可能走4位双，然后我再走5位飞攻，就是希望从外侧缓攻、压迫而积蓄力量，转而攻击白△，在左边做做文章。但是，我当时一心想着去进攻白棋，真是过犹不及。

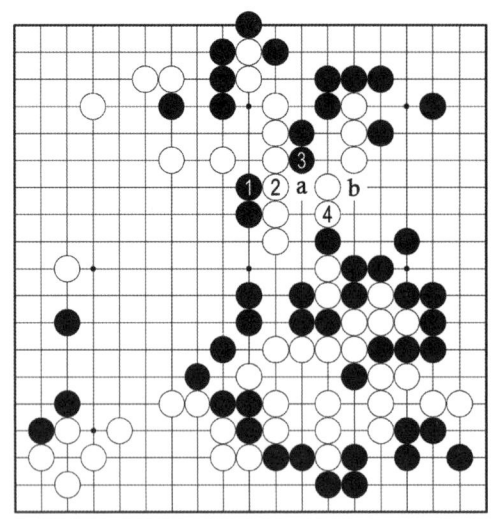

图32

而且，黑1与白2交换之后，黑3如果再冲，白棋会在4位双，而不可能像我预想的接在a位，否则就被黑明显便宜了。但不管对灭眼还是收官，黑直接挤在b位显然更好。

当时，我对局面过于悲观，然后又希望马上冲击对手来制造头绪，所以黑99冲从心理层面来分析，就是太想进攻了，或者说是急于求成，而忽略了自身的一些问题。

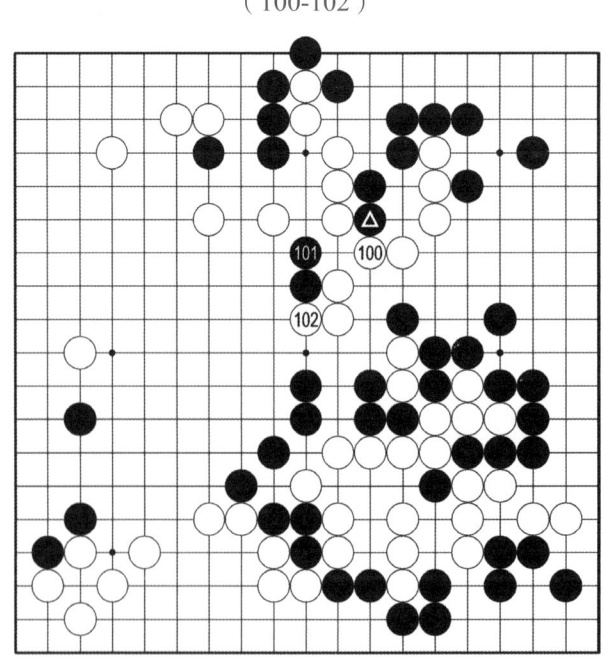

（100-102）

黑101长，期待着白棋补断，然而被白102拐头，我突然意识到了不对，黑❶过于想当然了。

（103-106）

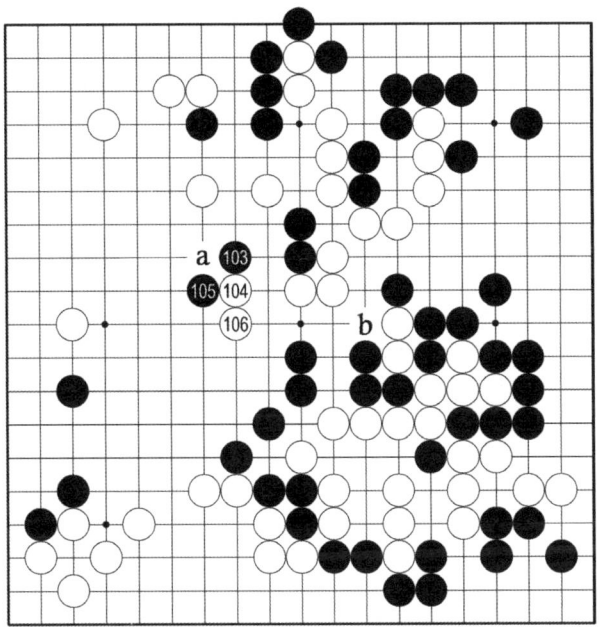

黑103只能先跑，然而被白104、106靠了长之后，左右已经无法兼顾：a位有断，虽然黑三个子能跑出来，可也不能再奢望攻击白棋大块；白b位跑出棋筋，黑中腹一块就彻底成了孤棋，攻守完全易位。

到这个时候，从棋上来分析，黑基本上很难翻盘了。

前半盘，我的时间优势很大，最多时比对手多半个小时。然而到现在，所剩时间双方已经相差无几了。可能我比对方多几分钟，或者双方都有十几分钟的样子。然而此时也是我对局势比较悲观之时。如果在升局或者相持的局面，我可能会考虑得尽量周全。但就当时的心境来说，我太希望获得这个进攻的机会，尽可能便宜一点，这种孤注一掷的心理确实是造成我中盘崩溃的原因。

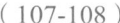

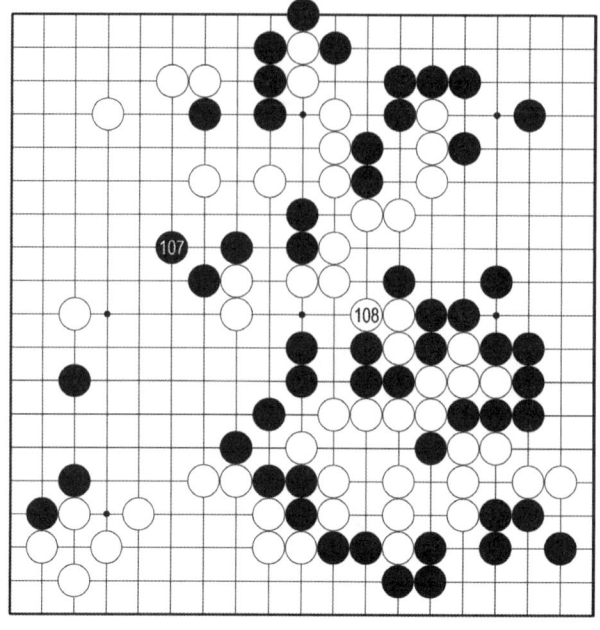

黑107补断,被白108拉出棋筋,黑形可以说是支离破碎了。

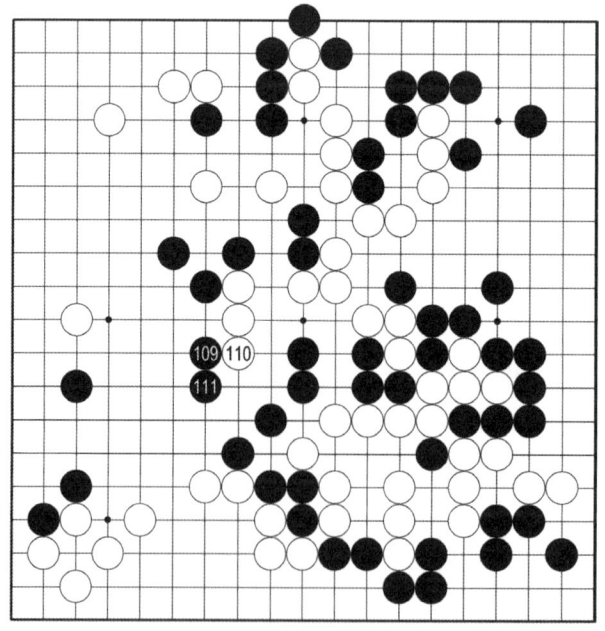

本来是黑想攻白,现在完全颠倒了。

(112-114)

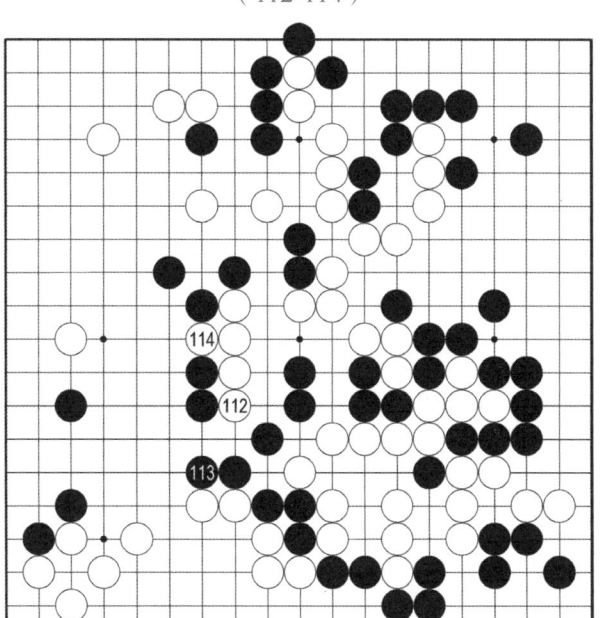

白 112、114 步步紧逼。

(115-116)

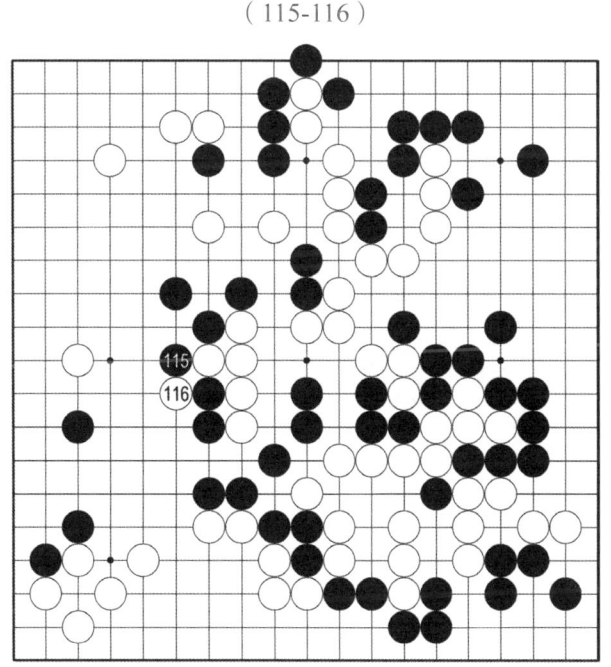

被白 116 断，黑棋濒临崩溃。

(117-120)

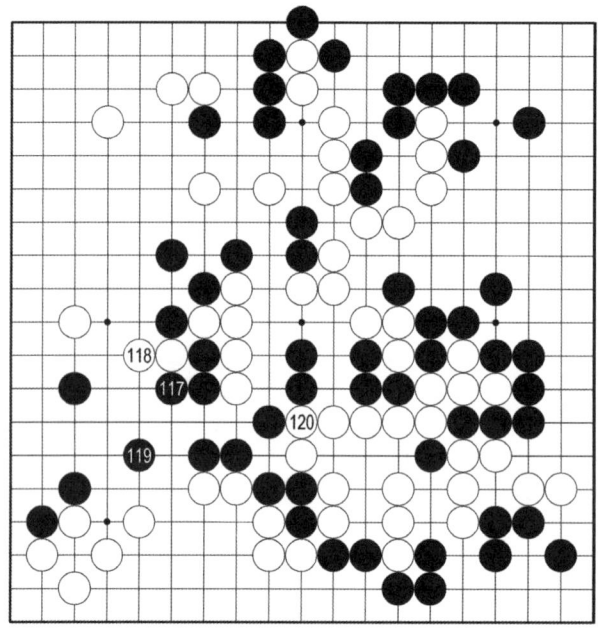

白118长，上下黑龙均出现死活问题。

白120挤，应该是求稳心理使然，不过不影响大局。

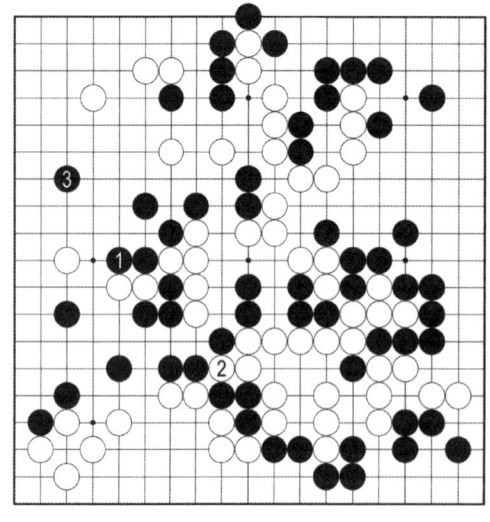

图33

最主要的原因是：黑1贴住，白2如吃三子，黑3再夹击，如果能吃住白边上几个子，形成转换，黑棋似乎还有转机。

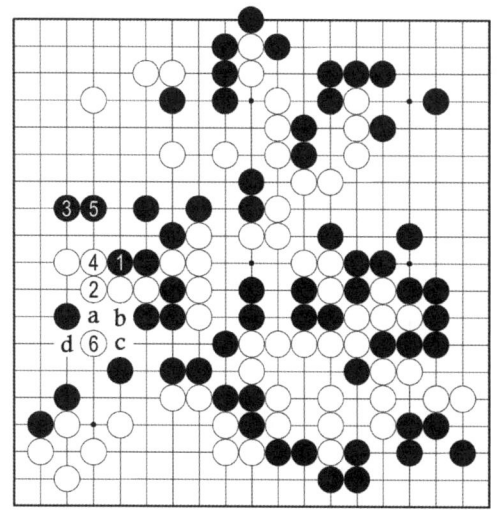

图 34

但白肯不肯这样走呢？

赛后复盘，申九段表示，黑1贴时，他是准备2位退的，黑拿不住这块棋。如果黑走3位攻，白有4位团的先手，黑只能5位并，白再6位跳，以下黑a、白b、黑c，白d挡下来。所以白2退，黑也杀不过。

白120挤这步棋，从对手的心理角度来说可能是想增加保险系数，其实走不走都是无所谓的。比赛时，对局者经常受到心理层面和胜负的影响，难免会出现一些本来不应该出现的问题手，来提高所谓的保险系数。

（121-124）

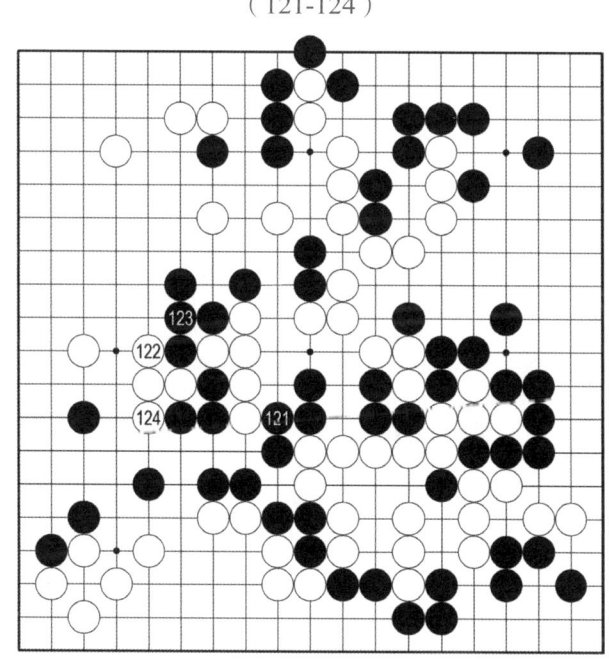

实战中，我觉得左边也走不好，就还是121粘。
白124拐先对下方黑棋施压。

（125-126）

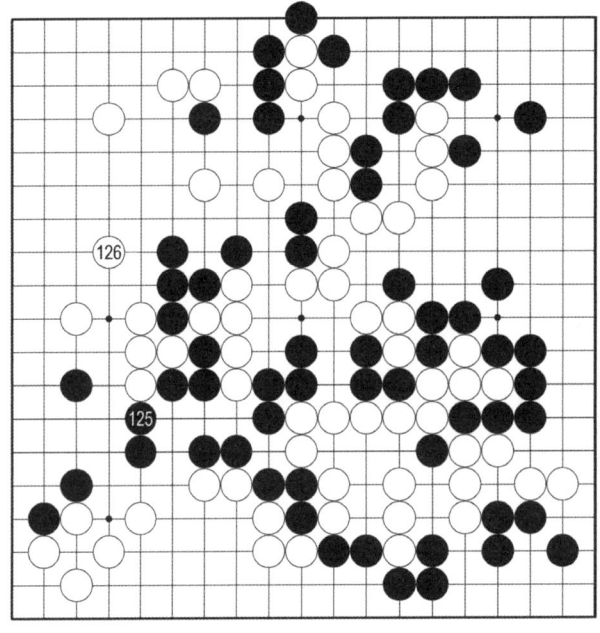

白126走好自身，又对黑中腹一块施加了巨大压力。

（127-130）

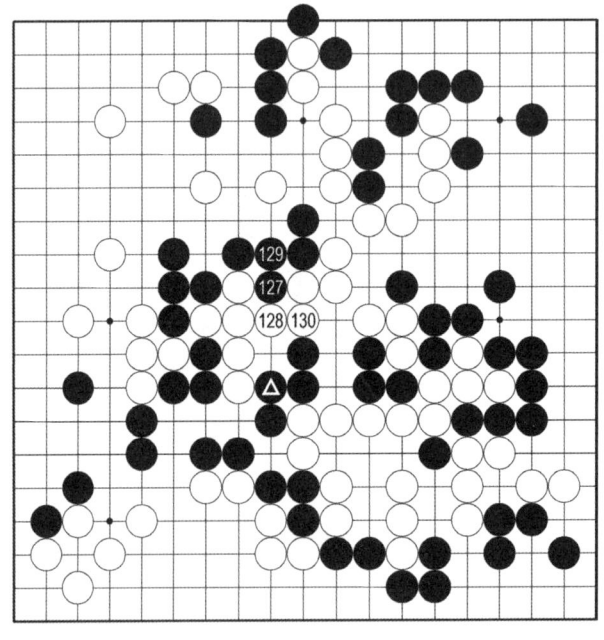

黑127给白棋制造麻烦。白130粘后，我认为机会来了。在黑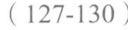粘之前，我应该是将读秒或刚读秒的状态，这时我应该还有五次读秒，于是我投入全部时间紧张计算后续的变化。

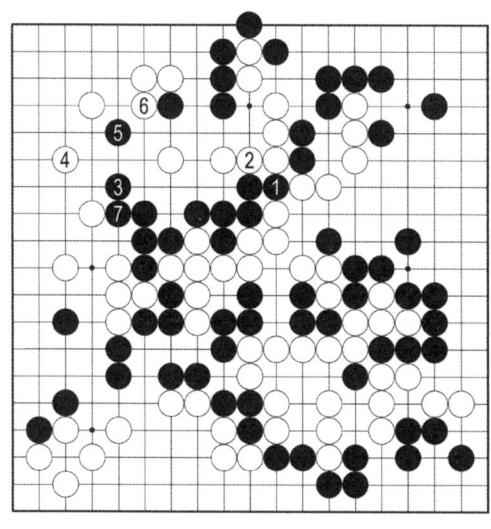

图 35

黑 1 断，白 2 只能粘，白的气其实没有想象的那么长，然后黑 3 尖长气。白如在 4 位飞，黑 5 就跳，白 6 断开，黑 7 再团。可以说那五次读秒，我都在想这个变化，而想到最后，我觉得黑 1 位断不一定能拿住白。

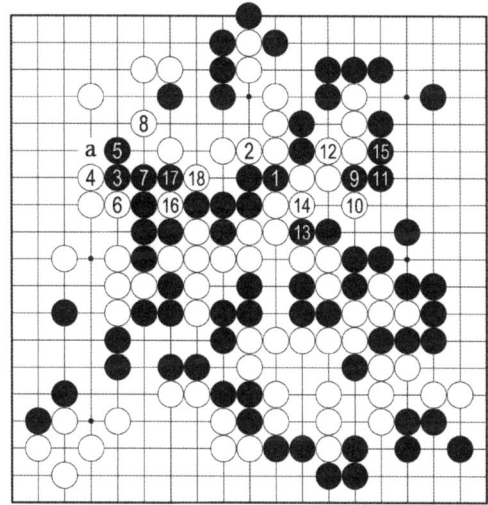

图 36

在最后一次读秒的时候，我突然发现对手可以直接在 4 位贴，因为贴完之后，在 6 位挤还是先手，再在 8 位尖，黑在 a 位仍然拐不下去。我利用之前的读秒时的计算，对于这个尖完长的形状，白棋需要在 a 位补。对手如果这样补，就会被我在 8 位尖，后续将形成一个非常复杂的打劫。但是如果对手不补 a 位，直接在 8 位尖，那黑的气就直接不够了。

如果我想从右边收气，基本上也就是在 9 位挤，再在 13 位打吃，黑 15 接牢：白棋有 6 气。而白 16 一扑，黑棋顿时就没气了。甚至白 16 不扑，黑棋也只有 6 气，也是慢一气。

(131-132)

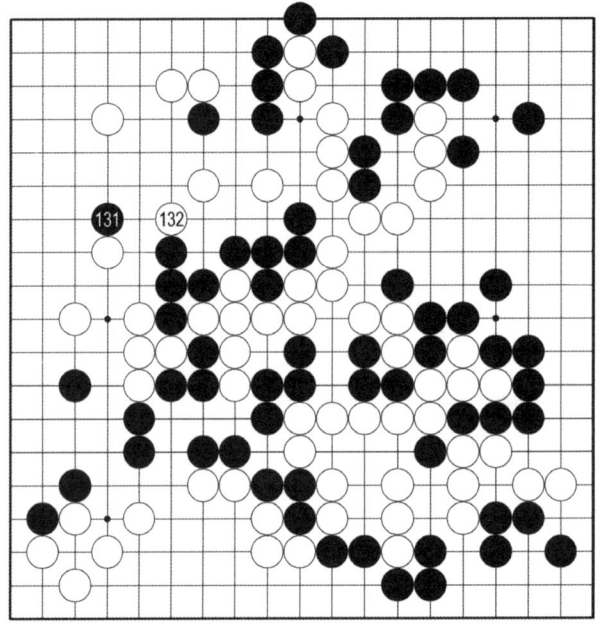

在最后一次读秒的时候,我发现白棋可以贴了挤,顿时觉得这个变化不成立(这个棋本来也不行),然后在慌乱之中拍出了黑131靠,结果被白132一顶之后,对杀的情况可以说看得清楚明白。

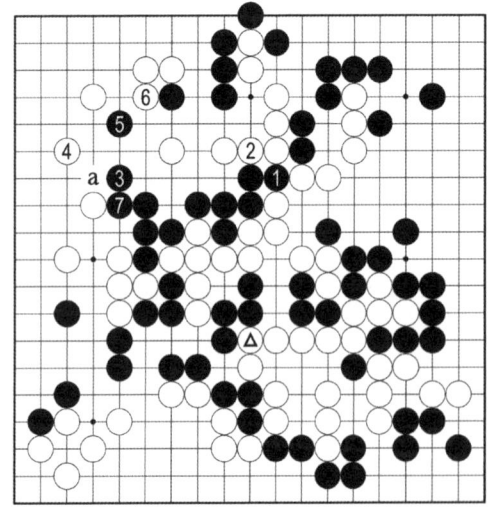

图37

但我还是要说一下白△挤,就是由于对手多挤了这一下,撞紧了中腹白棋一气,我才对中腹的对杀燃起了希望。因为下到黑5的时候,说实话黑棋并不能联络,但黑可以通过长气来跟白棋对杀。总之,这个棋还是十分复杂的,只不过是没有注意白a位贴。但就算注意到也没什么用,因为这个棋已经不行了。实战的进行只能说是死得更干脆罢了。

（133-134）

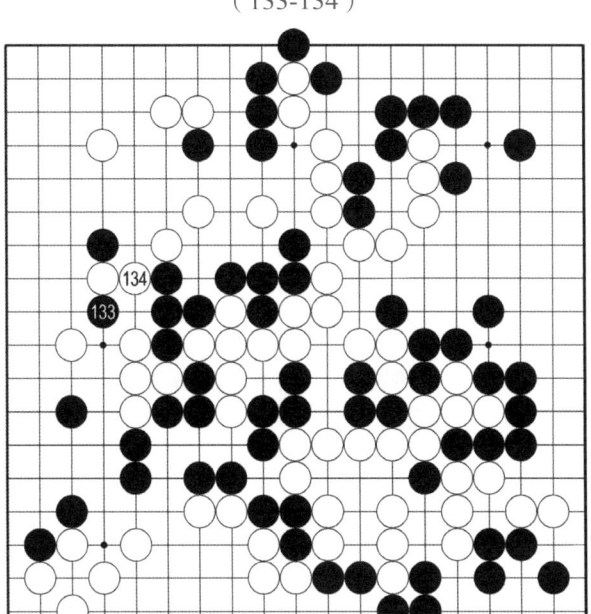

黑133努力求活。

（135-136）

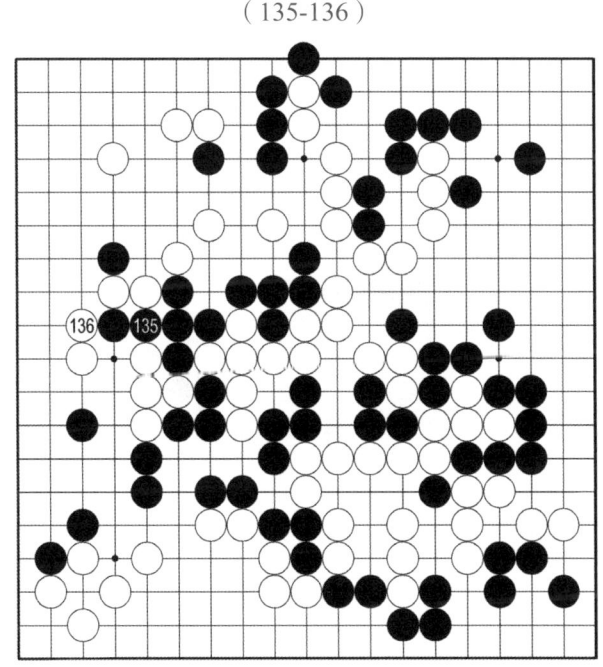

至白136，黑仍然不行，等于被白棋包饺子了。

第五局 决赛首局 ● 辜梓豪 九段 ○ 申真谞 九段

（137-138）

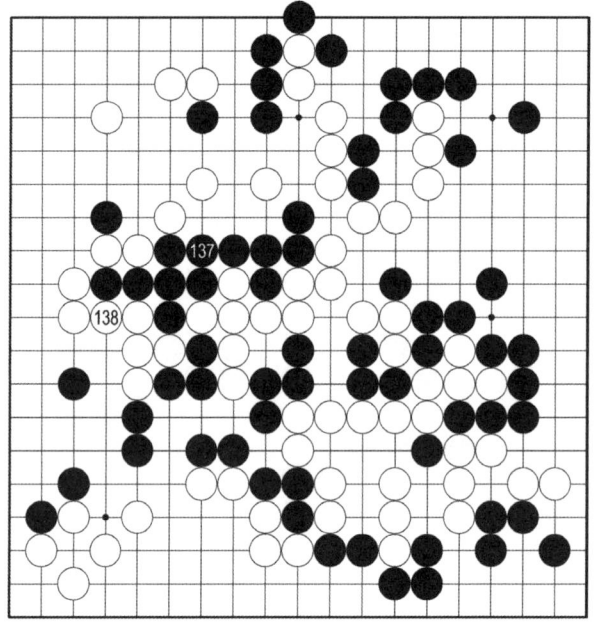

白 138 粘，黑棋毫无机会。

（139-140）

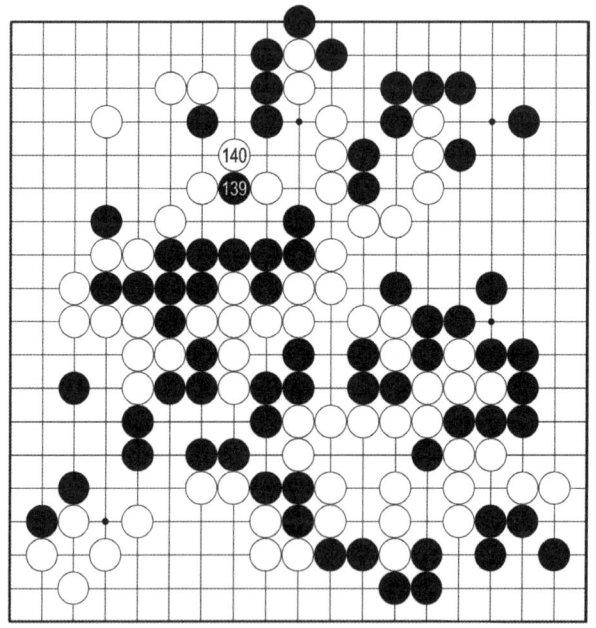

黑棋大块只能通过黑 139 的挖勉强逃出来。

（141-143）

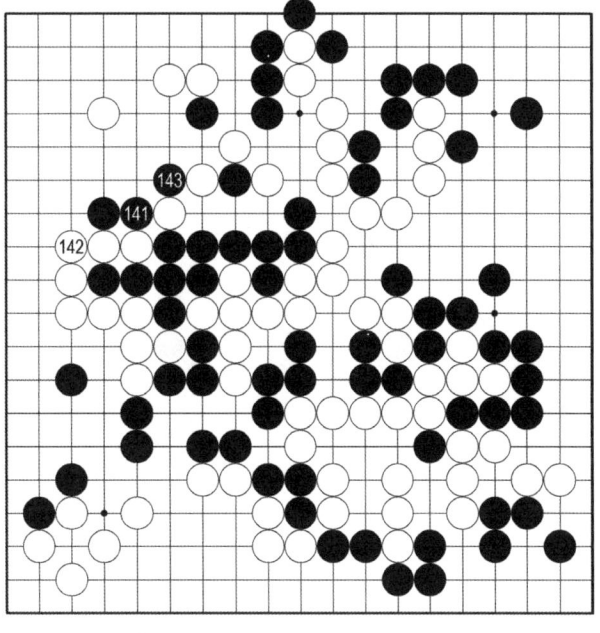

黑 141 断，利用白棋的气紧，堪堪逃生。

（144-147）

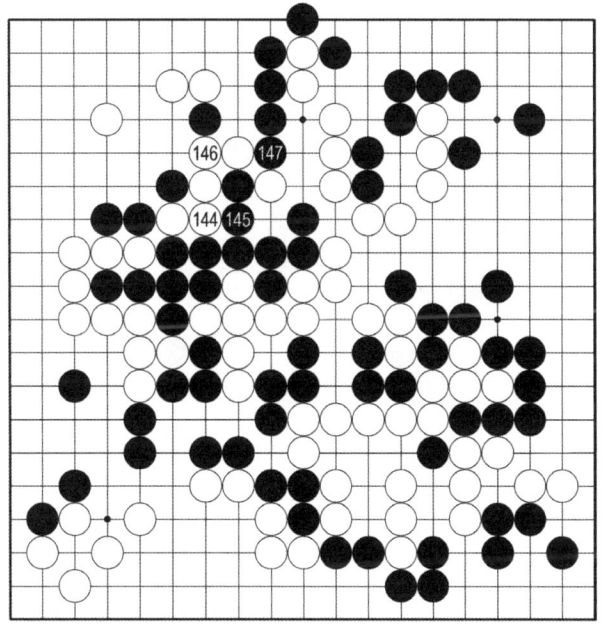

黑 147 断，白的包围圈出现破绽。

（148-152）

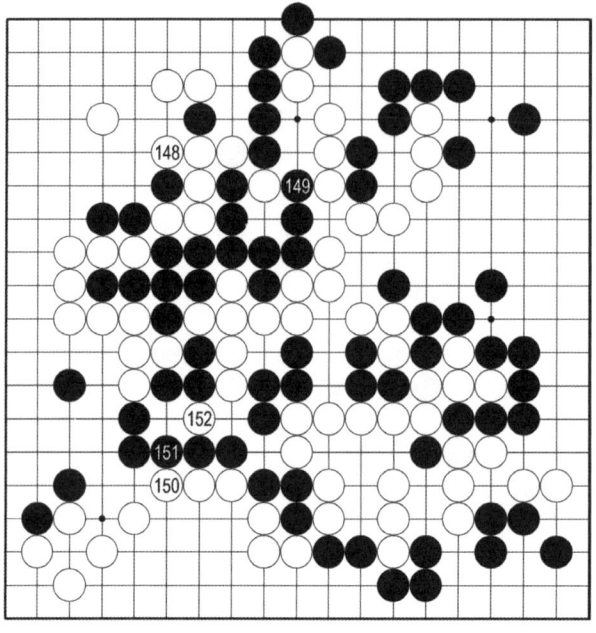

然而，黑也只能通过被打成饼状而逃出生天，棋局已经失去悬念。

（153-158）

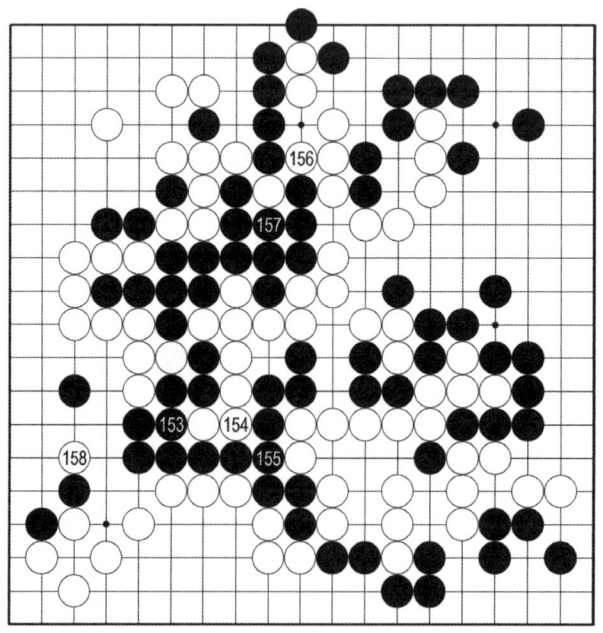

白158最后一击。

(159-164)

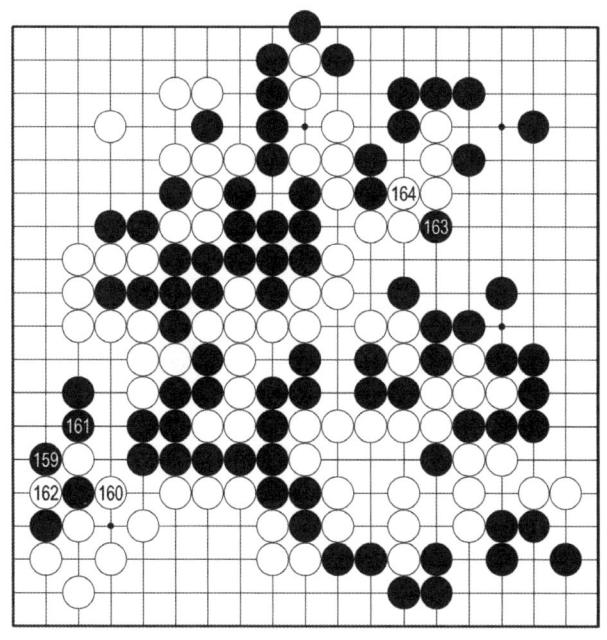

左下进行到白162，黑气也属于铁定不够的状态，因为白中腹大龙的气实在太长了，而左下黑棋的气一只手就能数得过来，所以说这个棋彻底不行了。

决赛的第一局，在许多地方体现了心理层面的影响。

第一个是在右下角，过程中我觉得占了一些便宜，形势不错，就简单化处理了。对局时我判断失误，赛后冷静地想了想，白棋右下这块很有弹性，在面对黑棋这么多子力的情况下去做活，也可以接受。

第二个是白在上边走了几步非常大、也很正常的棋，即星位守角加拆边。相比之下，我右上围得并没有那么大，右下也就是一个角而已，黑棋确实没有什么占优的理由。赛后我在反思这个问题时，通过反向推理，确信开局可能亏了一些。在包围与反包围的争夺中，我以为对手的象步被我一穿，中腹他亏得更多，当时可能就是这样一点心理安慰，导致我的判断偏向乐观。

第三个是黑99冲了再黑101长，暴露了我在形势不利时急于去逆转，或者急于去寻找战机，结果把棋下得很紧，而棋绷得太紧的话，围棋十诀中的"攻彼顾我"的"我"就顾不上了。这个"我"顾不上了之后，连续几步棋都会出问题。

第四个是对手白120的挤，也很值得玩味，其实这时对手还有时间，他明明可以直接白122打了再白126飞，在中腹少撞一气，但这个时候他还要在这里挤，这多多少少体现了人类棋手心理层面上的一些问题。我觉得，有时候比这个棋该下在哪里更有意思的，就是去思考、去探究这些事情。

纵观全局，可能就是因为黑棋开始时没有打开局面，中盘的时候又以为自己取得了一些便宜，随后选择了一些两分的着法，让自己的棋更难下了。

我的风格还是更适合在乱战中去发挥，像本局这种格局，我的发挥就不太理想，也可能有其他方面的因素吧。

共164手　白中盘胜

○辜梓豪烂柯局○

第六局

决赛次局

● ○
申　辛
真　梓
谞　豪
九　九
段　段

182 手

第一届
衢州烂柯杯世界围棋公开赛决赛
次局

2023 年 6 月 16 日

(1)

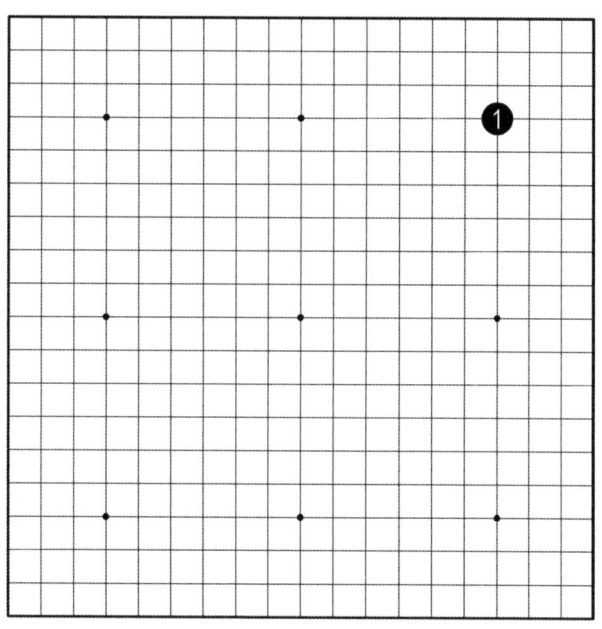

决赛之前,我总是希望各方面准备得更充分一点,但真正到了比赛那几天,也不可能面面俱到,只能说尽量做一些准备。

第一盘输掉之后,我跟国家队的几位队友复了盘。当天晚上,就有衢州组委会的工作人员邀请我们去当地的景点龙游石窟游玩,因为大家都不去,我也就没打算去。第二天早上,另一位工作人员和我确认下午是否要去,原以为很远,听说只需要半个小时,加之队友都有别的事情,我就想着去转换一下心情也不坏,却没料到路上走了近一个小时。路程虽然略远,但也不失为一个调整。这是休息日发生的一个插曲。

回来后,晚上跟队友主要摆了摆白棋的布局,针对黑棋的二连星。申九段在应氏杯决赛中的对手谢科表示,小申在决赛中二连星下得比较多,所以当晚主要的时间和精力都放在这里。

第二天背水一战,我倒没有觉得一定要怎样,因为第一局确实是中盘形势判断出现了比较大的偏差,但从棋的角度来讲,并没有非常大的差距,也不是全面被对手压制,所以没有给自己特别大的压力,觉得只要下好第二盘就可以了。

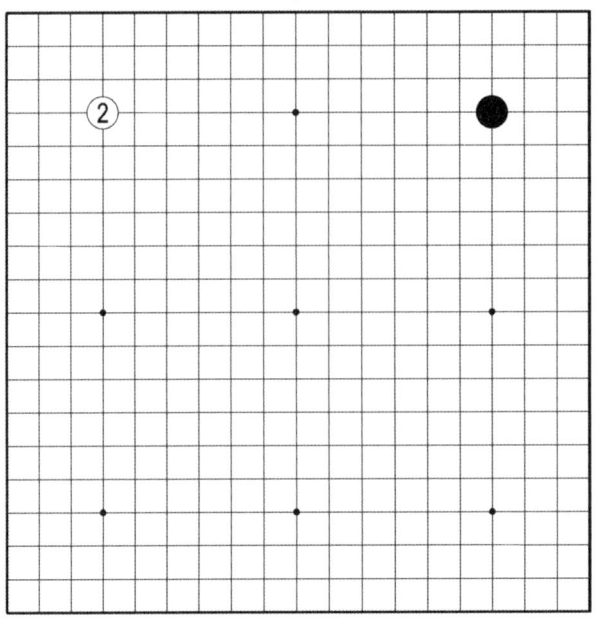

（2）

第一局结束后发现，申九段的技术是非常全面的，但如果把棋局拖入比较复杂的战斗局面，可能他会比较头痛。这并不是说战斗是他的短板，而是因为这几年他状态都比较好，常常处于碾压对手的状态，对手很难让他有特别紧张的状态，他没感到特别大的压力就拿下了。所以我就想把棋局引入比较复杂的局面，让他从心理上觉得意外，陷入焦虑。棋手在面对不太擅长或习惯的局面时，心情总会产生变化和波动，所以不能总是在对手的舒适区行棋。如果一直按部就班，申九段的均衡性和掌控力就能很好地发挥出来；而在他取得优势后再去冲击，他的反击是比较凶狠的，就像第一局一样。

（3）

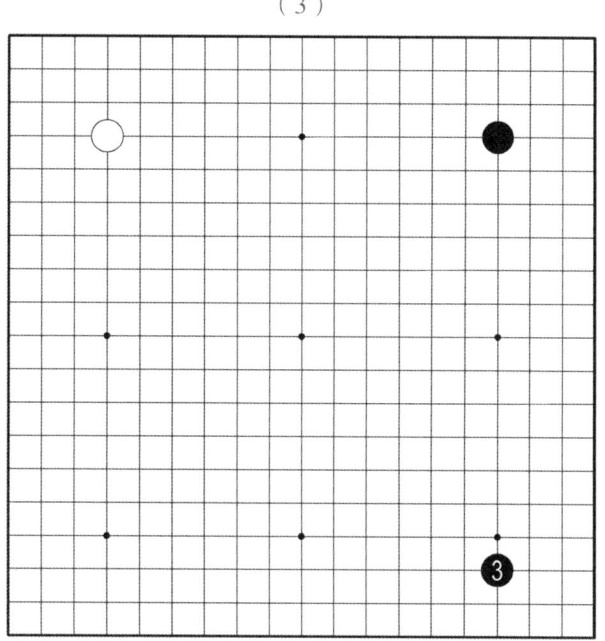

之前所做的功课大都是二连星布局，星小目布局几乎没有准备。当然，星小目布局也不是没有下过或摆过，还是有过研究的。

（4）

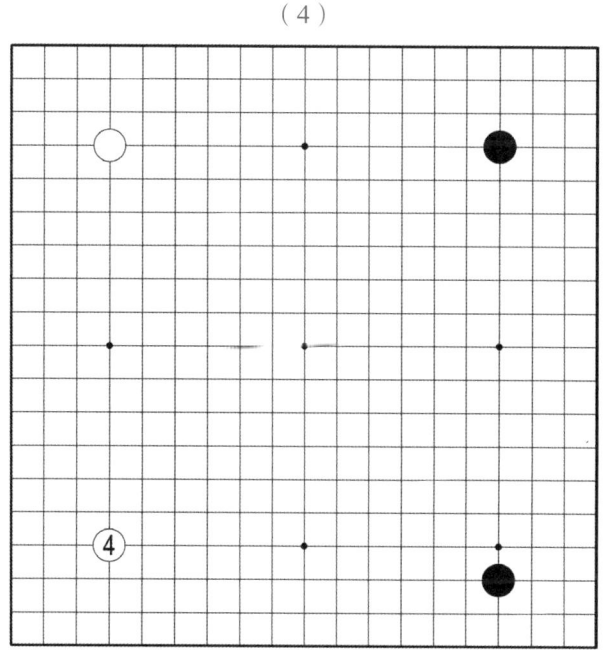

白布下二连星，以堂堂之阵应战。

(5)

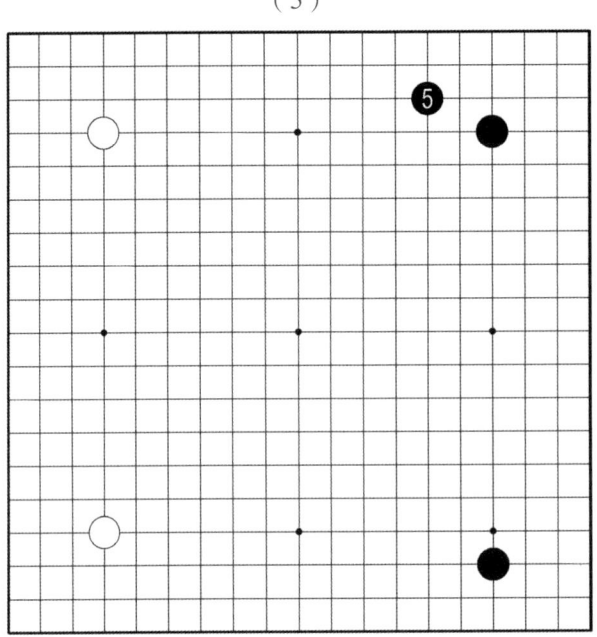

黑5缔星位,摆出持久战的姿态。

(6)

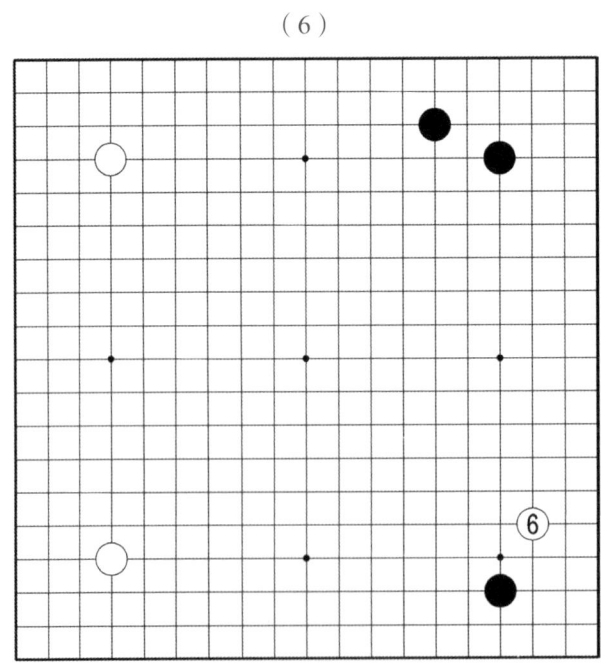

白6挂小目,当然——从传统围棋理论上来讲,白6的价值优于黑5。

(7)

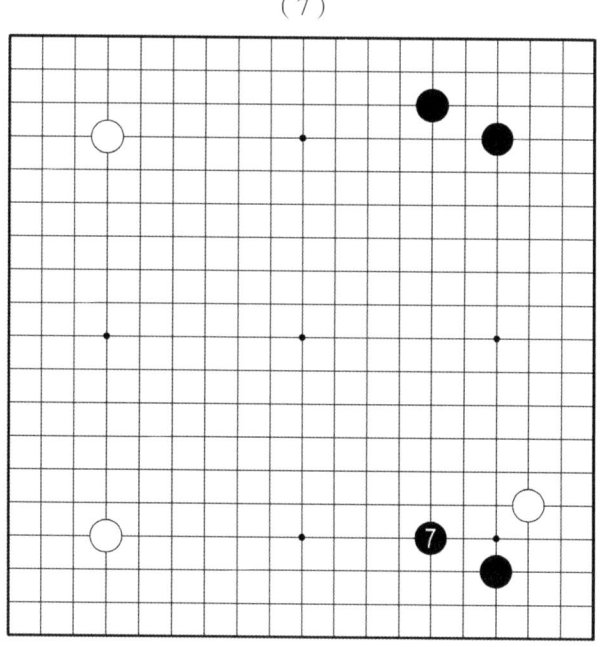

黑7单飞,从容悠然。

(8)

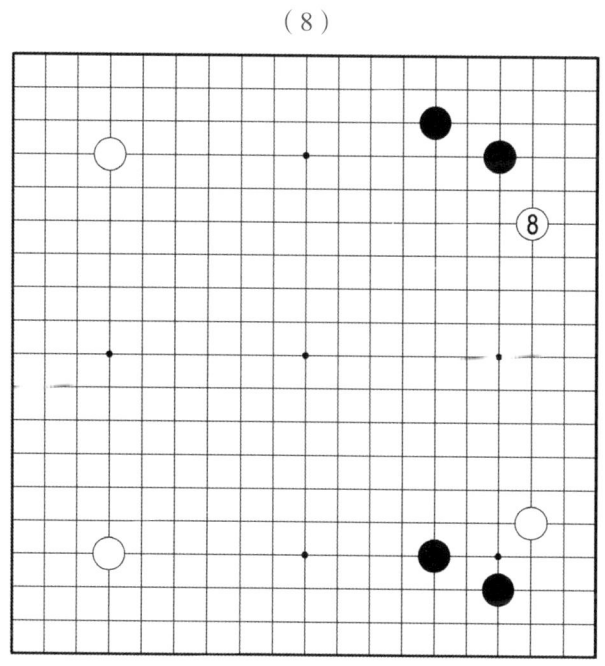

白8连续挂角,积极,属于当下流行的布局。

（9）

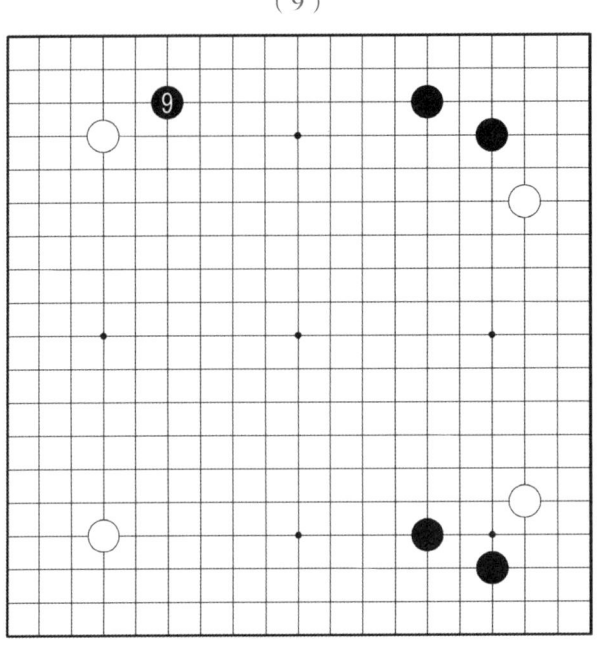

黑9挂角，感觉不是盘上最大的棋。

（10）

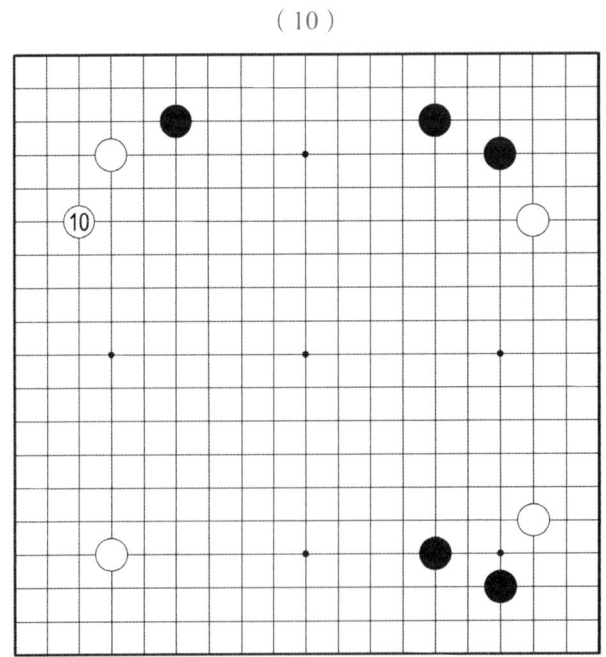

白10平淡。

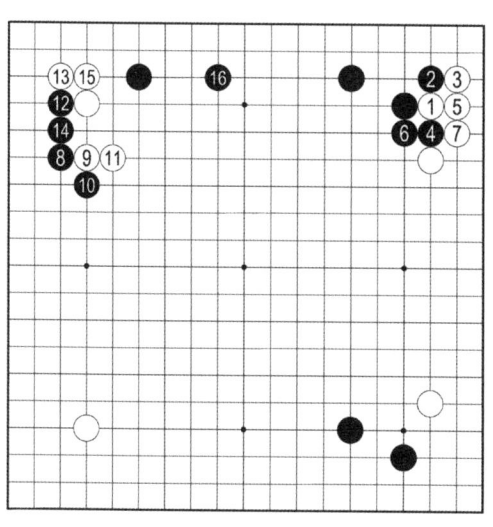

图1

实战黑9挂角时，白10可以考虑脱先，改在右上托角，至白7安定后，黑棋右边的子力就没有发挥出来。而左上角的双飞燕，在AI出来之前，大家认为是一步大棋或者很占便宜，但AI出现之后，人们发现这一手没有想象的那么大。至黑16拆回，我认为这个选择白棋不坏。

（11-13）

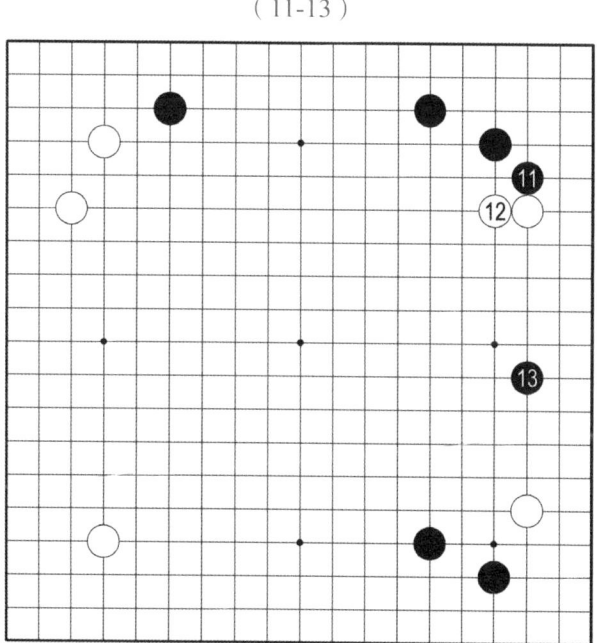

黑11尖顶，把白一子变重，大家下得非常多。在AI出现之后，职业棋手选择的趋同性越来越明显，尤其在常见的局部场合。

黑13夹，使白上下都无法立即安定，是一箭双雕的好点。

(14-16)

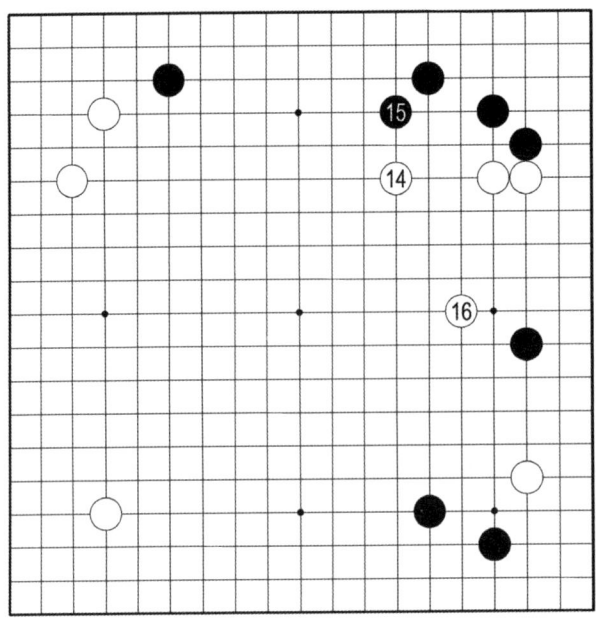

白14走畅，黑15蓄力，都是正常的分寸。

之后我选择了白16吊，这是轻灵的一手，进可攻退可守，能根据黑棋的应手而动。这步棋不是在赛前准备好的，但近期有过一些研究，我认为比较简明。

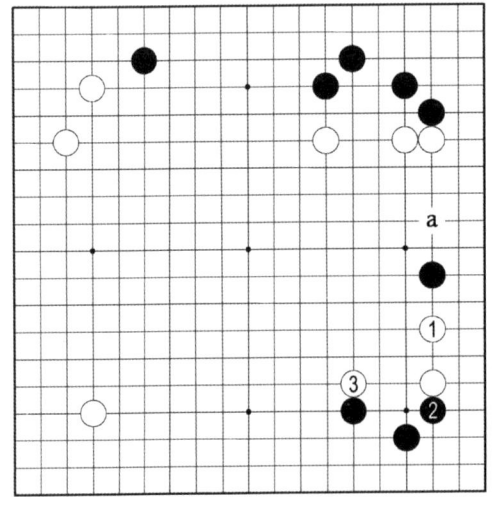

图2

白16时，白棋有很多选择，如白1位拆，黑2尖顶后，白再3位靠。

另外，白也可以直接在3位靠或在a位拆二。

这些选择应当说都是可行的，也相差不大。我选择白16位吊，也并没有想把局面导入急战。

图 3

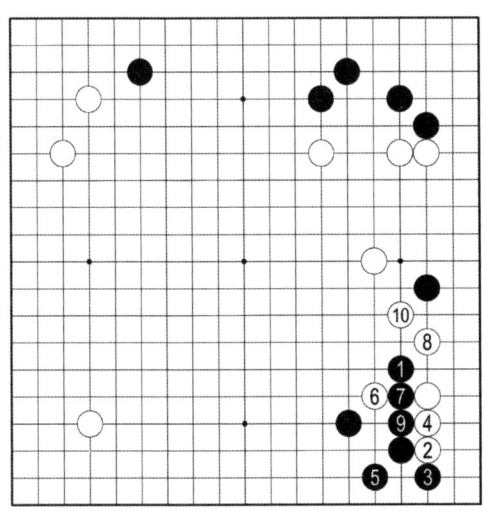

白16后,黑有1位肩冲的下法,对此白2托谋求安定。白6、黑7交换后,白8再跳,黑9粘,白10出头,至此暂告一段落,局面大致两分,这都是AI教给我们的下法。

（17-20）

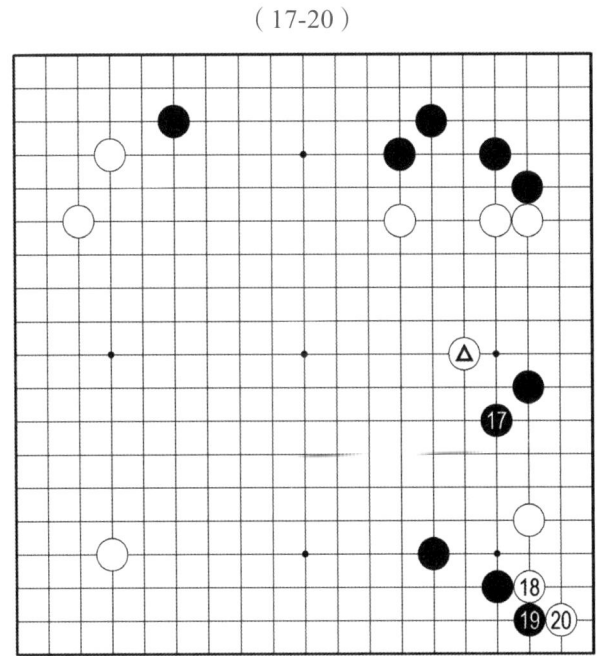

黑17尖稳健,应得稳妥。

白⊕先吊,再白18托是一种步调,如果先18位托,白⊕吊,就很有可能交换不到黑17了。

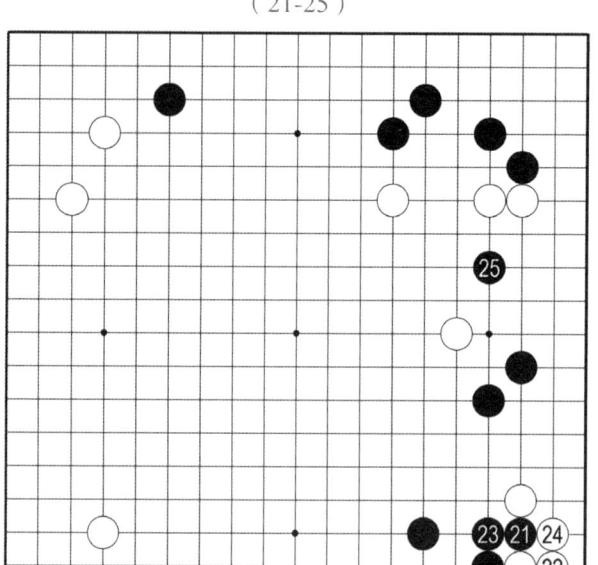

黑21打，要外势，以下至白24必然。

右下定形后，黑25飞，也是想利用白右上一队棋形的弱点。

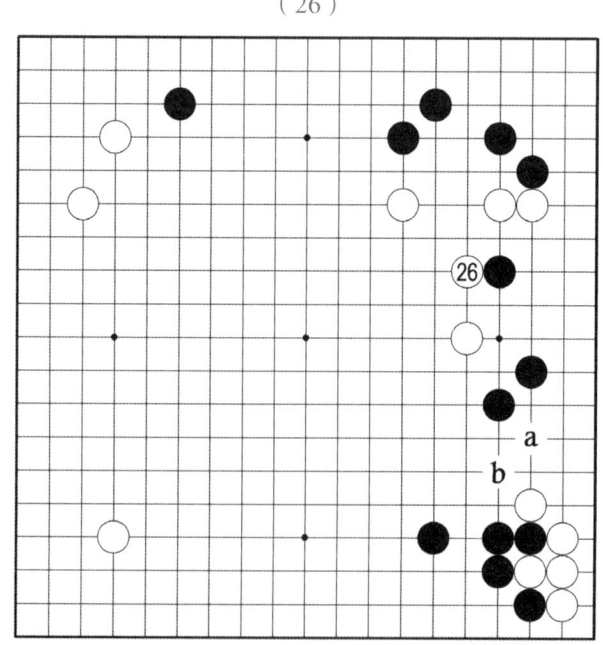

白26靠，没有多作考虑。我当时犹豫，要不要先在a位跳，赛后研究发现这是AI的第一选择。但对局时我有些搞不清，担心被黑b位点一下。

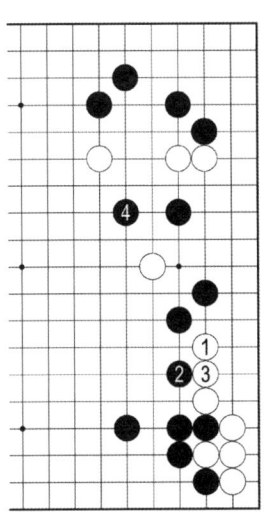

图4

白1跳时，黑在2位点是白棋所担心的，白3如果粘，被黑4跳再加一刀，感觉白在上边损失也很大。

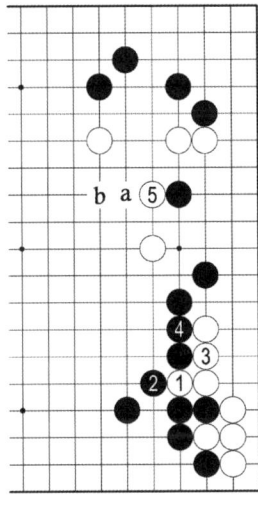

图5

AI推荐的走法是，白棋可以在1位先冲，如果黑2挡，白3再接。这个交换使黑棋变重，如果再被白从4位冲打而出，黑的棋形要更裂一些。于是黑4不得不粘，则白不论5位靠、a位飞还是b位跳，均是可下局面。

实战中，我的第一感是成立的，但没有看到图5中的1位反冲，故选择了在右上应一手。

(27-29)

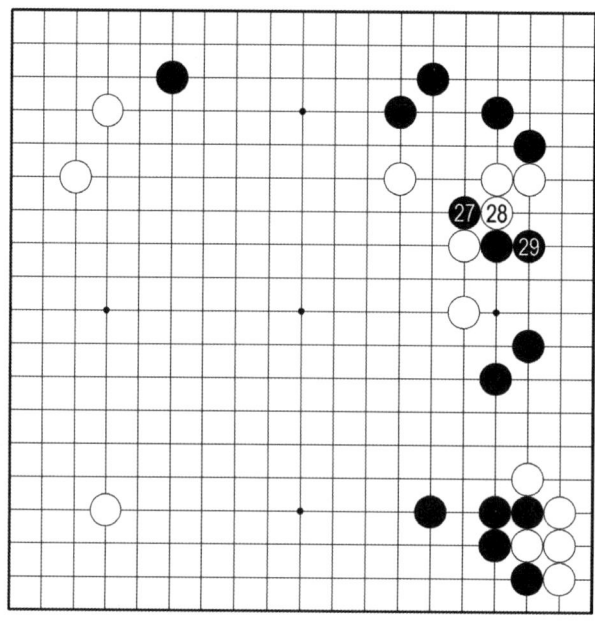

黑27扳至29立，彼此当然。

○ 辜梓豪烂柯局 ○

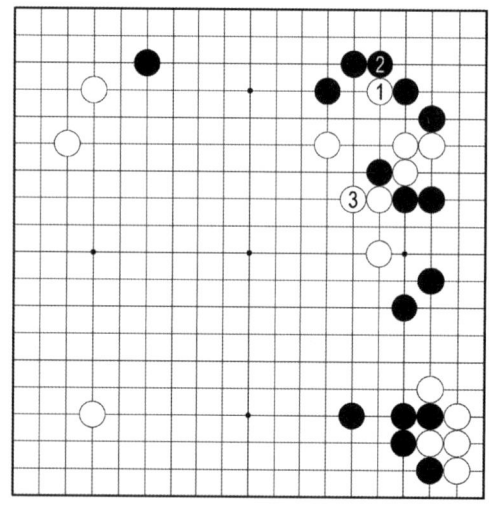

图6

实战黑29立后，白1靠正是时机，这一交换的价值在后面的进程中将会体现出来。

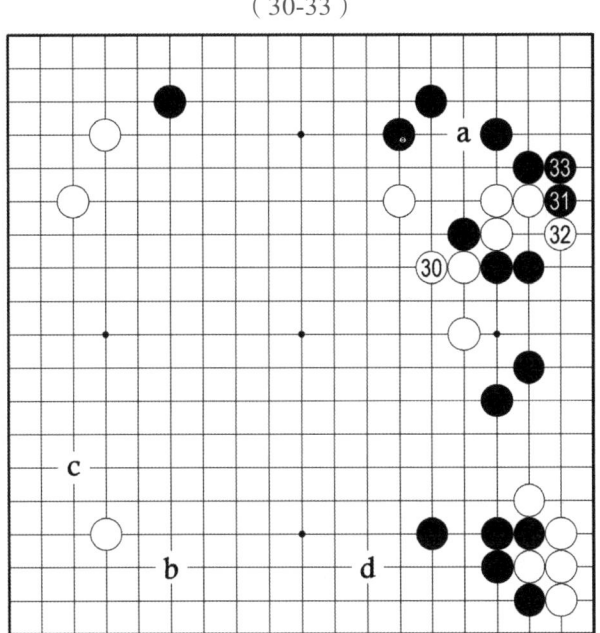

(30-33)

白30补中央时,黑31、33扳粘是当然的大棋。

由于白棋错失了靠到a位的时机,此时已可在局部脱先,如b、c位守角,AI甚至给出了更为激进的d位紧逼。不过从人类棋手的角度看,d位急战不好掌握,b位守角较为从容。

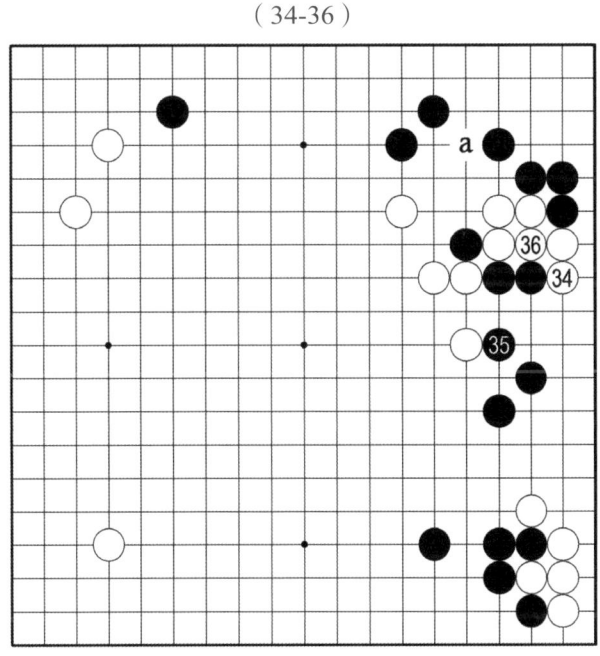

(34-36)

实战中我觉得这几个子还是不小,因此想把它们救回来。至白36粘,便可体现出白a位先靠的便宜在哪里。

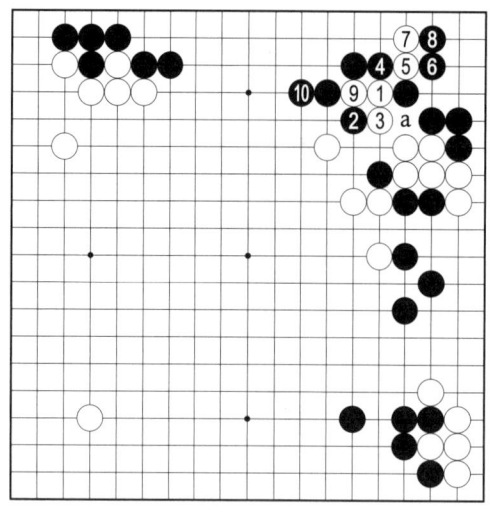

图 7

一般情况下，白1靠，黑只能在4位挡。但黑二路扳粘，将角部走实之后，白1再靠，黑2有可能穿出反击。白3后，黑4再挡，白虽然仍能在a位打，但自撞一气，没有太大意义。这样，白就只能靠白5断、白7长、白9挤的手段，在局部争抢先手。至黑10并，白棋虽然可以脱先了，但黑的实地、厚薄也比直接在4位挡要好。

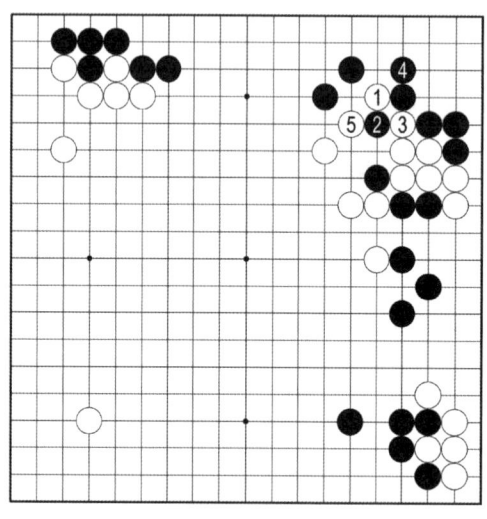

图 8

当白1靠时，黑棋还有在2位扳争先的下法。白3断，黑4则立，白5不可省。这样，白在局部就多花了一手棋。

上述变化就是AI提前在白1位靠的道理，这的确是它细腻的地方。

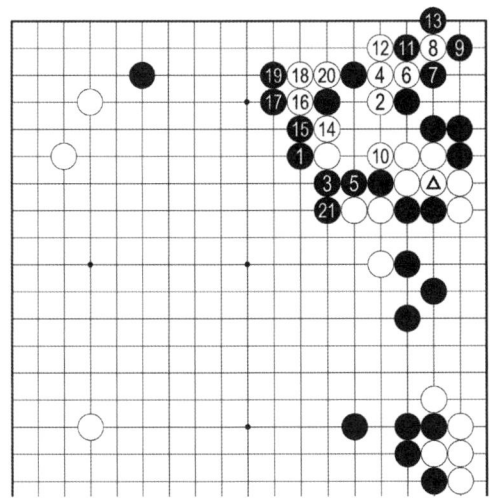

图9

AI还推荐了一种比较有意思的下法，即当白⚑接时，黑在1位靠。这步棋想做什么呢？如果不细品，我们是很难看明白的。

黑1靠后，白如继续在2位寻求借用，黑则3位扳反击。白4、黑5仿佛气合，互不相让。黑9连扳时，白10自补无奈。以下进行至黑21，白打穿上边并安定下来，黑则控制了中腹大势。

这个变化相当复杂，如果不是AI告诉我们可以这么下，实战中恐怕很难想到这些，想判断清楚更是难上加难。

黑1的靠，其实是打了一个时间差，后面的进程会为我们解惑。

(37-39)

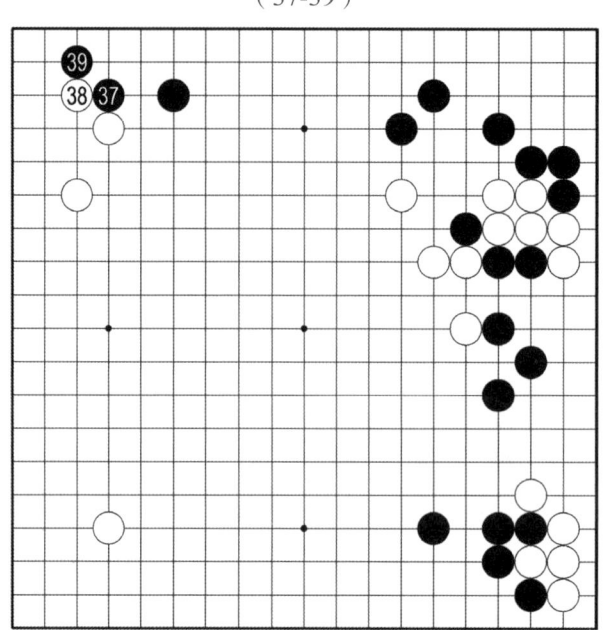

黑37、39进角,相当于走了一个大场。

(40-42)

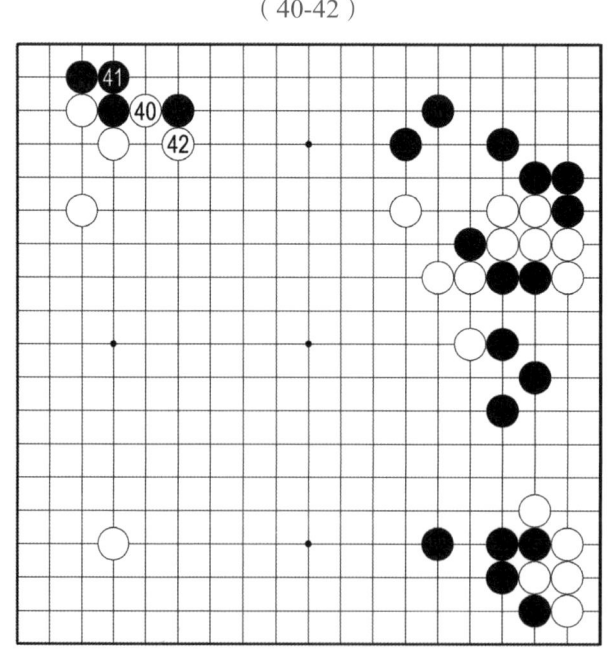

白40、42反击,以下形成AI时代常见的定式。

（43-46）

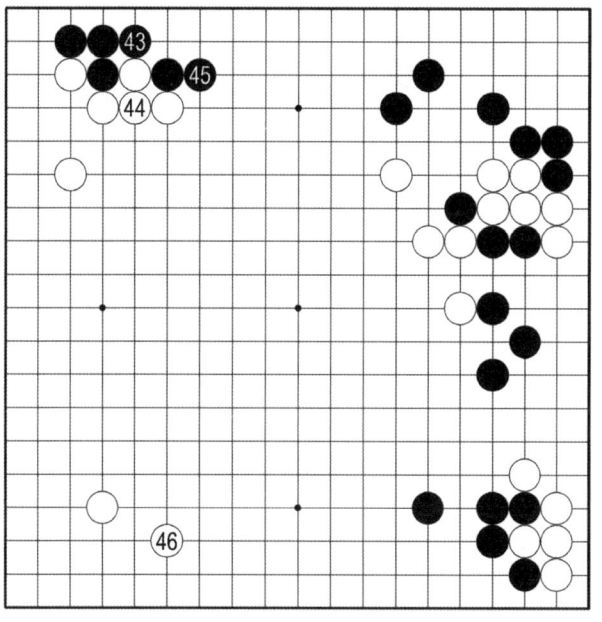

白在左上角争得先手，抢到右下小飞守角，从棋局的进程上看没有不满。

局后借助 AI 研究时，发现白 46 并不是绝对、唯一的一手。

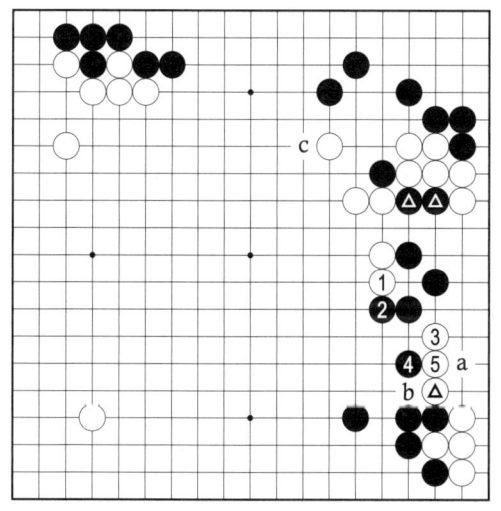

图 10

对局时并未觉得，但局后 AI 认为白 1 长的价值很大。黑 2 大致贴，白 3 跳恰到好处，刺中黑腰眼（白 3 如不走，则黑在 a 位搜根，白△一子就会被分断）。至白 5 粘，局部白虽然多花了一手棋，但这就是所谓的"后中先"。首先黑棋 b 位一带留有明显的缺陷，厚薄会相差不少。其次，由于白 1、3 的存在，黑△两子处于随时被吃的状态。右上白棋大块由此变强，黑在 c 位靠也就变得无关痛痒。从这层意义上讲，白 1 能否走到，关系着右上大块的厚薄。

这就是围棋很微妙的地方，单纯从一个点看不觉得有什么，但往往牵一发而动全身。

（47-48）

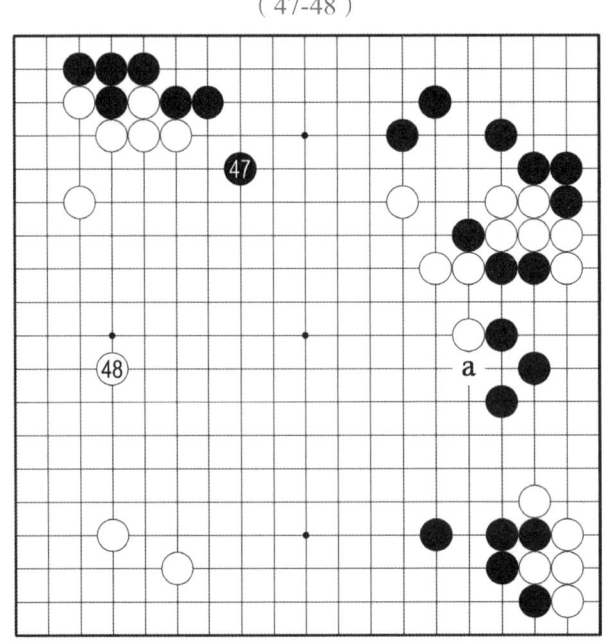

由于 a 位是关系厚薄的要点，AI 强调无论何时也要去抢。黑 47、白 48 都错失了机会。

白 48 正是因为没有意识到 a 位的价值，平常地抢了一步大场。

（49-50）

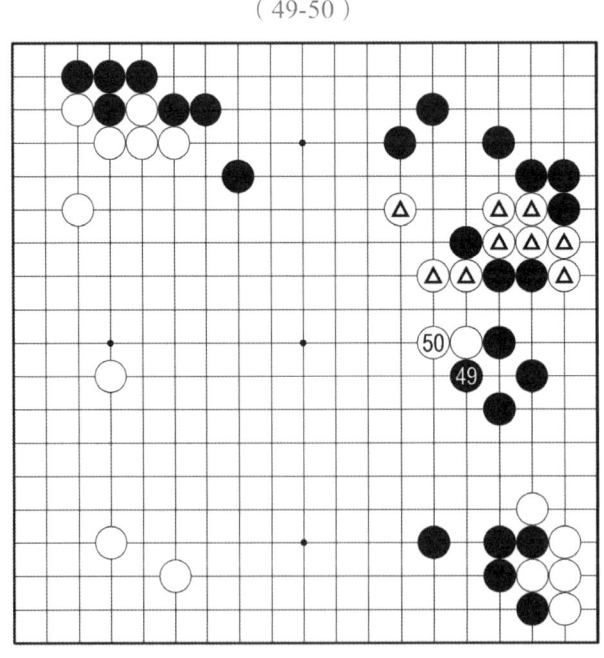

黑 49 鼓，非常有力，白 50 如果不应，被黑棋包过来，白△一队还是有安全隐患的，厚薄上的出入也很大。不过白 50 跟着应，忽略了一个重要的次序。

图 11

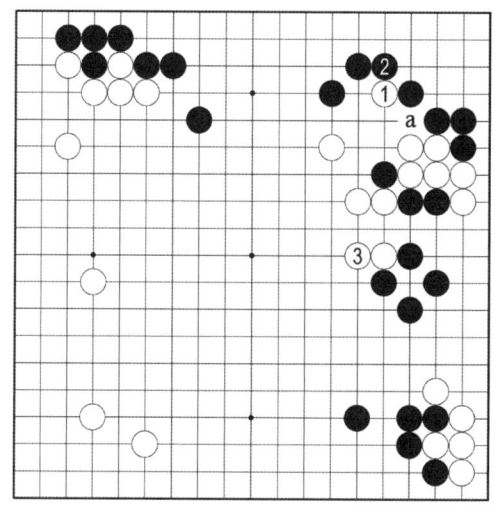

白 1 再来靠，是试应手的好时机。黑 2 如挡，白 3 再长不迟。经过白 1、黑 2 的交换，白凭空多了 a 位挤的先手，对以后这个局部的作战帮助很大。

图 12

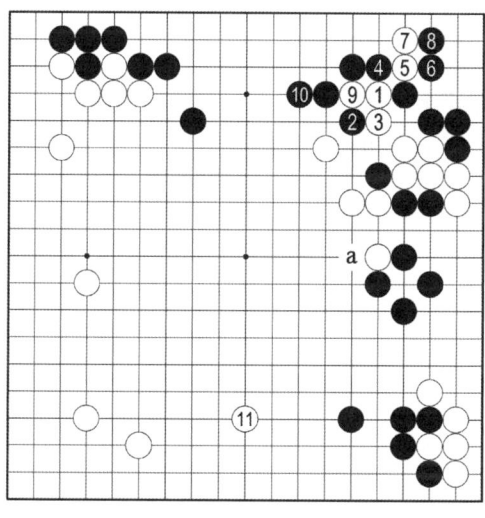

黑如在 2 位反击，则白 5、7 弃子是好手，使 9 位挤成了先手，黑 10 不得不补断点。走成这样，白棋已经先手把自己走厚了，也就不急着在 a 位整形了，可以考虑脱先，选择如 11 位拆之类的大场。

综上，对白 1 靠，黑方直接挡就被便宜，反击则被白节省一手棋，故白 1 是很有趣的试应手。

关于白 1 靠的时机和变化，是在局后研究得出的，实战中没有考虑这么多。

(51-53)

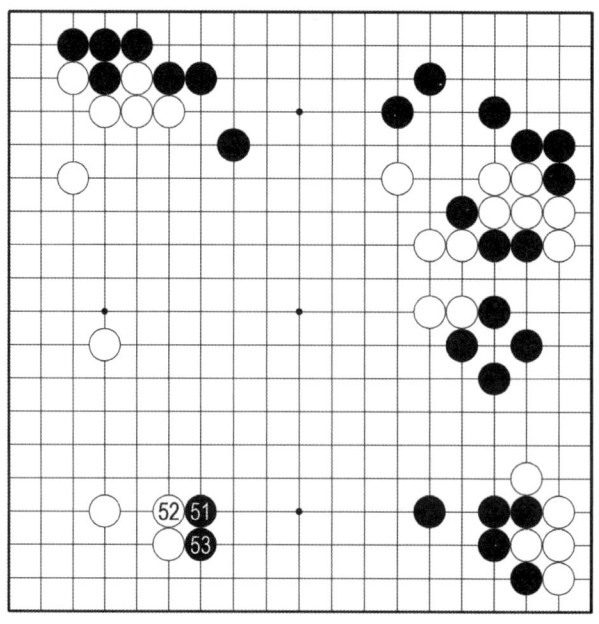

于是，黑51得以抢占下方的肩冲要点。从大的方向上讲，虽然谈不上白下得有什么问题，但在细节的把握上还有所欠缺。

黑53强硬挡下时，我判断当下局面，黑棋上面实空比较大，全局实地比较多，棋也不薄，白棋虽然不至于落后，但这个格局不是我所擅长的，也不喜欢。

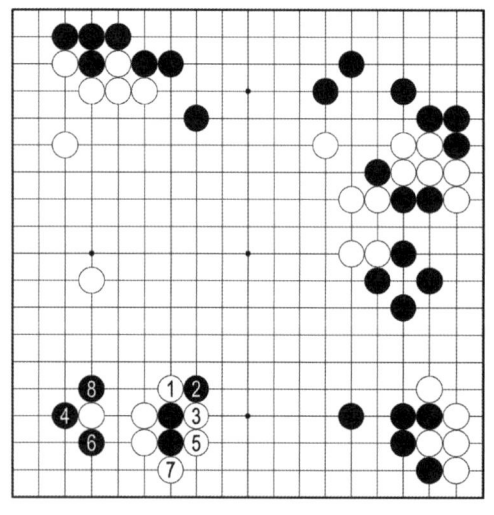

图13

接下来，白1很想扳二子头。黑2反扳时，我构思过3位断的变化。黑4托，是AI的应对，以下进行至黑8打，双方形成大转换。黑棋得角，也破坏了白棋左边的潜力，而白提两子虽然很厚，但在下边和中腹难有涨目的潜力和空间。如此进行，白棋的实地将非常吃紧。

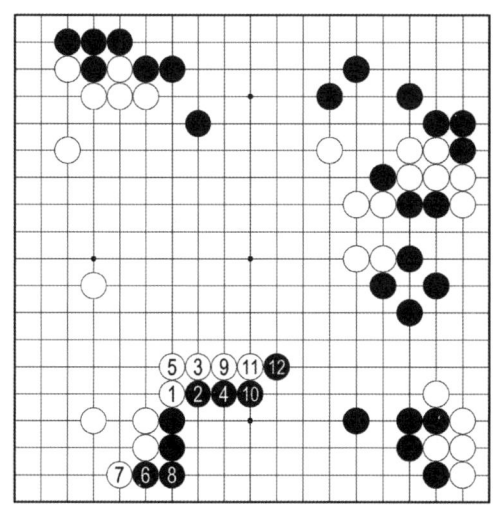

图 14

局后复盘,判断这时白3连扳是较好的下法。黑6、8扳粘是大棋,白9、11再连压过去。可是这样下,黑在下边围得很大,而白左方的阵势还比较虚,非常不好掌握。从棋上来说这样走没有问题,但很难下定决心。

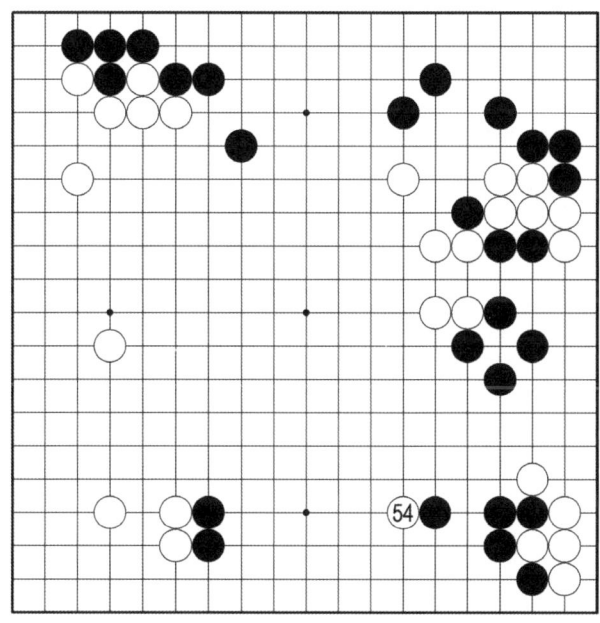

经过上述的权衡,我觉得不能按部就班,还是要把局面打乱一点。

我考虑半天,下出了白54靠,希望通过右下的头绪,牵连黑左下或者右边一块,从而将局面导入乱战。

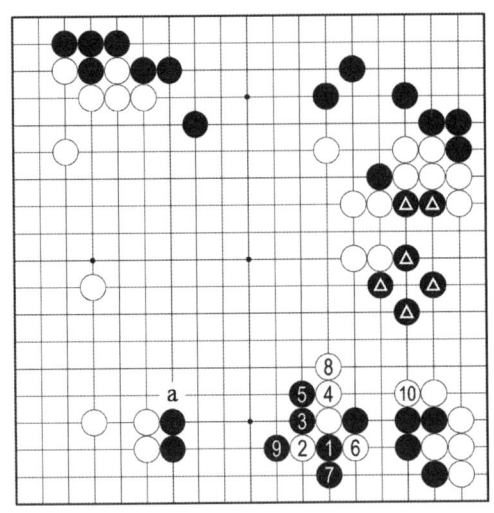

图 15

接下来，黑 1 如果下扳，我准备在 2 位反扳。黑 5 贴虽是强手，但白 8、10 可以走在外面。这样进行，局部白在下边是吃亏的，但外围子力的增加也对黑▲一队造成很大的压力。而且，如果之后白再走到 a 位扳，黑在下边就显得很重复。

(55-56)

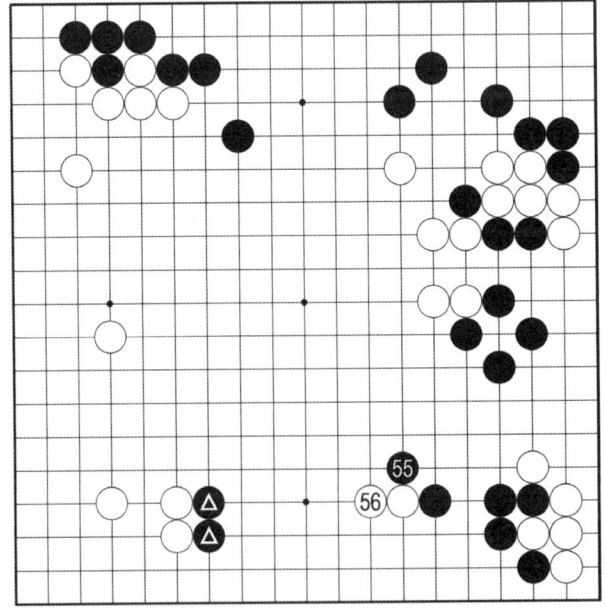

黑 55 选择上扳。白 56 长是当然。前谱碰的着法虽不能说一定好，但如果能将黑▲两子孤立，白则将局面导入了自己擅长的乱战。

(57-60)

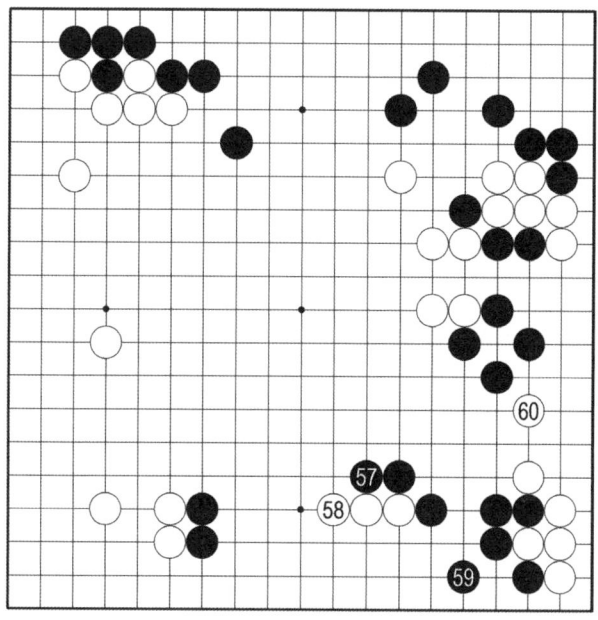

黑 59 虎是明显的问题手。因为这手棋什么时候走都是黑棋的权利，现在立即走掉，就损失了右边的变化，对厚薄有相当大的影响。

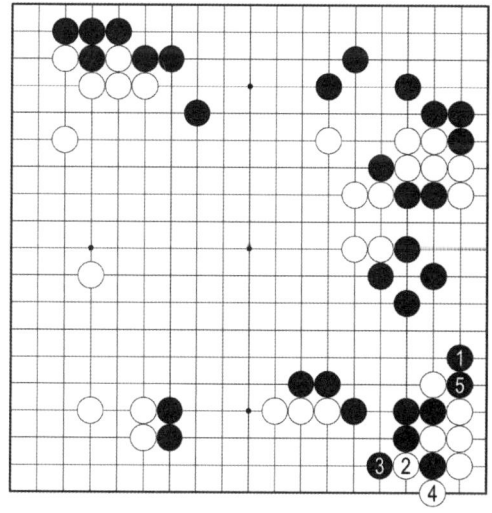

图 16

黑 59 马上定形，就卖掉了如图 16 所示的变化。黑 1 觑，白 2、4 只能打拔一子求活，则黑留有 5 位断的大官子，这样右边的实地、厚薄出入很大。

对黑 59，白 60 如果不应，则黑于图 16 中 1 位觑，白棋整个右下角连角带边都会被吃。

(61-65)

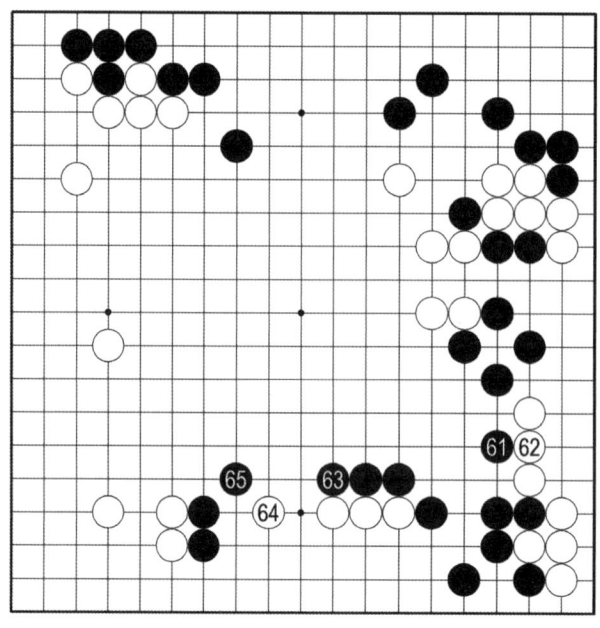

黑 61 点是先手便宜，黑 63 压继续对白施加压力。白 64 跳时，黑棋已经没有在星位挖粘的心情，而选择了在 65 位尖出。

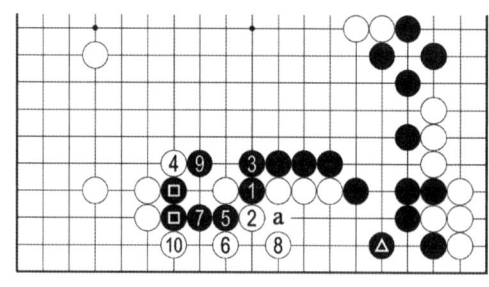

图 17

但 AI 还是推荐黑 1、3 挖粘。对此，白 4 扳，黑 ▣ 两子基本上就被割下了。由于黑 ▲ 的存在，黑在 a 位断吃白三子明显重复，这更说明黑 ▲ 是问题手。如果黑在另一侧（5 位）断，则被白 6 打、白 8 虎，有凑白整形之嫌，而且黑 9 马上就要走，白 10 渡后，黑棋看似救出了两个子，但气太紧，还不如不走，而白棋形状甚佳，黑不满。

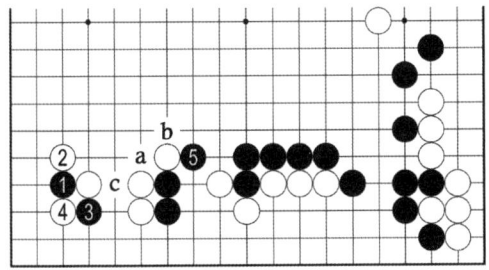

图 18

AI之所以推荐图17的挖粘,不是因为黑在下边立即有什么手段,而是因为黑可以在1位碰求腾挪,这与之前的参考图13有异曲同工之妙。这样不管白棋如何应对,黑棋总能找到一些头绪,令白十分难受。白如在2位扳,黑3反扳,白如在4位打,黑5扳出就成立了,因为有黑a位打、白b位长、黑c位再打的后续,这样白不行。

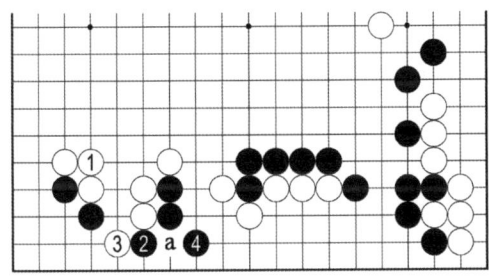

图 19

白如在1位粘忍耐,则黑2扳后,接下来不论a位接还是4位虎都是先手,白棋依旧不行。

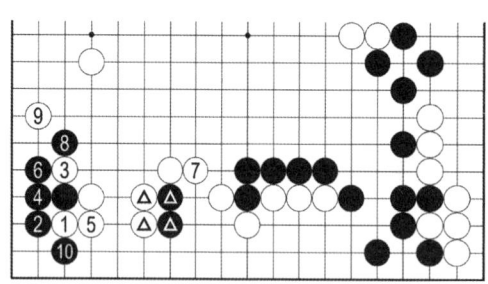

图 20

AI 所推荐的托角确实是一步好棋，使白角变得重复，而白却拿不出好办法。白为了兼顾白△二子，也许只能在 5 位隐忍。这样黑 6 拐，白棋的大角就被轻松掏掉了。尽管白 7 长可以吃住黑△二子，但黑 8 以下得利甚大，依然可以满意。

可见，AI 推荐挖粘，是有它的后续手段的。如果没有托角的借用，挖粘后黑下边两子被吃，损失就太大了。从上述参考图中可以看到 AI 托角之妙。

实战中，白棋也考虑过黑棋托角的下法，但没有想清楚吃黑左下二子与角部被掏，哪个损失大。申真谞可能也是如此，故选择了在 65 位抢出，这一步从人类棋手的视角看当然没有什么问题，但他如果选择了 AI 的着法（挖粘后托角求变），在那种格局下，我想他会下得更舒服，进退会更自如。当然前提是，对手能把这些得失判断清楚，但想在实战中做到确实很难。

(66-68)

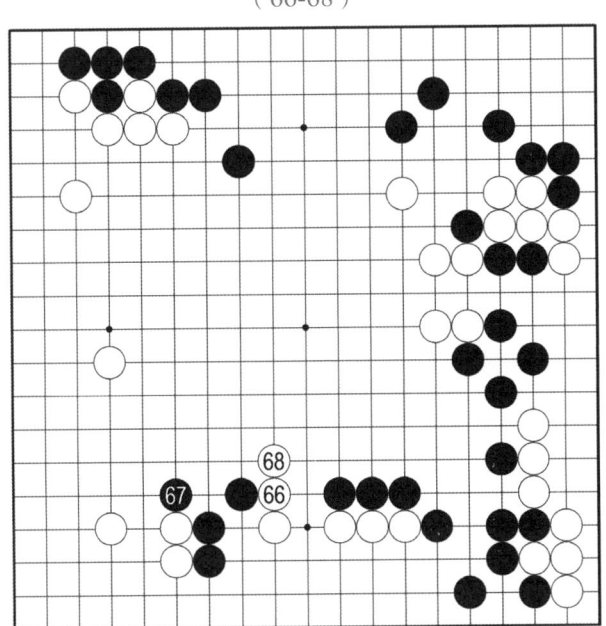

黑67虎，也没有问题。

(69-72)

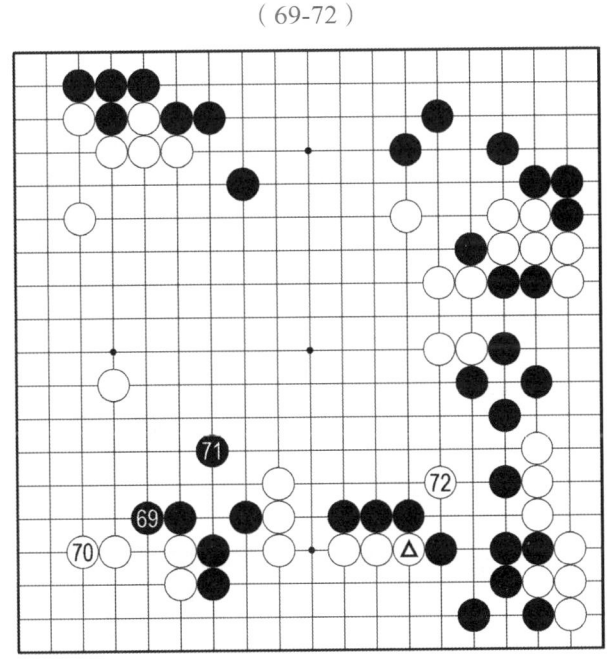

至黑71，双方形成互跑的局面，竞相向中腹出头。

当初白△碰，便是意识到黑在右下一带有隐隐的薄味。白72点，终于腾出手来追究黑的弱点。

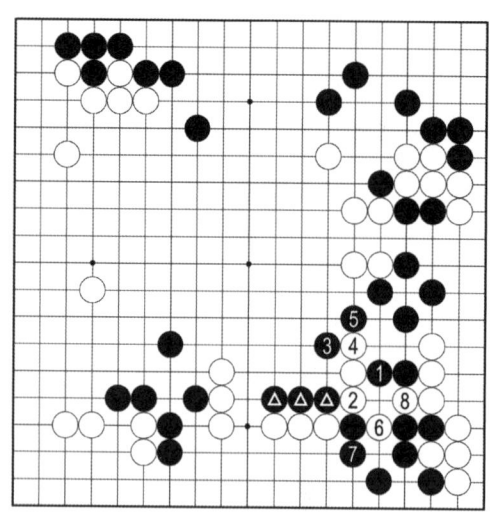

图 21

此时黑棋要想将上下两块联络，第一感似乎要在1位顶。白2断，黑三子已经被断开。黑3跳，好像能把白两子枷死，但白6打、白8冲，黑四分五裂，崩溃。

（73-75）

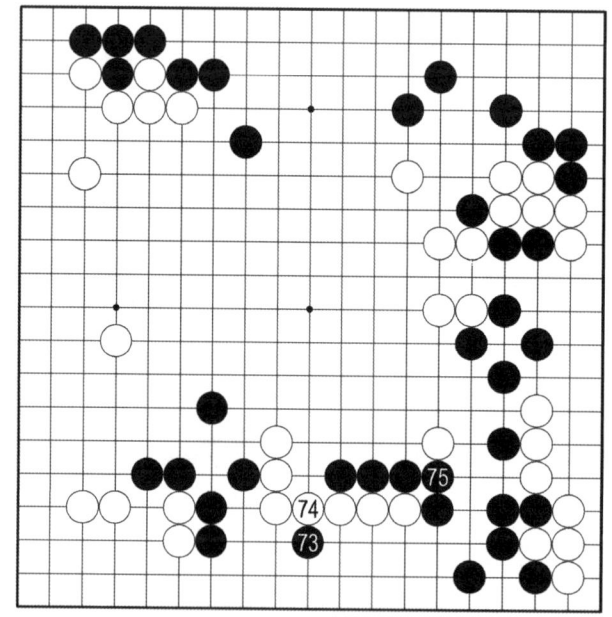

前谱白72点时，黑棋只有接，但这步棋让黑太难受，所以黑73先反点，白74也只能粘。

(76-79)

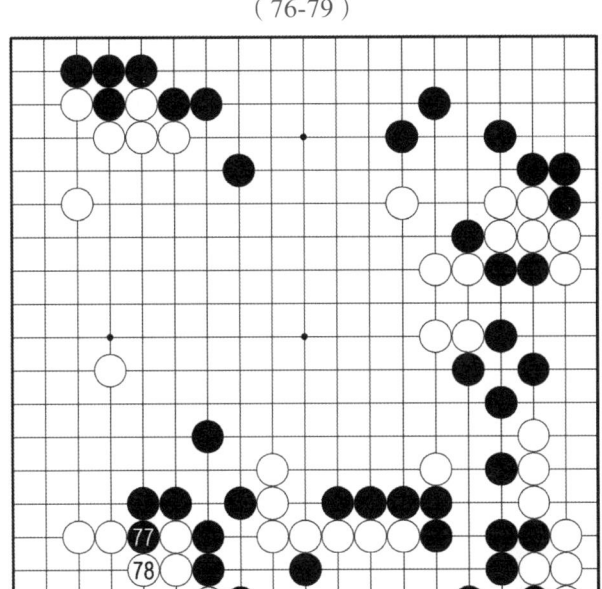

白76扳，是追求下边一队向中腹出头的步调。

(80-82)

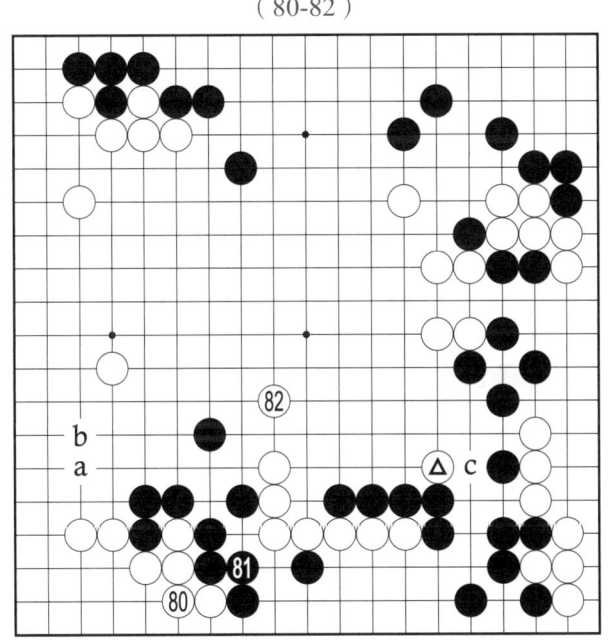

白在下边先手扳粘后，再白82跳出，是我预想的行棋步调。

至白82的局面，我们可以看到，如果当初不先在白⊙点跟黑粘交换，此时黑棋很可能在a位飞下或是b位打入，治理左下孤棋了。因为此时白⊙再点，由于黑在三路点已经便宜到，白82又多花了一手棋，黑三子的价值已经变小，黑不会再像实战这样接回，而会在c位应。

对于这个局部，AI却另有下法，不得不佩服它的紧凑。

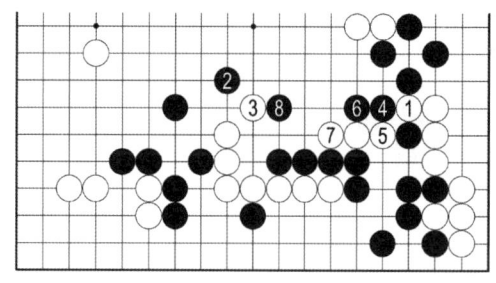

图 22

AI 认为，此时白棋应该立刻在 1 位冲出，令黑棋上下两块无法联络。而我的担心是，黑 2 可能会反击，白大龙不能不出头，如 3 位尖，黑 4、6 连压，再在 8 位靠，感觉两块白棋"兄弟打架"了。

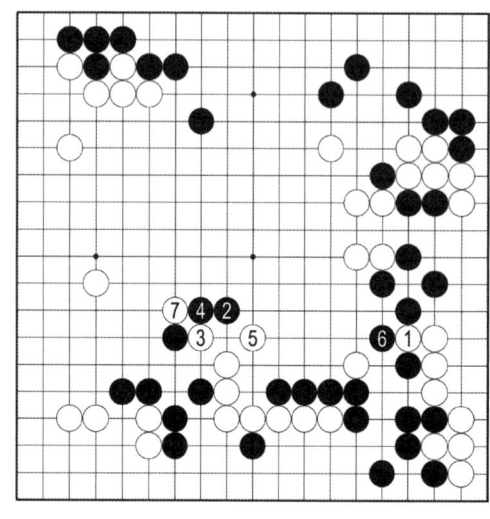

图 23

不仅对局者，包括当时许多观战者也对 AI 的 1 位冲表示看不懂。但仔细研究后发现，这是非常严厉的一着棋，AI 的计算确实比人类棋手深远得多。AI 的应对是，当黑 2 飞攻时，白可以先在 3 位俗尖制造断点，再 5 位出头。这样，如果黑仍然在 6 位挡，白 7 可以分断，威胁左边黑棋大龙。从这个角度来说，白 1 冲，看似要分断黑上下联络，实际上也是一种试探。如果黑棋急于联络，那么白棋就把战场转入左下。在更深层面上，这也是一种声东击西。

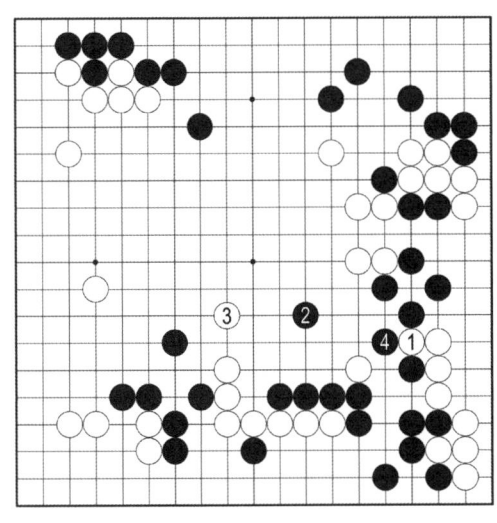

图 24

鉴于以上原因,当白1冲时,黑棋也许只能在2位一带出头,暂避锋芒。这样白3顺势跳起,并无不满。黑4再补——逼迫黑棋局部花两手,白1冲明显便宜了。

从这个局部的实战与AI着法的比较,可以看到AI更进了一层。人类棋手认为黑左下大块比右边一队要大,因此想先补强自身,再徐图攻击。而82处是非常明显的好点,如果被黑棋抢到此处镇头攻击,白棋一队的处境是相当痛苦、局促的。AI则考虑先冲击黑棋的弱点,让黑棋帮白棋补强,人类棋手很难有这么强的思路。

(83-84)

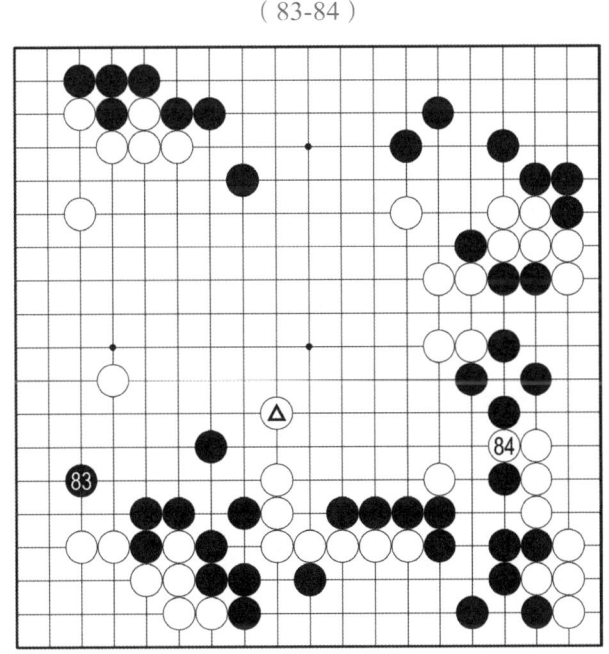

黑83选择飞下,从后面的进程看,可能有些操之过急了,显得更重视实地而非局面的均衡。

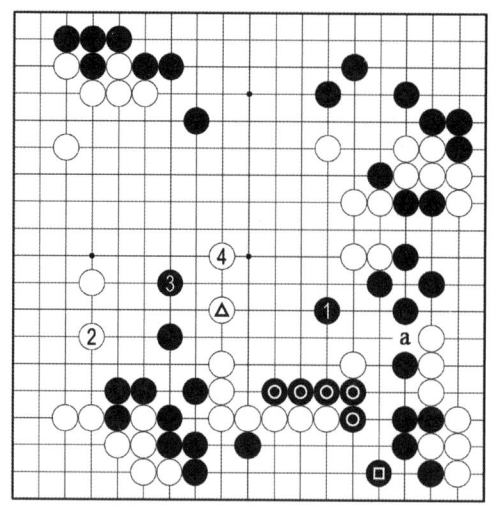

图 25

实战白⊛走畅后，黑在1位一带补住a位等处的薄味，应当是正常分寸。接下来，我设想在2位守住地盘。这样黑3跳，白4亦跳。如此既守住了左边的空，又将黑在下边的潜力打破，同时黑左下大龙还处于不活的状态，整体形势并不乐观。可能也是出于这个判断，实战黑83希望将棋下得紧一点。而黑■的问题手，导致被白棋占据了白⊛位。综合判断，白从54碰主动挑起的战斗，至此取得了一定的成功。

但限于人类棋手的判断力，黑1飞以及中腹增加的黑●数子所得的价值，跟白棋破黑下边及围住左边相比，价值的差别到底是多少，人类棋手确实很难搞得清。

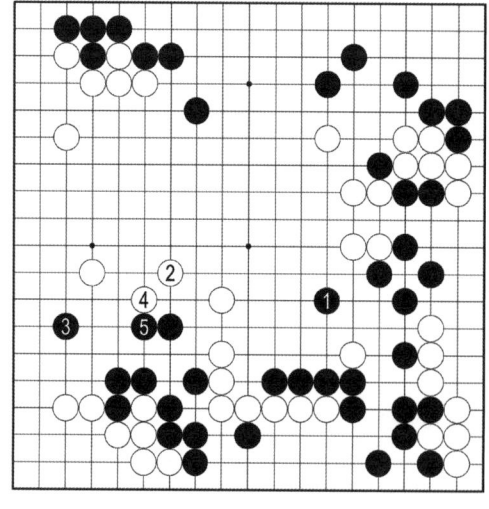

图 26

白2镇是我的第二选择。黑3突进左边后，想要攻杀这块棋还是很有难度的。如果这块棋只需付出很小的代价就能安定下来，从全局看，黑形势不坏。

黑83选择破空，白84着手冲击黑棋薄味，当然——在白⊛跳出之后，白84再冲击黑棋，从逻辑上来讲，这样的次序感觉比较顺畅。

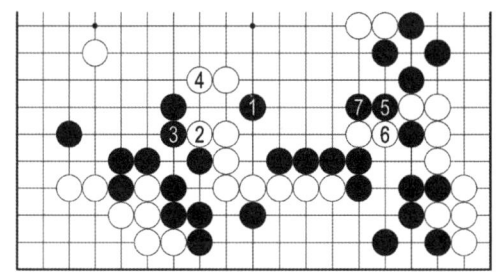

图 27

实战白 84 后，我考虑过黑 1 的刺。如果黑 1 能交换到白 2 冲、白 4 双，那么黑 5 挡，再 7 长，黑棋上下就是完全联络的好形。

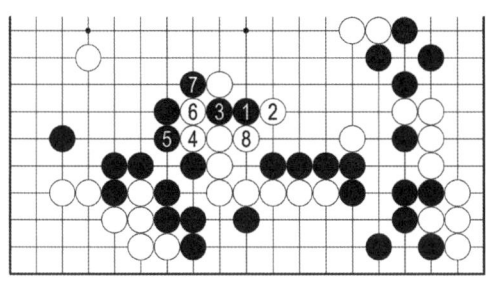

图 28

当时我特意算了黑 1 刺后的变化，设计了两种应对的办法。其一是如本图 2 位靠，黑 3 以下如强行冲断，则进行至白 8 打出，黑作战不利。

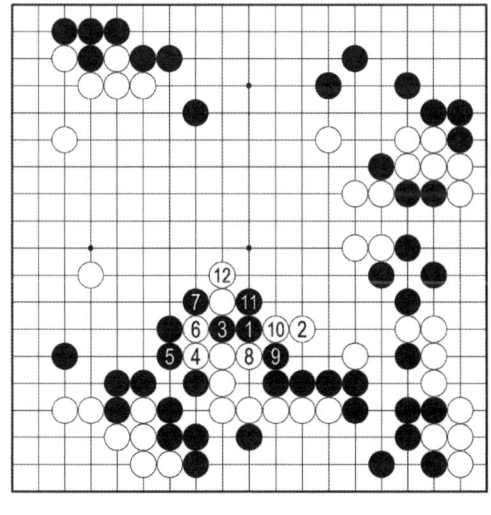

图 29

白 2 再远一路，也是可行的。以下至白 12 长，白在外围接应的子力不少，被包围的一队气也很长，对杀黑棋不利，可能要崩溃。

由于不怕参考图中黑 1 的刺，白 84 便直接冲断，这样白棋中腹和右边的子力便都能发挥出价值，变得生动起来。

(85-89)

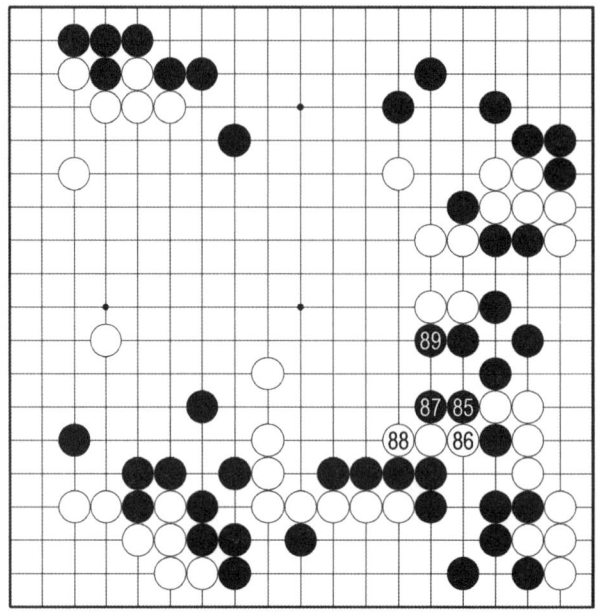

黑87、白88交换后,黑已无法继续联络了,黑89只得先顾一边,分头做活。

(90)

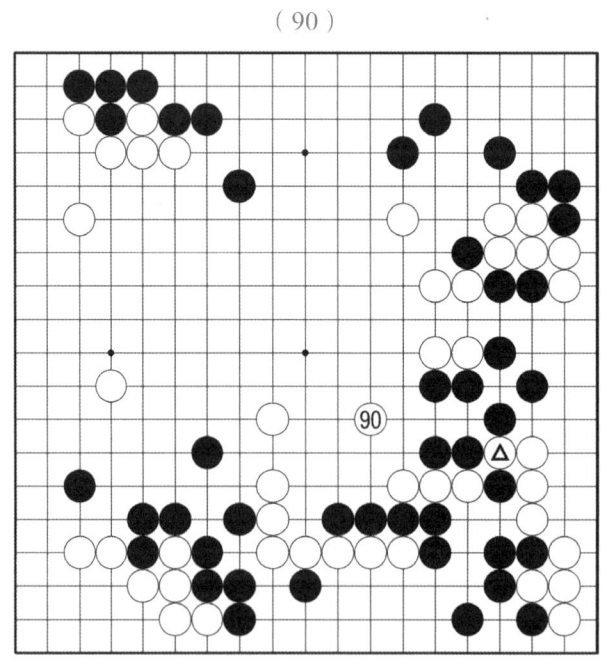

白90分断,黑棋上下都陷入马上要做活的状态,处境有点艰难。
白△冲断黑棋,牵涉到厚薄的关系,其价值正在一步步凸显。

（91-93）

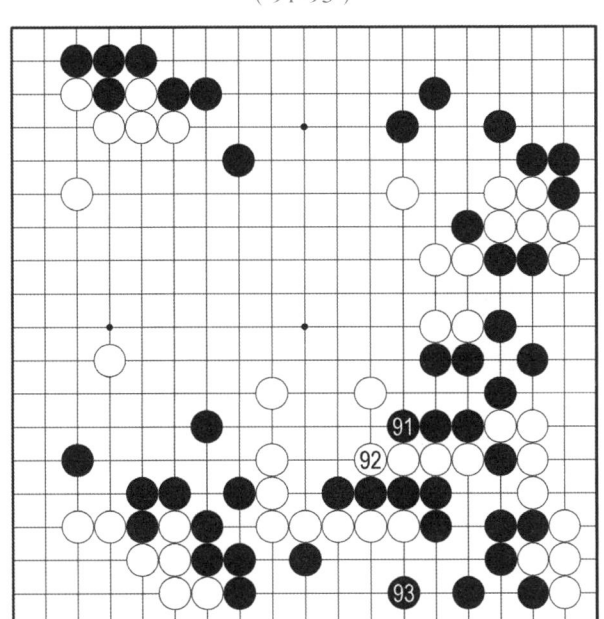

如果黑93不补，被白93位跳下，黑右下将全军覆没。

（94-94）

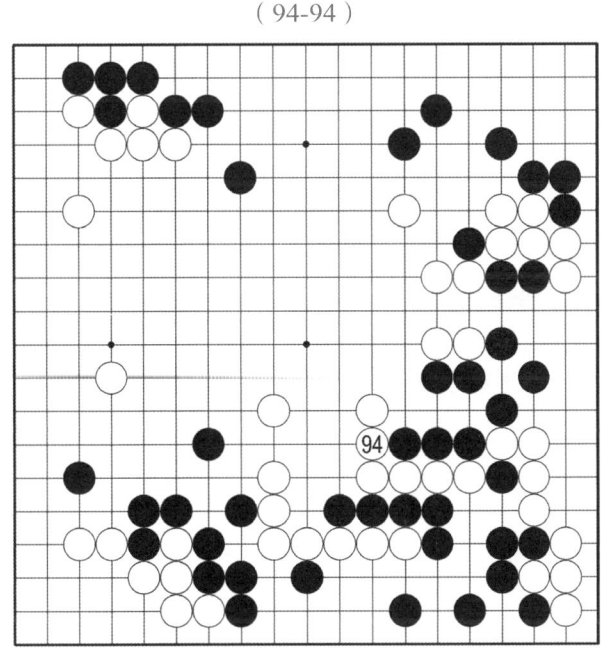

白94接牢，赛后反思，这步棋有些多虑了。

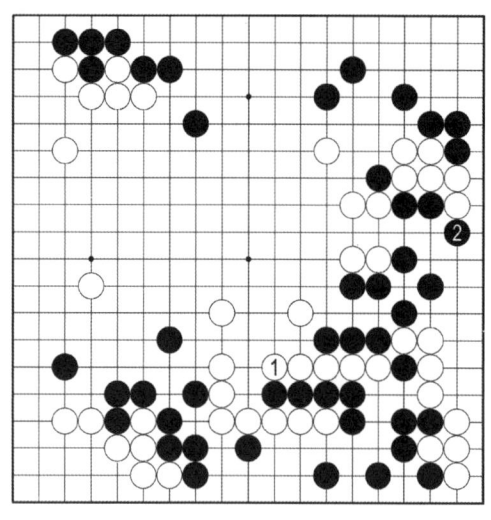

图 30

白94如在1位贴，黑2大致也是就地做活，那么1位与实战的区别在哪里呢？

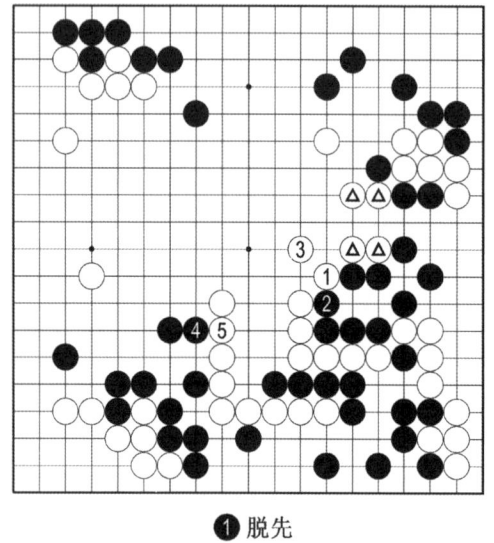

❶脱先

图 31

实战白94紧住黑气，多了1位封的后续，这步棋大概率是先手，黑2如果补，则白是先手封锁，白94便提高了中腹成空的效率，价值当然很大。

但这手棋也有两个弊端。其一，黑2之后，局部白棋的气也很紧。如果白3不补，被黑棋打断，白△四子气紧，容易出问题。其二，黑4横刺基本是绝先，这个先手对黑左下大块的厚薄、眼位影响不小。

实战中，就实战白94接牢与参考图30中1位贴的利弊，我没有搞清——参考图31中1位封的先手，与黑4位横刺的先手，到底哪个好？从胜率上来说，差别很有限，但从后面的进程看（后面的战斗与这里补棋的手法产生了关系），AI选择的1位贴应该更好一些。当然，白94接牢本身也没有什么问题。

（95-98）

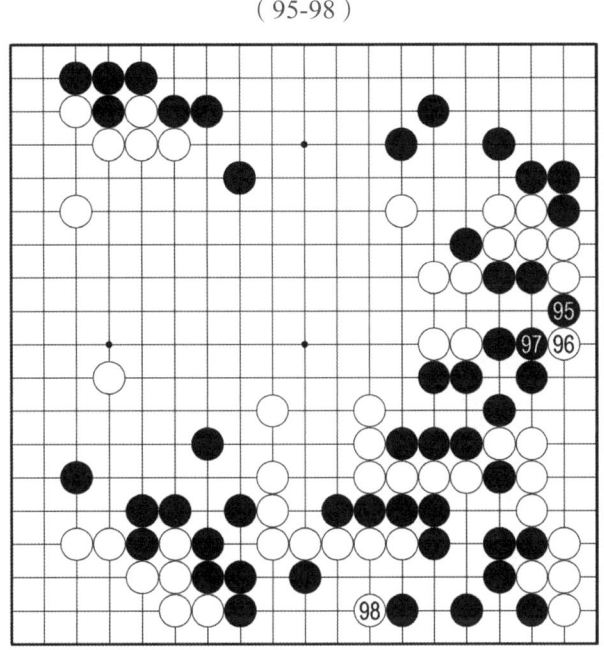

白96先手交换后，局部黑棋只能苦活。

第六局 决赛次局 ● 申真谞 九段 ○ 辜梓豪 九段

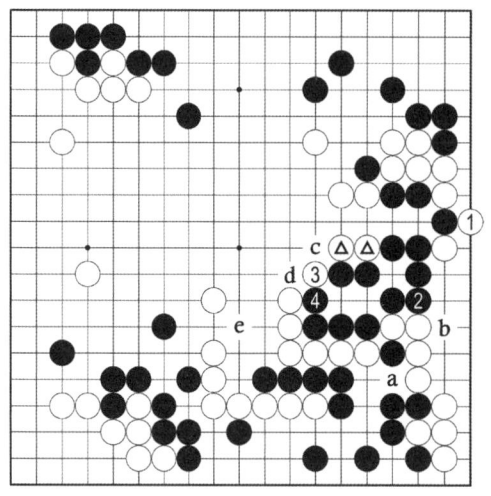

图 32

将来,白1搜刮是白方的权利,黑2团眼无奈,白3又是先手。这连续的先手利看似痛快,但也有吃亏的地方。如此定形后,黑a位接几乎成了绝对先手,白棋不理,黑再b位扳,白角就有死活问题。白3之后,中腹也非白的目(现在只能说是势力范围),而且留有c、d两打。黑c位打之后,白△两子气紧,右上一队味道变恶。而黑d位打后,生出e位的刺,可能威胁到中央大龙。故我们判断先手要不要走,终究还是看便不便宜。职业棋手的感觉是要掌握好白1的时机——如果已经在收取腹空,一些厚薄不会有大的影响,白1以下就可以走。不顾时机、只管痛快,反而可能留下祸患。当然,对自身没有可能损失的先手完全可以下,比如我一直强调的右上角的靠。

为什么黑右边被分断后很难受?就是因为需要花两手棋在几乎没有价值的地方做活,而且把白中腹撞厚(使之连通而变厚,而如果被黑隔断,白两块棋都有些隐隐的薄味),进而有了厚味的价值及一些成空的潜力。

白98分断,黑右下大块又要摆眼求活,很痛苦。

局后复盘时,发现AI认为当初的93位小跳,不如改在98位飞渡。

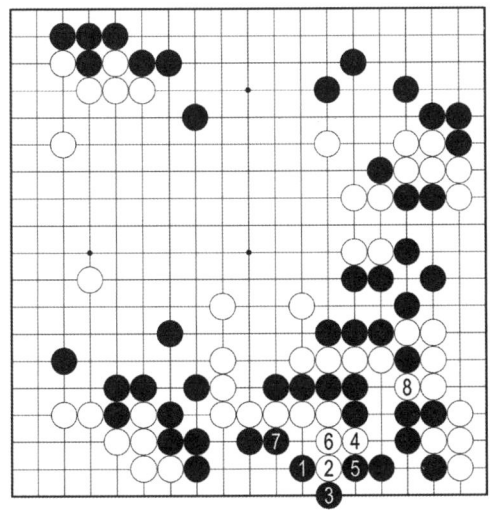

图 33

本来我倒没觉得2位和1位有什么特别的不同。如果那时黑在1位飞，白2靠当然，黑3扳过成立，但进行至白6粘，黑7如果必须补棋，那么白8提带有先手意味，也非常厚，很愉快。黑棋两块虽然连通，但只是勉强得过，形状很局促。

黑7是否要补，是人类棋手和AI的分歧点。从人类棋手的视角看，毕竟在关乎大块生死的地方被对方走出打劫来，负担是相当沉重的，而且后面的千变万化也非轻易能搞清楚。

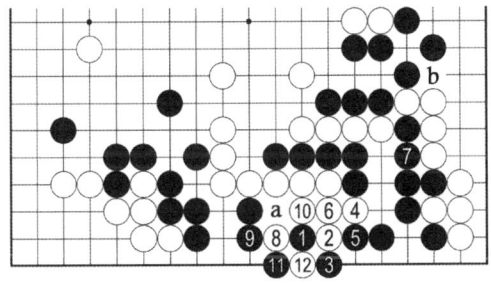

图 34

但是AI认为，图33中黑7要绷在本图7位，强行接回一子（这种地方能撑一下，会差出很多）。如此，下边势必形成打劫。而这个劫AI也有算计——白打不过黑。这的确是AI强的地方，对价值和打劫看得非常清楚，每颗子的作用都被发挥到极致。下边这个劫，一旦黑劫胜，可以提到a位，黑棋就全活了。而黑7接后的附带效果是，黑右边一块求活需要走的b位团，如今也变成了先手，那么白中央的封锁也就失去了先手味道。AI的着法真是严厉、精确。

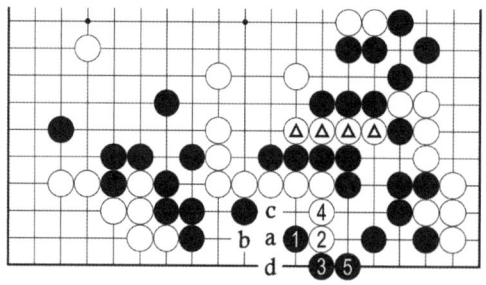

图 35

白 4 单接是 AI 推荐的下法，这样黑 5 连后，再无被白分断之虞。以后白 a 夹、黑 b 反夹、白 c 位连、黑 d 位可以渡回。这样走的不利之处是，黑在下边没有眼位，不过黑在角部可以认为有一只眼。

和实战黑在 2 位小跳、两边分头做活相比，黑棋通连后，白⊿四子反而成了棋筋，已非可弃可取，这就增加了白棋的压力和进攻的难度。

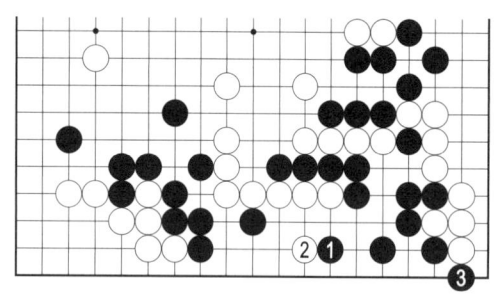

图 36

回过头再看实战黑 93（黑 1），好处可能就是目数好，白 2 靠断，黑 3 扳非常舒畅，但棋的厚薄与 2 位飞渡差别甚大。

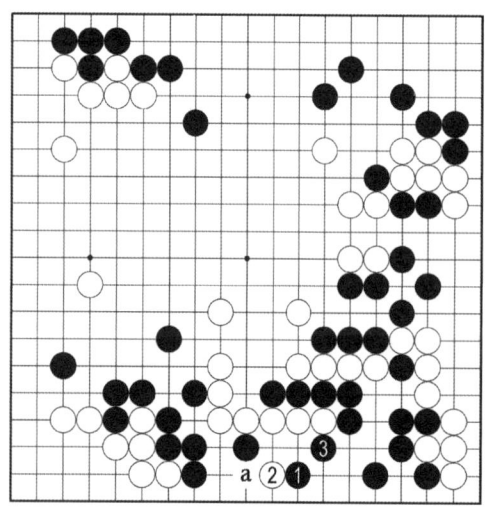

图 37

对于黑 1 飞渡，白 2 如想分断黑棋而走这边跨，则黑 3 可以转身，先做活右下，并留有 a 位夹过的后续。这跟实战就不是一个层面的问题了。

(99-100)

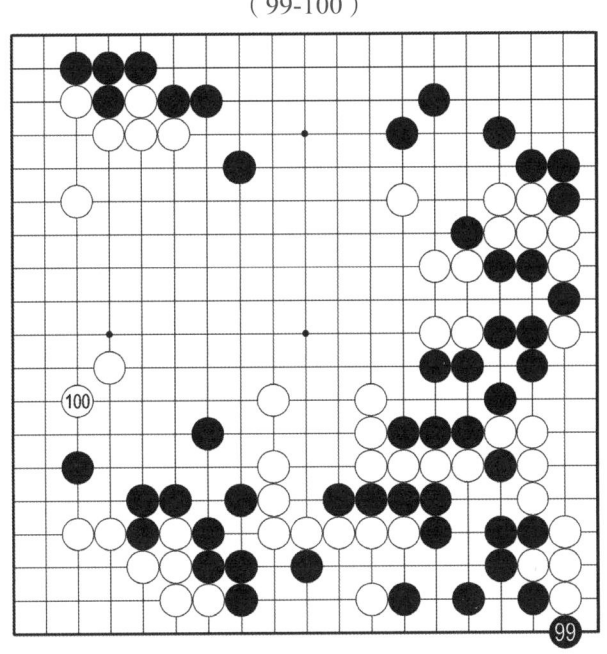

前谱白98靠断先手分断黑棋，再在100位尖，抢到了攻击黑左下大块的要点，主动权在握，感觉白棋这一段下得比较顺。

(101)

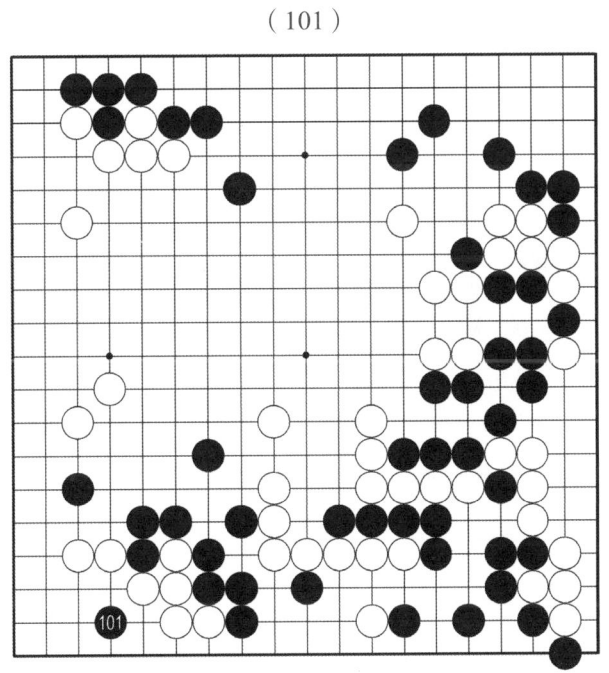

黑101点，是常用的试应手，看白棋要味道还是要目数。

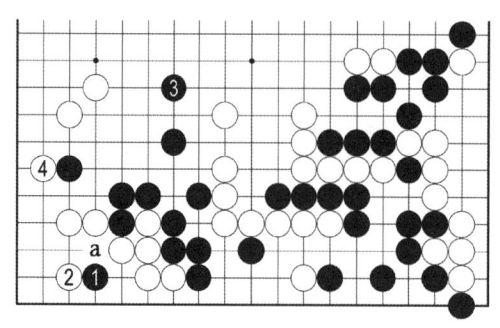

图 3.8

对付黑 1，白 2 如果选择防守，如此角上的味道较好，但将来黑 a 位断，官子有便宜。黑 3 大致出头，白 4 托过，角上就被黑白白地便宜了几目棋。

(102)

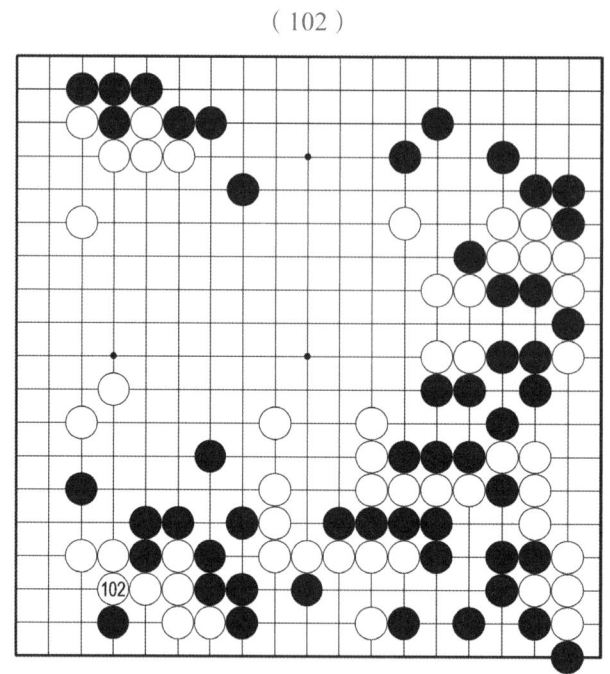

白 102 粘，不肯轻易被黑便宜。这样，黑棋肯定期待着在角里制造一些头绪，但从后面的进程来看，黑并没有特别有力的后续，角里的收气也没有想象的那么严厉。

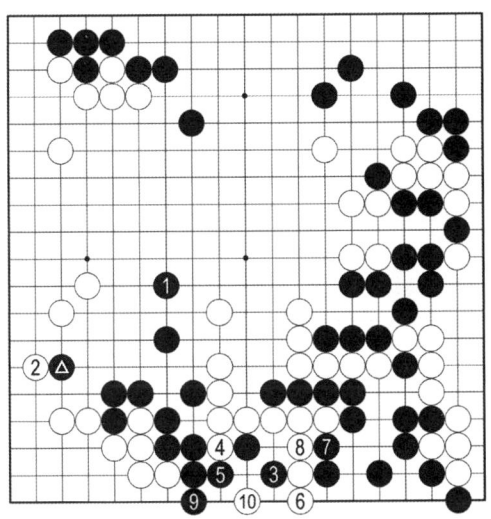

图 39

即便黑棋不做 101 与 102 手的交换，直接于 1 位跳出，这样白 2 托过，也确实是白棋好下。左边黑棋大龙没有活，将来必定是沉重的负担。另外，黑棋在下边连半个眼也没有。黑 3 夹企图做眼时，白如果要杀棋，可以先白 4 冲，再白 6 立。以下至白 10 透点，黑束手。

再往前追溯，黑△飞下虽然抢了一手，破了白的潜力，但黑右边被分断，损失很大，而如图进行，黑△也没有破掉白棋多少目数，反而令自己变薄，所以黑在这一段的下法有些得不偿失。我推测是黑棋自认为局面比较悲观了。

(103-106)

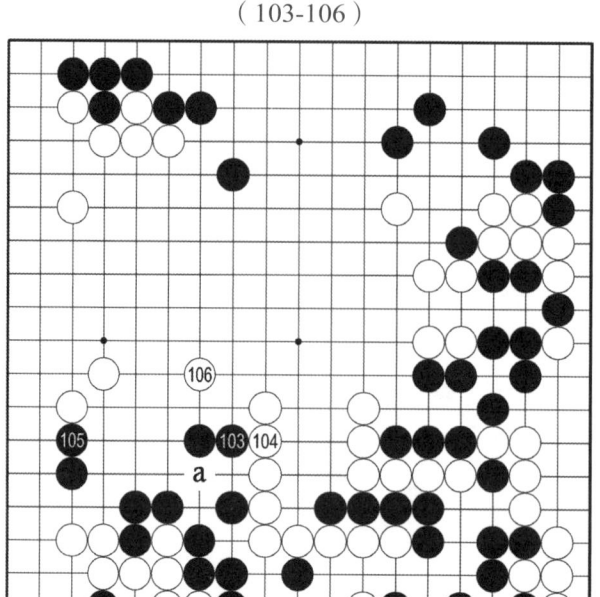

黑103刺，我没看懂对手是什么意思，因为这手棋随时走都是黑棋的先手，在并不害怕白a位靠之类的手段时并，黑棋有些吃亏。黑105阻渡，白106封锁。我感觉黑的调子有些异常。人类棋手可能就是这样，很多时候难免会受到情绪波动的影响。如果下出坏棋，虽然很想让自己冷静下来，但恶手还是会无意识地出现。

(107-109)

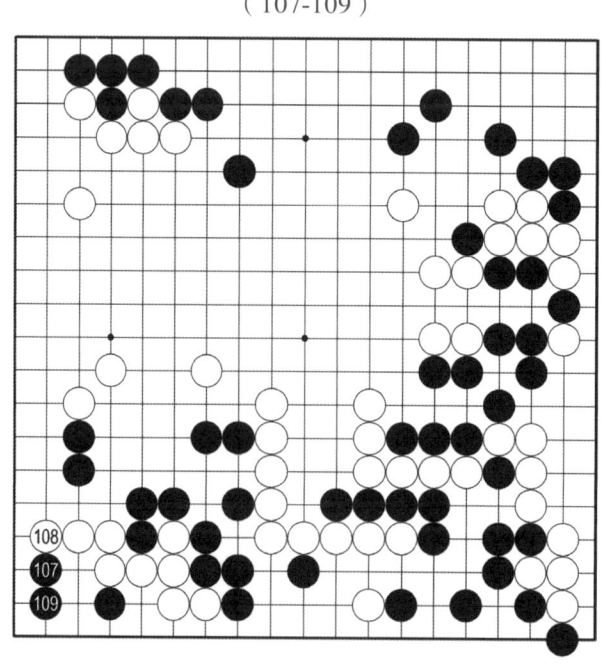

黑107透点、黑109并，期待在角里制造些头绪，在外围获得收气的便宜。

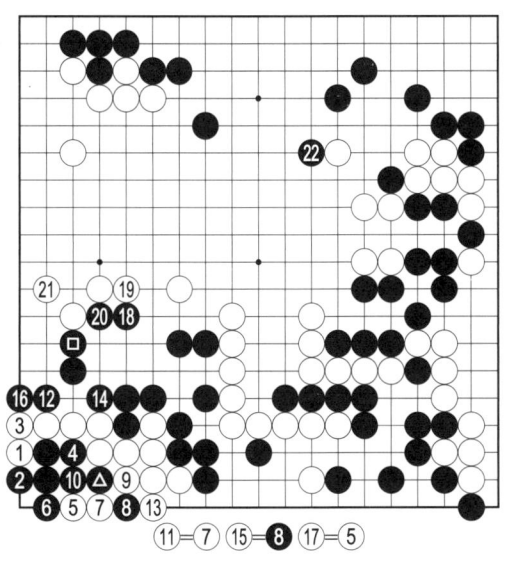

图 40

接下来，白1、3扳粘，是正常的收气手段。黑4以下体现出黑⊙的作用。往后双方收气是一本道。如此进行，白外气将被黑棋收尽。在角部得到这么多借用，黑即便被封在里面，至黑20挤，依然走成了先手活，然后抢到黑22靠的大棋。如果走成这样，之前的黑⊙和黑▢顶就都成了好手。

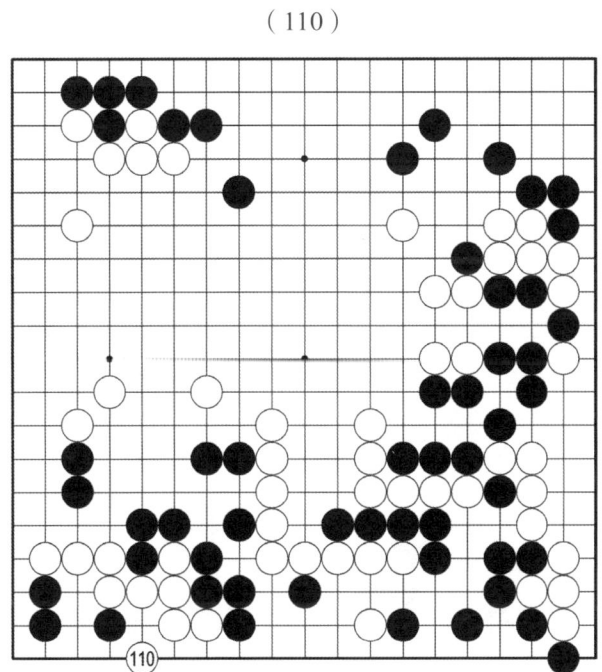

但对手可能没有注意到白110尖这步好手。

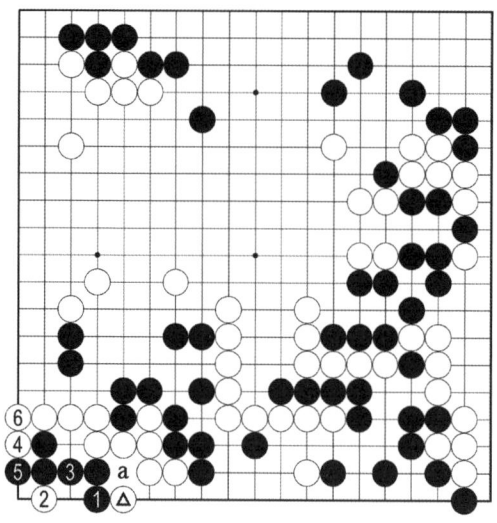

图 41

白△尖后,无论黑棋怎么走,都不可能再像上图一样把白角全部收紧。黑1如挡,白2是要点,黑3连,白4、6再扳粘。如此进行,a位就要差出一气。虽然只是一气,却关系到外面黑大龙求活的先后手(黑求活要多花一手棋),也就决定了这盘棋的走向。申九段看到我下出白△尖,似乎有些懊恼——他可能原本以为白角会比较惨,却未料到是外头的黑棋比较惨。

(111)

黑111又是一步问题手。

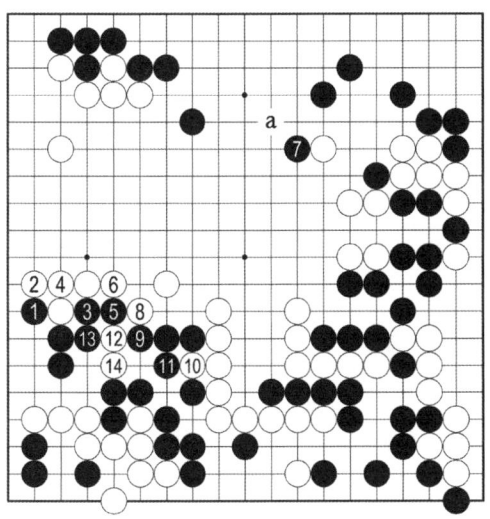

图 42

局部黑 1 先扳，再黑 3 打、黑 5 长，这样走比较正常。白 6 应后，黑 7 再抢上边。但这样进行，恐怕跟申九段的预想相差甚远。而且，虽然白暂时吃不掉这块黑棋，但即便是最简单的收官，黑也会被搜刮得十分难受（至少二路的黑 1 要被先手打拔）。如图进行至白 14，白想要吃黑的变化十分复杂，也令黑棋很伤脑筋。无论吃与不吃，黑下成这样已经不对了。

如果局部黑还要再走一手，于 8 位补活，被白 a 位侵消，那黑棋就更落下乘了——花了这么多手棋，只后手破了白棋有限的目数，显然是得不偿失。

人类棋手如果走了坏棋，很容易产生连续性的失误。AI 就不会这样，因为 AI 把每步棋都当作独立的选择，只判断当前局面该下哪里。人类棋手的思维是连贯的，所以容易一错再错。

(112)

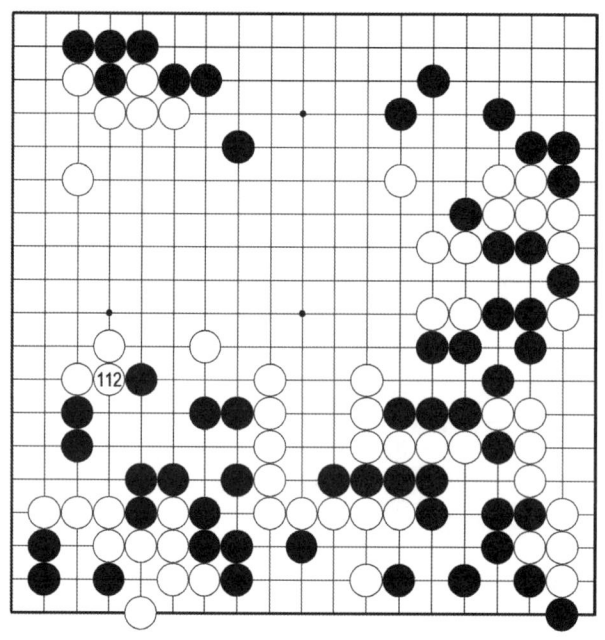

面对黑棋的失着,白112团,我感觉在这个局部就很有机会了。

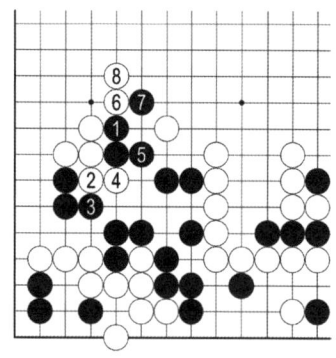

图43

接下来,黑如在1位贴出,白2、4则把黑形冲裂,黑5只能曲,白6、8扳长相当舒畅,黑形却惨不忍睹。走成这个形状,就算黑不会被吃,黑也明显不对。

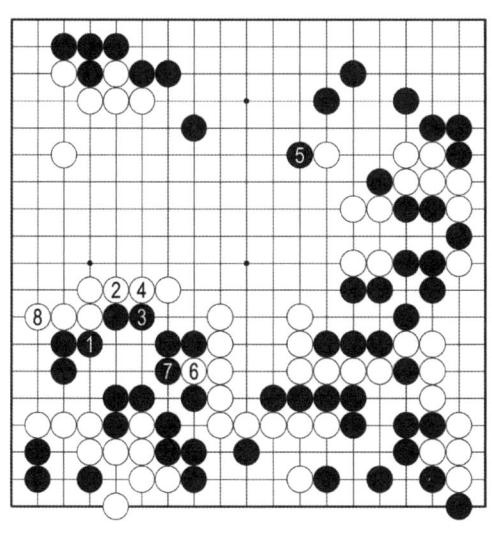

图 44

图 43 是黑向外出头的情况，如果黑 1 改在里头求活，白 2、4 顺势连成铁壁。这样黑棋跟变化图 40 相比，就少了一扳一打，因为做眼的空间被压缩，局部黑无法脱手，必须后手补活。否则白 6 先冲，再破掉黑在边上的眼位，黑大块无法做出两只眼。

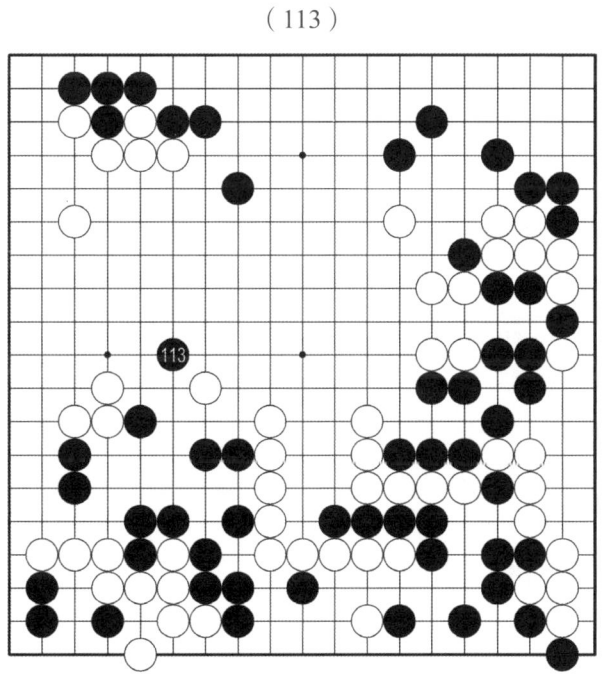

黑 113 飞出，是想了很长时间后，应对白团的无奈之举。

(114)

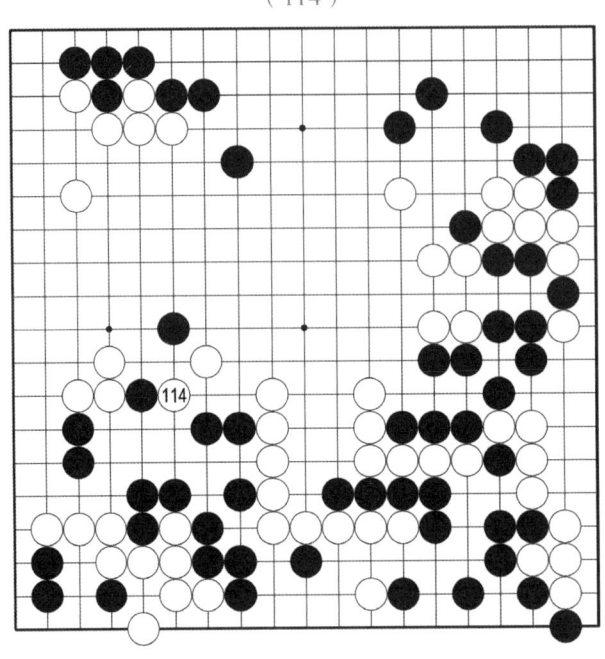

白114尖，卡在黑棋的腰眼，黑棋已被分断。

这次决赛，有个情况有必要跟读者说明一下。跟申九段的这三盘棋，大部分的时间中，他的用时一直比我多，除了第一局的后半盘。本局申九段也比我早进入读秒。我的感想是，到了角力的后半盘，有没有自己的思考时间，往往也是胜负的决定因素之一。

关于申九段用时比我多，并不是我刻意下得快，我感觉是申九段在这次决赛中给自己的压力更大，思前想后下得更谨慎，跟平常对局是不一样的。记得申九段之前接受采访时说，希望在世界大赛决赛中可以一盘不输，特别是决定性的重要对局。但这种谨慎是不是一定好，并不好断言。

(115-118)

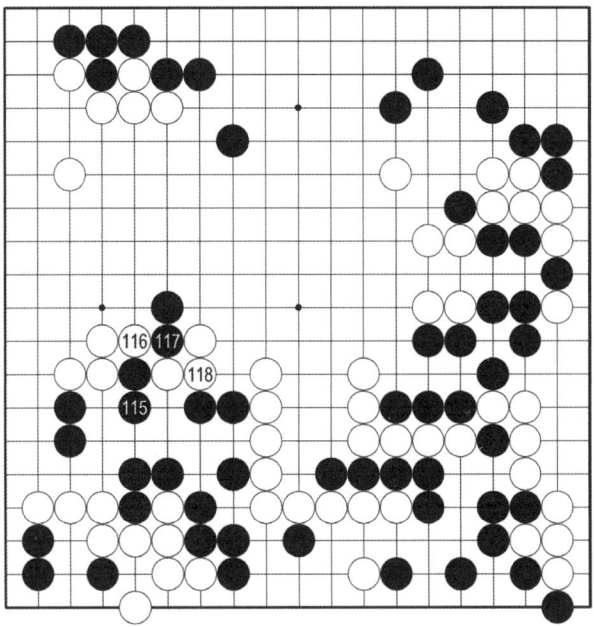

黑115至白118属双方必然。黑虽然把白分断了，却没有严厉的后续，可以说下到这里胜负已定。

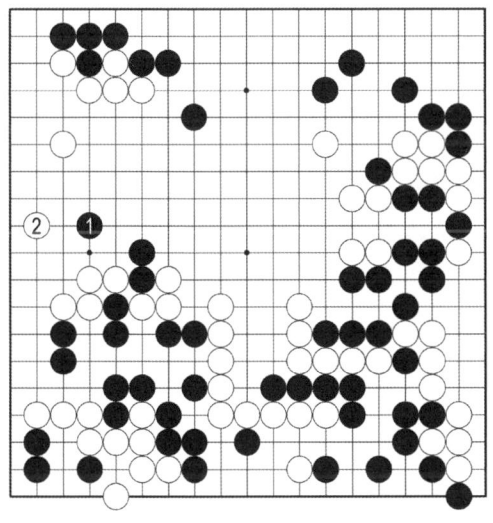

图45

接下来，黑如在1位飞，企图封锁白四子，白2大飞可以化解。而白外面铁厚，黑棋难以冲击，何况里面的大棋还没活，可以说黑是此时黑棋内外交困。

(119-121)

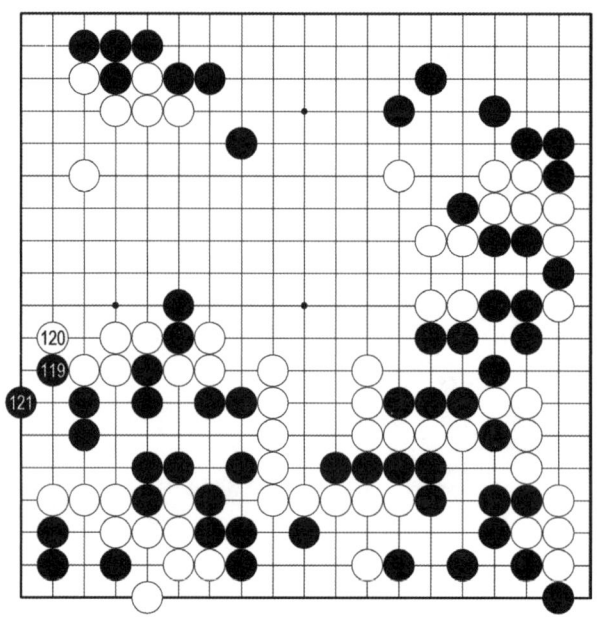

黑119扳、黑121虎，试图在里面做活。

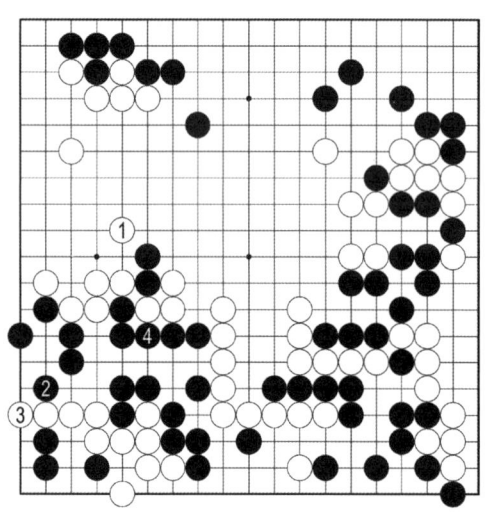

图46

此时AI推荐白简单地在1位跳一个，黑2时，白3也跟着应，放黑4做活。这样简化局势后，白又是先手，可以抢先收官而获胜。AI如此推荐，一来可能它思考的时间比较短（10秒或20秒给出的应手），二来可能它认为这样就足够赢下了。但这种棋对人类来说，在局部能取得更大利益的时候，反而会选择稳健的下法，因为在优势并没有大到10目、20目的情况下，AI所给出的90%的胜率，实际没有太大的意义。此局面后，上边、左上角等处还有很多大官子，白抢先收官当然有利，但不能确保胜利。因此从人类棋手的角度来分析，在能将对手一举击溃的情况下，选择放虎归山，于情于理都说不通。

(122-126)

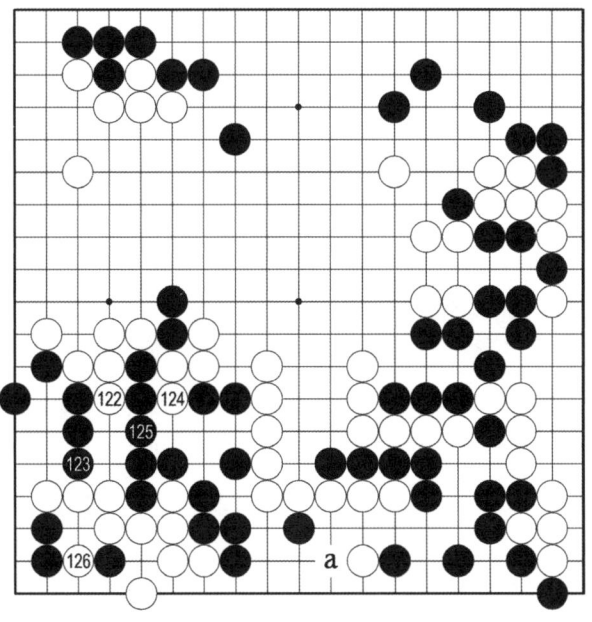

白122、124先手破掉黑的眼形，再白126补净，左下黑大块就剩一只眼了。那么这块黑棋是死是活呢？a位是否有眼？

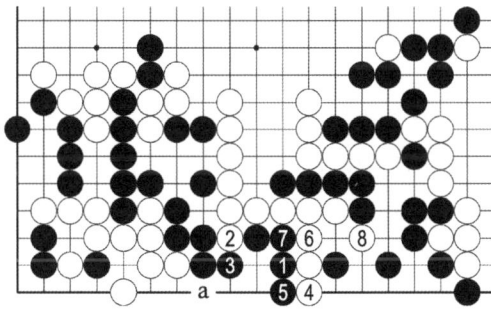

图47

之前我们说过，黑在1位，连半只眼也没有。如果黑非要做眼，只能在5位挡，则白6接之后，a位扳及8位扳必得其一。结果就是，黑左下活了，右下一块却饮恨而终。于是左下看似能活，其实等同于没有活。

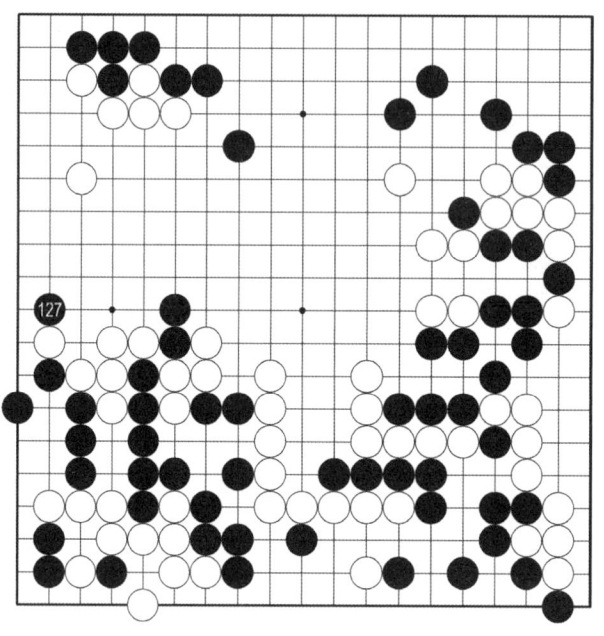

（127）

黑 127 夹，力求一逞，也是当初二路扳虎的后续。

好在黑 121 时，我还有一些保留时间，记得用了几分钟，把这里的变化好好算了算，确定黑棋不行。如果在这种关键时刻，受读秒声的催促，则很容易忙中出错。

说到读秒，比如一分钟读秒，棋手真正用在棋上的思考时间可能只有 40 秒，之后就容易受到读秒声的干扰。而如果在 40 秒时否定了之前计算的变化，或者看到了更好的变化，那继续思考的时间就只有短短数秒，而仓促落子又导致看不周全，故读秒给棋手造成的压力还是很大的，尤其在心理层面。

（128-131）

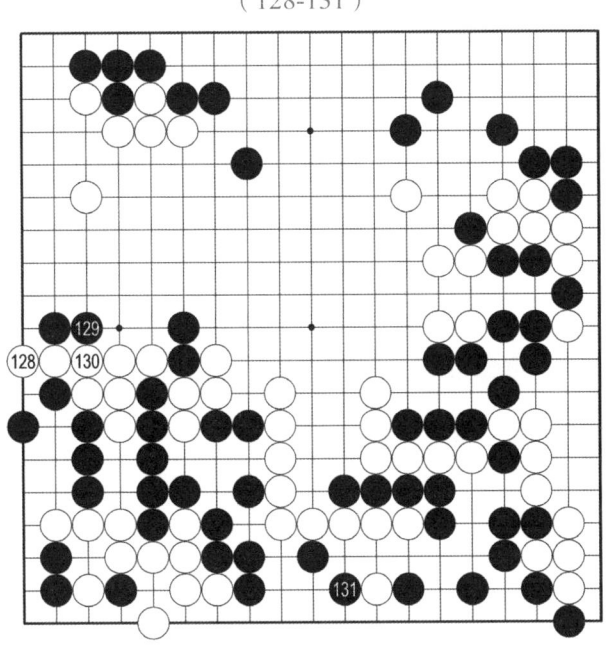

黑 129 先手逼应后，黑 131 转到下边试应手。当然这步棋更有可能是在争取时间，计算左边的攻防变化。

（132-134）

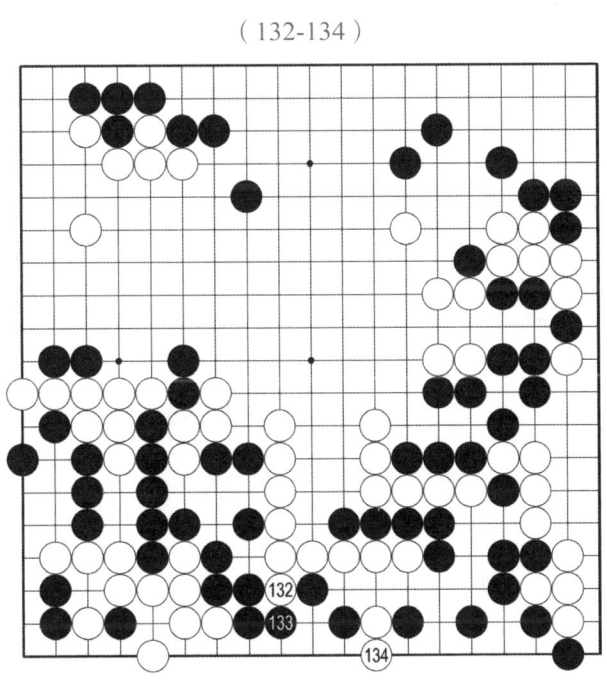

白 132 冲是绝对先手，再白 134 立，局部黑棋连做劫撑眼的余地都没有。

图 48

实战黑 131 夹时，白也可以单立，黑依然不行。但在这个局部，我一直计算的是 2 位先冲，这样最为简明。

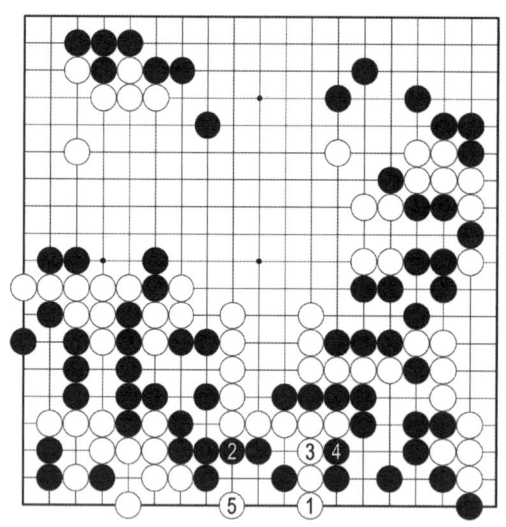

（135-138）

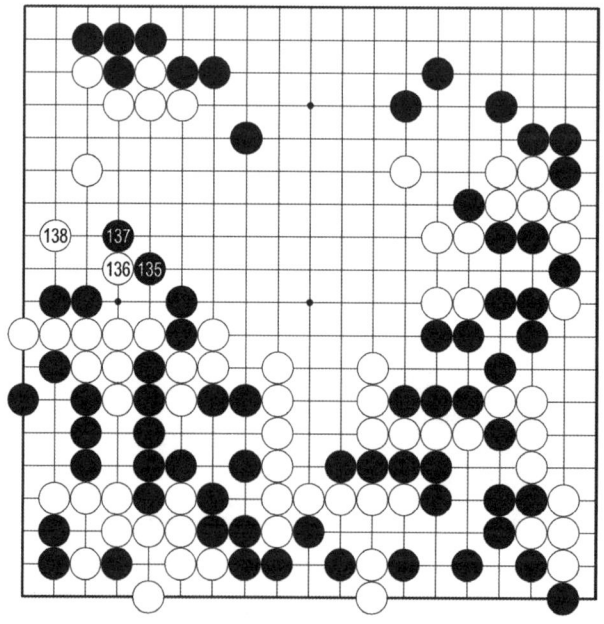

黑 135 尖封时，白 136 先跨，再白 138 飞点，虽然白这块棋也就几口气，但黑就是拿不住。

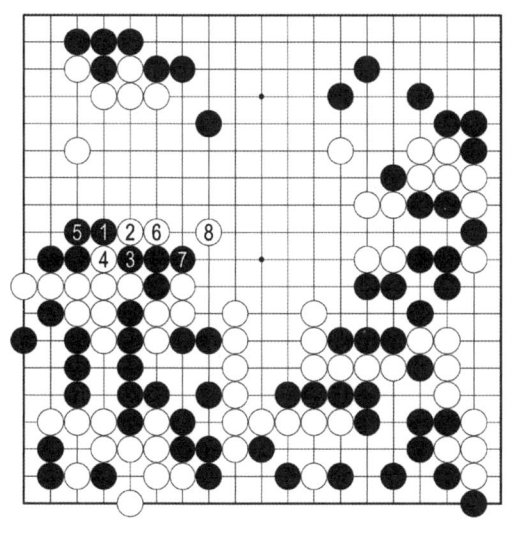

图 49

黑如果改在 1 位尖，白 2 依然是跨。白 4 先手断后，虽然征子不利，但白 6 打、白 8 枷，也是简单的计算，可快一气吃黑。之前白在中腹积蓄的厚势，在此发挥出了最大的价值。

在这个局部，除却白 136、138 的组合拳，别的手段可能都不太行。不过作为职业棋手，这两手还是比较容易看见的（因为白有一路的硬腿，与之关联的白 138 是基本的感觉）。

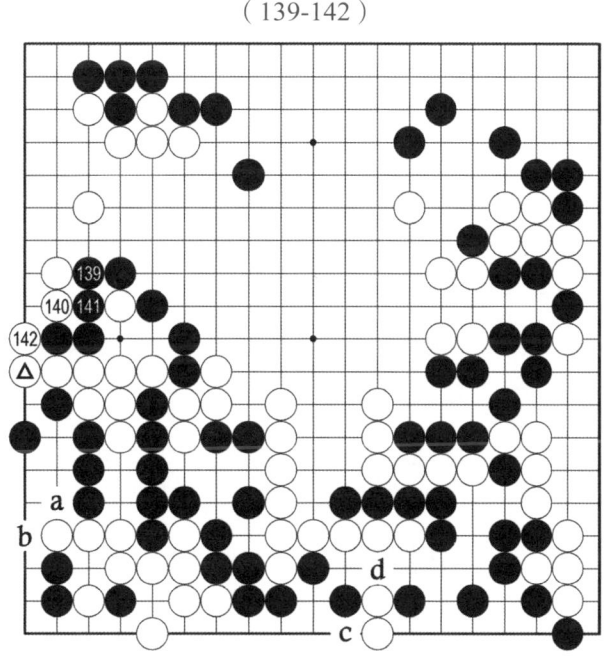

（139-142）

黑 139 只有顶，白 140、142 顺势连回。至此，左下黑大块已经彻底死在里面。因为白有白⊙的硬腿，即便黑 a 和白 b 先手交换，这里也只有半只眼；黑 c 位挡，白 d 位接，哪怕黑放弃右下大块，下边也只是一个后手眼，黑还是无法做活。

(143-144)

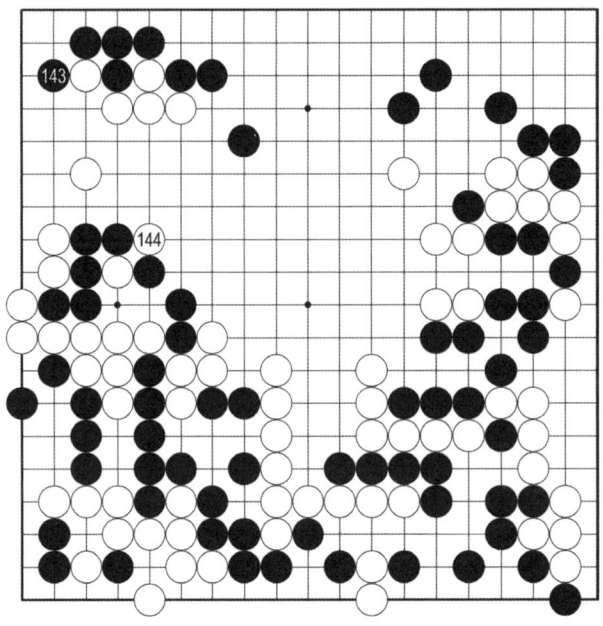

左下如此巨龙被杀，黑棋其实已经大败，但黑143还是试图做一些挽救，如果白棋大意，左下这块被黑棋封住，可能会出现对杀。

白144断，是局部的要点。虽然知道黑棋勉强，但白也希望尽可能地走得更好一些。

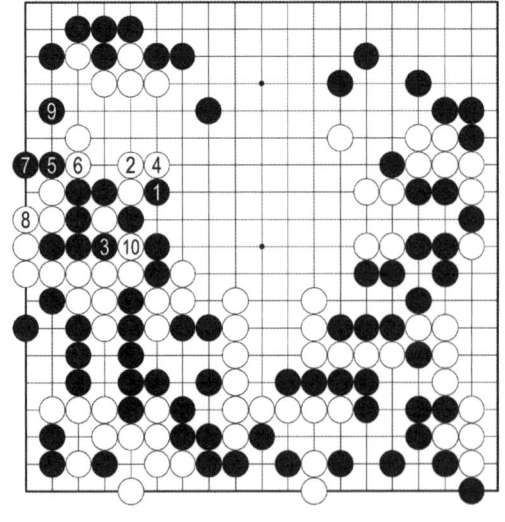

图50

接下来，黑如在1位虎打，再3位提，白4还有拐的余裕。黑5扳断后虽然造成杀气之势，但白10挤，黑因气短而失败。

图 51

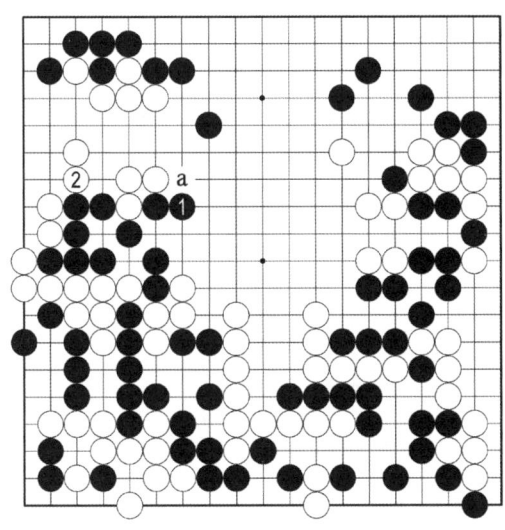

图 50 中黑 5 如在中腹长，白 2 则顶，补住自身弱点，以后黑 a 位封，对左上白棋死活已无影响，是后手。

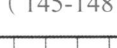

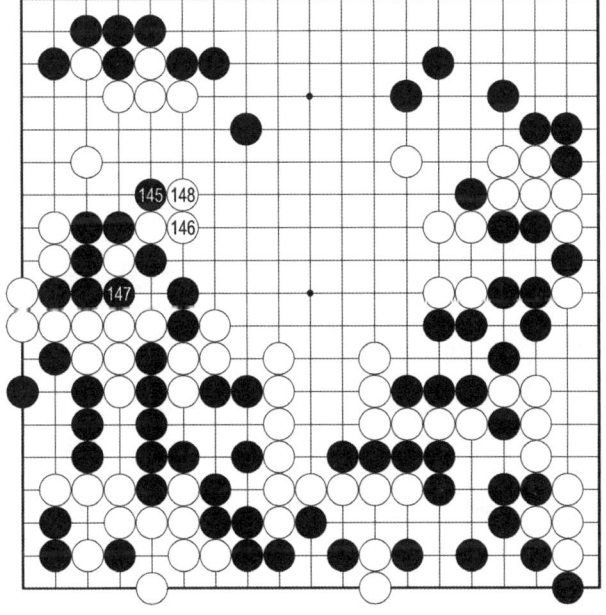

黑 145 选择从另一侧打。至白 148 拐时，黑棋仍然不能扳断。

（149-151）

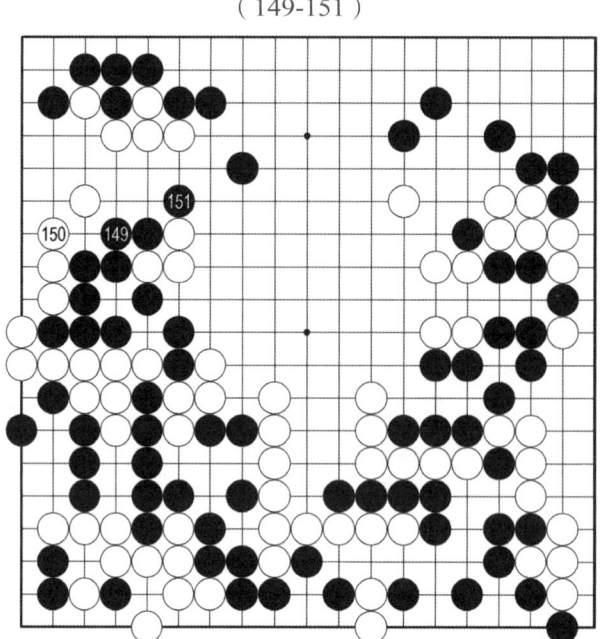

黑149无奈，白150连回，已在外围获得了一些便宜。

黑151扳时，白棋的下法很多。

（152-154）

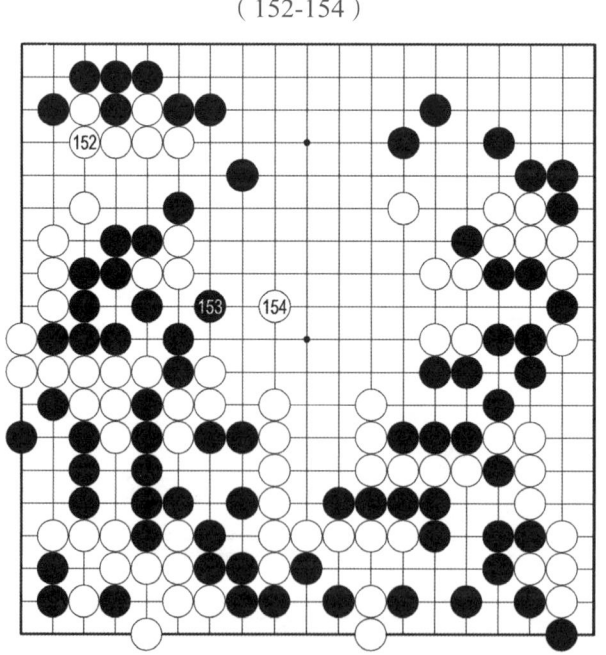

白棋觉得152粘比较坚实，故不在中腹多做纠缠。

黑153补强时，白154看轻三子，走强中腹，棋局再无悬念。

（155-160）

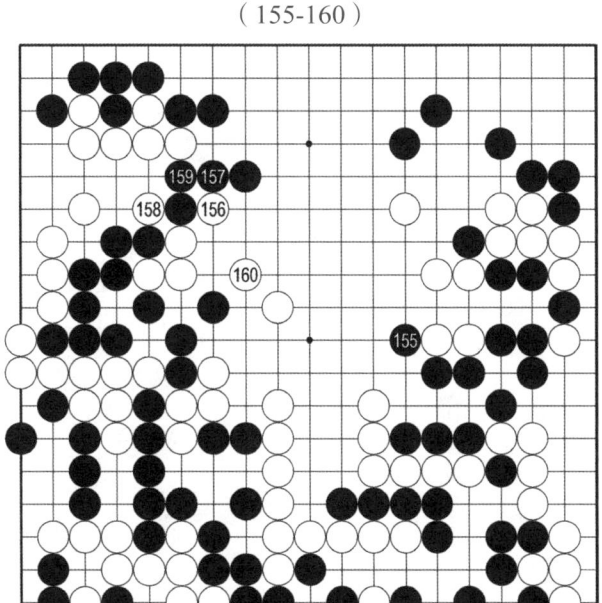

黑155扳头，继续给白制造麻烦。

白156至160救回三子，发起反击。

（161-164）

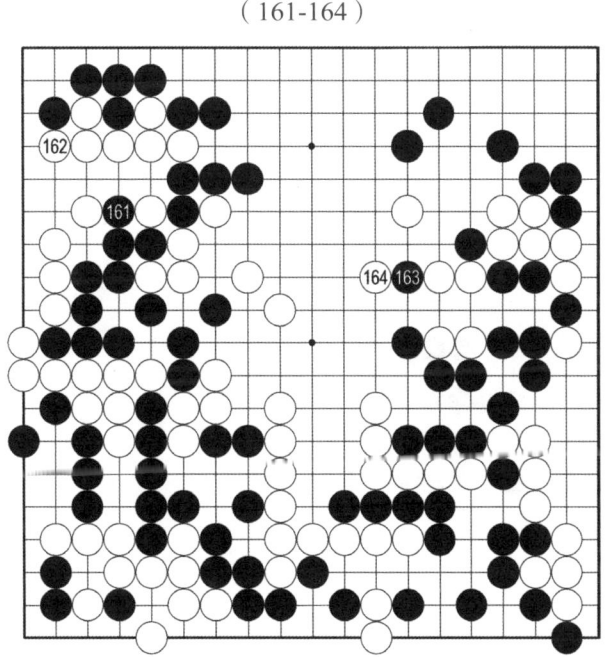

黑161冲吃，白162顺势补好。

黑163靠，拿白四子的气紧做文章，白164夹干净利落弃子，看得很清楚：即便黑把右上全部吃进，目数仍然不够。

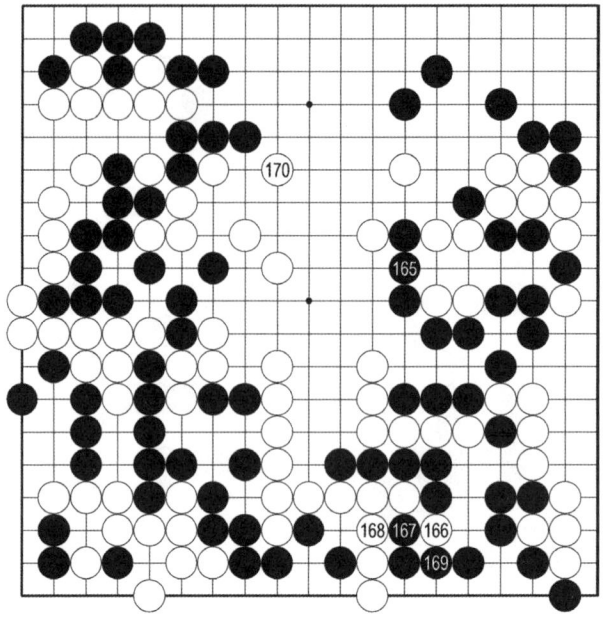
(165-170)

白166弃子，先手消除了下边的不确定性，再白170跳，这也是很简明的着法。

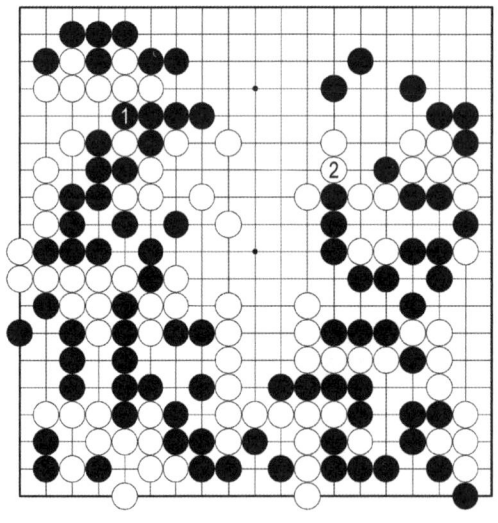

图52

接下来，黑如1位提通，则白2顶是可以预见的，白几乎"毫发无损"。

（171-175）

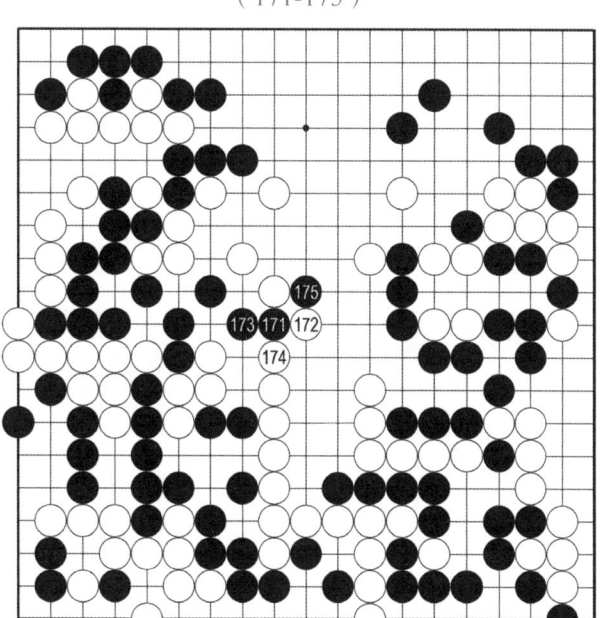

故黑171转战，再白175断。这可能是最后的"考验"了。

（176-178）

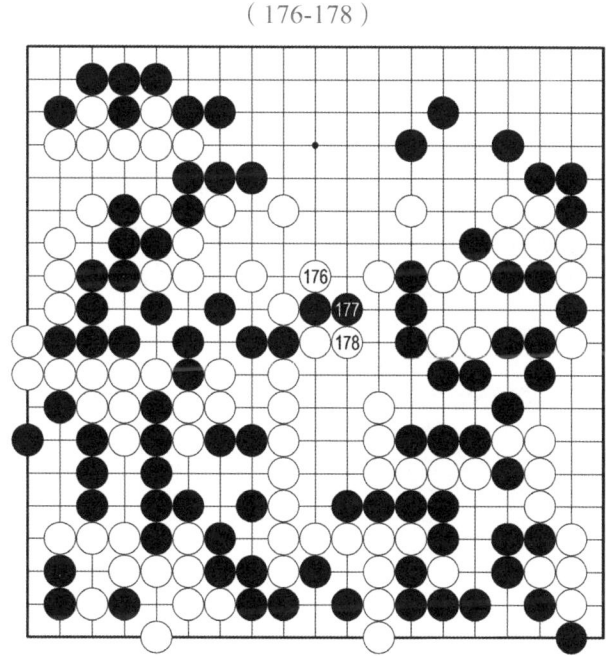

黑虽然把白棋断开了，但对白上下两块都构不成威胁。

(179-182)

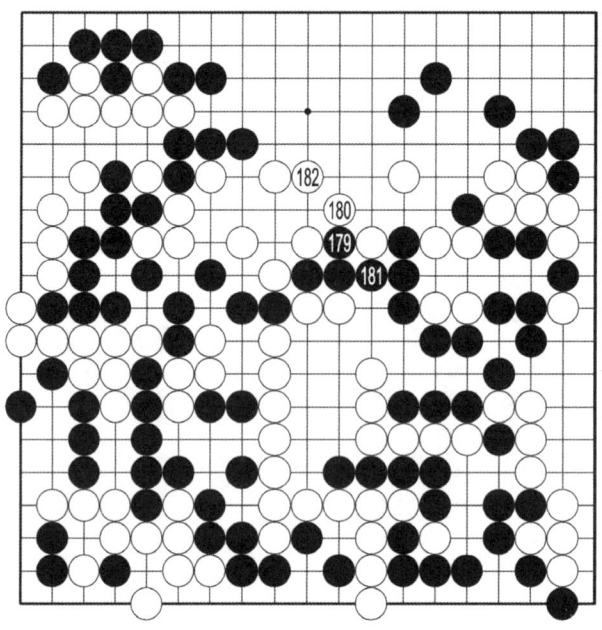

至白182坚实地补断，黑棋终于无以为继，认输了。

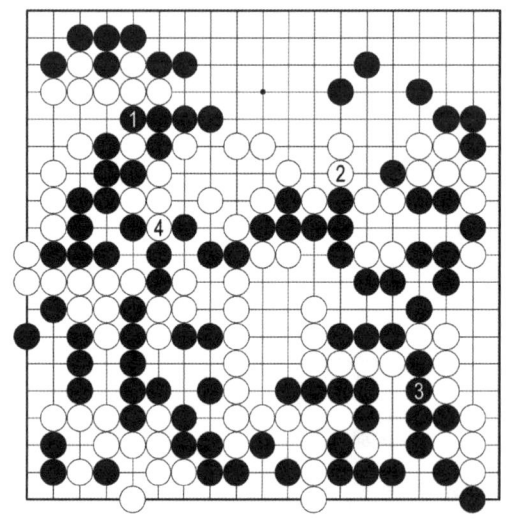

图53

接下来，黑1不能不提，则白2顶后全部连通，左边一只眼，右边一只眼，活得很清楚。至于中腹大块，由于3位和4位见合，不存在杀气的可能，棋局也就没有继续的必要了。

自黑左下与右下两块棋无法兼顾而必死其一时，棋局的胜负已经确定了，后面的进程跟胜负关系不大，更多的是黑棋在整理心情。

纵观本局，还是有很多值得玩味的地方。白棋布局应是稍稍落后一些。白54碰这着棋，虽然AI评价不高，但是打开了局面，为后来扭转战局制造了很多战机。隔断黑左下两子，给棋局增加了变数，也给黑棋的失误扩大了空间，可以说在战略上是成功的。黑59是明显的问题手。当时下边还不需要这个急先手，黑棋却卖掉了，等于白白亏掉一个先手，还让黑右边一队变薄了。从另外一个层面来讲，因为已经虎了一手，故左下两子不肯轻易放弃，必须战斗，故留下了72处的弱点，使自己对棋局的掌控没有之前那么舒服。白82之后，又觉得被白便宜了，急忙于左边打入，导致右方两块被白84冲断，棋局的流向越来越偏离黑擅长的路数。故黑59本身可能亏得不多，却是失败的开端。在左下甚至波及中腹的攻防战中，也许受到心理波动的影响，黑棋又下出一些不理智的着法，最终被一举击溃，导致局势无法挽回。

在左下角的杀气中，好像黑棋没有看到白110尖的妙手，但黑棋的失败不是这一步的问题，而是之前有一些不太满意的棋，导致想把目数绷得再紧一些，就像我在第一局攒足了劲要攻击对方一样。如果从比较深的层面来看待失误，就能看到很多值得品味的地方。过于看重某一点，或者过于渴望达到某个目的，反而容易忽略其他方面甚至大局，导致过犹不及，出现失误。所以，并非是申九段没有看到那手尖，而是他太希望在这个局部扳回一些劣势，这时的心理状态已经失衡，所以更容易出现失误。

共 182 手　　白中盘胜

第七局

决胜局

● ○
辛 申
梓 真
豪 谞
九 九
段 段

141 手

第一届
衢州烂柯杯世界围棋公开赛决赛
决胜局

2023 年 6 月 17 日

第二局扳平之后，决胜局的压力，我感觉申真谞九段要更大一些。毕竟从申九段的角度看，他肯定是希望大赛的冠军都能拿下，而决胜局如果再输的话，烂柯杯这个系列赛就输掉了。而且，从他对中国棋手的"统治力"来说，二连败也是不可接受的，等于打破了他自己创造的"神话"。

第二局结束后，当天晚上我跟几个队友研究了一下，对第三盘的布局倒也没有刻意准备。决赛第一盘、第二盘执黑执白都下过，决胜局虽然是重新猜先，但黑布局和白布局在赛前、赛中都有过一些研究，所以主要就是把心态调整好。因为这几年我对申九段鲜有胜绩，第二盘能赢下来，我心里感到非常满意，所以在决胜局，我没必要给自己那么大的压力，背太多的包袱，因为对手的压力比我大。

至于决胜局的战略战术，由于我在第二盘的战略取得了成功，这一局我也想往这方面引导，把我的优势发挥出来。

（1）

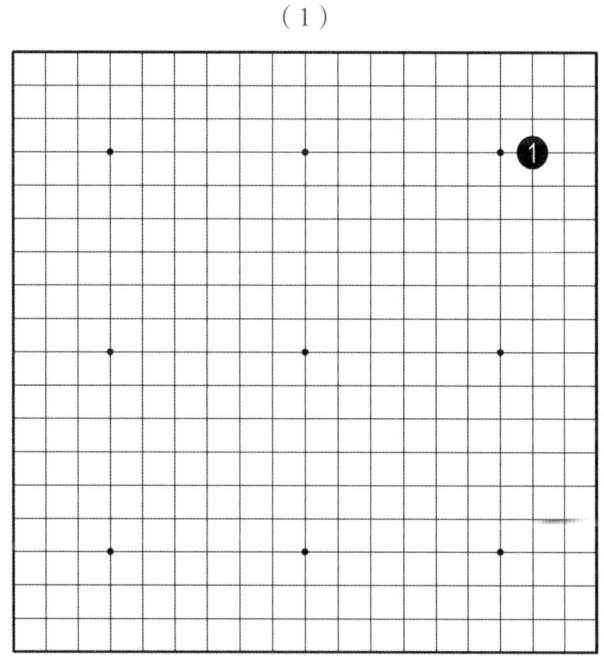

决胜局猜先，我拿到了黑棋，下的是赛前准备的布局。

（2）

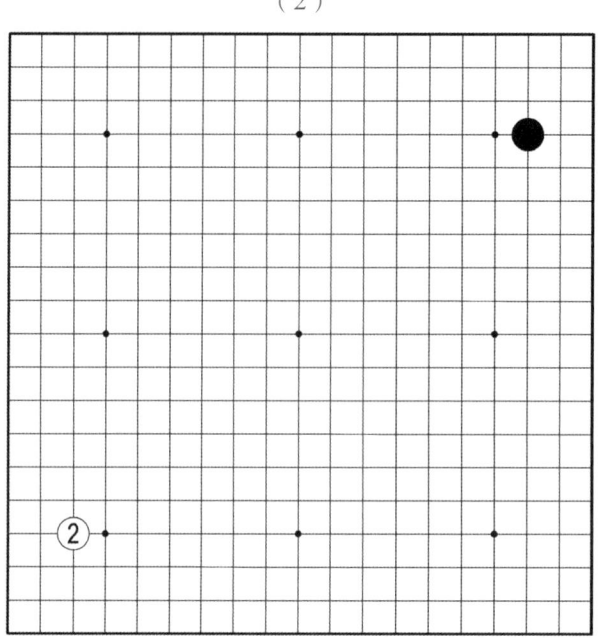

决赛第一盘时，我在下右上角小目时，感觉对手会下左下的对角。

（3）

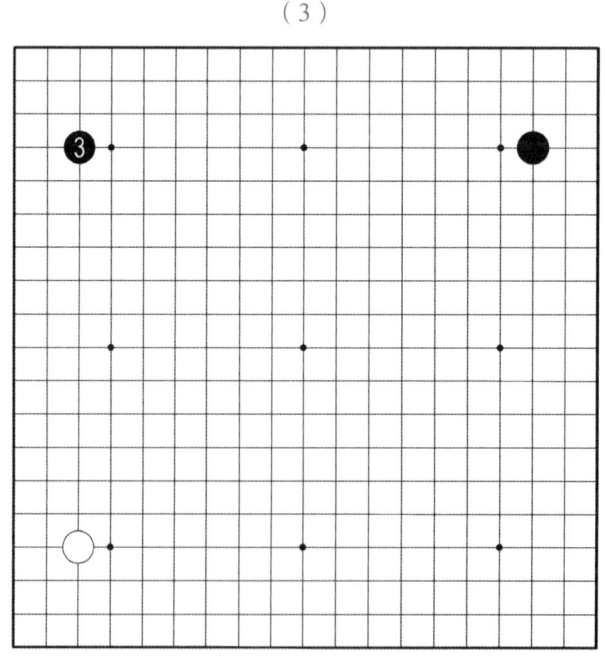

由于白占据了对角，黑3得以走出相小目，这是我在决赛前就准备好的。

(4)

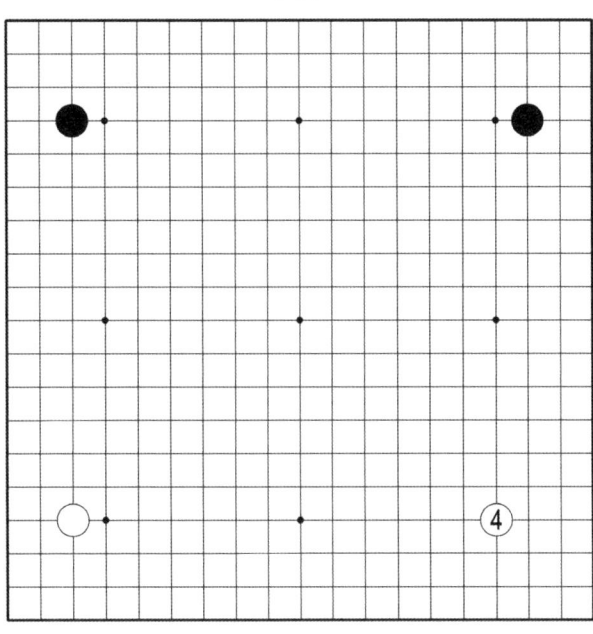

(5)

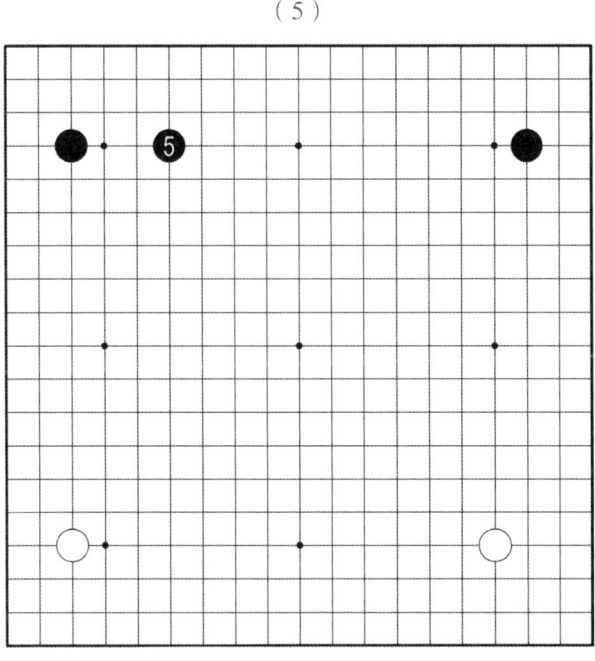

第七局 决胜局 ● 辜梓豪 九段 ○ 申真谞 九段

（6）

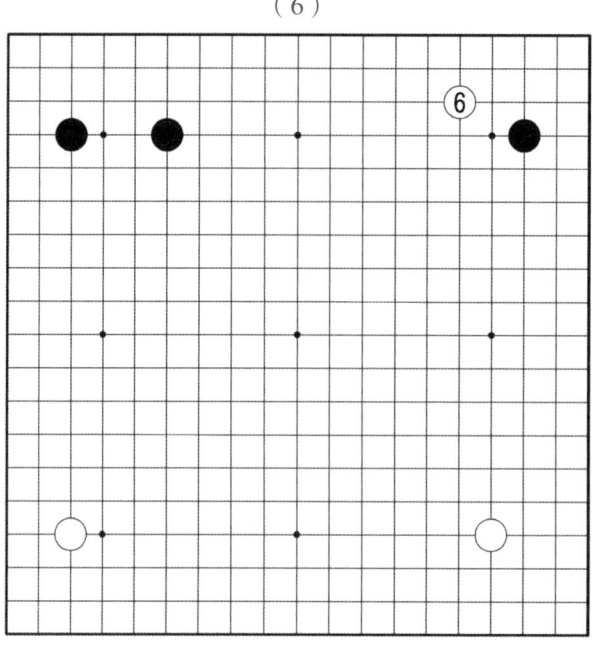

○ 辜梓豪烂柯局 ○

（7）

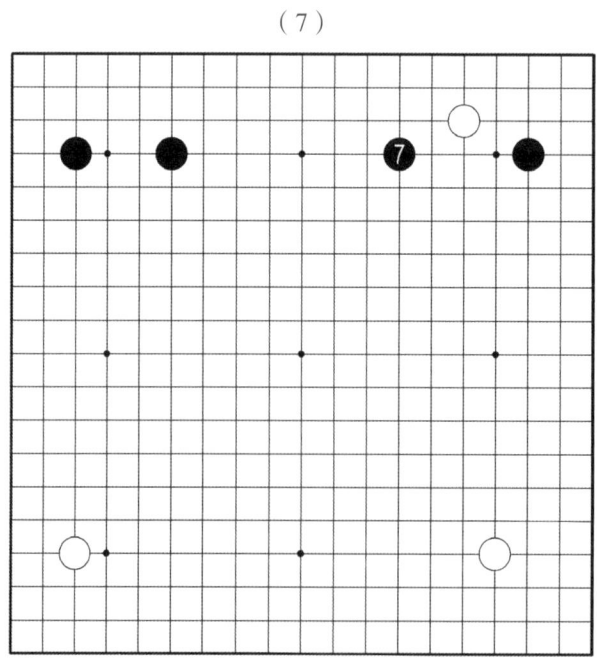

黑7夹，也是赛前准备好的，不过白有可能在这里脱先。

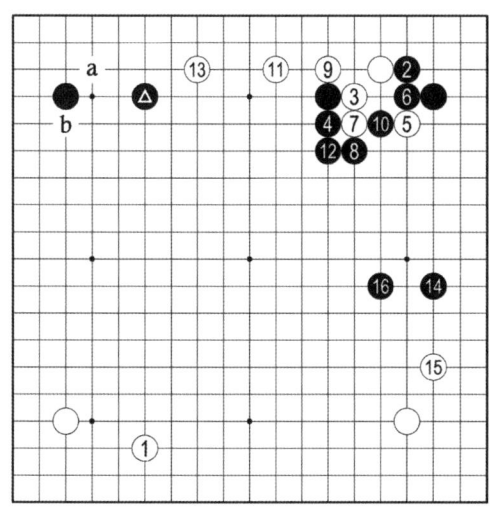

图1

白1脱先缔角,黑如果按第一局的进程进行,则至白13拆,黑⚠的配置不佳,左上角的形状不如a、b位的无忧角(第一局),故是白略优的局面。第一局如果白下成这样,要比本局亏一些。

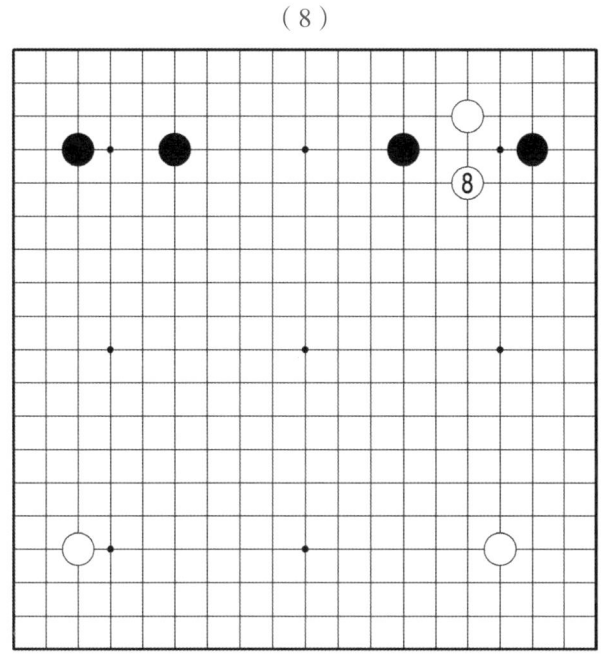

(8)

白8没有脱先,选择继续在局部行棋。

（9）

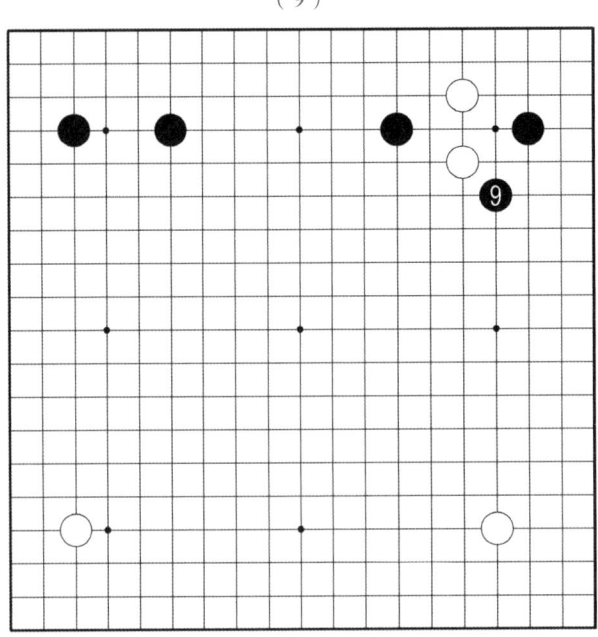

辜梓豪烂柯局

（10）

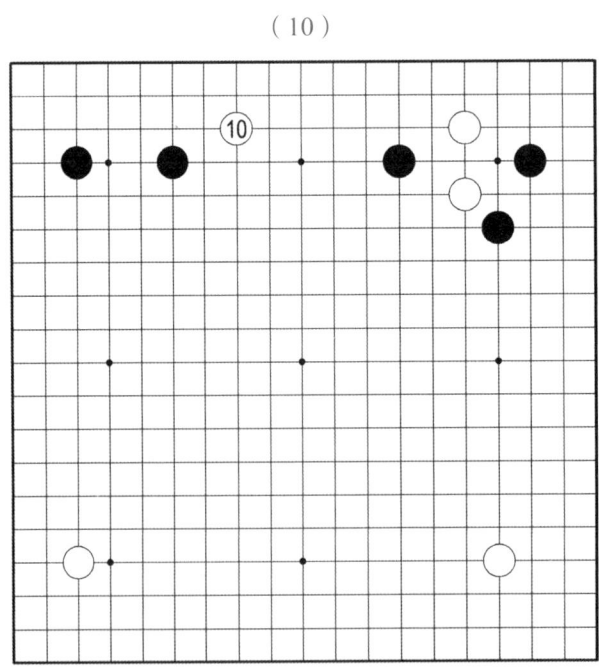

至白10逼住，上方的变化我借助AI研究过，也经历过实战的检验。

(11)

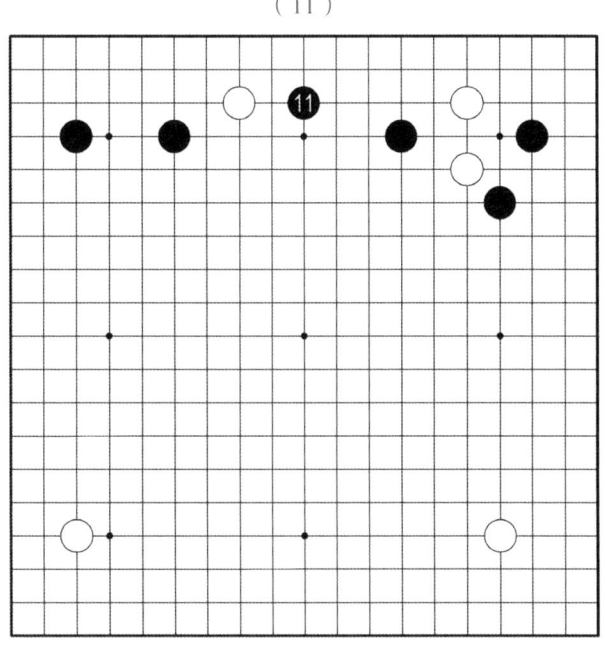

黑 11 夹攻，熟悉 AI 的朋友们都知道，这是 AI 的常见着法。

(12)

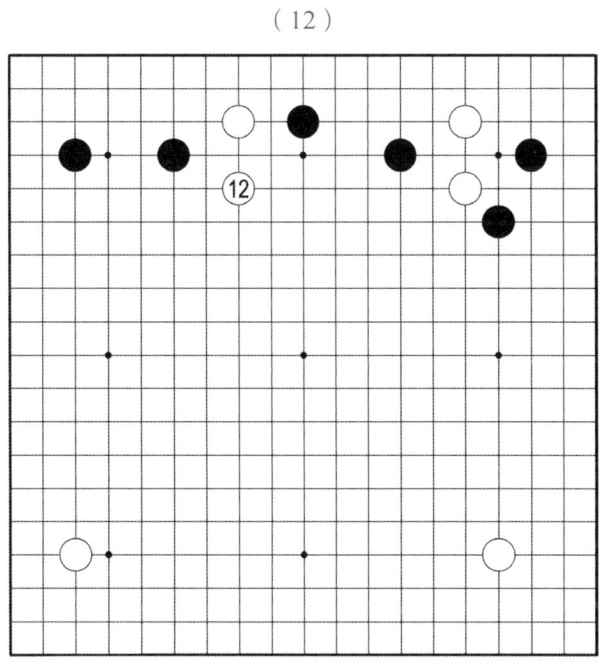

（13）

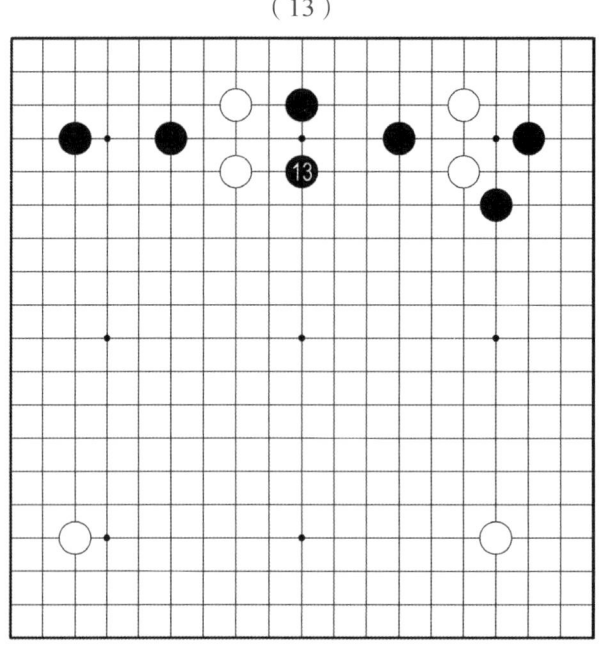

黑13跳，加强了自身，也对左右白棋造成压力，正常。

（14）

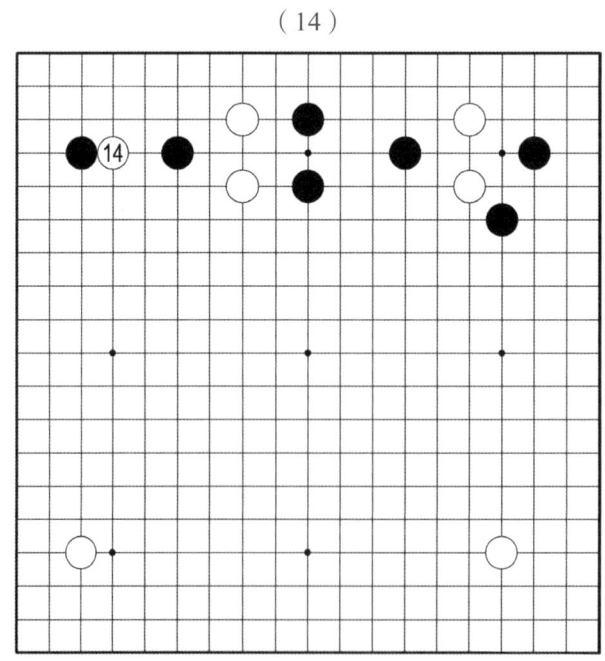

白14碰，是关联的后续手段。

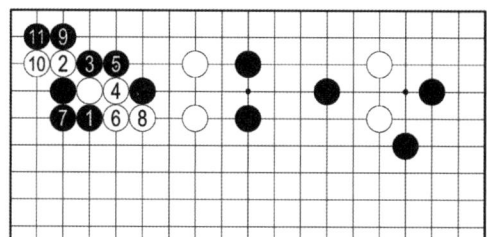

图 2

对付谱中的白14，黑1外扳也是可以的。白8如正常拐，黑9抱吃，没有不满。

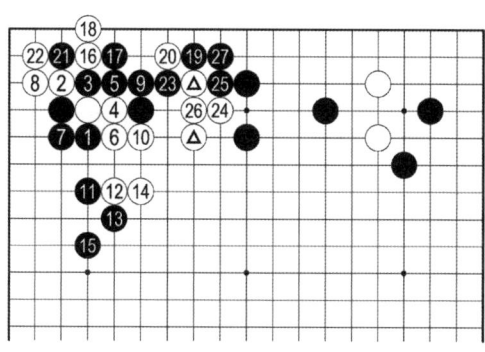

图 3

但在局部白棋已有白⊕两子接应的情况下，黑1外扳就要小心了。黑7粘后，白8有立到角上的可能性。这是因为周围白棋子力增多了，故可以下出强手。黑9补，白10再拐，黑左右两块有点不好兼顾。黑11如正常跳出，白12则靠，经黑13、白14交换后，黑如果回头补角，则黑13一子将被断开，大局受损。黑15强补，则白16、18扳了立，令黑十分痛苦。

黑19只能求渡，白20扳断，黑21只好卖掉角上味道。变化至黑27告一段落，白棋先手掏掉了黑角，而黑棋上边的形状不大好，白非常满意。

(15)

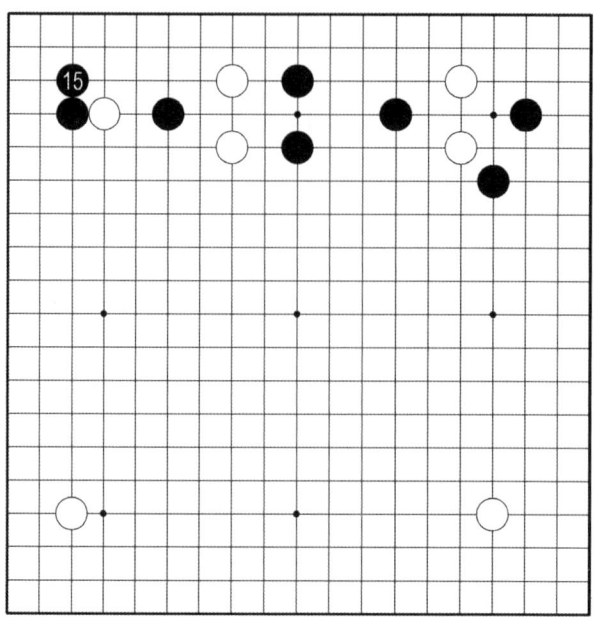

黑15持重。

在白外围已经有子力接应的情况下,黑棋外扳会生出不少波澜,棋迷朋友要对此保持敏感。

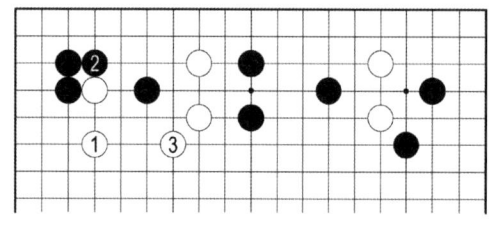

图4

白1、3不在局部纠缠,走在外围,也是可行的下法。

(16)

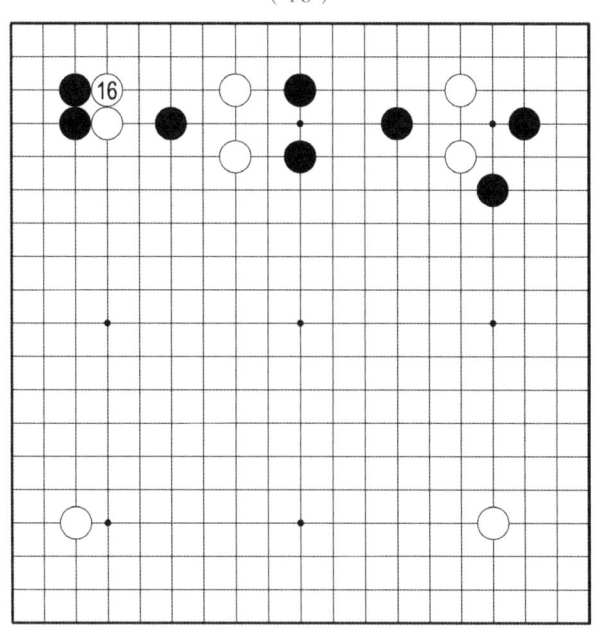

白16隔断，重视实地，与图4取势的选择各有利弊。

(17)

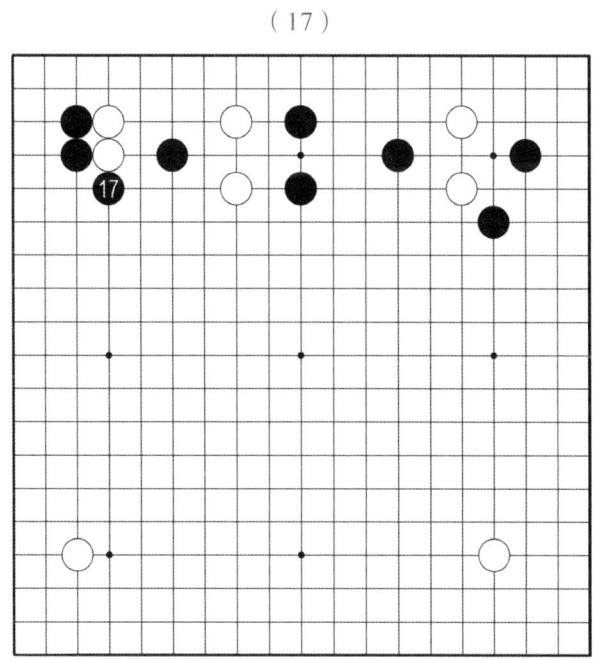

黑17扳二子头，当然。

（18）

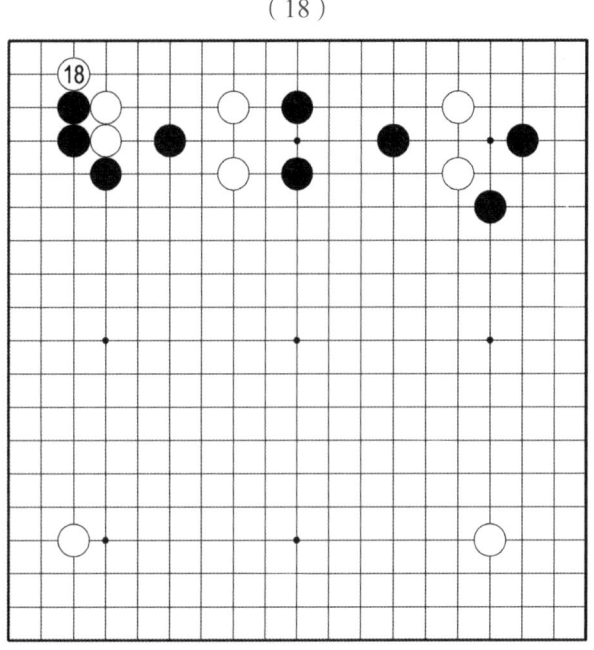

以下是一本道的进行。

辜梓豪烂柯局

（19）

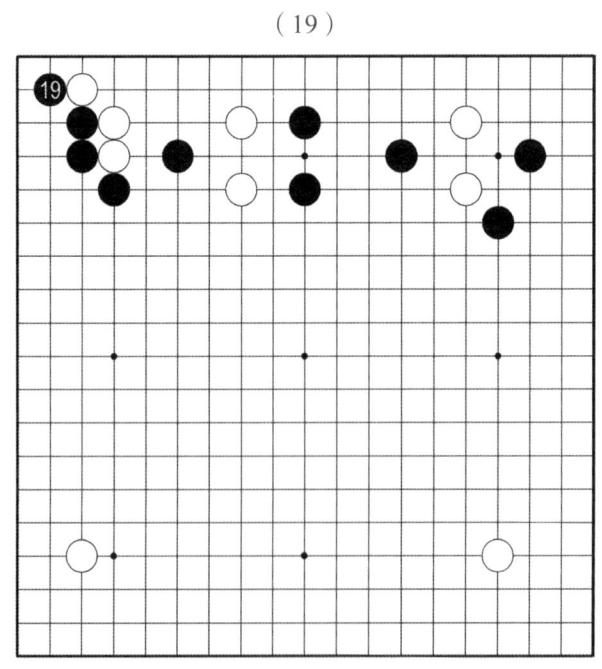

（20）

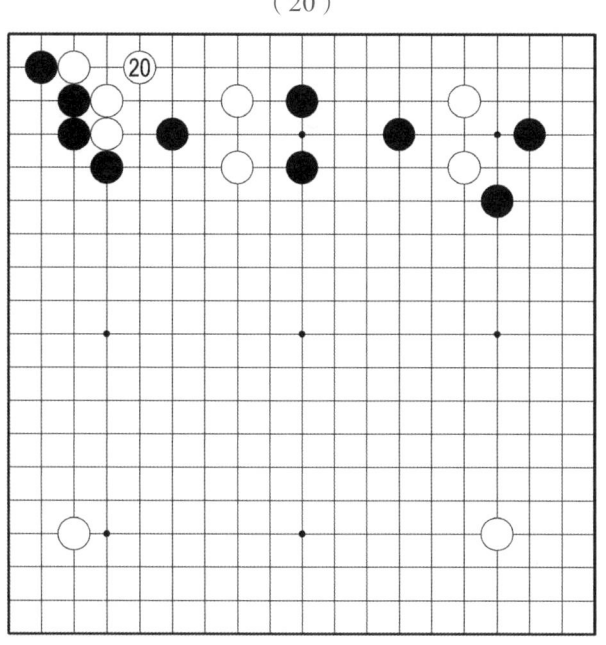

白在左上角的扳、虎，是其先手权利。

（21）

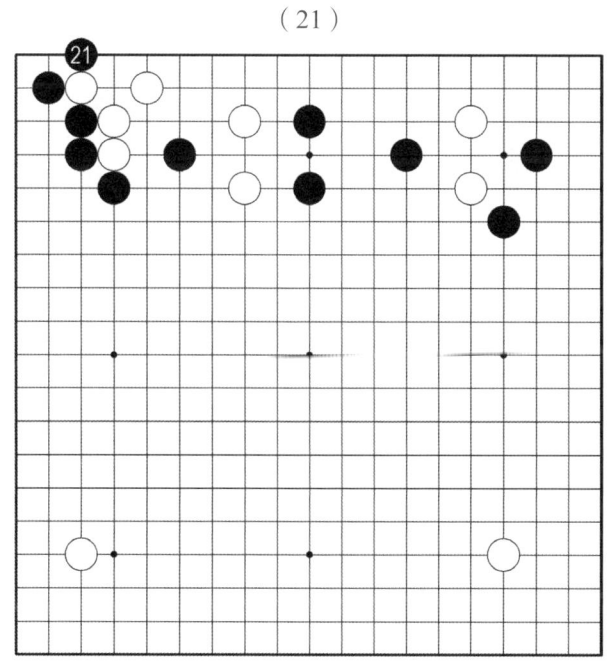

黑21必打。

(22)

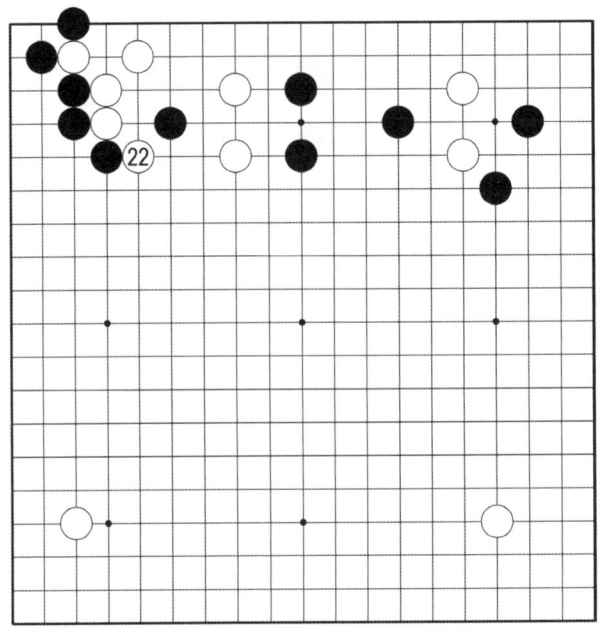

先手加强后,白22得以扳断。

(23)

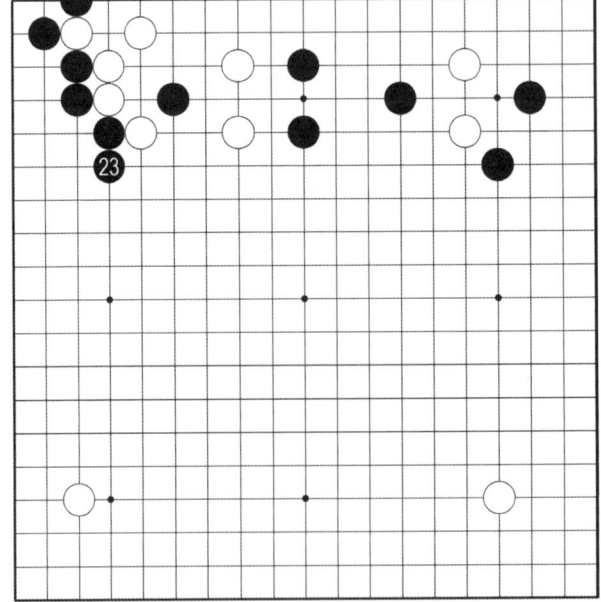

黑23正着,看白棋出牌。

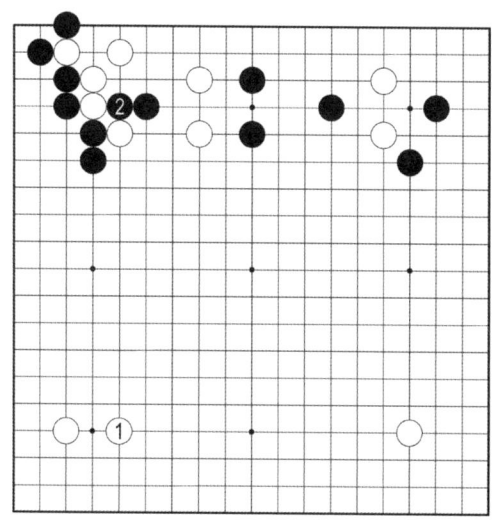

图 5

　　白1脱先守角是眼见的大场,但被黑2断,上边白一队失去眼位,出入非常大。

（24）

　　故白24补强,着法稳健。
　　至白24暂告一段落,形成了新时代的AI定式。

（25）

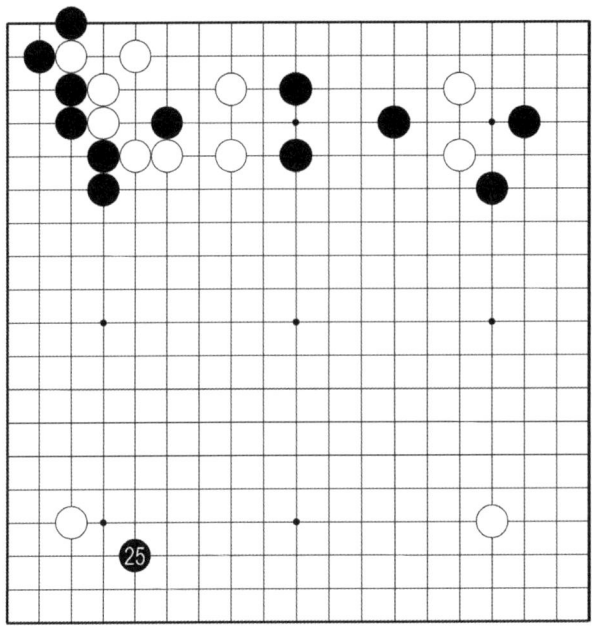

黑25走到全局瞩目的大场，先行效率充分。

但在右上角，还留有诸多头绪。

（26）

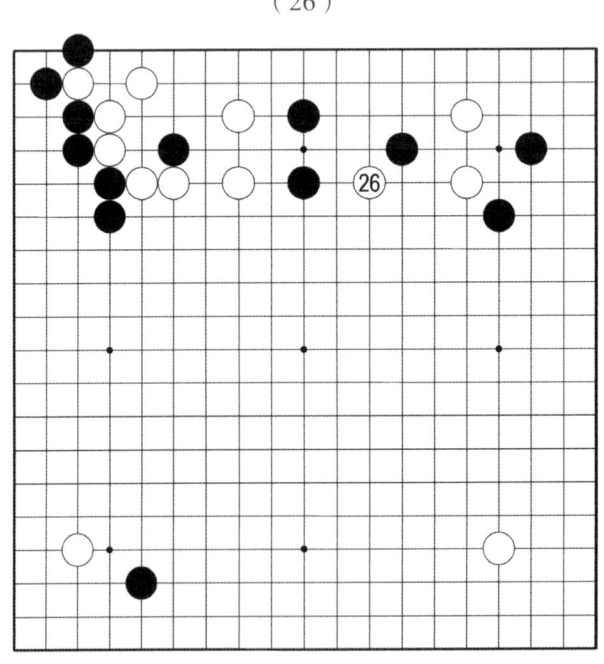

白26点，在这个局部可以说是很有冲击力的一手，也是AI定式的后续。

（27）

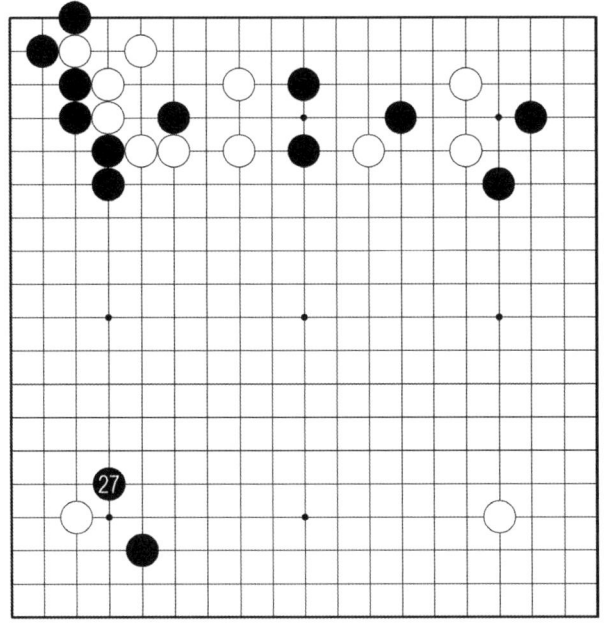

黑27飞压，要求取得先手便宜。

（28）

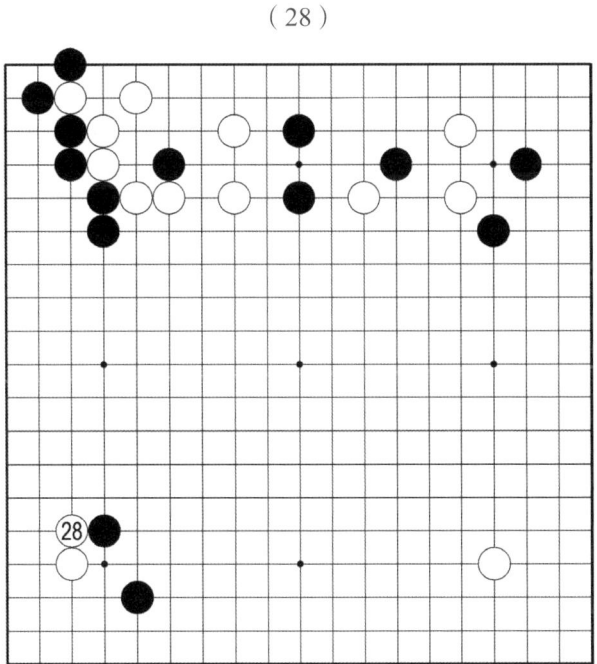

由于周围无子力接应，白28于星位冲断稍嫌无理，于是爬了一手。

（29）

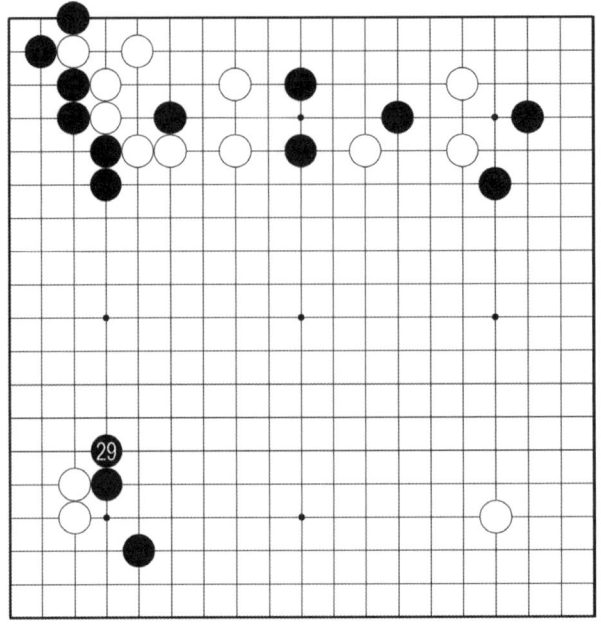

辜梓豪烂柯局

（30）

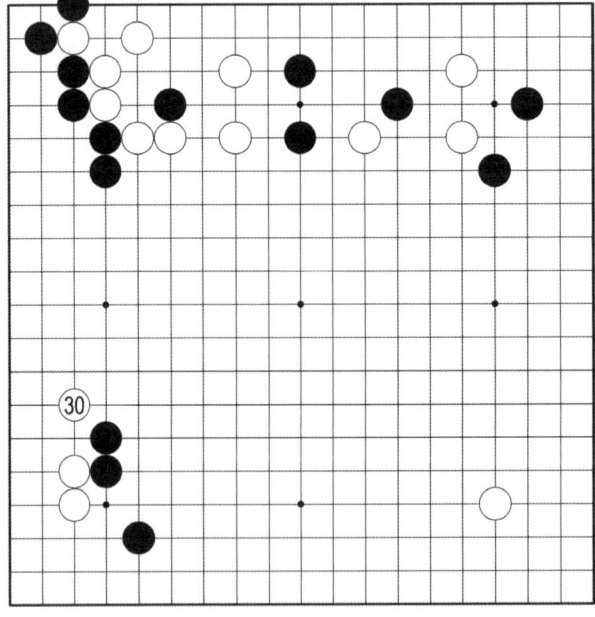

(31)

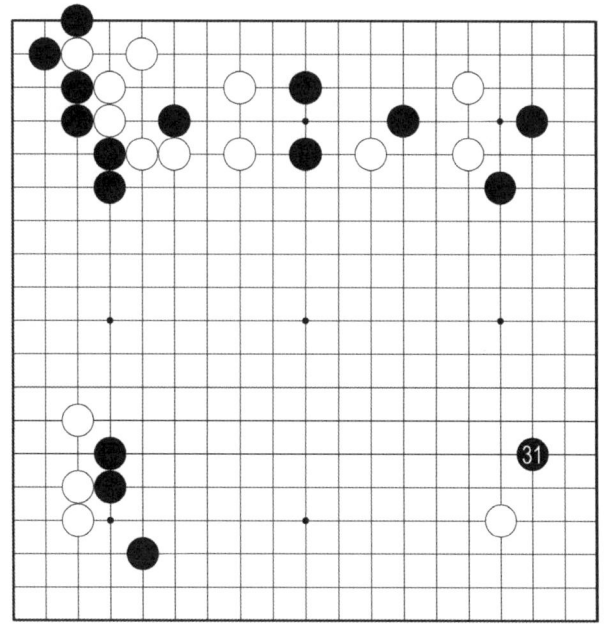

考虑到右上角可能要重启战端，黑31想要先铺垫一下。如果能交换到一手，对接下来右上角的战斗显然是有利的。

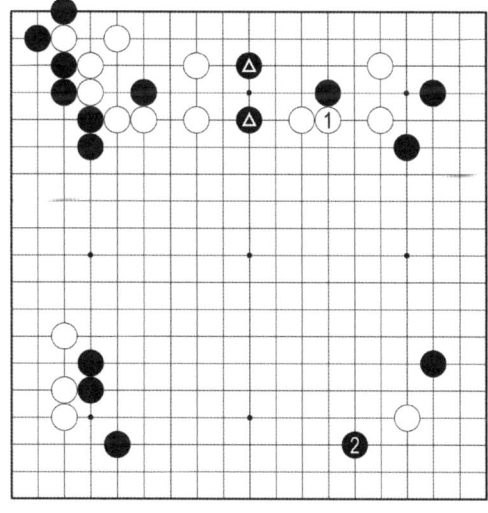

图6

如果白抢先在上方补强，则黑2可以夹击。由于上方黑△两子，白局部加强后也无法吃掉，故这是黑有趣的局面。

（32）

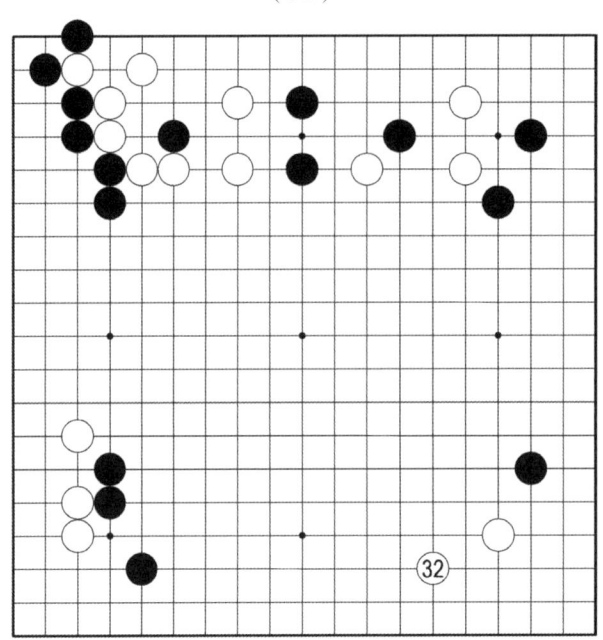

白 32 小飞守角，正常应手，表示无惧上方的战斗。

（33）

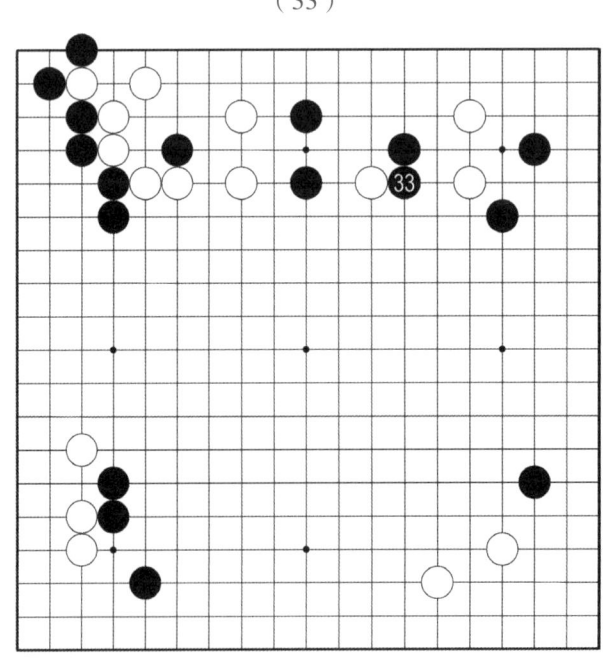

黑 33 冲，挑起战斗，迎来了我更想要的局面，这也是上方 AI 定式的延续。

（34）

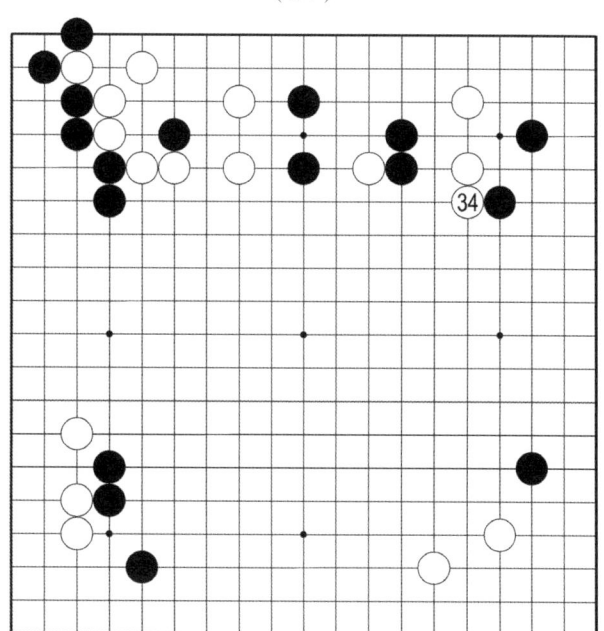

白34先压出，是既定着法。

（35）

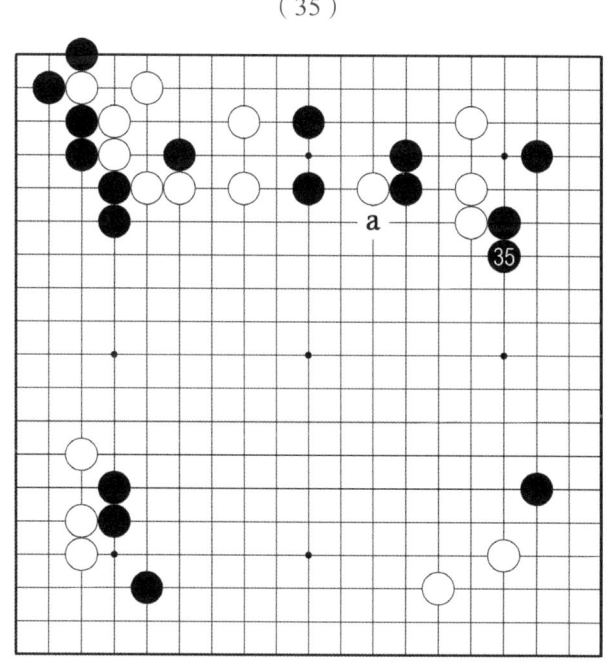

黑35长很重要。如于a位消除"祸根"，被白于35位扳头，这个损失太大，黑不可承受。

（36）

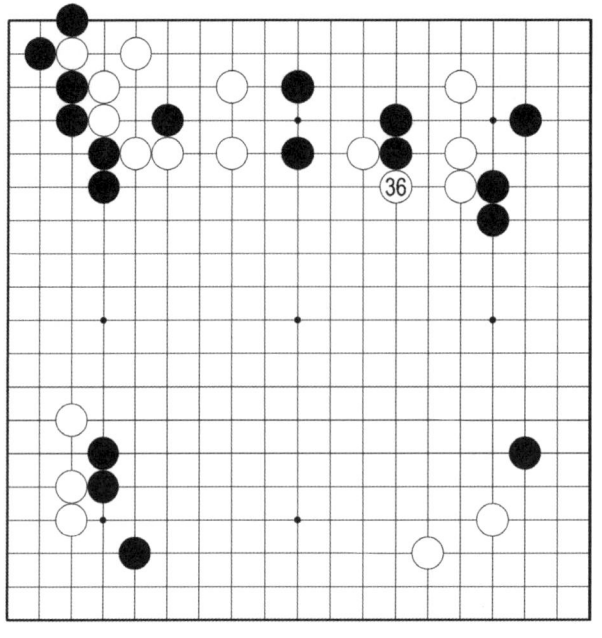

交换一手后，白36再扳头。

（37）

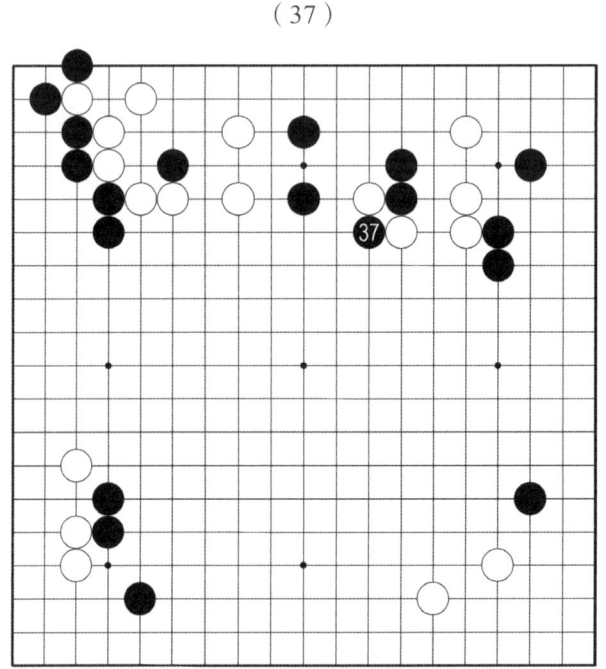

黑37断，只此一手。

辜梓豪烂柯局

（38）

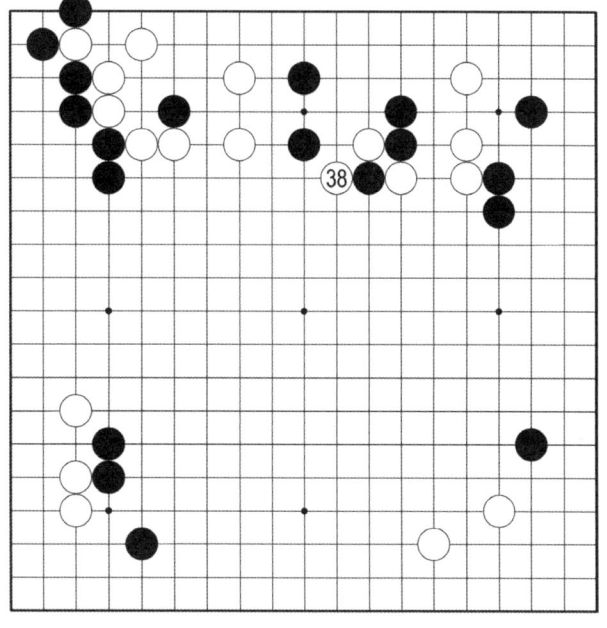

白38打出，也是当然一手。

（39）

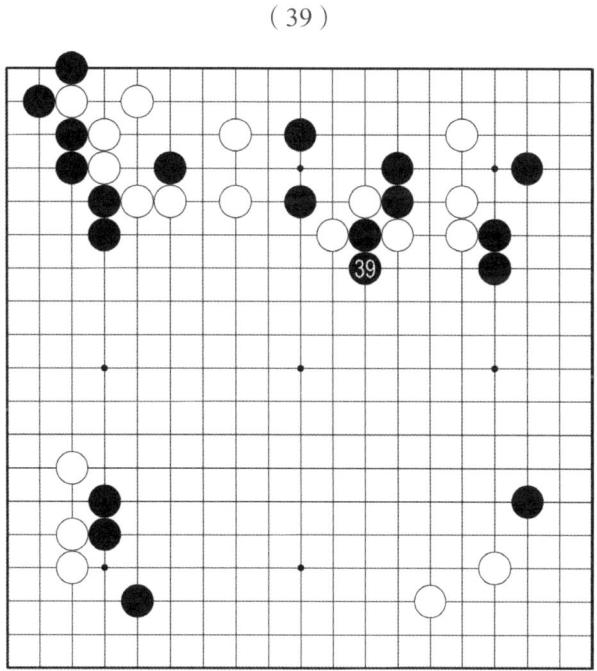

(40)

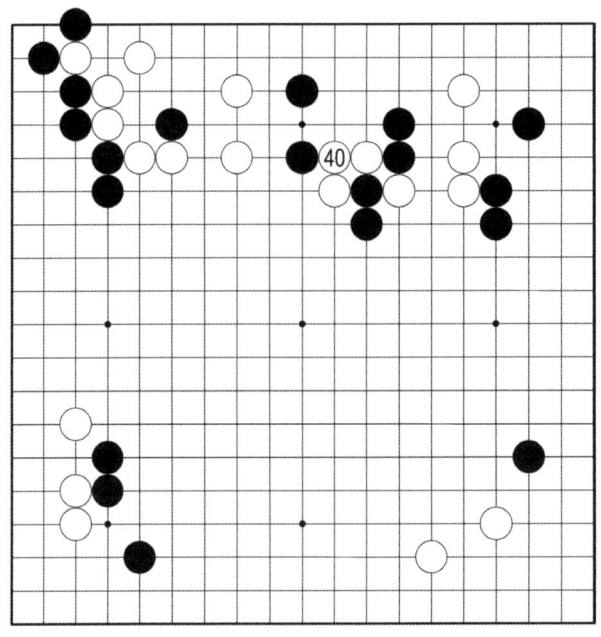

至白40粘，在上方形成缠斗的局面，是一本道的进行。

接下来，除了实战的下法，黑也可以考虑以下两种变化。

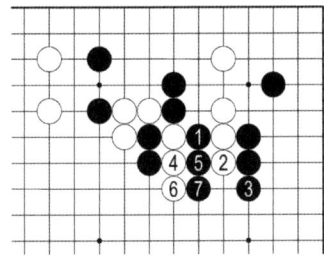

图7

黑1挖吃，是很显眼的一手。白2冲、黑3长后，白4不能立即跑，至黑7，作战白不利。

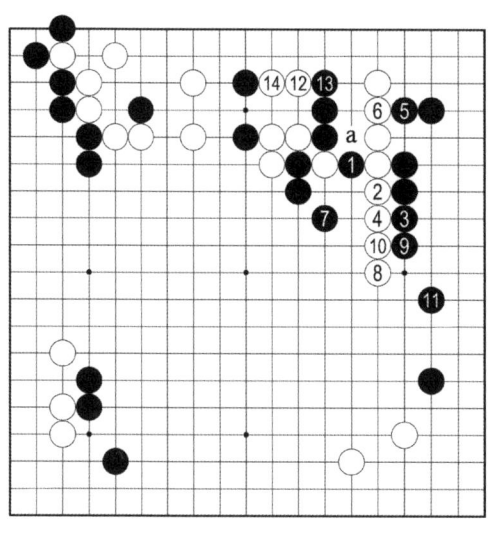

图 8

故白 4 还要再压一手,这时黑 5 并是好时机,白 6 只好硬接(如于 a 位打吃,黑提一子,虽然有"先手"护断的效果,却是在帮黑走棋,损失大半手棋),黑 7 吃住棋筋,可以满意。

如果黑 5 不先交换,在黑 7 补了之后,便交换不到白 6 了,白会在 a 位应。白 8 跳出,黑 9、11 如护住右边,则白 12 割下两子,形成大致两分的局面。

(41)

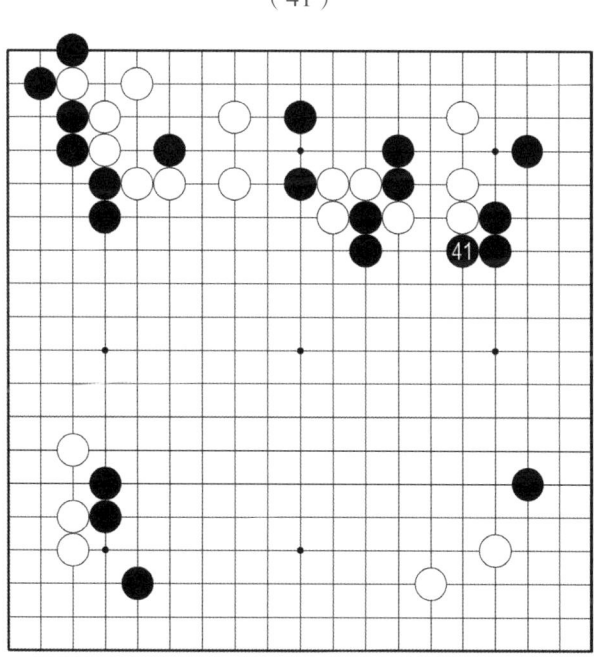

黑 41 拐,把棋局导向复杂化,这是我想下的棋,可能也更适合本局。

(42)

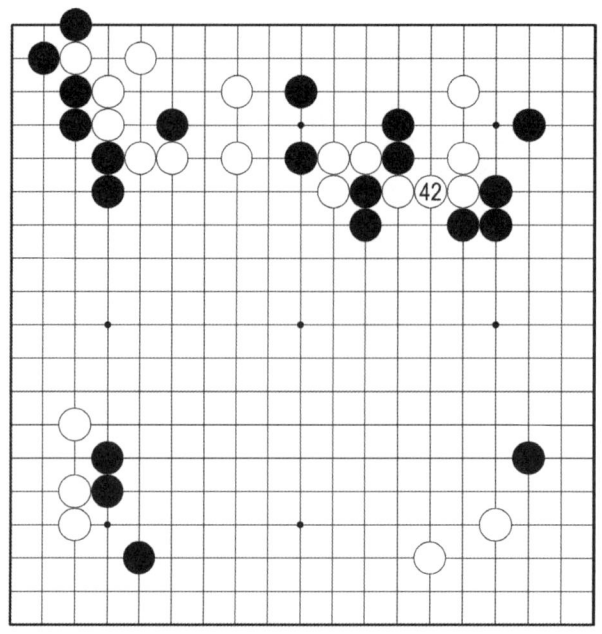

白42单接,是正着。在对攻的紧要关头,不能随便撞气。

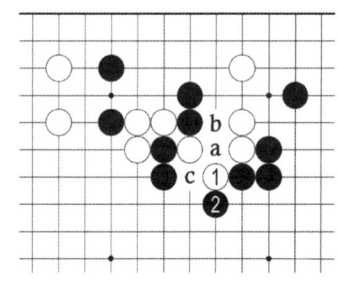

图9

白1若虎,使自己气紧,则是俗手,以后须随时防着黑a扑、白b提、黑c再打时,两子能否连回的问题。

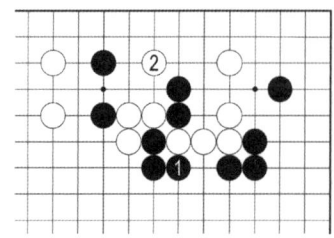

图10

白单接一手后,黑1如立即封锁,则白2分断,黑两子棋筋杀不过右上白一队。

（43）

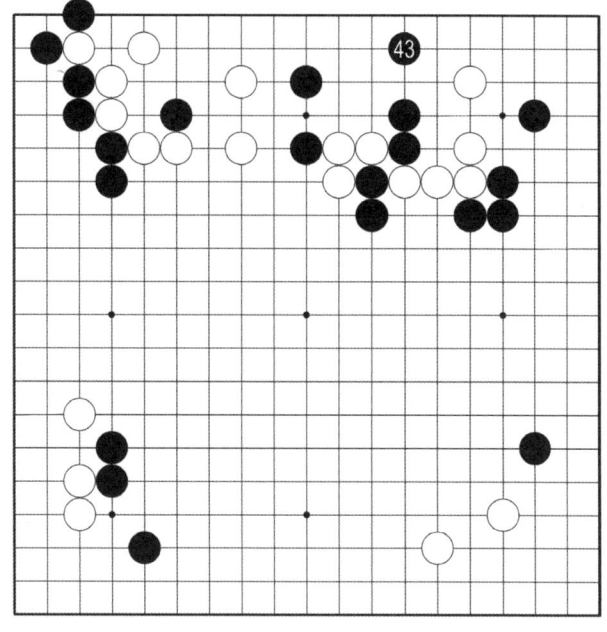

黑43走畅两子棋筋。

（44）

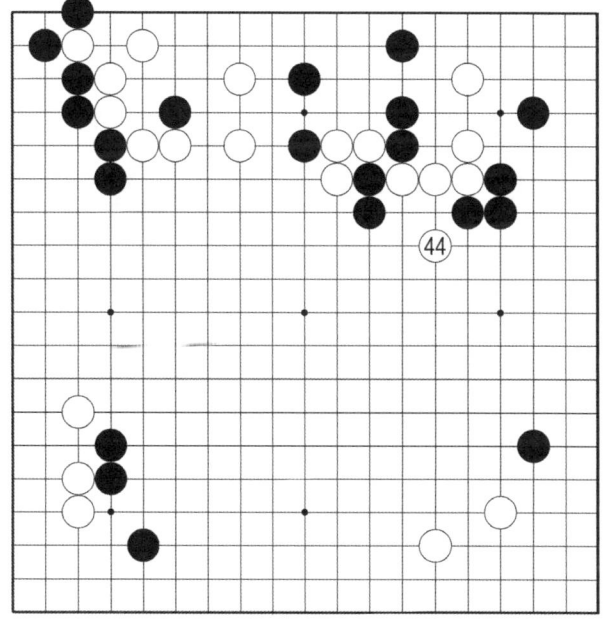

由于黑两子棋筋吃不住,白44只得出头。

（45）

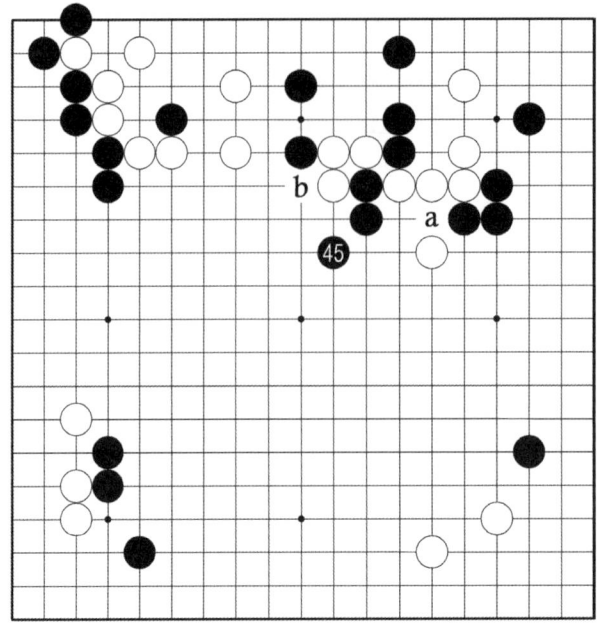

黑45尖，以下a位冲断与b位贴，要求二者必得其一。

（46）

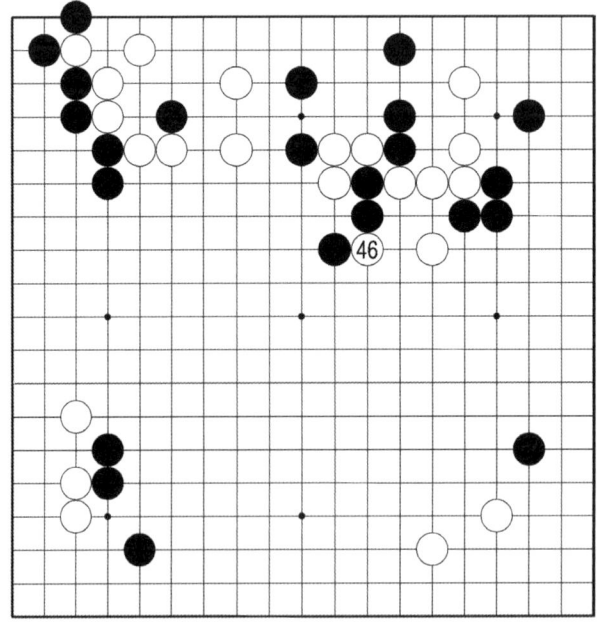

白46挤，自有申九段一番用意。

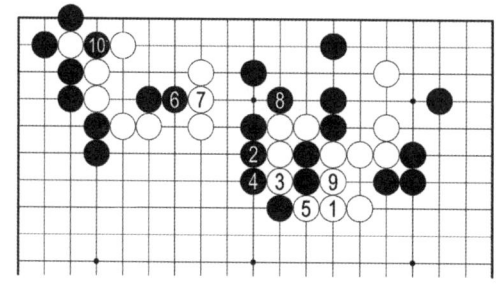

图 11

白 1 并，也可以两边兼顾。但黑 2 以下弃两子，先手走出非常饱满、挺拔的形，再 10 位提，又厚又大，白上边要补棋，中央 1 和 9 重复，不能满意。

故实战的挤，也在情理之中。

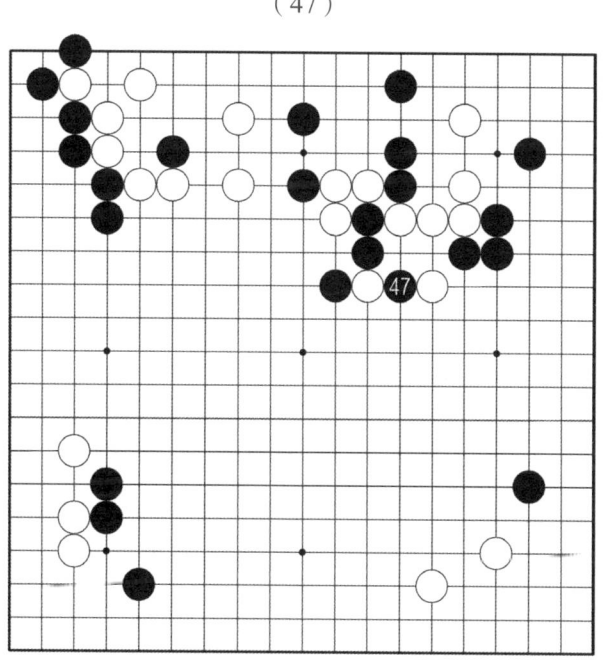

（47）

黑 47 打吃。

○ 辜梓豪烂柯局 ○

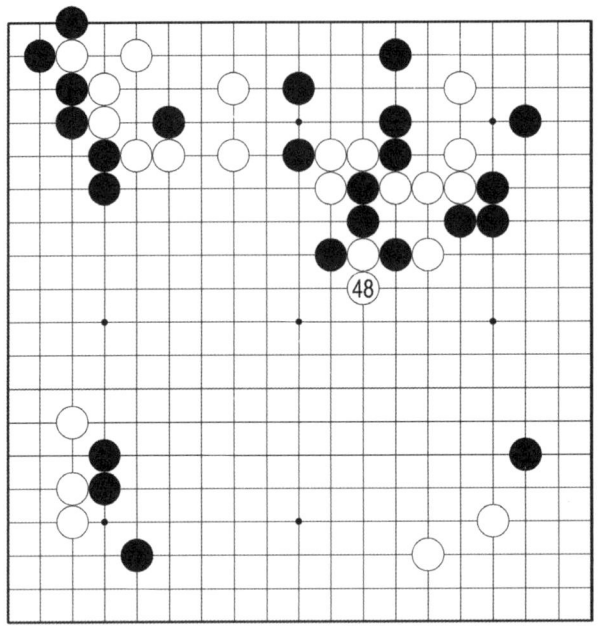

（48）

白48当然。

双方在这里都做过研究。

在决胜局之前，我和几位队友研究了这个局部的变化。谢科九段说，估计小申不会选择这么激烈的下法。的确，申九段倾向于通过稳健的着法来拿下对手。我觉得谢九段说的有道理，故后续的变化就没有深入研究。

一来这个局部的变化很复杂，想摆清楚比较难。二来觉得对手这么下的概率没有那么大，毕竟申九段更喜欢简明的下法。

而申九段在决胜局这样下，可能是觉得在这个局部不能下得太松了。这也许是申九段压力比较大的表现。

(49)

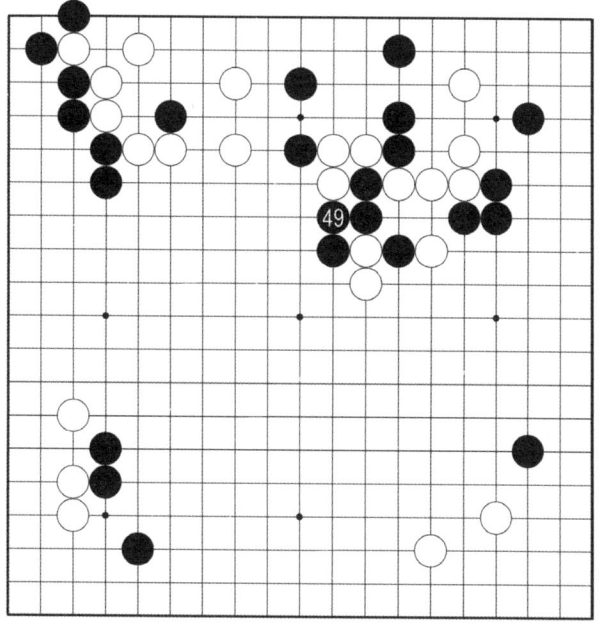

黑 49 接住，不得已。

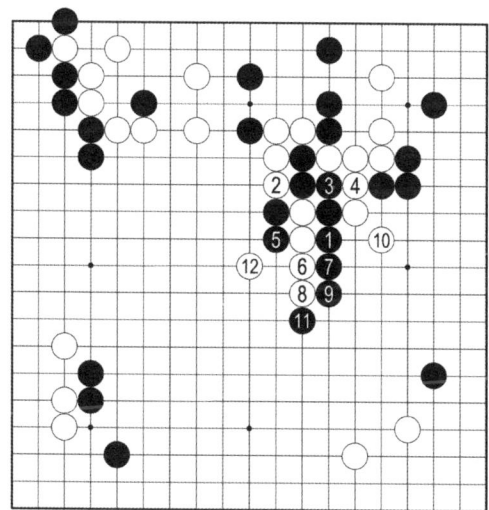

图 12

实战黑 49 应该如图穿出，进行到白 4 接的变化，我之前摆过，不过全局的配置稍有不同。配置关系到棋的厚薄和征子。在本局的情况下如果照搬，则至白 12，由于左上白棋较厚，作战黑不利。

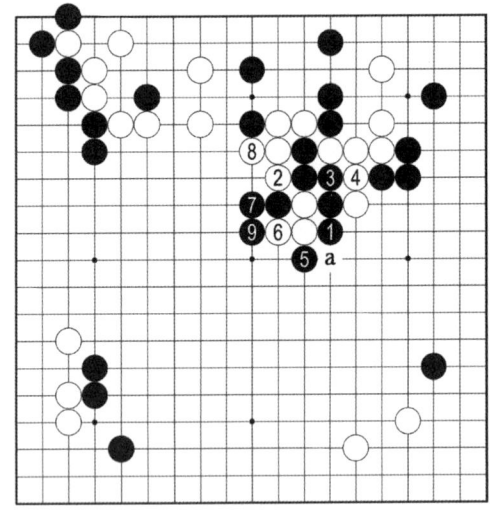

图 13

于是我潜心思考,既然白 a 位断吃不住黑,那么黑 5 打、黑 7 长,也能造成白左右无法兼顾。白 8 如果立即勾回,被黑 9 干净利落地征吃三子,白显然不行。

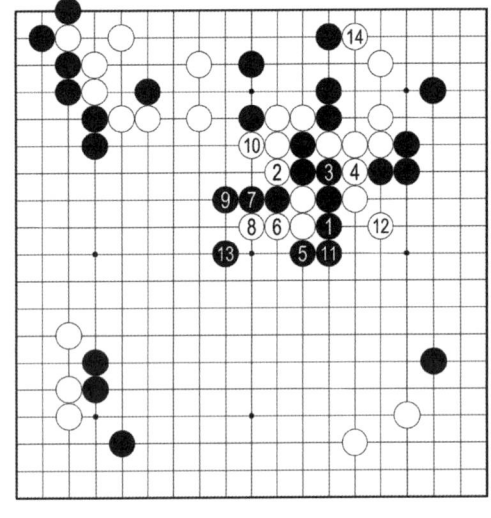

图 14

这个图也在我脑海里想过,但是判断不清。

故白 8 还要贴。黑 11 自粘,迫白 12 出头,再黑 13 枷,吃住中央棋筋,黑棋收获颇丰。

白 14 尖顶后,上边一大块黑棋非常危险,又是棋筋,不能轻易弃掉,如果不能活出,则黑棋落空。

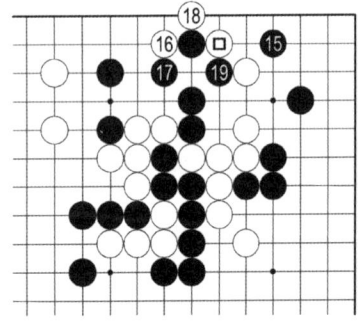

图 15

赛后求教于 AI,AI 给出的答案是黑 15。它的思路很有意思,上边黑棋自己求活很难,但走到外面,逼着白棋在里面吃,也不是那么好吃。白 16 夹是白⊡的后续,黑棋可以暂时脱先,留有黑 17 虎、黑 19 挤的打劫。可见,白棋想搞定这块黑棋不是那么容易的。

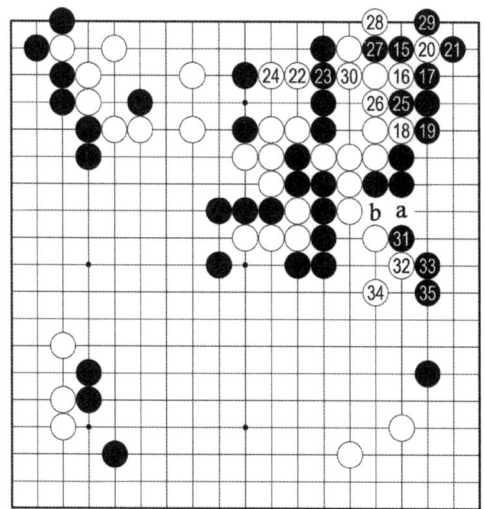

图 16

前图黑 15 后，白 16、18、20 把味道卖掉，再白 22 刺，可以吃掉黑棋。但由于右边白一队气紧，收官是黑棋得便宜。比如黑 33 连扳时，白 34 不能走 a 位打下来，否则黑可于 b 位挤吃，白棋因气太紧而动弹不得。

在这个变化中，白棋兜兜转转出了头，也把黑的棋筋吃了，但却是亏的。想在实战中理解这些，做出清楚判断，还是太困难了。可能在赛后，借助 AI 的力量细细品味，才能勉强读懂其中的深义。

在实战中，我计算到图 15 白 14 尖顶时，觉得棋不太好下：里面的黑棋很难做活，白大队已经出头，故而选择了黑 49。但 AI 的思路（图 16 中的黑 15）给了我启发：里面的黑虽然是棋筋，但也可弃。

实战至黑 49，是我研究过的下法，故没有消耗太多时间，大概就花了 5 分钟。对手用时比较多，近半小时。从用时也可以看出来，申九段下得很慢、很谨慎。

（50）

○辜梓豪烂柯局○

（51）

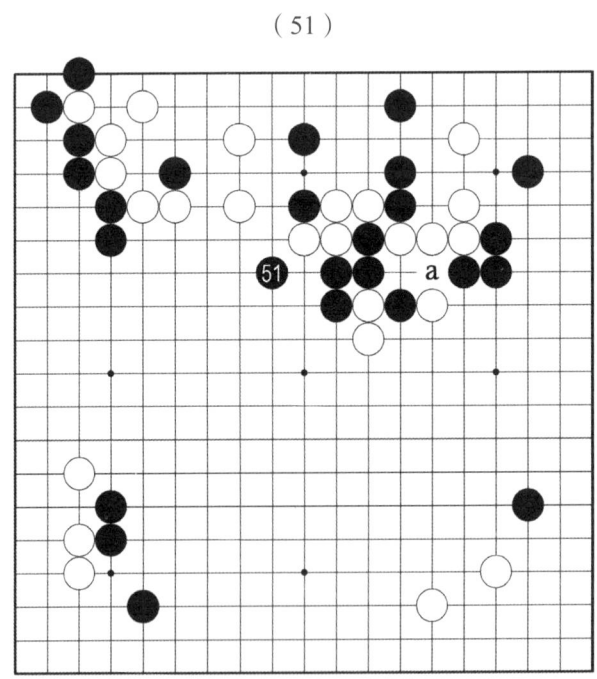

黑51跳，瞄着a位的冲断，但还有如下图冲出的着法。

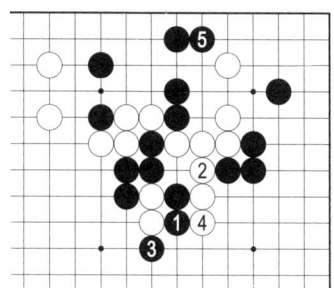

图 17

黑1冲,白2只好接,黑3征时,白4避开黑的封锁。黑5并,上方黑棋其实可以活。但在实战中,我觉得这样活得太局促。

（52）

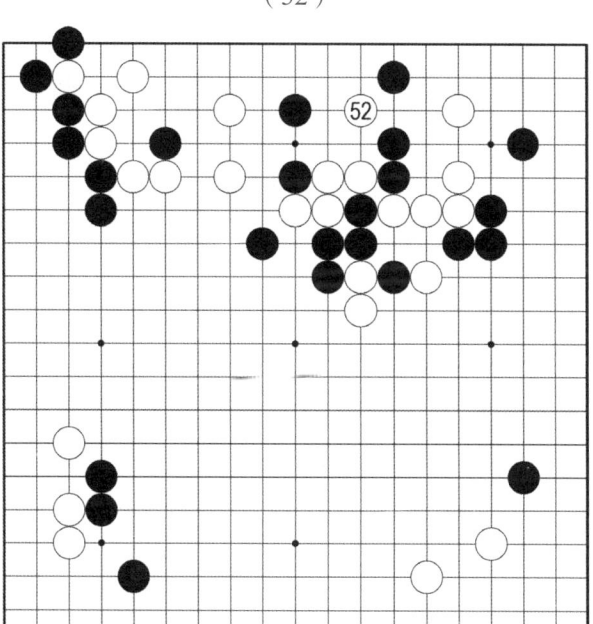

白52先问应手,机敏。

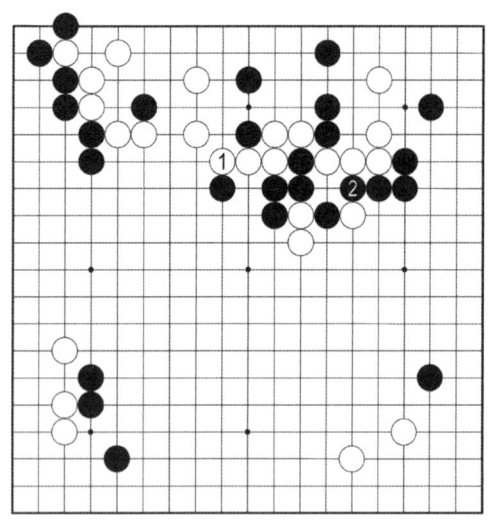

图 18

白 1 若立即连回，则黑 2 冲断后，上面两块的对杀非常难解。

（53）

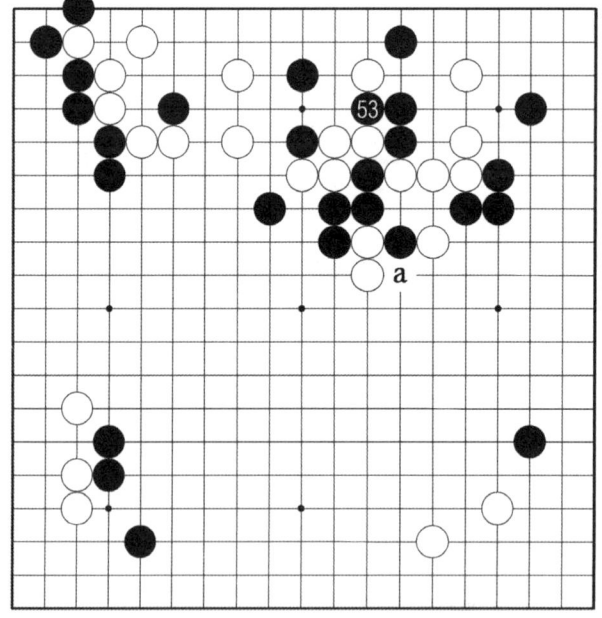

我在实战中觉得 47 于 a 位冲出不利，故后来的黑 49、51、53 都是求变心态的反映，而不是觉得这些着法更好。

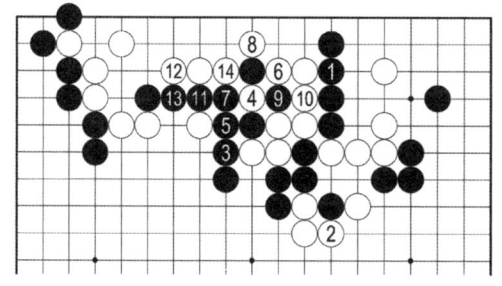

图 19

实战白52刺后,我一开始准备1位粘,但深入计算,还是否定了这个方案。我担心白2连回,黑3虽能隔断,但白4以下还是可以连回。至白10,接下来黑正常是11位冲,至白14,黑的棋筋被吃掉了,白棋出头也很畅,黑棋所得不过是往左边冲过来而已,我感觉黑没有什么收获。

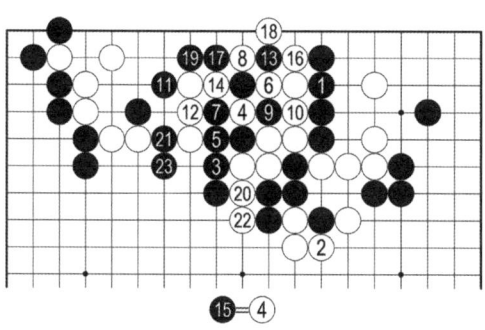

图 20

但赛后复盘,我和申九段发现了黑11尖顶的妙手,不但这一手妙,后续着法也很妙。黑13先断,巧妙。黑21挖时,白四子不敢动,至黑23形成大转换,黑棋得利不小。

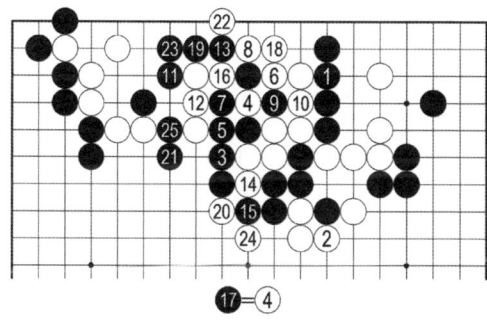

图 21

前图若黑13扳断的话,乍一看没有什么不同,但白14可以先冲(前图黑13断另一侧,造成白的气紧,则冲不动),黑15此时不能不挡。白20断时,黑21由于气紧只能跳出,白还有余裕便宜一路的官子,再24先手抱吃。与前图相比,本图黑在中央多送了一个子(差出很多),且落了后手,亏损不小。

黑1的粘看似简单,背后却隐藏了二十多步的计算,以及对定形之后得失的判断,尤其是确认黑1是不是先手。我在计算中没有注意到黑11尖顶的妙手,故对1位粘牢之后的变化不太满意,所以最终选择了实战黑53冲的绝对先手。

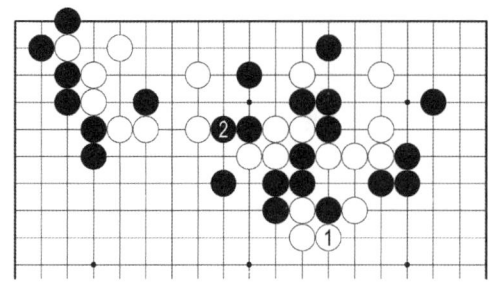

图 22

白如果他投，则黑 2 顶，正好拿住四子棋筋。

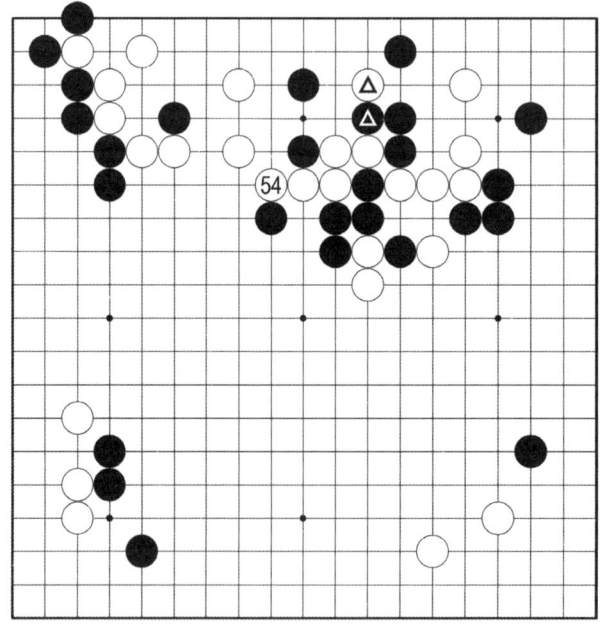

（54）

白 54 连回，如此，对于白△与 黑▲的交换，黑就被白便宜到了。

（55）

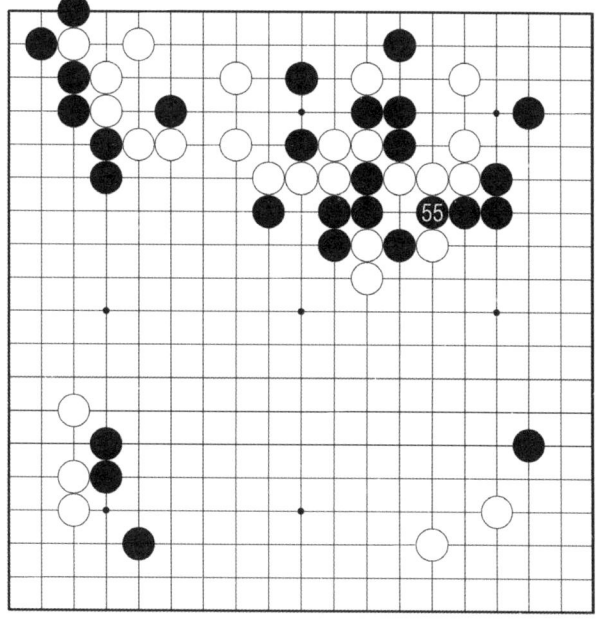

黑 55 冲到，终于得偿所愿。

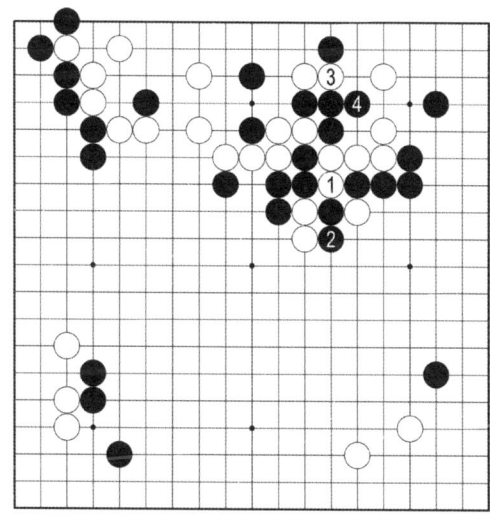

图 23

接下来白如断吃一手，再 3 位冲，黑 4 则觑，白不行。

可见 1 位这口气，非轻易可撞。

回溯到实战黑 53 冲时，虽然被便宜，但我已经在考虑弃掉上边的可行性。

(56)

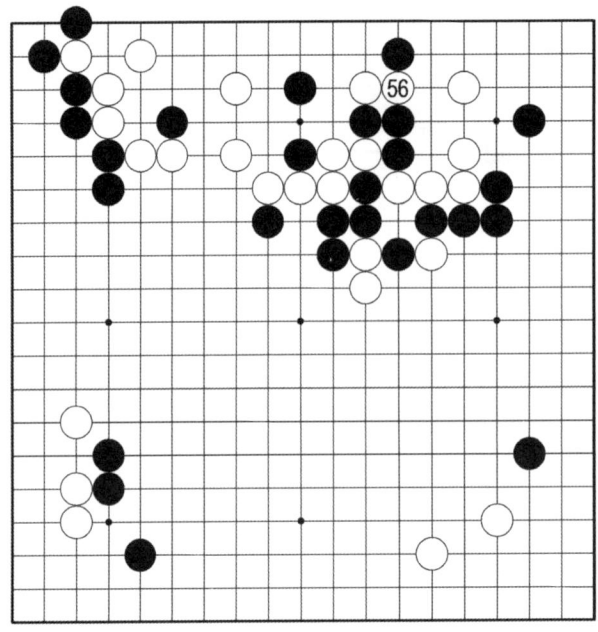

因为不能先断，白56单冲。

○辜梓豪烂柯局○

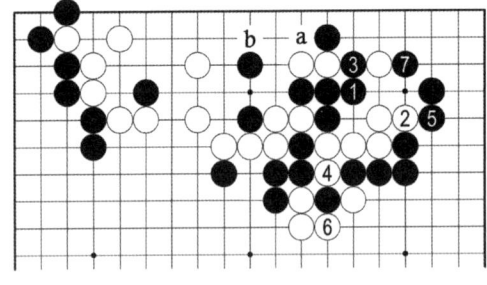

图24

此时，黑依然可以觑，白2冲、白4断，黑5如挡，则白6空提，厚味巨大，中央黑五子成了孤棋，而黑7渡后的上边，实地并没有想象的大。将来白a位先手利后，再b位托，官子收益不小。

这样感觉黑很难下。

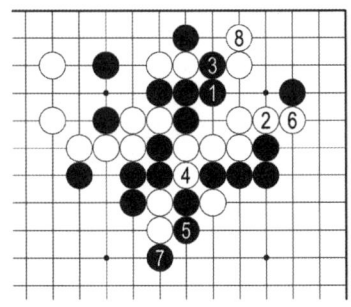

图 25

黑 5 如跑出，则白 6 穿断，黑 7 不能不征，则白 8 立，大角易手，黑右边也有不少余味，我感觉黑棋不利。

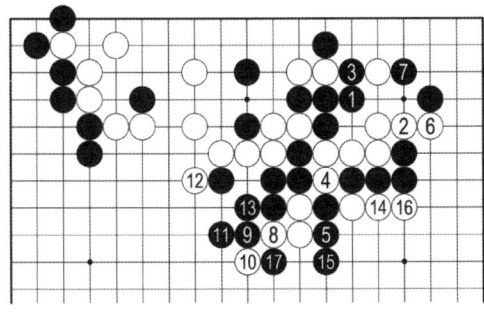

图 26

如果黑 7 争角上实地，则白 8 至 12 都是先手，再 14 贴，黑四子与中腹两子终究难两全。

此图是一变。黑在中央吃掉了白的棋筋，角部也守住了，但边上四子被吃，损失还是太大了。黑中腹和上边虽然都是吃住对手的形状，但上边味道不好，目数也差，黑不乐观。

如果实战照此进行，格局被打散，就更难发挥外围黑棋子力多的优势。

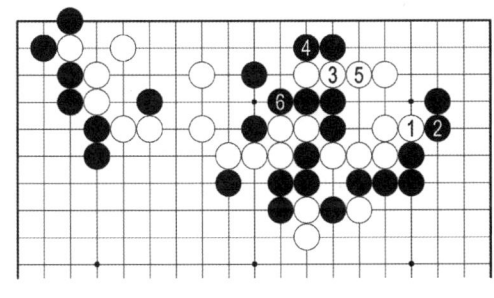

图 27

实战白 56 如果要避开如上变化图中的黑 1 觑，那么白 1、黑 2 先交换一下，再 3 位冲，是不是看得更清楚呢？如此黑 4 可爬回，再 6 位连，上边的对杀白棋反而搞不清。

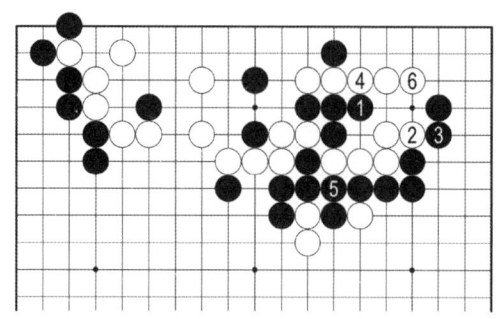

图 28

白 56 单冲时,我再次验证了 1 位觑的变化,感觉不如照实战进行。

（57）

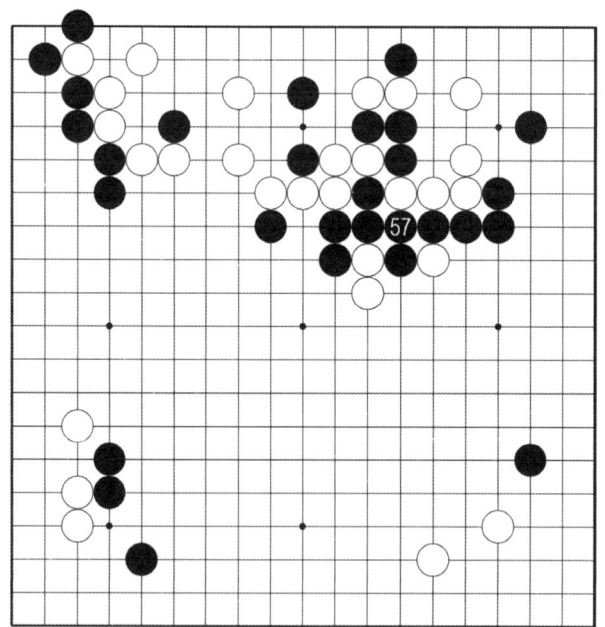

黑 57 紧气,也使自身变得铁厚,问白如何补净味道。

（58）

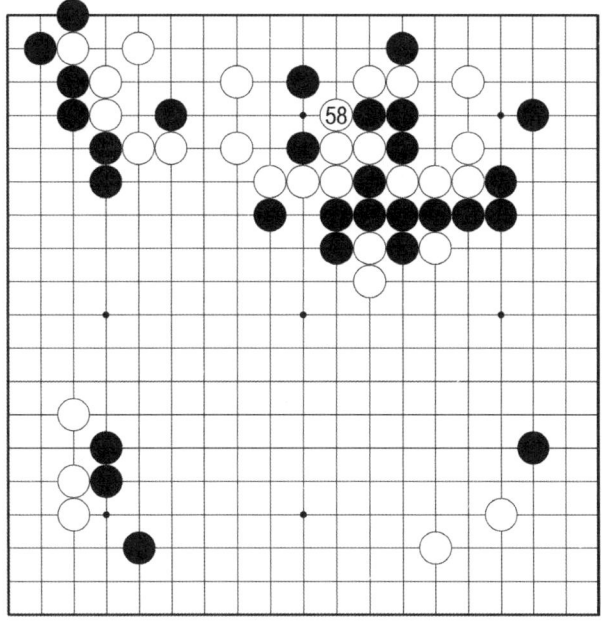

白58补棋，在上方拿到了超过40目的实地。单看黑棋中腹的厚壁，确实很厚（白在上面还放了几颗废子），但右边能点出来的目数并不多，我感觉形势不妙。局后用AI做判断，此时黑棋的胜率也比较低。

（59）

下成这个格局，虽然形势不太好，但59跳起，右方的模样比较大，容易导入自己比较擅长的战斗局面。

（60）

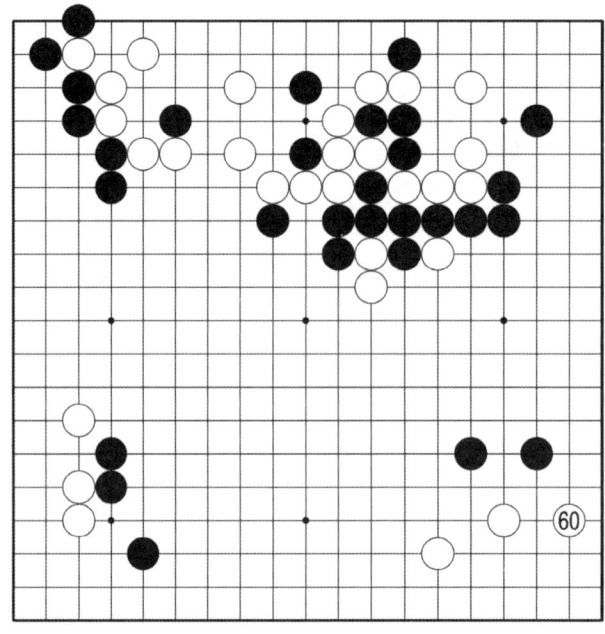

白60守角,也为侵入右边做准备,攻守兼备。

（61）

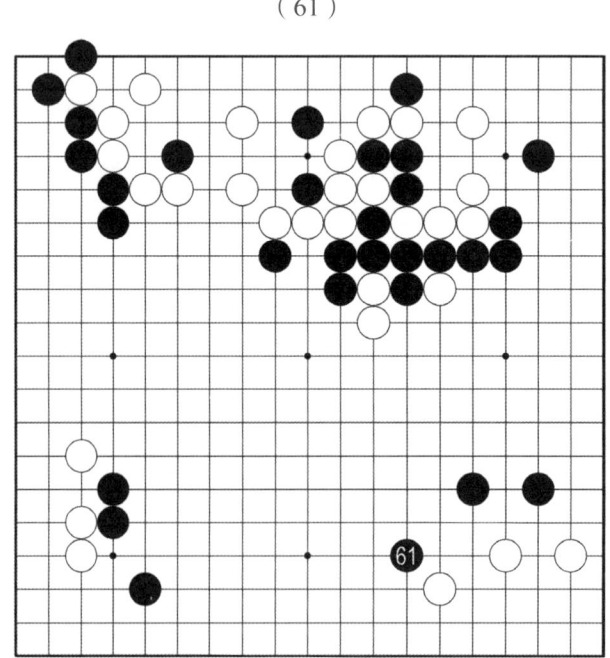

黑61肩冲,继续扩展中腹模样。

(62)

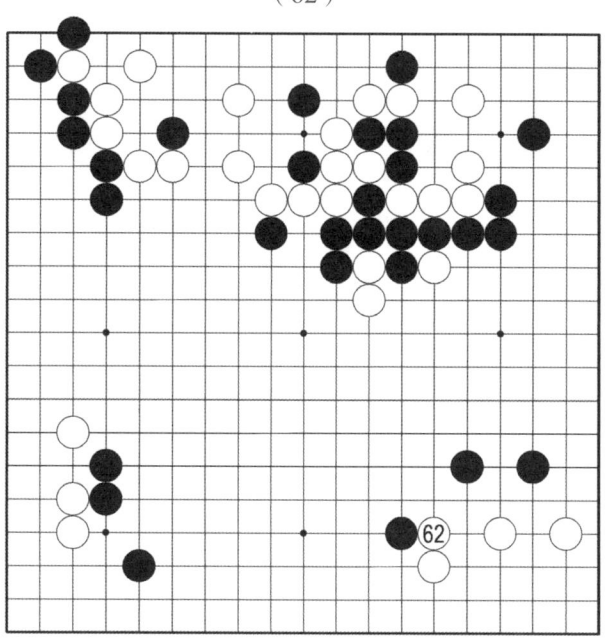

(63)

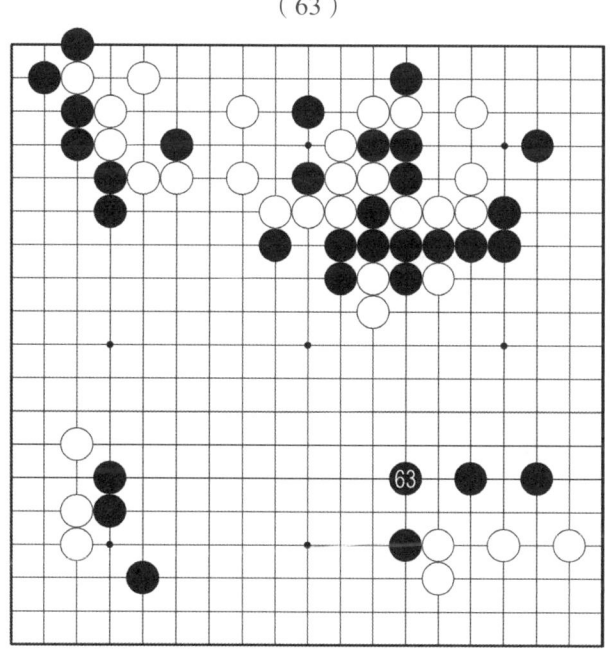

黑63跳，中腹势力更大了。

这时，白势必要来侵消黑的腹势，而合适的选点确实比较多。

实事求是地说，现在白比较好下，但是，一旦进入近身的攻防战，所谓优势和劣势，表现得就没有那么明显。因为在大型攻杀中，一旦某个地方没有算清或者战术应用不当，就会差很多。所以我觉得黑棋还有机会。

(64)

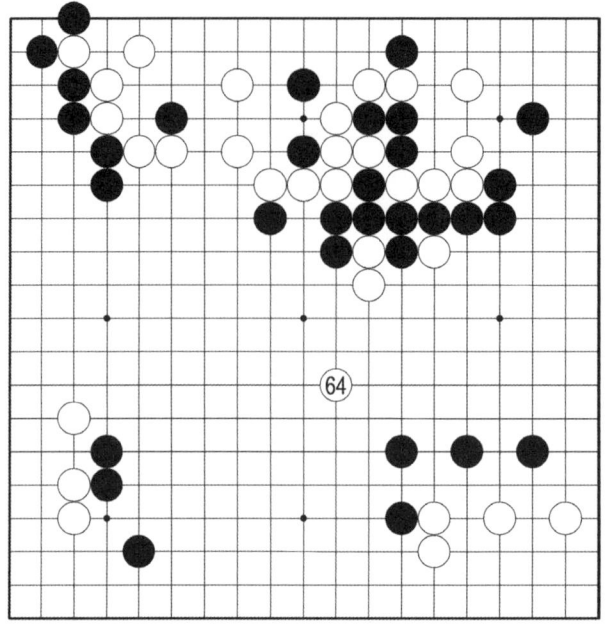

白64吊,看看黑棋的动向。

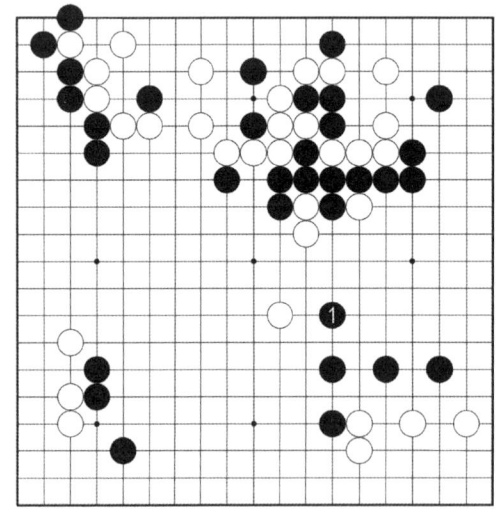

图29

实战中我考虑过能否守一手,把拳头收回来,再慢慢攻击。

但现在黑棋的形势的确不太好。另外,白在中腹的四个子都比较轻,如果不能给白棋施加很大的压力,白棋的选择就比较多。

（65）

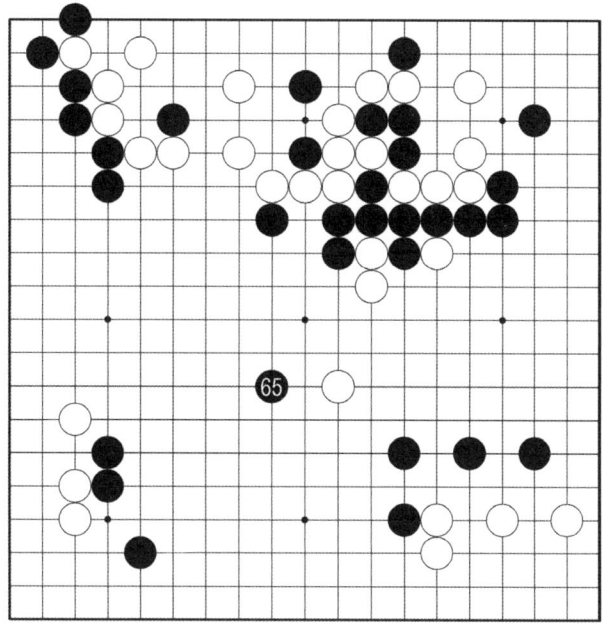

如果像实战65这样镇，白棋就会处于比较紧张的状态。姑且不论这步棋好与不好，黑这样下的机会将会大一些。

（66）

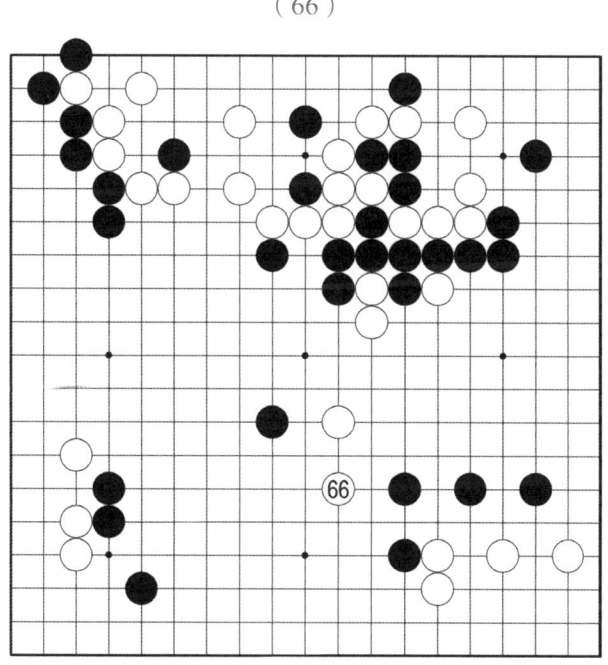

白66跳下，比较正常。

(67)

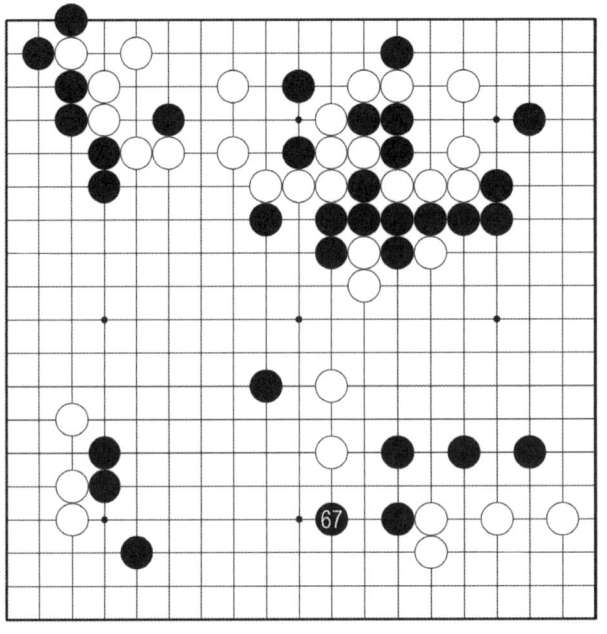

黑 67 沉着应对。

这时，白在中腹可选择的着法依然有很多。

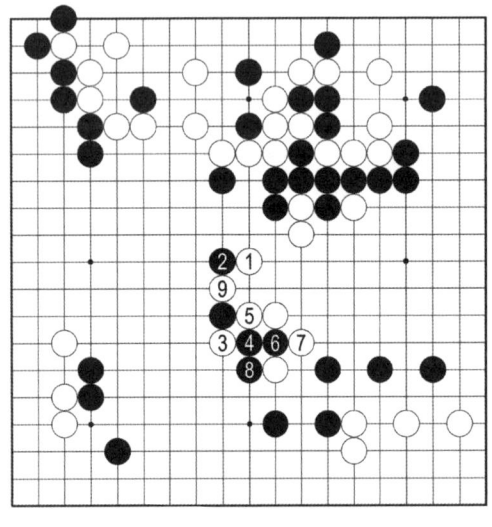

图 30

比如，白可在 1 位飞，问问黑的应手。黑 2 如果要封锁，白 3 再托，则黑如实战的扳断就不成立了。

如果申九段下出 1 位飞，黑棋并不是特别好攻。

（68）

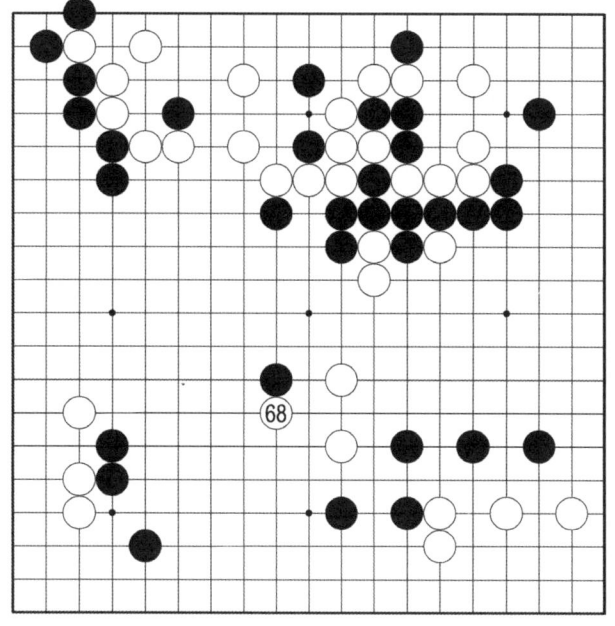

白68直接托，这步棋对手并没有多想。

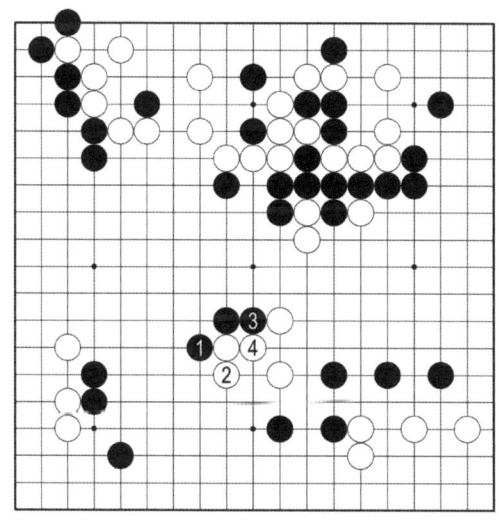

图31

接下来，如果黑棋正常应对，则至白4，白几颗子联络完整，构成了一个很坚实的小堡垒。这个小堡垒左冲右突，黑棋想杀掉是很困难的，攻防的复杂程度相应也会减少。

于是我就考虑，要下得更紧凑些才行。

(69)

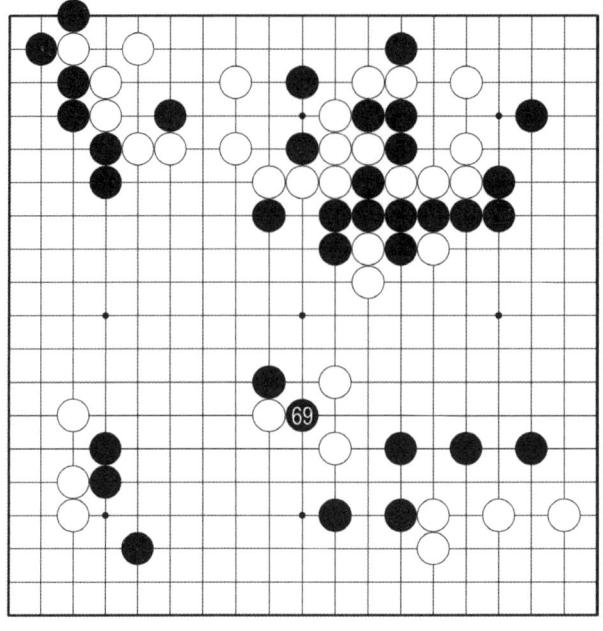

黑69扳断，强行把局面导入复杂。

看到这步棋，申九段稍微摇了摇头。从他的肢体语言判断，他不希望棋局进入激战，而且是在黑棋很厚的情况下。

这时，白棋有两种选择。

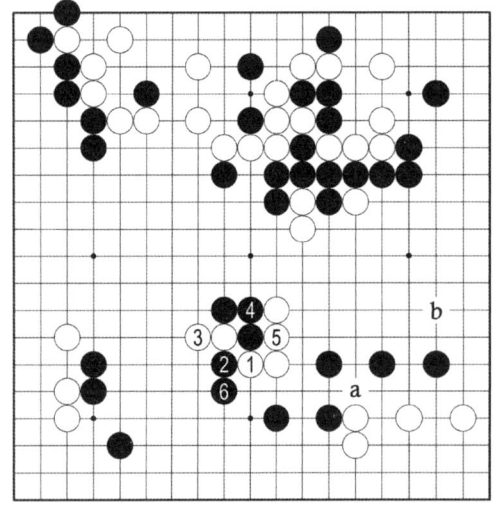

图32

白1从下面挡，以下至6是正常着法。下成这样白的气比实战松一些，当然也很复杂，但在AI眼中，对黑棋有a、b等处的袭扰，孤棋的处理可能不算很难。

但作为人类棋手的比赛，要更多考虑人类棋手的想法。对局者看到这个变化，也很难搞清到底怎么样。虽然AI给出的胜率和着法比较直观，但加入对人类棋手的情绪、思维的考虑更为合理。

（70）

白70断上面，按理也差不多。

（71）

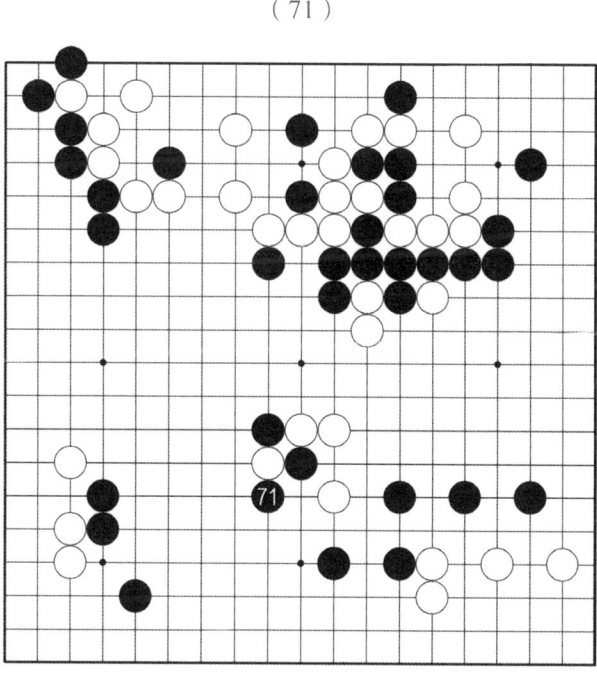

(72)

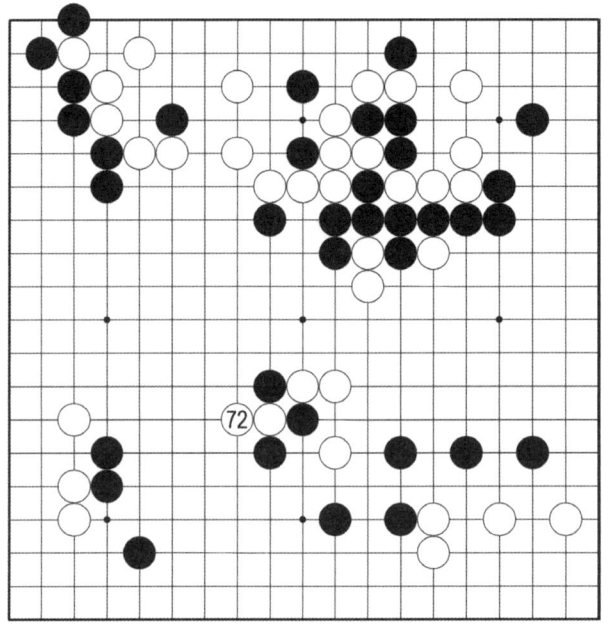

白72长后,期待着黑棋照图33进行。

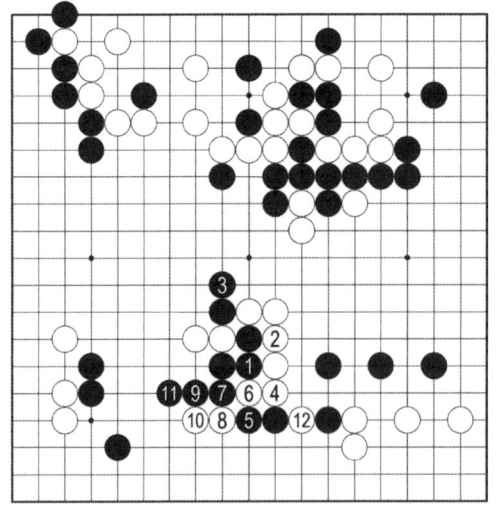

图33

黑1只能粘,白2也顺势接上——白棋的预想可能是这样。

黑3长发动攻势,白4则顶,黑下方的棋形就有些支离破碎了。白6冲断至白12挖,黑已经自顾不暇。

图 34

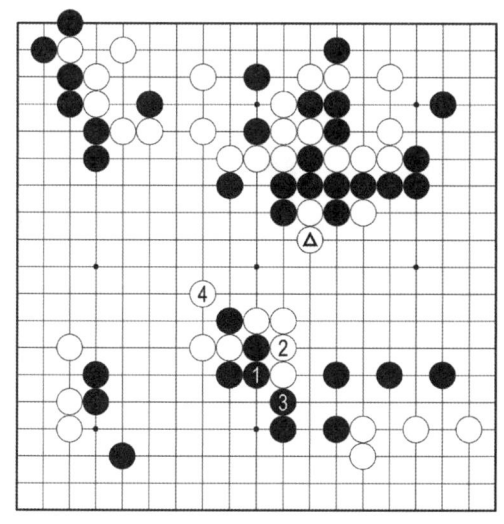

黑 3 如顶住，则白 4 可枷，由于白△的接应，黑一子棋筋跑不出来。

（73）

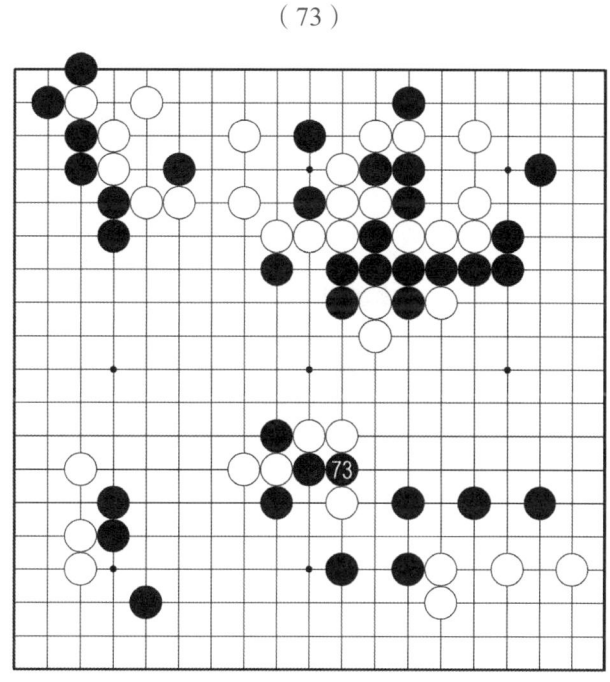

黑 73 冲裂白的棋形，白的处境顿时艰难起来。这应该就是申九段懊恼的地方。

(74)

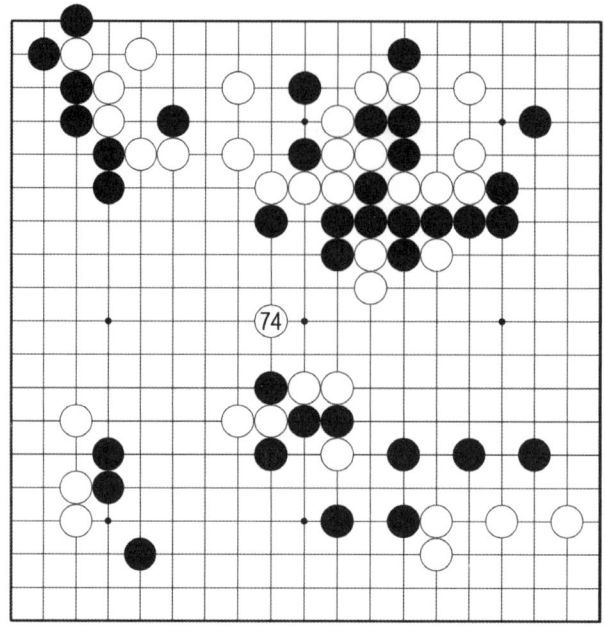

白74若即若离，问黑的应手，没有问题。

(75)

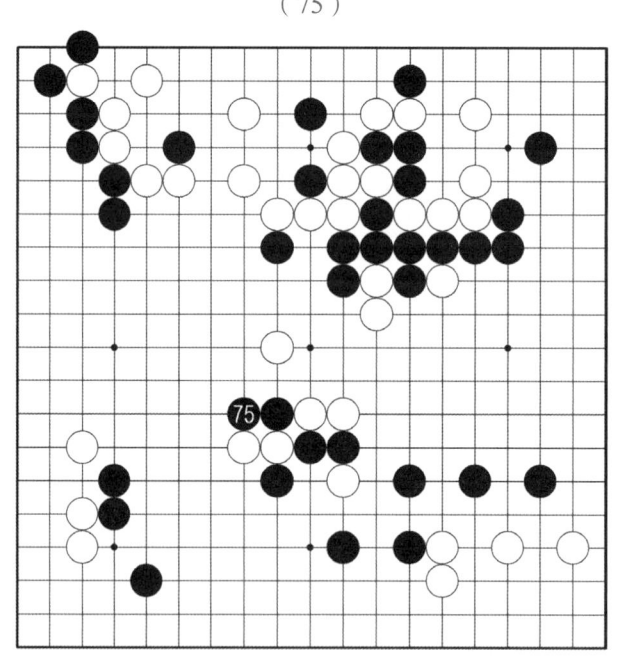

黑75压出，当然的应手。

（76）

白 76 扳二子头，寻求治孤的步调。

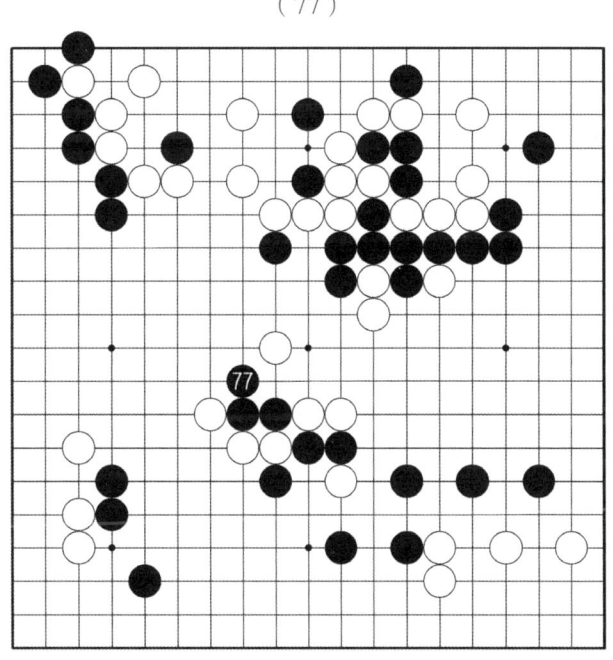

（77）

黑 77 弯出，不给白借劲的机会，这样白两边都不能尽快安定下来，仍然不好两全。

棋局进行到此，中央黑白纠缠在一起，战斗的复杂程度远远超出预期。

这时，申九段开始长考。

（78）

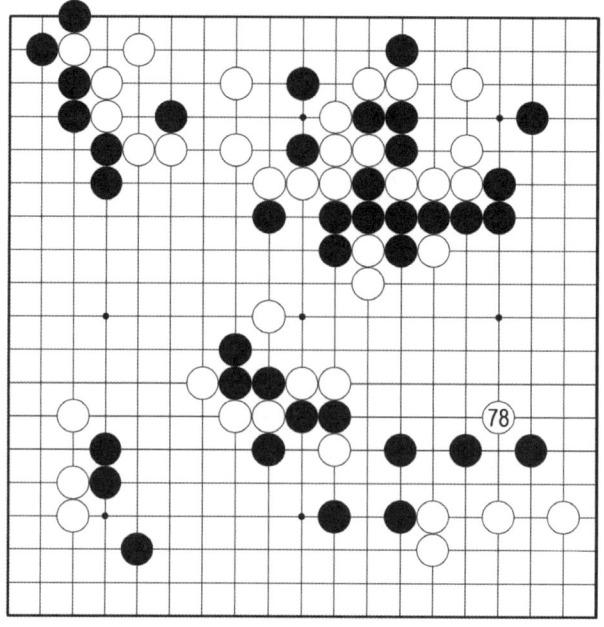

长考之后，申九段以白78刺来突入黑阵。

（79）

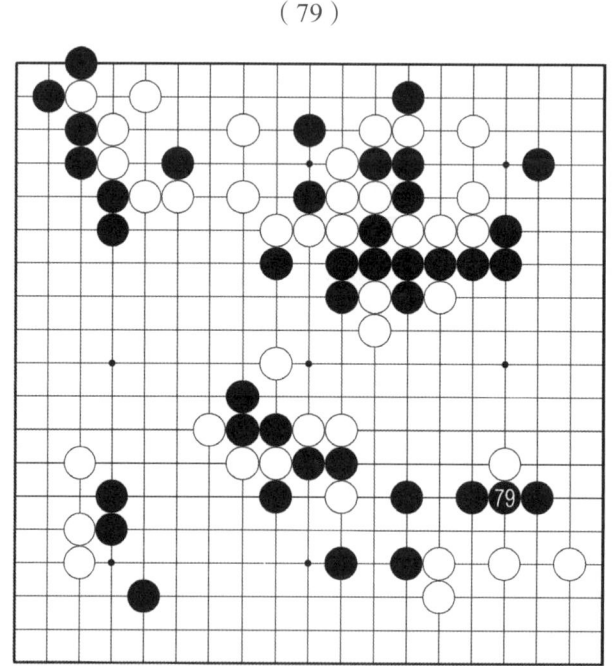

黑79坚实应对。

（80）

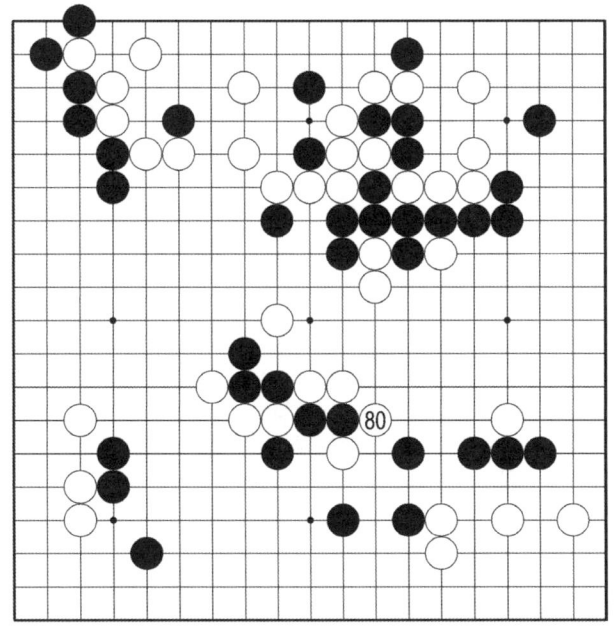

（81）

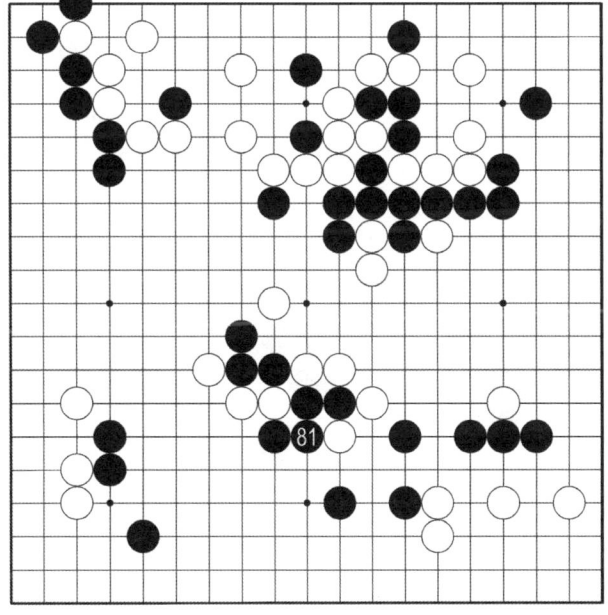

第七局　决胜局　● 辜梓豪 九段　○ 申真谞 九段

（82）

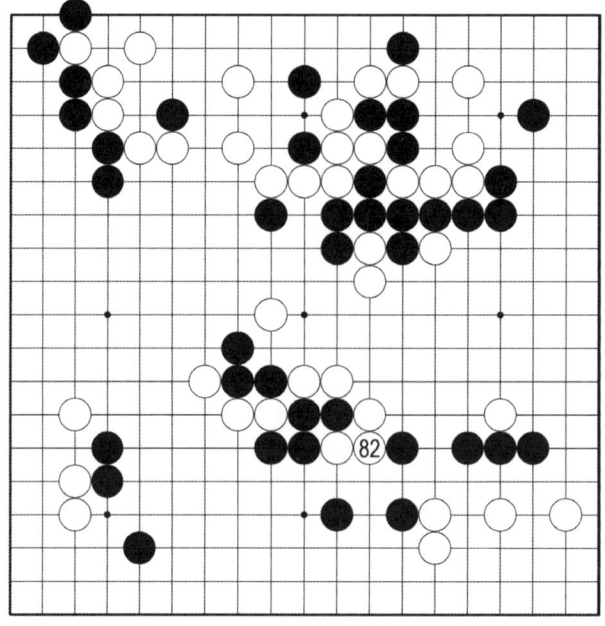

白82粘住，非常凶狠。

（83）

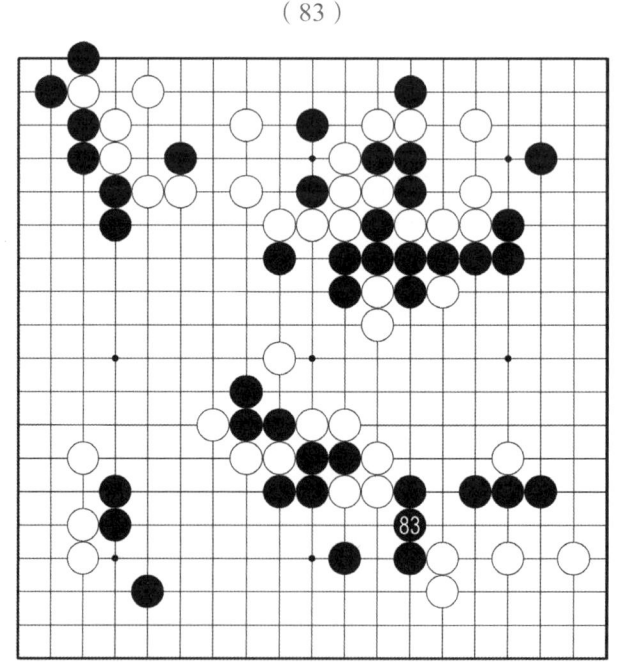

黑83单接，基本必然。

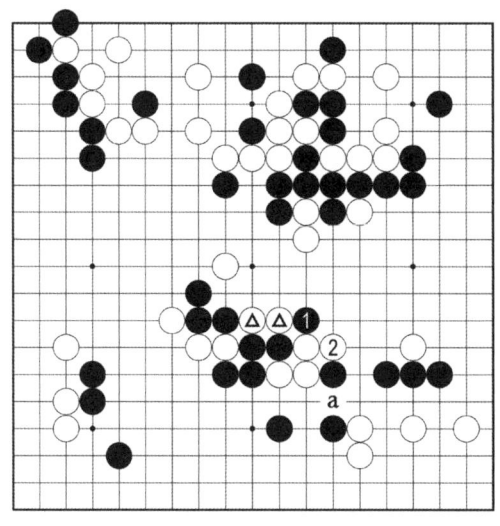

图 35

黑 83 如气合断开，则白 2 拐，黑棋很难办，因为白△两子白可弃可取，而如果被白 a 位挖，则黑形崩溃。

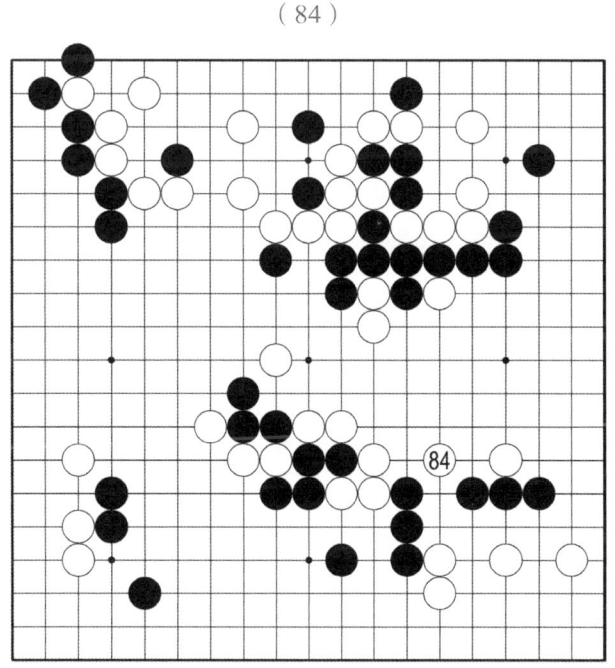

白 84 刺，步步紧逼。

白连续下出强手，令黑棋面临艰难的选择。

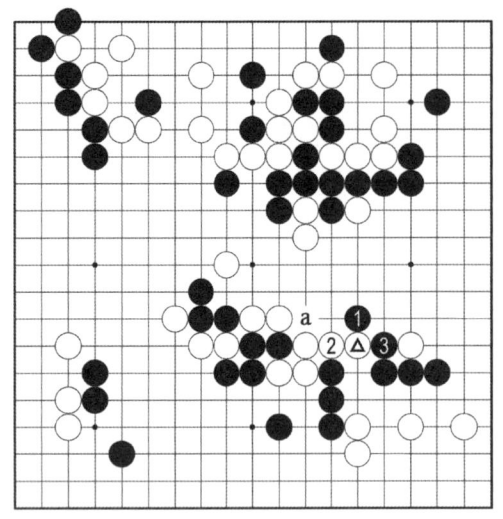

图 36

黑棋第一感是在 1 位靠反击。因为白⊙的逼应，一是要求黑棋补断，二是瞄着黑在右边的薄弱处。而黑 1 靠在白棋的软肋，白 2 如接上方，则黑 3 冲，由于白自身有 a 位的断点并且气紧，无暇再顾及黑的弱点，等于黑一手棋把下边和右边都补好了。

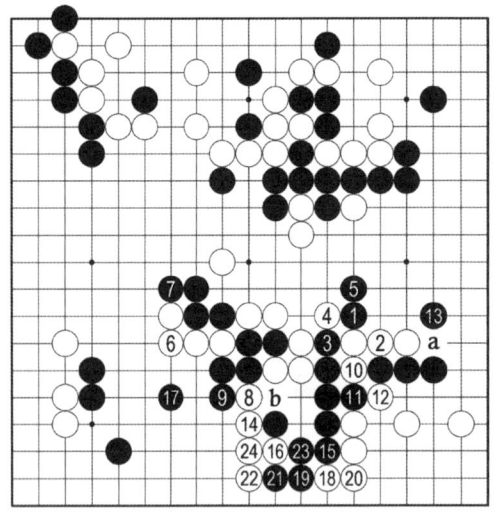

图 37

经过一段时间的计算，我担心白 2 粘在下方，这样黑很难办。如继续冲断，白 6 可以先接（为了读者看得更清楚，其实保留也可以），黑 7 防备枷吃，白 8 先扳一手，再 10 位冲断（由于黑没有办法一口气吃住白 10 等四子，故只能黑 13 枷；如果黑 13 走别处，则会被白 a 贴下吃住黑三子，黑棋目数也不够）。进行至白 16 扳，黑 17 只能跑棋筋，则白 18、20 扳粘。至白 24，黑棋一队虽然杀得过白 10 等四子，但 b 位的断没有了。这样白棋全部联络，黑已经无法继续攻击。如果很快进入收官的状态，全盘黑实地显然不足。

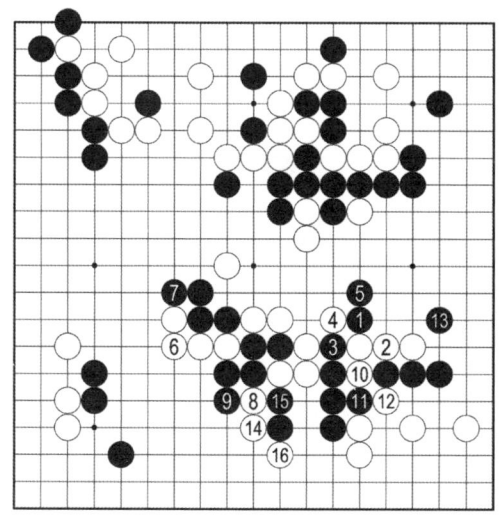

图 38

前图黑 15 如断，白则 16 位扳，黑棋因为气太紧，黑 15 等两子已经掉了。

当时我花了很多时间计算黑 1 靠，最终发现不成立，主要就是因为气紧。

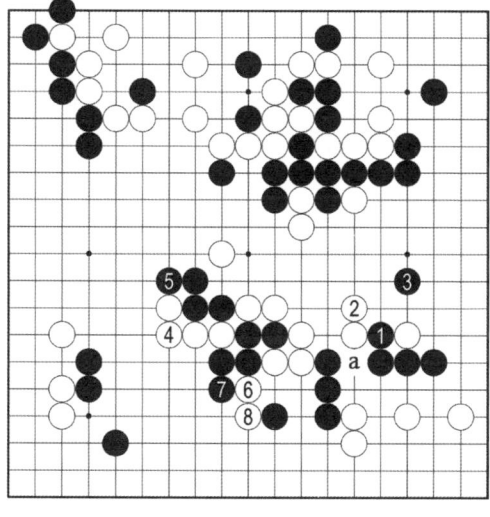

图 39

前图黑 1 靠不成立，我又考虑了本图 1 位冲，白 2 长，黑 3 要补。以下进行至白 8，由于白有 a 位的冲断，黑棋还是非常危险。

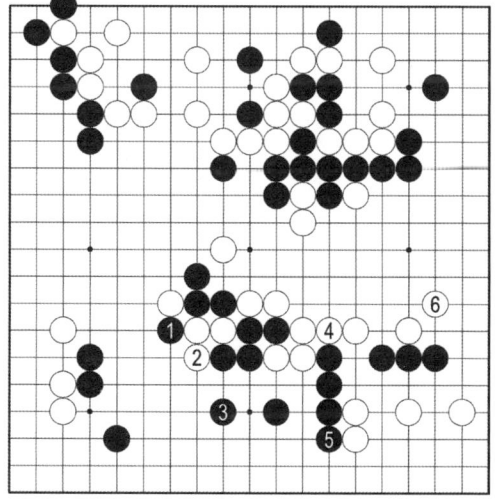

图 40

我甚至想到了 1 位打，白 2 跑时，黑 3 顺调补强。但这样进行，当白 4 补时，黑下边漏着风，白棋冲断也是先手，黑不好办，黑 5 可能还是要补在这里，则白 6 一带有绝对先手。白如果把中腹处理好，从全盘看，黑仍处于一定的劣势。

（85）

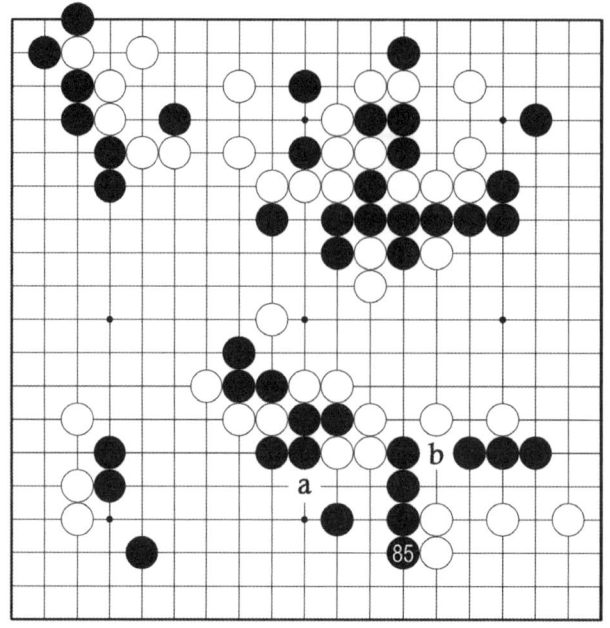

经过以上的思考，我得出结论，实战的这个局面，黑棋只能想办法先补好自己，也就是黑85挡下。黑85如此坚实地行棋，既是对a、b处弱点的防守，也对看似固若金汤的右下白角产生了一定威胁。

（86）

黑既然补强了自己，白86大致也要补棋。

(87)

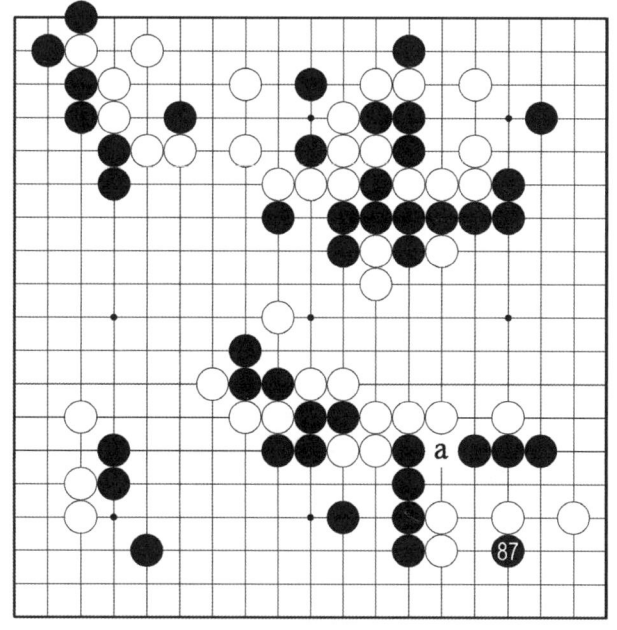

黑87托，是黑85的后续，想问问白棋的应手，看能否先手缓和甚至消除a位的弱点。

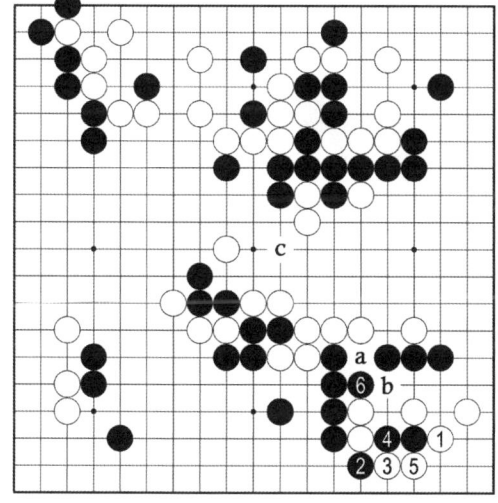

图41

这步托的意图比较明显，即如果白1正常虎，黑准备好了黑2扳、黑4断的弃子，至黑6打，白如果提黑两子，则黑右边三子已经先手连通了。

如果顾虑到黑6打白棋可能不应而走别处的话，则经过这样几手交换，白a、黑6、白b的冲断也已经大大缓和了——除非在极端的情况下，否则白不能考虑这样断开黑棋。

黑在这个局部既然少花了一手棋来补断，那么黑6可以改下实战的c位，冲击白棋中腹的薄味，如此黑棋主动。

（88）

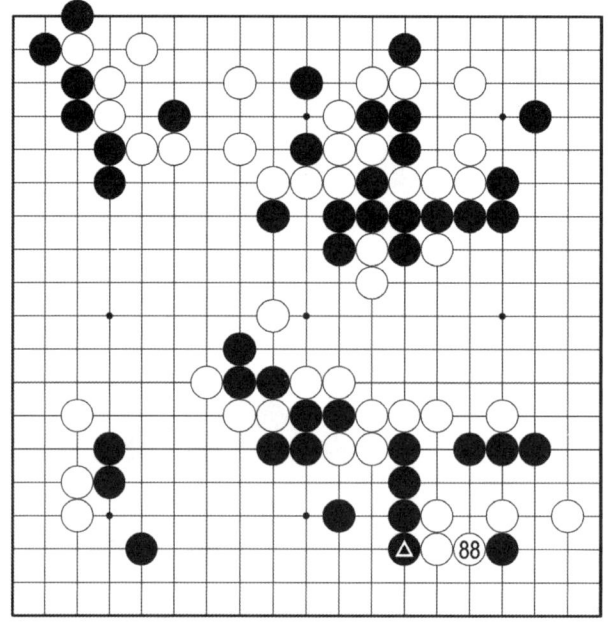

黑▲挡，我花了很多时间，托角这步棋则下得很快。

也许受到我的影响，白88落子也很快。

白88顶，的确防住了前图黑棋的借用。

（89）

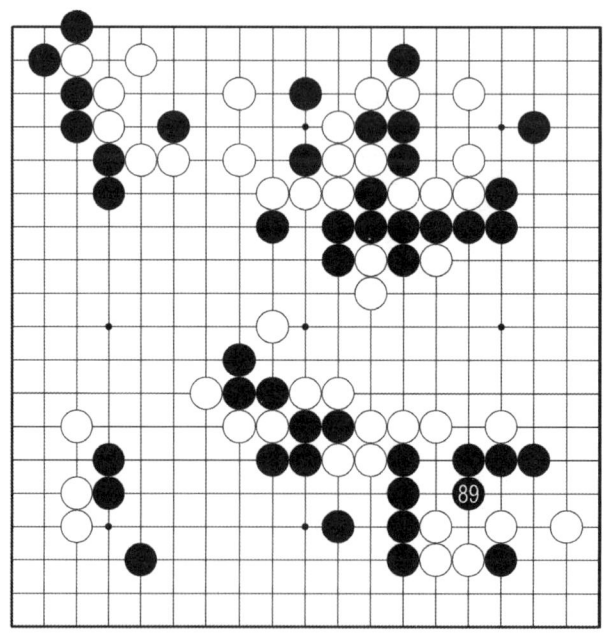

白既然顶住，不给黑棋借用，那么黑89就是当然的后续。

黑89如白棋所愿，老老实实地补断，同时对白角的安全造成了威胁。

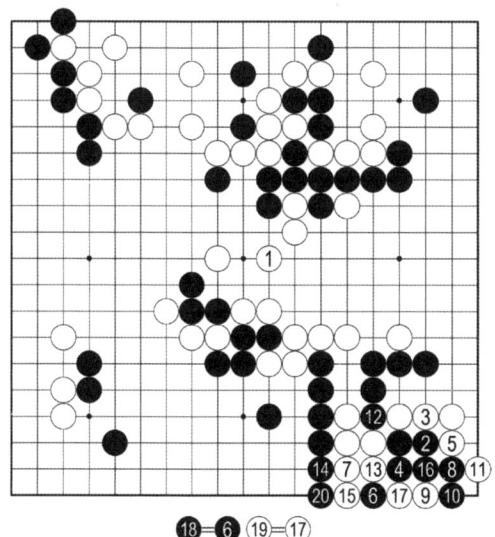

图 42

白角如脱先,则黑2、4先手后,再6位尖是妙手,白棋十分棘手。白7如阻渡,黑8以下逼应,再12位断,进行至黑20,白慢一气,崩溃。

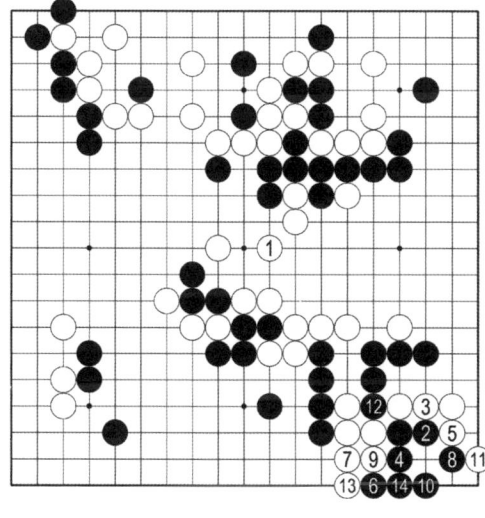

图 43

白9只能紧气,进行至黑14,是双方最佳,局部形成白棋有利的缓气劫。

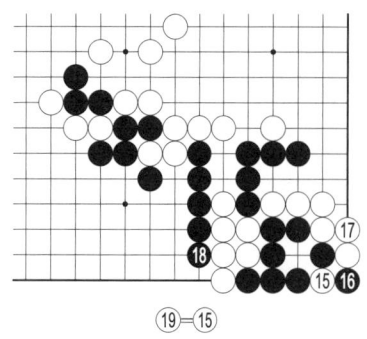

图 44

白 15 扑，则黑提过来，白 17 不能不粘，以下至白 19 再提劫，是紧气劫，白负担沉重。

○ 辜梓豪烂柯局 ○

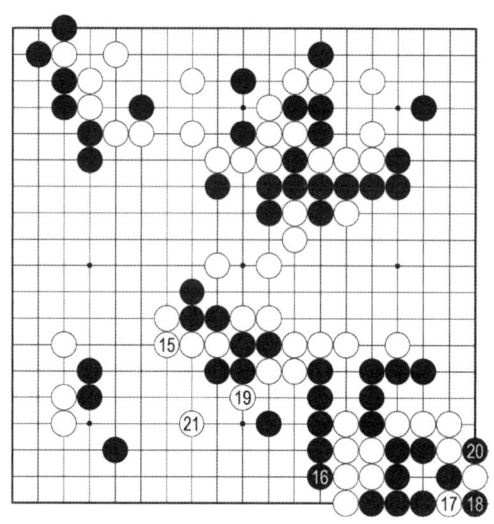

图 45

如果白不拘泥于角部的劫争，那么白 15 可以先抢一手。等黑 16 多花一手紧气时，白 17 再扑劫。

如果最终是白劫胜，则白在角上省了一手棋，在中腹取得了很大的利益。

如果最终黑劫胜，白还可以在别处连走两手，比如 19、21。外围三手棋的价值，跟角部的死活相比，哪个大呢？恐怕不比黑棋吃角小。

复盘时，我和申九段觉得应该这么下。

实战黑89弯后,角部出棋虽然很严厉,但我更担心白棋脱先走中腹。如果白补在外面,角里虽然要打劫,但白的选择很多,还有继续在中腹一带行棋的手段。右下角当然很大,但如果要把它吃掉,花费的手数太多;而外面的尖、粘等,对厚薄以及全局的影响,可能一手棋就有30目的价值,甚至不止。故,虽然右下角很大,也有一个很急的打劫,但外面更大。

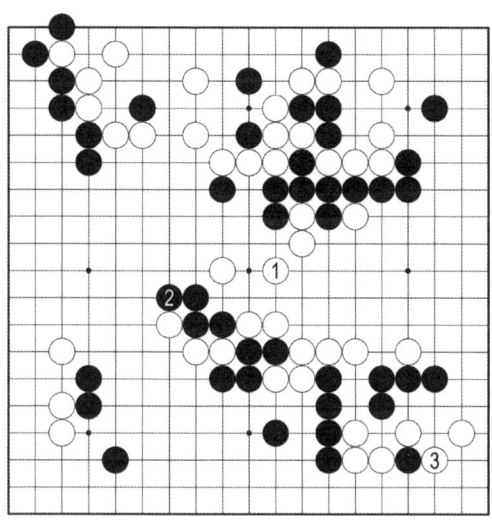

图46

如果白1在角部脱先走中央(这一手的价值极大),则黑2立即在角部出棋的话,劫材也不见得有利,故黑可能也在中腹补强。经过这样一个交换,主动权就回到白棋手上,哪怕白3回头再补,也明显优于实战。

(90)

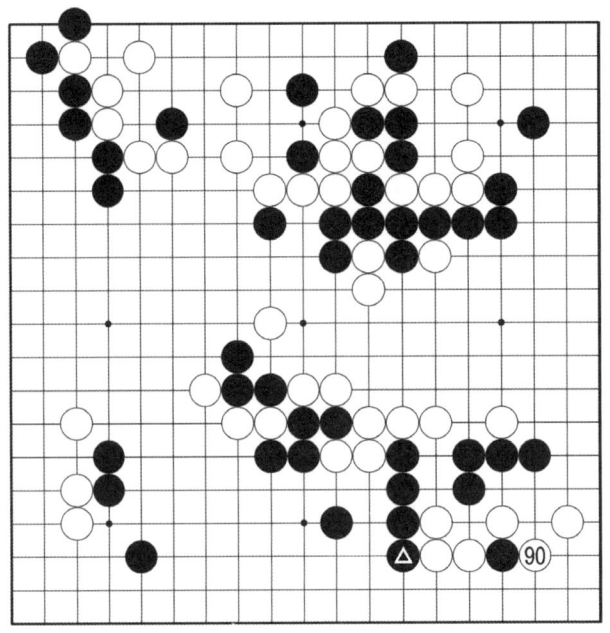

申九段长考后，决定白90加补一手。

在黑△挡下后，双方的时间差距缩小了。赛后听队友们说，这个局面，小申一旦开始长考，多半就是要补棋了。一来是懊悔，黑一托、一弯之后，没有看到黑棋小尖的手段；二来是不想补，但出棋又太严厉，角部有可能被全部吃掉。在懊悔、不想补，但是又觉得似乎要补的情况下，申九段可能非常难受——摇头，发出一些声音，还有一些肢体动作。

回头看，这步棋成为本局胜负的分水岭，真是始料未及。这步棋之后，AI调高了黑棋的胜率，对白棋落后不多了。但是，执白的申九段在心理上受到的打击，远远超过这手棋在棋盘上的损失（亏了大半手棋，而直接三三虎挡是正解，角部的目数、厚薄都优于实战）。

人类棋手在对局时，除了棋的较量，还有心理、气势等较量。之前的挡因为我考虑比较久，申九段可能在没有看透我意图的情况下就马上落子，想在气势上压倒我。但黑棋弯时，申九段猛然醒悟，这里恐怕有他没有看到的东西。那么从正常逻辑上说，他会比较懊恼。

（91）

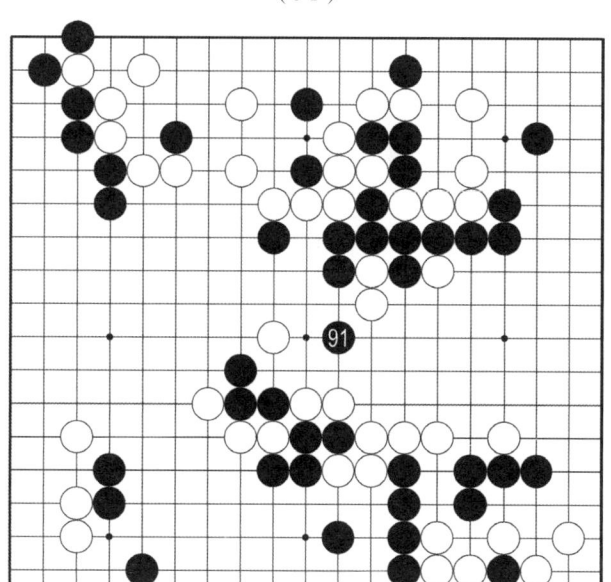

相较于补角，黑91直刺肺腑显然更大、更严厉。

（92）

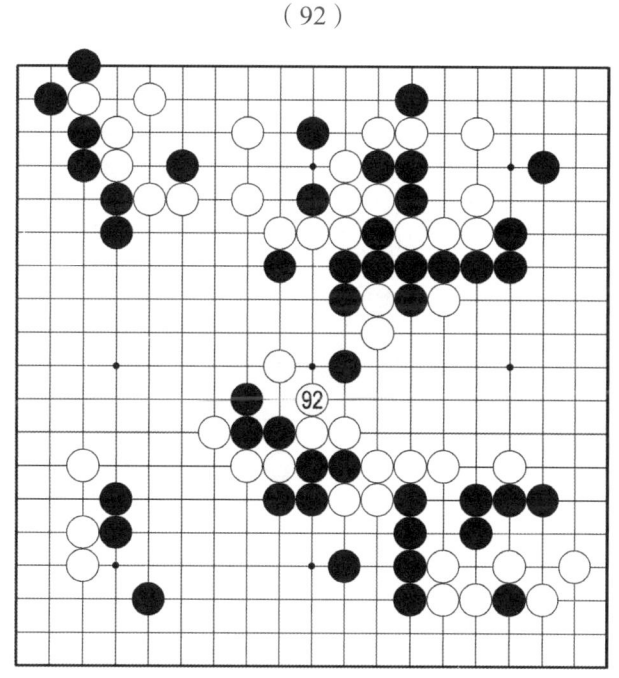

白92弯出，正常。

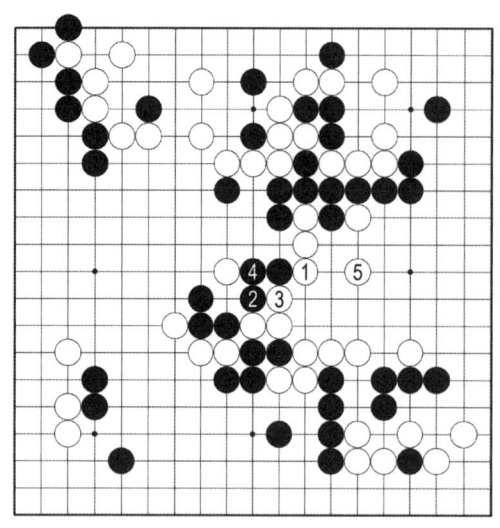

图 47

白 1 走里面挡，是 AI 推荐的下法。至白 5 跳，要求在里面活。

这个变化太过复杂，而且，白棋先被黑闷在里面，再在螺蛳壳里做道场，也极其需要勇气。

按照人类棋手的逻辑，实战的弯比较合理、正常。

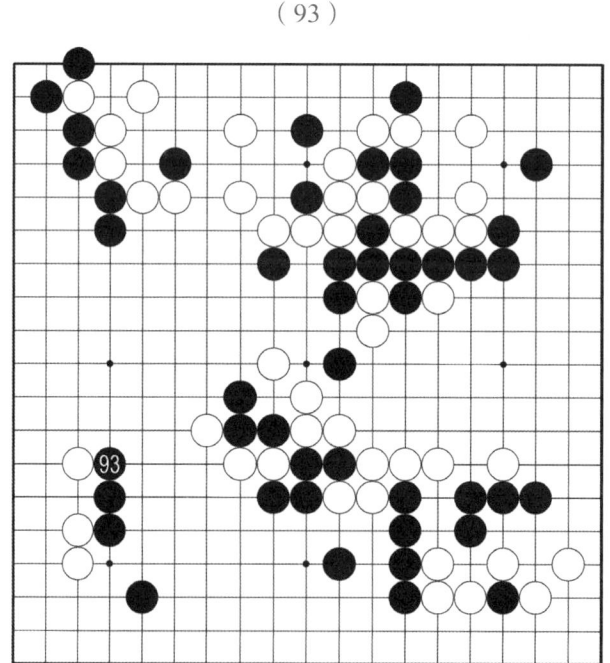

（93）

黑 93 压，封空。

这时我判断了一下形势。如果把下方的空全部封住，黑的目数就追上来了。再加上白中腹的薄味，黑的形势应当说还可以。

（94）

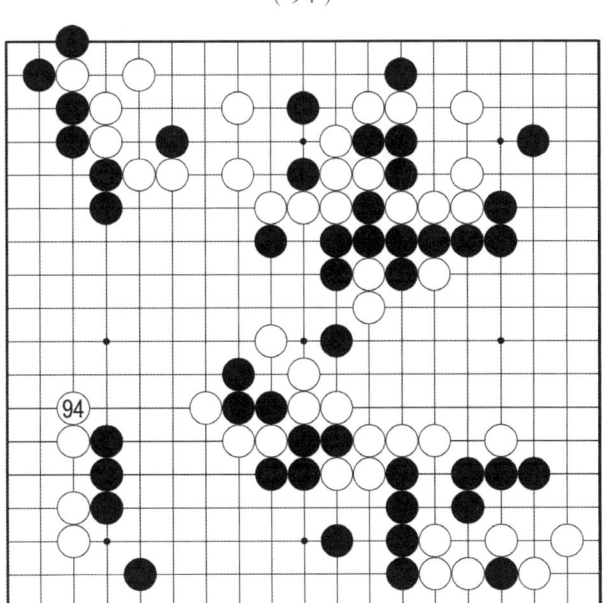

（95）

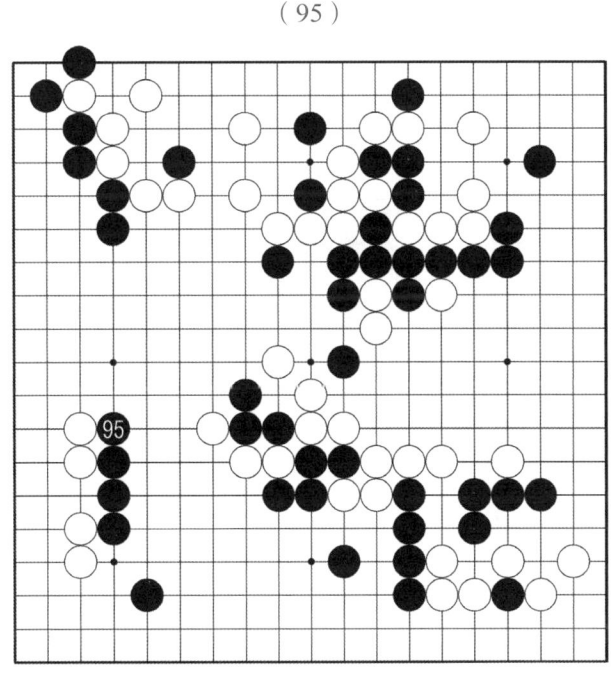

我的形势判断即根据如谱的局面。

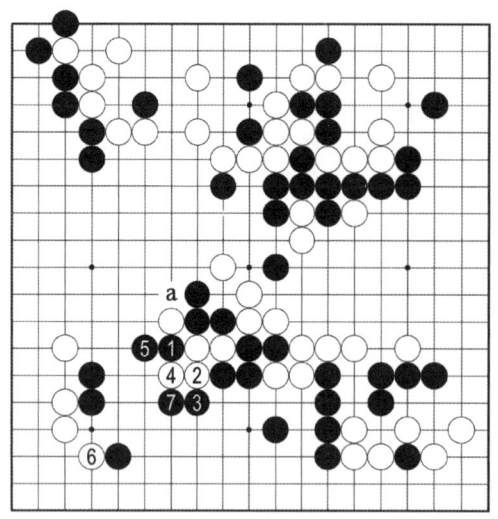

图 48

对于实战黑 93、95 的连压，AI 推荐的是本图的下法。开始我不太理解，（连压之后）可以走 a 位拐大吃，为什么要往里面补？这不是吃到自己的空里来了吗？但至黑 7 补，黑棋的确很厚，外面白棋的借用少。

○ 辜梓豪烂柯局 ○

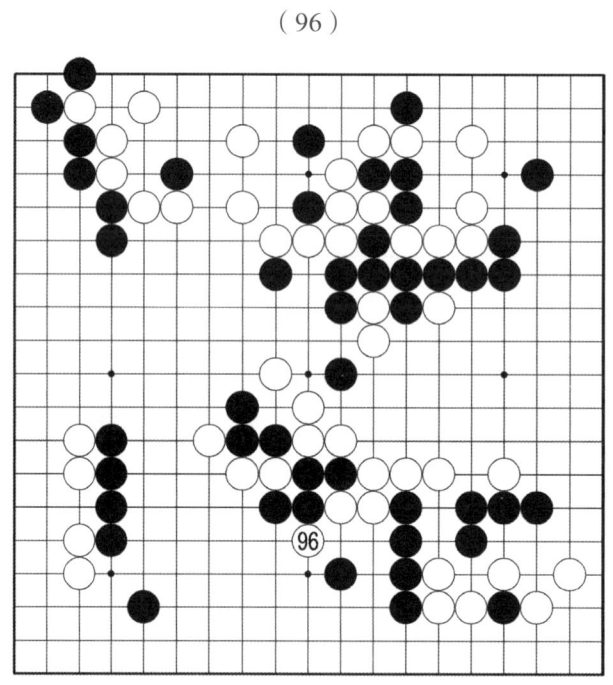

白 96 扳，时机有疑问。

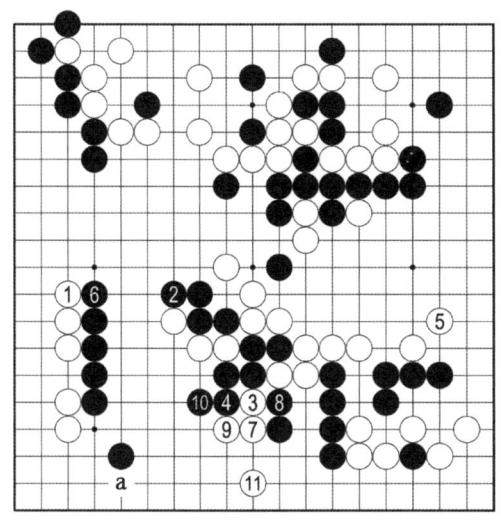

图 49

白 96 如在左边跟着应，我是打算在 2 位拐住。这时白 3 扳，是很好的时机。

白 5 后，将来还有白 7 至白 11 的手段。也就是说，在黑棋撑得很满的下方大空中，存在很多味道，甚至白在 a 位托，都会有先手。

因此，与其像实战那样撑满，而在空里留下诸多味道和欠账，不如像图 49 中 AI 所建议的那样，尽快将白两子棋筋吃住，来得确实。

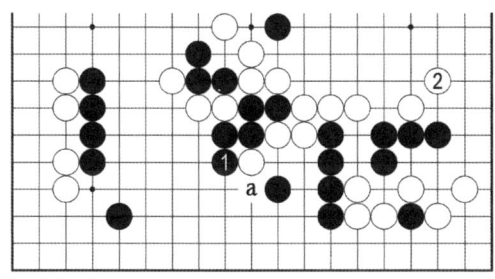

图 50

实战白 96 期待着黑 1 拐，白再 2 位尖，将来伺机在 a 位突进来。

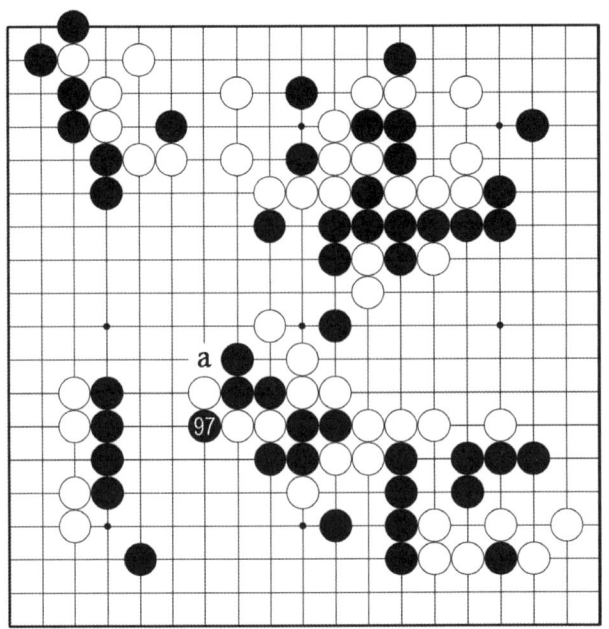

(97)

但在 a 位还没有走到的情况下，两子棋筋的价值变大，黑当然不肯遂白的愿，黑 97 顺势打断，当然。

白 96 好像凑黑 97 断打一样，故说它的时机是不好的。

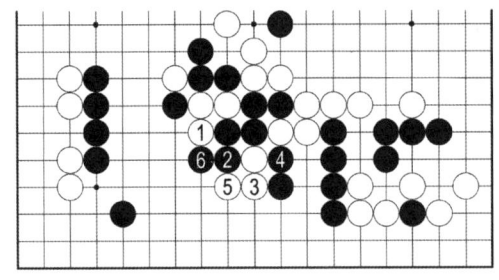

图 51

接下来白 1 如跑，黑 2 可借力跑出，至黑 6 拐（这手棋也很有价值），白棋在下边的腾挪空间变小了。

（98）

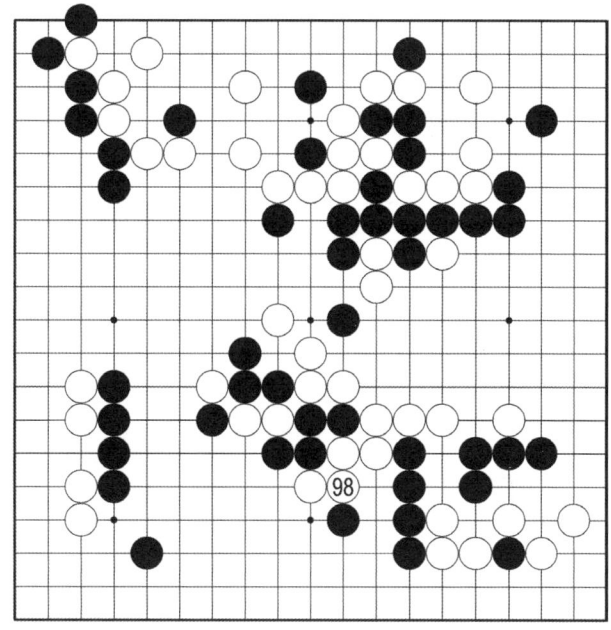

白98粘，破了黑不少空。

（99）

但黑99提净，在a位少一手棋的情况下，黑陡然变厚，中腹白棋大队变得十分危险，面临生死的考验。

白虽然破了不少黑空，但并没有增加眼位；相对于外面的很多大棋来说，这里的黑空也没有那么大。

(100)

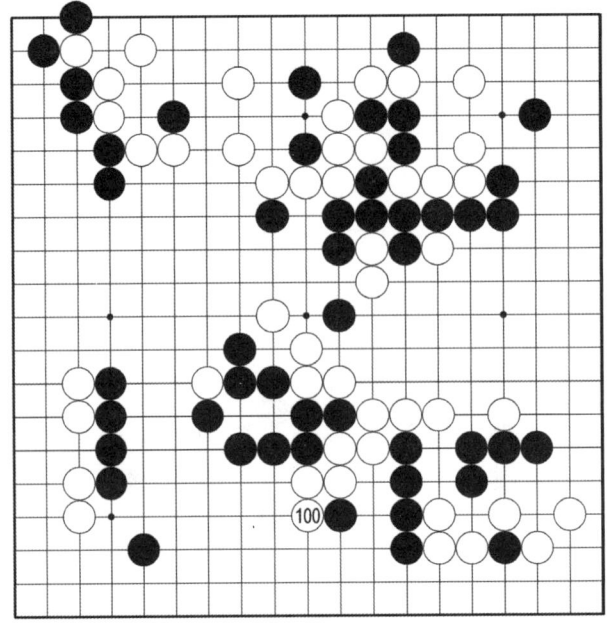

白100拐，下得很快。

白在这一阶段的行棋，我感觉申九段受到了右下角带来的坏情绪的影响，没有以前那么理智了。

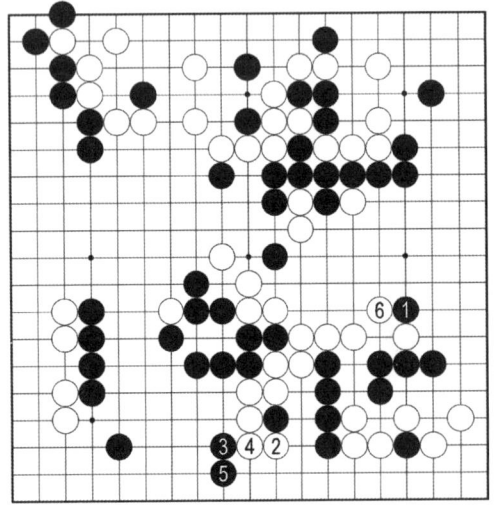

图52

接下来，我本想在右边黑1位行棋，攻守兼备，但又顾虑白2打即有了眼位，6位也有借用，头绪比较多。

（101）

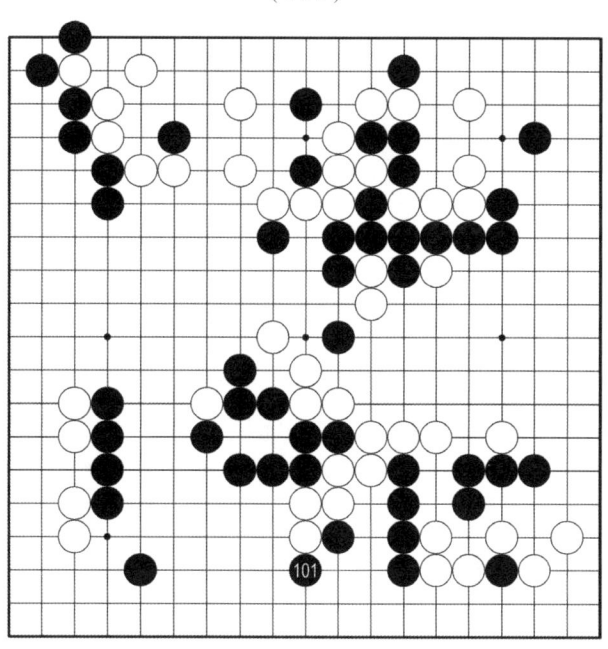

实战就决定扳在了底下。

（102）

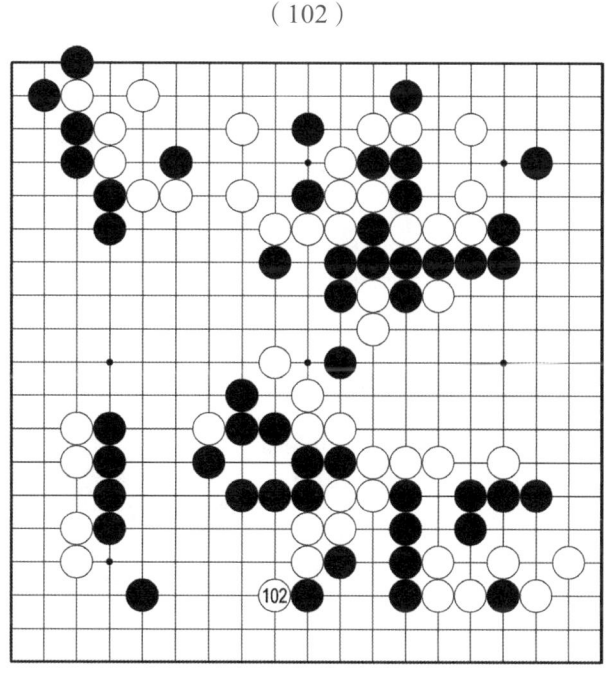

(103)

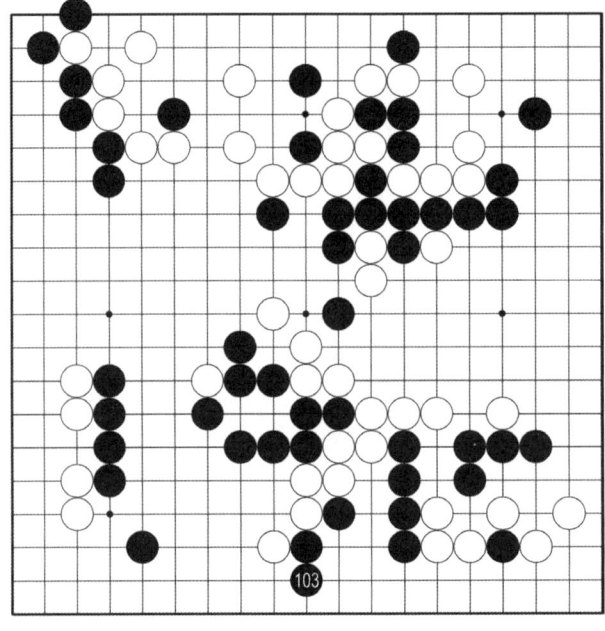

扳在底下的好处是,自身获得了联络,同时破坏了白的眼形。

(104)

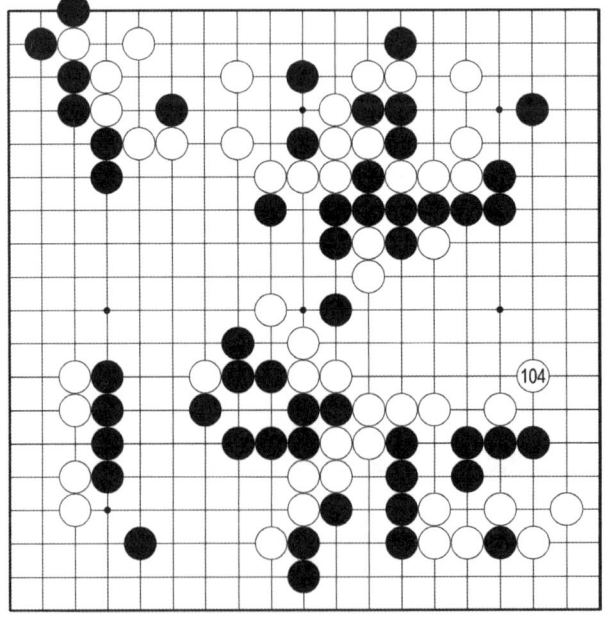

（105）

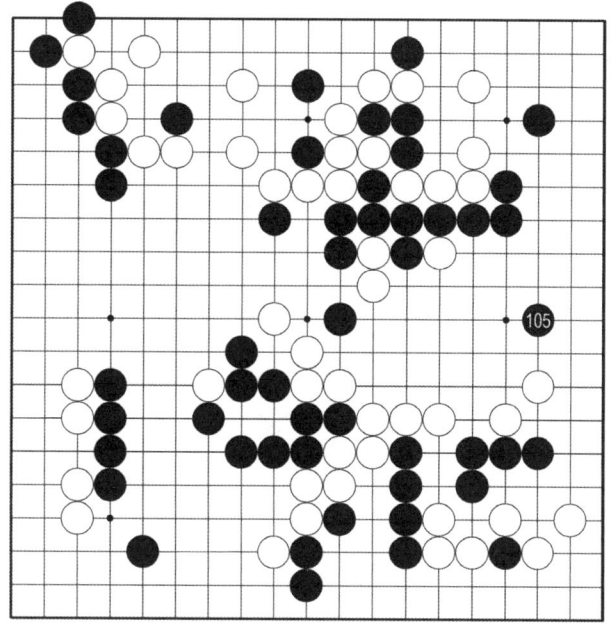

这两手的交换，在 AI 看来都有些问题，但我们主要还是从人类棋手的角度来分析。

黑 105 逼住后，白棋大龙没有明显的眼位。

（106）

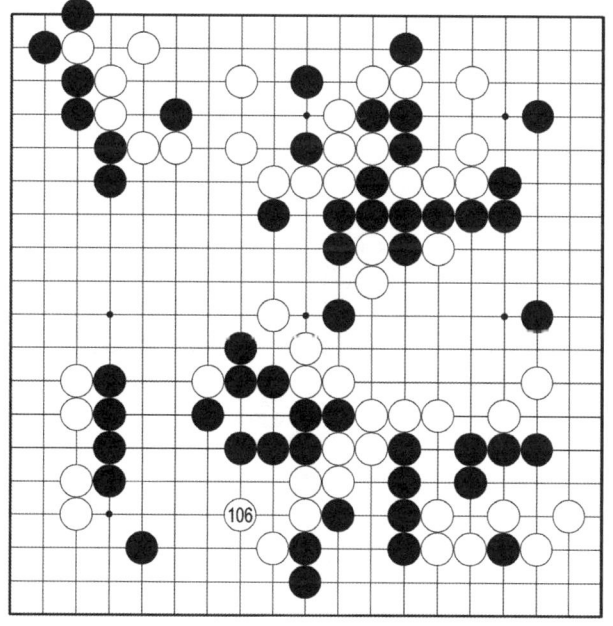

白 106 虎，是出逃前的次序。

（107）

黑107渡过，无不安。

（108）

下边先手交换后，白108开始逃亡。

这样，周围黑棋的子力和厚势，就都能发挥作用了。我感觉白龙杀或不杀，黑棋的取胜都挺有把握的了。

(109)

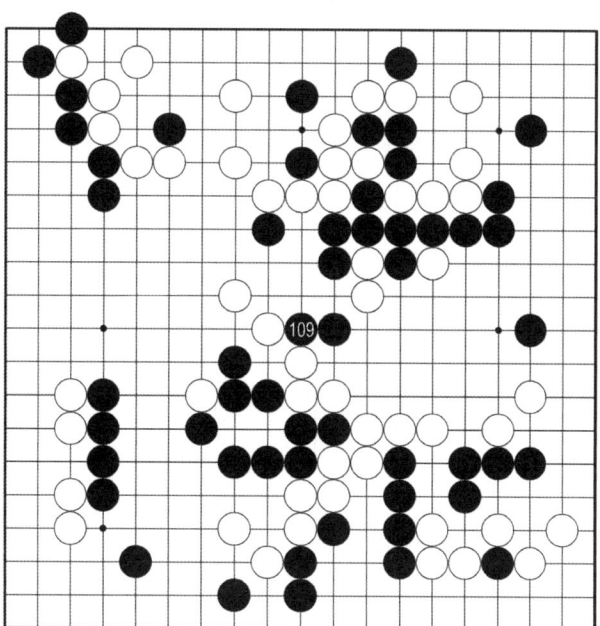

(110)

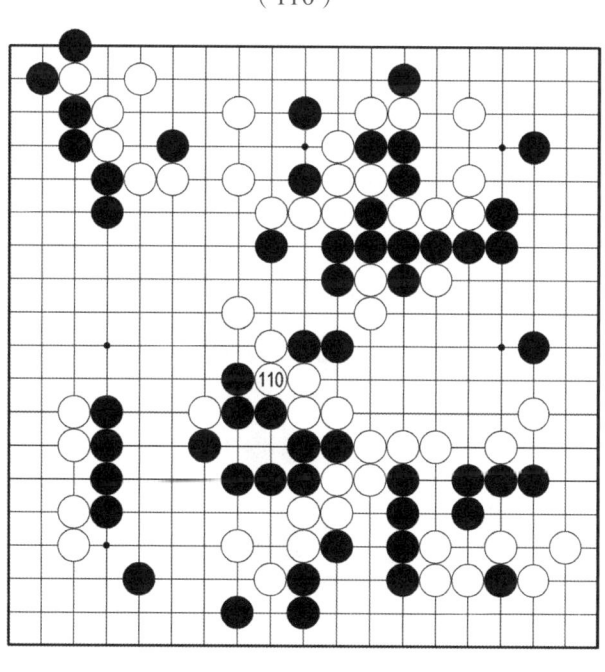

○ 第七局 决胜局 ● 辛梓豪 九段 ○ 申真谞 九段 ○

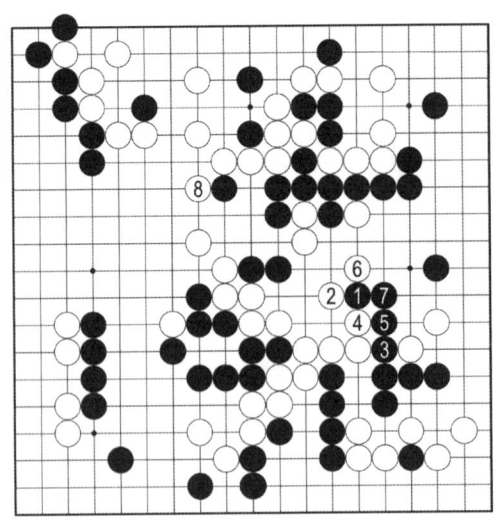

图 53

赛后，有队友问我，是否看到了1位的点。这手棋我看到了，但顾虑白2靠，以下白先手便宜后再8位连，这样就等于放白大龙回家了。黑右边收获了不少实地，棋局进入官子阶段，但厚势也失去了目标，我一时判断不清是否绝对有利。而黑棋放弃进攻，转而收取实地，也让白棋稳下来了。

最主要的原因是，这时对手已经开始读秒，而我还有一些时间。如果在对手没有时间、大龙生命又受到威胁的情况下，我再去追击的话，就有可能把对手一举击溃。

（111）

通过对以上几点的考虑，我决定继续进攻。

（112）

由于下方黑棋很厚，白112只能龟步出逃。

（113）

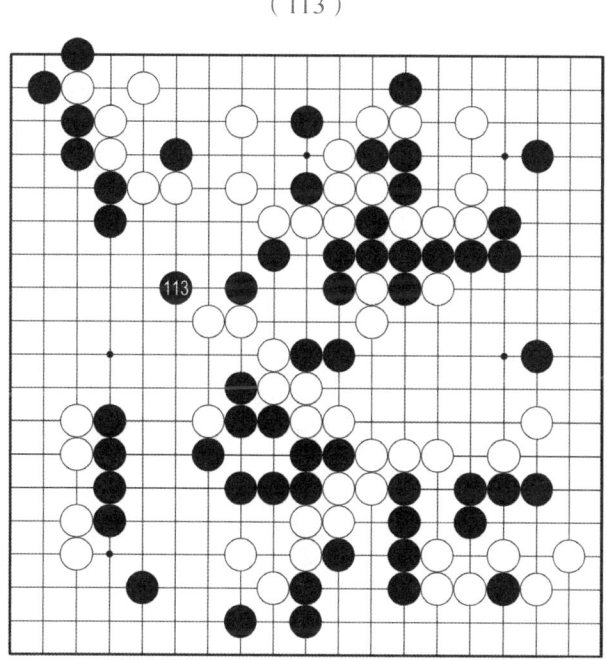

黑113罩，继续向白施加压力。

（114）

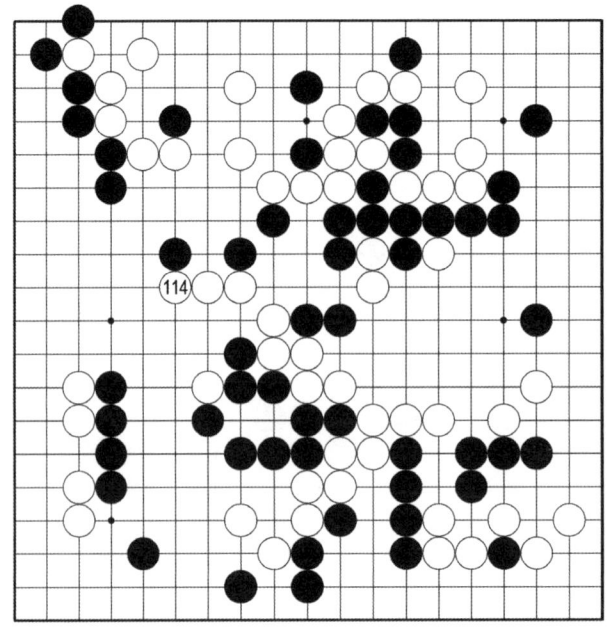

（115）

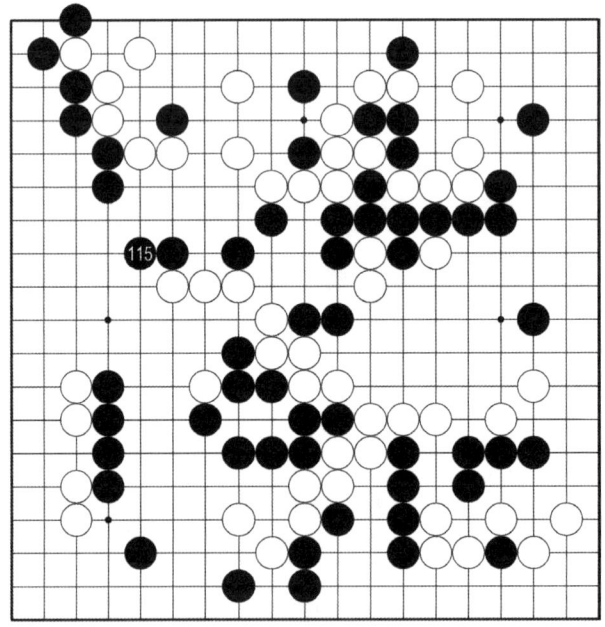

白棋依然很难联络。

○ 辜梓豪烂柯局 ○

(116)

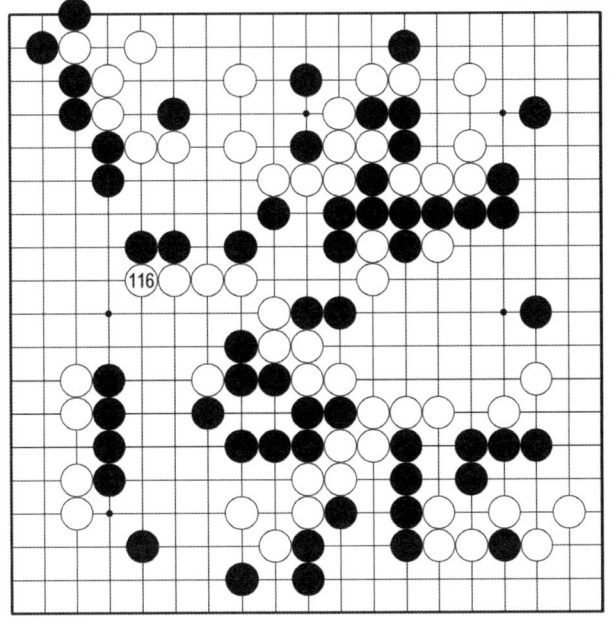

(117)

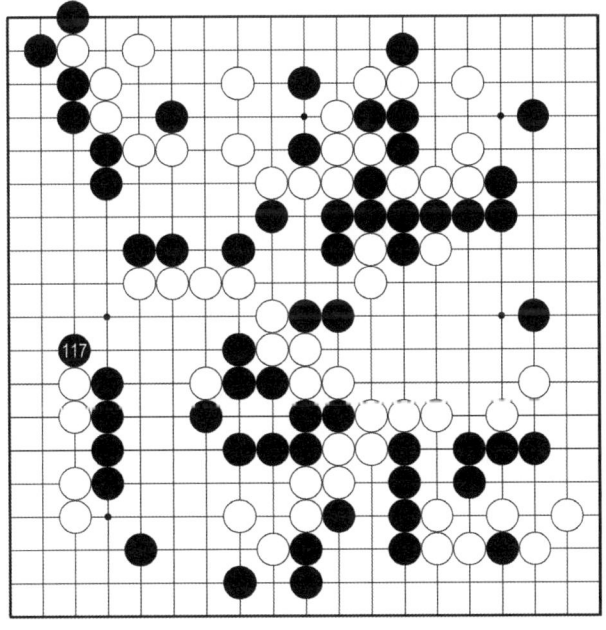

走到黑117扳头，黑对白两块形成缠绕之势，白大龙虽棋长三尺，却还看不到明显的眼位，感觉很危险。

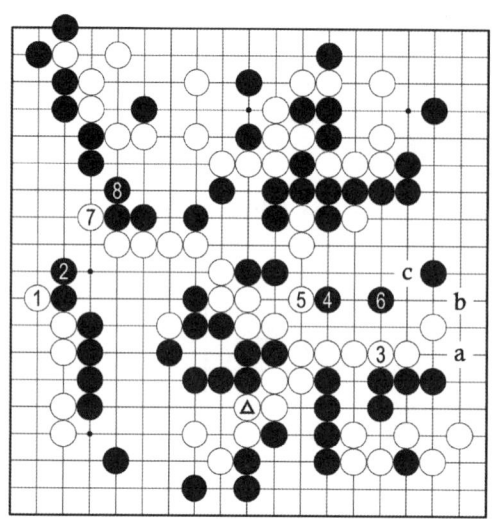

图 54

这是 AI 的设计图（1—3）。

白 1 扳，很有必要。接下来白 3 粘，这步棋很难下出来。看起来走了一步意义并不大的棋，却是"后中先"，留下了多种味道，比如 a、b、c 等多种手段。赛后我用 AI 研究，觉得杀掉大龙还是太难了。

但对当时的对局者来说，看到这个粘，总觉得缺乏力量。

接下来黑 4 飞刺，白 5 虎时，黑 6 跳回，白 7 扳，黑 8 就弯——白棋想在左边做出眼来也很困难，若一定要做眼，左下角有可能被吃掉。那么整条白龙，只有右边两尖能做一只眼。从实战的角度看，白龙相当危险。但白一旦破釜沉舟，也就把压力给到了黑棋。

白在右下角加补后，从白△扳开始，感觉白棋的步调有点紊乱，信心不足了。

（118）

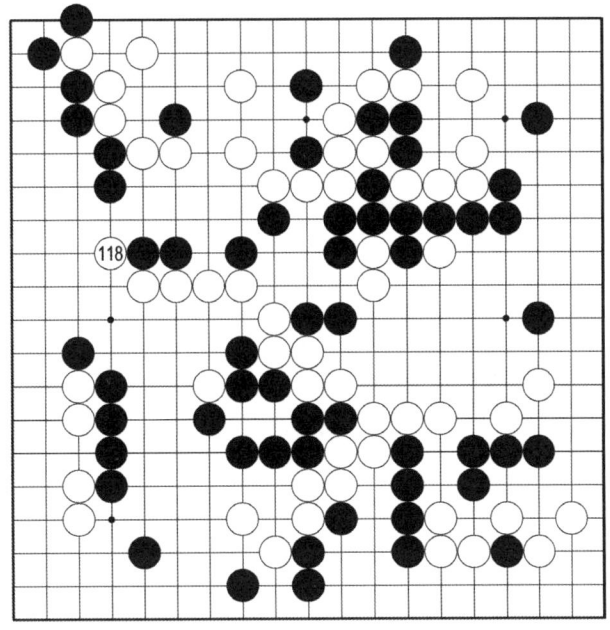

（119）

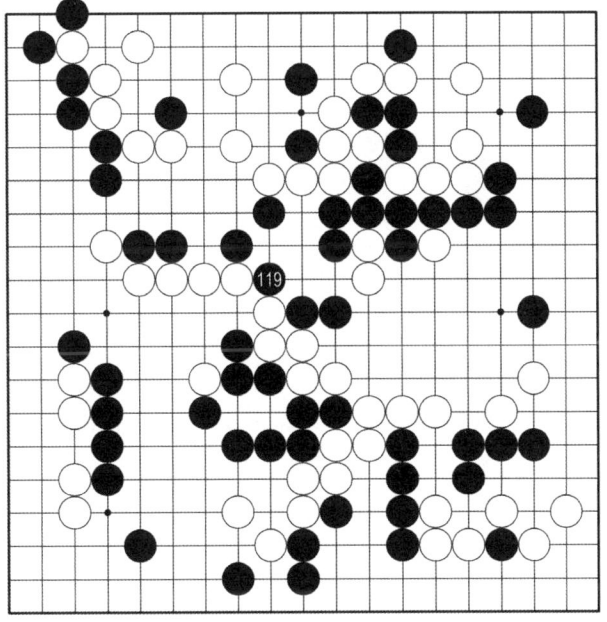

黑119彻底切断白龙的后路。

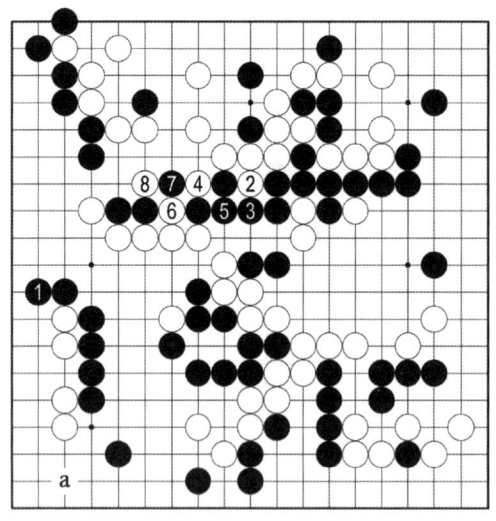

图 55

黑如果改下 1 位立，则白 2 以下至白 8 可以连回。

但白 4 打时，黑 5 可于 a 位杀角，如此黑棋收获满满。

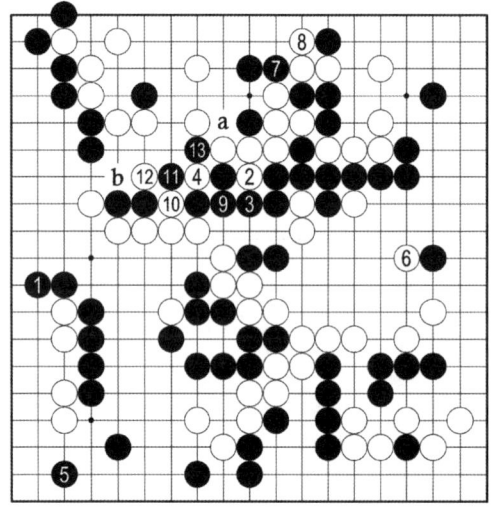

图 56

黑 5 还保留着上边的变化。如果白 6 脱先，则黑 7 先断，以下进行至黑 13 提，白 a、b 无法两全。

因此黑走上图 1 位立后，白大致不会选择冲了再打连回。第一，白棋下得比较"丧"，反映出他的情绪应该有波动；第二，申九段现在在读秒，而我还有几分钟。跟 111 手的心理一样，我还是觉得乘胜追击，效果应该更好。

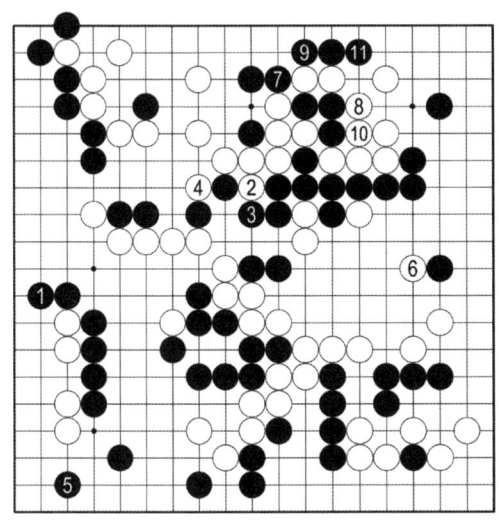

图 57

黑 7 断时，白 8 如虎吃，则黑在上边留有一个很大的活棋。

(120)

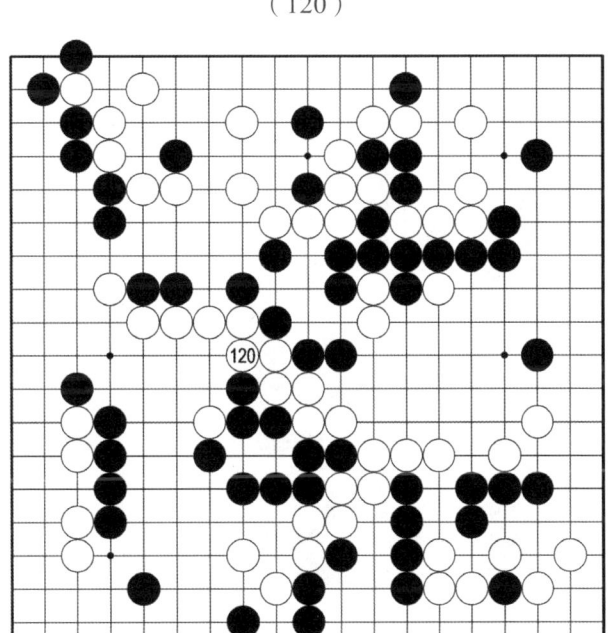

白 120 接成愚形，无奈。

(121)

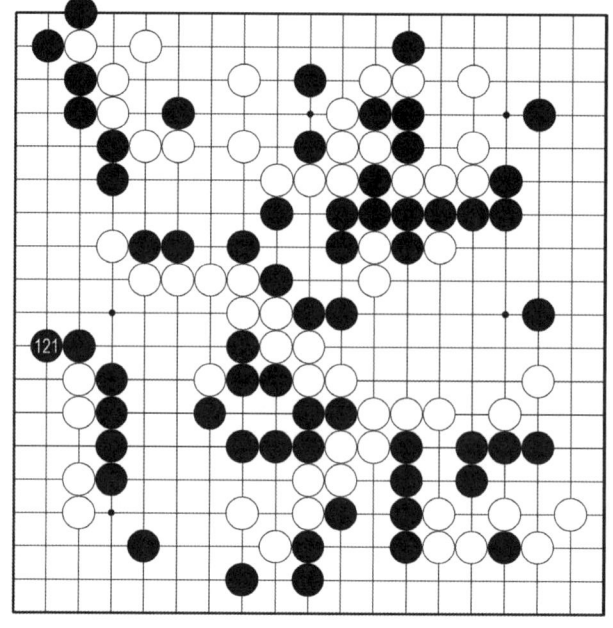

黑 121 搜刮白角，严厉。

(122)

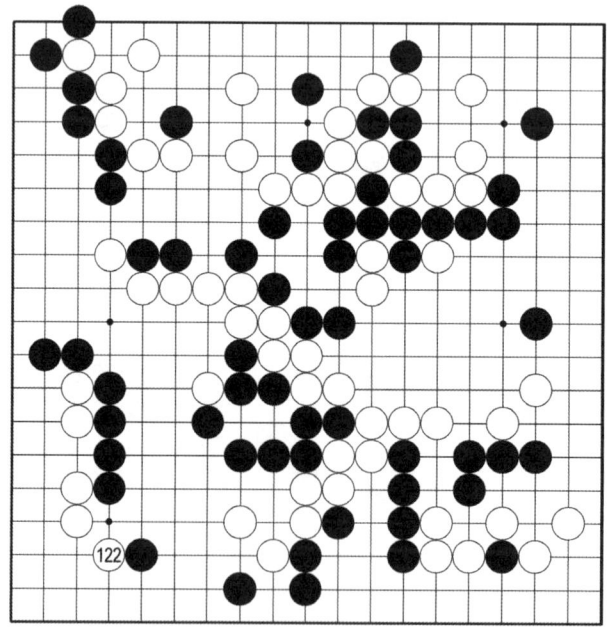

白 122 活角。这个角太大了，不是轻易可弃的。

(123)

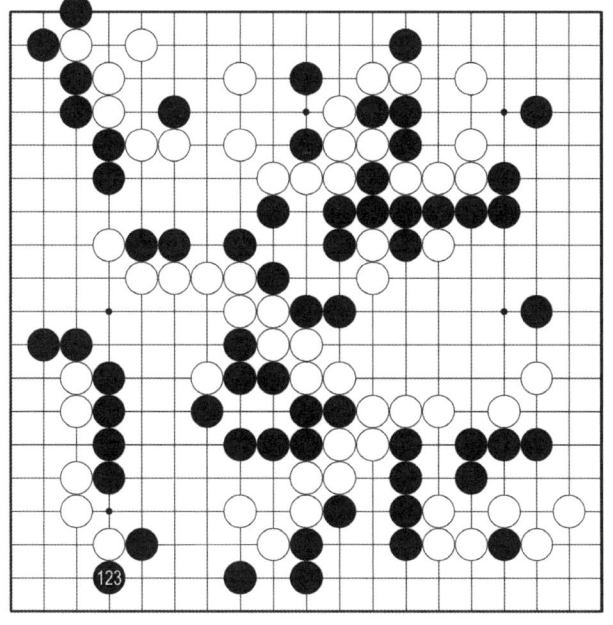

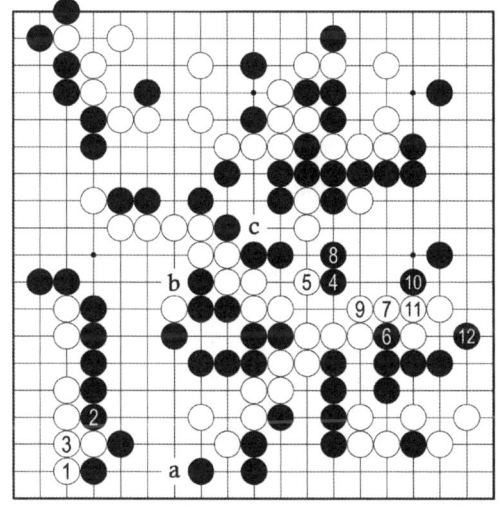

图 58

正常白1要挡,白3亦粘,让黑动手来杀大龙。

虽然现在白龙很危险,但真要动手来杀,谈何容易?白有a、b、c等处的借用,加上左边的断点等,虽然不大可能做出眼来,但各种各样的头绪混杂在一起,黑棋想要下好也非常不容易。

实战中我考虑的是黑4、6的组合拳。白7如要边上两子,则黑8退回,白在中腹没有眼形。

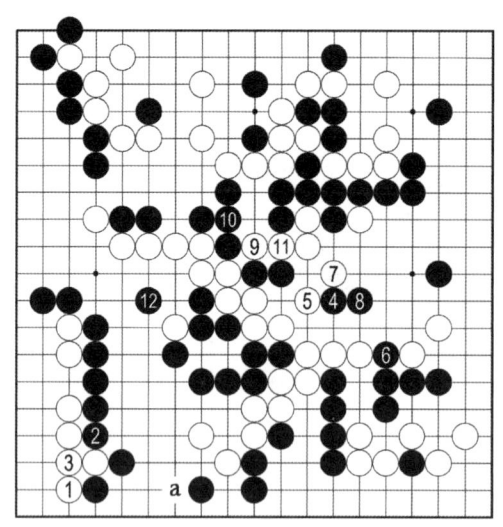

图 59

那么当黑6冲时,白7只好弃子,以下至白11,在中腹做出一只眼。

黑12破坏白的眼形,白在左边显然很难做出第二只眼来。

故白7可能会趁黑棋的联络还不是那么完整时,在a位碰,寻找头绪。

○ 辜梓豪烂柯局 ○

（124）

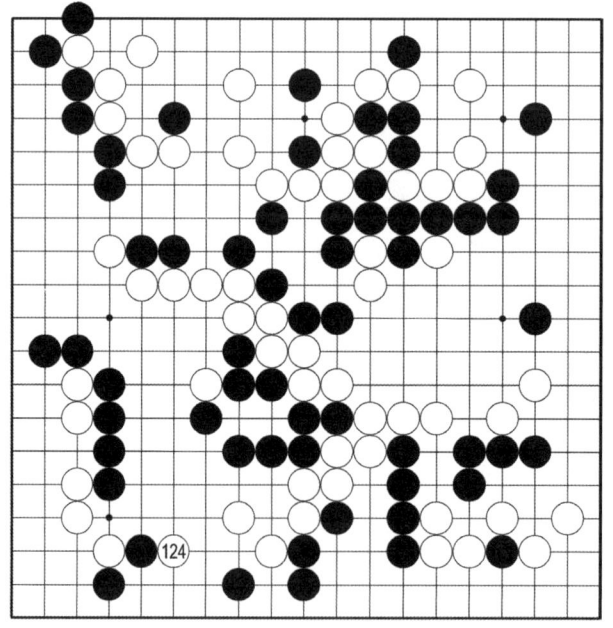

但是从心理上分析,实战中申九段可能认为这样下白棋不太行,故以下着法有些失去理智。

白124夹宁为玉碎,是自杀式下法。

(125)

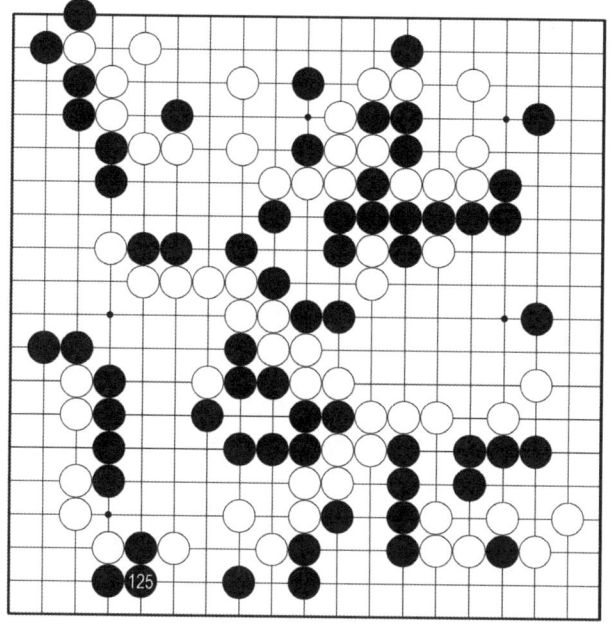

黑 125 粘二路,白角已经损失不少。

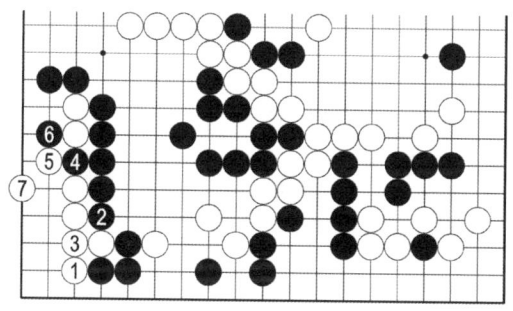

图 60

接下来白如在 1 位挡,角部的实地、目数已差不少。黑 2、4 都是先手,白 7 只得后手做活。

（126）

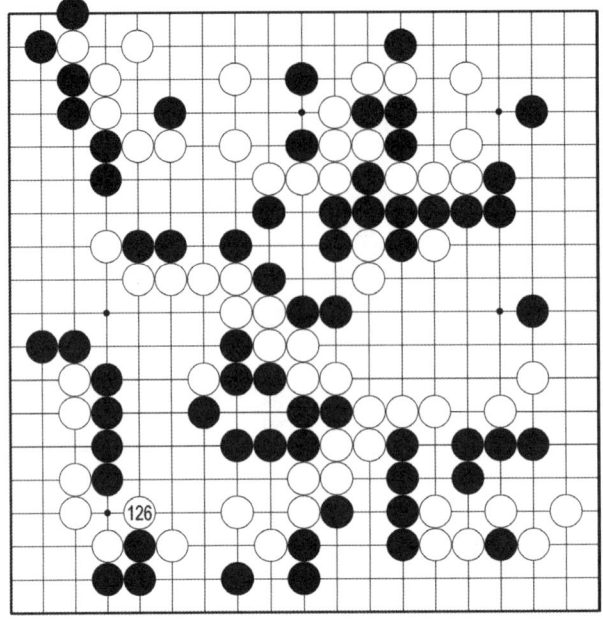

白126更是强行。

（127）

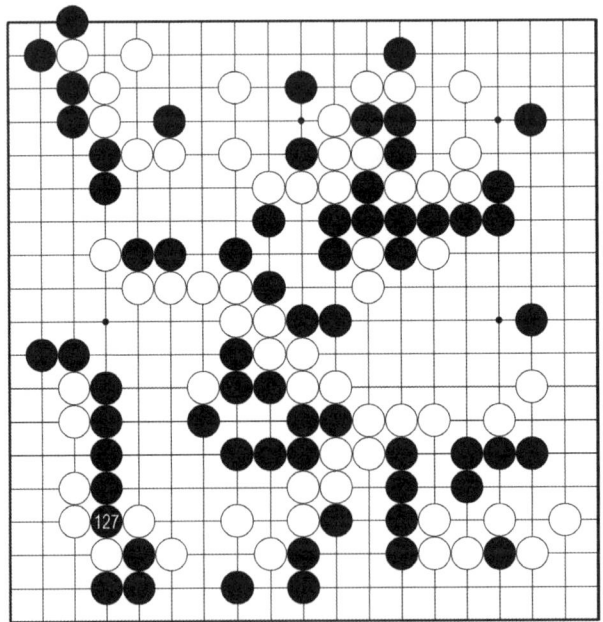

黑127当然。

（128）

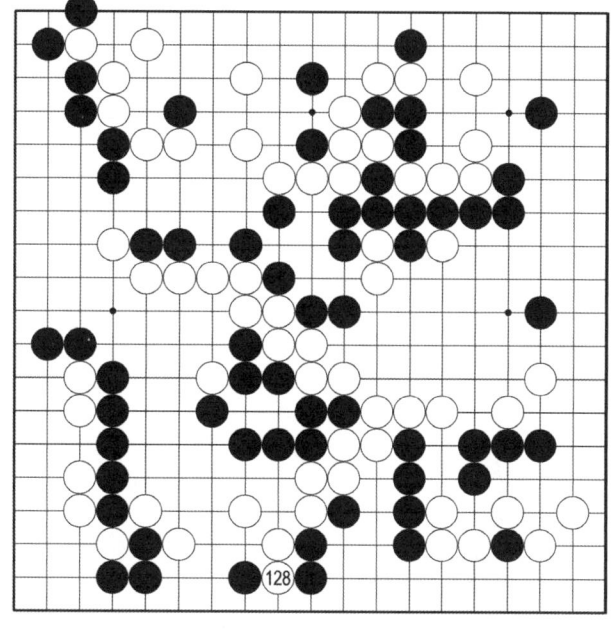

（129）

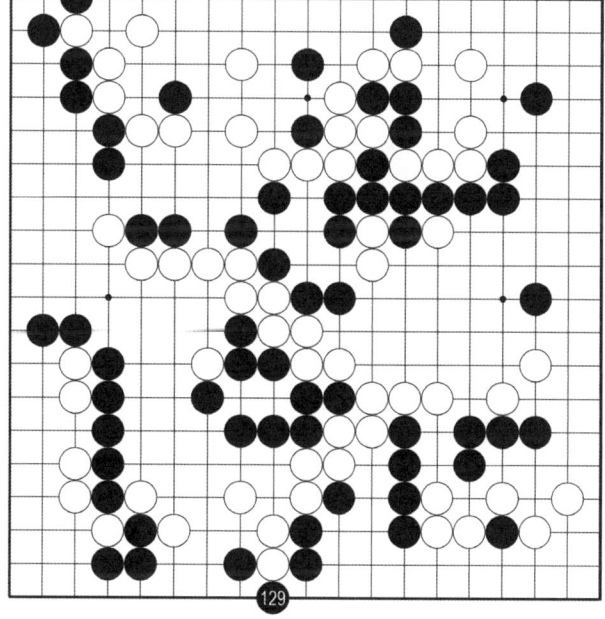

第七局　决胜局　● 辜梓豪 九段　○ 申真谞 九段

(130)

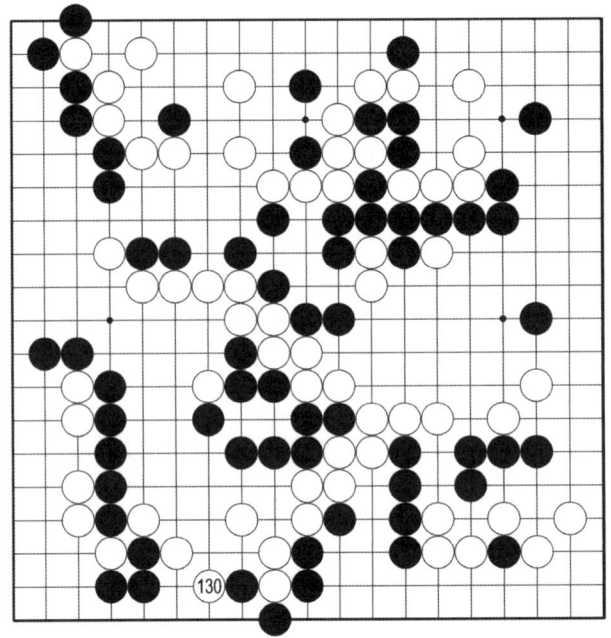

白130夹，图穷匕见，企图断开黑的联络，吃黑右下大块。

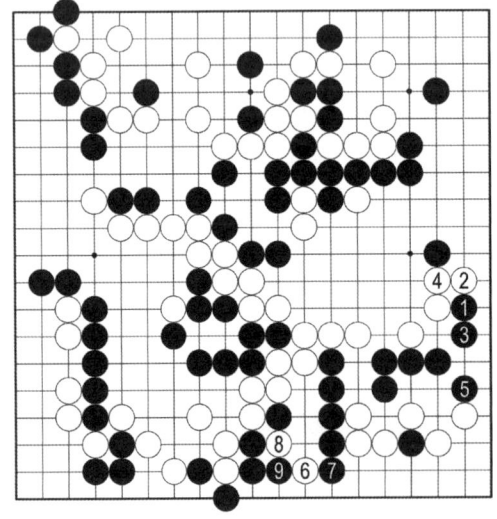

图61

但右下黑大块即使被断开，也安然无恙。

（131）

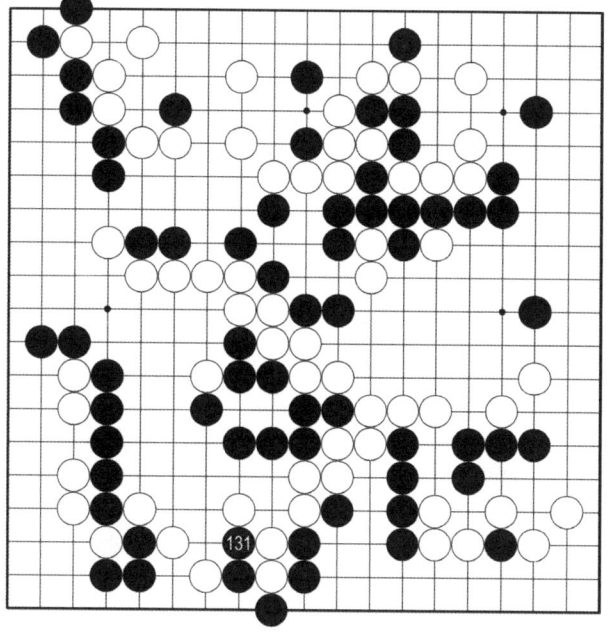

更不要说黑本来就有渡过的手段。

（132）

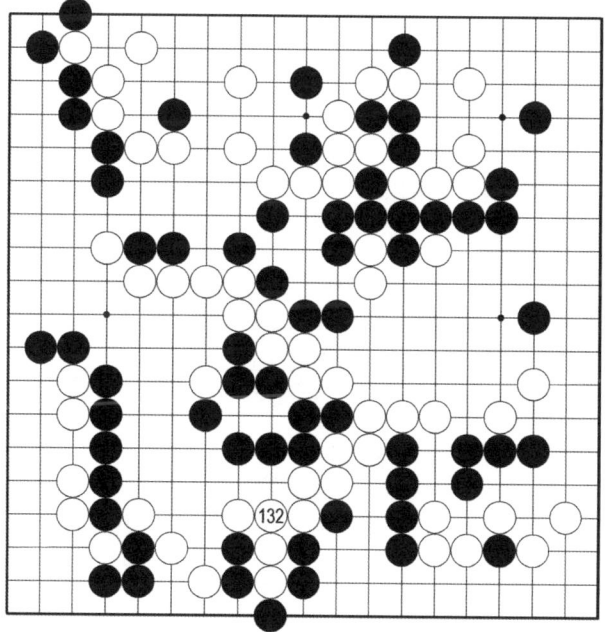

（133）

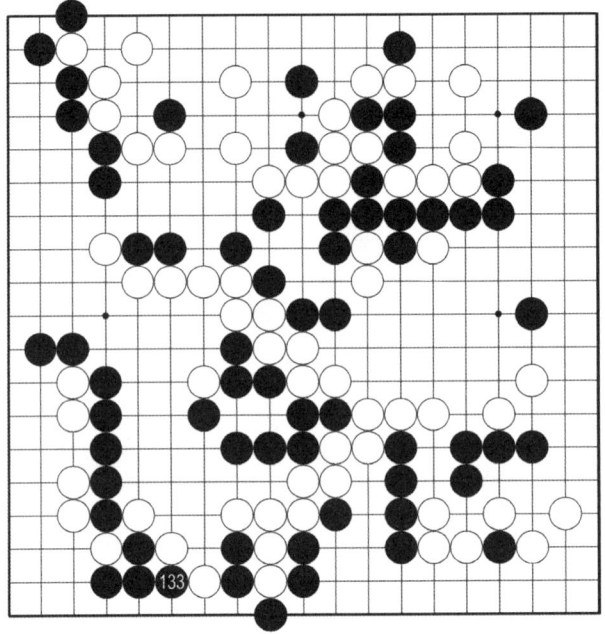

黑133可以挤过，白徒唤奈何。

（134）

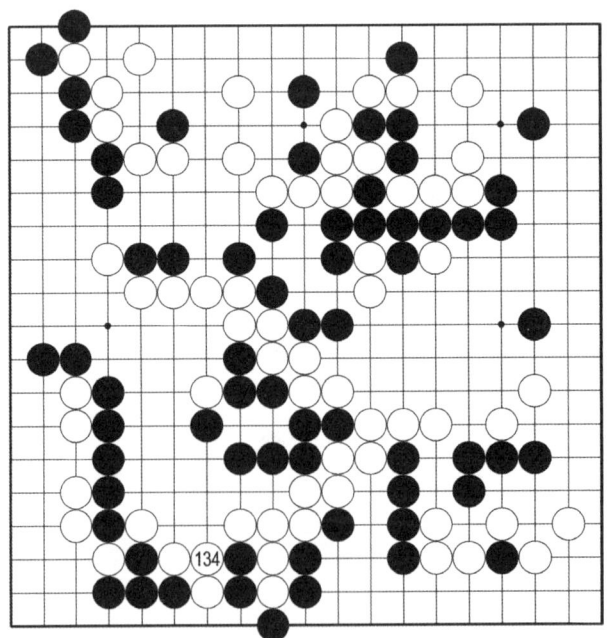

（135）

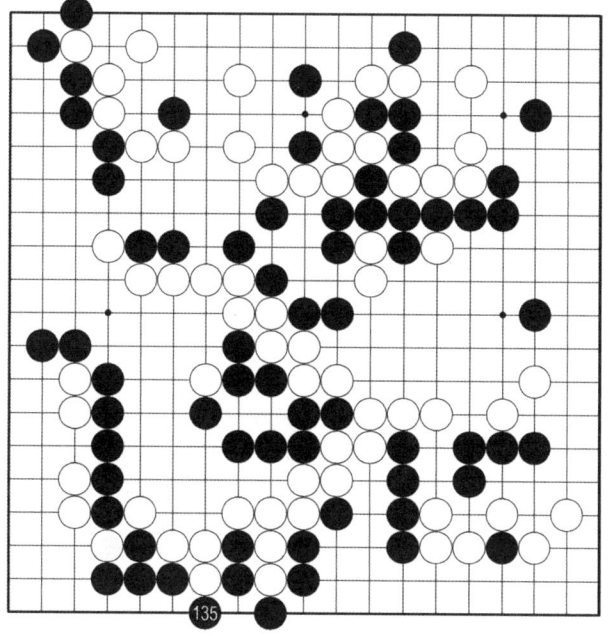

黑135渡过，白角几乎被吃，大龙依然未活，万事皆休。

可见在人类棋手的比赛中，心态在决定胜负方面的占比是非常大的。

（136）

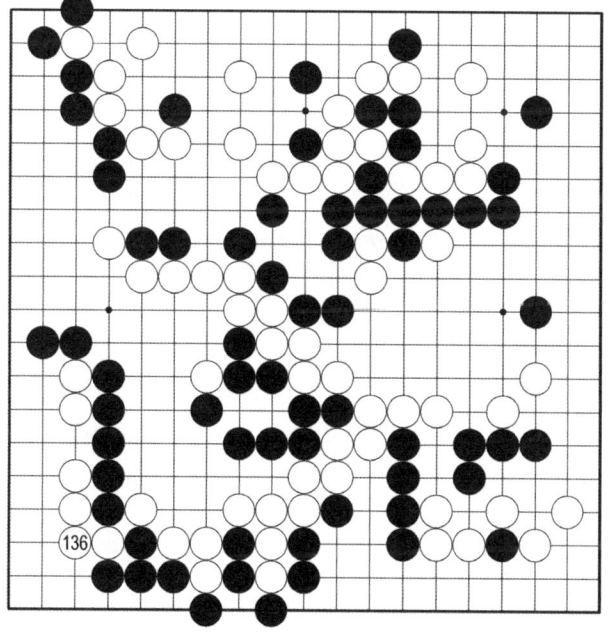

（137）

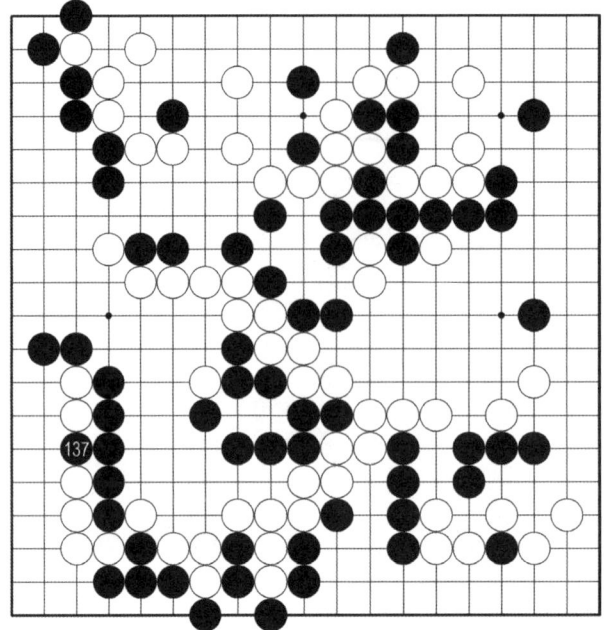

辜梓豪烂柯局

（138）

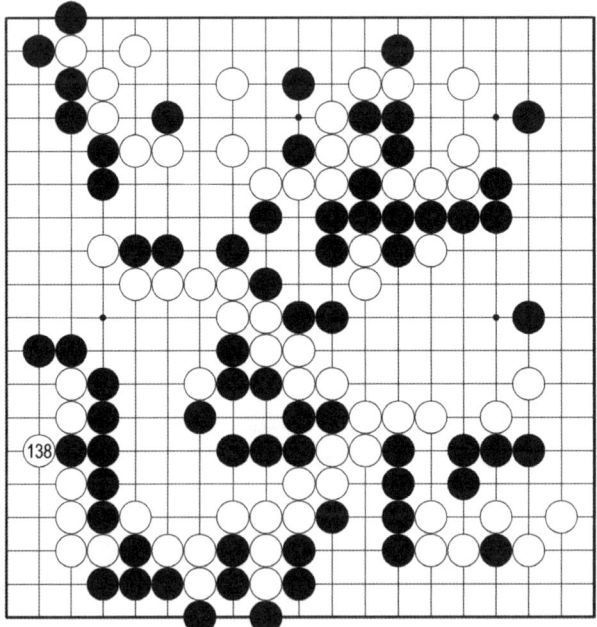

(139)

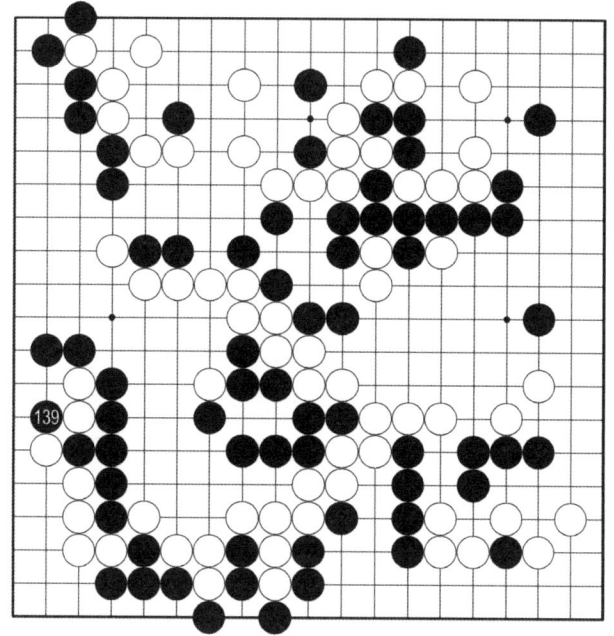

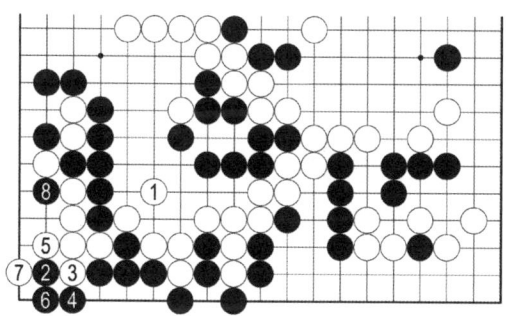

图 62

接下来没有特别复杂的变化了。白1如虎，指望收气吃黑，则黑2跳入，以下进行至黑8，都不必收气吃白。

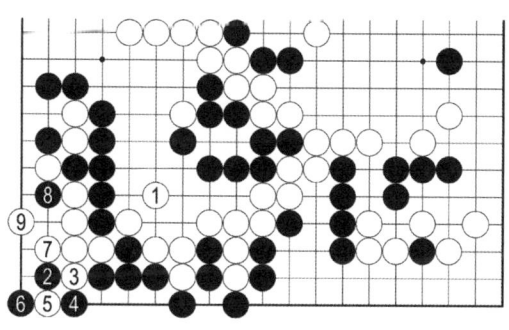

图 63

白5必须先扑。白7时，黑8如不小心打吃，则凑上白9尖的好手，功亏一篑。

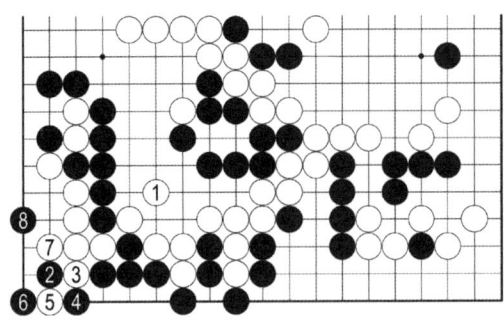

图 64

黑8点入，是经典的"老鼠偷油"，白依然被吃，而黑不需要收气，白束手。

本来，局面是白把角补好，大龙让给黑棋去杀，以生死博胜负。结果白把角走死了，外围也没有走到什么，棋局也就无法继续了。

○ 辜梓豪烂柯局 ○

（140）

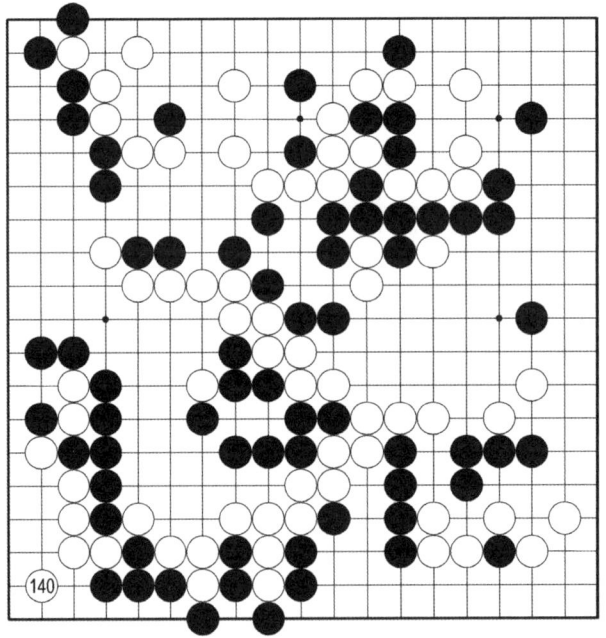

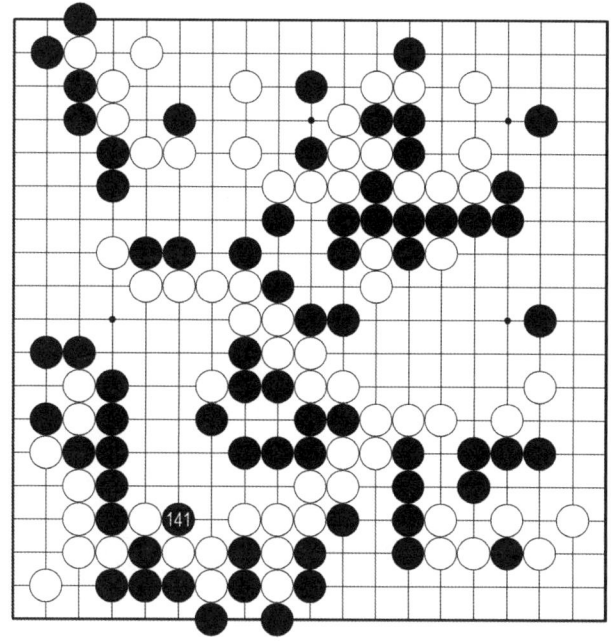

黑141双吃,两块通连,而白角还欠着棋,白棋认输。

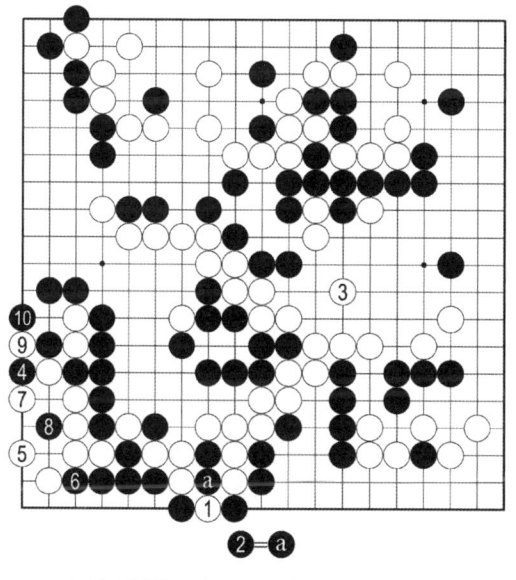

图65

实战黑141后,如果白角上不补棋,黑4一路打是杀着。不过要注意白7打时,黑不能直接提,应于8位点眼,白净死。这是一道简单的死活题。

也就是说,在黑没有吃白大龙的情况下,白棋的实地已经差了很多。

纵观后半盘,感觉很多棋都不该是申九段下出来的,更可能是心理上的波动,包括决赛的压力、各种各样的想法等,导致他有些技术变形,甚至丧失理智。

代跋

接得羽书知贼破，烂柯山上正围棋

程天祥

读完酣畅淋漓的决胜局，胸臆为之一舒——之前，我们的国手的确被申真谞压制得太狠了，心情太郁闷了，据说已经被他23连胜了，这让我们棋迷也觉得面上无光，自矮三分。

在这次决赛前，我们的国手也不是没有赢过申真谞，如王星昊、丁浩、杨鼎新、谢尔豪等。但是在决赛上，先输掉一盘再连扳两盘的情景，好像还是第一次出现。所以，首届衢州烂柯杯世冠的争夺就显得更精彩、更激烈，也更荡气回肠，令人回味悠长。

这是我向辜梓豪九段约稿的原因所在。打败一次申真谞已经很值得夸耀，何况连胜他两盘呢？太解气了，不是吗？

但是我和伙伴整理棋谱的速度太慢了，后来找出版社又多历劫波，导致这本书被拖期了半年以上。但值得庆幸的是，我们的辜九段，在第二届衢州烂柯杯上，一路似乎不显山不露水地，居然再次杀进了决赛，而且对手还是申真谞。从出版的时效性上看，毫不夸张地说，是作者的出色表现挽救了这本书。所以，我想借这方寸之地，向可敬的辜九段表示谢意。也期待着，在第一届和第二届衢州烂柯杯世界公开赛上，辜九段和申九段再度演绎当年武宫正树、林海峰组合，刘昌赫、曹薰铉组合连续两届杀入富士通杯决赛的盛况，成为棋坛传颂的佳话。

在整理本书的过程中，我也得到了衢州市"世界围棋圣地"工作专班祝主任的大力支持，得到了华老、王国平书记和杭天鹏院长的暖心帮助，以及不期而至的余昌民老师的援手。非常感谢他们。

最后，想向大家推荐一首非常有名的围棋诗，来为本书和第一届衢州烂柯杯世界赛曲终奏雅。

宴游烂柯山（其一）

明·徐渭

万山松柏绕旌旗，少保南征暂驻师。

接得羽书知贼破，烂柯山上正围棋。

诗中有烂柯山，有围棋，有军容壮盛和羽书急报，明写胡宗宪轻袍缓带、指挥若定，暗写两军阵前金戈铁马，碧血贯日。不意在五百年后，诗中场景竟与第一届衢州烂柯杯世界赛的诸多场景暗合了。

烂柯山上和烂柯山下的围棋，都在见证着国人、国手的酣畅胜利。期待这块洞天福地继续佑我中华，棋道大昌。

按：诗中的"烂柯山上"，是经祝主任开示，根据留存到今的"徐渭凯旋四首诗碑"所做的订正。